KB200969

당신이
오해하는
하나님의
사랑

The Church and the Surprising Offense of God's Love:
Reintroducing the Doctrines of Church Membership and Discipline

Copyright © 2010 by 9Marks
Published by Crossway, a publishing ministry of Good News Publishers,
Wheaton, Illinois 60187, U.S.A.

This Korean edition published by arrangement with Crossway through
rMaeng2, Seoul, Republic of Korea.
All rights reserved.

This Korean edition Copyright © 2015 by DMI Publishing, a division of
SarangPlus, Seoul, Republic of Korea.

이 한국어판의 저작권은 알맹2 에이전시를 통하여 Crossway와 독점 계약한 (사)사랑플러스에 있습니다.
신저작권법에 의하여 한국 내에서 보호받는 저작물이므로 무단 전재와 무단 복제를 금합니다.

등록 교인 제도와 권징으로
돌아보는 사랑의 본질

당신이
오해하는
하나님의
사랑

조너선 리먼 지음 | 한동수 옮김

국제제자훈련원

이 책의 많은 내용을 가르쳐준 마크 데버 목사에게

그리고 출판 기회를 준 맷에게

추천의 글

등록 교인 제도와 권징을 다룬 조너선 리먼의 책이 번역 출판된다는 소식을 듣고 몹시 흥분했다. 나는 오래전부터 한국 교회 교인들의 멤버십이 분명치 못한 것을 매우 안타깝게 여겨왔기 때문이다. 교회는 교회의 문, 곧 '양의 문'을 분명하게 관리해야 한다. 양의 문은 그리스도이다. 그분을 통해 들어오기도 하고 나가기도 하는 것이다. 그러므로 교인의 출입을 관리하는 것은 세상으로부터 교회를 지키는 엄중한 목회 사역이다. 등록 교인 제도와 권징을 신학적으로 고찰한 이 책은, 목회자들이 현장에서 그 사역을 잘 감당하도록 유용한 도움을 줄 것이라 확신한다. 목회자들과 목회자 후보생들이 꼭 읽어야 할 책이다.

정주채

향상교회 은퇴목사, 사단법인 여명 이사장, 《한국 교회와 직분자》(IVP) 공저자

오늘날의 교회가 가장 오해하는 주제(사랑)와 가장 태만히 여기는 임무(등록 교인 제도와 권징)를 함께 다룬 책이 출간되었다. 선한 목자는 사랑의 권징으로 자기 양 떼를 돌본다. 이는 미스터 스팍(Mr. Spock, 영화 〈스타트랙〉에 등장하는 냉철하고 이성적인 인물—편집자)의 조언을 받고 자란

세대와 전혀 다른 모습이다. 최근에는 '급진적인 제자훈련'에 관한 논의가 활발하다. 하지만 우리는 그리스도의 형상을 본받는다는 의미가 무엇인지 머리로만 아는 것이 아니라 실제로 깨닫도록 '일상적인 제자훈련'에 힘써야 한다. 저자는 그 누구보다 이 주제를 탁월하게 다루었다.

마이클 호튼 Michael Horton
웨스트민스터 신학교 조직신학 및 변증학 교수, 《은혜의 복음이란 무엇인가》(부흥과개혁사) 저자

교회 권징에 대해 유용한 자료가 많지 않다. 나는 그 점이 늘 안타까웠다. 그런데 적절한 시기에 이 주제를 완벽하게 다룬 책이 출간되었다. 성경적 교회 권징을 배우고 실천하기를 갈망하는 사람들에게 이 책을 강력히 추천한다.

대린 패트릭 Darrin Patrick
저니 교회 담임목사, 액츠29 네트워크 부대표, 《나의 사랑하는 교회》(두란노) 저자

우리가 사는 타락한 세상에서는 그리스도인의 사랑이 자발적으로 생겨날 수 없다. 그리스도인의 사랑은 단순한 감성에서 비롯되는 것이 아니다. 그 사랑은 반드시 믿음을 포함한다. 기적과도 같은 성령의 역사를 통해서만 얻을 수 있는 믿음 말이다.

사도 바울은 말했다. "또한 모든 것을 해로 여김은 내 주 그리스도 예수를 아는 지식이 가장 고상하기 때문이라 내가 그를 위하여 모든 것을 잃어버리고 배설물로 여김은 그리스도를 얻고"(빌 3:8). 모든 것을 배설물이나 해로 여기려면 수고와 자기부인이 따른다. 이는 우리가 생각하는 사랑과 정반대의 개념일 것이다.

우리에게 사랑이란 '즐거움'이다. 우리는 사랑을 행복, 가족, 친구 그리고 가정 등과 관련짓는다. 우리는 사랑의 본질을 '친근함'이라고 여긴다. 사랑은 분명하고 즉각적이다. 사랑은 본질상 겉으로 드러나게 되어 있다. 그런 의미에서 우리는 사랑이 단순하다고 생각한다. 그런데 저자는 이 책에서 사랑에 대해 우리가 가진 개념을 송두리째 뒤흔들며, 우리에게 의미 있는 도전을 준다.

이 책은 또한 불쾌감을 다룬다. 오늘날 우리는 불쾌감과 관련하여 복잡한 관계로 얽혀 있다. 우리가 누군가를 불쾌하게 만들 수도 있고, 누군가를 통해 불쾌감을 느낄 수도 있다. 하지만 그 정도에 그친다면 괜찮다. 문제는 하나님이 불쾌해하실 수도 있다는 개념을 많은 사람들이 몹시 싫어한다는 점이다. 무엇보다 우리 때문에 불쾌해하신다는 사실은 받아들이기 어려워한다. 또한 우리는 결코 불쾌감을 사랑과 연관하여 생각하지 않는다.

이런 점에서 저자는 우리를 헌신과 관계 그리고 오늘날 우리에게 익숙한, 옳고 그른 문제들과 관련된 또 다른 영역으로 인도한다. 한때는 무척 친숙한 문제들이었다. 사람마다 정도의 차이가 있겠지만, 많은 사람들이 새로운 문화를 접했을 때 몹시 불편해한다. 그러나 그 단계를 극복해야만 비로소 새로운 문화를 받아들일 수 있다. 이 책을 읽다 보면 비슷한 과정을 거칠 것이다. 저자는 사랑이 무엇인지, 사랑이 실제로는 얼마나 불쾌한 것인지, 심지어 왜 불쾌할 필요가 있는지를 이야기한다. 이를 통하여 저자는 우리를 아름답고, 풍성하고, 신실하며, 성경적인 세계로 인도한다. 또한 우리에게 하나님의 성품을 드러내 보여준다.

우리가 하나님과 그분의 성품을 이해한다면, 하나님의 사랑이 우리를 자기부인으로 인도하며 그 사랑을 다른 사람들과 나눌 때 권징이 수반됨을 깨달을 것이다. 다른 사람을 사랑한다고 하면서 어떻게 사도 바울이 자기기만에 빠지고 음행한 고린도 성도들을 대하는 것처럼(고전 5장) 하지 않을 수 있을까? 죄지은 사람을 사랑하면서 어떻게 예수님이 마태복음 18장에서 가르쳐주신 대로 그들을 대하지 않을 수 있을까? 나는 이 문제가 매우 쉽거나 단순하다고 말하는 것이 아니다(그러니까 당신은 이 글뿐만 아니라 책 전체를 읽어야 한다)! 그렇지만 권징과 사랑이 어떻게 연관되어 있는지 이해한다면, 당신의 삶에 든

든한 토대가 마련될 것이다. 심지어 당신의 영혼을 구할 수도 있다.

만약 저자가 이 모든 것을 보여주기만 한다면, 우리는 성경이 가르치는 등록 교인 제도를 깊이 이해하게 될 것이다. "등록 교인 제도에 대한 성경의 가르침이라고? 그게 어디 있다는 거야?" 만일 당신이 마음속으로 이런 질문을 던지고 있다면, 당신은 이미 이 책을 읽을 준비가 되었다.

당신 앞에 푸짐한 만찬이 차려졌다. 나는 저자와 10년 넘게 교제해왔다. 그는 내게 힘을 주기도 했고, 감동을 주기도 했다. 나를 즐겁게 만들기도 했으며, 놀라게도 했다. 그동안 저자와 동역하면서 목회자들에게 도움을 주는 글을 써왔고, 그 일은 내게도 큰 기쁨을 주었다. 저자는 하나님이 주신 열정으로 이 책을 썼으며, 그가 매료된 세계, 그리고 내가 아는 그 누구보다 더 깊이 고민한 세계로 우리를 인도한다.

나는 등록 교인 제도를 다룬 것 중에서 이보다 더 뛰어난 책을 본 적이 없다. 이 책은 단연 최고이다. 그 이상의 찬사를 찾을 수 없다. 독자들에게 무척 유익할 것이라고 확신한다. 책을 읽다 보면 저자에게 귀한 은사를 허락하신 하나님께 감사드릴 것이다. 또한 나는 독자들이 우리의 영원한 경이로움과 즐거움에 불쾌감을 주는, 하나님의 사랑의 선물에 대해서도 감사하기를 바란다.

마크 데버 Mark Dever
캐피톨힐 침례교회 담임목사, 나인 마크스(9Marks) 대표
《건강한 교회의 9가지 특징》《부흥과개혁사》 저자

감사의 글

먼저 나의 아름다운 아내 샤농에게 감사의 마음을 전하고 싶습니다. 그녀는 내가 이 책을 쓸 때에도, 심지어 이 책에 대한 생각에 빠져 정신없이 집 안을 돌아다닐 때에도 언제나 겸손한 자세와 예수님을 떠오르게 하는 모습으로 나를 지지해주었습니다. 내 사랑이여, 당신의 헌신과 기도와 사랑에 감사드립니다.

맷 맥컬로우와 바비 재미슨은 이 책의 초고 전체를, 로버트 클라인과 탐 슈라이너는 내용의 일부분을 검토해주었습니다. 형제들이여, 고맙습니다. 당신들의 노력으로 훨씬 더 나은 책이 되었습니다. 또한 나의 동료, 조시 쿠버에게 감사의 말을 전합니다. 조시는 내가 이 책을 쓰는 동안 끊임없이 나를 격려했으며, 내가 몇 번이나 다른 일들에 주의를 빼앗겨도 너그러이 용납해주었습니다.

나 같은 신출내기에게 기꺼이 기회를 준 알 피셔와 크로스웨이 출판사에게 감사드립니다. 끝까지 인내하며 도움을 준 편집자 리디아 브라운백에게도 감사의 마음을 전합니다.

나는 마크 데버 목사를 통해 이 책의 아이디어를 얻었습니다. 등록 교인 제도와 권징의 문제를 사랑의 개념과 연관시킨 것은 본래 마크의 생각이었습니다. 그가 쓴 책에서 이 주제를 다룬 적이 있습니다.[1] 나는 그것을 가져왔을 뿐입니다. 그에게 감사하며, 무엇보다 그와 한 형제가 되었다는 것이 내게는 큰 기쁨입니다.

특별히 자신의 시간을 아까워하지 않고 헌신적으로 함께해준 맷 슈머커에게 진심으로 감사합니다. 맷은 매우 겸손하며 다른 사람들을 돕기 위해 자신의 삶을 기꺼이 내주는 사람입니다. 나는 맷에게서 훌륭한 리더십과 지혜, 무엇보다 우정을 배웠습니다.

내가 이 특별한 주제로 글을 쓸 수 있었던 데에는 그 무엇보다 캐피톨힐 침례교회의 역할이 컸습니다. 캐피톨힐 침례교회의 가르침과 사랑이 없었다면 이 책을 한 줄도 쓸 수 없었을 것입니다. 모쪼록 많은 사람에게 유익한 책이 되기를 기도합니다.

---

1 Mark Dever, "Regaining Meaningful Church Membership," in *Restoring Integrity in Baptist Churches*, ed. Thomas White, Jason G. Deusing, and Malcolm B. Yarnell III (Grand Rapids: Kregel, 2008), pp. 45-62.

서문   9

감사의 글   12

서론: 매체가 곧 메시지이다   17

1부 잘못 정의된 사랑

1장 사랑이라는 우상   59

2부 다시 정의하는 사랑

2장 사랑의 본질   129

3장 사랑의 통치   229

4장 사랑의 헌장   311

5장 사랑의 언약   421

3부 삶으로 살아내는 사랑

6장 사랑의 확증과 증거   503

7장 복종 그리고 사랑의 자유   595

부록: 책의 개요   653

주제와 인명 찾아보기   665

성구 찾아보기   673

매체가 곧 메시지이다

"매체가 곧 메시지이다"(The medium is the message). 1964년에 캐나다의 언론학자 마샬 맥루한(Marshall McLuhan)이 한 말로, 메시지를 전달하는 매체가 그 메시지의 내용에 영향을 미친다는 뜻이다. 예를 들어, 외국에서 전쟁이 났을 때 신문에서 관련 기사를 읽는 것과 텔레비전을 통해 전쟁 장면을 보는 것은 몹시 다르다. 신문은 소식에 불과할 뿐이지만 텔레비전 화면에 비치는 영상은 소식이면서 실제 광경이다.

맥루한의 말은 형식과 내용의 공생 관계를 묘사한 것이다. 시인이나 예술가, 또는 건축가에게 물어보라. 어떤 작품의 형식이 그 내용에 영향을 미치고, 내용도 그 형식에 영향을 미친다고 답할 것이다. 높은 아치형 천장에 거대한 기둥이 있고 스테인드글라스 창을 통해 자연광이 들어오는 방이 일정한 메시지를 전해준다면, 천장이 낮고 흰 석고 기둥과 꽃 모양의 전등이 있으며, 칸막이로 나뉜 회색 방들이 있는 공간은 또 다른 메시지를 전해준다. 물론 형식과 내용이 뜻하는 바가 문화에 따라 다르기는 하지만, 모든 문화 속에서 형식과 내용은 서로 연관성이 있다.

어느 한 조직이 존재하는 목적(우리의 표현 방식대로라면 조직의 메시지)과 구조 또는 매체를 비교해본다면, 어느 조직이든 그 속에 이와 비슷한 관계가 있다. 자동차 회사는 자동차를 판매하기 위해 그 조직을 최적화한다. 군대는 한 나라를 방어하기 위해 그 조직을 정예화한다. 정치 단체는 자기의 메시지를 주장하기 위해 그 조직을 효율적으로 구성한다. 이처럼 한 조직의 목적 또는 메시지가 조직의 구조에 영향을 미치고, 반대로 조직의 구조는 조직의 메시지나 목적을 형성하게 된다.

다음 상황을 가정해보자. 그리스도인 세 명이 모여 커피를 마시면서, 온 세상에 하나님의 사랑을 드러내기 위하여 조직을 만들기로 결정했다. 이 조직의 메시지 또는 내용은 당연히 하나님의 사랑을 드러내는 것이다. 이들은 어느 곳에서나 누구에게나 이 메시지를 전하려고 한다. "여기에 하나님의 사랑이 있습니다. 그리고 그 사랑은 이와 같습니다." 물론, 하나님의 사랑에 관한 메시지는 곧 예수 그리스도의 복음이다. "사랑은 여기 있으니 우리가 하나님을 사랑한 것이 아니요 하나님이 우리를 사랑하사 우리 죄를 속하기 위하여 화목제물로 그 아들을 보내셨음이라"(요일 4:10).

이 그리스도인들은 그들의 조직이 이와 같은 목적을 위해 존재한다는 원칙에 합의한다. 또한 이들은 조직의 구조가 목적을 성취하는 데 영향을 줄 뿐 아니라 자기들이 전하는 메시지 자체를 형성해야 한다는 점에도 동의한다. 예를 들어, "하나님은 사랑이시다"라고 말하는 권위주의적인 조직은 "하나님은 사랑이시다"라고 말하는 평등주의적인 조직과 다른 메시지를 전하게 될 것이다.

그런데 문제가 하나 있다. 조직의 구조에 대해 접근하는 방식이 저마다 다르다는 점이다. 그중 한 명은 나라마다 또는 문화권마다 다른 형태의 구조가 필요하다고 생각한다. 그래서 '상황화'(contextualize)라는 단어를 자주 사용하며, 유연하고 환경에 잘 적응할 수 있도록 조직을 구성해야 한다고 말한다. 다른 한 명은 조직의 구조에 관한 논의가 흥미롭기는 하지만 그렇게 중요한 문제는 아니라고 생각한다. 그에게는 메시지를 전파하는 것 자체가 중요하다. 그러나 나머지 한 명은 조직의 구조가 무척 중요하다고 생각한다. 그는 다른 두 사람이 말로는 형식과 내용 사이에 연관성이 있다고 하지만, 실제로 결론을 내릴 때는 그 점을 인식하지 못한다고 주장한다. 뿐만 아니라, 하나님이 성경에 특별한 구조를 규정하셨으며, 그 구조가 메시지에 완벽하게 부합한다고 주장한다. 무엇보다 이 구조는 마치 DNA가 몸의 골격을 결정하는 것처럼 메시지로부터 당연히 도출되는 것이며, 이 구조야말로 하나님의 사랑을 온 세상에 드러내고자 하는 조직의 목적을 성취하기 위해 하나님이 구체적으로 정하신 구조라고 주장한다. 즉 조직의 구조는 메시지를 보호하고 그것을 드러내며, 그 메시지가 사람의 마음을 이끌도록 하고 삶에서 역사하도록 하기 위한 하나님의 수단이라는 것이다.

이 책은 세 번째 그리스도인의 주장을 보여준다. 교회 공동체의 구조는 복음의 내용과 긴밀하게 연결되어 있으며, 역으로 복음의 내용은 그 교회 공동체의 구조와 긴밀하게 연결되어 있다. 이 둘은 서로를 형성하며 서로에게 영향을 미친다. 이 책은 교회 구조의 모든 면을 다루는 것이 아니라 기본적으로 지역교회의 등록 교인 제도와 권징의 문제에 초점을 맞추었다.

오늘날 복음주의자들에게 익숙한 언어로는, 지역교회의 등록 교인 제도와 권징의 문제가 복음의 당연한 결과라고 말할 수 있을지도 모른다. 단지 '교회'가 복음의 당연한 결과라고 말하는 것만으로는 부족하다. 이 메시지의 당연한 결과는 **특별하고 구별된 형태**의 교회이다. 등록 교인 제도와 권징은 인위적으로 세워진 구조가 아니다. 이 둘은 새 언약의 은혜 위에 더해진 법률적 장치가 아니다. 오히려 그리스도의 구속 사역으로부터 그리고 회개와 믿음으로 이끄는 복음의 부르심으로부터 유기적, 필연적으로 도출된 것이다. 지역교회 교인의 권리를 상실하는 것은 그리스도인이 선한 일을 하거나, 이웃을 사랑하거나, 가난한 자들을 돌보거나, 그리스도의 길을 따르도록 부름받은 부르심을 잃어버리는 것과 같다. 참된 신자라면 지역교회에 헌신해야 한다. 이는 마치 참된 신자가 선한 일을 하고 이웃을 사랑하는 것과 같다. 누군가 지역교회에 등록하거나 헌신하기를 거부한다면, 그는 의로운 삶을 거부하는 자이다. 이런 행위는 믿음의 진정성을 의심하게 만든다.

복음이 세상에 하나님의 사랑을 생생하게 드러낸다면 그리고 등록 교인 제도와 권징이 복음의 당연한 결과라면, 이 둘은 복음을 온 세상에 드러낸다고 할 수 있다. 한마디로, 이것이 이 책의 주제이다. 나는 등록 교인 제도에 대해 부정적인 견해를 가진 주장들을 살펴보는 동안, 그 주장들의 뿌리에는 하나님의 사랑에 대한 불쾌감이 숨어 있음을 발견했다.

충격적인 사실은, 대부분의 복음주의자들이 교회 구조에 관한 문제를 비본질적이고 중요하지 않은 것으로 취급한다는 점이다. 우리는 복음이 본질이며 중요하다고 말한다. 하지만 교회 구조에 대해서는 다른 태도를 보인다. 더구나 교회 구조에 관한 문제는, 마치 커피를 마시며 앉아 있는 세 명의 그리스도인 사이에서 의견이 일치하지 않았던 것처럼 그리스도인들의 분열만을 조장하기 때문에, 의논할 여지를 두지 않는 것이 최선이라고 여긴다.

하지만 그것이 사실과 다르다면 어떻게 해야 할까? 만일 하나님이 그분의 지혜로 내용과 형식, 메시지와 매체, 복음과 교회 정치가 서로 완벽할 만큼 조화를 이루게 하셨다면, 교회 구조에 관한 문제를 그저 '존경하는 복음주의자들이 별다른 관심을 두지 않아야 하는 것'쯤으로 취급하는 자세가 오히려 복음을 훼손하는 일 아닐까?

하나님으로부터 복음으로 그리고 교회로

나는 우리에게 등록 교인 제도와 권징에 관한 체계적인 신학이 필요하다고 생각한다. 지역교회에서 교인의 권리를 지키고 권징을 시행하는 것이 어떻게 하나님의 사랑, 하나님의 심판, 하나님의 권위 그리고 복음에 부합하는지 고민해야 한다. 우리가 교회에 대해 생각하고 글을 쓸 때, 한편으로는 교회 정치에 관한 문제들에만 치우치는 오류를 범하기 쉽다. 다른 한편으로는 장로와 집사, 성찬 또는 권징 등에 관해 자신이 좋아하는 성경 구절들을 서둘러 인용할 뿐, 더 큰 신학적 체계 속에서 주의 깊게 고찰해보려는 노력을 하지 않는다.

건강한 교회론은 반드시 하나님과, 그분의 사랑과, 그분의 구원

계획에 대한 지식으로부터 세워져야 한다.[1] 교회론은 하나님의 사랑과 거룩하심, 하나님의 형상으로 창조되었으나 타락해버림으로 말미암아 죄책감에 빠진 인류, 그리스도의 흠 없는 삶과 희생의 죽음과 승리의 부활, 죄인들에게 주어진 그리스도의 의, 회개와 믿음을 통해 그리스도의 통치 아래 누리는 삶 등에 관한 모든 지식을 반영해야 한다.

일부 신학자들이 주장하는 것처럼 교회를 '그리스도가 성육신하신 것의 연속'[2]이라고 볼 수 있는가에 대해서는 신학적 논쟁이 벌어질 수 있겠지만,[3] 교회를 묘사하면서 성육신적인 언어를 사용하는 것 자체는 괜찮다고 생각한다. 교회는 이 모든 교리들이 생생하게 살아 역사하는 곳이다.

신학자 존 웹스터(John Webster)는 내가 하고 싶은 말의 의미를 정확하게 표현했다. "교회론은 교회의 근원이 되시는 하나님에 관한 교

---

1 케빈 밴후저(Kevin Vanhoozer)는 이것을 "복음주의 교회는 복음주의 신학의 살아 있는 정수(*summa*)이다"라고 멋지게 표현했다. "Evangelicalism and the Church: The Company of the Gospel," in *The Future of Evangelicalism: Issues and Prospects*, ed. Craig Bartholomew, Robin Parry, and Andrew West (Grand Rapids: Kregel, 2003), p. 52. 이호우 옮김, 《복음주의 미래》(CLC, 2012).

2 무엇보다 이 주장은 창조주와 피조물의 구별을 모호하게 하고, 성육신 사건의 고유성을 해치고, 그리스도와 교회를 동일시하고, 흠 없는 그리스도와 흠 있는 교회 사이의 본질적인 차이를 무시하고, 이 세상을 과대평가하며, 그리스도의 재림과 그에 대한 교회의 소망의 중요성을 과소평가한다. Michael Horton, *People and Place* (Louisville: Westminster John Knox, 2008), pp. 166-170를 보라. 또한 Ronald Y. K. Fung, "Body of Christ," in *Dictionary of Paul and His Letters*, ed. Gerald F. Hawthorne and Ralph P. Martin (Downers Grove, IL: InterVarsity, 1993), p. 81를 보라.

3 이러한 사상은 프리드리히 슐라이어마허(Friedrich Daniel Ernst Schleiermacher) 이후로 독일 이상주의를 따르는 개신교도들과 가톨릭교도들에게서 팽배해졌다. Douglas Farrow, *Ascension and Ecclesia* (Edinburgh: T&T Clark, 1999), pp. 182-183를 보라. 묄러(J. A. Möhler)와 묄러의 제자인 칼 아담, 마이클 호튼(Michael Horton)도 교황 베네딕토 16세, 루터란 신학자 로버트 젠슨, 침례교 신학자 스탠리 그렌츠 그리고 급진정통주의자 그래함 워드와 같은 저자들의 주장을 따르고 있다. Michael J. Himes, *Ongoing Incarnation: Johann Adam Möhler and the Beginnings of Modern Ecclesiology* (Herder and Herder, 1997)를 보라. 또한 Horton, *People and Place*, pp. 156-164를 보라.

리만큼 중요하다."[4] 하나님이 누구신지 이해할 때 비로소 교회가 무엇이고 누구인지 이해하게 될 것이다. 복음에 대한 교리와 교회론 사이에도 이와 동일한 관계가 존재한다. 웹스터는 또한 "교회가 복음의 필연적 결과물일 뿐 아니라 복음과 교회의 관계가 그 순서에 있어 서로 뒤바뀔 수 없을 만큼 엄격하다는 사실을 보여주는 것이야말로 복음주의 교회론의 특별한 관심사이다"[5]라고 말했다. 달리 말하자면, 하나님의 교회가 무엇인지 이해할 때 비로소 교회가 무엇이고 누구인지 이해할 수 있다는 것이다.

그런 의미에서 이 책은 웹스터가 말한 두 가지 명제를 실천하려는 작은 시도이다. 특히 하나님과 복음에 대한 이해가 등록 교인 제도와 권징에 대한 구조적, 조직적 문제들을 이해하는 데에 영향을 미칠 것이라는 사실과, 교회가 이러한 구조적 문제들을 다루는 방식은 역으로 세상이 하나님의 사랑과 하나님의 복음을 이해하는 방식에 영향을 미친다는 사실을 논증할 것이다.

예를 들어 우리가 하나님을 거룩하지만 사랑이 없는 분으로 인식한다고 가정해보자. 이러한 이해는 구원에 관한 교리나, 인간이 하나님께 어떻게 나아가야 하고 하나님이 인간에게 어떻게 다가오시는지를 다루는 교리에 매우 분명한 영향을 미친다. 하나님이 성도들을 일정한 형식 안에서 살아가도록 부르셨다고 가정한다면, 성도들이 어떻게 그 생활을 조직해야 할 것인가에 대한 추론이 가능하다. '거

---

4 John Webster, "The Church and the Perfection of God," in *The Community of the Word: Toward an Evangelical Ecclesiology*, ed. Mark Husbands and Daniel J. Treier (Downers Grove, IL: InterVarsity, 2005), p. 78.

5 같은 책, p. 76. Vanhoozer, "Evangelicalism and the Church," pp. 70–77.

룩하지만 사랑이 없는' 하나님이라고 가정한다면, 조직 구조와 규범 그리고 권위 체계 등이 **모두** 중요해진다. 그렇다면 기독교는 무섭고, 가혹하고, 규범적이고, 바리새적인 종교가 될 것이다. 참으로 끔찍한 그림이다. 아마도 세상은 이러한 하나님을 거부하며 사랑을 제멋대로 정의하려고 할 게 뻔하다.

이번에는 하나님을 전혀 거룩하지 않고 다만 사랑이 많은 분으로 가정해보자. 굳이 상상해보자면, 거룩하지 않고 사랑이 많은 하나님은 매우 관대하고, 변덕스러우며, 심지어 위험하기까지 할 것이다. 구원은 무차별적으로 주어질 뿐 아니라 전혀 공의롭지도 않다. 또한 하나님의 백성들이 함께 누리는 삶은 세상과 구별되지도 않을 것이다. 이러한 종교는 점점 더 문란해지고, 경박해지고, 무의미해지고, 방향을 잃어버려 총체적 자기도취에 빠지고 말 것이다. 이것 역시 끔찍한 그림이다. 세상의 한쪽에서는 이처럼 지극히 인간적인 하나님의 모습이 자기들과 똑같아 보이기 때문에, 그 하나님을 즐거이 받아들일 것이다. 심지어 어떤 사람들은 하나님에 대해 이렇게 생각할지도 모른다. '그분을 형제라고 해도 되지 않을까?'

그러나 만일 하나님이 거룩하시고 사랑이 많은 분이라면 어떨까? 그러한 하나님은 사람과 어떤 관계를 맺으실까? 하나님의 선지자들이 선포하는 복음은 어떤 성격을 가질까? 하나님의 사도들이 세우는 교회는 어떤 모습일까? 사도들은 권위의 범주를 정하고 그 체계를 세우게 될까?

수많은 목사들과 교회의 지도자들 그리고 그리스도인들이 대체로 너무 쉽게 "당연히 우리는 거룩하시며 사랑이 많으신 하나님을 믿습니다"라고 주장한다. 그러나 만일 하나님의 사랑에 대해 그들이 잘못 이해하고 있다면 어떨까? 사랑을 맹신하며 불경스럽게 이해하고 있다면 어떨까? 사랑에 대한 맹신적 태도가 하나님과 복음과 교회를 이해하는 데 어떤 영향을 미칠까?

사랑에 대한 오해

이 책은 등록 교인 제도와 권징을 다룬다. 등록 교인 제도와 권징에 대한 신학이다. 또한 이를 바르게 시행하는 것이 왜 성경적 기독교, 교회의 생명, 제자 삼는 사역 그리고 하나님의 사랑을 세상에 드러내는 일에 필수인지에 대한 논증이다.

이 책이 단지 등록 교인 제도와 권징에 대해서만 다루는 것은 아니다. 사랑에 대해서도 이야기한다. 세상은 스스로 사랑을 안다고 생각한다. 마치 자기가 하나님을 사랑한다고 생각하는 것 같다. 그러나 사실은 그렇지 않다. 세상은 단지 사랑과 하나님에 대한 맹신적 환상을 가졌거나, 모조품 또는 실체가 없고 모양만 닮은 그림자를 알 뿐이다. 그러므로 지역교회는 참사랑을 입체적으로 드러내도록 부름받았다. 또한 등록 교인 제도와 권징을 구체적으로 시행하는 것이야말로 지역교회가 그 사랑을 분명하게 드러내는 일이다. 등록 교인 제도와 권징은 사랑이 무엇을 요구하는지 보여준다. 사도 요한의 표현대로라면, 이 둘은 누가 하나님의 자녀이고 누가 마귀의 자녀인지 알수 있게 해준다(요일 3:10). 그리스도인, 즉 하나님의 사랑을 드러내는 사람이 된다는 것은 무엇을 뜻하는지 그 골격과 윤곽을 잡아준다. 세상으로부터 교회를 구별시켜줌으로써, 세상이 자기 속에(in) 있기는 하지만 자기에게 **속하지**(of) 않은 무언가를 보게 해준다. 무엇을 구별한다는 것이 세상 사람들의 눈에 사랑스러운 일로 보일 수 있을까? 그럴 수 있다는 것이 나의 주장이다. 구별하는 목적이 외부인들에게 거룩하게 사랑스럽고, 거룩하게 아름다운 곳으로 들어갈 수 있다는 소망을 준다면 더욱 그렇다.

교회와 세상 사이의 경계선이 흐려질 때, 사랑하고 용서하고 돌보고 거룩하며 의로운 공동체에 대한 하나님의 그림 역시 모호해진다. 그러나 이 모호한 경계선은 또 다른 모호한 경계선, 즉 거룩한 창조주와 타락한 피조물 사이 그리고 사랑의 하나님과 맹신하는 사람 사이의 경계가 모호해진 데서 오는 당연한 결과물이다. 이것은 오늘날 덜 '제도화'되고 덜 '경계화'된 지역교회의 개념을 추구하는 사람들이야말로 초월하시는 하나님보다 내재하시는 하나님을 선호하고, 성자 예수보다 인간 예수를 선호하며, 거룩한 성경보다 인간적인 성경을 선호하는 것과 마찬가지라는 점을 시사한다. 우리는 우리가 하나님을 빚어낸 것이 아니라 하나님이 우리를 빚으셨다는 사실을 확신하기만 하면, 곧바로 우리의 맹신을 하나님의 사랑과 혼동한 채, 손걸레를 꺼내 들고 교회와 세상 사이에 그어진 경계선을 지워버린다. 달리 말하자면, 사랑과 교회에 대한 그릇된 생각은 결국 하나님과 하나님의 사랑에 대한 그릇된 생각에 뿌리를 두고 있다.

이 문제를 다음과 같이 정리해보자. 등록 교인 제도와 권징에 대한 논증은 곧 교회와 세상 사이의 분명한 경계선에 대한 논증이다. 이 경계선은 마치 에덴동산 안과 밖 사이의 경계선, 노아의 방주 안과 밖 사이의 경계선, 이스라엘 진영 안과 밖 사이의 경계선 그리고 예루살렘 성벽 안과 밖 사이의 경계선과 같다. 그러나 포스트모던 시대를 살아가는 그리스도인들과 교회들이 이러한 경계선에 대한 성경적 요구를 깨닫기란 결코 쉽지 않다. 우리가 하나님과 그분의 사랑에 대하여 너무나 무지하고 그 사랑을 왜곡할 뿐만 아니라 심지어 추악하고 거짓되게 이해하기 때문이다. 그러므로 우리가 교회와 그 경계선에 대한 성경적 이해를 회복하기 위해서는 사랑이 무엇이고, 교회의 경계선이 어떻게 세상에 사랑을 드러내는 데 도움이 되는지에 대해 생각해보아야만 한다.

'사랑' 이야기

앞서 언급했던 가상의 대화에서 한 사람은 조직이 유동적이어야 한다고 말하고 다른 한 사람은 그럴 필요가 없다고 말했다. 이처럼 그들이 조직의 구조 문제에 대하여 서로 다르게 반응하는 데에는 여러 가지 사회학적, 신학적 요인들이 있다. 두 반응 모두 매우 보편적인데다가 서구사회의 의식구조에 깊이 뿌리내리고 있기 때문에, 그 이면에 있는 기본 전제들을 살펴볼 필요가 있다.

고등학교 시절에 사랑 이야기가 담긴 소설을 한 편 읽은 적이 있는데, 나는 그 이야기야말로 그리스도인들이 사랑과 등록 교인 제도, 사랑과 권징의 관계를 바로 이해하지 못하는 본질적인 이유가 무엇인지 보여준다고 생각한다. 미국 학생들이 100년 넘게 읽어온 이 소설은 우리의 문화적 의식구조의 단면들을 잘 반영하고 있다. 이야기는 어느 화창한 아침에 한 교도소의 바깥뜰에 모인 다섯 여인이 대화를 나누는 것으로 시작한다. 시대는 구체적이지 않지만 17세기의 어느 때쯤이다. 장소는 뉴잉글랜드 지역의 청교도 정착지 보스턴이다. 험상궂은 얼굴의 오십대 여인이 다른 네 명의 여인에게 자기의 생각을 토해내기 시작했다.

> 모두들 내 말을 한번 들어보세요. 만일 우리같이 정숙하고 평판 좋은 성
> 도들에게 헤스터 프린(Hester Prynne)과 같은 범죄자[6]를 처벌할 수 있는
> 권한이 주어진다면, 분명히 모두에게 유익할 거라고 생각합니다. 여러
> 분 생각은 어떻습니까? 만일 그 바람둥이가 우리 앞에서 재판을 받는다
> 면, 그 고명한 재판관들이 내린 것과 같은 판결을 받을 수 있을까요? 나
> 는 그렇지 않다고 봅니다.[7]

바람둥이라 불렸던 헤스터 프린은 간음죄를 짓고 수감되었는데,
그녀는 범죄의 증거물인 갓난아이를 품에 안고 있었다. 어느 날 아
침, 그 지방의 재판관들은 헤스터가 교수대에서 몇 시간에 걸쳐 공개
적인 비난을 받도록 결정했다. 게다가 앞으로 남은 생애 동안 가슴에
주홍색으로 알파벳 'A'를 수놓은 옷을 입으라고 선고했다. 이 추문은
온 교회를 발칵 뒤집어놓았다. 교회의 목사는 그 사실에 경악했다.
두 번째 여인이 말했다.

> 사람들이 그러는데, 경건한 딤스데일 목사님이 이 사실을 매우 비통하
> 게 생각하시면서 이러한 추문을 모든 회중에게 알려야만 한다고 말씀
> 하셨답니다.

---

6 법을 어긴 여인

7 이 인용구와 이어지는 대화의 인용은 필자가 고등학교 시절에 읽은 Nathaniel Hawthorne, *The Scarlet Letter*
   (New York: Washington Square Press, 1972), pp. 51–52에서 가져왔고, 몇 군데만 현대 언어로 약간 수정
   했다.

이 선한 목사와 마을 전체를 큰 충격에 빠뜨린 것은 단지 헤스터의 죄뿐만이 아니라 아이의 아버지가 누구인지 모른다는 사실이다. '불법을 색출하여 관리들과 시민들 앞에서 처벌하는 땅'에서 위선자를 찾아내기란 어려운 일이다.[8] 헤스터가 아이 아버지의 정체를 밝히지 않자 그녀의 죄는 두 배로 무거워졌고, 기어이 피를 보기 원하는 여인들의 원성은 점점 요란스러워졌다.

재판관들이 하나님을 경외하는 분들이긴 하지만, 그분들의 판결은 지나치게 자비로워요. 적어도 뜨거운 다리미로 헤스터의 이마를 지졌어야지요. 그러면 헤스터가 정신을 좀 차릴 겁니다. 하지만 이 음탕한 여자는 재판관들이 자기 옷에 무엇을 새겨 넣든 전혀 개의치 않을 거예요. 왜냐고요? 아마도 브로치나 다른 장신구로 그 글씨를 가린 채 거리를 활보하고 다닐 테니까요.

그러자 네 번째 여인이 말했다.

아, 글씨를 가릴 테면 가리라고 해요. 양심의 가책은 항상 남아 있을 테니까요.

다섯 번째 여인이 말했다.

그 여자는 우리 모두를 부끄럽게 했으니 죽어 마땅해요. 그렇게 만들 수

---

8 같은 책, p. 62.

있는 법은 없나요? 사실, 성경과 성문법 모두에 그런 법이 있어요. 그러니 그 법을 휴지 조각으로 만들어버린 재판관들은 만일 자신의 아내와 딸들이 죄를 범한다면 스스로에게 감사하겠군요.

나는 너새니얼 호손(Nathaniel Hawthorne)이 1850년에 쓴 고전《주홍 글씨》(*The Scarlet Letter*)를 고등학교 2학년 영어 수업 시간에 읽었다. 그때 학급 전체가 분개했다. 여주인공 헤스터 때문이 아니라 마을 사람들 때문이었다. 이와 같은 사람들이 정말 존재할까? 우리는 이 마을 사람들이 헤스터에게 퍼부었던 그 경멸의 눈초리로 똑같이 그들을 바라보았다. 그들은 어떻게 그처럼 자기 의(義)에 빠져 있고 잔인하단 말인가?

호손이 소설을 통하여 무엇을 말하려고 했는지는 쉽게 드러난다. 그는 다섯 여인들을 마치 괴물처럼 그리고 있다. 특히 마지막 여인을 '재판관 행세를 하는 무자비한 여인들 중에서 가장 험악한 사람'으로 묘사했다. 그녀의 모습과 그녀가 공격하고 있는 대상, 곧 헤스터의 모습을 서로 비교해보자.

키가 크고, 전체적으로 우아한 모습이었다. 진하고 숱이 많은 머리카락은 길게 늘어진 채 햇빛을 받아 반짝였고, 얼굴은 이목구비가 뚜렷하여 아름다울 뿐 아니라 짙은 눈썹과 검은 눈동자가 매우 인상적이었다. … 게다가 감옥에서 막 출소한 헤스터 프린은 그 어느 때보다 여성스러웠다. 그녀의 얼굴에 커다란 먹구름이 드리워져 있을 거라 기대했던 사람들은 놀라지 않을 수 없었다. 심지어 헤스터가 겪는 불행과 치욕마저 모두 무색할 정도로 그녀의 미모가 빛이 난다는 것을 깨닫기 시작했다.

두 사람을 보는 시각이 선명하게 대조된다. 독자들은 험악하고 무자비한 여인들과 빛나는 미모의 헤스터 중 어느 하나에 마음이 끌릴 것이다. 이는 대부분의 사람들에게 결코 어려운 선택이 아니다. 어느 누가 헤스터에게 마음이 끌리지 않겠는가? '판촉'을 위해서 아리따운 여자를 고용하는 것은 마케팅병에 걸린 시대에 결코 놀라운 일이 아니다.

여인들이 언급한 목사 아서 딤스데일(Arthur Dimmesdale)은 훨씬 더 복잡한 인물이다. 아서는 헤스터를 임신시키고 여자 혼자 온 마을의 비난을 받도록 내버려둔, 가장 야비한 불한당으로 밝혀진다. 아서는 비열하다고 할 만큼 비겁하다. 그리고 그의 두 얼굴은 무척 안쓰럽다. 그의 인격을 사악하다고 욕하기 앞서 애처로운 마음이 든다. 아서와 헤스터는 이야기가 진행되면서 서로 여러 차례 이야기를 나누다가 어느 시점에서인가 함께 도망칠 계획을 세운다. 다른 곳에서 새로운 삶을 시작하려는 것이다. 그러나 아서는 헤스터에 대한 애정과 자기를 붙잡는 마을 사이에서 갈등한다. 한쪽에서 사랑이 그를 끌어당긴다면, 또 다른 쪽에서는 교회법이 끌어당긴다. 무자비한 독자가 아닌 다음에야 아서가 자유를 선택하여 헤스터와 서로 화합하기를 응원하지 않을 수 없을 것이다. 하지만 결국 아서는 감정과 이성, 영혼과 사회 사이의 충돌로 파멸한다.

헤스터가 짊어진 불명예는 아이러니하게도 그녀를 교회의 관습과 사회적 제약으로부터 해방시켜준다. 상징을 많이 사용한 호손은 다 쓰러질 듯한 헤스터의 오두막집이 마녀들이 활동하고 인디언들이 거주하는, 즉 문명과는 거리가 먼 숲 속에 있다고 묘사한다. 불결한 유대인이나 이방인들이 고대 이스라엘 진영으로부터 추방된 곳과 거의 흡사하다. 그러나 헤스터가 진정으로, 그리고 신성하게 사랑할 수 있는 자유를 누린 장소가 바로 품위와는 거리가 먼 그곳이었다. 헤스터는 아서와 자기를 박해하는 사람들을 용서할 수 있다. 그녀는 아서와 함께할 전혀 다른 미래를 꿈꿀 수 있으며, 공동체의 약자들을 돌보는 새로운 삶을 시작할 수 있다. 또한 이제 명랑한 딸을 키우게 되었다. 소설의 절정에 이르러 찬란한 은혜의 순간이 되자 그 딸은 몸을 굽혀 아버지의 상처 난 이마에 입을 맞추었다.

사랑과 체계

등을 꼿꼿이 세우고 두 손을 무릎 위에 가지런히 올려놓은 채 예배당 의자에 앉아 있는 전통적인 그리스도인들은 호손과 같은 18세기 후반 또는 19세기의 낭만주의자들을 가리켜 '경건하지 않은 사람들'이라고 생각할지도 모르겠지만, 낭만주의자들은 자신들이 신앙을 지켜낸다고 생각했다. 낭만주의자들은 하나님의 사랑과 인간의 영적인 충동을 기독교 중심의 문명 체계로부터, 과도하게 성문화된 교리 체계로부터 그리고 억압적인 교회 구조로부터 해방하려고 했다.

만일 호손이 지금도 살아 있다면, 자신을 가리켜 "영적이지만 종교적이지 않은"이라는 유명한 수식어로 묘사했을 것이다. 호손이 희화화한 청교도 교회는 도덕적 범죄들을 최대한 성문화하고 이 법규들을 재판관의 손에 맡겨 집행했다. 문제는 도덕적 혹은 영적인 충동 그 자체가 아니라, 이 모든 것들을 종교적인 체계 속에 두었다는 것이다. 이것이 오늘날 우리가 부르는 '제도'이다. 즉, 기관 내에 존재하는 다양한 규범과 권위 체계를 사람보다 중요하게 여기는 것이다. 영성과 도덕성이 한 조직의 비인격적이고 권위적인 체계 속에 뿌리를 둘 때, 그 조직을 수호하려는 자들에 의해 복종이 강요될 수밖에 없다. 그리고 그 **안**에 있는 사람들과 **밖**에 있는 사람들 사이에 엄격한 경계선이 그어져야 한다. 개성 또는 창의력을 자극하는 것들은 무엇이든지 죄라는 명목으로 금지되어야 한다. 한 체제의 법규를 탁월하게 지킬 수 있는 사람들은 독선에 빠지는 경향이 있는 반면, 올바른 삶을 살 수 없는 사람들은 조직에서 멸시를 받거나 심지어 쫓겨나게 된다. 이 모든 경우에 은혜와 자비는 사라지고, 열정은 억압되며, 사랑과 아름다움은 말살된다.

호손이 현대의 공황 상태를 얼마나 정확히 짚어내고 있는지 주목할 필요가 있다. 교회가 정부 행세를 하고, 개인이 관료가 되며, 의로운 선동가들이 젊고 아름답고 자유로운 사람들을 경멸한다. 심지어 무고한 딸들이 간접적인 희생자가 된다.

그러면 《주홍 글씨》는 정확히 어떤 종류의 사랑 이야기일까? 《주홍 글씨》는 호손이 이 소설을 쓰던 19세기에, 많은 사람들이 사랑에 대해 갖기 시작한 가정(假定)들을 잘 묘사해준 이야기이다. 오늘날에는 이런 가정들이 거의 문제시되지 않고 받아들여진다. 사실 그러한 가정들을 정확하게 설명하기란 매우 어렵다. 나는 이것을 설명하는 데 1장 전체를 할애했기 때문에, 여기에서는 간략하게만 다루어 보겠다. 우리는 하나님이 사랑이라고 가정하는 게 아니라 사랑이 하나님이라고 가정한다. 달리 말하자면, 우리는 온 우주 만물의 진정한 창조자 앞에 서서 "**당신**이 누구이며 **당신**이 사랑을 어떻게 정의하는지 말씀해주세요"라고 요구하지 않는다. 오히려 우리는 스스로 사랑의 개념을 정의해놓고, 우리가 정의한 사랑이 하나님 노릇을 하게 한다. "하나님 노릇을 하게 한다"라는 말의 의미는, 우리가 정의한 사랑으로 하여금 옳고 그름의 문제, 선함과 악함의 문제, 영광을 받을 만하거나 그렇지 못하거나의 문제를 결정하게 한다는 것이다. 이 모든 가치들이 오직 하나님 한 분께만 속했는데도 그렇게 한다. 결국 사랑은 궁극적인 우상이 된다.

예를 들어보자. 헤스터가 간음한 것이 '잘못'일까? 다른 사람과 이미 결혼한 헤스터가 아서와 함께 도망쳐 새로운 삶을 시작했다면, 이것은 잘못일까? 또는 자기 의에 사로잡힌, 악독한 마을 여인들이 심한 비난을 퍼부음으로써 헤스터의 인생을 망쳐버렸다고 할 수 있을까? 이에 대해 호손의 소설과 오늘날 우리의 문화는 암묵적으로 이렇게 답한다. "결코 잘못이 아니다. 두 사람은 서로 **사랑하니까**. 설령 잘못한 점이 있다 하더라도 그들의 행동은 정당화될 수 있다. 사랑은 허다한 죄를 덮어주니까. 사랑하면 다 괜찮으니까!"

사랑에 대한 가정들

당신은 사랑에 대한 다음의 가정들이 《주홍 글씨》를 관통하고 있을 뿐 아니라, 내가 주장하는 것처럼 오늘날 우리 문화에서 전혀 문제시되지 않는다는 사실을 알고 있는가? 첫 번째 가정은 사랑에 경계가 있을 수 없다는 것이다. 오히려 사랑이 모든 것의 경계가 된다. 그러한 사랑에 일정한 조건과 체계를 용인해주는 진리나 거룩 또는 지혜의 개념이란 존재하지 않는다. 사랑은 진리에 구속받지 않은 채 자유롭게 활동한다. 사실, 사랑만이 진리를 세우며 궁극적 정의의 원천이 된다. 오늘날에는 "사랑하니까" 또는 "사랑 때문에"라고 말하기만 하면, 모든 것을 정당화할 수 있다.

사람들이 동성애자들 간의 사랑에 대해 말할 때, 그 '사랑'이 무엇을 의미하는지 잠시 생각해보자. 혼전 성관계나 혼외정사, 또는 이혼 등을 정당화하기 위해 사랑을 말할 때, 그 '사랑'이 의미하는 바는 무엇일까? 자녀들을 망치면서 사랑을 말한다면, 그것은 무슨 의미일까? 한 교회에서 다른 교회로 옮겨가거나, 교회에서 다른 사람들을 위해 전혀 희생하지 않는 사람들이 말하는 사랑이란 무슨 의미일까? 사랑이 가장 큰 선이며, 사랑이 용서한다는 것은 사실이다. 그러나 여전히 의문이 남는다. 무엇이, 또는 누가(!) 사랑을 정의하는가?

두 번째 가정은 사랑이 우리 생각 속에서 제도적 체계나 제도적 판단 규정들과 무관하다는 것이다. 모든 제도의 사고는 기껏해야 냉담하고, 비인격적이며, 관료적일 뿐이다. 각종 체계들은 융통성도 없고 엄격하다. 우리가 아는 사랑은 유연하고, 유동적이며, 인격적이다. 심하게 말하면, 제도들은 모두 권력과 관련이 있을 뿐 사랑과는 무관하다. 또한 제도적 판단 규정들은―그 규정들이 필요한 매우 드문 상황에서조차―사랑이 없거나 사랑에 무관심하다. 이러한 것들은 사랑의 규정이 아닌 게 틀림없다. 사랑은 우리에게 전혀 다른 것을 말해주는데, 어떤 제도 또는 제도화된 교회가 하나님을 대신하여 우리에게 무엇이 옳고 그른지에 대해 말해준다면 그것은 단지 비인격적이며 무자비한 권위가 아니고 무엇이란 말인가? 그러한 제도나 제도화된 교회라면 단지 권력을 휘두르려는 소수의 특권층이 고안해낸 장치에 불과하지 않을까? 18세기와 19세기의 낭만주의자들은 제도보다는 사랑에 의해, 외부적인 구속보다는 내적인 열정에 의해, 이론적인 추론보다는 즉흥적인 감동에 의해, 사실보다는 감정에 의해,

효율과 질서보다는 아름다움과 자유에 의해, 생기 없는 신학 서적 탐독보다는 고된 삶에서 땀 흘리며 얻은 지혜에 의해 인도받기를 원했다.[9] 나는 이와 유사한 충동들이 포스트모던 서구사회를 대표한다고 생각한다. 우리 마음속에는 **사랑**이라는 단어와 **제도**라는 단어가 별개로 존재할 수 없다.

세 번째 가정은 **사랑**과 **교회**가 서로 어울리지 않는다는 것이다. 특히 엄격한 경계선을 가지고 권위적인 결정을 내리는 교회라면 더욱 그렇다. 헤스터는 교회로부터 사랑받지 못했다. 오히려 핍박을 받고 출교를 당했다. 사랑이라는 단어를 말해보라. 그러면 대부분의 사람들은 즉시 전혀 다른 영역을 생각할 것이다. 예를 들어 연인 사이의 관계, 부모와 자녀의 관계, 개인과 하나님의 관계 등이다. 그런데 얼마나 많은 사람들이 사랑을 지역교회 안에 존재하는 관계들과 연관시킬 수 있을까? 종종 정반대의 경우가 발생한다. 지역교회들은 오히려 다툼과 험담과 편협성으로 유명하다.

이 모든 것들 외에 서구의 사상이 사랑에 대해 갖고 있는 또 다른 가정은 다음과 같다. 사랑과 권위는 서로 아무런 관련이 없다. 권위는 구속하지만 사랑은 자유롭게 한다. 권위는 착취하지만 사랑은 권한을 준다. 권위는 목숨을 앗아가지만 사랑은 목숨을 구해준다. 사랑과 권위 사이의 이러한 단절은 결코 새로운 것이 아니다. 이 둘은 뱀이 아담과 하와에게 하나님의 사랑과 하나님의 권위가 서로 모순된다고 일러주던 때부터 이미 서로 분리되었다. 나는 사랑과 권위가

---

9 18세기 후반과 19세기 초반의 낭만주의 운동에 대한 서론적 이해를 위해서는 다음을 보라. Jacques Barzun, *From Dawn to Decadence: 500 Years of Western Cultural Life* (New York: HarperCollins, 2000), pp. 465-489. 이희재 옮김, 《새벽에서 황혼까지 1500-2000》(민음사, 2006).

계몽주의와 반계몽주의적 낭만주의자들의 등장으로 훨씬 더 첨예하게 대립되었다고 생각한다. 낭만주의자들은 이성주의자들과 고전주의자들에게 저항하면서도 그들의 자율적 개인주의를 그대로 답습했다. 그들은 우리에게 필요한 것이 사랑이라고 했다. 구속이 아니었다. 체계도 아니고 제도도 아니었다. 아마 그들에게는 교회도 필요 없지 않았을까? 사실 이러한 것들은 호손과 같은 낭만주의자들과 오늘날의 문화가 '사랑'이라고 부르는, 이 위대한 덕목과 대립되는 '나쁜 것들'에 불과하다.

오늘날 그리스도인들 중에는 교회가 필요 없다고 말하는 사람들의 수가 많지 않지만, 두 세기 전에는 수많은 작가들이 교회가 비제도화되어야(de-institutionalized) 한다고 주장했다. 프리드리히 슐라이어마허(Friedrich Daniel Ernst Schleiermacher)가 낭만주의자들의 언어를 사용해서 계몽주의적인 이성주의 교리 체계와 종교적 경험을 대립시킨 이래로, 자유주의자들은 '더 높은 공동체성'과 '더 낮은 제도적 권위'를 요구해왔다.[10] 거의 동시대에 슐라이어마허와 다른 자유주의자들에게 영향을 받은 로마가톨릭교도들 사이에서는 낭만주의 부흥 운동이 본격적으로 시작되었다. 그리고 이 혁명은 마침내 제2차 바티칸 공의회에서 수많은 변화를 낳기에 이르렀다.[11] 주류 개신교도들과 가

---

10 Roger Haight, *Christian Community in History, vol. 2: Comparative Ecclesiology* (New York: Contimuum, 2005), pp. 312-313를 보라.

11 이들 중에서 특히 요한 아담 묄러(Johann Adam Möhler)는 *Unity of the Church*를 발표함으로써 1820년대 가톨릭교회 내에서 교회론의 '개념적 혁명'을 일으켰다. Haight, *Christian Community*, p. 355. 또한 데니스 도일(Dennis Doyle)의 유익한 개론서인 *Communion Ecclesiology* (Marynollo, NY: Orbis, 2000)와 *Models of the Church* (New York: Image Books, 2002), pp. 39-54에 수록된 에버리 덜레스(Avery Cardinal Dulles)의 소고 "The Church as Mystical Communion"를 보라. 김기철 옮김, 《교회의 모델》(한국기독교연구소, 2003). 요한 아담 묄러 이후 과거 한 세기 동안 로마가톨릭교 연합 교회론에 등장한 주요 사상가들로는 샤를

톨릭교도들은 분명히 각각 자기들의 오랜 전통을 중시했지만, 구원론과 교회론에서는 점점 가까워지기 시작했다. 그렇게 될 수 있었던 주요 원인은 두 진영이 "모두 후기 계몽주의 시대의 낭만주의 부흥에 동참했기" 때문이다.[12]

적어도 조지 휫필드(George Whitefield)가 모국인 영국의 국교도들보다 미국의 침례교인들과 장로교인들이 자기의 부흥 사역에 훨씬 더 호의적이라는 것을 알게 된 이래로, 보수적인 복음주의자들은 반(反)제도적이면서 '본질주의적' 충동을 갖게 되었다.[13] 그리고 이것은 교회 안에 명목상의 기독교와 '값싼 은혜'가 문제될 때마다 어김없이 고개를 들고 있다.[14]

우리의 논의와 관련해서 더욱 놀라운 점은 이렇게 제도 축소와 공동체성 확장을 강조하는 이머징 교회(emerging church) 또는 선교적 교회(missional church)에 소속되어 있거나, 그러한 교회들에 호의적인 복음주의 작가들과 소위 탈복음주의 작가들에 의해 지난 수십 년 동안 수많은 책들이 홍수처럼 쏟아져 나오고 있다는 사실이다.[15] 이 수

주르네(Charles Journet), 이브 콩가르(Yves Congar), 앙리 드 뤼박(Henri de Lubac) 그리고 장마리 틸라드 (Jean-Marie Tillard) 등이 있다(Tillard, *Church of Churches*를 보라). 또한 교황 요한 바오로 2세와 베네딕토 16세도 지대한 공헌을 했다.

12 Haight, *Christian Community*, p. 356; Doyle, *Communion Ecclesiology*, pp. 23-37.

13 조지 휫필드가 복음주의적인 교회론 인식에 미친 영향에 대한 유익하고도 개괄적인 설명은 Bruce Hindmarsh, "Is Evangelical Ecclesiology and Oxymoron? A Historical Perspective," in John G. Stackhouse, *Evangelical Ecclesiology: Reality or Illusion?* (Grand Rapids: Baker, 2003), pp. 15-37에서 볼 수 있다.

14 *The Cost of Discipleship*[권영달 옮김, 《진정한 사도가 되라》(보이스사, 1990)]에서 값싼 은혜에 대해 비판한 것으로 잘 알려진 신학자 디트리히 본회퍼(Dietrich Bonhoeffer)가 그의 또 다른 저서 *Sanctorum Communio* (London: Collins, 1963), p178[유석성·이신건 옮김, 《성도의 교제》(대한기독교서회, 2010)]에서 "개신교회의 조직적 형태들을 설명하다 보면 그것들이 오류투성이라는 결론에 이를 수밖에 없게 된다"라고 주장한 것은 결코 우연이 아니다.

15 지난 두 세기 동안 일반적인 개신교 안에서 공동체성을 훨씬 더 강조하고 조직을 덜 강조하는 데 역점을 둔

많은 책들과 더불어 낭만주의적인 충동이 급증하고 있다. 그 책들이 주장하는 것 중의 하나는 바로 교회 안과 밖의 경계를 완화하자는 것이다. 어떤 저자는 "교회에 속한 사람들과 속하지 않은 사람들 사이의 경계가 너무 분명하게 그어져서는 안 된다"라고 주장했다.[16] 결국,

---

복음주의자들과 탈복음주의자들의 학문적, 비학문적 저서들로는 시대순으로 다음의 몇 가지를 꼽을 수 있다. Colin Gunton, "The Church on Earth: The Roots of Community," in *On Being the Church: Essays on the Christian Community*, ed. Colin E. Gunton, and Edniel W. Hardy (Edinburgh: T&T Clark, 1989), pp. 48-80; Greg Ogden, *Unfinished Business: Returning the Ministry to the People of God* (Grand Rapids: Zondervan, 1990), pp. 62-108; David Bosch, *Transforming Mission: Paradigm Shifts in Theology of Mission* (Marynoll, NY: Orbis, 1991), pp. 50-51. 김병길 · 장훈태 옮김, 《변화하고 있는 선교》(CLC, 2010); Paul G. Hiebert, *Anthropological Reflections on Missiological Issues* (Grand Rapids: Baker Books, 1994), pp. 107-136, 159-172. 김영동 · 안영권 옮김, 《인류학적 접근을 통한 선교현장의 문화이해》(죠이선교회, 1997); Kevin Giles, *What on Earth Is the Church: Am Exploration in New Testament Theology* (Eugene, OR: Wipf & Stock, 2005; orig. SPCK, 1995), pp. 8-22. 홍성희 옮김, 《신약성경의 교회론》(CLC, 1999); Darrell L. Guder, *Missional Church: A Vision for the Sending of the Church in North America* (Grand Rapids: Eerdmans, 1998), p. 80, 84, pp. 93-94, p. 221 이하. 정승현 옮김, 《선교적 교회》(주안대학원대학교출판부, 2013); Darrell L. Guder, *The Continuing Conversion of the Church* (Grand Rapids: Eerdmans, 2000), pp. 181-204; Craig Van Gelder, *The Essence of the Church: A Community Created by the Spirit* (Grand Rapids: Baker, 2000), pp. 55-58, 74-75, p. 125, pp. 157-158. 최동규 옮김, 《선교하는 교회 만들기》(베다니, 2003); Eddie Gibbs, *Church Next: Quantum Changes in How We Do Ministry* (Downers Grove, IL: InterVarsity, 2000), pp. 65-91. 임신희 옮김, 《넥스트처치》(교회성장연구소, 2010); Stanley Grenz, *The Social God and the Relational Self: A Trinitarian Theology of the Imago Dei* (Lousiville: Westminster, 2001), pp. 331-336; Doug Pagitt, *Church Re-Imagined: The Spiritual Formation of People in Communities of Faith* (Grand Rapids: Zondervan, 2003), pp. 23-31, 47-48; Stuart Murray, *Church After Christendom* (Milton Keynes, UK: Paternoster, 2004), pp. 135-164; Brian McLaren, *A Generous Orthodoxy* (Grand Rapids: Zondervan, 2004), p. 62; Reggie McNeal, *The Present Future: Six Tough Questions for the Church* (San Francisco: Jossey-Bass, 2003), pp. 26-27, 34-36; Eddie Gibbs and Rhan K. Bolger, *Emerging Churches: Creating Community in Postmodern Cultures* (Grand Rapids: Baker, 2005), pp. 89-115. 김도훈 옮김, 《이머징 교회》(쿰란출판사, 2008); Neil Cole, *Organic Church: Growing Faith Where Life Happens* (San Francisco: Jossey-Bass, 2005). 정성묵 옮김, 《오가닉 처치》(가나북스, 2006); *Trinity in Human Community: Exploring Congregational Life in the Image of the Social Trinity* (Milton Keynes, UK: Paternoster, 2006), pp. 1-3; Ray Anderson, *An Emergent Theology for Emerging Churches* (Downers Grove, IL: InterVarsity, 2006), p. 92; Dan Kimaball, *They Like Jesus but Not the Church: Insights from Emerging Generations* (Grand Rapids: Zondervan, 2007), pp. 73-95. 차명호 옮김, 《그들이 꿈꾸는 교회》(미션월드, 2008).

16 Miroslav Volf, *After Our Likeness* (Grand Rapids: Eerdmans, 1998), p. 148 각주 84. 황은영 옮김, 《삼위일체와 교회》(새물결플러스, 2012).

"분명한 경계선을 긋게 되면 서로 상대방의 영역을 침범하는 일이 벌어지게 마련이다".[17]

'둘 중 하나'가 아니라 '둘 다'를 추구한다

예수님은 타락한 세상의 그 어떤 제도나 권위도 전적으로 신뢰받을 수 없다는 것을 아셨다. 또한 권위가 악한 인간의 손에 들어가면 그것이 결국 착취와 파멸의 무기가 된다는 사실도 아셨다. 사도 요한은 예수님에 대해 이렇게 기록했다. "유월절에 예수께서 예루살렘에 계시니 많은 사람이 그의 행하시는 표적을 보고 그의 이름을 믿었으나 예수는 그의 몸을 그들에게 의탁하지 아니하셨으니 이는 친히 모든 사람을 아심이요 또 사람에 대하여 누구의 증언도 받으실 필요가 없었으니 이는 그가 친히 사람의 속에 있는 것을 아셨음이니라"(요 2:23-25).

참 흥미로운 말씀이다. 예수님은 사람들에게 자신을 **의탁하지** 않으셨다. 사람들의 **마음속에** 무엇이 있는지 아셨기 때문이다. 예수님은 사람들의 가장 선한 행동까지 지배하는 욕구가 무엇인지 아셨다. 물론 어떤 의미에서, 예수님은 죽음의 순간에 권위자들에게 자신을 의탁하셨다. 하지만 자신의 양심과 의지, 충성과 사명 등을 인간의 권위에 의탁하지는 않으셨다. 열두 살 때의 예수님도 마찬가지였다. 예수님은 부모에게 순종하셨지만, 그러면서도 자신의 궁극적인 순종이 하늘에 계신 아버지께 있음을 상기시키셨다(눅 2:49, 51). 예수님이 바리새인들에게 행하신 일들과 그들의 전통에 대해 곱지 않은

---

17 같은 책, p. 151 각주 97.

말씀을 던지신 것을 볼 때, 그분은 제도의 위험성과, 제도적 권위를 이기적인 목적을 위해 이용하려는 유혹에 대하여 잘 알고 계셨던 것이 분명하다.

이 모든 것들은 혼란을 가져온다. 만일 우리가 호손이 헤스터의 간음을 눈감아주지는 않으면서도, 그녀에게 자비로운 사랑을 베풀어 주길 원한다면 어떨까? 무언가를 "그르다"라고 말하면서 여전히 사람들을 사랑하길 원한다면 어떨까? 두 개의 상반된 가치가 서로 충돌하고 두 종류의 사람들이 서로 대적하는 이 타락한 세상에서 마치 호손처럼 가슴과 머리, 사랑과 진리를 모두 원한다면 어떨까? 개인적인 생각이나 이성적인 계산에 부합할 때에만 비로소 권위에 순종하도록 하나님이 우리를 부르셨다고 생각해야 할까? 만일 그렇다면 진정한 **순종**의 의미는 무엇일까? 어느 영국국교도 작가는 이러한 문제를 적절하게 표현했다. "대중의 요구는 명확한 캔터베리 공동선언과 같다. 선언문 발표자가 그 내용에 동의하기만 한다면!"[18]

교회의 역사를 살펴보면 모든 권위가 주교에게 집중된다거나, 콘스탄티누스 이후 교회와 국가가 유착을 한다거나, 또는 지역 침례교회에서 위원회가 과도하게 증가하는 등 기독교의 본질과 정면으로 배치되는 소위 '제도화' 오류에 빠진 교회들이 수없이 존재했다. 바리새인들은 이스라엘의 영적인 삶을 유지하겠다는 명목으로 사회 체계를 세웠지만, 이는 결국 생명을 앗아가는 결과를 낳았다. 그런데 복음서들은 예수님이 여기에 반대하셨다는 점을 전혀 강조하지 않는

---

18 Paul Avis, *Authority, Leadership, and Conflict in the Church* (Philadelphia: Trinity Press International, 1992), ix.

다. 교회가 직면한 끊임없는 유혹들 가운데 하나는 그 조직의 제도적인 요소들을 본질적인 것으로 다룬다는 점이다.[19] 즉, 조직의 규범과 계급 구조가 사람들과 그들의 관계보다 중요하게 여겨지며, 인간의 전통이 하나님의 명령을 대체하게 된다.[20] 잘못된 규범이 강요될 수도 있다. 어쩌면 옳은 규범이 잘못 강조될 수도 있다. 또는 제도 수호자들이 단순히 권력을 즐길 수도 있다. 이러한 일들은 틀림없이 일어날 수 있고 실제로도 종종 일어난다.[21] 사람은 너무 쉽게 권위를 남용하는 경향이 있는데, 그리스도인들조차도 전통에 견고히 뿌리내린 제도들을 쉽게 만들어냄으로써 그로 인해 닥치게 될 임박한 위협들을 일순간 보지 못할 수 있다. 이것은 마치 전투기 조종사가 적군의 미사일이 자기 비행기를 향해 날아온다는 경고음을 듣고서도 레이더를 꺼버리기로 결정하는 것과 같다.

이와 같은 맥락으로, 나는 최근 서구의 교회들에게서, 특히 교회의 선교 문헌들에서 발견되는 '제도주의'(institutionalism)에 대한 비판에 대체로 동의한다. 이 세상의 악한 인류는 언제나 자기들의 전통을 권위주의적인 체계 속에 담으려고 할 것이며, 더욱이 사랑의 공동체

---

19 Dulles, *Models of the Church*, p. 27. 김기철 옮김, 《교회의 모델》(한국기독교연구소, 2003).

20 피터 버거(Peter L. Berger)와 토마스 루크만(Thomas Luckmann)은 *The Social Construction of Reality: A Treatise in the Sociology of Knowledge* (New York: Anchor Books, 1966), pp. 47-79에서 제도화와 그 기원에 대해 유익한 개론적 설명을 했다. 하홍규 옮김, 《실재의 사회적 구성》(문학과지성사, 2014). 두 사람은 "제도화는 행위자들의 행동 양식에 따라 습관화된 행동들의 상호적 전형화가 있는 곳이라면 어느 곳에서든지 발생한다. 달리 표현하면, 그러한 전형화는 무엇이든지 곧 제도이다."라고 했다(p. 54). 쉽게 말하면, "습관화된 행동들의 전형화"가 "전통"이다. 이것은 본래 문제가 되지 않지만, 예수님이 바리새인들에게 말씀하신 바와 같이, "너희가 하나님의 계명은 버리고 사람의 전통을 지"킬 때(막 7:8) 문제가 된다. '제도주의'를 정의하자면, 전통이 하나님의 명령에 앞서게 될 때 제도들이 '제도화되는' 것이라고 말할 수 있다.

21 폴 히버트(Paul Hiebert)는 *Anthropological Reflections*, pp. 159-164에서 제도화되어가는 교회의 특성들과 그러한 과정의 위험성에 대해 잘 분석하고 있다. 김영동·안영권 옮김, 《인류학적 접근을 통한 선교현장의 문화이해》(조이선교회, 1997).

에 해가 되는 방식으로 그러한 일을 자행하려 할 것이다.

그러나 이 책이 다루려는 것은 제도주의의 위협과 권위의 남용이 아니다.[22] 오히려 그 정반대의 오류에 대해 말하고자 한다. 그것은 그리스도인들과 교회들 사이에 훨씬 더 만연한 오류로, 서구문화의 반제도적, 반경계적, 반윤리적, 반권위적 세계관과 욕구들이다. 또한 이 책은 반권위적 비경계주의의 위협과 불복종의 위협에 대해 다룬다. 타락한 세상에서 이러한 논의를 올바르게 하기 위해서는 우리의 레이더를 끄지 말아야 한다. 우리는 권위가 오용되고 있는 현실에서 지역교회와 교회 지도자들의 권위에 복종하는 것이 무엇을 의미하는지 주의 깊게 살펴보아야 한다.

나는 이 책에서 사랑과 체계 그리고 진정한 공동체와 구조화된 제도 사이의 이분법은 그릇된 것이라는 점을 분명하게 주장하고 싶다. 지나치게 단순화해서 표현하면, 낭만주의자에게 고전주의가 필요하다는 것이다. 즉 가슴에는 머리가 필요하고, 창의성에는 질서가 필요하며, 사랑에는 진리와 권위가 필요하다. 이런 여러 가지 이분법적 구분과 관련해서 우리는 **둘 중 하나**(either/or)를 선택해서는 안 되고, 오히려 **둘 다**(both/and)를 추구해야 한다. 한 가지만을 배타적으로 강조하는 것은 인간적이지 못하다. 나중에 다루겠지만, 어느 한쪽만 지나치게 강조하면 하나님의 형상에 미치지 못하는 것을 낳기 때문

---

22 미로슬라브 볼프는 *After Our Likeness: The Church as the Image of the Trinity*(Grand Rapids: Eerdmans, 1998)에서 지역교회의 관계적 개념에 대해 설명한다. 황은영 옮김, 《삼위일체와 교회》(새물결플러스, 2012). 그러나 교회의 제도적 요소들도 무시하지 않는다. "개신교 안에 만연해 있는 관점에 따르면, 하나님의 영과 교회의 제도들은 서로 대립된다. '주의 영이 계신 곳에는 자유가 있느니라'(고후 3:17). 제도들은 규제 장치로 인식된다. 만일 이러한 견해가 옳다면, 확고한 '영적 무정부 상태'는 단지 은사주의 교회에 적합한 '조직 체계'가 될 것이다. 그러나 이러한 관점은 치우친 생각이며, 이러한 견해를 갖는 사람은 누구나 교회의 제도들과 하나님의 영이 활동하시는 방식의 성격을 이해하지 못하는 것이다." *After Our Likeness*, p. 234.

이다. 교회 안에 제도적 요소들(규범, 수단, 위계질서 등)이 존재하는 것 자체가 반드시 제도주의를 의미하는 것은 아니다. 이것은 법률 자체가 율법주의를 의미하지 않고, 교리 자체가 교조주의를 의미하지 않는 것과 마찬가지이다.[23]

등록 교인 제도와 권징

이 책은 등록 교인 제도와 권징을 다룬다. 호손의 소설에서 헤스터 프린의 몸에 'A'라는 주홍 글씨를 새겨 넣고, 그녀를 마을에서 내쫓아 황무지로 보낸 행위와 같은 권징에 대해 살펴볼 것이다. 지역교회의 등록 교인 제도와 권징이야말로 신앙과 교회 생활의 제도적인 측면을 잘 보여주는 요소이다. 등록 교인 제도는 땅 위에 그어놓은 경계선이자 경계표(境界標)이며, 성을 둘러싼 장벽이다. 그리고 이름들이 기록된 명부이다. 이것을 제도적인 언어로 표현하면 이렇다. "이 명부에 포함된 사람들은 교회 **안에** 속했다. 다른 사람들은 모두 교회 **밖에** 있다."

등록 교인 제도는 의심할 나위 없이 배타적이다. 권징은 이렇게 배타적으로 누군가의 이름을 명부에 적어 넣고 다른 이름들을 배제하는 장치이다. 또한 권징은 사기꾼들을 쫓아내는 집행관이기도 하다. 등록 교인 제도와 권징은 동전의 양면과 같다.

나는 이 책에서 등록 교인 제도와 권징의 시행에 대해 살펴볼 뿐

---

23 Dulles, *Models of the Church*, p. 27. 김기철 옮김, 《교회의 모델》(한국기독교연구소, 2003); Giles, *What on Earth Is the Church*, pp. 21–22 참조. 홍성희 옮김, 《신약성경의 교회론》(CLC, 1999).

아니라, 하나님이 이 두 요소를 사용하셔서 세상에 대한 그분의 사랑을 드러내신다는 것을 논증하려고 한다. 명확히 말하자면, 이 책은 이 둘의 배타적 시행을 **옹호**하려는 것이다.

매고 푸는 일

왜 이러한 논의를 해야 하는가? 가장 중요한 이유는 예수님이 교회에게 이러한 제도적 권위를 주셨기 때문이다. 복음서를 살펴보면 알 수 있듯이 우리가 '교회'라고 번역하는 단어를 예수님은 단 두 번밖에 사용하지 않으셨다. 그런데 제도주의의 약점에 우리 문화가 혐오감을 가진다는 점에서 볼 때, 이 두 구절에서 예수님이 사람들의 모임에 '매고 푸는' 권위를 부여했다는 사실은 어쩌면 모순이라고 여겨질 수도 있다.

> 또 내가 네게 이르노니 너는 베드로라 내가 이 반석 위에 내 교회를 세우리니 음부의 권세가 이기지 못하리라 내가 천국 열쇠를 네게 주리니 네가 땅에서 무엇이든지 매면 하늘에서도 매일 것이요 네가 땅에서 무엇이든지 풀면 하늘에서도 풀리리라 하시고(마 16:18-19).

> 진실로 너희에게 이르노니 무엇이든지 너희가 땅에서 매면 하늘에서도 매일 것이요 무엇이든지 땅에서 풀면 하늘에서도 풀리리라 진실로 다시 너희에게 이르노니 너희 중의 두 사람이 땅에서 합심하여 무엇이든지 구하면 하늘에 계신 내 아버지께서 그들을 위하여 이루게 하시리라 두세 사람이 내 이름으로 모인 곳에는 나도 그들 중에 있느니라(마 18:18-20).

마태가 복음서를 기록한 이후 줄곧 논의되어 온 구절들이지만, 그 의미를 완전히 이해하기란 쉽지 않다. 우리는 4장에서 이 구절들을 집중적으로 논의할 것이다. 여기에서는 매우 분명하다고 생각하는 두 가지만 언급하겠다. 첫 번째 구절에서 예수님은 이 권위를 열쇠에 비유하여 말씀하셨다. 이것이 바로 교회사에서 목회자들과 신학자들이 '열쇠의 권세'(power of the keys)라고 언급한 이유이다. 비유는 단순하다. 열쇠의 역할이 무엇인가? 열쇠는 문을 잠그기도 하고 열기도 한다. 열쇠는 어떤 사람들이 다른 사람들을 문 밖에 두거나 문 안으로 들여보내게 해준다. 예수님은 그분의 이름 아래 모인 사람들이 이와 같이 행하기를 원하셨다. 즉, 누가 들어오고 누가 나갈지를 규정하는 것이다.

예수님은 이 열쇠가 어디에서 사용되어야 한다고 말씀하셨는가? 이렇게 매고 푸는 일이 어디에서 일어나는가? 예수님의 말씀은 단순하고 유익하다. 바로 '세상'이다. 예수님은 그분의 이름 아래 모인 사람들을 향하여 **세상에서** 사람들을 매고 풀라고 말씀하셨다. 다소 불분명한 점은 '세상에서 매고 푸는 것이 하늘에서 정확히 무엇을 의미하는가?' 이다. 이에 대해 로마가톨릭교와 개신교의 해석이 서로 다르다. 그러나 분명한 것은, 이렇게 매고 푸는 일이 추상적이거나 이상주의적인 존재들에게서 일어나지 않고 혈과 육을 가진 이 세상 사람들 사이에서 일어난다는 점이다. 이런 일은 지역사회에서 일어난다. 왜냐하면 사람들이 지역사회에 소속되어 살아가기 때문이다. 예수님은 실제 사람들로 구성된 실제 **회중**에게(예를 들어 유오디아, 고레스, 캐서린, 프리드리히, 맥캔지, 파호드, 제인 등에게) 누군가가 정말로 '그들 중 하나'인지, 즉 그리스도인이고, 예수님을 따르는 자이고, 제자인지를 결정할 수 있는 권위와 의무를 부여하셨다. 이렇듯 추상적이지 않고 실제적인 회중이 한 개인의 신앙고백을 신뢰할 만하다고 결정한다면, 그 개인과 회중은 하나로 묶인다. 만일 신뢰하지 못한다면, 하나로 묶을 수 없다. 이 '서로 묶는' 권위를 어떻게 행사할까? 교회는 예수님이 그들에게 부여하신 두 가지 장치, 곧 외형적이고 가시적이며 제도적인 두 가지 예식을 통해 묶는 일을 한다. 하나는 세례를 통한 입교이고 또 하나는 새 언약의 만찬을 통한 지속적인 참여이다. 그렇다면 교회는 어떻게 풀고 떼어내는 일을 할까? 이 지속적인 만찬에 참여할 기회를 박탈하는 것이다.

우리는 이처럼 세상에 존재하는 그리스도인의 실제 모임에서, 감독과 권징을 시행하는 매고 푸는 권위로부터 등록 교인 제도와 권징의 교리를 발견할 수 있다.

이 주제가 갖는 의의

등록 교인 제도와 권징의 주제는 적어도 다음의 네 가지 이유에서 오늘날 서구의 포스트모던 상황과 깊은 관련이 있다.

혼란스러운 교회론

적어도 20세기 이후, 특히 20세기 중반에 도널드 맥가브란(Donald McGavran) 등의 교회 성장 이론이 대두하기 시작한 뒤부터 미국 교회를 지배해온 실용주의는 교회 자체에 대한 우리의 이해를 비교리적, 비원칙적, 비체계적으로 바꾸어놓았다. 이것은 현대의 실용주의 바람과 포스트모더니즘 저기압이 복음주의적 본질주의(구원의 본질적인 문제로 여겨지지 않는 교리들을 무시하는 교묘한 복음주의 술책)라는 기온 강하와 함께 몰아닥침으로써 엄청난 파괴력을 가진 폭풍을 일으켰다. 이 폭풍이 휩쓸고 지나가자 지역교회에 대하여 진지하고 건강하게 고민할 수 있는 능력은 거의 상실되고 말았다.

복음주의 보수 진영에는 다른 영역의 교리들에 대해 매우 엄격한 사상가들이 있다. 그러나 그들마저도 교회를 지도하고 조직하는 방법에 관해서는 다분히 실용주의적 풍조에 편승하곤 한다. 보수주의자들은 교회에 관한 글을 쓸 때 주로 교부들이 교회에 대해 통일되고, 거룩하고, 보편적이고, 사도적인 교회라고 말한 것이나 종교개혁자들이 교회의 두 가지 표지에 대해 말한 것을 그대로 답습한다. 후자를 강조하는 경우에는 주로 헌신적으로 설교하고 성례를 신실하게 행하는 것이 두 가지 표지라고 해석한다. 물론 이것이 본질적인 것이기는 하지만, 이는 현대 교회가 직면한 프로그램 위주의 교회, 소그룹 사역, 여러 차례의 예배, 다수의 예배당, 비디오 목회, 상대주의, 상황화(contextualization)의 역할, 세계화의 도전, 헌신하거나 참여하기 어려운 문화적 장벽, 소비주의, 냉소주의, 현대적 관용 개념 그리고 그 밖의 문제들에 대해서 직접적인 지침을 제시하지 못한다. 반면 복음주의 진보 진영에서 새롭게 관심을 받는 논의들은 주로 교회가 삼위일체와 어떻게 관련되는지, 또는 교회의 본질이 선교와 어떻게 연결되는지 등이다. 그러나 많은 진보주의자들은 보수주의자들이 동의하지 않는 삼위일체 교리와 복음 위에 그들의 교회론을 세워가고 있다. 결과는 혼란 그 자체이다. 복음주의자들은 전통과 실용주의 그리고 약간 도움이 되는 듯하지만 결국은 하나님과 복음에 대해서 부적절한 개념을 전제로 하는 여러 사상들을 마구 혼합한 토대 위에 교회를 세워가고 있다.

등록 교인 제도에 대한 반감

등록 교인 제도와 권징이라는 주제는 특히 현재와 직접적인 관련이 있다. 왜냐하면 최근 수십 년 동안 여기에 명백히 반대하는 목회자와 교회 지도자들이 점점 더 많은 책을 내고 있기 때문이다. 어떤 저자들은 등록 교인 제도가 오늘날 더 이상 의미가 없고, 무익하며, 시대 상황과 맞지 않으므로 포기할 수도 있다고 주장한다. 또 다른 저자들은 등록 교인 제도의 배타적인 경계선이 복음을 왜곡하므로 이를 폐기해야 한다고 주장한다. 이러한 주장들 사이에 '제도주의 축소' '진정한 공동체 확장' '조직 축소 및 사랑 확대' 등의 용어들이 반복되고 있다. 앞에서 언급했듯이, 로마가톨릭교도들과 자유주의 개신교 저자들 중에도 19세기 중반 이후에 이와 같은 주장을 하는 사람들이 있었고, 제2차 바티칸공의회 전후로는 그 수가 더 많아졌다. 그러나 복음주의자들과 소위 탈복음주의자들도 지난 10~20년 사이에 이러한 주장을 하고 있다. 이제 "제도주의는 악하고, 사랑의 공동체는 선하다"라는 주장이 거의 주문처럼 되어버렸다.[24]

지역교회의 중요성 감소

위와 같은 주장은 아무런 배경이 없는 상태에서 나온 것이 아니다. 오히려 그 이면에 더 깊은 문화적 상황이 존재한다. 서구 그리스도인들은 지역교회에 대해 그리고 기독교 신앙에서 지역교회가 차지하는

---

24 각주 15를 보라.

역할에 대해 매우 취약하면서도 빈약한 개념을 가지고 있다. 복음주의 여론조사 기관인 조지 바나(George Barna)가 이 사실을 증명해준다.

성인 인구 중 거의 절반에 가까운 사람들이 주중에 종교적인 예배에 참석하지만… 성인 다섯 명 중 채 한 명도 안 되는 비율만이 지역교회가 그들의 영적 성장에 중요한 요소라고 확고하게 믿으며, 일정한 신앙 공동체에 참석하는 것이 그들의 잠재적 가능성을 실현하는 데 꼭 필요하다고 믿는 사람은 소수에 불과하다.

성인 인구 중 17퍼센트만 "개인의 신앙은 무엇보다 지역교회에 속해 있을 때 성장할 수 있다"라고 말한다. 심지어 교회의 예배에 열심히 참석하는 사람들, 즉 복음주의자들과 회심한 그리스도인들조차도 일반적으로 이러한 생각을 부인한다. 복음주의자들 중 3분의 1 정도 그리고 비복음주의적이지만 회심한 성인들 중 5분의 1 정도만 이러한 생각에 동의한다. 성경적 세계관을 가진 성인 네 명 중 한 명만 지역교회가 개인의 영적 신앙에서 중심을 이룬다는 데에 동의한다. 영적 성숙을 위해서 신앙 공동체에 속할 필요가 있다는 생각에 적극 동의하는 성인은 소수(18퍼센트)일 뿐이다.[25]

나의 경험으로 볼 때에도, 평범한 그리스도인들에게 등록 교인이라는 사실이 자신의 신앙에 얼마나 중요한지를 물어보면 돌아오는 대답은 둘 중 하나이다. "전혀"이거나 "약간"이거나. 많은 그리스도

---

25 바나 그룹이 2006년 4월 18일에 "미국인의 교회 등록 문제에 관한 설문"(Americans Have Commitment Issues, New Survey Shows)이라는 제하에 발표한 "바나 업데이트"(Barna Update)에서 인용했다. 이 수치는 전국의 성인 1,003명의 전화 인터뷰를 기반으로 도출한 것이다.

인들이 특정한 교회에 매이는 것이 아니라 공식적인 소속감 없이 자유롭게 출석하고 싶어 한다. 어떤 사람들은 한 달 주기로 이 교회 저 교회를 옮겨 다니기도 하고, 해마다 다른 교회로 옮기는 사람도 있다. 심지어 어떤 사람들은 아예 교회에 가지 않고, 기독교 서적이나 친교 모임, 라디오 방송, 다른 기독교 매체 등 자기가 정한 방식으로 영적 생활을 유지해나가려고 한다. 만일 그런 마음가짐을 가진 누군가에게 왜 교회에 다녀야 하는지 설명한다면, 그들로부터 돌아오는 반응은 기껏해야 어깨를 으쓱하는 행동이거나 다음과 같은 대답일 것이다. "그건 율법주의입니다." "지나치게 교리적입니다." "별로 내키지 않는 일입니다." 마찬가지로 당신이 누군가에게 **권징**에 대해 이야기한다 해도, 아마 그런 말들을 듣게 될 것이다.

"내가 너희를 사랑한 것같이"

만일 그리스도인들이 하나님이 우리가 공동체로 살아가도록 부르셨다는 사실을 잊어버린다면, 세상에 사랑을 드러낼 능력도 잃어버리게 될 것이다. 이는 무척 불행한 일이며, 이것이 바로 이 주제가 그토록 의미 있는 이유이기도 하다. 앞서 언급한 바와 같이 교회론은 사람들이 어떻게 모임을 구성하고, 그들의 삶을 구성해야 하는가에 기반한 기독교 교리의 총체이다.

　　현대 복음주의에 필요한 것은 본질을 회복하고 재단장하는 것이다. 경계선이 필요하다. 이것은 단지 교리적 경계선을 의미하는 것이 아니다. 다양한 복음주의 교파와 단체의 지도자들이 공동 서명한 '승인과 부인'을 의미하는 것도 아니다. 지역교회를 에워싸는 경계를 의미한다. 이는 예수님이 그러한 신앙고백과 선명한 교리적 핵심들을 시행하기 위해 세상의 교회들에게 주신 수단이다!

교회론이 구원론이나 하나님의 사랑에 대한 교리가 할 수 없는 방식으로 그분의 사랑을 세상에 드러내는 데 더 적합한 이유가 바로 이것이다. 즉, 교회론은 하나님의 성품, 지혜 그리고 영광을 온 세상에 드러내기 위해 하나님의 새 언약 백성들을 준비시킨다(엡 3:10). 예수님이 제자들에게 "새 계명을 너희에게 주노니 서로 사랑하라 내가 너희를 사랑한 것같이 너희도 서로 사랑하라 너희가 서로 사랑하면 이로써 모든 사람이 너희가 내 제자인 줄 알리라"(요 13:34-35)라고 말씀하신 이유도 바로 이것이다. 교회가 "내가 너희를 사랑한 것같이"라는 복음 안에서 서로 사랑함으로써 사랑을 드러낼 **때 비로소** 세상은 그리스도가 누구이고, 사랑이 무엇인지 알게 될 것이다. 그리스도인들은 그리스도가 우리를 사랑하신 **것처럼** 서로 사랑해야 한다. 만일 우리가 사랑에 대해 맹목적인 개념을 가지고 있다면, 심지어 그리스도의 사랑에 대해 맹목적인 개념을 가지고 있다면 과연 무슨 일이 일어날까?

이 책의 논지는 매우 단순하다. 하나님이 교회를 부르셔서 경계를 긋게 하시고, 그 경계를 통해 어떤 사람들을 다른 사람들과 분리하시고, 어떤 사람들을 다른 사람들과 어울리지 않게 하시며, 어떤 사람들이 이미 교회에 들어와 있다면 그들을 내보내도록 하신다는 것이다. 뿐만 아니라, 하나님은 교회가 사랑이 정확히 무엇인지 세상에 드러내는 데 유익하도록 이러한 경계표를 사용하게 하셨다.

교회는 사랑을 드러낸다. 그런데 교회는 종종 사랑을 잘못 드러낸다. 하지만 이것이야말로 하나님이 교회를 부르신 목적이다. 어떤 죄인들은 받아들이고 어떤 사람들은 배제하는 방식을 통해 세상에 사랑을 드러내는 것이다.

모든 교단에 적용되어야 한다

이 책에서 나의 목표는 내가 개인적으로 가장 훌륭하다고 생각하는 교회 정치형태인 침례교회나 회중교회를 옹호하려는 것이 아니다. 나의 주된 목표는 교회 정치의 두 가지 특별한 측면인 등록 교인 제도와 권징이 모든 교단에 적용되어야 한다고 주장하는 것이다. 물론 다양한 형태의 교회 정치제도가 각각 이 두 가지 면을 더 훌륭히 시행하기도 하고, 그러지 않을 수도 있다는 점은 인정한다. 달리 말하면, 나는 침례교회, 영국국교회/감독교회, 루터교회, 감리교회, 오순절교회, 장로교회, 메노파교회, 장로들이 치리하는 독립 교단, 그 밖에 복음을 전파하는 모든 교회들이, 비록 특정 교단의 정치제도가 나머지 교단들의 제도보다 이 일을 수행하는 데 더 효과적일 수는 있다 하더라도, 각각의 정치제도를 통해 의미 있는 등록 교인 제도와 권징을 시행했으면 좋겠다.

그러므로 내가 '세상의' 교회를 정의하는 방식은 다소 모호한 부분이 있을 것이다. 내가 이 문제를 중요하게 생각하지 않기 때문이 아니라, 이 문제가 이 책에서 다루고자 하는 주제에서 벗어나기 때문이다. 예를 들어, 나는 가견교회(可見敎會, visible church)가 "예수 그리스도를 주로 고백하는 모든 사람들과 그들의 자녀들"[26] 로 구성된다고

---

[26] 미국 장로교회 교회 예식서(The Book of Church Order of the Presbyterian Church in America), 제6판; 미국 장로교회 총회 부회장의 직무(Office of the Stated Clerk of the General Assembly of the Presbyterian Church in America), 제35차 총회, 2007년 6월, Memphis에서 인준: 2조 1항, 4조 1항.

말하는 장로교인들이나 미국 감독교회(Episcopal Church in America) 소속 감독교인들의 생각에 동의하지 않는다.[27] 그렇지만 나는 매고 푸는 성경의 가르침을 시행하는 교회가 그렇게 하지 않는 교회보다 훨씬 낫다고 생각한다. 물론 나는 아직 거듭나지 않은 자녀를 교회에 등록시키는 것이 교회에 문제를 야기할 것이고 특히 다음 세대에 큰 문제를 일으킬 것이라고 생각한다. 그러나 이 책에서 나의 목표는 침례교회와 장로교회 모두에게 유익하다고 생각하는 문제를 살펴보는 것이다. 책의 내용에 더 깊이 빠져들고, 특히 내가 보다 실천적인 문제들을 다루기 시작하면, 독자들은 곧 나의 회중 정치(congregationalism) 사상이 부각된다는 점을 발견할 것이다. 또한 나는 한두 군데에서 교회정치에 대해 성경에 기반한 회중교회적 접근을 하는 것이 권위의 남용 등과 같은 특정 문제들을 가장 잘 해결할 수 있다고 주장할 것이다. 다른 교단 교인들이 그 대목을 읽을 때 관용을 베풀어주기를 바랄 뿐이다.

등록 교인 제도와 권징에서 매우 중요한 두 가지 주제인 세례와 성찬의 의미에 대해서도 내가 침례교인이기 때문에 다른 교단의 가르침과 일치하지 않는 부분이 있다. 그래도 이 두 가지 사항에 대해 침례교가 말하는 모든 것들을 다른 보수주의 개신교단들도 대체로 인정할 수 있을 것이다. 다른 교단 교인들이 동의하지 않는다는 말은 침례교인이 믿는 것을 **모두 부인**한다는 뜻이 결코 아니라고 생각한다. 오히려 침례교인이 믿는 것에 무엇을 첨가할 것인가의 문제이다.

---

27 Thomas Witherow, *The Apostolic Church* (1858; repr. Glasgow, Scotland; Free Presbyterian Publicaitons, 2001), p. 15. 이 점에 대해서는 Miroslav Volf, *After Our Likeness*, p. 13를 보라. 황은영 옮김, 《삼위일체와 교회》(새물결플러스, 2012).

그런 이유에서 나는 장로교인들과 영국국교회 교인들, 감리교인들 그리고 다른 교단의 교인들이 세례와 성찬의 의미와 관련한 나의 주장에 상당 부분 동의하기를 바란다.

문학작품

나는 이 책 곳곳에서 《주홍 글씨》와 같이 잘 알려진 문학작품들을 인용했다. 그것은 두 가지 이유에서이다. 첫째, 저술 과정에서 그 작품들에 흥미를 느꼈기 때문이다. 둘째, 오늘날 많은 책들이 문화적 경향을 보여주기 위해 주로 통계를 사용하지만, 좋은 문학작품이야말로 심상(心象)과 정서적 호소력에서 통계보다 더 나은 **시대정신**(zeitgeist)을 반영할 수 있기 때문이다. 좋은 신학은 우리가 우리 시대에 어떻게 몸담고 있는지에 대하여 반드시 지속적으로 주의를 기울여야 하는데, 나는 문학작품들을 인용함으로써 우리가 시대의 전제 (presupposition)들을 더 잘 이해하게 되리라 기대한다.

논의 순서

마지막으로, 이 책의 순서는 다음과 같다. 1장은 등록 교인 제도와 권징을 방해하는 문화적 요소들에 대한 사회학적 고찰로 시작한다. 이는 신학을 우리가 사는 시대 및 장소와 함께 생각해보려는 또 다른 시도이다. 궁극적으로 나는 이 사회학적 고찰이 영적인 통찰에 미치지 못한다고 주장할 것이다.

2장부터 5장까지는 등록 교인 제도와 권징에 대해 차례차례 신학적 논의를 할 것이다. 2장에서는 사랑에 대한 올바른 이해를 기술했다. 3장에서는 권위에 대한 경건한 이해를 도모할 것이다. 다음과 같은 이유 때문에 나는 이 두 가지 주제를 논하는 데 지면을 많이 할애할 것이다. 첫째, 등록 교인 제도는 하나님의 사랑과 권위가 언약 백성들 사이에서 시행되도록 한다. 둘째, 나는 거의 모든 복음주의자들이 사랑과 권위에 대해서 기껏해야 축소주의적인 이해를 가지고 있다고 생각한다. 등록 교인 제도와 권징에 대해서는 4장과 5장에서 구체적인 논의를 하고 있는데, 그에 앞서 2장과 3장에서는 새로운 세계관을 소개했다. 그러나 이 부분을 건너뛰고 싶다면, 내가 정식으로 등록 교인 제도와 권징에 대해 정의하고, 마태복음 16장, 18장, 28장에 근거해서 이 정의를 논증하는 4장으로 곧장 들어가도 된다. 등록 교인 제도는 일종의 언약이다. 5장에서는 이 언약에 대해 집중적으로 논의하되, 구약과 신약의 언약적 관점에서 이 언약이 의미하는 바를 살펴볼 것이다.

6장과 7장에서는 보다 실천적인 주제로 들어가 앞의 네 장에서 발전시킨 교리를 '적용'할 것이다. 6장에서는 교회의 관점에서 독자들을 등록 교인 제도와 권징 과정으로 인도할 것이다. 7장에서는 개인의 관점에서 동일한 시도를 할 것이다.

1부

잘못
정의된
사랑

1장

사랑이라는 우상

"당신에게 필요한 것은 오직 사랑뿐이다."_존 레넌(John Lennon)

핵심 질문: 사랑에 관한 오늘날의 일반적인 개념이 등록 교인 제도와 권징을 받아들이지 못하도록 어떻게 방해하고 있을까?

핵심 답변: 우리는 사랑을 우상화하여 사랑이 단지 우리를 섬기기만 하는 것일 뿐, 심판이나 조건, 또는 무언가를 구속하는 것과는 전혀 상관없다고 재정의한다.

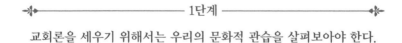

1단계

교회론을 세우기 위해서는 우리의 문화적 관습을 살펴보아야 한다.

위험한 작업

교회론을 변경하는 것은 위험천만한 작업이다. 교회에 관한 교리, 즉 교회론은 갖가지 개인적인 야망이나 헛된 생각들이 모두 팽팽하게 맞서는 교리이다. 교회론은 영역 싸움이며 정쟁의 장이다. 교회론은 목사와 얄궂은 집사회가 치열하게 다투다가 서로 '책임을 전가'하는 장이고, 지역 감독교회가 복음을 저버린 더 큰 감독교회로부터 분리를 선언하는 장이며, 당회가 한 개인의 삶을 문제 삼아 그를 신앙 공동체로부터 내보내기로 결정하는 장이다.

어떤 사람들은 차라리 하나님의 예정은 무엇인가, 중생이 회심에 선행하는가, 또는 천년왕국이 무엇인가 등을 논하는 것이 훨씬 쉽다고 말한다. 이러한 문제들을 제기해보라. 성도의 절반 이상이 어깨를 으쓱하며 불가지론(agnosticism)을 주장할 것이다. 그러나 누가 교회 예산을 최종적으로 결정할 것인가, 누가 후임 목사를 선택할 것인가, 교회가 장로의 고집 센 아들을 권징할 수 있는가와 같은 주제를 제기한다면, 이러한 문제에 대해서는 불가지론자들을 찾기 어려울 것이다. 교회사에서 정치적 상황에 따라 자신의 교회론을 바꾼 수많은 신학자들이 존재했음은 말할 것도 없다.

달리 말하자면, 교회론에 관해서는 '세상적인 현실'(real worldness)이 존재한다. 누가 세례와 성찬을 받을 수 있고 누가 받을 수 없는지 결정하는 것은 교리적 결정이 아니라 '정치적' 결정이다. 어떤 사안에 관해서 누가 최종 결정권을 가질 것인지 정하는 문제도 그렇다. 마찬가지로 교회론에 대한 우리의 생각은 독특하게도 우리의 경험으로부터 영향을 받을 것이며, 우리의 마음속에 자리 잡은 야망이나 두려움 등과도 연관될 것이다. 어떤 저자들은 그리스도인들이 교회를 어떻게 조직해야 하는지에 대해 성경이 정확히 말하지 않기 때문에, 그리스도인들이 선교적 상황에 맞게 교회를 변형하고 재변형할 수 있다고 주장한다. 나는 이 논의에서 규범적인 요소들을 배제하고 단순히 사회학적 문제로 접근하여, 교회론이 다른 교리들만큼 우리가 사는 시대와 공간에 의해 형성된다고 말하는 것이 그럴듯할 뿐 아니라, 하나님이 왜 그분이 행하신 일들을 하신 것인지에 대해 논의하는 것보다 훨씬 덜 사변적이라고 주장할 것이다.

결국 지난 1,500년간 세상이 카이사르(Caesar)와 찰스(Charles)에 의해 다스려지는 동안 교회가 점차 중앙집권화된 것이 과연 우연히 일어난 현상일까? 18세기에 민주 혁명이 일어나고 그 뒤로 민주 정부들이 우후죽순처럼 생겨난 것이 회중교회의 형태 및 독립교회 형태의 탄생과 거의 맥을 같이했는데, 이것이 과연 우연한 현상일까? 물론, 예외도 있었다.[1] 그러나 문화가 특정한 형태의 정부 조직에 익숙해질 때, 교회가 그와 같은 형태를 더 쉽게 받아들였다고 보는 것이 합리적이지 않을까? 비즈니스 모델 역시 마찬가지이다. 사람들이 회사 사무실에서 벌어지는 일들을 그대로 따라 한다고 보는 것이 자연스럽다. 1940년대와 1950년대의 위원회 제도는 어떤가? 1990년대의 CEO형 목사들은 어떤가? 오늘날 프랜차이즈와 같은 캠퍼스 예배당 건립은 어떤가? 반제도적, 반경계적, 반권위적 포스트모던 서구 사회에서 기독교 지도자들이 점차 교회의 비제도화를 추구하는 것은 정말 놀랄 만한 일일까?

이러한 이유들 때문에, 한 저자의 교회론을 읽을 때는 그 저자의 시대적 상황을 고려할 필요가 있다. 서론에서 우리는 수많은 현대 저자들이 "제도 축소"나 "공동체성 확장"을 외친다는 것을 살펴보았다. 신학자 위르겐 몰트만(Jürgen Moltmann)은 그의 교회론 전반부에서 이

---

1 예를 들어, 존 스미스(John Smith)는 홉스(Hobbes)가 《리바이어던》(*Leviathan*)을 쓰기 전, 또는 로크(Lock)가 《시민정부론》(*Two Treatises of Government*)을 쓰기 전에 침례교회를 세웠다. 더욱이 발도파(Waldensians)에 속한 사람들은 말할 것도 없다.

와 비슷한 언급을 하고 있다. 그러나 몰트만은 독일의 루터교회와 같이 "오랜 역사를 가진 '기독교' 국가들의 국교 또는 공인된 교회들의 위기"를 직시함으로써 이러한 주장을 하는 것이다.[2] 몰트만이 주목하던 것을 고려한다면, 나는 전적으로 그의 주장에 동의한다. 그러나 어느 남침례교회 지도자가 그의 유명한 책에서 말하는 것처럼, 부흥을 경험하고 구도자에 관심을 갖는 남침례교회를 생각하면서 그와 똑같은 주장을 한다면 어떨까?[3] 신학적인 사상만으로 볼 때 나는 남침례교회 저자와 훨씬 가깝지만, 그의 주장에는 다소 의문을 가질 것이다.

교회론을 다루는 것은 매우 민감한 작업이다. 왜냐하면 일반적으로는 문화 적응(enculturation)의 현실에 영향을 받기 때문이며, 구체적으로는 개인의 야망에 영향을 받기 때문이다. 이것이 바로 등록 교인 제도와 권징의 문제를 이해하는 방식에서 가장 큰 영향을 미치는 요소들을 살펴보는 데 내가 이 장 전체를 할애하는 이유이다. 문화라는 짐을 싣지 않고는 이 주제들에 다다를 수 없다. 우리는 짐이 가득 실린 기차를 타고 있다.

문화적으로 반직관적인 제안

만일 교회론이 마음의 야망과 두려움으로 뒤덮여 있다면, 교회에 대해 우리가 어떤 가설들을 가지고 있는지 물어보는 것보다 문화적 상

---

2 Jürgen Moltmann, *The Church in the Power of the Spirit* (Minneapolis: Fortress, 1993, 초판 1975), p. xx. 박봉랑 외 옮김, 《성령의 능력 안에 있는 교회》 (한국신학연구소, 2011).

3 Reggie McNeal, *The Present Future: Six Tough Questions for the Church* (San Francisco: Jossey-Bass, 2003), pp. 26-27, 34-36.

황을 점검하는 것이 훨씬 더 중요하다. 그것은 바로 사랑, 하나님 그리고 기타 등등에 대한 근본적인 개념의 문제이다. 더욱이 기독교 교리, 특히 교회론에 대한 이해는 우리 삶의 모든 영역과 연결되어 있다. 내 아내가 토요일 저녁에 로맨틱 코미디를 즐겨 보거나 내가 액션 어드벤처 영화를 본다는 사실은, 우리가 주일날 함께 모이는 방식에 생각보다 큰 영향을 끼친다. 실제로 토요일 저녁에 가족이 함께 모여 호롱불을 켜놓고 노래를 부르는 대신 영화를 보는 행동은 우리가 교회의 다른 성도들과 사랑을 주고받는 일에 영향을 미칠 수밖에 없다.

이 장에서 내가 주로 논의하고 싶은 점은 사랑에 대한 우리의 생각이 우리의 인식보다 훨씬 더 맹목적이라는 사실이다. 이 점을 확인하기 위해 서론에서 잠시 다루었던 이야기를 꺼내도록 하겠다. 조직과 경계, 또는 배타성 등에 반대하는 포스트모던 서구문화에는 낭만주의적 욕구가 잠재되어 있다. 나는 거의 모든 그리스도인 독자들이 결국에는 이 책의 주된 제안을 찾아낼 거라고 생각한다. 즉 하나님은 지나칠 정도로 반직관적이 되어버린 타락한 인류에게 사랑과 아름다움을 다시 그리고 분명하게 드러내기 위하여 등록 교인 제도와 권징의 배타적 시행을 의도하셨다는 것이다. 백혈구들이 외부에서 들어온 박테리아에 자동적으로 반응하는 것과 마찬가지로, 포스트모던 서구문화의 DNA를 구성하는 바로 그 요소들은 제도주의나 배타주의 성격을 띠는 것들에 저항한다. 오늘날 거의 모든 사람들이 동의하는 경계는, 정작 경계를 긋는 사람을 배척해야 한다는 것이다![4] 당

---

4 지역교회에 대한 인식을 형성하는 경계선이 없는 경향을 보여주는 예가 있다. 이머징 교회 지도자인 토니 존스(Tony Jones)는 인터뷰에서 다음과 같이 말했다. "(교회에 대한) 신앙고백은 경계를 긋는 것이며, 그 경계에 무기와 군사들을 배치해야 한다는 것을 의미한다. 사람들이 경계를 넘으려고 할 때 그들의 신분증을 검사해야

연한 말이지만, 이것은 사랑에 대한 통념과 반대된다. 우리는 사랑이 서로를 분리하는 장벽을 세우는 것이 아니라 그 장벽을 망치로 부수어버리는 것이라고 생각한다.

사람들은 교회를 둘러싼 경계선을 긋는 것은 사랑이 아니라고 여긴다. 하지만 정말 그럴까? '사랑'이라는 것을 정의할 때 우리가 찾는 것은 무엇일까? 사랑에 대한 우리의 생각은 정말 성경적일까? 오늘날의 많은 작가들은 서구의 그리스도인들이 대체로 (1)개인주의적이라고 평가한다. 그들은 또한 개인주의와 함께 (2)소비주의, (3)일반적인 헌신의 부재 그리고 (4)모든 절대 진리에 대한 회의주의가 찾아온다고 말한다.

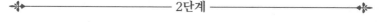

──────── 2단계 ────────

개인주의는 우리를 소외시킴으로써 우리 스스로 완벽하다고
느끼게 해주는 사랑을 찾게 했다.
우리는 그와 똑같은 일을 해주는 교회를 원한다.

개인주의

머릿속으로 상상해보라. 양초 제조상의 아들로 태어난 열일곱 살 소년이 양쪽 팔에 커다란 빵을 하나씩 끼고, 한 손에 한 개를 더 든 채

만 한다. 이는 곧 경계를 사수해야 한다는 하나의 강박관념이 되고 만다. 이것은 예수님의 사역이 아니었다. 바울이나 베드로의 사역도 아니었다." Kevin DeYoung and Ted Kluck, *Why We're Not Emergent* (Chicago: Moody, 2008), p. 117 에서 인용. 이용중 옮김, 《왜 우리는 이머징 교회를 반대하는가》(부흥과개혁사, 2010). 또 다른 좋은 예는 Brian McLaren, *A Generous Orthodxy* (Grand Rapids: Zondervan, 2004), p. 109에서 찾을 수 있다.

필라델피아 시내의 시장통을 성큼성큼 걸어 다니며 여기저기를 둘러보고 있다. 소년은 이 도시에 아는 사람이 한 명도 없고, 주머니 속에는 네덜란드 동전 한 개만 달랑 들어 있을 뿐이다. 이 소년이 바로 훗날 화가요, 과학자요, 발명가요, 작가요, 대사(大使)로 성장한 벤저민 프랭클린(Benjamin Franklin)이다. 그는 식민지였던 미국을 당당한 독립국가로 이끌었다.[5]

열두 살짜리 아프리카계 미국인 노예 소년이 손가락 사이에 분필을 끼고 몸을 구부린 채 시멘트 위에 앉아 있는 모습을 상상해보라. 소년은 선박 건조자들이 좌현 쪽 통나무에 'L.', 우현 쪽에 'S.', 좌현 앞쪽에 'L.F.', 우현 고물 쪽에 'S.A.'라고 써놓은 것을 흉내 내며 글을 깨우치고 있다. 이 소년이 바로 훗날 세계적으로 유명한 노예폐지론자가 되어 에이브러햄 링컨 대통령의 고문으로 일했던 프레더릭 더글러스(Frederick Douglass)이다.[6]

일곱 살 여자아이가 나무 상자와 널빤지 등을 조잡하게 엮어 만든 롤러코스터를 타고 2.5미터 높이의 선반 위에서 바닥으로 뛰어내린 다음, 입술이 멍들고 옷이 찢어진 채 여동생에게 "오, 피제. 나 방금 날았어!"라고 말하는 모습을 상상해보라. 이 아이가 훗날 초기 여성운동가요 여성 최초로 단독 대서양 횡단 비행에 성공한 아멜리아 에어하트(Amelia Earhart)이다.[7]

---

5 Benjamin Franklin, *The Autobiography and Other Writings* (New York: Penguin, 1986), p. 27. 최혁순 옮김, 《풍요로운 삶을 위하여》 (을지출판사, 1988).

6 Frederick Douglass, *Narrative of the Life of Frederick Douglass, An American Slave* (New York: Penguin, 1982), pp. 86–87. 손세호 옮김, 《미국 노예, 프레더릭 더글러스의 삶에 관한 이야기》 (지식을만드는지식, 2014).

7 Donald M. Goldstein and Katherine V. Dillon, *Amelia: A Life of the Aviation Legend* (Dulles, VA:

모든 관계는 협상이 가능하다

이와 같이 놀라운 이야기들이 그동안 미국과 나의 문화 의식을 대변해주었다. 자립심이 강하고, 자수성가했으며, 굳은 신념을 지닌 사람에 대한 환상을 가진 것이다. 계층과 인종, 성별과 지역, 심지어 쇠고랑마저도 이 영웅들을 속박할 수 없었다. 찰스 웨슬리(Charles Wesley)의 찬송시를 빌어 표현하자면, 그들의 사슬은 끊어졌고, 마음이 자유로워져 일어나 전진했으며, 결국 유명한 '나'가 되었다.

이러한 실화들은 제임스 페니모어 쿠퍼(James Fennimore Cooper)의 《사슴 사냥꾼》(*The Deerslayer*)이나 《개척자》(*Pioneers*) 등과 같은 서부 개척 소설로부터 허레이쇼 앨저(Horatio Alger)의 《골든 보이 딕 헌터의 모험》(*Ragged Dick*, 평단문화사)이나 《신분 상승 투쟁기》(*Struggling Upward*) 등과 같은 북방 개척 소설에 이르기까지 대중소설계에 영감을 주었다. 에덴동산에 있던 아담처럼 그리고 메이플라워호를 타고 와서 플리머스 바위에 첫발을 내딛은 순례자들처럼, 미국의 모든 새로운 세대는 그 어떤 국가적 경계나 전통, 공간이나 시간 등의 제약을 받지 않았고, 서부 개척자들은 우리의 상상을 뛰어넘을 만큼 새로운 세계를 열어갈 수 있도록 무한한 기회를 얻었다.[8] 이런 소설이 중요한 이유는 무엇일까? 대중이 쓰고 읽는 소설이야말로 그들이 가치 있게 생각하는 것과 싫어하는 것을 보여주기 때문이다. 동영상을 '빨리감

Brassey's, 1999), p. 9.

8 R. W. B. 루이스(Richard W. B. Lewis)는 이 미국식 아담을 가리켜 "역사로부터 자유롭고, 조상들을 기꺼이 포기하고, 가족과 종족의 평범한 유산들에 의해 오염되거나 더럽혀지지 않았고, 순수하게 개인적으로 존재하고, 자립적이며 자주적이고, 스스로의 고유하고 타고난 능력을 힘입어 자기 앞에 놓인 것들을 직면할 준비가 되어 있고… 전혀 새롭다는 점에서 본질적으로 순결하다"라고 묘사했다. *The American Adam* (Chicago, University of Chicago, 1959), p. 5.

기' 하는 것처럼 우리 시대를 훑어볼 수 있는 방법 중 하나는, 비록 과거처럼 희망 섞인 메시지는 주지 않지만 그래도 미국식 아담의 신화가 생생하게 남아 있는 영화들을 감상하는 것이다. 2000년대에는 무한한 자기방어 능력을 가졌지만 기억상실증을 앓고 있는 CIA 암살자 제이슨 본(Jason Bourne)이 미국식 아담의 가장 좋은 예가 될 것이다.[9] 제이슨 본은 1970년대 슈퍼맨, 1980년대 인디아나 존스 그리고 1990년대 터미네이터로 이어지는 론 레인저(Lone Ranger: 미국에서 인기를 끌었던 라디오와 텔레비전 서부영화 시리즈—옮긴이) 영웅들의 오랜 계보를 잇는다(이 흐름에서 허무주의가 점차 강화되었음에 주목할 필요가 있다).

개인주의의 역사를 이야기하는 방법에는 여러 가지가 있다. 나는 개인주의야말로 미국의 가장 주요한 힘이라고 생각한다. 역사신학자는 과거로 돌아가 루터의 종교개혁과 만인제사장 교리를 이야기할 수 있을 것이다. 이 이야기 뒤에는 1555년 아우크스부르크 평화조약으로 유럽의 모든 군주들이 개신교와 로마가톨릭교 중 하나를 국교로 선택할 수 있게 되었다는 점을 언급할 것이다. 그런 다음 1648년 베스트팔렌조약으로 유럽의 종교적 소수자들이 로마가톨릭교, 루터교 또는 개혁주의 중 하나를 선택하기만 한다면 군주와 다른 종교를 갖는 것이 허락되었다는 이야기가 이어질 것이다. 그 후에는, 1689년 관용령(The Act of Toleration)으로 영국 국민들이 삼위일체 교리를 믿고 개신교를 따른다는 조건 아래 자유롭게 목사를 집으로 초대하여 예배드릴 권리를 갖게 되었다는 이야기가 이어질 것이다. 그 후

---

9 George F. Custen, "Debuting: One Spy, Unshaken," in *New York Times*, "Week in Review," 2002년 6월 23일; Heather Clark, "The Myth of the American Adam Re-Bourne," 출판되지 않은 석사 논문, 2004년 가을, 퍼듀 대학교.

에는 미합중국 권리장전에 규정된 국교 금지 조항을 이야기할 것이다. 정치학자는 역사를 서술하면서 존(John) 왕의 마그나카르타, 토머스 홉스(Thomas Hobbes)의 사회계약설, 존 로크(John Locke)의 '피치자의 동의'(consent of the governed), 루소(Jean Jacques Rousseau)의 사회계약설, 독립선언서 그리고 프랑스 왕의 참수된 머리를 보며 환호하던 군중에 대해 이야기할 것이다.

최근의 개인주의 드라마는 등장인물이 누구든, 이야기가 무엇이든 간에 오늘날 서구문화권에 사는 평범한 사람의 이야기와 비슷한 형태로 끝을 맺는다. 즉, 모든 관계는 협상이 가능하다. 우리는 모두 자유롭게 행동할 권리가 있는 사람들로서 우리가 맺은 모든 관계와 삶의 지위들은 계약에 해당하고, 언제든지 재협상하거나 취소할 수 있다. 그것이 군주들과의 관계든, 부모와의 관계든, 배우자와의 관계든, 영업 사원과의 관계든, 직장 상사와의 관계든, 투표함과의 관계든, 법정에서 판사와의 관계든, 또는 지역교회와의 관계든 상관없다. 인생에서 자유를 누리고 행복을 추구하는 일에 대하여 나는 오직 나 자신에게만 책임이 있다. 수많은 관계들 중에서 나는 또 다른 당사자와 한편이 되기로 선택할 수 있지만, 개인적 이득이 명백할 경우에 한해서만 그렇게 할 뿐이다. 나는 **모든 것**에 대해 거부권을 가졌다. 나와 다른 사람 사이의 결속을 깨뜨릴 필요가 있는 사건이 발생했을 때, 나는 서로를 연결하고 있던 끈을 끊어버린다.

이렇게 나의 의무를 협상하거나 거부할 수 있는 능력은 당연히 천국까지 확대될 수 있다. 사회학자 로버트 벨라(Robert Bellah)는 '실라주의'(Sheilaism)라는 용어를 고안했다. 벨라의 연구팀이 인터뷰한 실라 라슨(Sheila Larson)은 종교적, 도덕적 원칙들 중에서 자기가 좋아하는 것만 제멋대로 취사선택하여 종교를 자기만의 독특한 이미지로 만들어버렸다. 뿐만 아니라, 그렇게 함으로써 '외적인 권위를 내적인 의미로 변형'하려 했다.[10] 이것은 마치 샐러드 바에 대한 설문조사에 응하는 고객들의 행동과 같고, 어떤 유니테리언(Unitarian: 그리스도의 신성을 부정하고 하나님의 신성만을 인정하는 교파—편집자) 교회의 목사가 자기의 교파를 가리켜 '샐러드 그릇'이라고 표현한 것과 정확히 일치하는 방식이기도 하다.[11]

집단 정체성의 개념은 기껏해야 1960년대 이후에 대두된 것이 사실이다. 이것은 소위 '여성'(women) 또는 '위민'(womyn, 성차별을 피하기 위해 만든 새로운 철자—옮긴이)이라 불리는 인구학적 범주에 속한 개인들의 권리 보장을 추구하는 여성운동과, 더 강력한 인종적 결속을 추구하는 시민인권운동 사이에서 일어났다. 또한 집단 정체성은 인종이나 종교, 또는 다른 전통적인 방식으로 형성된 집단에서 발생하기보다는, 오히려 동성애나 오토바이 동호회 또는 힙합 등과 같이 자기들만의 잡지와 영화, 교회, 의복, 화법 등등을 가지고 활동하는 '생활양식 공동체'(lifestyle enclaves)에서 점차 더 많이 일어나고 있다.[12] 나는 이러한 인구학적 발칸화(Balkanization: 정치적 목적과 종교적 명분이 합쳐진 강력한 전쟁—옮긴이)가 개인의 숭고함을 훼손하거나 폄하했다고는 생각하지 않는다. 단지 개인의 숭고함을 옹호하는, 또는 기껏해야 옹호하려고 애쓰는 새로운 수단을 제공했을 뿐이다.

---

10 Robert Bellah et al., *Habits of the Heart: Individualism and Commitment in American Life* (New York: Harper and Row, 1985), p. 235, 220. 김명숙 외 옮김, 《미국인의 사고와 관습》 (나남, 2001).

11 Jon D. Levenson, "The Problem with Salad Bowl Religion," in *First Thing* 78 (December 1997): pp. 10–12.

12 Robert Bellah, *Habits of the Heart*, pp. 72–73. 김명숙 외 옮김, 《미국인의 사고와 관습》 (나남, 2001).

개인주의와 사랑

이 모든 것들이 사랑을 정의하는 것과 무슨 관련이 있을까? 지난 수세기 동안 개인주의의 성장은 서구인들이 사랑을 이해하고 경험하는 방식을 비롯하여 생활의 모든 영역에 지대한 영향을 미쳤다. 특히 사회학자 앤서니 기든스(Anthony Giddens)가 말한 것처럼, 근대 이전의 유럽 사람들은 사랑하거나 성적으로 호감을 느껴서가 아니라 거의 대부분 경제적인 이유 때문에 결혼했다. 가난한 사람들에게 결혼이란 노동력을 지탱하는 수단일 뿐이다.[13] 결혼이라는 배경에서 사랑은 가정이나 농장을 함께 꾸려나가는 남편과 아내 사이의 격정적인 사랑으로 묘사된다.[14] 그러나 18세기 후반부터 기든스가 '낭만적 사랑'이라고 불렀던 사랑이 여성 작가들의 소설 속에서 주요 주제로 등장하기 시작했으며, 사랑의 관계를 마치 소설에서와 같이 자아실현과 자기표현의 이야기 속에만 가두게 되었다.[15]

격정적인 사랑 그 자체는 18세기 후반과 19세기에 전혀 새로운 것이 아니었다. 고대 이집트로부터 셰익스피어의 《로미오와 줄리엣》(Romeo and Juliet)에 이르기까지 줄곧 이어져온 시적 언어들은 하나같이 개인 또는 두 사람을 사로잡는 전폭적이고, 성적이며, 격정적인 사랑을 그린다. 이것은 그들의 일상생활에 지장을 주고, 그들이 영웅처럼 행동하게 하며 희생과 포기에 이르게 하는 질병과 같다. 이처럼

---

13 Anthony Giddens, *Transforming Intimacy: Sexuality, Love and Eroticism in Modern Societies* (Palo Alto, CA: Stanford University Press, 1992), p. 38. 배은경 · 황정미 옮김, 《현대 사회의 성 · 사랑 · 에로티시즘》 (새물결, 2001).

14 같은 책, p. 43.

15 같은 책, pp. 39–40; Bellah, *Habits of the Heart*, p. 73.

18세기 후반과 19세기에 부상한 낭만적 사랑은 단지 성적 호감에 그치는 것이 아니라, 자신을 하나의 독립적인 개체로 완성시켜줄 일정한 특징을 상대방에게서 발견하는 자아실현의 이야기이다. 그래서 기든스는 이렇게 썼다.

> 낭만적 사랑은 일정한 정도의 자기 질문을 전제한다. 내가 다른 사람을 어떻게 느끼는가? 또한 다른 사람은 나를 어떻게 느끼는가? 우리의 감정이 서로의 오랜 관계를 보장해줄 만큼 '심오한'가? 변덕스럽게 끝나버리는 격정적인 사랑(*amour passion*)과 달리, 낭만적 사랑은 전혀 다른 방식으로 개인을 더 넓은 사회적 환경으로부터 떼어놓는다. 낭만적 사랑은 예상이 가능하지만 유동적인 미래에 근거하여 오랫동안 관계를 맺게 해준다.[16]

기든스는 낭만적 사랑의 기원이나 원인에 대해 추측하지 않는다. 기든스의 설명은 아마도 전통적인 가치들 중 많은 것들이 계몽주의 시대의 이성적 개인주의에 의해 침해되면서 사람들이 감정적으로 혼란스러워하던 것에 대한 반동이 아니었을까? 낭만주의자들이 아무리 자기들을 계몽주의에 대항하는 사람들로 규정한다 할지라도, 마치 포스트모더니즘이 모더니즘의 산물인(모더니즘에 대항함과 동시에 대부분의 기본 전제들을 공유하는) 것과 마찬가지로 그들은 계몽주의의 산물임에 틀림없다.

---

16 Giddens, *Transforming Intimacy*, pp. 44–45. 배은경 · 황정미 옮김, 《현대 사회의 성 · 사랑 · 에로티시즘》(새물결, 2001).

흥미롭게도, 기든스는 사랑의 개념 변화를 설명하면서 남성들을 '지체자'(leggards)[17] 로 묘사한다. 왜냐하면 낭만적 사랑은 '본질적으로 여성화된 사랑'이기 때문이다.[18] 중세 시대 이야기들에 등장하는 수동적인 여성들과 달리 낭만주의 소설의 여성들은 진취적이고 독립적이며, 본래 여성에 대해 냉담하고 적대적이기도 한 남성들의 마음을 녹일 줄 안다. 기든스는 사랑의 여성화에 대해 사람들이 바라는 것처럼 분명하게 설명하지 않는다. 그러나 여성들이 낭만적인 사랑의 산물일 뿐 아니라, 남성들이 신의를 저버리는 지속적인 위협 속에서도 그러한 사랑을 지켜낼 책임이 있는 사람들이라는 사실 속에 사랑의 여성화가 숨어 있는 것 같다. 낭만적 사랑을 선동하는 남성들은 남성미가 넘치는 사람들이 아니라, 기꺼이 한 여성을 위해 자신의 전 생애를 걸 수 있는 '멋쟁이 몽상가들'이다.[19]

사랑의 여성화는 또한 가정에서도 찾을 수 있다. 기든스는 자녀들이 상처받기 쉬운 데다가 장기적으로 정서적인 돌봄과 어머니의 애정을 필요로 하는 존재라는 인식이 점차 확산된다는 점에서, 낭만적 사랑의 출현이 가정생활도 변화시켰다고 말한다. 빅토리아 시대의 남성들은 여전히 한 가정의 권위자였다. 하지만 그들의 권위는 부모와 자녀 간의 정서적 온기로 인해 점차 누그러지고 있었다.[20]

---

17 같은 책, p. 59.

18 같은 책, p. 43.

19 같은 책, p. 43, 59.

20 같은 책, p. 42.

낭만적 사랑 대 성경적 사랑

낭만적 사랑의 여러 측면들은 아가서에서 사랑하는 자와 사랑받는 자가 서로 연모하는 것이나, 구약의 예언서에서 여호와와 이스라엘 사이에 오갔던 사랑의 언어들과 닮았다. 독자들이 낭만적 사랑과 그보다 훨씬 더 완전한 성경적 사랑을 혼동하지 않기 위해서는 서로 대조적인 요소, 즉 근대 이전의 마르틴 루터(Martin Luther)가 묘사한 사랑과 결혼을 생각해볼 필요가 있다. 루터는 낭만주의자들과 마찬가지로 결혼이란 사랑에 기초해야 한다고 강하게 믿었다. 루터는 중매 결혼 제도를 비판하면서 다음과 같이 썼다. "아버지와 어머니가 자녀들을 사랑한다면, 오직 사랑과 기쁨만이 결혼의 기초가 되게 해야 한다."[21] 뿐만 아니라, 루터는 낭만주의자들과 같이 사랑의 시작에 '넋을 잃게 하는' 특성이 있다는 사실을 친히 경험했으며, 그것을 증언했다. "첫사랑은 열정적이며, 넋을 잃게 하는 사랑이다. 그래서 우리는 눈이 멀어 결혼에 이른다."[22] 그러나 부부간의 사랑에 대한 루터의 생각은 자기표현 또는 자아실현의 문제가 아니었다. 그의 생각은 넋을 잃게 하는 첫사랑을 뛰어넘어 훨씬 더 성경적인 데까지 다다르며, 그리스도인들이 모든 이웃에게 품어야 하는 사랑을 포함하는 그 무엇에까지 이른다. 즉, 다른 사람의 유익과 거룩함에 전심으로 헌신하는 사랑이다.

우리가 첫 흥분에서 깨어나게 되면, 경건한 자들의 결혼 생활에는 신실

---

21 Justin Taylor, "Martin Luther's Reform of Marriage," in *Sex and the Supremacy of Christ*, ed. John Piper and Justin Taylor (Wheaton, IL: Crossway, 2005), p. 240.

22 같은 책, p. 239.

한 사랑이 남게 된다. 그러나 경건하지 않은 자들은 결혼을 후회한다. … 부부는 순결을 지켜야 하고, 한 사람이 다른 한 사람을 전심으로 그리고 완전한 신의로 소중히 여기기 위해서는 그 무엇보다 반드시 사랑과 일치 속에서 함께 살아야 한다. 이 전적인 헌신은 사랑을 창조하고 순결을 소망하는 데에 가장 필수적인 요건들 중 하나이다.[23]

루터는 결혼과 자녀 양육을 각 개인이 자신을 깨닫고 완성하며 표현하기 위해, 또는 보호받는 삶 속에서 자녀들을 기르며 그들에게도 동일하게 그와 같이 행동하도록 가르치기 위해 존재하는 것이 아니라고 보았다. 오히려 "궁극적인 목적은 하나님께 순종하고, 죄를 이길 수 있는 도움과 조언을 얻고, 하나님을 찾고, 하나님의 영광을 위해 자녀를 얻고, 사랑하고, 교육하며, 하나님을 두려워하는 마음으로 아내와 더불어 살고, 십자가를 지는 것이다"라고 했다.[24]

18세기 후반과 19세기의 낭만적 사랑은 이런 점에서 루터의 생각이나 이보다 더 성경적인 사랑 개념과 근본적으로 달랐다. 낭만적인 사랑을 추구하는 자들에게 절대적인 도덕적 가치는, 사랑의 관계에 충실하고 그것을 극대화하는 것이다. 가족, 계층, 종교, 직업 등의 사회적 관계는 이차적인 관계일 뿐이며, 이 첫 번째 인간관계를 보존하기 위해 희생할 수 있는 것들이다. 비록 기든스는 낭만적 사랑을 묘사하면서 '우상적인'이라는 용어를 사용하지 않았지만, 이것이 바로 우상적인 사랑이다. 아우구스티누스(Aurelius Augustinus)는 인간이

---

23 같은 책, pp. 239-240.
24 같은 책, p. 231.

하나님 안에서만 완전한 안식을 찾을 수 있다는 것을 깨달았던 반면, 낭만적 사랑을 하는 자들은 상대방을 통하여 자기 영혼의 성취감을 찾는다. 사랑 안에서 말이다! 물론 낭만적 사랑이 전부 다 잘못되었다는 말은 아니다. 이미 언급한 바와 같이 성경의 여러 곳에서도 낭만적 사랑이 발견된다. 그러나 낭만적 사랑에는 그보다 훨씬 더 복잡하고 다면적인 성경적 사랑의 측면들이 빠져 있다. 또한 성경적 사랑을 근본주의적인 것으로 치부하고, 그렇게 함으로써 그 속에 있는 선한 것들을 왜곡시킨다.

이러한 낭만적 사랑이 어떻게 개인의 자기표현과 자아실현의 욕구로부터 발생하고, 우리 삶의 모든 면에서 '사랑'의 개념에 영향을 끼치는지 알아보는 것은 그리 어렵지 않다. 교회의 예배나 친구 관계 또는 연인과 데이트를 할 때 나누는 대화로 눈을 돌려보면, 상대방이 나를 '나 자신 되게' 해주거나 '나를 표현하게' 해줄 때 또는 '내가 최고의 사람이 되게' 해줄 때 비로소 상대방이 나를 사랑하는 줄 알게 된다. 나 역시 상대방에게 똑같은 일을 해줌으로써 그를 사랑한다. 그러므로 사람들은 교회가 우리를 편안하게 해주고 어떠한 판단도 하지 않을 때, 그 교회를 가리켜 '사랑이 있는' 교회라고 말한다. 우리는 그곳에서 '우리 자신'이 될 수 있다. 무비판주의는 친구 관계에서도 중요하다. "나는 그 여자가 내 친구라고 생각합니다. 왜냐하면 그녀는 나를 판단하지 않으니까요. 그래서 나는 그녀와 진실된 관계를 이어갈 수 있습니다."

그러나 이것이 정말 사랑일까? 만일 이것이 '사랑'의 전부라면, 내 사랑의 진정한 대상은 나 자신이 되고 만다. 나는 "당신을 사랑해"라고 말할 수 있다. 하지만 그것은 단지 상대방이 내게, 내가 그를 사랑한다고 느끼게 해주었음을 의미한다. 그는 내가 인정받는 사람이고, 총명하고, 영감 있고, 낭만적이고, 매력적이고, 가슴 설레게 하고, 뛰어나고, 근면하고, 창의적이고, 생기 가득하고, 지적으로 탁월하고, 영적으로 탁월하고, 영웅과 같고, 능력 있고, 계획적이고, 대단하다고 느끼게 해준다! 존 파이퍼(John Piper)가 말했듯이, 사람들이 '우리를 존중'할 때 우리는 그것을 '사랑'이라고 부른다.[25] 눈물샘을 자극하는 19세기 소설들의 사랑과 마찬가지로, 우리는 오늘날 모든 논쟁을 종식시켜버리는 또 다른 논증으로 사랑의 개념을 사용한다. 만일 어떤 행동이 사랑으로 행해진 것이라면 그 행동은 언제나 정당하다. 사랑은 비장의 카드가 된다. 예를 들면 "하지만 두 사람은 서로 사랑하잖아요" 또는 "그 일은 결코 사랑스럽지 않아 보이는군요" 또는 "당신 말이 맞을 수도 있지만, 그건 사랑이 아니에요" 같은 식으로 말하는 것이다. 우리는 사랑이 비극일 수도 있다는 것을 안다. 사랑이 어리석기도 하다는 것을 안다. 그러나 오직 사랑만 선하며, 사랑은 언제나 선하다. 그리스도인들은 "하나님은 사랑이시다"라는 말로 이런 입장을 지지한다. 비그리스도인들은 인간애를 언급하며 이야기하거나 말하거나 노래한다. "우리에게 필요한 것은 오직 사랑뿐이다(존 레넌의 노래 제목 〈All you need is love〉에서 you를 we로 바꾼 것 —옮긴이)."

사랑이 모든 것을 정당화시켜주는 궁극적인 근거가 될 수도 있다. 그러나 그것이 사실이라면 그 사랑은 무언가를 의롭게 할 수 있는 완전하고 신적(神的)인 사랑이어야 한다. 만일 사람들이 사랑이라

---

25 John Piper, *God Is the Gospel* (Wheaton, IL: Crossway, 2005), pp. 149-150. 전의우 옮김, 《하나님이 복음이다》 (IVP, 2006).

고 부르는 것이 사실은 진정한 사랑이 아니라면 어떨까? 그 사랑이 단지 진정한 사랑을 닮은 그림자이거나 허상에 불과하다면 어떨까? 자기 자신을 정당화하기 위해 사용하는 우상, 곧 하나님의 대체품이 되지 않을까? 또한 사람들이 자기의 행동과 관계를 정당화하기 위해 우상을 사용한다면 무슨 일이 벌어질까?

교회 안에서의 자기표현식 사랑

목회자들과 교회 지도자들은 "그리스도인들이 사랑을 자아실현 또는 자기표현의 문제로 인식할 때 그들이 교회와 어떻게 관계를 맺는가?"라는 질문에 주의를 기울여야 한다. 어떤 이들에게는 음악의 형식이나 목사의 성품과 관계없이 예배의 정서적인 면이 지극히 중요하다. 그리스도인은 자신이 교회 음악이나 목사와 '관련'이 있는가로 교회를 평가할 것이다. 우리가 스스로를 가장 잘 표현할 수 있는 방법이 음악이기 때문에 '예배 전쟁'(Worship Wars: 예배의 전통과 형식에 대한 마찰—편집자)이 뒤따를 것이다. 이런 성향으로 인해, 그들의 노래 가사는 죄인들을 향한 하나님의 사랑을 묵상할 수 있는 기회를 충분히 주지 못하고("주 달려 죽은 십자가 우리가 생각할 때에"), 하나님을 향한 죄인들의 사랑을 반복적으로 표현한다("주의 사랑 노래하리라, 영원토록 노래하리라"). 둘 다 성경적이지만, 두 번째 표현은 첫 번째 표현의 반응이어야 한다. 하지만 과연 오늘날의 교회에서 그렇게 하고 있는가?

만일 교회가 사랑을 자기표현 또는 자아실현으로 이해한다면, 교회학교와 소그룹과 다른 사역들을 인구통계학적으로 나누어야 한다. 왜냐하면 그리스도인이 자신보다 나이가 많은 사람에게 배우고 어린 사람을 가르치는 것보다는, 그저 자기의 경험을 나눌 사람을 찾으려 할 것이기 때문이다. 인종과 문화와 세대를 통합하기가 지금보다 훨씬 더 어려워지고, 일반적인 문화에 편승하여 교회는 한 도시의 다양한 문화 집단들로 가득해진다. '동질집단원리'(homogeneous unit principle)가 작용하는 것이다! 사랑에 대한 우상적인 개념이 숭배를 받고 있음에도 교회의 모임은 생기 있고 살아 있는 것처럼 느껴진다. 20세기 초 어느 설교자가 말한 바와 같이, 설교는 '집단 특성에 맞는 개인 상담'이 된다.

'영적 은사 검사'도 인기를 얻게 된다. 교회의 필요가 무엇인지는 상관할 필요가 없다. 영적 전투의 전선이 어디에 그어져야 하는지도 신경 쓸 것 없다. "내가 교회에 소속되어 있는 것만으로 나는 충만히 채워진 느낌을 갖길 원한다. 그러므로 그저 어떻게 하나님이 나에게 꼭 맞는지 이야기해주고, 내가 받은 은사들을 마음껏 표현할 수 있는 지위를 허락해주었으면 좋겠다."

사랑이 그리스도인들 사이에서 자기표현의 문제가 되어버리면, 기독교 사랑의 핵심인 복음 자체가 치유적인 목적으로 각색되고 만다. 데이빗 파울리슨(David Powlison)은 이렇게 말했다.

이런 새 복음에서는, 사람의 마음속에서 반드시 바로잡아야 하는 커다란 '악'에 대한 근본적인 변화를 요구하지 않는다. 오히려 자신이 다른 사람들로부터 거절당했다는 생각 때문에 문제가 발생한다. 문제는 허무한 내 인생의 쓰라린 경험에 있고, 자기 경멸과 수치심에 대한 예민함에 있으며, 음악을 꺼버리면 찾아오는 지루함과 같이 긴급한 위협에 있고, 길고 험한 길이 앞에 놓여 있을 때 터져 나오는 신경질적인 불평에 있다. 이런 것들이 바로 오늘날 복음이 반드시 치료해주기를 바라는 중요한 필요들이라고 여겨진다. 예수님과 교회는 당신이 사랑받고, 중요한 사람이고, 인정받고, 위로받고, 충전받았다는 느낌을 주기 위해 존재한다. 이런 복음은 괴로운 증상들을 치료해준다. 당신을 기분 좋게 해준다. 이 치유 복음의 논리는 개인의 욕구를 충족시켜주고 심리적 고통을 완화시켜주는 '나를 섬기는 예수'(Jesus-for-Me)이다.[26]

이런 복음 안에 있는 하나님의 사랑이란 온통 **나**에 관한 것이다.

동시에, 이렇듯 자기표현식 사랑으로 낭만적인 분위기가 되어가는 교회들은 지나치게 향수를 뿌려놓은 욕실과 같아서 남성성이 강한 고객(환자)들을 쫓아내고 있다. 하지만 한편으로는 남성들이 교회를 떠나는 것에 대해 수많은 사람들이 걱정하는 현실이다.[27] 어쨌든, 모든 사람이 제인 오스틴(Jane Austen)의 소설이나 맥 라이언(Meg Ryan)의 영화를 좋아하는 것은 아니다. 그래서 수많은 남성들이 권총을 빼들고 복음주의 영역을 되찾고 있다. 오늘날 각종 책과 교회 그리고 콘퍼런스들은 영화 대여점에서 액션 및 어드벤처 코너, 자동차 경주, 이종 격투기 등을 찾는 사람들과, 자기가 사각 턱에 떡 벌어진 어깨를 가졌다고 생각하는 남성들을 정확하게 겨냥한다. 그런데 아이러니하게도 이런 운동조차 온통 자기표현과 자기인식에 매혹되었다.

오늘날 서구사회의 어떠한 근본적인 문화적 가설들이 등록 교인

---

26 David Powlison, "Therapeutic Gospel," in *Journal of Biblical Counseling* 25 (2007년 여름): p. 3.

27 Leon J. Podles, *The Church Impotent: The Feminization of Christianity* (Dallas: Spence, 1999), pp. 3-4, 57-59; David Murrow, *Why Men Hate Going to Church* (Nashville: Nelson, 2005). 주지현 옮김, 《교회 가고 싶은 남자》(좋은씨앗, 2006); Mark Chanski, *Manly Dominion: In a Passive-Purple-Four-Ball-World* (Amityville, NY: Calvary Press, 2004)를 보라. 교회에 대해 이런 식의 비판은 최근에 생겨난 것이 아니다. Cortland Myers, *Why Do Men Not Go to Church?* (New York: Funk and Wagnalls, 1899)를 보라.

제도를 진지하게 생각하지 못하도록 방해하는 것일까? 어째서 등록
교인 제도와 권징에 대한 생각 자체가 우리 시대의 감수성에 비하면
'애정이 없고' 어설픈 향기로 느껴질까? 그 이유는, 우리가 사람은 누
구나 자유로운 행위자이며 삶의 목적은 개인의 행복을 극대화하는 것
이라고 가르치는 민주주의, 자본주의 사회에서 자랐기 때문이다. 그
러므로 지역교회들은 정당, 연인 또는 식료품점과 마찬가지로 단지
우리의 개인적인 충성을 얻기 위해 경쟁하는 또 하나의 집단에 불과
하다. 또한 우리는 지역교회들이 우리의 자의식과 가치에 얼마나 관
심을 기울여주느냐에 따라 그 교회에 대한 우리의 사랑을 협상하고
재협상할 수 있다고 배운다. 이처럼 계약적인 재협상과정을 정당화하
기 위해, 우리는 우리의 자의식과 가치들을 칭찬해주고 인정해주는
다른 사람과의 유대감에 맞게 사랑을 재정의한다. "당신은 내가 어떻
게 이 결혼을 계속 유지할 수 있기를 바랍니까? 우리는 관계가 소원해
졌습니다. 더 이상 사랑하지 않습니다." 만일 사랑이 자기충족과 자기
표현에 불과하다면, 이러한 질문은 매우 정당할 것이다.

이와 동시에, 우리는 교회나 조직의 제도적 측면들을 그저 법적
'제도주의'로 치부하도록 교육받았다. 결국, 제도는 자유로운 행위자
들을 그들의 기대와 상관없이 구속하는 내부 규율에 의해 운영된다.

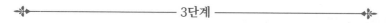

— 3단계 —

소비주의는 우리가 사랑의 과정보다

사랑하는 대상의 매력에 초점을 맞추게 한다.

우리는 교회를 대할 때, 우리를 만족시키거나 그러지 못하는 상품처럼 대한다.

소비주의

이쯤에서 개인주의는 우리가 사랑을 이해하는 방식에 어떤 영향을 미쳤는가에 대한 논의를 끝마칠 수도 있다. 하지만 군더더기가 될 수 있다는 위험을 무릅쓰고 개인주의의 세 가지 측면을 조금 더 깊이 살펴본다면, 사랑과 교회에 대하여 보다 충분하고 유용한 이해를 얻게 될 것이라고 생각한다. 그것은 바로 소비주의, 헌신에 대한 두려움, 그리고 모든 교의(dogma)에 대한 회의주의이다.

"인생이 애정과 헌신에 대한 협상의 연속이라면, 나는 자신의 이익을 극대화하기 위해 모든 것을 할 것이다." 이것이 바로 소비가 하는 짓이다. 행복과 안식은 똑똑한 구매 행위를 통해 얻을 수 있고, 불행과 염려는 어리석은 구매 행위의 결과이다. 문제는 구매가 없으면 흥정이 끝나고 만다는 점이다. 구매자의 후회 가능성은 언제나 남아 있다. '다른 회사 제품을 샀어야 되는 것 아닌가?' '다음 달에 이것보다 더 좋은 제품이 나오는 건 아닐까?' '그 가게의 환불과 교환 정책이 무엇이었지?'

우리가 우리의 죄와 그리스도의 의를 서로 교환하든지 아니면 몸에 꽉 끼는 티셔츠를 조금 더 큰 치수로 교환하든지 간에, 구원은 언제나 교환의 문제였다. 교환 자체는 문제가 아니다. 소비주의 사회의 큰 문제는 무엇보다 현실 속의 모든 것이 교환 가능하다고 생각하는 태도이다. 예를 들어 셔츠, 자동차, 직업, 친구 관계, 결혼, 낮은 학력 등이다. 구속(redemption)은 환경의 변화를 의미하게 되었고, 이는 곧 구원(salvation)이 세속화되었다는 뜻이다. 즉, **현세적인 것을 현세적인 것과** 교환하는 셈이다. 우리는 이 세상에서 또는 이 시대 속에서 평화와 안식과 샬롬과 기쁨을 찾는다.

또한 소비주의 사회는 가장 먼저 바뀌어야 하는 것이 사람의 마음이라는—죽은 마음을 살아 있는 마음으로 바꾸고, 자연적인 마음을 초자연적인 마음으로 바꾸어야 한다는—생각을 하지 못한다. 소비자는 소비자라는 위치에 있기 때문에 최선을 다해 이 제품과 저 제품을 비교하며, 오랫동안 그 제품에 대한 마음의 욕구가 떨어지지 않도록 신중하게 고른다. 소비자는 이렇게 묻지 않는다. "내 욕구가 무엇을 원하지? 내가 옳은 것을 원하고 있나?" 소비주의적인 마음은 욕구의 기능이 아니라 욕구의 대상에 고정되어 있다.

과거에는 좋든 싫든 시간과 공간, 전통 그리고 공동체를 통하여 우리의 욕구가 억제되고 조절되었다. 그러다가 개인이 전통과 공동체로부터 일탈하면서부터 욕구는 스스로를 통제하지 못하고 즉흥적이며 변덕스러워졌다.

소비주의와 사랑

1940년대 초, 사회학자 에리히 프롬(Erich Fromm)은 사랑에 관한 서구적 개념이 사실상 소비주의적인 전환을 맞았다고 보았다. 데이트 과정이 일반적으로 어떻게 진행되는지 생각해보라. 남성은 여성이 자신을 어떻게 평가할지 고심한 후에, 그 예측에 근거하여 자신의 구매 능력을 평가한다. 예를 들어 성격, 유머, 키, 미래의 전망 등이다. 이러한 자기평가를 내린 후, 그 여성의 조건들 중 가치 있게 생각하는 지성, 외모, 집안 배경 등과 같은 특징들에 근거해 최선의 구매를 결정한다. 공급과잉일 경우 남성은 훨씬 더 꼼꼼하게 수요 행위를 한다. 남성이 찾는 것은 단지 미모가 아니다. 키는 얼마 이상에다가 머리는 검은색인지 등을 따지는 것이다. 이를 통하여 프롬은 사람들의 초점이 사랑의 '능력'으로부터 사랑의 '대상'으로 옮겨갔다는 사실을 발견했다. 우리는 사랑을 실행하는 것보다 누가 우리를 사랑하는가에 훨씬 더 관심이 많다. 프롬은 이렇게 말했다. "그러므로 두 사람은 자기들이 가진 교환 가치의 한계를 잘 생각한 후, 시장에서 최선의 대상을 발견했을 때 사랑에 빠진다."[28]

우리가 소비자의 자세로 사랑과 관계에 접근하면, 피상적인 특성들에 관심을 갖게 된다. 소비자의 구매 결정 과정은 깊은 이면의 특성보다 외형적인 것들에 훨씬 더 의존하기 때문이다. 미모가 성격보다 우선되고, 수입이 성실보다 우선되며, 매너가 가치보다 우선되고, 성적인 능력이 정절보다 우선된다. 19세기의 낭만적인 사랑에서는 진정한 사랑에 성적 매력이 추가되기 시작했다. 20세기 후반기에 성 혁명(sexual revolution)이 일어나던 무렵에는 즐거운 성관계가 사랑의 전제 조건이 되었다. 성관계는 관계가 깊어진 후에 그 부상으로 얻는 것이 아니라 관계 초기에 거치는 관문이 되었다. 따라서 성적인 기술과 몸매가 훨씬 강조되었다.[29] 포르노그래피는 대중이 그 허상에 쉽게 속아 넘어가기 때문에 손쉽게 시장을 공략할 수 있다.

교회 안에서의 소비주의적인 사랑

'사랑이 있는' 교회가 크기와 성과를 중요하게 여기는 것은 결코 우연이 아니다. 세상을 사랑하고 세상에 다가갈 수 있는 가장 좋은 방

---

28 Erich Fromm, *The Art of Loving* (1956; repr. New York: Harper and Row, 1989), p. 3. 황문수 옮김, 《사랑의 기술》 (문예출판사, 2006).

29 Giddens, *Transforming Intimacy*, p. 62. 배은경·황정미 옮김, 《현대 사회의 성·사랑·에로티시즘》 (새물결, 2001).

법은 좋은 생산 라인을 통하는 것이다. 큰 교회들은 이러한 사역에 적합한 자원들을 가지고 있다. 반면에 작은 교회들은 그렇지 않다. 그래서 점점 쇠퇴해간다. 최근에 한 목사는 구도자에게 관심 있는 대형교회가 자기 교회 성도들에게 무척 친근하게 다가오는 바람에 2,500명의 성도 중 1,000명이 그 교회로 이동했다는 이야기를 해주었다(물론 그곳도 소형교회는 아니지만). 그러나 놀랍게도 교회의 헌금 총액은 1,000명의 성도들이 떠난 후에도 줄지 않았고 오히려 더 늘었다고 한다. 아마도 소비자들이 떠난 모양이다.

사랑의 문제는 대상이 아니라 능력에서 시작된다고 목회자들이 가르치지 않을 때, 성도들은 쇼핑센터에서 갈고닦은 치명적인 능력을 교회에서도 활용하게 된다. 그들은 교회에 와서 음악과 설교를 듣고, 다른 사람들을 관찰한('그들이 나와 비슷한가? 그들과 원만하게 지낼 수 있을까?') 다음, 집으로 돌아가는 길에 자기가 본 것을 평가한다. "찬양이 좋았어. 한 곡만 빼고 말이야. 목사님 말씀은 재미가 없었어. 그런데 십대들을 위한 프로그램이 뭐가 있는지 보았어?" 그들은 자신의 마음보다 경험을 평가한다. 하나님의 말씀에 비추어 자신을 판단하는 게 아니라 자신이 교회를 판단한다. 이 모든 과정에서 그들은 자기가 이웃을 자기 몸과 같이 사랑하지 않는다는 사실을 깨닫지 못한다. 그들이 던지는 질문이라고는 고작, "내 이웃이 하나님을 찬양하는 데에 도움이 되는 음악이 무엇일까?" 정도이다. 그야말로 "어떤 스타일이 내게 어울릴까?"라고 할 수 있다.

경제학에 밝은 교회 지도자들은 시장의 다양한 요소들을 예배에 도입하기 시작했다. 특히 시장을 잘 아는 교회 지도자들은 모두에게 신뢰받는 프랜차이즈 상점처럼 교회 역시 '캠퍼스' 제도가 가능하다는 것을 알아차렸다. 그들은 인격적인 이해야말로 책임과 양육 그리고 거룩함의 전제 조건이므로 진정한 사랑에는 인격적인 이해가 있어야 한다는 사실을 잊어버렸다. 혹은 전혀 배우지 못했을지도 모른다. 수천 명의 성도들이 여러 캠퍼스에 흩어져 있기 때문에, 어떤 양들은 돌봄을 받지만 대다수는 소외될 것이다. 상당수의 양들이 더 나은 상품을 찾아서 방황할 테지만, 정작 교회에서는 그런 사실을 아무도 모를 것이다. 어쩌면 교회 지도자들은, 바울이 장로들에게 **모든** 양들에게 주의를 기울이라고 말한 것이 아니었다고 생각할지도 모르겠다. 단지 양들 중 거의 대부분을 의미했을 거라고 말이다(행 20:28).

오늘날 많은 교회에서 벌어지는 게임의 이름은 이렇다. "당신 생각이 옳습니다." 기업들은 어떤 상품을 생산할 때 그 수명이 오래갈 것이라고 기대하지 않는다. 금세 유행에 뒤처질 것이라고 예측하고 새로운 상품을 계획한다. 교회에서 성공적인 예배란 높은 영적 수준을 맛보거나 최고의 경험들을 만들어내는 예배이다. 신앙의 성장을 프리드리히 니체(Friedrich Nietzsche)의 표현처럼 "한 방향으로의 오랜 순종"(a long obedience in the same direction)으로 평가하는 것이 아니라, 의사 결정을 통해 평가한다. 통계를 비롯하여 수치가 중요해진다. 수치가 점점 증가하다가 성장이 둔화되는 시점에 이르면 또 다른 성장에 박차를 가하기 위해 새로운 프로그램을 돌리기 시작한다. 거룩함, 자기희생 그리고 믿음과 같은 덕목들에는 관심도 없다. 마크 데버가 말한 바와 같이, 기록된 말씀보다 통계 수치가 더 숭배를 받는다.[30]

---

30 Mark Dever, *What Is a Healthy Church?* (Wheaton, IL: Crossway, 2007), p. 96.

헌신 공포증은 사랑에서 헌신을 빼내어버리고,

사랑이 어떻게 내게 유익한가를 따지도록 만들어버린다.

교회에 대한 우리의 시각에서 헌신의 개념은 제거된다.

헌신 공포증

개인주의와 소비주의의 또 다른 부산물은 어딘가에 구속되는 헌신
에 대한 두려움이다. 다양한 계약에 대해 협상과 재협상을 반복하면
서 행복을 추구한다는 것은, 그 어떤 계약도 지나치게 구속력이 강하
면 안 된다는 것을 의미한다. 다시 설명하자면, 한꺼번에 계약하는 것
이 아니라 이익을 창출하기 위해 환경을 만들어가는 것을 의미한다.
21세기의 복잡한 도시 생활을 단순하게 일반화하는 것이 옳지 않을
수도 있다. 그러나 사회적 지표를 통해 드러나는 주목할 만한 변화에
따르면, 이전 세대에 비해 오늘날의 사람들은 대체로 미래에 선택할
수 있는 사항들을 제한하는, 구속력 있는 헌신과 연합을 꺼린다.[31] 구
체적인 예를 살펴보면 보다 명확해질 것이다. 상당수의 사람들이 다
음 중 한 가지를 실제로 경험해보았으리라 생각한다.

첫째, 현대 미국인들은 과거에 비해 동호회나 협회 그리고 시민
단체에 가입하는 비율이 줄어들었다. 프랑스인 알렉시스 드 토크빌
(Alexis de Tocqueville)은 1831년 미국 여행을 마치고 돌아가는 길에 미
국의 열정적인 시민 생활과 사교 활동에 대한 놀라운 소식을 가지고

---

31 특히 현대 지역교회의 젊은 세대 안에서 이런 현상이 나타난다. 이에 대해서는 Robert Wuthnow, *After
the Baby Boomers: How Twenty-and Thirty-Somethings Are Shaping the Future of American Religion*
(Princeton University Press, 2007)의 2장과 3장을 보라.

갔다. 그러나 최근 연구가들이 지난 한 세기 동안 프리메이슨 연감과, 노동조합 유료 보고서, 로터리 클럽 통계, 리틀 야구 리그와 보이스카우트 보고서 그리고 심지어 볼링 클럽 회원 등을 조사해본 결과 오늘의 상황은 토크빌이 목격했던 당시와 엄청나게 달라졌다는 사실이 드러났다.[32] 회원들에게 직접적인 참여와 실질적인 시간 투자를 요구하는 기관들의 숫자는 급격히 줄어들었다. 반면, 해마다 한 번씩 회원 유지 사실만 확인하고 정기 소식지를 보내주기로 약속하는 시에라 클럽(Sierra Club: 국제 민간 환경운동 단체—옮긴이)이나 국립 오듀본 협회(National Audubon Society: 미국의 비영리 환경운동 단체—옮긴이) 등의 국립 또는 국제기구들의 숫자는 증가하고 있다.[33]

둘째, 서구인들이 결혼이라는 제도를 전보다 더 안이하게 대하는 것만 보더라도, 그들이 문화적으로 구속력 있는 헌신을 바라지 않는다는 사실을 알 수 있다. 남녀를 불문하고 점점 더 늦은 나이에 결혼을 하며 동거 비율이 늘어나고 있다. 이혼이 보편화되고 있을 뿐 아니라 두 번, 세 번 결혼하는 사람들의 수가 늘고 있다. 혼외정사가 현대문화 속에서 점점 더 일반적인 것으로 받아들여진다는 사실은 전혀 새로운 소식이 아니다. 같은 맥락에서, 낙태를 원하는 수요가 지속적으로 증가하는 것도 부모가 마땅히 가져야 할 헌신마저 꺼려하는 현실을 보여준다.

셋째, 서구인들은 과거보다 훨씬 더 자주 직업과 직장을 바꾼다.

---

32 Robert Putnam, "Bowling Alone: America's Declining Social Capitol," in *Journal of Democracy* 6 (January 1995): pp. 65-78를 보라. 또한 다음을 보라. Robert Putnam, *Bowling Alone: The Collapse and Revival of American Community* (New York: Simon and Schuster, 2000). 정승현 옮김, 《나 홀로 볼링》(페이퍼로드, 2009).

33 Putnam, *Bowling Alone*, p. 156. 정승현 옮김, 《나 홀로 볼링》(페이퍼로드, 2009).

2008년 미국 노동부 통계에 따르면, 25세에서 34세 노동자들의 평균 재직 기간은 2.7년이었다.[34] 만약 어떤 사람이 스무 살에 일을 시작한다면, 그가 마흔 살이 될 때까지 평균적으로 일곱 개의 직장을 거치는 셈이다. 물론 이러한 통계에 대해 우리는 섣부른 결론을 내리지 말고 다른 요소들을 함께 고려해야 한다. 예를 들어, 지난 한 세기 동안 노동자들이 직장을 옮기거나 바꾸는 추세가 생긴 것은 세계적으로 복잡한 경제 구조와 효율성이 과거에 비해 노동자들의 빠른 이직을 부추기고, 다양한 종류의 직업을 만들어냈기 때문이기도 하다. 그러나 그 이유가 무엇이든, 결국 한 사람이 평생 동안 한 직업에 헌신할 가능성이 없어졌다는 결과를 낳았다.

넷째, 어떤 비평가들은 보수적인 복음주의 교회들이 다른 개신교 교회들에 비해 성도들이 더 많은 역할을 감당하게 하는 능력을 가졌다고 말한다. 왜냐하면, 복음주의 교회들이 성도들에게 교리적으로 '더 많이 요구'하기 때문이다.[35] 그러나 이 결론이 미처 파악하지 못한 점은, 복음주의 교회에 다니는 사람들이 성도 간의 깊은 관계나 책임감 또는 헌신 등을 덜 요구하는 교회, 특히 대형교회에 다니고 싶어하는 경향도 있다는 사실이다. 미국인 중에서 교회에 다니는 사람들이 늘어나고 있는가? 아마 그럴 것이다. 그리고 그 모든 교회들이 성도들의 익명성을 보장해주고 있는가? 지나칠 정도로 그렇다.

특히 나와 같은 엑스세대는 선택의 신을 숭배한다. 이들은 이십대 후반 또는 심지어 삼십대가 될 때까지 '자기들이 성장하면서' 무

---

34 U.S. Department of Labor, Bureau of Labor Statistics, "News," September 26, 2008, USDL 08-1344.

35 Roger Finke and Rodney Stark, *The Churching of America* (Piscataway, NJ: Rutgers University Press, 2005), p. 275. 김태식 옮김, 《미국 종교 시장에서의 승자와 패자》 (서로사랑, 2009).

엇을 원하는지 알지 못한다. 이런 현상을 가리켜 어떤 저자들은 '지체된 사춘기'라고 표현했다.[36] 이 여자에게 고백할지 저 여자에게 고백할지, 아니면 그러지 말아야 할지를 놓고 고민하는 남자들을 위해 나는 얼마나 많은 상담을 해주었던가? 결국, 또 다른 여자가 다음 달에 나타났고, 그 여자가 훨씬 '나았다'. 소비주의적인 성향과 선택의 다양성 그리고 구매자들의 후회 가능성에 대한 걱정은 직업이나 배우자, 음식점, 집 등을 포함한 모든 것에 대해 헌신할 수 있는 능력을 가로막아버린다. 헌신은 우리를 구속한다. 그리고 한순간의 기쁨을 극대화할 때 더 큰 보상을 보장받는 문화에서는 구속력 있는 헌신이 위협적일 수밖에 없다. 구속력 있는 헌신은 본질상 개인이 변덕을 부리지 못하게 한다. 자유를 박탈하고 기쁨을 저해한다.

헌신 공포증과 사랑

헌신에 대한 두려움은 사랑과 무슨 관련이 있을까? 사랑을 왜곡하기 때문에 헌신을 약속하거나 깨뜨리는 것이 의미 없게 된다. 사랑에서 충성과 정절이라는 요소가 제거된다. 기든스가 18세기 후반 및 19세기를 대표한다고 묘사했던 낭만적 사랑이라는 브랜드는 가만히 멈추어 있지 않고 진화했으며, 그가 **순수한 관계**(pure relationship)라고 부른 것이 탄생할 수 있도록 '길을 열어주었다'. 순수한 관계는 '각 사람이 다른 사람과의 지속적인 관계로부터 끌어낼 수 있는 이익을 위해 맺는 것으로, 두 당사자가 계속 그 관계를 유지하는 것에 충분히 만족

---

36 앨버트 몰러(R. Albert Mohler)가 이 구절을 여러 강연과 논문에서 사용했다. www.almohler.com에서 확인할 수 있다. 또한 다음을 보라. Diana West, *The Death of the Grown-Up: How America's Arrested Development Is Bringing Down Western Civilization* (New York: St. Martin's Press, 2007).

한다고 생각할 때에만 지속되는' 사회적 관계이다.[37] 이 관계는 도덕적 의무, 모든 의무나 책임감, 모든 장기적인 헌신 그리고 다른 사람을 섬기며 돌보아야 하는 요구로부터 오염되지 않았기 때문에 순수하다. 이 관계는 현재의 이익을 위해 순수하게 존재하며, 오직 개인적인 취향에 의해서만 구속받는다.

이러한 '순수한 관계'로 대표되는 문화에서는 우정이나, 동료 의식, 성적 대상 그리고 교인의 권리 등이 단지 개인의 행복에 직접적인 이익이 되는 기능일 뿐이며, 그 이익이 유지될 때에 한해서만 관계가 지속된다. 대하기가 불편해지거나, 한쪽에서 또는 서로가 너무 많은 것을 요구하게 되면 관계는 깨지고 만다. 그러므로 그리스도인들은 스스로에게 물어보아야 한다. '나는 대하기 편한 사람들하고만 시간을 보내고 있는가? 꼭 관계를 맺어야 하는 사람이나 관계를 맺기 어려운 사람을 기피하는가? 교회에 다니는 것이 차츰 고달파지면 교회를 떠나는가?'

교회 안에서의 헌신 없는 사랑

구속력 있는 헌신의 개념이 사랑의 정의에서 제거될 때, 교회에서 개인의 희생은 거의 사라지며, 복음이 잘 드러나지 않게 된다(죄인들과의 언약을 성취하는 것은 언제나 자기희생을 요구한다). 그 대신 성도들은 다른 성도들에게 아무런 관심이 없이 메뚜기처럼 교회를 오갈 것이다. 교회의 모임에 가볍에 참여하고, 자신들도 교회 안에서 '가볍게' 존재한

---

37 Giddens, *Transforming Intimacy*, p. 58. 배은경·황정미 옮김, 《현대 사회의 성·사랑·에로티시즘》(새물결, 2001).

다. 왜냐하면 그렇게 하는 것이 자기들의 사랑과 의무에 대한 개념을 침범하지 않기 때문이다. 또한 다른 성도들에게 영향을 미친다는 것에 대해 개의치 않고 쉽게 교회를 떠나버린다. 타인에 대해서 진지한 책임감을 느끼지 못한다. 교회를 떠나는 이유를 목회자들과 의논하지 않고 그냥 떠난다. 마치 계산대에서 자기들이 구매한 물건을 반품하는 것과 같다. 이는 전혀 인격적인 행위가 아니다. 무엇보다 다른 사람에게 요구하는 것이 거의 없고, 주는 것도 거의 없다.

비극적인 현실은, 수많은 목사들이 이런 성도들을 닮아간다는 점이다. 적어도 몇 년 동안은 사역을 하겠다고 온 목사가 다른 기회가 생기면 주저 없이 교회를 떠나버리고, 그것에 대해 전혀 개의치 않는다. 그가 생각하는 사랑의 개념에는 양 떼에 대한 장기적인 책임감이 전혀 없다.

이 모든 면에서, 교리와 실천의 괴리가 보인다. 그리스도인들은 복음을 믿는다고 고백한다. 그들이 물세례를 통해 상징적으로 죽었다가 다시 살아나는 것은 자기 십자가를 지고 주님을 따르겠다는 결단을 의미한다. 하지만 헌신 없는 사랑의 윤리 때문에 이러한 신앙고백이 행동으로 이어지지 않는다. 이 양들은 양육을 잘못 받은 데다 헌신 없는 세속적 사랑의 개념에 물든 나머지, 아무런 양심의 가책도 없이 아내를 보며 이렇게 말한다. "여보, 나 이 교회에 싫증 났어." 아내가 동의하면 두 사람은 가볍게 교회를 떠난다. 그리스도가 그분의 몸 된 교회에게 주신 새 계명(내가 너희를 사랑한 것같이 너희도 서로 사랑하라)이 설령 그들의 머리속에 들어 있다 해도 그들은 스스로 그 계명을 위반했다는 사실을 깨닫지 못한다. 그러므로 세상은 대체로 교회에 기대를 걸고 '그리스도의 사랑'에 대해 **듣기는** 하지만, 이미 알려져 익숙한 사실 외에 그 어떤 다른 점을 **보지는** 못한다. 왜냐하면 우리가 다른 사람에게 헌신하는 것에 인색하며 그 일을 하찮게 여기기 때문이다. 그러니 믿지 않는 사람들이 귀찮게 교회에 갈 이유가 있겠는가? 크게 즐거운 일도 없는데….

그리스도인들은 점점 더 교회의 일에 참여하는 것을 우선순위로 여기지 않는다. 조지 바나는 "교회에서 경험하는 것은 밋밋하게 느껴지며" 그리스도인들은 이전에 경험했던 것보다 "훨씬 더 견고하고 경외감을 불러일으키는 신앙 경험을 찾고 있다"라고 했다.[38] 바나는 한껏 격앙된 목소리로 그리스도인이 "지역교회에 푹 빠져 있는지, 최소한으로 참여하고 있는지, 아니면 완전히 발을 빼고 있는지는 나와 상관이 없다(그리고, 어느 정도는 하나님과도 상관이 없다). 중요한 것은 당신이 누구와 관계를 맺고 있는지가 아니라 당신이 누구인가이다"라고 말했다.[39] 개인이 생각하는 사랑은 모두 자기인식과 유대감에 관한 것일 뿐이고, 교회들은 이러한 사람들을 돕지 않는다. 바나는 자기의 주장을 뒷받침하기 위해 수많은 통계들을 인용했다. 예를 들어 신자 열 명중 여덟 명이 "예배 중에 하나님의 임재 속으로 들어갔거나 하나님과의 유대감을 경험했다고 느끼지 못한다"라는 것이다.[40] 이 말은 어느 정도 일리가 있다. 왜냐하면 바나는 "미국인들이 신앙을 경험하고 표현하는 방식"[41]이 눈에 띄게 변해간다는 사실을 깨닫고 그 통계도 가

---

38 George Barna, *Revolution* (Carol Stream, IL: Tyndale, 2005), p. 14. 김용환 옮김, 《레볼루션》(베이스캠프, 2008)

39 같은 책, p. 29.

40 같은 책, p. 31.

41 같은 책, p. 49.

지고 있는 반면, 교회들은 그렇지 않기 때문이다. 이것은 지역교회들이 "자기 신앙에 진지하며"[42] "헌신된" 그리스도인들의 길을 가로막고 있다는 의미이다. 어떤 그리스도인들에게는 자기 삶에서 지역교회를 배제하는 것이 해법이다. 자기의 영적 여정을 스스로 조정하는 것이다. 또 다른 그리스도인들에게는, 미국인들이 찾고 있는 "맞춤형 경험들"을 제공하는 새로운 "부티크 교회"를 찾는 것이 해법이다.[43] 어떤 경우든지 간에, 그리스도인들은 전통적인 지역교회에서 경험했던 성가신 일이나, 관료적인 조직이나, 쓸데없는 일들의 방해를 받지 않고 성숙하게 자라갈 수 있을 것이다. 바나의 결론은, 그리스도인들은 자신의 이익에 따라 교회를 택하거나 떠나거나 할 수 있다는 것이다. 스스로 영적 포트폴리오를 만들고, 스스로 선장이 되고, 스스로 목자가 되라는 것이다.

대형교회 열풍의 시조 격인 빌 하이벨스(Bill Hybels) 목사는 자기 교회가 지나치게 소비주의적인 프로그램에 의존하고 있다는 사실을 깨달았다. 해답은 무엇이었을까? 하이벨스의 윌로우크릭 교회는 "맞춤형 성장 또는 '훈련' 계획"을 개발했다. 그는 이렇게 말했다. "헬스클럽에 가면 당신에게 무엇이 필요한지 알려주는 개인 트레이너를 만난다. 우리도 스스로 양육하는 자들을 만들어내기 위해 교회에서 이와 동일한 방식을 택해야 한다."[44] 그렇다면 등록 교인 제도와 권징에 관한 책은 어떻겠는가? 여보세요! 거기 누구 없나요?

---

42 같은 책, p. 8.

43 같은 책, pp. 62-63.

44 Greg L. Hawkins and Cally Parkinson, *Reveal: Where Are You?* (Barrington, IL: Willow Creek Association, 2007), pp. 65-66에서 재인용. 김명호 옮김, 《나를 따르라》 (국제제자훈련원, 2009).

━━━◆━━━━━━━━━━ 5단계 ━━━━━━━━━━◆━━━

회의주의는 사랑에서 모든 판단을 제거함으로써
우리가 교회의 무조건적인 용납을 기대하게 한다.
여기에서 실용주의도 파생한다.

회의주의

소비주의, 헌신 공포증과 함께 현대문화에서 개인주의가 낳은 또 다른 부산물은 모든 형식의 교리나 교의에 대한 회의주의이다. 어떤 교의를 절대 진리, 또는 프랜시스 쉐퍼(Francis Schaeffer)의 표현처럼 "진정한 진리"로 받아들이는 것은 교조주의로 여겨져 비웃음을 당한다. 교의가 교조주의와 같은 말이 되어버린 것이다.

한 개인이 새로운 장소와 가능성을 찾아 사방으로 나아가기 위해서는, 구시대의 모든 교리들과 그 이상의 것들을 모두 손에서 놓기 시작해야 한다. 어쩌면 선조가 가르쳐준 것이 옳을 수도 있지만, 그렇지 않을 수도 있다. 그 교리가 나에게 정말 맞는 것인지 살펴보아야 한다. 만일 할머니의 신앙이 내 상황에 이익이 된다면, 그것을 고수할 것이다. 하지만 내 텔로스(telos, 目的因)와 '명백한 운명'을 성취하는 데 방해가 된다면, 반드시 버리거나 또는 적당히 조절해야 한다. 실용주의적인 삶의 방식은 종종 회의주의의 산물이다.[45]

놀랍게도 우리 시대에서 회의주의는 개인적, 정치적 자유나 또는 최소한 자유라고 부르는 것들이 확고하게 뿌리를 내린 기초이자

---

45 영국의 제레미 벤담(Jeremy Bentham)과 존 스튜어트(John Stuart) 그리고 미국의 존 듀이(John Dewey)와 리처드 로티(Richard Rorty)를 생각해보라.

기본 원리이다.[46] 이것이 바로 데카르트(René Descartes)가 진리를 추구
하던 출발점이었다. 그러나 회의주의는 20세기에 새로운 차원의 입
지를 다졌다. 두 차례의 세계대전, 홀로코스트 그리고 그 배경이 된
전체주의적 사상들에 의해 사회가 황폐해지자, 칼 포퍼(Karl Popper)의
개방사회는 어떤 진리도 주장하기를 포기하고 자유를 추구했다. 이
와 유사하게, 이사야 벌린(Isaiah Berlin)은 일정한 형식의 진리 원칙에
근거한 모든 형태의 자유를 포기하고, 그 대신 자유를 매우 가볍게
정의하여 '억압으로부터의 자유'일 뿐 그 이상 아무것도 아니라고 했
다. 오늘날 사람들이 생각하는 진정한 자유(벌린이 "소극적 자유"라고 부
른)는, 비록 자기 결정에 의한 진리라 할지라도 그 진리를 따라 사는
삶에서 나오는 것이 아니다. 오히려 자유는 단지 그 누구도 내가 하
고 싶은 일을 방해하지 않는 것이다. 이것이야말로 우리 모두가 동의
하는 자유, 곧 "상관하지 마!" 식의 자유이다.

　　최근의 주장들도 이와 동일하다. 존 롤스(John Rawls)의 '무지의
베일'(veil of ignorance)부터 리처드 로티(Richard Rorty)의 '자유주의 아이
러니스트'(liberal ironist) 등은 개인이 모든 헌신과 모든 교리 그리고 다
른 곳에서 받아들여지는 모든 정의나 자유의 개념 등을 **회의주의**로
다루어야 한다고 말한다. 물론 모든 헌신 중에서 철학적 자유주의에
대한 헌신만큼은 제외된다.[47] 우리가 앨런 블룸(Allan Bloom)의 모든 정

---

46 콜린 건턴(Colin Gunton)은 The One, The Three, and the Many: God, Creation, and the Culture of Modernity (Cambridge, UK: Cambridge, 1993), p. 13, pp. 33-37에서 자유의 현대적 개념이 어떻게 모조품에 불과한지에 대해 설명한다.

47 Michael Sandel, Liberalism and the Limits of Justice (New York: Cambridge University Press, 1982), p. 179. 이양수 옮김, 《정의의 한계》(멜론, 2012); Charles Taylor, Sources of the Self (Cambridge, MA: Harvard University Press, 1989), p. 27.

치적, 철학적 입장에 동의할 필요는 없지만, 우리 시대의 문화가 개방성을 숭배하는 문화로 바뀌었다는 주장에는 동의할 수 있다.

> 개방성은 우리가 이성을 사용하여 선을 추구하도록 해주는 덕목이었다. 이제는 개방성이 모든 것을 받아들이고 이성의 힘을 부인하는 것을 의미한다. 개방성이 원래부터 가지고 있는 정치적, 사회적, 문화적 문제들을 인식하지 못한 채 개방성 자체를 무제한적이면서 무분별하게 추구하는 것은 오히려 개방성을 무의미하게 만들어버렸다. … 이제 우리는 폐쇄성에 대한 개방성을 가르쳐야 한다.[48]

회의주의와 사랑

모든 진리에 대한 회의주의가 하나의 도덕적 절대 원리로 자리 잡을 때, 우리 문화가 사랑을 어떤 식으로 이해하게 될지는 쉽게 짐작할 수 있다. 사랑은 움직이고, 변하기 쉬우며, 다른 것에 영향을 많이 받는 것으로 여겨질 것이다. 사랑은 '무엇이든 허용된다'이거나, 적어도 '당신에게 괜찮은 것은 무엇이든지'가 될 것이다. 사랑은 무조건적 수용을 가리킬 것이다. 이런 문화 속에서 만일 누군가를 조건적으로 사랑한다면 그것은 사랑하지 않는 것이나 다름없다.

오늘날 사람들의 사고방식에 따르면, 사랑의 반대 개념은 인종주의와 동성애 반대 그리고 교회들이 경계선을 긋는 행동과 같은 비판주의, 편협함, 배타주의이다. 반대로, 만일 누군가 나를 지금 모습

---

48 Allan Bloom, *The Closing of the American Mind* (New York: Touchstone, 1987), pp. 38-39. 이원희 옮김, 《미국 정신의 종말》(범양사, 1994).

그대로 받아들이며 내가 무슨 말이나 생각을 하든지 그것을 비난하지 않고 참아준다면, 나는 그가 나를 사랑한다고 확신하게 된다. 나를 사랑한다는 것은 나를 수용하는 것 이상을 의미한다. 내 삶의 방식과 결정을 적법하고 선한 것으로 받아들이고 인정한다는 뜻이다.

교회 안에서의 무조건적 수용

놀라운 것은 복음주의 교회들과 탈복음주의 교회들이 그리스도인들에게 변형교정(orthopraxy, 바른 실천)을 위해 교리(orthodoxy, 바른 신앙)의 중요성을 무시하라고 가르친다는 사실이다. 그렇게 해야 그리스도인들이 자유로워져서 참으로 그리고 진정으로 사랑할 수 있게 해준다고 생각하는 것이다. 20세기 중반에 마틴 로이드 존스(Martyn Lloyd-Jones)가 당시의 교회들을 고발한 내용은 오늘날의 교회에 훨씬 더 적합한 것 같다.

> 교회사를 살펴보면, 진리와 오류를 구별하며 경계선을 굳게 붙잡고 거짓을 물리치던 위대한 지도자들의 능력과 자질에 교회의 사활이 달렸던 시기가 있었다. 그러나 우리 세대는 그러한 것을 좋아하지 않는다. 우리 세대는 진리와 오류 사이의 분명하고 확실한 구분을 거부한다.[49]

복음주의 지도자들과 탈복음주의 지도자들이 교회의 주안점을 바꾸어놓으면서, 안타깝게도 교회는 지난 수 세기 동안 세속적인 서

---

49 Martin Lloyd-Jones, *Maintaining the Evangelical Faith Today* (Nottingham, UK: Inter-Varsity, 1952), pp. 4-5.

구사회가 만들어낸 자기표현식 사랑, 소비자 만족적인 사랑, '크기가 중요한' 사랑, 헌신 없는 사랑 그리고 나에게 괜찮으면 무엇이든 좋은 사랑 등과 같이 극히 왜곡되고 타락한 사랑에 굴복하고 말았다. 앞에서 나는 인간이 자기의 행동과 관계를 정당화하기 위해 우상을 사용할 때 무슨 일이 벌어지는지 물어보았다. 정답은 사람들이 자기의 생활방식을 선택하여 그것을 '사랑'이라고 부르며, 그 위에다가 하나님의 승인 도장을 찍는 것이다. 게다가 뚜렷한 경계와 방침을 강조하는 기독교 조직은 비판의 대상이 된다.

보수적인 복음주의자들은 자기들의 신학적 뿌리를 추적할 때, 프리드리히 슐라이어마허와 같은 사람에게서 자유주의 신학이 가지를 치게 되었다고 너무 쉽게 지적하며, 이를 자기들의 계보와 혼동하면 안 된다고 말한다. 낭만주의의 모판에 심겨서 배양된 슐라이어마허는 "새로운 신앙 체계나 직접적인 증언을 새롭게 체계화하는 데서 세상의 구원과 지혜의 빛을 발견해야 한다고 믿는"[50] 명제적(命題的) 신학자들 그룹에 자기를 포함하지 말라고 요구했다. 오히려 진정한 종교란 "생명을 가져야 하고, 직접적인 감정에 생명이 있다"라고 했다. 그래서 그는 독자들에게 이렇게 말했다. "당신의 내적인 감정과 성향에 주목하라."[51]

물론 슐라이어마허의 '감정' 개념은 우리가 영어로 'feelings'라고 번역하는 의식적인 감각보다 훨씬 더 복잡하다. 하지만 하나님을 만나는 것에 대한 슐라이어마허의 다소 전-반성적(pre-reflective)이고 직

---

50 Friedrich Schleiermacher, *On Religion: Speeches to Its Cultured Despisers*, tran. John Oman (New York: Harper and Row, 1958), p. 17.

51 같은 책, p. 36, 18.

관적인 접근 방식은 보수적인 성도들이 주일예배에 참석해서 반복되는 음악에 맞춰 눈을 감고 하나님에 대한 자기의 사랑을 표현함으로써 하나님의 사랑을 경험하는, 치유적 경험을 하고 싶어 하는 것과 매우 유사하다. 슐라이어마허가 교회 정문으로 당당히 들어오지는 못했을 테지만, 그는 사랑이 주로 자기표현과 자기성취의 문제라고 믿는 신앙에 물든 문화의 도움을 받아 잠금장치가 풀려버린 뒷문으로 슬그머니 침입했다. 철학자 알래스데어 매킨타이어(Alasdair MacIntyre)는 모든 진리 주장이 단지 우리의 감정적 태도를 표현하는 것뿐이라고 주장하는 "감성주의"(Emotivism)가 "우리 문화에 깊숙이 침투했다"라고 말했다. 그러므로 오늘날 그리스도인들은 다른 사람들과 마찬가지로 "그들이 고백한 이론적 입장이 무엇이든지 간에 **마치** 감동주의가 진리인 것**처럼** 말하고 행동한다."[52] 복음주의자들은 교리에 관심이 있다고 말할지도 모른다. 그러나 지나칠 만큼 자주 그들의 신앙은 순전히 감정적인 단계에서 행해진다. "하나님이 당신에게 뭐라고 하셨습니까?" "주님이 나를 다른 교회로 부르십니다." "예수님이라면 어떻게 하셨겠습니까?"

그러자 탈복음주의자들은 자유주의 신학과 복음주의 신학의 논쟁에서 한 걸음 물러나, 복음주의자들의 교리적 체계화 방식이 단지 계몽주의적 이성주의의 잔재일 뿐이라고 비판하면서 복음주의자들을 향해 손가락질을 해댄다. 아이러니하게도 그렇게 함으로써 그들은 슐라이어마허를 답습하고 있으며, 자기들의 삶과 명맥이 바로 복

---

52 Alasdair MacIntyre, *After Virtue: A Study in Moral Theory*, 2nd ed. (London: Duckworth, 1985), p. 22. 이진우 옮김, 《덕의 상실》(문예출판사, 1997).

음주의 조상들이 슐라이어마허의 집에서 태어나 자랐다는 사실에 근거한다는 것을 깨닫지 못한다. 그들은 그곳이 다른 사람의 집이라고 말할지도 모르지만 결국은 같은 뿌리를 두고 있다.

실용주의의 불가피성

진리, 교의 그리고 경계선이 교회 안에서 업신여김을 당할 때, 철학 분야에서 그렇듯이 거의 언제나 실용주의가 따라온다. 교회 지도자들이 예배와 사역과 프로그램을 생각할 때마다 던지는 주된 질문은 '이게 통할까?'이다. 그러므로 지역교회가 부흥주의 교회든, 자유주의 계열이든, 구도자 중심이든, 이머징 교회든, 또는 단순히 교리에 의해 야기되는 갈등을 피하기 위하여 가능한 모든 것을 하는 정말 점잖은 교회든 간에, 포스트모던 서구사회에서 실용주의가 교회의 가장 높은 자리를 차지하고 있다는 사실은 결코 놀라운 일이 아니다. 제2차 세계대전 세대의 수많은 공인된 정통 부흥주의 교회들과, 베이비부머 세대의 암묵적 정통 구도자 교회들 그리고 엑스세대의 비정통 이머징 교회들은 모두 '통하는 것'에 주도권을 빼앗겨버렸다. 각 세대는 단지 자기 시대와 장소에 맞는 사역들을 개발한 것뿐이다.

실용적으로 생각하는 것 자체는 결코 나쁜 일이 아니다. 문제는 실용주의가 성경적 원리들을 거부한 자리를 대체하여 유일한 원리로 작용하는 것이다. 실용주의는 가시적이고, 심지어 양적인 결과에 근거하여 결정을 내리도록 요구한다. 그러나 교회에서 통계를 사용한다는 것은 분명한 한계가 있고, 최악의 경우에는 속임수가 되고 만다. '큰 교회'라 함은 그 교회의 설교가 건전하다는 것을 의미하는가, 아니면 대중의 구미에 맞는다는 것을 의미하는가? 대답하기 곤란하다. 초자연적인 운동을 어떻게 수치화할 것인가? 성경이 우리에게 확신을 준다는 사실을 오직 믿음의 눈으로만 볼 수 있다는 식의 진리에 대하여 어떻게 정확한 값을 매길 수 있는가? 하나님의 마음에 있는 것들을 우리가 어떻게 잘 분별할 수 있는가?

달리 말하자면, 교회에 생명과 활기를 주는 것들은 눈에 보이거나 수치로 측정할 수 없다. 백 명의 보이스카우트가 한 장소에 모일 수 있다. 백 명의 프리메이슨이 모일 수 있고, 백 명의 무슬림이 모일 수 있고, 백 명의 자칭 '그리스도인'이 모일 수 있다. 이 모임들의 차이점은 무엇일까? 통계적으로는 아무런 차이가 없다. 영적으로는 서로 어떤 차이가 있을까? 모든 것이 다르다. 그러나 영적인 차이는 오직 영적인 눈으로만 볼 수 있다. 영적인 차이는 특정한 설문조사 문항들에 표기함으로써 대답할 수 있는 게 아니라, 사역자들과 교회들이 어떤 회심이 진짜이고 어떤 것이 가짜인지 분별할 수 있을 때 그리고 교회의 양적인 성장이 풍성한 열매를 통하여 교회를 축복하시기로 영원 전부터 작정하신 하나님의 표지에 해당하는지 아니면 그저 인기 있는 프로그램의 효과일 뿐인지 분별할 수 있을 때, 비로소 올바른 답변을 할 수 있다.

교회에서 통계가 사용될 수도 있지만, 거짓과 진실 사이의 차이, 영과 육의 차이, 하나님의 마음과 인간의 마음 사이의 차이 등과 같이 교회의 본질적인 사항들은 수치화될 수 없다. 우리가 심판 날 하나님 앞에 설 때 비로소 진정한 측정값이 드러날 것이다. 안타깝게도, 수많은 목사들과 교회들이 눈에 보이는 것들로 자기들의 사역을 평가하려고 한다.

보이지 않는 것에 관해 이야기하자면, 아이러니하게도 교리를 무시하는 경향이 비단 실용주의만 낳는 것은 아니다. 성령의 인도하심을 강조하는 새로운 경향을 낳기도 한다.[53] 이것은 마치 교회들이 교리적 사고와 울타리를 치는 사고를 잃어버리게 되자 숫자를 헤아리거나 성령을 쫓아다니는, 또는 둘 다를 추구하는 방향으로 바뀌어 버린 것과 다름없다. 성령을 추구하는 쪽은 복음주의자들이 점점 더 지금 당장 성령이 우리에게 말씀하는 것, 또는 지금 이곳에서 하나님의 역사하심 등에 호소하게 한다. "하나님이 행하시는 것을 경험하자!" 신학적으로 보수적인 헨리 블랙커비(Henry Blackaby)가 이런 식으로 이야기하고, 이머징 교회 지도자인 랍 벨(Rob Bell)도 마찬가지이다. 이것은 앞에서 복음주의자들이 가시적인 것과 계량 가능한 것들에 의존한다고 지적한 것과 모순되지 않을까? 성령 운동에 굴복하는 겸손의 상징이 아닐까?

그리스도인들이 자기의 계획을 성령께 맡겨서는 안 된다는 말이 결코 아니다. 성령은 다양한 방식으로 성도들의 마음에 귀를 기울이신다. 다만 성령이 **말씀하실 수도 있는** 것에 겸손히 순종해야 한다고 말하는 어떤 교회들이, 정작 성령이 성경에서 **이미 말씀하신** 것에는 순종하지 않는다는 점을 지적하고 싶다. 성경을 인간이 만든 교리들과 혼동해서는 안 되지만, 만일 성경이 인간에게 가치가 있다면 우리는 교리적 진술처럼 성경이 말하는 것에 대하여 구체적인 진술을

---

53 마크 놀(Mark Noll)은 이렇게 말했다. "새로운 은사주의 운동은 개신교와 가톨릭교회가 서로 함께 성령의 바람을 추구하게 됨으로써 둘 사이의 경계선을 모호하게 해버렸다." Is the Reformation Over? (Grand Rapids, Baker, 2005), p. 65. 이재근 옮김, 《종교개혁은 끝났는가?》 (CLC, 2012). 놀의 책에 담긴 의도가 개신교와 로마가톨릭교 사이의 장벽을 무너뜨리는 것임을 감안하면, 놀이 교리적 타락의 부정적인 예를 언급하기 위해 이렇게 말한 것은 아니다. 그러나 이것은 오늘날 교리적 차이에 관심을 기울이는 교회들과 성령 운동에 관심을 기울이는 교회들 사이에 역전 현상이 일어났음을 보여주는 하나의 좋은 예가 된다.

할 수 있어야만 한다. 그러므로 만일 교회가 어떻게 모이고, 어떻게 조직되고, 어떻게 하나님의 지상명령을 성취해야 하는지 성경이나 교리가 가르쳐주지 않는다면, 우리가 단지 우리의 환상을 정당화하기 위해 성령의 이름에 호소해도 될까? 모든 교의에 대하여 회의주의에 빠진 시대에는, 이것이 적어도 하나의 큰 유혹으로 작용하지 않을까?

연결점 찾기

개인주의, 소비주의, 헌신을 싫어함, 교회에 등록하기를 꺼려함 또는 자기들의 신앙이 등록 교인 제도에 깊이 의존하고 있다는 것을 인정하지 않으려 함 등과 같이 모든 형태의 회의주의 사이에 연결점을 찾는 것은 그리 어렵지 않다. 개개인을 구속하거나 풀어주고 그들을 계급적인 조직 아래 두는 모든 규율은 인기가 없을 수밖에 없다.

프랭클린, 더글러스 또는 에어하트와 같은 역사적 영웅들과 제이슨 본이나 인디아나 존스와 같은 소설 속 영웅들이 있는 문화에서는, 즉 의식주와 같은 물질적 생활환경이 선택의 결과로 채워지고 이혼이 증가하고 직업이 감소하고 모든 진리가 느슨해지고 사람들이 통계에 사로잡히는 문화에서는, 영적인 조건을 스스로 지혜롭게 선택할 수 있다는 확신이 점점 확산될 것이다.[54] 사람들은 스스로 영적인 삶

---

54 2007년에 조지 바나의 여론조사 기관이 발행한 "미국의 개인주의는 사람들의 자아상을 통해 빛이 난다" (American Individualism Shines Through in People's Self-Image)라는 제하의 잡지 기사는 다음과 같이 보고했다. "전국적으로 4,000명 이상의 성인을 대상으로 한 인터뷰에 따르면, 미국 성인들의 자아상은 화려하고 분명해졌다. 대부분의 미국인들은 스스로를 지도자라고 여기며(71퍼센트), 자기가 시사적인 사건들에 대해 매우 잘 안다(81퍼센트)고 생각한다. 미국 성인들은 하나같이 자기가 독립적인 사고를 하고(95퍼센트), 충실하며 믿을 만한 사람이라고 생각한다(98퍼센트). 그들은 또한 자기들이 변화를 쉽게 받아들인다고 여기며, 터무니없게도 다섯 명 중 네 명은 자기들이 세상에 긍정적인 영향을 끼친다고 확신한다. 성인 세 명 중 두 명은 자

을 잘 꾸려나갈 수 있다고 생각할 것이다. 그러므로 다른 시대와 장소에 살던 사람들과 비교할 때, 우리는 한 지역교회에 헌신하고 복종하는 것을 훨씬 더 냉담하고 회의적으로 생각할 것이며, **사랑**이라는 단어를 재정의함으로써 그런 태도를 정당화할 것이다.

나는 종종 사회학자들의 포괄적 진술을 신뢰하지 않는다. 왜냐하면 이러한 주장은 그 마지막 분석이 필연적으로 추상적일 수밖에 없기 때문이다. 사람들이, 더구나 전체 사회가 왜 그 일을 하는지 알 수 있는 분이 하나님 외에 누가 있겠는가? 그러나 조금만 생각해보면, 개인주의 사회에서 살아가는 그리스도인들은 각 개인을 독립된 개체로 보지 않는 문화에서 살던 그리스도인들보다 등록 교인 제도와 권징에 대한 교리가 걸림돌이 된다는 것을 쉽게 이해할 수 있을 것이다.

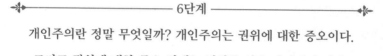

개인주의란 정말 무엇일까? 개인주의는 권위에 대한 증오이다.
그리고 권위에 대한 증오 뒤에는 권위를 잃은 하나님이 있다.

문제의 핵심

하나님의 드라마는 이러한 포괄적 진술보다 훨씬 더 복잡하다. 교회의 비제도화를 주장하는 많은 작가들과 교회 지도자들은 삐딱한 개

기들이 상황을 통제하는 지위에 있기를 좋아한다고 말한다. 또한 대부분의 미국인들은 자기의 생각과 다른 도덕적 견해에 대해 '매우 개방적'인 자세를 가진다고 주장하는(75퍼센트) 반면, 다수가 전통적인 가정의 가치들을 지지하고(92퍼센트), 그 결과 다수가 국가의 도덕적 상태에 대해 걱정한다고 했다(86퍼센트). 흥미로운 것은, 성인 네 명 중 단 한 명만이 다른 사람에게 그런 문제들에 대하여 견해를 바꾸라는 말을 자신 있게 하려고 노력할 마음이 있다는 것이었다."

인주의자들이 아니라 헌신된 공동체주의자들이다. 그런데 그들은 성도의 등급, 성도의 모임, 성도에 국한된 사역, 수직적인 리더십, 전통적인 예배 형식, 방대한 신앙고백, 권징 규율 등과 같은 비인격적인 체계들이, 깨지고 상처받은 사람들이 서로를 사랑하거나 이방인을 돌보거나 더 큰 공동체의 치유하는 법을 배우지 못하게 한다고 주장한다. 엄격한 정통 교리를 비판하는 사람들은 자유로운 행위보다 인간의 관계적 개념에 충실하다. 그들은 인간의 평화, 삶의 의미 그리고 기쁨이 오직 공동체 안에서만 발견된다고 주장한다.

그러므로 나는 여기에서 서구의 많은 그리스도인들이 개인주의적인 가정들 때문에 반제도적일 뿐 아니라, 어떤 기관에도 참여하기를 꺼려한다고 주장하는 것이다. 그러나 가장 확실한 반제도적 지도자들과 작가들 중에는 확실한 반개인주의적인 사람들도 있다! 과연 내가 잘못 짚은 것일까?

공동체주의

근대주의 세계관을 넘어선 소위 포스트모던 세계관의 가장 두드러진 특징 중의 하나가 개인이 아닌 공동체를 강조한다는 점은 주목할 만하다. 이를 구체적으로 설명하면, 우리의 자의식이 반드시 그가 속한 언어적, 인종적, 경제적 그리고 성별 그룹에 의해 결정된다는 뜻이다. 이를 다시 규범적으로 설명하면, 우리는 개개인으로서 그 누구도 외딴섬이 아니기 때문에 더 큰 그룹이나 공동체 정신을 가지고 **살아야 만 한다**고 주장하는 것이다.

공동체주의자들의 주장이 정치철학적 접근이든지 아니면 지역 교회 공동체의 삶에 대한 접근이든지 간에, 나는 그 주장을 일정 부분 인정하고 거기에 동의한다. 그들의 주장은 기존에 나온 이론들에 비해 훨씬 더 정교하고 현실적인 문화인류학적 접근을 하고 있다. 그러나 그들이 문화인류학적 이론들에 근거해 신학을 형성하고 결정하는 문제에 대해서는 신중하게 접근해야 한다. 당신과 내가 속한 다양한 사회, 인종 또는 국가 그룹들은 내가 앞서 지적한 바와 같이, 우리가 성경에 나타난 하나님의 자기계시를 이해하는 데에 영향을 미친다. 그러나 그렇다고 해서 우리가 성령의 도우심으로 성경을 바르고 진실되게 이해할 수 없음을 의미하는 것은 아니다.

뿐만 아니라, 근대주의 성향의 개인주의에 저항한 포스트모던적이고 공동체주의적인 반응은 결국 개인주의의 파생물일 뿐이다. 이것은 마치 반계몽주의적 낭만주의자들이 자기들의 세계관을 형성한 주요 특징들을 계몽주의로부터 가져온 것과 마찬가지이다. 포스트모던적인 자아는 사회적으로 형성되고 제한될지도 모른다. 즉, 정해진 형식 속에 존재하는 '나'는 없다. 그러나 그러한 자아의 한계 내에는 행동을 자제하거나 스스로에게 '무슨 짓을 한 거야?'라고 물어보는 권위가 존재하지 않는다. 그 자아는 자기가 원하는 곳을 자유롭게 오가면서 변덕스럽게 이 그룹 저 그룹의 회원권을 찾아다닌다.

반-권위-주의

나는 공동체주의적인 주장이 개인주의나 그 논리적 산물인 소비주의에 대한 진정한 해독제가 된다고 생각하지 않는다. 공동체주의자들은 공동체가 개인주의의 해독제라고 주장한다. 그러나 결코 그렇지 않다는 사실 때문에 우리는 이 책의 중심 주제들 중 하나를 생각해 볼 필요가 있다. 정말 문제가 되는 것은 **반-권위-주의**이다. 후기모더니스트인 프리드리히 니체나 급진적 포스트모더니스트인 미셸 푸코 (Michael Foucault)의 주장처럼 들릴지도 모르겠지만, 이것은 모두 힘과 관련이 있다. 또는 근본주의 교회의 교회학교 교사가 한 말처럼 들릴지도 모르겠지만, 이것은 모두 불순종과 관련이 있다. 오늘날의 저자들 중에는 이 문제를 다루는 사람도 있고, 다루지 않는 사람도 있다. 근대성의 문제가 개인주의였다고 말하는 것만으로는 충분하지 않다. 왜냐하면 용어가 너무 모호하기 때문이다. 데카르트나 그 부류의 모든 사람들이 남긴 문제는 **자율적인**(자율은 '자기 법률'을 의미함) 개인주의라는 용어로 훨씬 더 정확하게 묘사할 수 있다. 이 용어에서 우리의 논점을 잘 보여주는 것은 명사가 아니라 명사를 수식하는 형용사이다. 개인주의에 대한 해법은 공동체가 아니다. 비록 장황한 단서를 붙여야 하겠지만, 그 해법은 바로 지역교회에게 주신 하나님의 계시된 뜻에 대한 순종의 개념을 다시 소개하는 것이다.

지난 수 세기 동안 서구문화는 개인을 **위하여** 모든 형태의 권위에 **대항하는** 계몽 운동을 실시해왔다. 초등학교에서 대학교에 이르기까지, 교육자들은 권위에 대하여 문제를 제기하라고 가르쳤다. 갈릴레이(Galileo Galilei)에게 악행을 저지른 교회의 권위에 도전하고, 각종 찬탈을 일삼은 왕의 권위에 도전하고, 독재자의 권위에 도전하고, 폭력과 압제를 저질러온 남성들의 권위에 도전하고, 의심스러운 모순을 주장하는 성경의 권위에 도전하고, 툭하면 패러다임이 변하는 과학의 권위에 도전하고, 언어유희에 빠져 있는 철학의 권위에 도전하고, 해체된 언어의 권위에 도전하고, 점잖지 않은 부모의 권위에 도전하고, 과도할 만큼 불균형적인 시장의 권위에 도전하고, 물대포와 야경봉을 휘두르는 경찰의 권위에 도전하고, 우리로 맥주를 들이

켜게 만드는 종교 지도자들의 권위에 도전하고, 편견에 사로잡힌 대중매체의 권위에 도전하고, 제국주의에 빠진 초강대국의 권위에 도전하라는 것이다. 문제를 제기할 만한 또 다른 권위가 남아 있는가? 우리가 무엇을 믿어야 하고, 어떻게 살아야 하는가에 관해서, 대부분의 현대 서구인들의 마음속에는 권위에 대한 보편적인 의심이 도사리고 있다. 그 이유 중의 하나는 권위가 야만적으로 남용된 역사를 잘 알고 있기 때문이다.

개인주의에 대한 계몽주의의 이야기는 처음부터 권위에 대항하는 전쟁에 관한 것이었다. 데카르트의 철학적 방법이 모든 외적인 인식론적 권위에 대해 철저한 회의로 시작하는 이유가 바로 이것이다. 여기에서 시작해서, 데카르트는 "나는 생각한다. 고로 존재한다"(*cogito ergo sum*)라는 유명한 명제와 함께 전적으로 내적인 수단에 근거해 새로운 세계관을 구축했다. 어느 공동체주의 철학자는 데카르트의 계획을 가리켜 "해방된 자아"[55] 를 만들어내는 것이라고 설명했다. 그러나 사실은 그 이상이다. 자아는 단순히 분리되거나 해방되지 않는다. 자아는 반항적이다. 천지를 만드신 여호와께서는 모세에게 자신을 가리켜 서술부가 없는 "I AM"이라고 말씀하신 반면, 데카르트는 자신의 존재에 대한 지식의 근거와, 하나님을 포함한 모든 것에 대한 지식의 근거를 자기의 사고성(rationality)이라는 서술어에 두고 있다. "나는 내가 존재한다는 것을 안다. 왜냐하면 **나는 생각하는 존재이기** 때문이다." 이 유명한 주체 전환으로 인해 개인은 모든 실재의 재판관이 되었다. 여호와는 잊혀졌다. 더 이상 개인은 참과 거짓, 옳음과

---

[55] Charles Taylor, *Sources of the Self*, 8장, 특히 pp. 155-158를 보라.

그름을 판단하는 교회와 부모, 왕 또는 교사들에 의존하지 않게 되었다. 개인이 스스로 실재를 판단해야 했다.

반계몽주의적 낭만주의자들은 이성주의적 선조들의 규율 잡힌 조직 체계들과 교리적 명제들을 거부한 것만큼이나 모든 외적인 권위도 똑같이 거부했다. 그런 의미에서, 낭만주의자와 고전주의자는 비록 겉으로는 달라 보이지만 실제로는 같은 부모에게서 난 형제였다.

내 생각에는 1943년에 출간된 에인 랜드(Ayn Rand)의 소설 《파운틴헤드》(*Fountainhead*, 휴머니스트)의 첫 장면이야말로 데카르트가 이야기한 주체 전환의 논리적 백미를 보여준다. 뿐만 아니라 그 장면은 서구 문학에서 하나님을 몰아내고 인간을 높이는 최고의 순간들 중 하나이다. 랜드가 그린 원시적인 모습이 어떻게 성경의 첫 두 장의 느낌을 불러일으키는지 살펴볼 필요가 있다. 랜드의 영웅은 아담이면서 **동시에** 하나님이다.

하워드 로크가 웃고 있다. 벌거벗은 채로 절벽 끝에 서 있다. … 절벽 아래 호수는 마치 절벽을 반으로 잘라놓은 강철 테두리 같았다. 바위들은 깊은 물속까지 끝도 없이 박혀 있고, 하늘에서 시작하여 하늘에서 끝이 났다. 그래서 세상은 우주 공간에 매달려 있는 것처럼, 즉 절벽에 서 있는 남성의 발끝에 닻을 내리고 허공에 떠 있는 섬처럼 보였다. 로크의 몸은 하늘을 등지고 기대어 서 있었다. 그의 몸은 마치 모든 곡선이 평면이 되어버린 양 길게 쭉 뻗은 직선을 이루었다. 로크는 양팔을 옆으로 내리고, 손바닥을 밖으로 향하게 한 채 엄숙하게 서 있었다. 어깨뼈가 팽팽하게 당겨지는 것 같았고, 목이 불편했으며, 양손으로 피가 몰리고 있었다. … 얼굴은 마치 그 어떤 문제를 제기할 수도 없고, 바꿀 수도 없고, 탄원할 수도 없는 자연법과 같았다. 여위고 움푹 들어간 뺨 위에 광대뼈가 튀어나왔고, 회색 눈은 차갑고 날카로웠으며, 남을 경멸하는 듯 굳게 다문 입은 마치 사형 집행관이나 성인(聖人)의 입 같았다. 로크는 화강암을 바라보았다. 깎아서 벽을 만들어야겠다고 생각했다. 나무를 바라보았다. 잘 다듬어서 서까래를 만들어야겠다고 생각했다. 바위 위에 마치 녹이 슨 것처럼 한 줄기 무늬가 나 있는 것을 바라보며 땅속에 묻힌 철광석을 생각했다. 그리고 그것을 녹여 하늘을 떠받치는 대들보를 만들어야겠다고 생각했다. 로크는 또한 앞에 있는 바위들이 착암기(鑿巖機)와 다이너마이트와 그의 목소리를 기다리고 있으며, 쪼개지고 부서지고 두드려지고 다시 태어나기를 기다리고 있으며, 그의 두 손으로 만들 새로운 모양을 기다린다고 생각했다.[56]

우리의 관점에서 볼 때, 하워드 로크라는 이 허구 인물의 문제점은 단순히 그가 사회적 소속감에 대한 생각이나 공동체의 필요성을 깨닫지 못한다는 데에 있는 것이 아니다. 진짜 문제는 자아의 우상화이다. 즉, 자신을 하나님으로 생각하는 것이다. 그런데 모더니즘과 포스트모더니즘 철학은 이 야망을 정당하다고 말한다.[57]

만일 어떤 사람이 에인 랜드의 《파운틴헤드》가 대부분의 그리

---

56 Ayn Rand, *The Fountainhead* (1943; repr. New York: Signet, 1993), pp. 15–16. 민승남 옮김, 《파운틴헤드》 (휴머니스트, 2011).

57 만일 누군가 포스트모더니즘이 실제로는 그러한 웅대한 야망을 혐오하고 오히려 그러한 주장들을 해체하려고 한다고 주장한다면, 우리는 포스트모더니스트에게 왜 그가 자기에게 스스로 해체할 권위가 있다고 생각하는지 물어볼 필요가 있다. 포스트모더니즘에서 개인은 자기의 권위라는 것이 단지 모든 진리를 부정하고 무효화하는 능력일 뿐이라고 말하지만, 사실 해체하는 포스트모더니즘의 개인은 모더니즘의 개인만큼이나 여전히 자율적이다. 그런 면에서 해체주의는 스스로를 해체한다.

스도인들이 읽지 않았고 잘 알려지지 않은 20세기 작품이라는 사실에 반대한다면, 그는 논점을 잃은 것이다. 비록 어느 문화 속에 내재되어 있는 세계관과 특정 작품 사이의 직접적 인과관계를 추적할 수 없다 하더라도, 우리는 랜드와 같은 저자와 그의 많은 독자들 그리고 랜드 이전과 이후에 등장한 저자들 모두가 똑같은 토양에서 자랐으며, 우리도 그 토양에서 살고 있다는 공동체주의의 합리적인 가설을 기억할 필요가 있다. 하워드 로크는 또 하나의 미국식 아담이 아닐까? 그리스도인들이 리더십을 정의하는 관점에서 볼 때, 많은 교회들이 로크와 같이 계획과 지식과 인격적 활력과 교회를 위한 기도를 통해 완전히 새로운 제국을 건설하는, 선각자와 같은 목사들을 찾는 것은 아닐까? 로크의 허풍은 그것이 세속적이든 종교적이든 성공한 지도자와 기업가 그리고 자수성가한 사람에게 매우 친숙한 그림이다.[58] 또한 그러한 사람들은 권위에 대해서 알지 못하며, 다만 자기 상상력의 한계에 대해서만 생각할 뿐이다.

오늘날 서구인들이 모든 권위를 언제나 나쁘게 생각한다고 말하는 것은 과장된 표현이다. 대부분의 사람들은 일상적인 조직 안에서 권위의 한시적인 유익을 인정한다. 어떤 사람은 법률을 만들어야 한다. 어떤 사람은 학생을 가르쳐야 한다. 어떤 사람은 사무실을 운영

---

[58] 그러나 에인 랜드와 마찬가지로, 20세기 후반 몇십 년 동안 미국 경제와 미국인들의 삶에 지대한 영향을 미친 미국 연방 준비제도 이사회 의장 앨런 그린스펀(Alan Greenspan)의 막대한 영향력을 생각해보면 그러한 종류의 인과관계를 예측해보는 것은 그리 어렵지 않다. 아침에 신문을 읽을 때, 어느 후보에게 투표할지 생각할 때 그리고 이자율 변동이 우리 집 대출 상환에 영향을 미칠 것인지 판단할 때, 우리의 지대한 관심을 끄는 경제적 성장과 활력의 개념이 교회에서의 성장과 활력에 대한 우리의 기대에는 깊은 영향을 미치지 못한다고 생각하는 것이 비합리적일까? 필리스 티클(Phyllis A. Tickle)은 그의 책 *Greed: The Seven Deadly Sins* (New York: Oxford University Press, 2006)에서 "애덤 스미스에서 에인 랜드를 거쳐 아서 앤더슨(Arthur Anderson)에 이르는 과정은 어쩔 수 없는 흐름이다"라고 주장했다.

해야 한다. 그렇긴 하지만, 초기 민주주의 이론의 용어를 빌어 설명하자면 권위는 우리가 '계약을 맺는' 대상이다. 권위는 지배를 받는 우리가 동의를 해주어야 하는 대상이다. 무엇을 믿고 어떻게 살 것인가에 대한 최종적이고 절대적인 권위는 개인에게 있다. 개인은 전략적인 이익을 위해 일시적으로 자기의 권위를 다른 사람에게 양도할 수 있다. 그러므로 한 남성은 자기 권위의 일부를 조직에 양보할 수 있다. 한 여성은 자기 권위의 일부를 고용계약에 양보할 수 있다. 두 사람은 결혼 서약식에서 각각 자기의 권위를 상대방에게 양보할 수 있다. 그러나 그러한 계약들은 결국 한시적으로 유지될 뿐이다. 왜냐하면 그것들은 단지 계약상으로만 자유롭고 평등한 당사자들의 동의에 의존하기 때문이다.

간단히 말해 진정한 권위 개념은 존재하지 않으며, 그것이 바로 19세기 덴마크의 철학자이자 신학자인 쇠렌 키르케고르(Søren Kierkegaard)가 그의 논문 〈천재와 사도 사이의 차이에 관하여〉(Of the Difference between a Genius and an Apostle)에서 "아버지가 지적이기 때문에 공경하는 것은 불경한 일이다"라고 쓴 대목의 논점이다.[59] 키르케고르의 말에 담긴 의미가 무엇일까? 우리는 천재들이 한 말이 이성적이고 옳다고 판단하면 그 천재들을 따른다. 그들의 권위를 인식하지 않는다. 그런 의미에서 자녀들이 아버지가 지적이기 때문에 그를 공경하는 것은 십계명의 제5계명을 바꾸어놓는 것과 같이 불경하며, 아버지를 진실로 **공경하는** 것이 아니다. 그러므로 천재와 사도의 차이는, 천재와 달리 사도는 그의 말이 지혜롭게 들리든 어리석게 들리든 간에 신적 권위

---

59 Gilbert Meilaender, "Conscience and Authority," *First Things* (November 2007): p. 33.

를 가지고 말하며(고전 1:18 이하), 그의 말에는 반드시 순종해야 한다는 것이다.

교회 안에서의 권위

교회에서 권위는 인기 있는 주제일까? 교회와 가정에서 여성의 역할에 대한 논쟁부터 미래와 구원에 대한 하나님의 권위를 다룬 논쟁에 이르기까지 모든 면에서 그렇지 않다. 복음주의자들은 교회 권징을 시행할 때마다 거의 권위라는 용어를 빌어 말하고 생각한다. 물론 권징을 시행하는 일은 거의 없다. 놀라운 점은 그리스도인들 사이에서 권위에 대한 논쟁에 종종 사랑이라는 단어가 등장한다는 것이다. 여성에게 목사 안수를 하지 않고 가정에서 동등한 리더십을 갖지 못하게 하는 것은 여성을 존중하거나 존경하거나 사랑하지 않는 것이라고 생각한다. 회개하지 않은 죄 때문에 한 개인을 성도의 교제로부터 제외하는 것은 무정한 행위라고 치부한다. 하나님이 구원과 미래의 주권자이심을 주장하는 것은 하나님의 사랑을 깨닫지 못한 것으로 여겨진다. 많은 사람들이 쉽게 이런 말을 한다. "하지만 하나님은 사랑이십니다! 결코 그러실 리가 없습니다."

서구의 수많은 그리스도인들은 사랑과 권위에 대한 가르침이 서로 모순된다고 생각한다. 이러한 사실을 가장 확실하게 보여주는 현상은 오늘날 강단에서 성경에 충실한 설교, 혹은 강해설교가 부족하다는 점이다. 건전한 강해설교를 하는 교회는, 하나님이 인간 매개자를 통하여 우리가 그리스도인으로 살아가고 성장하는 일에 권위적인 판단을 하게 하신다는 것을 깨닫기 시작한 교회이다. 건전한 강해설교를 하는 교회는, 최소한 그리스도가 왕의 권위를 가지고 그리스도인의 삶에 들어오셔서 회개와 순종을 요구하신다는 사실을 깨닫기 시작한 교회이다. 그러므로 이 교회는 왕이 성경을 통해 권위적으로 말씀하는 것이 무엇인지 듣기 위해 모인다. 안타깝게도, 그러한 설교를 공동체의 삶에서 중심에 두는 교회는 거의 없다. 그 대신 설교자들은 자기가 판단한 회중의 필요에 따라 치유적인 주제들을 선택한다. 그들은 회중이 가려워하는 곳을 긁어주고 싶어 한다. 다시 한 번 말하지만, 강해설교를 하지 않는 교회는 사랑과 권위가 서로 대립하는 교회이다.

아마도 우리가 앞서 논의한 어떤 문화적 주제들보다도 이 권위 문제가 지역교회의 등록 교인 제도 및 권징에 대한 논의와 깊은 관련이 있을 것이다. 왜냐하면 이 두 가지가 순종의 삶을 수반하기 때문이다. 등록 교인 제도는 다른 무엇보다도 특정한 회중의 권징에 대한 **순종이다.** 어떤 의미에서는, 모든 지역교회가 영원하지 않다는 점에서 순종의 행위가 계약적이고 한시적이다. 다른 의미에서는, 순종의 행위가 예수 그리스도의 죽음과 부활에 의해 성취된 궁극적 실재에 근거하여 그리고 그리스도인의 삶에 왕과 주인이 되신다는 그분의 선언에 근거하여 예언되었다는 점에서 전혀 **계약적이지 않다.**

만일 타락한 본성의 DNA와 문화적인 성향이 선천적으로 모든 권위를 의심한다면, 우리가 등록 교인 제도와 권징을 시행하는 것은 무척 곤란한 일이 될 것이다. 각기 다른 그리스도인들과 각기 다른 교회들이 상당한 의심을 가지고 권위를 대할 것이다. 또한 이 논의에서 맞닥뜨리는 매우 현실적인 어려움들 중의 하나는, 교회 권위를 비롯해 권위 자체가 너무나 쉽게 남용되는 이 타락한 세상에서 순종의 의미가 무엇인지를 깨닫는 것이다. 권위를 남용하여 수많은 사람들을 집단 자살로 몰아간 짐 존스(Jim Jones) 사건(1978년 가이아나 존스타운에서 인민사원 신도들이 벌인 집단 자살극—옮긴이)을 어떻게 이해해야 할까? 아돌프 아이히만(Adolph Eichmann)과 같은 나치 관료들이 수백만 명의 학살을 정당화하기 위해 "우리는 단지 명령을 따랐을 뿐이다"라고 말한 것을 보면서 권위의 사용을 과연 어떻게 이해해야 할까? 달리 말하자면, 이 논의는 결국 우리가 하나님 앞에서 교회의 권위와 개인 양심의 권위 사이의 균형을 어떻게 잡을 것인가라는 질문을 놓고 심사숙고하게 만든다. 그렇게 할 때, 비로소 모더니즘과 포스트모더니즘이 저항하려고 한 역사적 과오와 공포를 반복하지 않을 수 있다.

이런 맥락에서, 독자들에게 한 가지 조언을 하려고 한다. 수많은 기독교 지도자들이 교회와 가정에서 여전히 권위를 남용하고 있다는 점을 생각할 때, 내가 앞으로 그리고 이 책 전체에서 권위를 옹호하는 이야기를 해야 한다는 것이 진심으로 걱정된다. 얼마나 많은 그리스도인들이 하나님의 이름이나 권위를 빙자한 목사, 남편, 부모 그리고 교회의 이기적인 행태에서 상처를 경험했는가. 그러므로 나는 이미 교회 안에서 권위의 역할을 확신하는 독자들을 향하여 더 이상 그 권위를 남용하지 말라고 당부하고 싶다. 내 논증은 어떤 의미에서 원칙적으로 그 반대 입장에 있는 독자들, 즉 권위의 역할을 전혀 인식하지 못하는 교회와 지도자들을 위한 것이다. 나의 의도는 권위의 개념을 더 주의 깊게 성경적으로 관찰함으로써, 경건한 권위가 생명을 앗아가는 것이 아니라 오히려 생명을 낳는다는 사실을 밝히려는 것이다. 이는 권위를 남용하는 자들과 기피하는 자들 모두에게 필요한 논의가 되리라 확신한다. 우리가 어디에 속해 있든지, 등록 교인 제도와 권징을 연구하는 데 있어 한 가지 중요한 요소는, 권위에 대한 우리의 의심과 확신이 성경의 의심과 확신에 부합하는지 알 수 있도록 질문을 던지는 것이다.

불순종이라는 개념의 세속화

비록 개인주의 개념이 도움이 되기는 하지만, 그것이 서구문화의 문제를 세속화할 수 있다. 다른 예를 들어보겠다. 우리는 '불안'에 대해 이야기하거나 '사람을 두려워함'에 대해 이야기할 수 있다. 후자는 하나님과 관련하여 다른 사람과 맺는 관계에 대한 것이다. 전자는 전적으로 다른 사람과의 관계에 대한 것이다. 불안은 세속화된다. 또 다른 예가 있다. 우리는 '소비주의'에 대해 이야기할 수 있고, '탐욕'에 대해 이야기할 수도 있다. 두 개념은 동일한 대상에 대해 갖는 것이지만, 소비주의에는 초자연적인 거북함이 없다. 탐욕이 강대상을 내리치는 근본주의 설교자의 말처럼 들리는 반면, 소비주의는 사회학자들의 정중한 언어처럼 들린다. 그러나 그것이 바로 소비주의의 본모습이다. 소비주의는 아주 오래된 탐욕이다.[60] 탐욕은 물론 사람들 사이에서 나타난다. 그러나 근본적으로는 우리가 하나님과의 관계에서 어디에 서 있는가에 대한 평가라고 할 수 있다. 탐욕은 결국 우상숭배의 한 형태이다(골 3:5; 엡 5:5).

　소비주의와 같은 사회학자들의 언어와 불안과 같은 심리학자의 언어는 우리가 일정한 죄의 모습을 다른 것과 구분할 수 있도록 해

---

60 Phyllis A. Tickle, *Greed*, p. 38, 40.

주기 때문에 어느 정도 도움이 된다. 그러나 우리가 실제로 문제들을 불안이나 소비주의로 말하게 될 때, 만일 이 세속적인 가면들을 벗겨내지 못하고 그것들을 사람에 대한 두려움과 탐욕 등과 같이 옛날 방식으로 또는 교회학교에서 가리키는 식의 이름으로 부르지 않는다면, 우리는 그 개념을 올바로 이해할 수 없다. 예를 들어 우리는 반대개념인 자기확신과 비교하면서 불안을 말해서는 안 된다. 우리는 하나님에 대한 두려움을 말해야 한다. 우리는 사회학 논문들을 인용하여 소비주의를 말해서는 안 되고, **물질**이 하나님을 대신해 숭배의 대상이 되었다는 사실을 말해야 한다.

내가 이 문제를 길게 다루는 이유는, 매우 세속적이고 **동시에** 기독교적인 문학작품들이 개인주의를 말하면서 그 반대개념인 공동체의 세 가지 장점을 예찬하기 때문이다. 개인주의에 관한 언어와 작품들은 우리가 그 문제의 증상들을 관찰하고 묘사하는 데 도움을 줄 수 있다. 예를 들어, 사람들은 다른 사람들에게 헌신하거나 책임지는 것을 싫어한다. 사람들은 자기의 취향을 침해하는 그 어떤 경계선도 거부하고, 다른 사람들과의 관계를 고려하지 않아도 얼마든지 올바른 방식으로 자신을 정의할 수 있다는 생각을 한다. 이는 어리석기가 그지없는 생각일 뿐이다. 그러나 우리가 '개인주의'를 뿌리 깊은 문제로 다룰 때, 오진만 하는 것이 아니라 최소한의 진단이라도 내리게 된다면, 우리는 내가 무엇을 믿는지 알 수 있는 길을 찾게 된다. 왜냐하면 우리의 분석은 하나님을 배제하거나 그분의 권위를 엄청나게 깎아내리기 때문이다.

진단을 잘못 내린 예를 하나 들어보자. 어느 학자가 이렇게 주장했다. "우리 시대의 명확한 실패들은 하나님과의 적절한 관계가 실패한 데서 온 것이다."[61] 우리의 문제가 '적절한 관계'의 문제라는 것이다. 어느 정도 옳은 말이기는 하다. 하지만 이것이 사도 바울이나 예레미야 선지자가 "그러므로 주께서 말씀하시느니라. '오, 이스라엘아, 나는 적절한 관계가 맺어지지 않았음을 보았노라'"라고 말씀하신 것일까? 어떤 의미에서는 그렇다. 이스라엘은 하나님과의 관계에서 요구되는 것을 제대로 이행하지 못하여 그분과 적절한 관계를 맺을 수 없었다. 그들은 하나님께 순종하지 않았고 그분의 명령을 듣지 않았다. 하나님은 인간과의 관계에 관심을 가지시며, 특별한 방식으로 관계 맺는 것을 좋아하신다. 하나님은 권위적으로 비대칭적인 관계에 관심을 가지신다. 즉, 그분은 경배를 받으시는 왕이신 반면 우리는 왕이 아니다. 앞서 이야기한 학자는 간단한 형용사 '적절한' 속에 이 모든 의미들을 담았을지도 모른다. 그러나 그의 강조점은 분명히 명사 속에 담겨진 관계의 개념에 있었다. 하나님과의 관계를 말할 때 하나님을 우리의 수준으로 끌어내리고, 그분이 하나님 되게 하는 속성들을 모두 빼버린다면, 그 관계는 세속화된다. 이 학자에게서 그리고 다른 많은 사람들에게서 관계성이 주권의 자리를 대체했다.[62]

세속화된 개인주의의 가면을 벗어버릴 때, 우리가 그 이면에서 발견하는 것은 권위에 대한 두려움, 아니 권위에 대한 혐오이다. 사람들이 두려워하는 것은 관계가 아니다. 낭만주의 운동이 증명하는 바와 같이, 사람들은 관계를 원한다. 사람들이 혐오하는 것은 오히려

---

61 Colin E. Gunton, *The One, the Three and the Many*, p. 38.

62 이것은 스탠리 그렌츠(Stanley Grenz)가 *Rediscovering the Triune god: The Trinity in Contemporary Theology* (Minneapolis, Fortress, 2004), p. 84에서 몰트만의 *Trinity and the Kingdom and God in Creation*, trans. Margaret Kohl (Minneapolis: Fortress, 1993), p. 221를 인용하면서 몰트만을 묘사한 내용이다.

특별한 종류의 관계이다. 그러므로 진정한 문제는 궁극적으로 개인주의가 아니다. 바로 반-권위-주의이다. 고독은 문제가 아니다. 다른 사람과의 관계 속에서 살아가는 삶을 거부하는 것이 문제이다.

권위가 실추된 하나님

이렇게 관계를 강조하는 현상은 앞서 말한 바와 같이 오늘날 신학 서적들에서 매우 일반적인 주제가 되었다. 점점 더 많은 저자들이 각 개인의 존재가 관계보다 선행하지 않고, 오히려 우리가 맺은 관계들이 우리를 각 개인으로 형성한다고 주장한다. '나'는 내 어머니와 아버지, 형제와 자매, 친구와 적, 문화와 교회 등이 나와 상호작용을 하고 나의 정체성을 형성하는 데에 기여할 때 비로소 '나'가 된다. 볼프하르트 판넨베르크(Wolfhart Pannenberg)는 인간 본성의 '외심성'(exocentricity)이라는 용어를 사용한다. 이것은 하나님이 우리를 자아 중심적으로 만드신 것이 아니라 외부적으로 관계를 맺으며 형성되도록 만드셨다는 의미이다.[63] 존 지지울라스(John Zizioulas)는 하나님의 존재가 위격들의 공동체로 이루어져 있으므로, 인간도 당연히 그와 같은 방식으로 존재한다고 주장했다. 즉, 개별적으로 존재하는 것이 아니라 공동체의 위격들로 존재한다는 것이다.[64] 이런 부류의 저자들에게 죄는 하나님과 사람 사이, 사람과 사람 사이 그리고 사람과

---

63 Wolfhart Pannenberg, *Anthropology in Theological Perspective* (Philadelphia: Westminster Press, 1985).

64 John D. Zizioulas, *Being as Communion: Studies in Personhood and the Church* (Crestwood, NY: St. Vladimir's Seminary Press, 1985), pp. 16-19; 36-65. 이세형 · 정애성 옮김, 《친교로서의 존재》(삼원서원, 2012).

우주 사이의 관계가 단절된 것이거나 관계적 평화의 박탈이다. 이와 반대로 구원은 단절된 관계의 회복이다.

나는 이 주장에 동의할 수 있다. 또한 교회가 이러한 종류의 통찰로부터 많은 유익을 얻었기 때문에 어떤 비평을 내놓고 싶지도 않다. 그러나 이러한 공동체주의적 견해의 중심에 깊은 함정이 있을지도 모른다는 점이 염려스럽다. 즉, 권위가 실추된 하나님이다. 그렇다고 해서 이러한 부류의 저자들이 쓴 모든 책의 모든 문장에 함정이 있다는 것은 아니다. 그러므로 이렇게 가정하려고 한다. 나는 내가 읽어본 책들의 경향을 말하고 있을 뿐이고, 내가 본 내용들은 바라건대 궁극적으로 모두에게 해당하는 것이 아니다. 그럼에도 이러한 풍조의 문제를 언급하는 것은 우리에게 **실제로** 필요한 것이 무엇인지를 보게 해줄 것이다.

어느 저자가 죄를 묘사한 문장이 있다. "죄의 대가는 죽음이다. 만일 우리의 삶이 하나님과의 관계와 다른 사람들과의 관계에 그 기초를 두었고, 그 관계들이 부패했다면, 이는 우리의 생명이 본질적으로 위협을 받기 때문이다."[65] 다시 말하지만, 이 주장은 사실이다. 그러나 충분하지는 않다. 죄의 대가가 죽음인 이유는 단지 우리와 우리 생명의 근원이신 하나님과의 관계가 단절되기 때문이 아니라, 죄가 하나님의 영광스럽고, 아름답고, 거룩하고, 눈부신 위엄에 도전하기 때문이다! 죄의 대가가 죽음인 이유는 하나님의 영광이 장엄하고 무한하나 우리가 그 영광에 미치지 못하기 때문이다. 죄의 대가가 죽음

---

65 Tom Smail, *Like Father, Like Son: The Trinity Imagined in Our Humanity* (Grand Rapids: Eerdmans, 2005), p. 238.

인 이유는 하나님은 모든 영광과 경배와 찬양을 받으시기에 합당하시지만, 우리가 하나님을 가볍게 여기기 때문이다. 하나님의 영광을 존중하지 않고 그분을 높이지 않을 때, 즉 우리가 죄로 인해 하나님의 영광에 이르지 못할 때, 우리는 법적으로 죄를 범한 것이며 형벌을 받아야만 한다. 형벌이 필요 없다는 말은 하나님의 영광이 아무런 가치가 없다고 말하는 것과 같다. 하찮은 물건을 깨뜨리면 아무도 상관하지 않는다. 그러나 아름답고 귀중한 물건을 깨뜨리면 형벌이 요구된다는 사실에서 부분적으로 그 가치가 입증된다. 자신의 영광과 이름을 위해 질투하시는 하나님이 그분의 영광스러운 위격과 성품에 도전한 허물에 대해 정당한 대가를 요구하지 않고 죄악 된 인류를 구원하시기로 정하셨다면, 그것은 곧 하나님의 무가치함과 쓸모없음을 입증하는 것이나 다름없다.

마찬가지로 죄는 깨어진 관계 이상을 의미하고, 구원은 관계의 회복 이상을 의미한다. 죄는 **권위에 대한 도전**이고, 구원은 위엄에 대한 경배의 회복이다. 모세의 말을 빌리면 "다른 신이 없는 것"이고, 예수님의 말씀을 빌리면 "마음을 다하고, 성품을 다하고, 힘을 다하여 하나님을 사랑하는 것"이다.[66] 이것이 바로 청교도들이 이렇게 기도한 이유이다. "우리가 범한 죄의 본성에서뿐만 아니라 그 죄를 범한 대상인 하나님의 위대하심에서도 죄의 가증스러움을 찾을 수 있다는 사실을 결코 잊지 않게 하소서."[67] 개인주의적인 인간들에게 필

---

66 John Calvin, *Institutes of the Christian Religion*, vol. 1., ed. John T. McNeill (Philadelphia: Westminster, 1960), p. 39.

67 Arthur Bennet, *The Valley of Vision* (Edinburgh: Banner of Truth, 2002), p. 143에 수록된 〈겸손〉(Humiliation)이라는 제목의 기도에서 인용. 유상섭 옮김, 《영혼을 일깨우는 기도》(생명의말씀사, 2001).

요한 것은 단지 관계가 아니다. 심지어 서로 사랑하고 관심을 갖는 관계도 아니다. 인간들에게는 오히려 그들을 감동시켜 하나님과 하나님의 영광을 경배하고 존중하고 찬양하게 하는 관계가 필요하다.[68] 내가 두려워하는 것은 공동체주의적 해결책이 우리의 개인주의가 얼마나 이기적이 되었는지를 보여준다는 점이다. 즉, 우리는 스스로를 지나치게 과대평가하기 때문에 자신의 죄가 하나님의 영광스러운 위격을 얼마나 대적하는지 알지 못한다.

하나님의 권위에 순종하고 복종하라는 성경의 가르침은 하나님의 영광과 위엄에 뿌리를 둔다. 그러므로 권위를 경멸하는 것은 결국 하나님의 영광을 경멸하는 것이다. 사실 진정한 문제가 단지 개인주의가 아니라 반-권위-주의라고 인정하는 것도 충분한 설명은 아니다. 진정한 문제는 하나님의 위엄과 가치를 경멸하는 것이다.

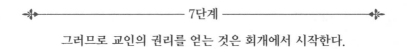

─────────── 7단계 ───────────

그러므로 교인의 권리를 얻는 것은 회개에서 시작한다.

회개

우리 문화와 교회에서 문제의 핵심이 반-권위-주의와 하나님의 영광을 경멸하는 것이라면, 단순히 공동체에 참여하고 관계를 맺는 것

---

68 공동체주의적 성향을 가진 또 다른 저자 미로슬라브 볼프는 놀랍게도 하나님의 영광에 대해 묘사하면서 경박하고 인간 중심적인 하나님을 그 사상의 중심으로 둔 것처럼 **보인다**. 그는 하나님의 영광을 "피조 세계의 유익"을 위한 "하나님의 사랑"이라고 정의한다. *Free of Charge: Giving and Forgiving in a Culture Stripped of Grace* (Grand Rapids: Zondervan, 2005), p. 62; 또한 p. 39. 김순현 옮김, 《베풂과 용서》(복있는사람, 2008). 그의 진술이 매우 간결하여 더 자세한 설명을 요하기 때문에 '보인다'라는 표현을 사용했다.

으로는 문제가 해결될 수 없다. 해답은 바로 회개이다. 회개는 마음과 방향을 바꾸는 것이다. 회개는 공동체에 참여하고 관계를 맺는 것을 포함한다. 이때의 공동체는 특별한 종류의 공동체, 즉 자아가 더 이상 주관하지 않고, 하나님에 대한 순종의 표시로 다른 사람들에게 순종해야 하는 공동체이다. 그 무엇보다 하나님을 탁월하게 예배하는 공동체에 참여하는 것이다.

이어지는 장들에서는 성경적인 교인의 권리를 얻는다는 것이 어떤 의미인지 살펴볼 것이다. 이는 곧 권위가 내포된 체제와 관계를 맺은 회중에 복종하는 것을 의미한다. 이 회중은 서로 다른 성도들이 함께 한 몸을 이루지만 서로 다른 역할을 가졌다는 특징이 있다. 이 회중은 우리에게 자기 주권을 회개하라고 요구한다. 대부분의 그리스도인들은 교회에 등록할 때 스스로 회개한다고 생각하거나, 복종한다고 생각하지 않는다. 어쩌면 외롭다고 느끼기 때문에 교제를 위해 교회에 갈 수 있다. 등록 교인 제도에 대한 성경의 논증들을 깊이 생각하면서 그것을 올바로 시행해야 한다고 생각할 수도 있다. 등록 교인 제도에 대해 전혀 생각해본 적이 없어서 그저 다른 그리스도인들이 하는 대로 자기도 한다고 생각할 수도 있다. 그러나 그들이 무엇을 인식하든, 교회에 등록하는 것은 근본적으로 회개와 순종의 문제이다. 그것은 우리가 컨트리클럽 등에 가입할 때처럼 회원에게 주는 다양한 특권들을 누리면서 어떤 모임에 참여하는 문제가 아니다. '등록 교인'이라는 단어가 서구인들의 마음속에서 이러한 의미를 함축하고 있다면, 이 단어를 사용하기가 꺼려지기도 한다. 하지만 한편으로는 사용하기에 매우 좋은 단어이기도 하다. 왜냐하면 지역교회에 등록하고 성도가 된다는 것은, 그리스도에게 복종하고 그 몸의 지체가 된다는 것이 뜻하는 바를 외적으로 선언하는 것이기 때문이다. 이것은 그리스도가 이미 서술형(indicative)으로 성취하신 것을 명령형(imperative)으로 지키는 것이다(서술형은 그리스도가 이미 이루신 일이고, 명령형은 그에 근거해서 명령하시는 내용 — 옮긴이). 세상에서 지역교회에 복종하는 것은, 기독교 윤리학적인 언어로 표현할 때 천국에서 누릴 **우리의 모습이 되는 것**이다.

결론

이제 이 장을 마무리하도록 하자. 오늘날 그리스도인들 사이에서 등록 교인 제도와 권징이라는 주제는 노골적으로 비판을 받기도 하고, 조용히 배척을 받기도 한다. 그 이유는 우리가 개인주의적이고, 회의주의적이고, 반권위적이며, 하나님을 경멸하는 시대에 살면서 무엇인가에 **매이는** 것을 본능적으로 거부하기 때문이라고 나는 주장했다. 우리는 무언가에 매이기를 강요받지 않기 위해 하나님과 그분의 사랑에 대한 정의를 다시 내린다. 우리는 우상을 세워놓고 그것을 '사랑'이라고 부른다. 사랑이라고 불리는 이 우상은 두 개의 큰 명령이다. "하나님이 당신을 사랑하시는 방식은 영원히 당신을 그 어떤 것에도 구속되지 않게 하시는(특히 당신이 **정말로** 구속되지 않기를 바란다면) 것이라는 사실을 알라"라는 명령과, 그것에 수반되는 "이웃이 당신을 가장 사랑하는 방식은 당신이 판단을 받지 않고 자신을 온전히 표현할 수 있게 해주는 것이라는 사실을 알라"이다.

이러한 문제들을 잘 숙지하면서, 앞으로 이어질 장들에서는 지역교회에 소속되고 교회의 권징에 복종하는 것이 어떻게 그리스도인

의 삶에서 기본적인 모습을 이루게 되는지 생각하는 계기가 되기를
바란다.

2부

다시
정의하는
사랑

_2장

사랑의 본질

"더 고귀한 사랑을 내게 가져오라."_스티브 윈우드(Steve Winwood)

핵심 질문: 하나님의 사랑은 어떤 모습이며, 왜 우리는 그것을 불쾌하게 여길까? 하나님의 사랑에 대한 우리의 이해와 등록 교인 제도는 어떤 관계일까?

핵심 답변: 하나님의 사랑은 우리를 창조하고 우리에게 확신을 주지만, 그 목적은 하나님을 찬양하기 위함이다. 하나님 사랑의 거룩함 또는 하나님 중심주의는 구원과 동시에 심판도 가져오기 때문에 우리에게 불쾌감을 준다. 그러므로 등록 교인 제도와 권징도 구원과 심판을 동시에 보여주고 둘 사이에 분명한 선을 긋기 때문에 우리가 그것을 불쾌하게 여기는 것이다.

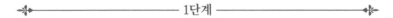

——————————— 1단계 ———————————

하나님의 사랑은 우리가 예상치 못한 방식으로

우리의 마음을 끌기도 하고, 우리에게 불쾌감을 주기도 한다.

이것은 하나님의 복음과 하나님의 교회도 우리의 마음을 끌거나

불쾌감을 준다는 뜻이다.

심리(inquisition)라는 단어는 본래 법률적인 심리(審理) 뜻하는 말이다. 하지만 이 단어는 15세기부터 19세기 사이에 로마가톨릭교회가 교리와 행위의 일탈을 재판하기 위해 세운 종교재판소를 뜻하는 용어로 사용되었다.

청교도들은 너새니얼 호손의《주홍 글씨》에서 본 것처럼, 등록 교인과 권징 문제를 지나치게 적용했다는 오명을 가지고 있을지도 모른다. 그러나 로마가톨릭교회의 종교재판은 훨씬 평판이 나쁘다. 이단으로 고소된 사람들은 밀실에서 재판을 받았다. 그들은 자기의 죄목이 무엇인지 설명을 듣지도 못했다. 자기를 변호하기 위해 증인을 신청할 수도 없었다. 또한 변호사들은 이단을 부추긴다는 죄를 뒤집어쓰는 것이 두려워서 고소당한 사람의 변호를 기피했다.[1] 예를 들어, 스페인의 종교재판에서 고소당한 사람들 중 40퍼센트가 사형을 당했다는 사실은 그리 놀라운 일이 아니다.

표도르 도스토옙스키(Fyodor Dostoyevsky)는《카라마조프가의 형제들》(The Brothers Karamazov)에서 16세기 스페인의 세비야 지방을 배경으로 '종교재판소장'(The Grand Inquisitor)에 관한 이야기를 풀어냈다. 그는 이 기간을 가리켜 "하나님의 영광을 위해 온 나라에서 매일 화형장의 불꽃이 솟아오르던 가장 잔혹한 종교재판 기간"이라고 묘사한다. 이 소설에서는 이상한 이야기가 펼쳐진다. 이야기는 예수님이 '잠깐 동안 예수님의 자녀들을 방문하기 위해' 이 도시의 거리에 나타나시는 장면으로 시작된다.

---

1 "Inquistion," in *The Oxford Dictionary of the Christian Church*, 3rd ed. F. L. Cross and E. A. Livingston (New York: Oxford University Press, 1997), pp. 836-837.

모든 사람들이 즉시 예수님을 알아보고 경배하며 그분 주위로 몰려들었다. 예수님은 '지극히 긍휼하심'으로 그들을 대하셨다. 예수님의 '마음은 사람들을 향한 사랑으로 불타올랐다'. 그리고 지상 사역의 특징 중 하나였던 치유 사역을 다시 시작하셨다. 사람들은 흐느끼고, 예수님이 걸어가신 길 위에 입을 맞추었다. 아이들은 꽃을 뿌리며 "호산나"라고 외쳤다. 그 순간 예수님이 장례 행렬을 멈추어 서게 하셨다. 그들이 메고 있는 뚜껑 열린 관 속에는 죽은 소녀가 누워 있었다. 예수님은 부드럽게 선포하셨다. "달리다굼." 그러자 소녀는 깜짝 놀라며 웃는 눈으로 관에서 일어났다. 군중은 놀라서 흐느꼈다.

그러는 동안, 늙은 감시자가 한 걸음 뒤에서 그 광경을 지켜보고 있었다. 그는 종교재판소장이었으며, 교황으로부터 직접 권위를 부여받은 사람이다. 소란이 일어나는 것을 목격한 그는 결국 그 사건에 끼어들어 예수님을 체포했다. 얼마 뒤 그는 예수님이 갇혀 있는 감옥에 들어와 위협하는 기색 없이 그분께 도전의 말을 던졌다.

그게 당신인가? 당신이야? … 아니, 대답은 하지 마. 조용히 있어. 어쨌든 당신이 무슨 말을 할 수 있겠나? 나는 당신이 뭐라고 할지 잘 알아. 더구나 당신은 예전에 했던 말에 그 어떤 것도 덧붙일 권한이 없어. 당신은 도대체 왜 이곳에 와서 우리가 하는 일을 방해하는 거야? 방해하는 건 당신이니까, 그 이유는 당신이 알고 있겠지. 하지만 내일 무슨 일이 벌어질지 알고 있나? … 난 당신에게 죄를 묻고, 극악무도한 이단들에게 그랬던 것처럼 당신을 화형대에서 처형할 거야. 그리고 오늘 당신의 발에 입맞춤한 사람들도 내일 내가 손을 한 번 흔들기만 하면 모두 달려와 화형대에서 타다 남은 나무들을 긁어모을 거야. 알겠나? 그래, 분명 알고 있겠지.

더불어 종교재판소장은, 교회가 원하는 대로 누구든지 받아들이거나 출교할 수 있는 권위를 예수님이 친히 교회에게 주셨다는 사실을 예수님께 상기시켰다. "당신이 당신의 약속을 주었고, 당신의 말로 그 약속을 인쳤으며, 우리에게 매고 푸는 권세를 주었어. 그러니까 당신이 지금 우리에게서 그 권리를 빼앗아간다는 건 꿈도 꿀 수 없는 일이야."[2]

"예수님과 제도화된 교회를 혼동하지 마라." 이것이 이 이야기의 교훈인 것처럼 보인다. 정말 그럴까? 아마 이것도 도스토옙스키가 이야기하려는 핵심 내용 중 하나였을 것이다.

매력적이기도 하고 불쾌하기도 한 사랑

도스토옙스키는 로마가톨릭교회를 지지하는 사람이 아니었다. 그는 여러 차례에 걸쳐 로마가톨릭교회의 냉혹한 권위를 그리스도의 사랑이 주는 따뜻한 빛과 대조하여 표현하기도 했다. 물론 그의 소설에서는 회의주의자를 대표하는 사람으로 종교재판소장을 등장시킨다. 이 특이한 이야기는 종교재판소장의 신랄한 주장(도스토옙스키가 강압적이라고 생각한 개인적인 편지들에서 인정했던 주장)에 대해 그리스도가 그의 입에 입맞춤을 하시는 장면으로 막을 내린다. 예수님의 입맞춤은 그 늙은이의 마음에 불을 지폈다. 그리고 예수님의 사랑은 그의 이성적인 회의주의를 거스르며 신비하게 퍼져나갔다.

---

2 *The Brothers Karamazov*, trans. David McDuff (New York: Penguin Books, 2003), pp. 325-326, p. 328. 김연경 옮김, 《카라마조프가의 형제들》(민음사, 2007).

포스트모던적인 가정을 전혀 하지 않고(저자의 의도와 상관없이), 이 이야기의 색다른 교훈을 제안하고자 한다. 도스토옙스키는 종교재판소장을 나쁜 사람으로 규정했을 것이다. 하지만 나는 예수님이 정말로 나쁜 분이라고 말하고 싶다.

사도 요한이 말한 것처럼, 우리는 **하나님은 사랑이시라**는 사실에서 위로를 찾는다고 이야기한다. 우리는 예수님을 연모한다. 끊임없이 예수님에 대해 말한다. 수백 년 동안 예수님을 기다려왔다. 웅장한 종교 시설을 지으면서 예수님의 재림을 준비한다. 그러나 정작 사랑의 하나님이 오셨을 때, 우리는 그 종교재판소장과 같이 예수님을 감옥에 넣고 심문한 후 죽일 것이다. 긍휼히 여기시는 그리스도의 사역이 거대한 군중을 끌어모을 수 있었지만, 그들이 곧바로 등을 돌린 뒤 마치 흥분한 개나 성난 곰처럼 어금니를 드러내고 돌진했던 모습처럼 말이다(마 21:9; 27:20 이하; 잠 17:12 참조). '종교재판소장'이라는 인물을 창조해낸 작가는 물론이거니와 우리 모두가 이런 짓을 한다.[3] 이 이야기는 우리 마음 깊은 곳에 있는 무엇인가를 꼬집어주기 때문에 매우 강력한 힘이 있다. 그것은 바로 하나님에 대해서뿐만 아니라 그의 사랑에 대한 혐오감이다!

사람들이 깨닫지 못하는 것은 진정한 사랑, 곧 하나님의 사랑이 우리 **모두**에게 매력적이면서 동시에 불쾌하다는 사실이다. 진정한

---

3 나는 케빈 밴후저(Kevin Vanhoozer)가 이것을 정확하게 파악했다고 생각한다. 밴후저는 《하나님의 사랑》(*Nothing Greater, Nothing Better*) 서문에 다음과 같이 썼다. "하나님의 사랑은 다른 그 어떤 신학적인 주제들에 비해, 루드비히 포이어바흐의 사상에서 특히 취약하다. 왜냐하면, 그는 교리가 인간들의 이념을 투영한 것에 불과하다고 의심했기 때문이다." *Nothing Greater, Nothing Better: Theological Essays on the Love of God*, ed. Kevin Vanhoozer (Grand Rapids: Eerdmans, 2001), p. 2, 각주 1. 김광남 옮김, 《하나님의 사랑》 (이레서원, 2014).

사랑은 아름답기도 하지만, 부패한 마음에 엄청난 도전을 주기도 한다. 적어도 우리 마음속에서는 예수님이 악당인 이유가 바로 이것이다. 하나님의 사랑을 바라보라. 그러면 그 사랑이 온 세상에서 가장 눈부신 것으로 여겨질 것이다. 몇 걸음 옮겨서 다시 바라보라. 그러면 입술이 부들부들 떨리고, 두 주먹이 불끈 쥐어지며, 마음은 윤리적인 공격을 받는다는 사실을 발견할 것이다. 당신이 바라보는 대상은 똑같이 하나님의 사랑이다. 단지 그것을 서로 다른 각도에서 바라볼 뿐이다.

그리스도는 도스토옙스키나 현대의 수많은 기독교 저자들이 묘사하려고 하는 것처럼 당대의 종교 권위자들에 의해서만 십자가에 못 박히신 것이 아니다. 예수님은 모든 사람에 의해 못 박히셨다. 당신과 내가 예수님을 못 박았다. 그러므로 로마가톨릭교회의 제도주의적 종교재판을 비난하지 마라. 중세 화가 렘브란트(Rembrandt)는 예수님의 십자가 사건을 그리면서 못 박는 사람들 가운데 자신을 그려 넣었다. 그는 이런 점을 올바르게 이해한 것이다.

도스토옙스키의 소설에서든 교회 제도에 대한 오늘날의 논의에서든, 우리를 심히 불쾌하게 하는 것은 기독교의 제도화가 아니다. 물론 법률적인 조직은 불쾌감을 준다. 그러나 정말로 불쾌한 것은 훨씬 더 깊은 곳에 있다. 그 뿌리는 그리스도의 사랑 자체에 뻗어 있다. 그리스도의 사랑은 일반 은총을 따라 일반인들에게 아름다운 것이지만, 한편으로는 불쾌한 것이기도 하다(고전 2:14을 보라). 우리는 억압받는 자들을 긍휼히 여기고 보살피는 것에 대해 이야기하기를 좋아한다. 종종 어머니, 형제, 친구 또는 연인의 희생적인 행동에 눈물을 흘리기도 한다. 그러나 우리의 본능적이고 중생하지 않은 눈에 불쾌감을 주는 하나님의 사랑에는 더욱 깊은 그 무엇이 있다.

하나님의 사랑뿐 아니라 그분의 복음과 교회에 대해서도 마찬가지이다. 하나님의 복음과 교회는 우리에게 매력적이면서도 동시에 불쾌감을 준다. 마태복음은 단지 몇 구절을 통하여 세상이 하나님 자녀들의 의로운 행위로 하나님께 찬양을 돌릴 뿐 아니라, 그들의 의로움 때문에 그들을 핍박할 것이라고 선언한다(마 5:10, 16). 마음의 이중성에 대한 말씀이다. 그러나 교회 지도자이자 그리스도인으로서 우리는, 이 중 한 가지 마음은 원하면서 다른 마음은 원하지 않는 교회를 세우고 싶은 것은 아닌가? 마태복음을 더 읽다 보면, 예수님이 제자들을 보내어 병을 고치게 하시면서 그들이 핍박을 받을 것이라고 경고하시는 장면을 보게 된다(마 10:1-25). 이상한 말이 아닐 수 없다! 일반적으로 사람들은 자기의 병을 고쳐준 사람을 좋아하기 마련이다. 그런데 성경에서는 그렇지 않다. 사람들은 하나님과 그분의 복음과 그분의 백성들을 칭찬하다가도, 곧바로 태도를 바꾸어 비난한다.

그러므로 "하나님의 사랑이 무엇인가?" 그리고 "우리는 그 사랑을 어떻게 미워할 수 있단 말인가?"라는 이 두 가지가 이 장에서 우리가 대답해야 할 첫 번째 질문들이다. 그 해답을 찾고 나면, 우리는 등록 교인 제도와 권징이 왜 우리에게 불쾌감을 주는지 더 깊이 이해하게 될 것이다. 1장에서 우리는 우리 문화와 교회에 퍼져 있는 거짓되고 우상숭배적인 사랑의 개념에 대해 살펴보았다. 이번 장에서는 성경이 정의하는 사랑을 생각해보려고 한다. 우리가 기억해야 할 것이 있다. 교회에 관한 교리는 하나님에 관한 교리만큼이나 선하다. 그 이유 중의 하나는, 예수님이 성부께 기도하시면서 성자와 성부가 나누신 사랑과 똑같은 사랑을 교회가 나눌 수 있게 해달라고 기도하셨고(요 17:26), 예수님이 우리를 사랑하신 것과 같이 우리도 서로 사랑해야 한다고 말씀하셨기(요 13:34) 때문이다. 그러므로 우리가 "하나님의 사랑은 어떤 모습일까?"라는 질문에 답한다면, 우리는 교회를 하나로 묶고 세상과 구별되게 하는 사랑을 이해하는 데에 성큼 다가가게 될 것이다.

우리가 여기에서 찾게 될 해답을 짧게 말하면 다음과 같다. 오늘날 하나님의 사랑은 종종 보편적이고, 차별이 없으며, 아무런 조건이 없는 것으로 이해된다. 그리고 이러한 개념의 이면에는 종종 인간 중심적인 사고가 들어 있다. 그러나 우리는 성경에서 하나님의 사랑이 실제로는 철저하게 하나님 중심적이라는 사실을 발견한다. 이것은 하나님의 사랑이 우리가 일반적으로 받아들이는 개념보다 훨씬 더 복잡하다는 의미이다. 하나님의 사랑에는 구원과 **동시에** 심판이 포함된다. 하나님의 사랑은 은혜로우면서도 **또한** 차별적이다. 하나님의 사랑은 외부 지향적이면서도 **또한** 내부 지향적이다. 등록 교인 제도는 이 모든 것들, 즉 구원과 심판, 은혜와 차별, 외부 지향성과 내부 지향성을 모두 담은 그림이기 때문에, 세상에 하나님의 사랑을 잘 드러낸다.

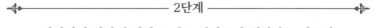

2단계

하나님의 사랑에 관한 교리는 사람들이 생각하는 것보다
성경적, 신학적으로 복잡하다.
루터 이전의 신학자들은 하나님의 사랑을 하나님 중심으로 생각했다.

사랑이라는 어려운 교리

D. A. 카슨(D. A. Carson)은 얇지만 심오한 책《하나님의 사랑에 관한 어려운 교리》(*The Difficult Doctrine of the Love of God*)에서, 하나님의 사랑에 관한 교리가 책 제목이 말해주는 것처럼 사람들이 생각하는 것보다 훨씬 더 어렵다고 주장했다. 많은 사람들은 자기가 좋아하는 성경 구절을 인용하고는 모든 논의를 마쳤다고 생각한다.

- 하나님이 세상을 이처럼 사랑하사 독생자를 주셨으니(요 3:16).
- 사랑은 여기 있으니 우리가 하나님을 사랑한 것이 아니요 하나님이 우리를 사랑하사 우리 죄를 속하기 위하여 화목제물로 그 아들을 보내셨음이라(요일 4:10).
- 이는 하나님은 사랑이심이라(요일 4:8).

자, 보라. 하나님이 우리를 사랑하신다. 그 무엇보다도 우리를 사랑하신다. 그것이 하나님의 성품이다. 이제 논의는 끝났다. 그렇지 않은가? 아니다. 결코 그렇지 않다.

사랑에 관한 교리가 성경적으로 어려운 이유

카슨의 책은 성경이 하나님의 사랑에 대해 말하는 것을 다섯 가지 방식으로 제시한다.[4]

- 성부와 성자의 독특한 사랑: 아버지께서 아들을 사랑하사 만물을 다

---

4   D. A. Carson, *The Difficult Doctrine of the Love of God* (Wheaton, IL: Crossway, 2000), pp. 16–21.

그의 손에 주셨으니(요 3:35), 오직 내가 아버지를 사랑하는 것과 아버지께서 명하신 대로 행하는 것을 세상이 알게 하려 함이로라(요 14:31).

• 하나님의 섭리적인 사랑: 여기에서는 '사랑'이라는 단어가 사용되지 않는다. 하지만 하나님은 그분이 만드신 모든 것이 '좋다'라고 선언하시며, 의인과 악인에게 동일하게 비를 내리시겠다고 약속하신다.

• 타락한 세상을 향한 하나님의 구원의 사랑: 하나님이 세상을 이처럼 사랑하사 독생자를 주셨으니 이는 그를 믿는 자마다 멸망하지 않고 영생을 얻게 하려 하심이라(요 3:16).

• 선택하신 백성들을 향한 하나님의 특별하고도 제한된 사랑: 여호와께서 너희를 기뻐하시고 너희를 택하심은 너희가 다른 민족보다 수효가 많기 때문이 아니니라 너희는 오히려 모든 민족 중에 가장 적으니라 여호와께서 다만 너희를 사랑하심으로 말미암아, 또는 너희의 조상들에게 하신 맹세를 지키려 하심으로 말미암아 자기의 권능의 손으로 너희를 인도하여 내시되 너희를 그 종 되었던 집에서 애굽 왕 바로의 손에서 속량하셨나니(신 7:7-8), 기록된 바 내가 야곱은 사랑하고 에서는 미워하였다 하심과 같으니라(롬 9:13).

• 순종에 근거하여 자기 백성들에게 베푸시는 사랑: 하나님의 사랑 안에서 자신을 지키며 영생에 이르도록 우리 주 예수 그리스도의 긍휼을 기다리라(유 1:21), 내가 아버지의 계명을 지켜 그의 사랑 안에 거하는 것같이 너희도 내 계명을 지키면 내 사랑 안에 거하리라(요 15:10).

이처럼 성경은 하나님의 사랑을 다양한 방식으로 이야기한다. 우리도 하나님의 사랑이 단지 섭리적인 사랑인 것처럼, 구속적인 사랑인 것처럼, 또는 다른 무엇인 것처럼 사랑의 어느 한 측면만을 절대화해서는 안 된다.[5]

생각해보면 이것은 상식에 해당하는 이야기이다. 사랑에 대한 인간의 경험은 서로 비슷하다. 내가 이웃집의 나무를 사랑하는 방식은 내가 이웃 사람들을 사랑하는 방식과 다르고, 내가 아내와 자녀를 사랑하는 방식과도 다르다.

하나님은 인격체이시다. 그런데도 우리는 무슨 이유에서인지 하나님께 차별 없는 사랑을 기대한다. 결론적으로 말해서, 하나님의 사랑에 관한 교리가 어려운 이유는 무엇보다도 성경이 말하는 여러 범주 때문이다.

사랑에 관한 교리가 신학적으로 어려운 이유

하나님의 사랑에 대한 교리는 성경에서 제기되는 신학적인 질문들 때문에도 어렵게 느껴진다. 우리는 하나님의 사랑이 갖는 여러 범주 사이에 일정한 유형의 일관성이 있을 것이라 기대하지만, 그것을 하나로 정리하는 방법을 찾기란 무척 어렵다. 내가 이웃집 아이들보다 내 아이들을 더 사랑하는 이유는 쉽게 이해할 수 있다. 그러나 만일 하나님이 다른 대상을 서로 다르게 사랑하신다면, 그 이유는 무엇일까? 하나님이 각각 다른 상황에서 다르게 사랑하시는 방법과 이유를 알게 해주는 어떤 근본적인 원리가 있을까?

---

5 같은 책, p. 21.

철학자들과 신학자들은 사랑이 정확히 무엇이고, 더구나 하나님의 사랑이 아닌 것이 무엇인지에 대해 일치된 의견을 찾고자 무던히 애를 썼다. 플라톤의 사랑 개념은 선함과 아름다움에 대한 갈망 또는 목마름이라는 개념에서 출발한다. 사랑은 우리에게 부족한 것을 갈망한다. 그러므로 사랑은 결합하는 기능을 갖는다. 우리의 영혼들은 서로 분리되어 있으며, 사랑은 '그 간극을 연결한다'. 그러나 직관적으로 보이는 이 정의가 신성에 관해 무엇을 의미하는지 생각해보라. 만일 사랑이 우리에게 부족한 것에 대한 갈망이라면, 그리고 신들에게는 부족한 것이 없다면, 플라톤이 한 말처럼 신들은 결코 사랑하지 않는다. 어쨌든, 이것이 플라톤이 제시한 개념이다.[6]

플라톤과 마찬가지로 아우구스티누스의 사랑 개념은 어떤 선(善)을 향한 영혼의 욕망 또는 '움직임'(motion)에서 시작한다.[7] 아우구스티누스는 이 단어를 '강력한 애정'(mighty affections)이라는 용어와 동의어로 사용한다.[8] 또한 아우구스티누스는, 하나님께는 부족한 것이 없다고 생각했다. 이는 플라톤의 생각과 같다. 그러나 플라톤과는 달리, 아우구스티누스는 성경에 근거해서 "하나님은 사랑이시다"라는 것을 알았다. 아우구스티누스가 이 모든 것을 어떻게 종합했을까? 사랑에 대한 아우구스티누스의 궁극적인 이해에는 욕망으로서의 사랑

---

6 Plato, "Symposium," in *The Collected Dialogues of Plato*, ed. Edith Hamilton and Huntington Cairns (Princeton: Princeton University Press, 1961), p. 533, 544, 553, 555 (또는 p. 178, 191, 200, 202를 보라).

7 아우구스티누스의 사랑 개념에 관한 두 가지 유용한 자료로는 Bernard V. Brady, *Christian Love* (Washington, DC: Georgetown University Press, 2003), pp. 77-124에 수록된 아우구스티누스에 관한 장(章)과, Lewis Ayres, "Augustine, christology, and God as Love: An Introduction to the Homilies on 1 John," in *Nothing Greater, Nothing Better*, pp. 67-93가 있다. 김광남 옮김, 《하나님의 사랑》(이레서원, 2014).

8 Augustine, *Confessions*, I.ix (15).

인 에로스(*eros*)와 선물로서의 사랑인 아가페(*agape*)가 포함된다. 특히 아가페에 대해서는 종종 자비(*caritas*)라는 용어를 사용했다.[9] 간략히 말하면, '욕망으로서의 사랑' 또는 매력이 있는데, 이것은 주로 사랑받는 자가 가진 어떤 성질에서 유발된다. 마치 "나는 **당신이** 아름답기 때문에 사랑한다" 또는 '선하기' 때문에, 또는 '의롭기' 때문에, 또는 다른 이유 때문이라고 하는 것과 같다. 이러한 종류의 사랑은 전형적으로 **에로스**라 불린다. 그리고 '선물로서의 사랑'이 있는데, 이것은 주로 사랑하는 자가 가진 어떤 호의적인 성질에서 유발된다. 마치 "**내가** 당신에게 좋은 일을 하고 **싶기 때문에** 나는 당신을 사랑한다"라고 하는 것과 같다. 이것이 **아가페**라고 불리는 것이다. 플라톤이 이 두 가지 사랑 중에서 첫 번째 것을 선택했다면, 아우구스티누스는 둘을 결합했다. 하나님의 사랑은 자신을 선물로 주신 데서 드러난다. 이것은 하나님의 영의 행위(motion) 또는 애정(affections) 안에서 주신 것이다. 따라서 성부는 궁극적으로 그 영의 애정과 함께 자신을 성자에게 주셨고, 그것으로부터 성자는 자신을 우리에게 주셨다. 진정한 사랑은 성령 안에서 하나님의 애정 어린(affectionate) 선물이다. 아우구스티누스는 이렇게 말했다. "그러므로 사랑은 하나님께로부터 오신 하나님이다."[10]

---

9 아우구스티누스는 헬라어를 읽지 못했기 때문에 *eros*와 *agape*라는 단어를 사용하지 않았다. 아우구스티누스는 사랑이라는 말에 대해 라틴어 카리타스(*caritas*, 영어 단어 charity의 어원)를 사용했지만, 때로는 열정적인 사랑과 관련이 있는 단어인 아모르(*amor*)를 사용하기도 했다. 아우구스티누스의 사랑 개념은 각각의 측면들을 결합했기 때문에 그는 단어들의 차이를 부인하고, 그것들을 혼용할 수 있다고 말했다. 다음을 보라. Augustine, "The City of God against the Pagans," in Cambridge Texts in the History of Political Thought, ed. and trans. R. W. Dyson (Cambridge: Cambridge University Press, 1998), 제14권, 7장.

10 Augustine, *The Trinity*, 15.31; 32 참조. 일부 학자들이 주장하는 것처럼 아우구스티누스의 삼위일체 이론이 성령을 성부와 성자 사이에 교환하는 사랑으로 축소시킴으로써 성령의 비인격화를 불러오기는 하지만, 나는

성령 안에서 우리를 향한 하나님의 사랑은 우리가 역으로 하나님을 열정적으로 사랑하고 경배하게 한다. "그러므로 하나님이 사람에게 자신을 주셨을 때, 그 사람의 마음에 하나님에 대한 사랑과 이웃에 대한 사랑을 불러일으키시는 분은 하나님께로부터 나온 성령 하나님이시다. 그리고 하나님 자신이 사랑이시다. 사람이 하나님을 사랑하는 능력은 오직 하나님께로부터 나온다."[11] 이것을 달리 말하자면, 아우구스티누스에게 사랑은 하나님께로부터 나와서 하나님께로 돌아가는 부메랑과 같고, 그 궤적이 그리는 호(弧)에 우리를 붙잡아 두는 것과 같다.

나는 아우구스티누스가, 조나단 에드워즈(Jonathan Edwards)가 말한 것처럼 하나님이 스스로를 가장 사랑하신다고 말한 대목을 찾지 못했다. 하지만 아우구스티누스의 말에는 그와 같은 함축적인 의미가 담겨 있다. 그는 인간의 사랑이, 비록 다른 사람이나 피조 세계에 대한 사랑이라 하더라도, 반드시 하나님과 '관련해서' 주어져야 한다고 명백하게 말했다.

당신은 그리스도와 관련해서 (당신의 자녀들과 아내를) 사랑해야 하고, 하나님과 관련해서 그들을 배려해야 한다. 그들 안에서 오직 그리스도를 사랑해야 하고, 만일 그들이 그리스도와 아무런 관계를 맺고 싶어 하지 않는다면, 가장 가깝고 가장 사랑스러운 사람들 속에 있는 것조차도 미워

적어도 아우구스티누스가 여기에서 말하고자 하는 바를 인정할 수 있다고 생각한다. 즉, 우리는 아우구스티누스가 성령에 대해 말한 것에 무언가를 덧붙일 수는 있겠지만, 무언가를 뺄 수는 없을 것이다.

11 같은 책.

해야 한다. 그런 것이 바로 성스러운 사랑이다.[12]

우리는 하나님을 위해 하나님을 사랑해야 하고, 하나님을 위해 우리의 이웃을 사랑해야 한다. 나는 당신을 위해 당신을 사랑해서는 안 된다. 나는 당신이 **하나님의** 형상으로 창조되었기 때문에, 당신이 **하나님**께 속했기 때문에, **하나님**이 나에게 사랑하라고 하셨기 때문에, 그 외에도 하나님과 관련된 다른 이유들 때문에 당신을 사랑한다. 하나님 이외의 다른 것에 중심을 둔 사랑은 사랑의 적이다. 즉, "만일 우리가 다른 이유 때문에 그들을 사랑한다면, 우리는 그들을 사랑하는 것 이상으로 그들을 미워하는 것이다".[13] 이 모든 것을 요약하면서, 아우구스티누스는 이렇게 말했다.

> 나는 '사랑'(charity)을 가리켜 하나님을 위해 하나님을 즐거워하는 것을 향한 그리고 하나님을 위해 나 자신을 즐거워하고 이웃을 즐거워하는 것을 향한 영혼의 움직임이라고 부른다. 그러나 '탐욕'(cupidity)은 하나님 이외의 다른 것을 위해 나 자신을 즐거워하고, 나의 이웃을 즐거워하고, 또는 어떤 물질적인 대상을 즐거워하는 것을 향한 영혼의 활동이다.[14]

아우구스티누스에게는 기본적으로 두 가지 종류의 사랑이 있다. 하나님께 중심을 둔 사랑과 다른 것에 중심을 둔 사랑이다. 하나는

---

12 Brady, *Christian Love*, p. 117에서 인용.

13 같은 책, p. 105.

14 Augustine, *On Christian Doctrine*, 3. 10. 16. 김종흡 옮김, 《기독교 교육론》 (크리스챤다이제스트, 1992).

하나님께로부터 와서 하나님께로 돌아가고, 다른 하나는 그렇지 않다. 그리고 이 두 종류의 사랑 사이에는 선명한 경계가 있다. 더욱이 다른 사람을 진정으로 사랑하는 것은, 매우 단순하게 그 사람이 하나님께로 향하도록 하는 것이다. 아우구스티누스는 말했다. "그러므로 누구든지 자기의 이웃을 바르게 사랑하는 사람은, 그 이웃도 온 마음과 온 영혼과 온 생각을 다하여 하나님을 사랑할 수 있도록 그에게 행해야 한다."[15]

신비주의자로 불리는 클레르보의 베르나르(Bernard of Clairvaux)는 아우구스티누스보다 더 하나님에 대한 사랑을 강조했다. 베르나르는 하나님에 대한 사랑을 묘사하기 위해 솔로몬의 아가로부터 낭만적인 사랑과 흥분의 이미지를 사용한 것으로 잘 알려져 있다.[16] 그러나 베르나르의 일반적인 갈망은 아우구스티누스의 갈망과 비슷하다. 하나님은 우리가 하나님을 사랑할 수 있게 하심으로써 우리를 사랑하신다. "하나님은 오직 사랑받으시기 위한 목적으로 사랑하신다. 그분은 하나님을 사랑하는 자들이 그 사랑으로 인해 복을 받는다는 사실도 알고 계신다."[17] 베르나르에게 사랑은 사랑 자체의 보상이다. 사랑은 주는 것이며 동시에 받는 것이다. 우리는 하나님을 **위해** 하나님과 연

---

15 같은 책, 1. 23. 또한 다른 곳 참조. "'네 이웃을 네 자신같이 사랑하라.' 이제 당신은 하나님을 자신보다 더 사랑할 때 당신을 사랑하는 것이다. 그러므로 당신은 이웃이 완전한 사랑으로 하나님을 사랑할 수 있도록 삶의 목표를 이웃에게 두어야 한다. 왜냐하면, 만일 당신이 추구하는 선함으로 이웃을 이끌지 못한다면, 그 이웃을 당신처럼 사랑하지 않는 것이기 때문이다. 그리고 이 선함이야말로 모든 사람들이 당신과 함께 추구할 가치가 있는 것이기 때문이다. 이 명령은 인간 사회의 모든 의무들보다 우선된다." [On the Morals of the Catholic Church, trans. Richard Stothart, in St. Augustine: The Writings Against the Manicheans and Against the Donatists: Necene and Post-Nicene Fathers of the Christian Church, vol. 4, ed. Philip Schaff (Whitefish, MT: Kessinger, n.d.), 26장, p. 55].

16 Brady, Christian Love, pp. 125-140.

17 같은 책, p. 129.

합되었다. 하지만 그 연합 속에서 우리가 원하는 모든 것을 받는다.

토마스 아퀴나스(Thomas Aquinas)도 아우구스티누스나 베르나르와 마찬가지로 사랑이 부메랑처럼 하나님께로부터 나와서 하나님께로 돌아가는 것이라고 생각했다. 아퀴나스도 사랑의 개념을 열정 또는 갈망으로 이해하는 데서 출발하여, 다른 사람의 유익을 위한 선물 또는 갈망으로서의 사랑 개념과 결합했다. 사랑은 한 사람을 다른 사람에게 이끌어, 사랑하는 자와 사랑받는 자가 연합하게 한다. 사랑은 단지 서로 연합하게 만들 뿐 아니라 밖으로 뻗어나가기도 한다. 아퀴나스는 사랑을 가리켜, 밖으로 열기를 뿜어내어 온 집 안을 따뜻하게 하는 화로와 같다고 말했다. 그러므로 "나는 하나님을 사랑하지만, 내 이웃은 사랑하지 않아"라고 말하는 것은 옳지 않다. 그리스도의 사랑이 그 열기를 밖으로 뿜어 사람들을 하나님에 대한 사랑과 경배로 이끌듯이, 하나님에 대한 우리의 사랑도 밖으로 표출되어 죄인들을 하나님의 사랑으로 인도하는 것이다.[18]

잠정적인 정의: 복합적인 태도

일단은 앞서 이야기한 사상가들의 생각을 정리해서 사랑에 대한 잠정적인 정의를 내려보자. 사랑이란 무엇인가? 사랑은 다른 사람의 유익을 구하는 애정이다. 당신 속에 있는 무언가가 나를 유혹하여 당신의 유익을 구하게 한다. 더욱이 내가 당신을 위해 구하는 유익은, 그에 상응하는 확정되고 확실한 내용이 있다. 바로 하나님이다. 하나님이 다른 사람들을 사랑하시면서 그들을 위해 구하시는 유익은 하나

---

18 같은 책, pp. 164-179, 특히 pp. 165-166, p. 171.

님 자신이다. 또한 우리가 다른 사람들을 사랑할 때 그들을 위해 구하는 유익도 하나님이다. 우리는 부모와 친구와 배우자와 원수가 하나님의 영광을 알고자 갈망할 때 그들을 최고로 사랑한다. 이 갈망은 하나님의 영광이 드러나는 것을 보려는, 훨씬 더 궁극적인 갈망에 기초를 두고 있다. 앞서 말한 세 명의 사상가(아우구스티누스, 베르나르, 아퀴나스)들이 하나님이 스스로를 가장 사랑하신다고 분명하게 말했는지는 모르겠으나, 그것이 바로 그들의 사상에서 공통적으로 드러나는 요지이다. 하나님의 사랑은 하나님 중심적이며, 우리의 사랑도 그래야만 한다.

여기에 조금 더 덧붙여야 할 것이 있다. 하나님 중심적인 사랑이 죄인들을 향한 하나님의 (그리고 그리스도인의) 태도에 무슨 의미가 있는지 잠시 살펴보자. 간단히 말해서, 하나님 중심적인 사랑은 복합적인 태도를 요구한다. 한편으로는 모든 남녀의 유익을 위한, 보편적이고 차별 없는 애정이 담긴 태도이다. 모든 사람이 하나님의 형상으로 창조되었기 때문에 모두에게 나눠 주는 기쁨이다. 메릴린 로빈슨(Marilynne Robinson)의 작품 중 향수를 불러일으키는 소설, 《길리아드》(*Gilead*, 마로니에북스)에는 늙은 회중교회 목사가 등장하는데, 그가 아들에게 쓴 편지의 한 대목에서 이러한 사랑을 엿볼 수 있다. "다른 사람의 **존재**를 사랑하는 것이 얼마나 거룩한지 보아라. 너의 **존재**는 나에게 기쁨이다."[19] 자녀를 사랑하는 것은 하나님이 창조하신 아담과 그의 모든 자녀들을 향한 그분의 사랑이 어떠한지 맛보는 것이

---

19 강조한 부분은 원문에 따른 것이다. Marilynne Robinson, *Gilead* (New York: Farrar, Straus and Giroux, 2004), p. 136. 공경의 옮김, 《길리아드》(마로니에북스, 2013).

다(우리는 여기에서 카슨이 정의한 두 번째 영역의 사랑을 살펴보고 있다). 하나님은 우리를 창조하셨다. 우리는 존재만으로 하나님을 기쁘시게 한다. 그러므로 하나님은 원수들조차 계속해서 먹이신다(마 5:45). 하나님은 '우리가 살아 있음'이 좋다고 말씀하신다. "심히 좋았더라"(창 1:31). 하나님은 그분의 창조물인 우리에게 보편적인 사랑을 베푸신다. 그리고 각 사람을 다른 사람과 구별하여 특별히 개인적으로 사랑하신다(시 139:13-16).

우리 속에 선천적으로 가치 있고 사랑할 만한 것이 있기 때문에 하나님이 우리를 사랑하시는 것일까? 그것은 논리적으로 불가능하다. 하나님이 우리를 창조하셨다. 그리고 하나님은 그분의 전지하심과 주권 속에서 내 삶의 모든 날들을 하루도 되기 전에 다 기록하셨다(시 139:16). 창조 이래 우리에게 주어진 모든 유익한 선물들을 포함해서 우리가 가진 모든 것들의 원천은 하나님이다(약 1:17). 마찬가지로, 우리에게 있는 것들 중에서 하나님이 애정을 품고 바라보시는 것들은 문자 그대로 하나님이 우리에게 주시지 않은 것이 하나도 없다(고전 4:7). (전지하신 하나님이 생각하지 못하신 것을 우리가 창조할 수 있겠는가?) 하나님은 모든 사람 속에서 그분이 **친히** 손으로 만드신 작품과 형상과 영광을 바라보시기 때문에 모든 사람을 사랑하신다. 하나님의 사랑은 하나님 중심적이다. 그러므로 우리 인간이 하나님 중심적인 방법으로 사랑할 때, 아우구스티누스가 말한 대로 하나님과 관련하여 사랑하는 것이거나 또는 하나님을 위해서 사랑하는 것이 된다. 이것은 우리가 자신과 친구와 가족과 원수와 창조 세계와 모든 곳에 드러난 하나님의 성품과 영광을 간절하게 보고 싶어 한다는 뜻이다. 창조라는 관점에서 볼 때, 하나님 중심적인 사랑에는 그 어떤 심판도 없으며 경계선을 긋지도 않는다. 오직 그분이 주신 선물 자체의 즐거움과 기쁨을 알 뿐이다.

다른 한편에서, 하나님 중심적인 사랑은 하나님께 맞서려는 모든 것들과 대적한다. 이것은 마치 당신과 내가 자신이 사랑하는 친구나 배우자에게 해가 되는 사람들을 대적하는 것과 같다. 나는 내 딸들을 사랑한다. 그래서 나는 그들의 유익을 구한다. 그러니 내가 어찌 딸들에게 해를 입히려는 사람이나 사물에 대하여 대적하지 않을 수 있겠는가? 하나님을 위한 하나님의 사랑도 마찬가지이고, 우리가 가진 하나님의 참사랑도 마찬가지이다. 하나님을 사랑하는 것은 하나님의 영광과 명예에 대한 애정이 있다는 것을 의미한다. 그러므로 복합적인 태도가 요구된다. 하나님은 모든 죄인들이 하나님의 영광을 드러내는 한 그들을 사랑하신다. 반면에 죄인들이 하나님의 영광을 드러내지 못한다면 그들을 대적하신다. 이것이 의미하는 바는 하나님 중심적인 사랑이 차별적이어야 하고 선별적이어야 하며 판단을 해야 하는데, 이는 죄와 타락의 관점에서 그렇게 해야만 한다는 것이다. 하나님 중심적인 사랑은 보편적이지 않다. 왜냐하면 하나님을 대적하는 것은 사랑하지 않기 때문이다. 하나님 중심적인 사랑은 죄를 사랑하지 않는다. 죄가 무엇인가? 죄는 하나님을 대적하고 하나님께 해를 입히려 하는 것이다. 그러므로 하나님의 하나님 중심적인 사랑은 죄인 것과 죄가 아닌 것 사이에 차별을 둔다. 죄에 속한 사람들과 죄에 속하지 않은 사람들 사이에 차별을 둔다. 하나님을 사랑하고 하나님의 영광을 구하는 사람들과 그렇게 하지 않는 사람들 사이에 차별을 둔다.

이러한 이유들 때문에, 진정으로 사랑하는 마음에는 사랑과 미움의 측면이 결합되어 있다.[20] 사랑하는 마음은 하나님의 형상을 왜곡하는 것들이나, 하나님의 사랑에서 떨어지게 하는 것들을 미워한다. 그러나 이러한 미움은 선한 것에 대한 사랑을 전제로 한다.

아퀴나스는 이렇게 적었다. "악에 대한 미움은 선에 대한 사랑과 같다."[21] 그러므로 아퀴나스는 '선별적 사랑'의 관점에서 말하려고 한 것이다. 우리가 우리와 더 가까운 사람들을 보다 더 사랑해야 하는 것처럼(나는 이웃 아이들보다 내 자녀를 더욱 사랑해야 한다), 우리는 하나님의 성품과 미덕을 더 많이 닮은 사람들을 더 많이 사랑해야 한다. 왜냐하면, 우리의 마음이 화로처럼 타올라야 하는 대상이 바로 하나님의 성품과 미덕이기 때문이다. 우리의 마음을 사로잡는 것은 하나님의 아름다움이다.

아우구스티누스도 이와 같은 하나님 중심적인 사랑 때문에 우리가 때때로 사랑하는 사람들의 권면과 권징을 요구하는 복합적인 태도를 가져야 한다고 생각했다. 아우구스티누스는 교회 권징 및 목회적 돌봄과 밀접하게 관련된 글을 남겼다.

만일 우리의 양심을 살펴볼 때, 우리 스스로 하나님 앞에서 사랑으로 행동한다는 확신을 갖지 못한다면 결코 다른 사람의 죄를 꾸짖을 수 없다. 만일 당신이 책망하려고 하는 사람에게 들었던 비난과 위협과 모욕이 당신의 영혼을 상하게 했다면, 그 사람을 고치기 위해서는 당신이 먼저 치유받을 때까지 아무 말도 하지 말아야 한다. 그래야 비로소 세속적인

---

20 D. A. Carson, *Love in Hard Places* (Wheaton, IL: Crossway, 2002), p. 42, 182.

21 Brady, *Christian Love*, p. 174에서 인용.

동기로 행동하지 않고, 상처를 주지 않으며, 당신의 혀가 악한 죄의 무기로 사용되지 않고, 악으로 악을 갚지 않게 되고, 저주를 저주로 갚지 않게 된다. 상처 난 영혼에서 쏟아내는 말은 가르치는 자의 사랑이 아니라 복수심으로 가득한 분노이다. … 그러므로 만일 당신이 사랑의 행동으로 시작하여, 사랑 안에서 그 행위를 계속하다가 저항을 받는 것 때문에 다른 감정이 슬그머니 들어와, 그 사람의 죄를 꾸짖지 못하고 그 사람 자체를 비난하게 만든다면, 재를 뒤집어쓰고 눈물을 흘리면서 다른 사람의 죄를 비웃을 자격이 우리에게 전혀 없음을 기억하는 것이 가장 좋다. 왜냐하면 자비는 우리를 인자하게 하는 반면 죄에 대한 분노는 우리를 죄인으로 만들어, 죄를 비난하는 행위로 우리가 죄를 짓게 만들기 때문이다.[22]

우리가 다른 사람을 사랑으로 권징한다는 단순한 사실은 사랑에 차별적인 속성이 있음을 의미한다. 이것은 성경의 통찰이다. "주께서 그 사랑하시는 자를 징계하시고 그가 받아들이시는 아들마다 채찍질하심이라 하였으니"(히 12:6).

다시 말하지만, 하나님 중심적인 사랑의 개념은 사랑과 판단이 모두 필요한 복합적인 태도를 요구한다. 창조의 관점에서 볼 때 사랑은 보편적이고 차별이 없다. 그러나 타락의 관점에서 볼 때는 그렇지 않다. 사랑은 판단을 내리고, 하나님을 사랑하지 않는 것과 스스로를 구별한다.

---

22 Augustine, *Commentary on Paul's Letter to the Galatians* (57), in Garry Wills, *Saint. Augustine*, A Penguin Life Series (New York: Viking, 1999), pp. 111–112에서 인용.

루터 이후 많은 신학자들은 하나님의 사랑에 대해
축소주의적으로 이해하는 경향을 보였다.
사랑은 단지 무조건적인 선물이라는 것이다.
현대 복음주의에 만연한 이와 같은 사랑 개념은
교회의 목적과 교인의 권리에 대한 양상을 근본적으로 바꾸어놓는다.

사랑에 대한 축소주의적 정의

토마스 아퀴나스 이후에 어떤 신학들이 나타났는지 연대표를 만들어
보는 것이 중요하다. 왜냐하면 기독교의 사랑 교리가 여러 저명한 개
신교 학자들에 의해 끊임없이 진화했지만, 그것이 모두 유익하지는
않았기 때문이다. 여기에서는 1장에서 등록 교인 제도와 권징에 방
해가 된다고 말했던 문화적 요소들에 추가될 수 있는 한 가지 문제를
더 다루려고 한다. 나는 1장에서 지난 두 세기 동안 점차 대중의 상상
력을 사로잡아온 철저히 감상적이고, 소비주의적이고, 자기중심적인
사랑 개념에 초점을 맞추었다. 내가 언급하지 않은 한 가지는 마르틴
루터에게서 시작되어 기독교 교회 안에서 신학적으로 진화 중인 사
랑에 대한 이해이다. 특히 쇠렌 키르케고르, 안데르스 뉘그렌(Anders
Nygren), 칼 바르트(Karl Barth) 그리고 다른 사상가들의 신학적 이해이
다. 내가 생각하기에, 이러한 사상가들이 주장한 신학적인 사랑의 개
념을 거의 대부분의 복음주의자들이 따르고 있다. 문제는 이러한 사
상이 사람들을 하나님의 사랑에 가두고 그 어떤 종류의 판단이나 심
판은 제거해버릴 위험이 있다는 것이다. 등록 교인 제도와 권징은 판
단의 문제이다. 이 두 가지는 이런 식으로 말한다. "이 사람은 우리

모임 안에 속하지만, 저 사람은 아닙니다." 이것은 판단 행위이다. 그러나 만일 사랑에 판단의 여지가 없다면, 등록 교인 제도를 비롯해 많은 것들을 포기해야 한다.

마르틴 루터는 사랑에 대한 교리의 전환점이 될 만한 주장을 했다.[23] 우리가 이미 살펴본 많은 저자들과 같이, 사랑에 관한 루터의 다른 관점을 이해하기 위해서는 더 깊은 논의를 해야만 한다. 일상생활에 대한 루터의 주장, 부부간의 사랑에 대한 생각 그리고 다른 주장들이 어떻게 함께 흘러나오는지 등을 생각해야 한다. 그러나 여기에서 중요한 것은 우리가 하나님의 보편적이고 은혜로우신 구원으로 초대받았다는 사실이다.

로마가톨릭교회가 구원을 얻기 위한 인간의 노력을 강조한 반면, 루터는 이신칭의(以信稱義) 교리로 여기에 맞섰다. 의롭게 하시는 하나님의 은혜가 믿음을 가진 모든 사람에게 값없이 주어진다. 말하자면 로마가톨릭교회는 하나님에 대한 인간의 사랑을 강조한 것이고, 루터의 엄격한 원죄 교리는 인간을 향한 하나님의 은혜롭고 무조건적인 사랑을 강조한 것이다. 부부간의 사랑에 대한 루터의 교리에는 사랑과 열정의 요소들이 포함되어 있지만, 그의 구원론은 헌신적인 선물로서의 하나님의 사랑을 강조했다. 이것은 어쨌든 훗날 자칭 루터를 따른다고 말하는 수많은 사상가들이 그를 어떻게 읽고 이해했는지를 보여준다.[24]

---

23 안데르스 뉘그렌은 이것을 가리켜 사랑 교리의 '코페르니쿠스적 혁명'이라고 부른다. *Agape and Eros*, trans. Philip S. Watson (London: SPCK, 1982), p. 681. 고구경 옮김, 《아가페와 에로스》(크리스챤다이제스트, 1998).

24 이 특별한 논쟁은 뉘그렌의 *Agape and Eros*, p. 681 이하에서 볼 수 있다. 고구경 옮김, 《아가페와 에로스》(크리스챤다이제스트, 1998).

루터 이후의 논의들은 **아가페**와 **에로스** 사이의 싸움이고, 소위 기독교적 개념과 플라톤적 개념 간의 싸움이다. 루터를 기점으로 사랑에 대한 교리적 정의는 점차 보편적이며 차별 없는 쪽으로 기울었다고 한다. 사랑은 아가페의 성격을 지닌 선물이다, 끝. 이것은 사랑받는 대상의 가치 유무를 고려하지 않는다. 루터가 궁극적으로 사랑의 개념을 정의하면서 실제로 이것을 강조했든 그렇지 않든(나는 루터가 그랬는지 확신이 없다), 실제로는 이것이 루터를 설명하는 대표적인 해석이 되어버렸다. 타락한 세상을 향한 하나님의 구속적 사랑(카슨의 세 번째 범주)은 점차 기독교의 사랑 전체를 가리키게 되었다.

예를 들어, 쇠렌 키르케고르는 기독교적인 사랑과 낭만적인 사랑을 엄격하게 구분했다. 그는 낭만적인 사랑이 '세상과 구별된 사랑을 받는 애인, 친구, 마음에 드는 사람의 이름 등'에게 초점을 맞추는 반면, 기독교적인 사랑은 편애하지 않고 모든 인류를 사랑한다고 말한다. 낭만적인 사랑은 "한 사람, 곧 사랑받은 사람 쪽으로만 잡아당긴다". 반면에 기독교적인 사랑은 "반대 방향을 강요한다". 낭만적인 사랑은 "사랑의 대상에 의해 결정된다". 즉, 매력에 이끌린다. 기독교적인 사랑은 "사랑에 의해 결정된다". 그 사랑은 자기부인에 달려 있다. 그 사랑은 선물이다. 낭만적인 사랑은 미움과 같은 다른 것으로 바뀔 수 있다. 그러나 기독교적인 사랑은 "결코 바뀌지 않는다. 완전하다. 사랑하고, 결코 미워하지 않는다".[25] 요컨대, 기독교적인 사랑은 언제나 보편적이고 무조건적이다. 차별을 하고 편애를 하는 것은 다

---

25 Søren Kierkegaard, *Works of Love*, eds. Howard Hong and Edna Hong (New York: Torchbooks, 1962), p. 36, 49, 63, 77. 임춘갑 옮김, 《사랑의 역사》(치우, 2011).

른 종류의 사랑이다.

20세기 루터교 신학자 안데르스 뉘그렌은 그의 저명한 책《아가페와 에로스》(*Agape and Eros*, 크리스챤다이제스트)에서, 역시 플라톤의 욕망으로서의 사랑(*eros*) 개념과 기독교의 선물로서의 사랑(*agape*) 개념을 구분하려고 했다. 이 책의 상당 부분은 아우구스티누스가 두 가지 사랑을 결합한 것을 비판하고, 루터가 교회를 아가페로 돌아갈 수 있게 했다고 평가한다. 뉘그렌은 일련의 대조법을 통해 두 종류의 사랑을 비교했다.

> 에로스는 탐욕스러운 갈망이면서 욕망이다. 아가페는 헌신적인 내어줌이다.
>
> 에로스는 인간이 하나님께로 가는 길이다. 아가페는 하나님이 인간에게 오시는 길이다.
>
> 에로스는 인간의 노력이다. 그래서 인간의 구원이 인간의 공로라고 전제한다. 아가페는 하나님의 은혜이다. 그래서 구원은 하나님 사랑의 역사이다.
>
> 에로스는 필요와 소용에 근거해서 얻어내고 소유하려는 의지이다. 아가페는 풍요로움과 부요함에 근거해서 내어주는 자유이다.
>
> 에로스는 주로 인간의 사랑이다. 아가페는 주로 하나님의 사랑이다.
>
> 에로스는 대상이 지닌 성품, 아름다움 그리고 가치에 따라 결정된다. 그래서 결코 자발적이지 않고, '자극을 받으며', '동기부여를 받는다'. 아가페는 그 대상과의 관계에서 주권적이고, '악한 자와 선한 자' 모두에게 향해 있다. 그래서 자발적이며, '동기가 없는 넘쳐흐름'이다.
>
> 에로스는 그 대상에게서 가치를 발견하고 그 가치를 사랑한다. 아가페

는 먼저 사랑하고, 그 대상 안에 가치를 창조한다.[26]

사랑이 상대방의 매력과 완전히 무관하다는 점에 주목하라. 사랑은 오직 자기희생적인 선물이다. 사랑은 구속되거나 영향받지 않은 채 다른 사람을 유익하게 하려는 선택이다. 그러므로 마음의 결과가 아니라 의지의 결과이다. 사랑은 조건적이 아니라, 언제나 무조건적이다. 사랑은 전적으로 선물이기 때문에 그러한 사랑에는 그 어떤 판단도 필요하지 않다. 사랑은 가치 있는 사람들뿐 아니라 무가치한 사람들을 위한 것이며, 의인뿐 아니라 죄인을 위한 것이기도 하다.

칼 바르트의 사상도 이 전통의 범주에 넣을 수 있다. 바르트는 하나님이 "자유롭게 사랑하시는 분"이라고 했다. 하나님의 사랑은 '그 자체가 목적'이다. 아우구스티누스와 개혁주의 전통에 있는 사람들은 이렇게 물을 것이다. "하지만 하나님은 그분의 영광을 위해 사랑하시지 않습니까?" 바르트는 이렇게 말했다. "하나님은 우리를 사랑하시면서 그분의 영광과 구원을 의도하신다. 그러나 그런 의도 때문에 우리를 사랑하시는 것은 아니다. 그분의 사랑을 위해서 의도하시는 것이다. … 하나님은 그분이 사랑이시기 때문에 사랑하신다. 왜냐하면 이 행위가 그분의 존재이고, 본질이며, 본성이기 때문이다. 하나님은 이러한 목적들을 인식하지 않으시며, 인식하기 이전에 사랑하신다."[27] 다른 말로 하면, 하나님은 반드시 그분의 영광을 위해 사

26 Nygren, *Agape and Eros*, p. 210. 고구경 옮김, 《아가페와 에로스》(크리스챤다이제스트, 1998).

27 Karl Barth, *Church Dogmatics*, vol. 2. 1, ed. G. W. Bromiley and T. F. Torrance (New York: T&T Clar, 2004), 28.2.3(p. 279). 황정욱 옮김, 《교회 교의학 Ⅱ/1》(대한기독교서회, 2010). 또한 미로슬라브 볼프는 이 문제들에 관해 분명히 바르트와 루터의 입장에 서 있다. Miroslov Volf, *Free of Charge* (Grand Rapids: Zondervan, 2005), p. 39를 보라. 김순현 옮김, 《베풂과 용서》(복있는사람, 2008).

랑하시는 것이 아니다. 그분이 사랑이시기 때문에 우리를 사랑하신다. 그 자체가 목적이다(바르트는 이 주장의 근거로 신 7:8과 렘 31:3을 인용했다). 하나님은 사랑하심으로써 영광을 받으신다(그리고 우리는 구원을 얻는다). 하나님의 사랑이 먼저이고, 그분의 영광과 우리의 구원은 하나님이 사랑하신다는 사실의 결과로 뒤따라온다. 앞서 소개한 여러 저자들처럼, 바르트도 하나님의 사랑을 전적인 선물로 본다. 하나님의 사랑은 하나님이 그 사랑의 대상 안에 있는 무언가를 보시기 때문에 주어지는 것이 아니다.[28]

오늘날, 어떤 신학자들은 루터가 말한 '십자가의 신학'을 다시 외치면서 마치 루터가 했던 것처럼 자기들도 '영광의 신학'에 반대한다고 목소리를 높인다. 그들은 또한 하나님의 사랑이 그 속에 갈망이나 매력 같은 것을 가지고 있다는 생각을 부인한다. 하나님의 사랑은 모두 값없는 선물이다. 예를 들어, 게르하르트 포드(Gerhard Forde)는 이렇게 말했다. "사랑의 대상을 창조하시는 하나님의 사랑은 인간의 사랑과 완전히 대조된다. 인간의 사랑은 자기를 기쁘게 하는 매력으로 말미암아 생겨난다. 인간의 사랑은 그 대상을 찾기 위해 노력해야 한다. 또한 그 대상이 싫증 날 때는 팽개쳐버린다."[29] 위르겐 몰트만이 하나님의 고난받으시는 사랑을 강조한 것도 이와 똑같은 기본 전제

---

28 바르트는 말했다. "하나님의 사랑은 사랑의 대상에게 존재하는 능력이나 가치와 상관없이 교제를 추구하고 맺는 데에 관심이 있다. 하나님의 사랑은 단순히 사랑의 상호성에 의해 좌우되지 않는다. 또한 하나님의 사랑은 사랑받는 대상이 가진 어떤 가치에 의해 좌우되지도 않으며, 사랑받는 대상에게 존재하는 연합 또는 교제의 능력에 의해 좌우되지도 않는다." *Church Dogmatics*, vol. 2.1, 28.2.2 (p. 278). 황정욱 옮김, 《교회 교의학 Ⅱ/1》(대한기독교서회, 2010).

29 Gerhard O. Forde, *On Being a Theologian of the Cross: Reflections on Luther's heidelberg Disputation, 1518* (Grand Rapids: Eerdmans, 1997), p. 113.

에 근거하고 있다.

다시 말하지만, 메릴린 로빈슨의 소설에 등장하는 늙은 회중교회 목사가 좋은 예이다. 이 목사는 아들에게 보내는 편지에서 이렇게 썼다. "사랑은 은혜와 같기 때문에 거룩하다. 그 대상의 탁월함은 전혀 문제가 되지 않는다."[30]

우리는 루터와 이 일련의 해석들로부터 매우 풍성한 통찰을 얻을 수 있다. 하나님의 애정이 어느 순간 그리고 오직 그 순간 어떤 것에 임하면, 그것은 가치 있고 소중하며 사랑스러워진다. 하나님의 사랑은 그 사랑을 받기 전부터 태생적으로 사랑스러운 것에 주어지지 않는다. 하나님이 창조 세계를 바라보시면서 "좋다"라고 말씀하실 때, 그것은 진정으로 좋아지고 사랑스러워진다. 하나님이 그렇게 만드셨기 때문이다.

멸시받는 자들과, 천한 자들과, 보잘것없는 자들에게 하나님의 복음이 흘러가는 이유가 바로 이것이다. 하나님의 사랑은 무엇인가를 사랑스럽고 사랑할 만하게 창조하신다. 하나님은 도적들과 살인자들과 세리들과 창녀들에게 찾아가시고, 이러한 자들을 멸시하며 독선에 빠진 세상을 향해 말씀하신다. "내가 하려는 것에 주목하라. 내가 그들을 어떻게 사랑하는지, 또한 어떻게 그들을 사랑하여 아름답고 눈부시고 위엄 있는 사람으로 바꾸는지, 그래서 그들을 어떻게 천사보다 빛나게 하는지 지켜보라."

하나님의 사랑은 자격 없는 자들에게 주시는 **아가페** 선물이다. 프레드릭 뷰크너(Frederick Buechner)는 원수를 사랑하는 것에 대해 묵상

---

30 Robinson, *Gilead*, p. 209. 공경의 옮김, 《길리아드》 (마로니에북스, 2013).

하면서 이런 달콤한 생각을 하기에 이르렀다. "또한 원수에 대한 사랑도 있다. 당신을 사랑하지 않을 뿐만 아니라, 오히려 조롱하고 위협하며 고통을 주는 사람에 대한 사랑이다. 괴롭힘을 당하는 자가 괴롭히는 자를 사랑하는 것이다. 이것이 하나님의 사랑이다. 이 사랑은 세상을 정복한다."[31] 정말 놀라운 사랑 아닌가? 앞에서 나는 하나님의 사랑이 우리에게 불쾌감을 주기도 하고 매력적이기도 하다고 말했다. 구체적으로 무엇이 우리에게 그토록 매력적일까? 그것은 바로 가치 있는 사람이나 무가치한 사람에게 동일하게 주시는, 하나님 자신이라는 놀라운 선물이다.

그러나 여기에 문제가 있다. 하나님의 사랑이 우리에게 매력적임은 분명하다. 그 사랑은 아름답고, 우리는 그 아름다움 때문에 하나님을 정말 사랑한다. 바울은 그리스도의 사랑이 "우리를 강권하시는도다"(고후 5:14)라고 말했다. 생각해보라. 우리가 하나님의 사랑을 모방해야 하지 않을까? 그러면 우리는 어떻게 하나님을 사랑해야 할까? 하나님의 아름다움과 상관없이 하나님을 사랑해야 하는 것일까? 우리는 예배라는 반응으로서가 아니라 호의적인 선물로서 하나님을 전적으로 사랑해야 할까? 또한 사도 바울이 빌립보 교회를 향해 품었던 것처럼(빌 1:8) 교회를 향한 '그리스도 예수의 사랑'을 품는다는 말의 의미는 무엇일까?

신학계에서 그리스도의 사랑에 대한 논의는 아가페와 에로스 중 하나를 선택하는 것을 넘어 '상호성'과 '상호적 관계'의 문제로 돌아

---

31 Frederick Buechner, *The Magnificent Defeat* (New York: HarperCollins, 1985), p. 105.

섰다.[32] 그러나 나는 이와 같은 기본적인 구분이 많은 그리스도인들의 마음속에 근본적인 대립으로 남아 있다고 생각한다. 우리는 **아가페**를 은혜와 '무조건적인' 하나님의 사랑에 연결하고, **에로스**를 공로, 의, 아름다움 그리고 '조건적인' 사랑의 개념에 연결한다. 문제는 하나님이 값없이 주시는 사랑의 선물을 이처럼 매우 진실되고 놀랍게 강조하는 것이 축소주의적인 성격을 띤다는 사실이다. 이러한 생각은 단지 하나님에 대한 성경 말씀의 일부와, 복음의 일부와, 교회 본질의 일부를 보여줄 뿐이다. 사실, 아가페 중심적인 정의(오직 선물로서의 사랑)는 적어도 성경이 말하는 사랑의 본질 중에서 두 가지를 간과한다. 첫째, 완전하신 성자에 대한 성부 하나님의 사랑을 간과한다. 성자에 대한 성부의 사랑에서 '사랑'의 정의에 부합하는 대목이 어디일까? 성자에 대한 성부의 사랑에는 고난당하심과 자기희생이 없다. 그것은 그저 순전한 기쁨이고, 그 기쁨은 성자의 도덕적 아름다움과 완전함 때문이다.[33] 둘째, 이 사상은 '**왜** 그리스도가 죄인들을 구원하시기 위해 죽으셨는가?'라는 질문을 간과한다. 하나님은 왜 피조물에게 "존재하라"라고 말씀하신 것처럼 구원에게도 존재하라고 말씀하지 않으셨는가?

사랑을 단지 아가페 선물로 정의한다면, 실제로 아우구스티누스의 하나님 중심적인 사랑의 자리를 인간 중심적인 무엇인가로 대체

---

32 Brady, *Christian Love*, pp. 240-264의 "Self-Regard, Other Regard, and Mutuality"를 보라. 또한 케빈 밴후저의 "Introduction — The Love of God — Its Place, Meaning, and Function in Systematic Theology," in *Nothing Greater, Nothing Better*, pp. 1-29, 특히 pp. 18-19를 보라. 김광남 옮김, 《하나님의 사랑》 (이레서원, 2014).

33 Nygren, *Agape and Eros*, pp. 678-680. 고구경 옮김, 《아가페와 에로스》 (크리스찬다이제스트, 1998).

할 소지가 있다.[34] 이 문제를 다음과 같은 방식으로 생각해보라. 하나님은 **왜** 죄인들을 사랑하셔서 구원하실까? 아가페적인 대답은 이렇다. "하나님이 죄인들을 사랑하시기 때문이다. 그게 전부이다. 하나님이 사랑하시고 하나님이 주신다. 그것이 바로 하나님이 하시는 일이다." 하나님께는 아무런 유익이 없다. 죄인들을 향한 하나님의 사랑은 그 자체가 최종 목표이다. 하나님은 오직 죄인들을 위해 죄인들을 사랑하시며, 더 이상의 이유는 없다. 기억하라, 예수님이 우리를 위해 죽으셨다. 예수님이 모든 것을 주셨다!

그렇다. 예수님이 우리를 위해 죽으셨다. 하지만 예수님이 정말로 모든 것을 포기하셨을까? 예수님이 거룩하심을 포기하셨을까? 그분의 사명을 포기하셨을까? 예수님이 성부 하나님에 대한 헌신적인 순종을 포기하셨을까? 성부 하나님을 영화롭게 하는 것을 포기하시고, 그분이 구원하신 백성들로부터 아무것도 기대하지 않으실까? 구원받은 백성들이 자기의 소욕을 따라 어떻게 살든 예수님은 행복하기만 하실까? 예수님은 육체로 오셔서 십자가에 못 박히셨다. 그런데 예수님은 특별한 목적을 위해 그렇게 하셨고, 그 목적이 백성들을 구원하는 것보다 더 컸다. 예수님은 사람들을 거룩하게 하고, 그들이 서로 사랑하며 연합하게 하려고 그들을 구원하셨다.[35] 예수님은 사

---

34 아가페적인 정의(定義)를 지지하는 자들은 그들의 정의가 하나님 중심적이고 이전의 주장들이 인간 중심적이라고 주장한다. Nygren, *Agape and Eros*, pp. 681-684를 예로 들 수 있다. 고구경 옮김, 《아가페와 에로스》 (크리스챤다이제스트, 1998). 만일 우리가 로마가톨릭교회의 구원론 체계와 루터의 이론을 비교하는 것이라면 이 주장에 동의한다. 내가 염려하는 것은 '어떻게 사랑 자체가 정의될 수 있는가?'이다.

35 예상할 수 있는 바와 같이, 순수한 아가페 사랑을 주장하는 사람들은 자기들의 신학 체계 안에서 변화된 사람을 원한다. 예를 들어 뉘그렌은 하나님의 사랑이 '무한한 헌신'을 요구한다고 말함으로써 값싼 은혜를 피하려고 시도한다 (*Agape and Eros*, p. 104). 그러나 이것은 그의 사상이 자가당착에 빠진 것처럼 들린다. 무한한 헌신에 대한 기대를 말한다는 것은, 결국 하나님의 사랑을 이끌어내는 무언가가 있다는 것처럼 보일 수 있기 때문이다!

람들의 영광을 위해서가 아니라 하나님의 영광을 위해서 그들을 구원하셨다.[36] 만일 우리가, 그리스도는 그분이 구원하신 백성들로부터 순종과 같은 무언가를 기대하신다고 말한다면, 그 말을 함과 동시에 우리는 하나님이 무언가를 바라신다는 생각에 동의하는 것이다. 하나님은 마음속에 하나님 자신을 사로잡는 어떤 목표를 가지고 계신다. 그러나 당신이 정말로 아가페적인 사고를 따르게 될 때, 그 논리적 귀결로 무슨 일이 벌어지는지 보라. 만일 하나님의 사랑이 순전히 희생적인 내어줌이고 그 이상이 아니라면, 즉 완전히 순수한 희생이라면, 하나님은 자신의 신성을 포기하시는 것이다. 하나님은 그분의 거룩하심과, 의로우심 그리고 모든 것을 포기하신다. 만일 내가 당신을 위해 **모든 것**을 포기한다면, 그것은 내가 나 자신을 사랑하는 것보다 당신을 더 많이 사랑하기 때문이다. 내가 생각하기에 오늘날 복음주의자들 사이에 주류가 된 아가페적 사랑 개념은, 하나님이 궁극적으로는 우리를 위해 살아계시고 우리를 위해 사랑하신다는 가정을 암묵적으로 포함한다. 우리가 바로 하나님의 지극히 높은 사랑이다. 하나님은 우리를 다른 어떤 것보다 사랑하시고, 심지어 하나님의 영광보다 사랑하신다. 하나님이 우리를 우상화하신다.

마찬가지로, 하나님의 법은 우리에게 굴복하고, 모든 심판은 궁극적으로 사라진다. 결국 하나님의 법이 무엇인가? 그것은 하나님의 본성적인 요건이다. 그리고 만일 하나님의 본성을 그 무엇보다 인간을 사랑하는 것이라고 규정하면, 우리가 자신을 가장 사랑하고 자랑

---

36 이 점이 바로 내가 미로슬라브 볼프의 주장에 근본적으로 동의할 수 없는 대목이다. "하나님은 아무 대가도 받지 않고 내어주시는, 무한히 부요하고 가장 관대한 분이다"(*Free of Charge*, p. 37). 아무 대가가 없단 말인가? 그렇다면 하나님은 왜 우리에게 당신을 예배하라고 명령하시는가?

스러워하는 것이 결코 죄가 될 수 없다. 우리는 하나님이 사랑하시고 하나님이 가치 있게 생각하시는 것을 사랑해야 하기 때문이다. 하나님이 선이라 부르시고 악이라 부르시는 것을 우리도 각각 선이라 부르고 악이라 불러야 하는 것 아닐까? 만일 하나님이 우리를 가장 사랑하신다면, 우리는 우리를 가장 사랑해야 한다. 우리에게 유익한 것이면 무엇이든 하나님의 의가 되는 것이다. '그것 이외'에는 우리가 하나님을 미워하고 우리 자신을 가장 사랑하는 것에 대해 하나님이 심판하실 수 있게 해주는, '다른 종류의 의'란 없다. 모든 심판이 무시될 수 있다.[37] 사람들이 하나님을 선택하지 않아도 괜찮다. 그들에게 '하나님 아닌 것'을 주면 된다. 우리는 그들을 판단할 필요가 없다. 여기에는 다른 이유가 없다. 그들을 우주 저편으로, 행복이 가득하고 영원히 끝나지 않는 여행을 보내라.

이 교리가 등록 교인 제도와 권징에 중요한 이유

교인의 자격에 관한 책에서 내가 왜 이처럼 추상적인 이야기를 하는 것일까? 그렇다면 등록 교인 제도와 권징이 무엇인지 생각해보자. 이 두 가지는 지역교회가 장차 맞닥뜨릴 더 큰 판단과 심판의 전조로서 행하는 예견적 행위이다. 또한 천국에서 하나님의 백성에 속할 자가 누구인지 이 땅에서 선언하는 것이다(마 16:19). 즉, 누가 **속하고** 누가

---

37 순수한 아가페 사랑 개념을 따르는 신학자들은 하나님의 심판에 대한 자기들의 신학 체계를 위해 다른 장치를 마련하기도 한다. 그러나 그들의 신학 체계에 일관성이 없다는 것을 쉽게 발견할 수 있다. 예를 들어, 뉘그렌은 자기의 사랑 개념이 사실상 심판을 인정한다는 것을 보여주려고 한다. 첫째, 하나님은 우리에게 하나님의 사랑을 받아들이라고 요구하신다. 둘째, 하나님의 사랑은 무한한 헌신을 요구한다. 그러지 않으면 우리가 심판을 받을 것이다(*Agape and Eros*, pp. 102-104). 문제는 이 두 조건이 하나님 중심적인 예배자들을 바라시는 아우구스티누스의 하나님 안으로 슬그머니 들어옴으로써, 뉘그렌의 사랑 개념과 모순적인 관계를 이룬다는 것이다.

속하지 않는지를 평가한다. 만일 하나님이 스스로를 가장 사랑하신다면, 하나님은 하나님을 사랑하지 않는 사람들을 자유롭게 심판하실 것이다. 사실 하나님은 반드시 심판하셔야 한다. 그리고 이런 측면으로 볼 때, 등록 교인 제도와 권징이라는 예견적인 심판은 자비롭고 인자하다. 이것들을 시행하는 것은 장차 올 더 큰 심판에 대한 은혜로운 경고이다.[38] 그러나 만일 하나님이 사람을 가장 사랑하신다면, 그분이 누군가를 심판하시는 것은 모순적인 행위가 된다. 따라서 등록 교인 제도와 권징이라는 교회의 예견적인 심판은 잔인하고 혐오스러울 뿐만 아니라 새빨간 거짓말이 되고 만다.

만일 우리가 수많은 복음주의자들처럼 사랑을 '무조건적인 내어줌' 또는 '하나님의 값없는 구원의 선물'이라고 정의한다면, 우리는 인간 중심적인 경향을 가진 신학 체계, 즉 보편주의를 받아들이게 될 수도 있다. 모든 인간 중심적 신학 체계는 결국 보편주의로 향하게 되어 있고, 이것은 뱀이 하와에게 "하나님과 같이 되며 결코 죽지 않을 것이다"(창 3:4-5)라고 속삭였던 이후로 줄곧 이어져온 행태이다. 어떤 체계가 잠시 동안은 하나님의 심판과 교인의 자격을 위해 모순된 역할을 감당할 수 있을지도 모르지만, 결국에는 신학 체계 안의 갈등 때문에 스스로 무너지고 말 것이다. 심판의 교리는 뒷전으로 밀려나고 마침내 완전히 사라질 것이다. 이와 마찬가지로 등록 교인 제도와 권징의 시행도 시장의 수요에 맞게 변형되지 않으면 똑같은 운명을 맞이할 것이다. 신용카드 광고는 이렇게 외친다. "회원에게는

---

38 칼뱅은 이렇게 말했다. "그러나 교회는 교회가 출교한 사람을 구원한다. 즉, 그 사람을 영원한 파멸과 절망으로 내던지는 것이 아니라, 그의 삶과 도덕을 꾸짖고, 회개하지 않으면 형벌을 받을 것이라고 미리 경고하는 것이기 때문이다." *Institutes*, trans. ford Lewis Battles, p. 1214.

특별한 혜택이 있습니다." 포스트모던 목사들은 이렇게 외친다. "진정한 공동체로 오십시오."

곧이어 이 문제를 다시 논의하겠지만, 먼저 하나님과 인간을 향한 하나님의 사랑을 드러내는 성경 말씀들을 살펴볼 필요가 있다. 그러면 우리는 하나님의 사랑과 복음을 바르게 정의할 수 있고, 사랑과 등록 교인 제도에 어떤 심판의 여지가 있는지 물을 수 있게 될 것이다.

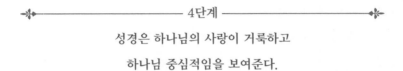

4단계

성경은 하나님의 사랑이 거룩하고
하나님 중심적임을 보여준다.

하나님에 대한 하나님의 사랑

"너는 내 사랑하는 아들이라 내가 너를 기뻐하노라." 예수님이 세례를 받으실 때, 성부가 성자에게 하신 말씀이다(눅 3:22). 이 말씀은 창세기 1장 1절이 아니지만, 한편으로는 그럴 수도 있다. 성자에 대한 성부의 사랑은 모든 것의 시작(요 17:5, 24을 보라)이기 때문이다. (우리는 위에서 언급한 카슨의 첫 번째 범주를 다루고 있다.)

성부는 왜 성자를 기뻐하실까? 또한 이것을 왜 신약성경에서 일곱 번이나 반복하여 선언하셨을까?[39] 누가복음의 배경이 해답의 실마리가 된다. 누가는 예수님이 세례를 받으신 장면 뒤에 사실상 '하나님의 아들'이라고 불리는 아담에 이르기까지의 긴 족보를 역순으

---

39 마 3:17; 17:5; 막 1:11; 9:7; 눅 3:22; 9:25; 벧후 1:17.

로 기록했다(눅 3:23-38, 특히 38절). 아담의 후손인 예수님은 말하자면 마지막 아담으로서 모든 역사가 지향하는 분이어야 한다(고전 15:45 참조). 이 족보에서 인간 역사를 추적한 다음, 이어지는 내용은 아담의 후손이 하나님의 영에 이끌리어 광야로 나간 뒤 그곳에서 아담의 옛 대적 사탄을 만나는 장면이다. 무대 위에 에덴동산의 시험이 재현되었다. 다만 이번에는 장소가 숲이 우거진 동산이 아니라 척박한 광야이고, 예수님은 40일 동안 금식하신 상태이다. 사실 이 장면은 에덴동산뿐 아니라 또 다른 장면을 재현한 것이기도 하다. 바로 이스라엘이 광야에서 40년을 보낸 사건이다.

이러한 도전에 맞서, 성자는 아담이나 이스라엘처럼 행하지 않으셨다. 거짓된 양식을 거절하고 전적으로 하나님의 말씀을 의지하셨다(눅 4:4; 신 8:3). 거짓된 권위와 영광을 거절하고 하나님만 예배하셨다(눅 4:6; 신 6:13; 창 3:5-6 참조). 거짓된 칭호를 거절하고 하나님의 통치를 온전히 신뢰하셨다(눅 4:12; 신 8:16; 출 17:2-7).

성부에 대한 성자의 완전한 순종은 요한복음에서도 잘 나타난다. 성자의 양식은 성부의 '뜻을 행하는 것'이고, 성부의 '일을 온전히 이루는 것'이다(요 4:34; 6:38; 마 4:4 참조). 성자는 "아버지께서 하시는 일을 보지 않고는 아무것도 스스로" 하지 않으신다(요 5:19, 30; 17:2). 성부가 가르쳐주신 것만 말씀하시고 가르치신다(요 7:17; 8:28; 12:49-50). 자신의 이름과 권위가 아니라 성부의 이름과 권위로 오셨다(요 5:27, 43; 7:17; 8:28). "내가 내 자의로 말한 것이 아니요 나를 보내신 아버지께서 내가 말할 것과 이를 것을 친히 명령하여 주셨으니"(요 12:49; 14:10 참조).

하나님의 사랑은 조건적인가?

성자에 대한 성부의 사랑이 성자의 순종을 요구하는 '조건적인' 사랑일까? 성부는 성자가 순종하기 때문에 성자를 향해 사랑이 불 일 듯하시는가? 성자가 말씀하신 것을 들어보면 그렇게 생각할 수도 있다. "내가 아버지의 계명을 지켜 그의 사랑 안에 거하는 것같이 너희도 내 계명을 지키면 내 사랑 안에 거하리라"(요 15:10). 충격적인 대구법이다. 성자가 순종하심으로써 성부의 사랑 안에 거하시는 것처럼 우리도 순종함으로써 그리스도의 사랑 안에 거한다.[40]

우리가 주목해야 하는 중요한 성경적 배경이 있다. 하나님은 다윗과 언약을 맺으실 때, 그의 아들이 죄를 범하면 그를 징계하시겠다고 약속하셨다(삼하 7:14). 그러나 이 언약이 바빌론유수 이후 역대기에 기록될 때에는, 징계에 대한 경고가 생략되었다(대상 17:13을 보라). 포로기 이후 다윗의 후손이 결국 그리스도이기 때문에 그랬을까? 시편을 보면 의로움 때문에 상급을 받는, 다윗과 같은 인물들을 발견할 수 있다. 이것은 시편 45편에서 분명하게 드러난다. "왕은 정의를 사랑하고 악을 미워하시니 그러므로 하나님 곧 왕의 하나님이 즐거움의 기름을 왕에게 부어 왕의 동료보다 뛰어나게 하셨나이다"(시 45:7). 하나님은 이 왕이 의를 사랑하고 악을 미워하기 **때문에** 왕으로 기름 부으셨다(또한 시 21:5-7을 보라). 히브리서는 이 왕을 가리켜 그리스도라고 말한다(히 1:9). 메시아를 예표하는 다윗 왕은 거듭해서 말했다. "여호와께서 내 의를 따라 갚으셨도다"(시 18:20; 7:8 참조; 26:1; 35:24). 예수님은 단지 하나님의 아들이셨기 때문에 메시아와 왕으로 기름

---

40 Carson, *The Difficult Doctrine of the Love of God*, p. 40를 보라.

부음을 받으셨다. 예수님은 그분의 의로우심으로 기름 부음을 받으신 것이다(시 2:7 참조)!

　이 본문들은 더 방대하고 깊은 기독론의 바다로 흘러 들어오는 여러 물줄기들 중 하나일 뿐이다. 그러므로 이 구절들을 성자에 대한 성부의 영원한 사랑을 확증하는 다른 지류(支流)들과 구분해서 읽어야 한다. 예수님은 고난을 통해 '순종을 배우신' 분이다(히 5:8). 예수님은 제자들에게 "내가 아버지의 계명을 지켜 그의 사랑 안에 거하는 것같이 너희도 내 계명을 지키면 내 사랑 안에 거하리라"(요 15:10)라고 말씀하신 분이다. 예수님은 성부가 기뻐하신다고 말씀하신 분이고, 그 기쁨은 (적어도 부분적으로는) 성자의 도덕적 완전성에 근거를 둔다. 실제로 성부는 예수님이 세례를 받을 때 성자를 기뻐한다고 선언하셨으며, 예수님의 세례식은 '모든 의를 성취하기 위해' 행하신 것이었다(마 3:15).

　성육신의 신비에서, 신성과 인성을 지니신 나사렛 예수야말로 우리가 하나님의 '조건적인' 사랑이라고 부르는 사랑을 받으신 분이라는 것이 드러난다. 물론 예수님에게 죄가 없다는 점에서, 신인(神人)이신 예수님은 율법을 온전히 지키셨고 그분께 선언된 심판은 '의로웠다'. 예수님이 영원한 아들이라는 점에서, 성자에 대한 성부의 사랑은 무한하고 확실하다. 그럼에도, 구속 역사에는 성부가 성육신하신 성자에게 일종의 조건적인 사랑이나 그리스도의 순종에 근거한 사랑을 드러내신다는 것을 보여주는 일련의 본문들이 있다.[41] 예수님

---

41 이 본문들은 과거에 양자적(adoptionist) 기독론과 기능적(functional) 기독론을 주장하는 신학자들의 근거가 되기도 했다.

이 그 조건들을 모두 만족시키셨다는 사실은 우리에게 참으로 복된 소식이 아닐 수 없다![42]

여기에 중요한 교훈이 있다. 이것은 성부가 성자의 완전하심 **때문에** 성자를 사랑하신다는 것을 보여준다. 성부는 성자 안에 있는 어떤 속성에 이끌리시고, 그 속성을 '기뻐하신다'. 이는 성육신을 통해 사실로 드러났다. 또한 우리는 이것이 영원한 과거에도 사실이었고, 영원한 미래에도 사실일 것이라고 충분히 믿을 수 있다. 성자는 성자의 본성을 그대로 나타내시고, 성부는 그 이유 때문에 성자를 사랑하신다. 성자에 대한 성부의 사랑은 차별이 없거나 임의적인 것이 아니다. 합당한 이유가 있다. 심지어 우리는 성부의 영원한 사랑에 조건이 있다고 말하는 것도 가능할 것이다. 만일 성자가 성부의 뜻에 완벽하게 순종하지 **않았다면**, 그래서 성부의 형상을 완벽하게 나타내지 **않았다면**, 성부가 성자를 그만큼 사랑하지 않으셨을까? 이것은 단순히 가정일 뿐이므로 답을 알 수가 없다. 우리가 확실하게 아는 것은 시편이 노래한 내용과 히브리서 기자가 성자에 대한 성부의 마음을 기록한 내용이다. "왕은 정의를 사랑하고 악을 미워하시니 그러므로 하나님 곧 왕의 하나님이 즐거움의 기름을 왕에게 부어 왕의 동료보다 뛰어나게 하셨나이다"(시 45:7; 히 1:9). 하나님의 사랑은 그분의 의로우심에 구속되어 있다. 심지어 아들에 대한 사랑도 마찬가지

---

[42] 여기에서의 요점은 신인(God-man)이신 예수님이 죄를 지을 수 있었는가에 대한 질문과 유사하다. 그리스도가 **죄를 지을 수 있었을까, 아니면 죄를 지을 수 없었을까?** 어떤 의미에서 보면, 인자이신 예수님 앞에 실제로 유혹이 있었기 때문에 그리스도는 죄를 지을 수 있었다. 그러나 다른 의미에서 보면 그렇지 않다. 그리스도는 아버지의 뜻을 온전히 갈망하셨기 때문에 죄를 지을 수 없었다. 이 문제에 관해 나는 베르까우어(G. C. Berkouwer)가 *The Person of Christ* (Grand Rapids: Eerdmans, 1954), pp. 251-267, 특히 pp. 262-263 에서 다룬 그리스도의 순결하심에 대한 견해를 따른다.

이다. 하나님은 그분의 법을 떠나서는 당신 자신도 사랑하지 않으신다. 하나님의 사랑은 본질적으로 하나님의 또 다른 모든 속성들에 의해 구속된다. 요컨대, 사랑받는 아들 예수님은 이스라엘에게 주어진 모든 명령을 성취하셨기 때문에 성부를 기쁘시게 해드린다. "너는 마음을 다하고 뜻을 다하고 힘을 다하여 네 하나님 여호와를 사랑하라"(신 6:5; 6:6 참조).

애정으로서의 사랑과 **선물**로서의 사랑은 성자에 대한 성부의 사랑에서 서로 분리되지 않는다. 성부는 성자에게 끌리시고, 성부가 가지신 모든 것을 성자에게 값없이 주신다. 성부는 성자와 영원히 교통하신다. 사도 바울은 "아버지께서는 모든 충만으로 예수 안에 거하게 하시고"라고 설명했다(골 1:19). 예수님도 "아버지께서 아들을 사랑하사 만물을 다 그의 손에 주셨으니"(요 3:35; 또한 마 11:27도 보라), "아버지께서 아들을 사랑하사 자기가 행하시는 것을 다 아들에게 보이시고"(요 5:20), "아버지께서 자기 속에 생명이 있음 같이 아들에게도 생명을 주어 그 속에 있게 하셨고"(요 5:26)라고 친히 증언하셨다. 성부와 성자의 교통하심이 매우 완전하기 때문에 예수님은 제자 빌립에게 "나를 본 자는 아버지를 보았거늘"이라고 말씀하셨다(요 14:9). 또한 바울도 "그는 보이지 아니하는 하나님의 형상이시요"(골 1:15)라고 말했고, 히브리서 기자도 "이는 하나님의 영광의 광채시요 그 본체의 형상이시라"라고 말했다(히 1:3).

나는 최근에 어느 설교자가 예수님의 세례식 때 나타난 성부의 사랑에 대하여 설명하는 것을 들었다. 그는 성자 안에 성부의 사랑을 방해할 만한 어떤 죄도 없었기 때문에 성부가 성자를 거리낌 없이 사랑할 수 있었다고 설명했다. 성자는 완전하고 흠이 없었다. 그래서 성부는 어떤 망설임이나 거리낌 없이 성자를 사랑하셨다. 그처럼 완전하고 달콤하게 흘러나오는 사랑을 상상해보라. 무한한 완전하심에 대한 무한히 완전하신 사랑을![43] 그런데 그 설교를 들으면서, 나는 점점 더 극심한 중압감을 느꼈고, 더 나아가 '나는 결코 그렇게 완전하지 않아'라는 생각을 하게 되었다. '하나님은 결코 나를 그렇게 거리낌 없이 사랑하실 수 없을 거야.' 그러나 그 설교자가 **이와 똑같은 사랑이** ~에 근거해서 모든 그리스도인에게도 주어졌다고 말하자, 놀랍게도 중압감이 눈 녹듯이 사라졌다. 이 대목이 앞으로 내가 하려는 이야기이다.

그 전에 한 가지 말해둘 것이 있다. 하나님의 사랑과 하나님의 법은 우리 복음주의자들이 생각하는 것처럼 서로 동떨어져 있지 않다. 실제로, 두 가지는 서로 매여 있다.

순종으로 사랑을 표현하는가?

성자에 대한 성부의 사랑이 성부의 모든 영광을 성자에게 주시는 내어주심에 있고(요 17:5 참조), 그 대가로 마땅한 기쁨을 받으신다고 한다면, 성자의 가장 큰 사랑과 기쁨은 성부께 순종함으로써 성부의 영광을 받는 것에 있다. 하나님의 집, 이름, 명예에 대한 열심이 성자를 사로잡는다(요 2:17). 왜냐하면 성부께 돌아가는 비난을 예수님이 친히 담당하시기 때문이다. 그러나 예수님은 오직 성부를 위해 그 모든 것을 견디신다(시 69:7, 9). 예수님은 자신이 행하는 모든 것이 성부를

---

43 또한 John Piper "The Pleasure of God," in *The Pleasure of God* (Sister, OR: Multnomah, 2000), pp. 25–45를 보라. 이상준 옮김, 《하나님의 기쁨》 (두란노, 2013).

기쁘시게 하기 위함이라고 하셨다(요 8:29). 그래서 예수님은 자신의 순종이 성부에 대한 사랑의 표지라고 말씀하셨다. "오직 내가 아버지를 사랑하는 것과 아버지께서 명하신 대로 행하는 것을 세상이 알게 하려 함이로라"(요 14:31).

성자에게는 성부보다 더 소중한 것이 없다. 그래서 성자의 가장 큰 기쁨은 성부의 영광을 온 우주 만물에 드러내는 데에 있다(요 17:4 참조). 성자는 자신의 삶을 성부의 뜻에 온전히 드림으로써 그렇게 하신다. 예수님은 말씀하셨다. "성부는 매우 존귀하시고 소중하시기 때문에 나는 나의 삶과 나의 모든 행위에서 그분을 드러낼 것이다. 그러므로 너희가 나를 보면, 성부를 보게 될 것이다." 이것은 완전한 순종을 통해 보여주신 완전한 사랑이다.

하나님의 사랑은 자기사랑인가?

하나님에 대한 하나님의 사랑이 자기사랑일까? 답은 "아니요"이기도 하고 "예"이기도 하다. 자기사랑이 아닌 이유는, 성자에 대한 사랑 안에서 성부는 성부가 낳으시고 영원한 독생자가 되신 다른 위격을 사랑하는 것이기 때문이다. 자기사랑인 이유는, 성자에 대한 성부의 사랑 안에서 성부는 정확히 자신의 본성을 가진, 즉 하나님으로부터의 하나님, 빛으로부터의 빛, 진정한 하나님으로부터의 진정한 하나님을 소유한 자기 존재를 사랑하시는 것이기 때문이다. 성부는 성자에게서 놀라운 자기 형상을 보신다.

하나님에 대한 하나님의 사랑에서 주고받는 것은 결국 하나라고 할 수 있다. 영광을 주고 영광을 받는다. 영광이 나타난다. 영광의 선물이 배가되고 나누어진다. 물론 성부와 성자 사이에 불균형이 있다.

성부가 주시고, 성자가 받으신다. 성부가 명하시고, 성자가 순종하신다. 성부가 시작하시고, 성자가 반응하신다. 신약성경에서 그 순서가 뒤바뀐 경우는 단 한 번도 없다.[44] 그러나 이렇듯 서로 다른 역할과 사역에서 손해를 보는 분은 없다. 권위와 순종의 관계는 기쁨과 영광과 사랑에 전혀 위협이 되지 않는다. 성부와 성자 모두 구원의 승리에 따른 영광을 '얻으시고' 나누신다. 권위와 순종은 사랑이 드러나는 확실한 수단이 된다.

오늘날 서구문화의 시각에서 볼 때 이 모든 것이 놀라울 뿐이다. 우리는 모든 형태의 계급 구조와 권위를 가리켜 사랑의 대적이라고 비난한다. 사랑은 상처받기 쉬우며 자기희생적인 것이라고 해석하고, 권위는 착취적인 것이라고 보며, 순종은 천한 것이라고 생각한다. 그러므로 우리는 관계와 사랑의 공동체를 증진하기 위해서 우리 교회와 가정에 있는 모든 종류의 계급 구조를 무너뜨리고, 평등한 구조로 대체하거나 조직 자체를 제거해야 한다. (아이러니하게도, 이러한 제안 자체가 사랑을 생산해내기 위한 일종의 권력 구조에 근거한다.)

그것이 공식적인 계급 구조에서든지 그렇지 않든지 간에, 권력을 이기적으로 사용하는 것은 그 자체로 사랑과 반대된다. 이것은 한 사람이 자신만의 이익을 얻으려는 이기적인 의도로 다른 사람에게 힘을 행사하는 것이다. 타락한 세상에서 인간들이 사랑과 권력 또는 사랑과 권위를 그렇게 대립시키며, 영구적인(비계약적인) 모든 계급 구조를 무너뜨려야 한다고 주장하는 것은 놀랄 만한 일이 아니다. 이보

---

44 카슨은 말했다. "성자가 성부에게 명하고 성부가 순종한다는 구절은 한 곳도 없다. 성부가 성자에게 순종하거나 또는 그 말씀과 행위에서 성자를 의지한다는 구절도 하나도 없다." *The Difficult Doctrine of the Love of God*, p. 40.

다 훨씬 더 놀라운 것은, 성경이 성부와 성자의 부패하지 않은 사랑을 이러한 권위적인 구조 속에 두셨다는 사실이다. 뿐만 아니라, 성경은 성부와 인류를 향한 성자의 가장 위대한 사랑을 이야기하기 위해, 헤롯과 빌라도가 권력을 극악하게 남용한 결과로 무죄한 사람이 고난을 당하는 것도 보여준다.

그러면, 우리는 사랑과 권위 그리고 순종의 관계를 어떻게 이해해야 할까? 이 질문에 대한 대답은 교회 안에서의 사랑과 교회가 세상에 대해 가져야 하는 사랑을 이해하는 데에 영향을 미친다. 사랑은 교회 안의 교인들과 세상을 향해 권위적인 자세를 가져야 할까? 사랑은 교회 안에서 순종을 요구해야 할까?

사랑과 거룩

위에 계신 성부와 성자 사이의 완전한 사랑을 바라보면서 우리가 한 가지 더 생각해야 할 것이 있다. 그것은 하나님의 사랑과 하나님의 거룩하심 사이의 관계이다. 결국 교회사에서 사랑과 거룩함의 관계는 조금도 과장하지 않고 사랑과 권위 사이의 관계와 맞물려 있다.

이 역사를 다시 말할 때, 그리스도 이후의 교회들이 어느 한편으로 치우쳤다고 설명하게 될 소지가 있다. 교회들이 지나치게 거룩함과 분리 쪽으로 치우쳐 사랑을 잃어버렸다고 하든지, 아니면 사랑과 화합 쪽으로 치우쳐 거룩함을 저버렸다고 말하는 것이다. 거룩함을 강조한 대표적인 집단으로 청교도들과 근본주의자들을 꼽을 수 있다. 낭만주의자들과 자유주의자들 그리고 후대의 이머징 교회 지도자들은 사랑을 강조한 전형적인 사람들로 꼽힌다. 자칫하면 역사를 이런 식으로 설명할 위험이 있는 것이다. 그러나 나는 정확히 표현해서 어떤 교회들은 **자기들이 생각한** 거룩함으로 지나치게 치우쳤고, 다른 교회들은 **자기들이 생각한** 사랑으로 지나치게 치우쳤다고 생각한다. 만일 교회가 거룩함을 버렸다면 그것은 사랑을 버린 것이고, 사랑을 버렸다면 그것은 거룩함을 버린 것이다. 거룩함과 사랑은 서로 영향을 미치고 함께 역사하는 것이지 결코 대립되지 않는다.

조나단 에드워즈는 하나님의 거룩하심과 사랑을 설명하면서, 하나님의 거룩하심이 하나님 안에 있는 기쁨과 하나님의 영광에 대한 하나님의 완전하고 순수한 헌신이라고 주장한다. 즉, 성부는 성자에게, 성자는 성부에게 헌신한다. 하나님의 거룩하심은 자신에 대한 **사랑이다**. 에드워즈는 이렇게 썼다. "하나님의 거룩하심은 그분의 사랑에 있다. 특히 성부와 성자 사이의 완전하고 친밀한 연합과 사랑에 있다."[45] 그는 또한 이렇게 말했다. "하나님의 거룩하심은 하나님이 모든 것에 대해 마땅하고 적절하고 적당한 존중을 가지고 계신 것이다. 따라서 하나님의 거룩하심은 주로 그리고 한마디로 가장 위대하고 가장 탁월한 존재인 자기 자신에 대한 존중에 있다." [46]

어쩌면 에드워즈는 마치 "하나님은 거룩한 사랑을 가지셨기 때문에 거룩하시다"라는 식으로 말함으로써 하나님의 거룩하심을 하나님의 사랑이 지닌 속성으로 요약하려고 한 것인지도 모른다. 우리는 하나님의 거룩하심이 단순히 그분의 사랑이 지닌 속성이 아니라 존재의 속성이라는 점을 강조해야 한다.[47] 하나님의 존재 자체가 거

---

45 Jonathan Edwards, "Treatise on Grace," in *Works*, 21:186.

46 Jonathan Edwards, "Miscellanies" No. 1077 in *Works*, 20:460.

47 이 점을 명확하게 해준 스티븐 벨룸(Stephen Wellum)에게 감사한다.

룩하다! 우리가 하나님의 사랑이나 호의에 대해 말하는 한, 나는 하나님의 거룩하심이 하나님 자신에 대한 하나님의 무한한 사랑에 있다고 말한 에드워즈의 말이 전적으로 옳다고 생각한다.

흔히 사람들은 **거룩함**을 정의할 때, 하나님께서 '구별되신다'는 사실로 정의하려고 한다. 그러나 하나님께서 '구별되신다'는 사실은 그분이 무엇을 **향해** 구별되시는지 말해주지 않는다.[48] 만일 하나님이 죄를 미워하시면, 그것은 죄가 하나님이 사랑하시는 것과 대립하기 때문이다. 그렇다면 하나님이 가장 사랑하시는 것은 무엇일까? 하나님은 하나님의 영광을 가장 사랑하신다(예를 들면 사 48:8-11). 신학자 웨인 그루뎀(Wayne Grudem)은 하나님의 거룩하심을 정의하면서 이 점을 간과했다. "하나님의 거룩하심은 죄로부터 분리되고 그분의 영광을 추구하는 데에 헌신하시는 것이다."[49] 이것은 이사야의 환상 중에 스랍들이 부르는 찬송에서 초월성과 내재성이 병행하는 신기한 장면을 설명하는 데 도움이 된다. "거룩하다 거룩하다 거룩하다 만군의 여호와여 그의 영광이 온 땅에 충만하도다 하더라"(사 6:3). 하나님의 거룩하심은 그분의 임재를 세상으로부터 분리하지 않는다. 오히려 그 반대이다. 하나님의 영광은 그분의 고유하고 유일한 영광을 나타내기 위해 그분의 임재로 온 땅을 덮는다.[50] 거룩함은 무엇인가에

---

48 피터 젠트리(Peter Gentry)는 프랑스의 복음주의 학자 클로드 베르나르(Claude-Bernard Costecalde)의 작품에 주목하면서, 성경에서 거룩이라는 단어가 '구별된'이라고 정의하는 것보다 '~에 바쳐진' 또는 '~에 헌신된'이라고 정의하는 것이 더 낫다고 주장했다. Peter J. Gentry, "The Covenant at Siai," in *The Southern Baptist Journal of Theology*, vol. 12 (Fall 2008): p. 48.

49 Wayne Grudem, *Systematic Theology* (Grand Rapids: Zondervan, 1994), p. 201. 노진준 옮김, 《웨인 그루뎀의 조직신학》 (은성, 2009).

50 J. Alec Motyer, *The Prophecy of Isaiah: An Introduction and Commentary* (Downers Grove, IL: InterVarsity, 1993), p. 77 참조.

속하지 않으면서, 또한 속하는 것이다. 그렇게 함으로써 하나님이 영광을 받으신다.[51] 그렇기에 다윗은 노래한다. "여호와께 그의 이름에 합당한 영광을 돌리며 거룩한 옷을 입고 여호와께 예배할지어다"(시 29:2). 하나님의 거룩하심을 드러내는 것은 하나님의 영광을 드러내는 것이다(겔 28:22; 또한 출 15:11을 보라).

에드워즈는 우리가 하나님의 거룩하심과 하나님의 사랑이 동일한 실재의 두 측면이라는 사실을 이해하는 데에 도움을 준다.[52] 삼위하나님의 존재를 그 '안'에서 보면, 사랑을 보게 된다. '밖'에서 세 위격을 보면 거룩함을 볼 수 있다. 성부와 성자 그리고 성령 사이의 내적인 관계를 보라. 그 관점에서 보면, 우리는 신적(神的)인 사랑의 완전한 띠를 볼 수 있다. 세 위격은 각 위격의 선하심과 영광을 향해 완전한 사랑을 품고 계신다. 우리가 세 위격 밖에 서서, 그 관계를 온 우주 만물과의 관계 속에서 바라보면 성경이 '거룩함'이라고 부르는 것을 볼 수 있다. 하나님은 순전히 그리고 온전히 그분의 영광을 사랑하시는 데에 헌신되어 있다.

그렇다면 거룩함과 사랑의 관계는 정확히 무엇일까? 거룩함은 하나님을 향한 사랑의 '헌신의 정도'이다. 더 정확하게 말하면, 하나님에 대한 사랑의 '헌신의 순도'이다. 하나님이 얼마나 순전하게 하나님을 사랑하시는가? 그분이 거룩하신 만큼이다. 인간은 얼마나 순전하게 하나님을 사랑하는가? 인간이 거룩한 만큼이다. 이것을 다르게 표현하면, 하나님의 사랑은 하나님의 거룩하심의 인도를 받는다고

---

51 Michael J. Gorman, "You Shall Be Cruciform for I Am Cruciform," in *Holiness and Ecclesiology in the New Testament*, ed. Kent E. Brower and Any Johnson (Grand Rapids: Eerdmans, 2007), p. 153.

52 Caldwell, *Communion in the Spirit*, p. 50, 54.

할 수 있다. 하나님의 사랑은 언제나 그리고 오직 거룩한 목표를 향해 움직인다. 그런 의미에서, 하나님의 사랑은 하나님의 거룩하심에 구속된다. 마치 배관 속을 흐르는 물이 그 배관에 구속되는 것과 같다. 물론, 이것은 배관이 결국 물을 위해 존재하는 것처럼, 하나님의 거룩하심도 궁극적으로 하나님의 사랑이 가진 목적을 위해 역사한다는 의미이다.

세상을 둘로 나누는 것이 바로 이 거룩한 애정 또는 거룩한 사랑이다. 그리고 이 양편 사이에는 선명하고 확실한 경계선이 있다. 이 경계선은 에덴동산의 안과 밖을 가르는 경계선, 노아 방주의 안과 밖을 가르는 경계선, 유월절 밤 문설주에 피를 바른 집의 안과 밖을 가르는 경계선, 광야에서 이스라엘 진영의 안과 밖을 가르는 경계선 그리고 약속된 땅의 안과 밖을 가르는 경계선만큼 분명하다. 이것은 요단 강만큼 분명한 경계이다. 한쪽에는 하나님 중심적인 사랑을 품은 사람들이 있고, 다른 쪽에는 우상을 사랑하는 사람들이 있다. 한쪽에는 하나님의 말씀과 하나님의 법에 귀 기울이는 사람들이 있고, 다른 쪽에는 다른 음성을 듣는 사람들이 있다(창 3:17을 보라).

사도 바울은 하나님의 선택을 받은 사람들을 가리켜 "거룩하고 사랑받는 자"라고 했다(골 3:12). 여기에서 거룩과 사랑은 서로 다른 것이 아니다. 하나님의 사랑을 강조하면서 하나님의 거룩하심을 강조하지 않는 지역교회는 실제로 하나님의 사랑이 무엇인지 이해할 수 없었다. 왜냐하면, 하나님의 사랑은 그 모든 측면에서 하나님과 하나님의 영광스러운 속성에 온전히 고정되어 있기 때문이다. 그러한 교회는 틀림없이 하나님의 사랑이 차지해야 할 자리를 다른 우상으로 대체해놓았을 것이다. 마찬가지로, 등록 교인 제도라는 확실한 경계선을 긋거나 권징을 시행하는 것이 마치 사랑하지 않는 것처럼 보인다고 해서 이를 주저하는 교회는, 자신들이 인간 중심의 가짜 사랑에 속아 넘어갔다는 사실을 깨달아야 한다. 이는 바로 문화에 흡수되는 것이다. 이것은 또한 우상숭배일 수도 있다.

또 다른 면에서 볼 때, 말로는 하나님의 거룩하심을 강조하면서 실제로 사랑의 사역에서는 그렇게 하지 못하는 교회는 하나님의 거룩하심을 오해하는 교회이다. 하나님의 거룩하심은, 하나님이 의인을 부르기 위해서가 아니라 죄인을 불러 회개하게 하시려고 독생자를 보내신 것과 같이, 철저히 구별된 방식을 사용하셔서 하나님의 영광으로 온 땅을 덮는 것을 의미한다. 귀신들이 "하나님의 거룩한 자"라고 알아본 분은, '거룩한' 이스라엘 백성들과는 달리 더러운 귀신 들린 사람에게 몸소 다가가 그를 만져주신 분이다(막 1:24). 거룩한 교회는 죄를 삼가고, 죄인들 중에 거하는 교회이다. 이 두 가지 행위 모두 거룩함의 속성이다. 거룩한 교회는 세상에 있지만, 세상에 속하지 않는다. 이 두 가지 상태 모두 거룩함의 속성이다. 선교와 사명은 비단 하나님의 사랑이 낳은 결과만이 아니라, 하나님의 거룩하심에 따른 결과이기도 하다. 하나님은 하나님의 영광에 온전히 헌신되셨기 때문에 모든 사람들도 하나님의 영광에 헌신되기를 원하신다! 스스로 거룩하다고 생각하면서 복음 전파에 헌신하지 않고 이 일을 섬기지 않는 교회는 거룩한 교회가 아니다. 하나님의 '선택된 냉혈인'(미국의 냉랭한 장로교도들을 비하해서 부르는 말―옮긴이)에 속한 사람들은 이 점을 주의해야 한다.

그러므로 사랑과 거룩함 모두가 내향적, 외향적 욕구를 모두 가졌다는 것에 주목하라. 이 둘은 협력하여 사람들을 하나님의 사랑으로 이끈다는 점에서 내향적이다. 반면에 점점 더 많은 사람들이 이 사랑을 알길 바란다는 점에서는 외향적이다. 하나님 백성들의 마음 속에서 하나님의 거룩하심과 사랑은, 잃어버린 영혼들이 하나님을 알고 그들의 삶에서 그분이 찬미를 받으실 수 있도록, 잃어버린 자들을 향한 사랑으로 점점 더 밝게 타오르는 용광로와 같다.

하나님의 사랑이 우리의 마음에 매력적으로 다가옴과 동시에 불쾌한 느낌을 주는 이유가 무엇인지 다시 생각해보라. 하나님의 사랑은 밖으로 팔을 내밀어 안아주시기 때문에 우리에게 매력적이다. 하나님의 사랑은 은혜롭게 **용납하는** 선물이기 때문에 우리에게 매력적이다. 즉, 하나님의 사랑은 사람들의 무가치함과 관계없이 점점 더 많은 이들을 용납하는 것이 목표이다. 하나님의 사랑은 사랑받을 가치가 전혀 없는 사람들에게 주시는 선물이다. 그러나 하나님의 사랑은 전적으로 하나님에 관한 것이고, 교만하며 우상을 숭배하는 우리의 마음이 그 사실을 싫어하기 때문에 결국 우리에게 불쾌감을 준다. 하나님의 사랑은 사람들을, 그들 자신의 이름이 영광을 받도록 하기 위해 용납하는 것이 아니라, 하나님의 이름이 영광과 찬송을 받으시도록 하기 위해 용납하기 때문에 우리에게 불쾌감을 준다. 사람들은 무엇을 받기 위해 용납되는 것이 아니라, 하나님께 경배드리기 위해 용납된다. 하나님 중심적인 예배, 하나님 중심적인 거룩한 삶, 하나님 중심적인 거룩한 야망은 우리에게 불쾌감을 준다. 하나님의 사랑은 하나님이 아닌 그 어떤 대상도 예배하지 못하게 하기 때문에 **배타적**이다. 하나님의 사랑은 (피조물의) **자신에** 대한 경배를 용납하지 않는다.

성경은 하나님이 우리를 구원하시는 목적도
거룩하고 하나님 중심적임을 보여준다.

죄인들을 향한 하나님의 사랑

만일 성자를 향한 성부의 사랑이 성부가 자신을 성자에게 주시는 것
그리고 성자에게 전적으로 마음이 끌리시는 것이라고 정의된다면,
죄인들을 향한 하나님의 사랑은 무엇일까? 우리는 죄인들을 향한 하
나님의 사랑이 순수한 아가페일 뿐이라고 정의할 수 있지 않을까?
순수한 선물이라고도 할 수 있지 않을까? 답은 "예"이기도 하고 "아
니요"이기도 하다.

　우리의 입장에서 보면, 질문의 답은 "예"이다. 그리스도를 통하
여 하나님이 주신 구원의 선물은, 자격 없는 죄인들에게 주시는 순수
한 사랑의 선물이다.

- 하나님이 세상을 이처럼 사랑하사 독생자를 주셨으니 이는 그를 믿
  는 자마다 멸망하지 않고 영생을 얻게 하려 하심이라(요 3:16).

- 모든 사람이 죄를 범하였으매 하나님의 영광에 이르지 못하더니 그
  리스도 예수 안에 있는 속량으로 말미암아 하나님의 은혜로 **값없이**
  의롭다 하심을 얻은 자 되었느니라(롬 3:23-24; 또한 5:15-17, 6:23).

- 너희는 그 은혜에 의하여 믿음으로 말미암아 구원을 받았으니 이것
  은 너희에게서 난 것이 아니요 하나님의 **선물**이라(엡 2:8).

우리는 구속의 사랑을 받을 자격이 없다. 우리는 그 은혜를 얻어 낼 수 없다. 하나님이 우리의 어떤 속성들과 상관없이, 우리 존재와는 완전히 반대되는 방식으로 그 사랑을 우리에게 주셔야만 한다.

앞서 제시한 질문을 하나님의 관점에서 보면, 답변은 "아니요"이다. 하나님은 그리스도의 위격과 사역에 대한 **응답으로** 구원의 선물을 주셨다. 그리스도는 우리의 구원을 얻어내셨다. 그분이 우리의 구원을 획득하셨다. 하나님은 아름다운 성자를 사랑하시기 때문에 그리고 성자의 의로운 아름다움이 성자의 신부들에게 전해짐으로써 널리 전파되고 선포되기를 원하시기 때문에 우리를 사랑하신다.

- 예수께서 이 말씀을 하시고 눈을 들어 하늘을 우러러 이르시되 아버지여 때가 이르렀사오니 아들을 영화롭게 하사 아들로 아버지를 영화롭게 하게 하옵소서 **아버지께서 아들에게 주신 모든 사람에게 영생을 주게 하시려고** 만민을 다스리는 권세를 아들에게 주셨음이로소이다(요 17:1-2).

- 이제는 율법 외에 하나님의 한 의가 나타났으니 율법과 선지자들에게 증거를 받은 것이라 곧 예수 그리스도를 믿음으로 말미암아 모든 믿는 자에게 미치는 하나님의 의니 차별이 없느니라(롬 3:21-22).

- 그러므로 만물이 그를 위하고 또한 그로 말미암은 이가 많은 아들들을 이끌어 영광에 들어가게 하시는 일에 그들의 구원의 창시자를 고난을 통하여 온전하게 하심이 합당하도다 거룩하게 하시는 이와 거룩하게 함을 입은 자들이 다 한 근원에서 난지라 그러므로 형제라 부

르시기를 부끄러워하지 아니하시고(히 2:10-11).

- 그가 아들이시면서도 받으신 고난으로 순종함을 배워서 온전하게 되셨은즉 자기에게 순종하는 모든 자에게 영원한 구원의 근원이 되시고 하나님께 멜기세덱의 반차를 따른 대제사장이라 칭하심을 받으셨느니라(히 5:8-10).

성자에 대한 성부의 사랑은 그리스도의 **존귀하심**에 근거하여 무가치한 수혜자들에게 주어졌다. (여기에서 우리는 카슨이 말한 네 번째 유형의 사랑을 본다. 하나님의 백성들을 향하신 하나님의 사랑이다.) 사실, 하나님이 구원을 '우리의 관점에서 볼 때' 순수하게 선물로 주셨다는 나의 설명은 조금 다듬을 필요가 있다. 우리는 하나님이 주신 선물의 목적이 우리 자신이 아니라는 점을 기억해야 한다. 즉, 하나님은 사랑을 받는 자들이 그 사랑의 궁극적인 대상인 그리스도를 닮게 하시려고 은혜의 선물을 무가치한 수혜자들에게 주신다.

- 남편들아 아내 사랑하기를 그리스도께서 교회를 사랑하시고 그 교회를 위하여 자신을 주심 같이 하라 이는 곧 물로 씻어 말씀으로 깨끗하게 하사 거룩하게 하시고 자기 앞에 영광스러운 교회로 세우사 티나 주름 잡힌 것이나 이런 것들이 없이 거룩하고 흠이 없게 하려 하심이라(엡 5:25-27).

- 우리가 다 수건을 벗은 얼굴로 거울을 보는 것같이 주의 영광을 보매 그와 같은 형상으로 변화하여 영광에서 영광에 이르니…(고후 3:18).

하나님은 성자를 향한 사랑의 열정이 매우 크셔서, 수천, 수억 명의 얼굴이 예수님의 얼굴처럼 보이기를 원하신다. 그 사랑은 결국 예수님에 대한 사랑이다.

키르케고르는 기독교의 사랑을 낭만적인 사랑과 구분하면서, 낭만적인 사랑이 "세상의 다른 이름들과 구분되는… 사랑하는 대상의 이름"에 초점을 맞추고, "오직 사랑받는 사람을 향해서만 방향이 고정된다"라고 했다.[53] 그러나 사실 그것은 기독교의 사랑에 대한 설명이다! 성부와 그리스도인의 사랑이 똑같이 향하고 있는 대상의 이름은 그리스도의 이름이다. 그리고 그리스도 역시 역으로 성부의 이름을 향하고 있으며, 자기 백성들에게도 그와 똑같이 하기를 요청하신다(요 16:26-27; 고전 15:28).

그리스도 이외의 다른 것들에 대한 하나님의 사랑은 그 첫 번째 사랑에 달렸다. 나는 이것을 매우 간략하고 모호하게 말했지만, 조나단 에드워즈는 《조나단 에드워즈가 본 천지 창조의 목적》(*Concerning the end for which God created the world*, 솔로몬)에서 '궁극적인 목적'(ultimate ends) 또는 '최종 목적'(last end)을 '부수적인'(subordinate), '주요한'(chief), '가장 높은'(highest) 목적 등과 구분했다.[54] 하나님의 영광을 선포하시려는, 이 유일하면서도 최고의 목적에 비하면 하나님의 다른 모든 행위들은 부수적일 뿐이다. 에드워즈는 이렇게 말했다.

하나님의 모든 사랑은 자신을 사랑하시고 자신을 기뻐하시는 것으로

---

53 Kierkegaard, *Works of Love*, p. 36. 임춘갑 옮김, 《사랑의 역사》(치우, 2011).

54 John Piper의 *God's Passion for His Glory* (Wheaton, IL: Crossway, 1998), pp. 125-136에 수록된 것에서 인용. 백금산 옮김, 《하나님의 영광을 위한 하나님의 열심》(부흥과개혁사, 2003).

변형된다. … 창조 세계에 대한 하나님의 사랑은 오직 자신을 영화롭게 하시고 자신을 전달하시기 위함이다. 또한 영화롭게 되고 전달된 자신을 기뻐하심이다.[55]

인간에 대한 하나님의 사랑은 우리를 창조하실 때 하나님의 형상을 나타내신 것과 밀접한 관계가 있다. 구속 사건에서 인간을 향한 하나님의 사랑은 성자의 형상을 나타내신 것과 밀접한 관계가 있다. 하나님의 마음은 영광을 드러내는 것에 사로잡혔기 때문에 그분은 우리에게 사랑을 베푸신다. 그에 따라 우리를 향한 하나님의 사랑은 언제나 조건적이다.

사랑이 조건적일 수 있을까? 한 사람이 무언가를 **더** 사랑하고 다른 것을 **덜** 사랑할 수 있다는 것을 생각한다면, 답은 "예"이어야만 한다. 나는 내 일을 사랑한다. 하지만 나는 내 아내를 내 일보다 더 사랑한다. 만일 어떤 환경 때문에 내가 아내와 일 중 하나를 선택해야 한다면, 일을 희생할 것이다. 그렇다면 일에 대한 내 사랑의 본질이 조건적이라고 해서 내가 정말로 내 일을 사랑하지 않는다고 할 수 있을까? 전혀 그렇지 않다. 나는 진심으로 내 일을 즐거워한다. 그리고 내 일을 통하여 하나님을 영화롭게 하고 싶다. 그러나 그보다는 아내에 대한 사랑이 더 크다. 이것은 일정한 조건에서 내 일에 대한 사랑이 내 아내에 대한 사랑에 따라 달라질 수 있다는 의미이다.

---

55 Bruce W. Davison, "The Four Faces of Self-Love in the Theology of Edwards," *Journal of the Evangelical Theological Society*, vol. 51 (March 2008): p. 89. 원문은 *The Works of Jonathan Edwards*, vol. 18: *The "Miscellanies" 501-832*, ed. Ava Chamberlain (New Haven: Yale University Press, 2000), p. 239에 있다.

이 예를 통해, 우리는 만일 삶에서 내가 무조건적으로 사랑하는 것이 있다면, 그것은 내가 **가장** 사랑하는 것이어야만 한다고 말할 수 있다. 그것이 무엇이든지 간에 내가 그것을 위해 다른 모든 것들을 희생할 수 있어야 한다. 그러므로 나는, 내가 가장 사랑하는 것에 위협이 되지 않는다는 조건 아래에서 다른 모든 것들을 사랑한다.

만일 하나님이 자신을 최고로 사랑하신다면, 다른 모든 사랑은 결국 그 최우선의 사랑에 따라 조건적일 수밖에 없다. 그러므로 하나님이 가장 사랑하시는 것이 무엇인가에 대한 판단은, 하나님이 조건적으로라도 정말로 사랑하시는 다른 모든 것들에게 적용될 수 있다. 이것이 바로 이 장에 깊이 숨겨진 요점이다. 그러나 이 내용이 우리 문화의 사랑에 대한 기본적인 전제들, 즉, 사랑이라는 이름을 받기에 합당한 모든 것들은 반드시 '무조건적'이어야 한다는 전제와 얼마나 철저하게 대치되는지 주목하라. 사랑은 조건적일 수 있다. 그리고 실제로 인류를 향한 하나님의 사랑은 **언제나** 조건적이다. 창조에서, 인류에 대한 하나님의 사랑은 인간이 하나님의 법을 지키는 것에 따라 조건적으로 작용한다(창 2:15-16). 구속에서, 인류를 향한 하나님의 사랑은 그리스도의 의를 따라 그리고 그리스도의 영광을 드러내는 능력에 따라 조건적으로 작용한다.

기독교의 복된 소식은 하나님이 사람을 무조건적으로 사랑하겠다고 결정하신 것이 아니다. 복된 소식은 바로 그리스도가 모든 조건을 만족시키셨기 때문에, 사람들이 마땅히 받아야 할 것과 정반대되는 '조건적인 사랑'을 하나님이 그들에게 완전히 그리고 확실하게 주시기로 결정하셨다는 것이다. 데이빗 파울리슨은 이것을 문장으로 완벽하게 표현했다. "하나님은 그분의 택하신 백성들을 무조건적으로 사랑하지 않으신다. 즉, 하나님은 그들을 '반(反)조건부로'(contra-conditionally) 사랑하신다.[56] 하나님은 백성들이 마땅히 받아야 하는 것과 정반대로 그들을 사랑하신다. 그리고 그 후에 그들이 마땅히 되어야 하는 모습으로 그들을 변화시키신다. 하나님은 백성들에게 성령을 보내셔서 그들이 하나님의 의로운 기준과 조건에 맞게 살 수 있도록 해주시고, 그렇게 함으로써 하나님의 형상을 한 번 더 나타내신다. 그러면 하나님의 백성들은 창조 때에 그들에게 바라신 하나님의 목적을 마음껏 성취할 수 있다. 구약의 선지자들이 약속한 바와 같이, 하나님은 백성들의 허물을 용서하시는 한편, 백성들에게 하나님의 법을 주시고, 백성들이 하나님의 법 안에서 행하며 하나님의 법을 주의 깊게 순종하도록 하신다.

독생자 예수님에 대한 하나님의 풍성한 사랑은 모두 그분의 자녀가 된 백성들과 그 후손들에게까지 이어진다. 독생자 예수님을 향한 하나님의 사랑은 그 아들의 신부에게까지 확장된다. 놀랍게도 교회는 성자에 대한 성부의 '거대하고, 측량할 수 없고, 한이 없고, 값없는' 사랑의 수혜자가 된다.

신약 신학자 리처드 보컴(Richard Bauckham)은 요한복음 10장에 나타난 성부와 성자의 관계에서 그 핵심적인 특징이 요한복음 17장에서 예수님이 제자들을 위해 하셨던 기도의 기초가 된다고 말했다.

• 요한복음 10장에서 예수님은 자신과 성부가 **하나**라고 말씀하셨다(요

---

56 다음을 보라. David Powlison, "God's Love: Better than Unconditional," in *Seeing with New Eyes* (Phillipsburg, NJ: PR, 2003), pp. 163-170. 김준 옮김, 《성경적 관점으로 본 상담과 사람》 (그리심, 2009).

10:30). 17장에서는 제자들도 성부와 성자처럼 하나가 되게 해달라고 성부에게 구하셨다(요 17:11; 21-23).

• 요한복음 10장에서 예수님은 자신이 성부에 의해 거룩하게 되었다고 말씀하셨다(요 10:36). 17장에서는 성부에게 제자들을 거룩하게 해달라고 기도하셨다(요 17:17).

• 요한복음 10장에서 예수님은 성부가 자신을 세상에 보내셨다고 말씀하셨다(요 10:36). 17장에서는 성부에게 제자들을 세상으로 보내달라고 기도하셨다(요 17:18, 21, 23).

• 요한복음 10장에서 예수님은 성부가 성자 안에 계시고 성자는 성부 안에 계신다고 말씀하셨다(요 10:38). 17장에서는 제자들에 대해 언급하시면서 이렇게 기도하셨다. "그들도 다 하나가 되어 우리 안에 있게 하사… … 곧 내가 그들 안에 있고 아버지께서 내 안에 계시어… 아버지께서 나를 보내신 것과 또 나를 사랑하심 같이 그들도 사랑하신 것을 세상으로 알게 하려 함이로소이다"(요 17:21, 23, 26).[57]

부메랑과 같은 하나님의 사랑 안에서, 제자들은 성부가 성자에게 주신 모든 애정과, 자격과 목적에 참여하게 된다.

---

57 Richard Bauckham, "The Holiness of Jesus and His Disciples in the Gospel of John," in *Holiness and Ecclesiology in the New Testament*, ed. Kent E. Brower and Andy Johnson, p. 109; A. J. Köstenberger, *The Missions of Jesus and the Disciples according to the Fourth Gospel* (Grand Rapids: Eerdmans, 1998), pp. 186-197 참조.

사람은 하나님 중심적인 하나님의 사랑에 대한 적개심을 거두어들일 수 있다. 그의 눈이 열려서, 첫째는 이 사랑이 얼마나 큰지 알고, 둘째는 그분이 복음 안에서 사람에게 약속한 것이 무엇인지 알게 된다면 말이다. 하나님에 대한 하나님의 사랑은 얼마나 큰지! 하나님의 사랑의 불꽃은 그 무엇을 위해 타올라야 한다. 하나님에 대한 하나님의 사랑 안에서, 하나님의 사랑은 무엇보다 가장 눈부신 아름다움을 위해 타오르고, 무엇과도 비교할 수 없는 도덕적 순결을 위해 타오르고, 무엇보다 보편적인 창조와 보존의 능력을 위해 타오르고, 무엇보다 철저한 공의를 위해 타오르며, 무엇보다 성부의 형상을 온전히 생생하게 드러내시는 성자의 편만한 지혜를 위해 타오른다. 성부가 성자를 바라보실 때, 성부의 사랑의 불꽃은 완전하신 성자의 선하심 안에 있는 무한한 기쁨과 즐거움으로 모든 것을 위해 타오른다. 그것이 바로 이 사랑의 위대함이다.

그러면 타락한 인간에게 복음을 통하여 주신 것은 무엇일까? 이와 똑같은 사랑이다! 예수님의 세례식에 관해 설교하던 설교자의 이야기를 떠올려보라. 성자에 대한 성부의 사랑은 우리를 숨 막히게 하는 것이어야 한다. 왜냐하면 우리는 그런 사랑을 받을 만한 자격이 없기 때문이다. 우리는 마치 패션 잡지를 넘기며 자기는 결코 곱게 치장한 잡지 속 모델들처럼 될 수 없다고 낙담하는 시골 소녀와 같다. 그러므로 소녀는 결코 사랑받지 못하고, 아름답다고 칭송받지 못할까 봐 두려워한다. 우리는 바로 이런 맥락에서 성자에 대한 성부의 사랑을 바라보아야 한다. 우리는 결코 예수님처럼 보이지 않을 것이다. 그리고 성자에 대한 성부의 사랑은 실제로 성자의 아름다우심 때문에 폭포수같이 흘러나온다. 아, 하지만 여기에 복음의 좋은 소식이 있다. 그러한 사랑은 당신과 나같이 추악한 죄인들을 향해서도 흘러온다. 우리가 회개하고 믿기만 하면 폭포수 같은 아버지의 사랑이 우리에게 쏟아진다. 바로 당신에게 말이다.

그 사랑은 죄인을 변화시키는 능력이 있다. 아우구스티누스가 말했듯이, "사랑은 하나님께로부터 오신 하나님이기" 때문이다. "사람의 마음속에 하나님과 이웃에 대한 사랑의 불을 일으키시는 분은 하나님께로부터 나오는 성령 하나님이다." 하나님은 우리가, 예수님이 성부에게 보이신 것과 똑같은 사랑과 순종으로 하나님을 사랑할 수 있게 되기까지 우리를 사랑하신다. 예수님이 말씀하신 이 놀라운 약속들을 생각해보라.

- 나의 계명을 지키는 자라야 나를 사랑하는 자니 나를 사랑하는 자는 내 아버지께 사랑을 받을 것이요 나도 그를 사랑하여 그에게 나를 나타내리라(요 14:21).

- 예수께서 대답하여 이르시되 사람이 나를 사랑하면 내 말을 지키리니 내 아버지께서 그를 사랑하실 것이요 우리가 그에게 가서 거처를 그와 함께하리라(요 14:23).

- 그날에 너희가 내 이름으로 구할 것이요 내가 너희를 위하여 아버지께 구하겠다 하는 말이 아니니 이는 너희가 나를 사랑하고 또 내가 하나님께로부터 온 줄 믿었으므로 아버지께서 친히 너희를 사랑하심이라(요 16:26-27).

그런 다음, 예수님은 성부께 기도하셨다. "내가 아버지의 이름을 그들에게 알게 하였고 또 알게 하리니 이는 나를 사랑하신 사랑이 그들 안에 있고 나도 그들 안에 있게 하려 함이니이다"(요 17:26). (여기에서 우리는 카슨이 말한 성경적 사랑의 다섯 번째 범주인 '조건적인 사랑'을 본다.)

하나님의 사랑은 그리스도 덕분에 죄인들에게 주어진다. 그러나 이 사랑은 거룩함을 잃지 않는다. 이 사랑은 거룩하며, 거룩함을 창조한다. 또한 거룩한 사랑의 순종을 창조한다.

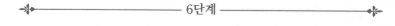

───── 6단계 ─────

그러므로 우리는 사랑이란 '사랑받은 자를 향한
그리고 사랑받은 자가 거룩하신 분 안에서 유익을 얻게 되기를 바라는
사랑하는 자의 인정(affirmation)과 애정(affection)'이라고 정의할 수 있다.

사랑이란 무엇일까?

그러면 사랑이란 무엇일까? 우리가 성경적 사랑의 유형을 체계화할 수 있을까? 아마도 할 수 있을 것이다. 또한 예수회 신부 쥘 토너(Jules Toner)와 여성운동가 마거릿 팔리(Margaret Farley)의 분석을 참고하면, 우리가 아우구스티누스와 에드워즈를 따르고 있음을 알 수 있다. 궁극적으로, 우리는 사랑이 부메랑, 즉 하나님의 부메랑이라는 사실을 알게 될 것이다.

사랑의 세 가지 요소

쥘 토너는 그의 책《사랑의 경험》(*The Experience of Love*)에서 사랑의 행위에 무슨 일이 일어나는지 단순하게 관찰하려고 시도한다. 우리는 어떻게 사랑을 경험할 수 있을까? 토너의 대답은 몇 가지 단어로 요약된다. 반응(response), 연합(union) 그리고 인정(affirmation)이다. 사랑은 사랑받는 자에게서 발견되는 어떤 속성에 대한 **반응**이다. 그 속성은 우리를 자극하거나 우리에게 영향을 주어서 그 속성 때문에 사랑받는 자와 **연합**하고 싶게 만든다. 그러나 우리는 사랑받는 존재의 순결성을 파괴하는 방식으로 사랑받는 자와 연합하기를 원하지는 않는다. 오히려 사랑은 그 대상의 '존재 자체를 위해 그리고 그 존재 자체로' 그를 **인정**한다. 사랑은 사랑받는 자와 자신을 동일시하는 데에 이르기까지 자신을 내어주는 것이다.[58]

토너는 **자신을 주는 것**(giving oneself)과 **자신의 것을 주는 것**(giving of oneself) 사이의 차이를 분명하게 구별한다. 내가 누군가에게 **나의 것을 주는** 행위는 지혜, 기쁨, 재산, 또는 힘과 같이 내가 소유한 무엇인가를 주는 것이다. 그 과정에서 나는 내 것을 주는 대가로 칭찬을 얻기 때문에 실제로 잃는 것이 없다. 사실, 나는 내 몸을 불사르게 내어줄 만큼 내가 가진 모든 것을 주면서도 사랑하지는 않을 수 있다. 그러나 **나 자신을 주는** 행위는 단지 내가 가진 것을 주는 것이 아니라 존재 전부를 주는 것이다. 이는 나 자신과 내 전부를 상대방과 하나가 되게 하는 것이다. 내가 가진 모든 힘은 상대방의 것이 되고, 상대방에게 돌아가는 모든 영광이 바로 내가 가장 즐거워하는 영광이다. 그것은 내 영광이기도 하다. 내 자아와 상대방의 자아 사이에 일종의 상호 교통(interpenetration)이 있다. 이것은 그 어느 편의 순결성도 침해

---

58 Brady, *Christian Love*, pp. 242-246.

하지 않으면서 둘을 결합시킨다. 토너는 이렇게 요약했다. "나는 당신이 당신이기 때문에 사랑한다. 또한 나는 나 자신이기를 포기하지 않는 사랑으로 당신이 될 것이다. 왜냐하면 나 스스로 당신을 당신이게 할 수 있을 만큼 당신이 당신이기 위해서는, 내가 나이어야 하기 때문이다."[59]

토너와 마찬가지로, 마거릿 팔리도 사랑을 '반응적(responsive)이고 연합적(unitive)인 정서적 인정(affirmation)'이라고 정의했다. 그러나 팔리는 이런 개념이 어리석고 파괴적인 사랑을 묘사할 때에도 적용될 수 있다고 말했다. 사랑은 사랑받는 자를 진실하고 정당하게 인정해야 한다. 사랑받는 자에 대한 정당한 인정이 있어야 하는데, 그것은 역으로 자신에 대한 정당한 인정에 근거한다(그러므로 "네 이웃을 네 몸과 같이 사랑하라").[60]

나는 토너나 팔리가, 우리가 말하려는 바를 충분히 설명해준다고 생각하지 않는다. 더구나 두 사람의 정의는 자칫 창조주와 피조물의 구분을 흐리게 할 수도 있다. 그럼에도 두 사람의 통찰은 어느 정도 유익하며, 내가 여기에서 사랑에 대해 아우구스티누스와 에드워즈식의 정의를 내릴 수 있는 중요한 단어들을 알려준다. 나는 경건한 사랑이 다음의 세 가지로 구성된다고 생각한다. 첫째 사랑받는 자에 대한 사랑하는 자의 인정과 애정, 둘째 사랑받는 자의 유익, 셋째 거룩하신 분 안에서이다.

먼저 **'사랑받는 자에 대한 사랑하는 자의 인정과 애정'**에 대하여

---

59 같은 책, pp. 245-246.
60 같은 책, p. 256.

이야기해보자. 사랑은 언제나 여기에서 시작한다. 이 순수한 본질은 독생자에 대한 성부의 기쁨에서 찾을 수 있고, 성부가 피조물을 "좋다"라고 인정하신 데에서도 찾을 수 있다. 또한 죄인들을 구원하시기 위한 하나님의 열망에서도 찾을 수 있다. 우리는 하나님께 반역했지만, 하나님은 여전히 우리의 존재를 좋다고 인정하시며 구원으로 초대하신다. "하나님이 세상을 이처럼 사랑하사…"(요 3:16) 그리고 "주께서는… 아무도 멸망하지 아니하고 다 회개하기에 이르기를…"(벧후 3:9) 원하신다.

그러나 사랑의 이러한 측면은 비단 하나님께만 해당하는 것이 아니다. 이것은 모든 사랑의 특징이다. 도덕적인 사랑이나 부도덕한 사랑이나, 성적인 사랑이나 정신적인 사랑이나, 또는 신에 대한 사랑이나 사람에 대한 사랑이나 음식에 대한 사랑이나 무엇이든 마찬가지이다. 무언가를 사랑하는 것은 그 대상 안에 있는 어떤 속성 때문에 그 존재를 즐거워하는 것이다. 그 대상을 인정하는 것이다. 그 대상에 대한 애정을 갖는 것이다. 토너의 언어를 빌리면, 이것은 사랑의 반응적인 측면이고, 연합하기 위한 반응적인 열망이다. 역사적인 논의에서 용어를 빌어오자면, 이것은 에로스이다.

사랑의 이러한 측면은 낭만적인 사랑이나 성적인 사랑에서 가장 쉽게 찾을 수 있다. 아가서를 떠올려보라. 두 연인이 서로에 대해 그리고 상대방을 통해 애정과 기쁨에 사로잡혀 있다. 각각은 상대방을 향하여 사랑이 포도주보다 낫다고 고백한다(아 1:2; 4:10). 친구들은 그들에게 사랑에 취하라고 말한다(아 5:1). 사랑하는 자는 사랑받는 자의 아름다움을 끊임없이 칭송한다. 사랑받는 자는 사랑 때문에 병이 났다고 고백하고(아 2:5; 5:8), 다른 여인들에게 말하기를 사랑하는 자가 원하기 전에는 깨우지 말라고 애원한다(아 2:7; 8:4). 왜 이러한 애원을 할까? "많은 물도 이 사랑을 끄지 못하겠고 홍수라도 삼키지 못하"기 때문이다(아 8:7).

사랑의 기쁨이나 애정은 포도주나 불과 같은 힘이 있고, 통제력이 있으며, 삶을 이끌어준다. 사람은 설령 멸시를 받는다 하더라도, "온 가산을 다 주고 사랑과 바꾸려" 한다(아 8:7). 솔로몬의 아가서가 강조하는 바는 사랑의 경험과 감정이다. 즉, 사랑의 기쁨이다.

다음으로 '**사랑받는 자의 유익**'에 대하여 이야기해보자. 우리가 사랑하는 사람의 순결성을 침해하지 않는다는 토너의 말은 옳다. 그리고 그러한 사랑이 반드시 진실하고 정당해야 한다는 팔리의 말도 옳다. 예를 들어, 우리 모두는 낭만적인 사랑이 착취적이고 침략적으로 변할 수 있다는 사실을 안다. 사랑이 이기적으로 변하지 않게 해주는 것은 무엇인가? 참된 사랑은 다른 사람의 유익이나 이익을 기뻐한다. 다른 사람을 사랑하는 것은 그 사람의 유익이나 이익을 사랑하는 것이지만, 우리가 그 유익을 정의할 수는 있다.[61] 어쩌면 나는 상대방이 경제적으로 성공하는 것이나 정서적으로 회복되는 것, 은혜 안에서 자라는 것, 또는 어떤 경기에서 이기는 것을 기뻐할 수 있다. 이 말의 요점은 내가 상대방을 사랑한다고 주장하는 것이, 내가 상대방의 진정한 유익을 기뻐함으로 증명된다는 것이다.

토너의 언어를 빌리면, 상대방의 유익을 구하는 나의 열망은 내가 상대방을 하나님의 형상으로 창조된 존재요 나의 모든 존경을 받

---

61 이것이 바로 찰스 테일러가 유익의 개념에 따라 도덕성, 정체성, 또는 (우리의 목적인) 사랑에 대해 정의한 논증이 우리에게 매우 유용한 이유이다. 특히 *Sources of the Self*, pp. 78-90를 보라.

을 자격이 있는 존재로 인정함을 전제해야 한다. 나는 하나님 중심적인 의미에서 상대방에게 사랑받을 자격이 있다고 인정하고, 그에게 더 많은 유익이 있기를 바라는 마음이 내게 있다는 것을 인정한다. 이는 곧 내가 단지 **나의 것을 주고** 싶어 하는 것이 아니라, **나를 주고** 싶어 한다는 뜻이다. 나는 상대방의 슬픔을 나의 슬픔으로 여기고 싶고, 상대방이 나의 힘을 그의 힘으로 여기기를 바란다. 나는 내게 속한 모든 영광을 그에게 주고 싶고, 그에게 속한 모든 영광을 내 찬송의 제목으로 삼고 싶다. 달리 말하자면, 서로 하나 됨이 있고, 모든 것이 바로 그 하나 됨에 수반된다. 나는 상대방의 유익을 원하기 때문에 그의 존재를 대변하기 시작하고, 만일 나를 사랑한다면 상대방도 나의 존재를 대변하기 시작한다.

우리는 이것을 성경에 기록된 부모와 자녀 간의 관계에서 발견한다. 부모와 자녀 사이에 정체성을 공유하는 것은 사랑의 수단과 서로의 유익을 구하는 수단이 된다. 성경은 부모와 자녀가 서로의 죄와 축복도 공유한다고 말한다(예를 들면 출 20:5-6). 우리는 이것을 결혼 제도에서도 본다. 여성은 남성의 이름을 취하고 서로 한 육체로 연합한다. 남성과 여성은 서로의 유익을 구하고, 단지 자기의 것을 주는 것이 아니라 자기 자신을 준다. 이 연합과 상호 교통이 매우 친밀하기 때문에 아담은 아내를 가리켜 "내 뼈 중의 뼈요 살 중의 살이라"(창 2:23-24)라고 했으며, 바울은 남편들에게 "자기 아내 사랑하기를 자기 자신과 같이 할지니"(엡 5:28)라고 말했다. 이스라엘 백성들에게서도 이와 같은 관계를 볼 수 있다. 그들은 서로의 정체성을 공유하고 서로의 유익을 구하라는 명령을 지킨다. 특히, 왕은 국가의 이름을 취하고 국가의 유익을 위해 자기 자신을 전적으로 내어준다. 또한 우리는 교회 안에서도 이런 관계를 본다.

하나님은 어떤 제도를 만드실 때 인류와 구속사가 서로 얽힌 조직체가 되게 하시고, 그 안에서 사랑의 요소들이 서로 관계를 맺도록 하셨다. 자연적인 관계(아버지와 아들)와 계약적인 관계(남편과 아내)는 모두 반응과 연합이라는 정서적 인정의 매개체가 되게 하시려고 계획하신 것이다. 계약은 구속 역사의 과정에서 죄와 축복뿐 아니라 서로의 신분을 확인하는 것이나 사랑과 관련해서도 무척 중요하다.[62] 이 점을 4장과 5장에서 더 깊이 살펴보겠지만, 계약은 관계를 탄생시키는 것이 아니라 관계를 확인한다. 더욱이 계약은 그 관계에 대한 헌신 이상을 의미한다. 즉, 계약은 다른 사람에게 자신의 존재 전부를 묶어두고 굴복시키는 것이다.

어떤 의미에서, 우리는 사랑이 자기희생을 포함할 수 있다고 말

---

62 신학자들과 주석가들은 '그리스도의 의의 전가'라는 개신교의 개념을 종종 법정 용어로 이해한다. '의로운'을 뜻하는 헬라어 디카이오스(*dikaios*)가 법률적인 용어이기 때문이다. 그러나 법정 비유는 단지 전가의 한 측면만을 잘 이해할 수 있게 해주는 비유일 뿐, 그 신학적 개념 전체를 설명해주지는 못한다. 자주 인용되는 N. T. 라이트(N. T. Wright)의 전가에 대한 비판도 그저 이것을 단조롭게 비유로 다루고 있기 때문에 적절하지 않다. 라이트는 《톰 라이트 바울의 복음을 말하다》(*What Saint Paul Really Said*, 에클레시아북스)에서 이렇게 주장했다. "의는 법정(court)을 가로지르는 물질, 실체 또는 기체가 아니다."(원서 p. 98) 물론 이 말은 매우 현명하게 들릴 수도 있다. 그러나 여기에서 라이트는 실제로 전가 교리를 비판하지 않는다. 전가는 법률적인 개념이면서 계약적인 개념이기도 하다. 일정한 종류의 계약관계에 들어가는 것은 내 정체성과 내 모든 존재 그리고 내가 가진 모든 것이 상대방의 것이 되고, 상대방의 모든 것이 내 것이 됨을 의미한다. 예를 들어, 아내와 결혼할 때 내가 학자금 대출로 진 빚은 아내의 것이 되었고, 아내의 자동차는 내 것이 되었다. 빚과 자동차 중 그 어떤 것도 법정을 가로질러 가지 않는다. 그렇지만 적어도 내 관점에서는 '달콤한 맞교환'이 있다. 그러므로 전가는 그리스도의 의와 내 죄의 달콤한 맞교환이다. 그리스도가 새 언약 안에서 자기 백성들에게 **자신을 주심**으로써, 그리스도께 속한 것들이 우리의 것이 되고, 우리에게 속한 것들이 그리스도의 것이 된다. 그런 의미에서, 그리스도 안에 있는 '하나님의 의'의 계약적 측면을 지적한 라이트의 주장은 옳다. 또한 나는, 로마서가 가장 근본적으로 우리에게 법정의 실재를 보여주는 것이 아니라 '사랑의 신학'을 보여준다고 한 라이트의 설명에 동의한다(원서 p. 110). 그러나 라이트는 성경적 계약에서 서로의 존재를 교환한다는 사실이, 비단 의무의 교환뿐 아니라 빚과 축복의 교환도 포함한다는 점을 놓치고 있다. 또한 라이트는 그리스도와 죄인 사이의 죄와 의의 교환이, 즉 법률적 또는 사법적 실재들의 교환이 계약적인 실재일 뿐 아니라, 더욱이 혼인 계약과 같은 성격의 실재라는 사실도 놓치고 있다.

할지 모르지만, 사실 사랑이 전적으로 이타적이지는 않다. 진정으로 사랑하면 언제나 일종의 기쁨을 경험한다. 자기희생적인 사랑의 행위로 말미암아 마지막 순간을 맞이한다고 해도, 심장이 멎고 숨이 멈추기 전의 단 몇 초 동안이나마 기쁨을 맛보게 된다. 사람은 자기 삶에서 누리는 기쁨보다 친구의 삶에서 누리는 기쁨이 더 클 때, 그 친구를 위해 자기를 희생한다. 사랑을 주는 기쁨이 이기적인 사랑의 기쁨보다 더 크지는 않을 수도 있겠지만, 적어도 그에 못지않게 강력하다. 왜냐하면 주는 것이 받는 것보다 더 낫기 때문이다(행 20:35). 사랑의 속성 중 이처럼 아름답고 사심 없는 것이 바로 다른 사람의 유익에서 기쁨을 찾는 것이다.

마지막으로, 사랑은 주는 것과 받는 것 모두를 포함한다. 사람은 자신을 줄 수 있다. 하지만, 사랑으로 내어줄 때 기쁨을 얻을 수 있다.

이제 '**거룩하신 분 안에서**'에 대하여 이야기해보자. 우리가 사랑을 성경적으로 이해하기 위해서는 이것이 필요하다. 사랑하는 자가 사랑받는 자를 위해 갈망하는 유익은 이른바 '좋다'라는 개념에서 그치는 것이 아니다. 그 유익은 성경이 말하는 인격적인 하나님이다. 즉, 성부와 성자 그리고 성령이다. 더욱이 그리스도가 사랑의 표시로 성부께 완전히 복종한 것과 같이, 우리도 하나님께 복종하고 순종하는 것이 유익이다. 다른 사람을 사랑한다는 것은 그 사람이 예배를 받기에 합당하시고 충분하신 하나님을 알고, 경험하고, 받아들이고, 즐거워하고, 경배하기를 원한다는 뜻이다. 즉, 우리가 하나님을 아는 만큼 그 사람도 충만하게 알기를 원하는 것이다. 다른 사람을 사랑한다는 것은 그 사람이 가장 큰 유익이신 하나님께 순종하고 그분을 즐거워하는 것을 보며 기뻐한다는 뜻이다.

아우구스티누스가 우리는 그리스도와 "관련해서" 또는 그리스도를 "위해" 다른 사람을 사랑해야 한다고 말한 의미가 바로 이것이다. 또한 토너가 우리는 다른 사람을 "그 존재 자체를 위해 그리고 그 존재 자체로" 사랑해야 한다고 말했을 때 놓친 부분도 바로 이것이다. 사랑은 다른 사람의 유익을 위한 반응과 연합의 정서적 인정이다. 하지만 이것은, '언제나 그리고 오직' 거룩하신 분 안에서 이루어지는 정서적 인정이다. 다른 사람을 사랑하는 것은 (하나님의 사역에 의한) 창조 안에서 그리고 (하나님의 사역에 의한) 구속을 위해 그를 사랑하는 것이다.

이는 또한 키르케고르, 뉘그렌 그리고 바르트 등과 같은 루터 해석자들이 놓친 부분이기도 하다. 논점은 욕망으로서의 사랑(에로스) 대(對) 선물로서의 사랑(아가페)의 문제가 아니다. 오히려 욕망이 거룩하신 분을 위한 것인지 그리고 선물이 거룩하신 분인지에 관한 것이다. 신학자들이 이 마지막 논점을 놓치고 있는 한, 비록 그들의 신학 체계에 들어 있는 다른 요소들이 그 체계가 인간 중심적인 경향으로 가는 것을 막아주는 데에 어느 정도 도움이 된다 하더라도, 결국 그들은 인간 중심적인 경향의 신학 체계를 가지고 있을 뿐이라고 말하고 싶다.

솔직히 아우구스티누스의 전통도 약점을 가지고 있다. 특히 이 전통은 하나님의 사랑이 인간성을 인정한다는 사실을 충분히 강조하지 않는다. 여러 형식 속에서 이 전통은 사랑이 하나님 중심적이라는 점을 강하게 강조한 나머지, 하나님이 피조물을 좋게 여기셨다는 사실과 하나님이 죄인들 중에 그 누구도 멸망치 않기를 바라심으로써 죄인들을 인정하셨다는 사실을 간과하는 경향이 있다. 에드워즈의 전통 위에 서 있는 존 파이퍼는 하나님이 우리의 유익을 구하심으로써 우리를 사랑하신 것이 아니라, 우리로 하나님의 유익을 구하게 하심으로써 우리를 사랑하신다고 했다. 파이퍼는 우리가 그랜드캐니언 앞에 서서 그 장대함을 바라보는 장면을 예로 든다. 우리는 우리 자신에 대하여 좋은 감정을 느끼기 위해 그랜드캐니언을 바라보는 것이 아니라 그저 경외감을 가지고 그것을 바라볼 뿐이다.

하나님의 사랑에 대한 파이퍼의 묘사는 내가 앞서 이야기한 부메랑과 같은 것으로 들릴 수도 있다. 그리고 훌륭한 설교의 한 대목임은 틀림없다. 그러나 나는 파이퍼가 다소 과한 비유를 했다고 생각한다. 어쩌면 파이퍼가 의도한 것에 비해 내가 지나치게 멀리 나가는 것일 수도 있겠지만, 그랜드캐니언은 그것을 바라보는 사람들과 전혀 소통하지도 않고 그들의 존재를 인정하지도 않는다는 점을 주목할 필요가 있다. 그랜드캐니언의 입장에서는 바라보는 자들의 존재가 결코 중요하지 않다. 한 사람은 다른 사람으로 교체될 수 있다. 이는 우리를 향한 하나님의 사랑과 같지 않다. 창세기 1장에 따르면, 하나님은 우리의 존재를 인정하신다. 그러실 필요가 없지만 그렇게 하신다. 게다가 하나님은 우리의 유익을 구하신다. 하나님은 자신의 유익을 더 구하시고, 우리를 위해 구하시는 유익은 다시 하나님께로 향한다. 그러나 거기에는 '인정'이 있다.

내가 설명하려고 하는 것은 인정함과 가능케 함 사이의 차이이다. 하나님은 단지 우리가 그분의 유익을 구할 수 있게 해주시는 것이 아니다. 하나님은 우리의 존재와 구속 안에서 우리를 인정하심으로써 우리가 하나님의 유익을 구할 수 있게 하신다. 나는 용서와 관련된 최근의 경험을 통하여 이 진리들이 얼마나 귀한 것인지 다시 한

번 깨달았다. 불과 몇 주 전, 한 동료가 나의 기도 생활에 대해 물어보았을 때 나는 정직하게 대답하지 않았다. 나는 내가 실제보다 훨씬 더 많이 기도하는 것처럼 보이고 싶었다. 그에게 대답을 한 직후 나는 거짓말을 한 것 때문에 몹시 부끄러워졌다. 하지만 너무나 교만했기에 실수를 곧바로 바로잡지 않았다. 그날 밤, 나는 하나님의 은혜로 잠을 이루지 못했고, 다음 날 아침 그에게 내 거짓말을 고백했다. 그는 즉시 그리고 은혜롭게 나를 용서했다. 그의 용서로 인해 내 눈에 눈물이 고였다. 비록 죄를 지었지만, 나는 인정을 받았다. 놀랍게, 은혜롭게, 굉장하게 인정을 받았다. 나에게는 아무런 영광이 없었다. 사실 그 반대였다. 영광은 나를 용서한 그 동료의 것이었다.

축복의 환상을 보여주는 파이퍼의 그랜드캐니언 비유는 충분히 놀랄 만한 것이다. 하지만 죄인들에게 다가가 그들을 안아주는 아름다운 광경을 이 비유에 덧붙일 방법이 없을까?[63] 수많은 천국 비유가 축제라는 것에 주목하라! 이것은 이 책의 논점과 관련해서 결코 사소한 발견이 아니다. 4장에서 다루겠지만, 세례와 등록 교인 제도는 "하나님이 보시기에 좋았더라"의 신약적인 재연이다. 이 두 가지는 교회의 인정이고, 개인의 삶에서 새 창조를 이루시는 하나님의 포용이다.

그렇지만 파이퍼와 에드워즈와 아우구스티누스의 논증은 전반적으로 옳다. 사랑은 본질적으로 하나님 중심적이다. 사랑은 하나님

---

63 파이퍼의 비유가 놓치고 있는 것이 놀랍게도 에드워즈의 성경적인 비유에는 포함되어 있다. "세상의 창조는 특별히 이 목적을 위한 것으로 보인다. 즉, 영원하신 하나님의 아들이 신부를 얻어 그분이 가진 본성의 무한한 자비를 그 신부에게 충만히 행하시고, 그분의 마음에 있는 겸손과 사랑과 은혜의 광대한 샘을 열어 그 신부에게 쏟아부어주시며, 그렇게 함으로써 하나님이 영광을 받으시기 위함이었다." Jonathan Edwards, "Church's Marriage to Her Sons, and to Her God," *Sermons and Discourses 1743–1758*, vol. 25, ed. Wilson H. Kimmach (New Haven, CT: Yale University Press, 2006), p. 187에서 인용.

을 찬양하고 예배하고 영광을 돌리는 데에 관심이 있다. 사랑은 하나님을 즐거워하는 것이고, 하나님이 계시되는 모든 시간과 장소에서 하나님을 즐거워하는 것이다. 그러므로 사람의 기도 중에서 사도 바울이 에베소 성도들을 위해 성부께 드린 기도보다 더 좋은 기도가 없다. "그 너비와 길이와 높이와 깊이가 어떠함을 깨달아 하나님의 모든 충만하신 것으로 너희에게 충만하게 하시기를 구하노라"(엡 3:19).

사랑의 이 셋째 측면은 사랑에 대한 세상의 이해와 성경적 이해 사이의 분명한 경계선을 보여준다. 세상은 사랑의 첫째와 둘째 측면을 이해한다. 바로 사랑받는 자에 대한 인정과 애정, 그리고 사랑받는 자의 유익으로서의 사랑이다. 그러나 세상은, 아담과 하와의 타락 이후 하나님 안에서 그리고 하나님을 통해 다른 사람의 유익을 구하는 애정으로서의 사랑이라는 이 셋째 측면에 끊임없이 도전해왔다. 세상은 결국 하나님이 되고 싶어 한다(창 3:5). 우리는 우리의 존재가 하나님과 그분의 법에 순종하는 데서 기쁨을 찾을 수 없을 것이라고 미혹하는 사탄의 거짓말을 그대로 받아들였다. 그래서 우리는 사랑의 원천이요 사랑 그 자체이신 하나님을 고의적으로 배제시킨 채 사랑을 정의한다.

포스트모던 서구사회의 가장 큰 모순 중의 하나는 이렇다. 우리 문화에서 하나님을 가장 배척하며 기쁨의 상징이 되어버린 섹스는, 본래 하나님이 인간에게 주시면서 하나님을 가장 순결하게 즐거워하는 것이 영광 가운데서 어떤 모습인지 알려주고자 하신 하나의 유비(類比)이고, 수단이며, 언어이다(엡 5:22-23을 보라). 다른 말로 하면, 우리는 섹스 때문에 하나님을 배척하지만 섹스는 하나님과의 완전한 연합이 무엇인지 희미하게나마 알려주시기 위해 하나님이 우리에게

허락하신 것이다.[64]

우상숭배는 결국 십계명 중 제1~3계명에 도전하여, 다른 더 큰 유익과 다른 '최우선의 사랑'을 하나님의 자리에 두는 것이다(신 5:7-8; 6:5; 막 12:28 이하). 이 상징을 통해, 우리는 죄악 된 인간의 사랑도 사랑받는 자의 유익을 구하는 애정을 가질 수 있음을 알게 된다. 그러나 근본적으로 죄인은 하나님을 참되고 가장 큰 유익으로 인식할 수 없기 때문에, 하나님을 대체하는 우상을 사랑받는 자에게 줌으로써 그 대상을 '사랑'하게 될 것이다. 불행하게도 그러한 우상숭배적인 사랑은 반드시 파멸에 이른다. 예를 들어 자녀의 유익을 진심으로 바라면서도 일중독에 빠져서 그들과 시간을 보내지 못하는 아버지를 생각해보라. 이럴 경우 자녀들을 향한 아버지의 사랑을 가장 잘 보여주는 징표라고는 장난감, 해외여행, 학비 지불 그리고 그가 가장 가치 있게 여기는, 아니 숭배하는 물건들이다. 이 아버지는 자기를 자녀와 동일시하고, 힘을 나누어 주고, 자녀들의 약함을 책임진다. 그러나 그에게는 거룩하신 분에 대한 지식이 없다. 그의 모든 행위는 헛수고에 지나지 않으며 무익할 뿐이다.

율법적이고 규율 중심적인 어머니를 생각해보라. 끊임없는 요구 사항을 늘어놓으며, 자기가 정말 사랑하는 자녀들을 억압한다. 이

---

64 그래서 D. A. 카슨은 이렇게 말했다. "이것은 마치 마지막 날 교회와 주님의 완전한 연합의 기쁨을 기대하게 하는 이생에서의 유일한 기쁨과 친밀함이 선한 결혼의 성적인 연합인 것과 같다." *Love in Hard Places*, p. 191. 마찬가지로, 존 파이퍼는 이렇게 썼다. "하나님은 우리를 창조하실 때 성적인 욕망을 넣어주심으로써 우리가 하나님께 붙어 있는 것이 무엇이고, 하나님을 떠나 다른 사람에게 가는 것이 무엇인지 알려주는 언어가 되게 하셨다." *Sex and the Supremacy of Christ*, ed. John Piper and Justin Taylor (Wheaton: IL: Crossway, 2005), p. 28. 또한 p. 30를 보라. "하나님은 우리를 강력하게 성적으로 창조하심으로써 하나님을 훨씬 더 잘 알 수 있도록 하셨다. 우리는 서로를 성적으로 알 수 있는 능력을 받았기 때문에 그리스도를 탁월하게 아는 것이 무엇인지 알 수 있는 일종의 힌트를 얻게 된 것이다."

어머니는 자기의 형상을 숭배하고, 자기가 능력 있는 사람이라는 것과, 자기가 어떤 기대에 부합할 수 있다는 것과, 자기가 의롭고 가치 있다는 것을 온 세상에 보여주기 위해 몸부림친다. 어머니가 자녀들의 어깨에 얹어놓은 고된 규율들은 아이러니하게도 그 자녀들을 위한 사랑의 표현이다. 어머니는 자기와 자녀들을 동일시하고 자녀들의 유익을 구한다. 어머니는 자기가 필사적으로 도달하고 싶은 목표에 자녀들도 '도달하게' 되기를 자기의 모든 사랑으로 바란다. 그러나 다시 말하지만, 그녀에게는 거룩하신 분에 대한 지식이 없다.

마지막으로, 교회 공동체의 유익에 대한 참된 애정을 가지고 있지만 인간 중심적인 사랑으로 그 애정을 표현하는 교회를 생각해보라. 이 교회의 주된 바람은 모든 수단을 동원해서 사람들을 그 공동체 안으로 끌어들이는 것이다. 중세 시대에는 사람들에게 두려움과 미신 등을 불어넣는 것이 효과가 있었다면, 오늘날에는 최첨단 기술과, 오락물 그리고 각종 구호들을 통하여 최고의 효과를 얻을 수 있는 것 같다. 그러나 실제로 인간 중심적인 교회의 사랑이 아무리 확장된다 하더라도, 결코 거룩함이나 참된 하나님의 사랑에는 미치지 못한다. 성도의 수는 늘어나겠지만 예배는 그렇지 않을 것이다.

이 세 가지 예에 내포된 원리는 성경이 단 두 가지의 가장 큰 유익을 말한다는 것이다. 즉, 하나님 아니면 다른 무엇이다. 하나님 이외에 가장 큰 유익이 되는 것은 모두 우상이다. 그리고 이것이 바로 내가 1장에서 우상숭배가 세상이 이야기하는 사랑 개념의 중심에 있다고 말한 이유이다. 그러므로 세상이 사랑을 정의하고 시행하는 방식대로 하나님의 백성들이 흉내 내는 것이야말로 비극이 아닐 수 없다. 결국 하나님이 거듭나게 하시고 새롭게 창조하신 백성들은 성부와 성자와 성령을 사랑하기 위해서, 또는 하나님만이 그 사랑하시는 자들의 궁극적인 유익인 것을 알기 위해서 죄로부터 자유를 얻었다.

이 사랑의 세 요소는 '사랑장(章)'이라고 불리는 고린도전서 13장에서 찾아볼 수 있다. 사도 바울은 고린도전서 13장의 첫 세 구절에서, 사랑을 천사의 말, 지식, 믿음 그리고 이타적인 자기희생과 구분한다. 사랑은 일정한 형태의 정서적 요소를 빠뜨리지 않는다.[65] 하지만 사랑은 어떤 인정이나 애정을 요구할 뿐 아니라 사랑받는 대상의 유익을 구하는 정서도 요구한다. 그러므로 이어지는 4-7절에서는 사랑받는 대상의 유익을 위한 전적인 헌신을 보여주는 행동들, 또는 마음의 성향들이 무엇인지 그 목록을 기록해놓았다. 오래 참음, 온유, 시기하지 않음, 자기의 유익을 구하지 않음, 소망 중에 견딤 등은 하나같이 자기 자신과 자기 권리보다 사랑받는 대상에 대한 근본적인 배려를 전제로 하는 것들이다.

이 사랑의 궁극적인 정점 또는 완성은 부분적인 것이 지나가고 온전한 것이 오는 순간이다. 우리가 친히 그리스도의 얼굴을 보고, 온전히 알게 되는 순간이다(고전 13:10, 12). 아이러니하게도 비그리스도인 예비부부들이 결혼식에서 고린도전서 13장을 읽어달라고 요구하는 일이 흔하게 벌어진다. 그것은 첫 두 단락이 다른 문학작품에서 찾아보기 힘든 고상한 사랑의 두 가지 측면을 보여주기 때문일 것이다. 더욱 중요한 것은, 마지막 다섯 구절에서 '온전한 것'을 보고 하나님과 하나님의 완전한 사랑을 '온전히 아는 것'의 의미가 모호하기 때문에, 이 구절들을 완전히 이해하기 전까지는 예비부부들이 불쾌

---

65 D. A. Carson, *Love in Hard Places*, pp. 21–22.

감을 느끼지 않는다는 점이다.

———◆——————— 7단계 ———————◆———
하나님의 사랑, 하나님의 복음 그리고 하나님의 교회는
모두 하나님 중심이기 때문에 우리에게 불쾌감을 준다.

불쾌감의 핵심: 그건 우리의 잔치가 아니다

앞에서 나는 하나님의 사랑이 우리에게 불쾌하다고 말했다. 어떻게 하나님의 사랑이 우리에게 불쾌할 수 있단 말인가?

하나님에 대한 하나님의 사랑이 주는 불쾌감

하나님의 사랑이 우리에게 불쾌한 이유는, 사랑의 주된 대상이 우리가 아니라 하나님이기 때문이다. 사도 바울은 로마서에서 열한 장에 걸쳐 구속의 본질에 대해 설명한 뒤 이렇게 말했다. "이는 만물이 주에게서 나오고 주로 말미암고 주에게로 돌아감이라 그에게 영광이 세세에 있을지어다"(롬 11:36). 만일 '만물'이 사랑을 포함한다면, 모든 참사랑은 하나님에게서 나오고, 하나님으로 말미암고, 하나님께로 향한다. 사랑은 하나님에게서 나와 다시 하나님께로 돌아가는 부메랑과 같다.

하나님이 사람들을 부르셔서 그들 자신이 아닌 하나님을 예배하라고 요청하실 때 사랑의 부메랑이 밖으로 날아간다. 그런 다음 이 사랑의 부메랑은 구원과 심판의 때에 하나님이 찬양과 영광을 받으심으로써 되돌아간다. "그의 판단은 헤아리지 못할 것이며 그의 길은 찾지 못할 것이로다 … …그에게 영광이 세세에 있을지어다"(롬 11:33, 36). 하나님의 사랑이 하나님 중심적이기 때문에 사람은 심판을 받을 것이다. 만일 그 사랑이 인간 중심적이라면 심판을 받지 않을 것이다.

그러므로 우리는 이렇게 말할 수 있다. 하나님의 사랑에는 우리에 대한 심판이 전제되어 있기 때문에, 우리는 그 사랑이 불쾌하다. 그렇게 느낀다면 우리가 하나님에 대해 재판관이 되는 셈이다.

하나님 사랑의 가장 큰 대상은 하나님이기 때문에, 비록 세상이 복음과 관련된 것들을 좋아할 수 있다 해도 하나님의 **복음**은 궁극적으로 우리에게 불쾌하다. 결국 하나님의 복음은 믿음으로 말미암은 하나님의 의를 죄인에게 적용하고, 죄인이 아무것도 자랑하지 못하게 한다. 복음으로 인해 모든 영광은 하나님께 돌아가며(롬 3:21-27), 결코 우리에게 오지 않는다. 또한 하나님의 복음은 우리를 의로운 삶으로 초청한다. 복음은 사랑이 순종을 통해 표현된다고 선포한다. 이것은 사랑을 절대적인 자유와 동등하게 여기는 문화에서 받아들이기 힘든 내용이다.

하나님 사랑의 가장 큰 대상은 하나님이기 때문에, 비록 세상이 교회에 대해 호감을 가질 수 있다 해도 하나님의 **교회**는 궁극적으로 우리에게 불쾌하다. 이처럼 하나님은 불쾌한 방식으로 자기의 영광을 추구하며, 교회란 결국 그런 하나님께 굴복하는 사람들의 요새에 불과하다. 이 변절자들은 이제껏 속아서 이러한 과대망상을 조장해 왔다. 그들은 지금도 하나님의 통치를 지지한다. 그렇다면 우리의 방식과 우리의 영광은 어찌해야 할까?

등록 교인 제도와 권징의 경계선은 우리에게 불쾌감을 준다. 우리가 경멸하는 하나님의 심판을 떠올리게 하기 때문이다. "뭐? 하나님이 우리를 내쫓을 수도 있다는 생각을 하신다고?" 사실 교회를 둘러싼 경계, 경계선 그리고 성벽들 때문에 회심하지 않은 사람들은 이 요새를 짜증 나는 곳, 또는 본래 **우리** 영토였는데 정복당해 버린 지역으로 생각한다. 피정복민들에게 정복 국가에 대해 어떤 감정이 있냐고 물어보라. 그들은 즉시 분노와 분개라고 답할 것이다. 자국민이 적국의 편을 든다면 국가는 그를 어떻게 할까? 그를 경멸하고, 반역자라고 부르며, 범죄 행위에 대해 형벌을 가할 것이다. 그런 사람들은 종종 교수형을 당하기도 한다.

물론 이런 군국주의적인 비유가 무자비하고 공격적으로 들릴 수 있다. 성벽과 요새 비유는 **실제로** 무자비하다. 왜냐하면 일반인들에게 '사랑'은 '하나님이 아니라 내가 중심이다'라고 정의되기 때문이다. '하나님이 중심이다'라고 정의하는 것은 참으로 비정한 주장이다. 성벽과 요새 비유는 **실제로** 공격적이다. 왜냐하면 하나님의 사랑이 비정한 자들을 깨우쳐 사랑하는 자들로 만들기 때문이다. 하나님은 스스로 궁극적인 대상이 되시기 위해 사람들이 가진 사랑의 개념을 재정의하려고 하신다. 새사람을 창조하시는 행위는 옛사람을 깨뜨리고 죽이시는 행위이다. 즉, 이것은 죽음과 부활이다. 그뿐만 아니라, 하나님은 복음 전도라는 불쾌한 행위와 설교라는 어리석은 행위를 통해 이 모든 것을 하려고 하신다. 참으로 놀랍지 않을 수 없다!

교회의 경계선은 두 영역을 구분한다. 한곳의 중심에는 하나님이 계시고 다른 한곳의 중심에는 우리가 있다. 이 두 영역 사이에 중간 지대는 없다. 이것은 누가 어느 영역에 속했는지 항상 명확하다는 의미가 아니다. 오히려 우리가 두 주인을 섬길 수 없다고 하신 예수님의 말씀을 꼭 기억해야 한다는 의미이다. 우리는 어느 하나를 미워하고 다른 하나를 사랑하거나, 어느 하나에 헌신하고 다른 하나를 경멸해야 한다. 또는 사도 요한이 말한 바와 같이, 우리는 하나님과 세상을 모두 사랑할 수 없다. 만일 누군가 세상을 사랑하면, 하나님의 사랑은 그 사람 안에 없다. 예수님이 말씀하신 것처럼 누구든지 하나님 편에 서 있지 않으면 하나님을 대적하는 것이고, 누구든지 하나님께로 모이지 않는 자는 흩어지는 자이다. 우리는 성안에 있든지 밖에 있든지 둘 중 하나이다.[66]

하나님의 사랑, 하나님의 복음 그리고 하나님의 교회는 우리에게 불쾌감을 준다. 왜냐하면 폴 트립(Paul David Tripp)의 표현대로 우리가 **영광을 도둑질하는 자들**이기 때문이다. 하나님은 우리가 하나님의 영광을 즐거워하며 그것을 드러내게 하시려고 우리를 창조하셨다. 그러나 죄가 우리의 마음을 어그러지게 함으로써 이제 우리는 마땅히 하나님께 속해야 하는 것을 도둑질하려고 한다. 트립은 한 소녀의 다섯 살 생일잔치에 참석한 소년의 사례를 들어 문제의 핵심을 정확히 짚어준다. 소년은 잔치에 참석한 친구들에게 나눠 준 작은 기념품 가방을 한 번 쳐다본 후에 산더미처럼 쌓여 있는 소녀의 생일 선물을 바라보았다. 마음이 상한 소년은 팔짱을 끼고, 입술을 삐쭉하더니 거친 숨소리를 내뱉었다! 소년은 그 자리의 모든 사람들이 듣도록 계속해서 씩씩거렸다. 파티에 참석한 어머니들 중 한 명이 소년을 바라보다가 마침내 소년의 코앞에 얼굴을 들이대고 의미심장한 말을 했다. "존, 이건 네 잔치가 아니야!"[67]

---

66 마 6:24; 12:30; 요일 2:15.

67 Paul David Tripp, *Instruments in the Redeemer's Hands: People in Need of Change Helping People in Need of Change* (Phillipsburg, NJ: PR, 2002), p. 34. 황규명 옮김, 《치유와 회복의 동반자》 (디모데, 2007).

이것은 다섯 살짜리 아이들뿐만 아니라 우리에게도 해당된다. 우리는 우리의 인생을 마치 **우리의** 잔치인 것처럼 취급한다. 선물 더미와 영광이 다른 사람이 아닌 우리의 것이 되길 바란다. 심지어 하나님이 취하시는 것조차 원하지 않는다. 우리는 이 목표를 추구하는 데 인생을 사용한다. 하나님은 이러한 우리의 계획에 '무조건적 사랑'의 복음으로 응답하지 않으시고, '반(反)조건부 사랑'의 복음으로 응답하신다. 무조건적 사랑의 개념은 하나님이 우리를 처음 발견하신 모습 그대로 사랑하신다고 말한다. 하지만 이는 사실이 아니다. 하나님은 우리를 발견하실 때 우리를 사랑하시지만, 우리가 변해야 하는 모습으로 변화되게 하심으로써 사랑하신다.

만일 우리와 어린 존이 바라는 것처럼 인생이 우리의 잔치라면, 경계선은 결코 이해가 되지 않는다. 하나님을 가장 사랑하는 하나님과 사람을 가장 사랑하는 하나님 사이에는 서로 다른 세계가 존재한다. 하나는 거룩하고 다른 하나는 그렇지 않다. 하나님 사랑의 주된 초점을 인간에게 맞추는 신학 체계는 경계나 경계선, 거룩함이나 의로움, 공의나 자비 등의 필요를 (궁극적으로) 잃어버렸다. 자비는 무의미해지고 권리가 전부이다. 교회와 세상 사이에 그어놓은 교인의 자격이라는 경계선은 결국 사라지거나, 아니면 "있는 그대로 참여하십시오. 여기에서는 **모든 사람**이 특별합니다!"라고 외치는 것처럼 마케팅에 어울릴 법한 공허하고 모순적인 기능만 하게 될 것이다. 그러나 교회와 세상 사이에 경계선이 사라져버리는 것은 지극히 작은 문제에 불과하다. 모든 인간의 변덕과 욕심을 받아주느라 쩔쩔매는, 무차별적인 하나님이야말로 정말 위험한 존재이다.

반면에, 하나님에 대한 하나님의 사랑에 굴복하고 하나님의 영광에 복종하는 것은 그 사랑에 연합되고, 그 사랑을 나누며, 가장 탁월한 아름다움을 영원토록 즐기는 것을 의미한다.

— 8단계 —

하나님의 사랑과 하나님의 심판은 서로 대치되지 않고 조화된다.
이것 역시 불쾌하다.

심판이 주는 불쾌감

오늘날 서구사회의 정서에 불쾌감을 주는 것들에 대하여 이야기할 때, 하나님에 대한 하나님의 사랑으로부터 발생하는 중요한 문제를 한 가지 더 살펴볼 필요가 있다. 그것은 바로 하나님의 사랑과 하나님의 심판 사이의 관계이다. 성경은 심판이 하나님의 몫이라고 매우 분명하게 가르친다(신 1:17). 또한 성경은 심판이 하나님의 고유한 행위로서, 그 누구도 하나님께 가르쳐주는 것이 아니라고 말한다(사 40:14). 사실, 성경은 하나님이 심판을 사랑하시며(사 62:8), 심판의 하나님이시라고(사 30:18; 말 2:17) 가르친다. 조금만 생각해보면, 성경에 하나님의 심판이 얼마나 많이 기록되었는지 알 수 있다. 예를 들면 타락, 홍수, 바벨탑, 소돔과 고모라, 바로와 홍해, 광야에서 죽은 출애굽 세대, 유월절 어린양, 예수 그리스도의 십자가 죽음, 꺼지지 않는 영원한 불 등이다.

이것은 특히 등록 교인 제도 및 권징의 시행과 관련이 있다. 왜냐하면 이를 시행하는 것이 심판의 형태이기 때문이다. 이것은 궁극적이거나 최종적인 심판은 아니지만 예기적인(anticipatory) 심판에 해당된다. 그래서 예수님도 제자들에게 강한 어조로 말씀하셨다. "너희가 누구의 죄든지 사하면 사하여질 것이요 누구의 죄든지 그대로 두면 그대로 있으리라 하시니라"(요 20:23). 그렇다면 우리는 사랑과 심판의 관계를 어떻게 이해해야 할까?

분명히 짚고 넘어가야 할 첫 번째 요점은, 사랑과 심판이 궁극적으로는 서로 대치되지 않는다는 것이다. 오히려 이 둘은 우리가 사랑과 거룩함의 관계에서 본 것처럼 서로 조화를 이룬다. 사랑과 심판의 관계를 이해하기 위해서는 사랑과 법의 관계를 살펴보는 것이 중요하다. 왜냐하면 심판이란 법에 따라 내려지는 평결이기 때문이다. 즉, 심판은 법이 요구하는 것에 대한 선언이다.[68] 타락한 세상에서 살다 보면 사랑과 율법이 서로 충돌하는 경우가 비일비재하다. 인간의 법에서든지 아니면 하나님의 법에서든지 간에, 우리의 정서와 법은 각각 서로 다른 것을 명령하는 것처럼 보인다. 조직신학자들은 종종 사랑과 법이 서로 긴장 관계에 있으며, 심지어 하나님 안에서도 이와 같은 일이 벌어진다고 주장한다.[69]

---

[68] 데스몬드 알렉산더(T. D. Alexander)가 그의 책에서 사랑과 법에 대해 논의한 내용을 보라. "Love and Loyalty," in *From Paradise to Promised Land: An Introduction to the Main Themes of the Petateuch* (Grand Rapids: Baker, 1995), p. 162. 정효제 옮김, 《주제별로 본 모세오경》(대한신학대학원대학교, 2009). 수많은 율법들로 가득한 신명기가 정말로 사랑과 충성에 관한 책인가? 알렉산더는 신명기의 의무들을 언급하면서 이렇게 말했다. "이 언약의 중심에는 양 당사자가 서로를 전심으로 그리고 신실하게 사랑하겠다는 약속이 있다."

[69] 도날드 블러쉬(Donald G. Bloesch)는 이렇게 말했다. "성경적인 믿음은 하나님을 두 가지 모습으로 그려준다. 거룩하심과 사랑이다. 이 둘은 하나님과 그분의 백성들 간의 상호작용을 형성해주는 탁월함이다. 이 둘은 서로 완전하게 연결되어 있지만, 일정한 긴장 속에 존재한다. 둘 사이가 서로 와해되기보다는 역설적으로 연합하는 것이다. 하나님의 거룩하심은 도덕적 죄악을 참지 못하시는 하나님의 위엄에 찬 순결하심이다. 하나님의 사랑은 죄인을 품으시는 외적인 자비로우심이다. 하나님의 거룩하심은 부정하고 불경한 것들로부터 구별되심이다. 하나님의 사랑은 부정한 자들을 도우시기 위해 기꺼이 자신을 그들과 동일시하심이다. 하나님의 거룩하심은 죽음과 파멸의 덧없는 세계를 초월하심이다. 하나님의 사랑은 죄로 오염된 이 세상에 성육신하심이다." *God and Almighty: Power, Wisdom, Holiness, Love* (Carlisle, UK: Paternoster, 1995), pp. 139-140.

하나님의 경륜 속에서 사랑과 법 사이에는 궁극적으로 아무런 긴장 관계가 없으며, 이것을 깨닫는 일은 우리에게 커다란 도전을 준다.[70] 법은 가장 사랑스럽고 소중한 것을 보호하는 수단이다. 내 말은 '귀중한 것을 보호하는 일'이 법의 존재 이유 또는 법이 가진 기능의 본질이라는 의미가 아니다. 철학자들은 이에 대해 논쟁할 수도 있다. 그러나 내 말의 의미는, 우리가 법을 제정하고 그 법으로 심판을 하는 가장 중요한 이유들 중 하나가 귀중한 것을 보호하기 위함이라고 볼 수 있다는 것이다.

살인은 법에 위배된다. 생명이 소중하기 때문이다. 도둑질도 법에 위배된다. 재산이 소중하기 때문이다. 거짓말을 하는 것은 하나님의 법에 위배된다. 진리가 소중하기 때문이다. 다섯 살짜리 어린아이들은 자기의 장난감을 소중히 여긴다. 그리고 금은보화를 소중히 여기는 왕은 법에 대해 어린아이와 똑같은 마음을 가지고 있다. 그것이 바로 어린아이와 왕이 모두 이렇게 외치는 이유이다. "이것들이나 다른 어떤 것에도 손대지 마!" 이 경우에는 법이 마치 담장이나 보안장치와 같은 역할을 한다고 말할 수 있다. 사람들은 소중한 것을 보호하고 싶을 때 담장을 세우고 보안장치를 설치한다.

법을 위반하면 형벌 또는 심판이 따르는 이유가 바로 이것이다.

---

70 현 시대에 우리가 경험하는 하나님의 사랑과 하나님의 법 사이의 긴장 관계는 적어도 다음의 세 원인 중 하나로부터 온다. 첫째, 우리가 가지고 있는 인간 중심적인 하나님의 사랑 개념은 필연적으로 하나님 중심일 수밖에 없는 하나님의 법 개념과 충돌한다. 나는 이것이 복음주의자들이 범하는 일반적인 오류라고 생각한다. 둘째, 하나님의 영광에 대한 하나님의 궁극적인 사랑과 죄인들을 향하신 하나님의 조건적인 사랑 사이에 실제적인 긴장이 있는 것 같다(예를 들면 벧후 3:9). 궁극적으로 우리는 이 긴장이 해소될 것이라고 말해야 하지만, 성경이 이 긴장을 가리켜 이 시대의 현실이라고 말해주고 있으므로 우리는 그것을 느끼며 살 수밖에 없을 것이다. 셋째, 전지하신 하나님이 인류에게 유익하지 않은 것이라고 알고 계시는 것들을 인간이 선택하는 한, 인간 중심적인 하나님은 사랑과 법 사이의 긴장을 경험하게 될 것으로 보인다.

심판 행위는 보호받는 물건의 값이나 가치를 말해준다. 위법행위에 대해 형벌이나 심판이 따르지 않는다면, 우리는 그 법이 보호하는 대상의 가치가 별로 높지 않다는 것을 안다. 만일 형벌이 무겁다면, 그 대상이 소중하다는 것을 알게 된다. 심판이 가르쳐주는 것이다. 예를 들어, 어릴 적 나의 부모님은 내가 형제들과 장난감 때문에 싸울 때보다 거짓말을 할 때 더 큰 벌을 주셨다.

형벌의 개념이 인류에게 불쾌감을 줄 수도 있다. 그러나 형벌은 법에게 가치 수호자(초등교사 또는 보호자, 갈 3:24)로서의 의미를 부여해준다. 만일 법이 귀중한 것을 보호하는 파수꾼이라면, 형벌 또는 심판은 그 파수꾼이 들고 있는 날선 검이다. 형벌은 무서움과 실체와 의미를 법에 부여해준다.

하나님이 노아에게 말씀하셨다. "다른 사람의 피를 흘리면 그 사람의 피도 흘릴 것이니…"(창 9:6). 형벌이 가혹한 이유는 사람의 생명이 귀중하기 때문이다. 그러므로 생명을 취하면 반드시 세상에서 가장 엄한 형벌을 받는다. 살인자를 방면한다면 "그가 취한 생명은 가치 없다"라고 말하는 것이나 다름없다.

요컨대, 법은 사랑의 파수꾼이고 심판은 파수꾼의 검이다. 법과 심판은 사랑이 가장 사랑하는 것을 보호한다. 법과 심판은 불의, 압제, 착취와 싸운다. 성경학자 레온 모리스(Leon Morris)는 성경의 사상과 우리의 생각을 비교하면서 이렇게 지적했다.

우리에게 율법주의의 개념은, 인간의 가치들이 훼손되었을 때 율법을 무자비하고 엄격하게 적용하는 것이 되었다. 히브리인들은 심판을 그렇게 이해하지 않았다. 히브리인들에게 율법은 압제를 막아주는 방벽이었다. 가난한 자들과 약한 자들은 율법이 자기들을 부자들과 권력자들로부터 구원해준다고 생각했다. 시편 기자는 "하나님이여 주의 이름으로 나를 구원하시고 주의 힘으로 나를 변호하소서"(시 54:1)라고 노래했으며, 당시에 이러한 간구는 일반적이었다. 우리는 호의를 베푸는 것과 소송행위를 엄격하게 구분하려 하지만, 히브리인들은 그렇게 하지 않았다는 것을 분명히 알아야 한다.[71]

사랑과 법 또는 사랑과 법의 심판은 서로 대치되지 않고 조화를 이룬다. 그렇다면 이 첫 번째 원리를 하나님께 적용시켜보자. 하나님의 사랑이 무언가를 가장 귀하게 여긴다면, 하나님은 다른 것들을 평가하시고 판단하실 때, 그것들 역시 가장 귀한 것의 가치를 인정하는가의 여부에 따라 평가하시고 판단하신다고 말할 수 있다. 하나님은 그분이 "선하다"라고 하시는 것을 우리도 "선하다"라고 하기를 원하시며, 그분이 "악하다"라고 하시는 것을 우리도 "악하다"라고 하기를 원하신다(말 2:17). 그러므로 만일 하나님이 그분의 영광을 다른 무엇보다 사랑하시고 가장 귀한 것으로 여기신다면, 하나님께 영광을 돌리는 이 세상의 모든 것은 '선하게' 여겨질 것이다. 하나님의 영광에 반하는 것들은 '악하게' 여겨질 것이고, **하나님의 심판**은 그분의 영광을 기준으로 삼을 것이며, **하나님의 심판**은 이렇게 그분의 영광을 추구하는 법에 따라 시행될 것이다. 반면에, 만일 하나님이 우리를 다른 무엇보다 사랑하신다면, 다시 말해 하나님의 사랑이 우리의 영광을 추구한다면, 하나님의 법과 심판은 구체적으로 이와 동일한 방향

---

71 Leon Morris, *The Biblical Doctrine of Judgment* (1960; repr. Eugene, OR: Wipf & Stock, n.d.), p. 22.

을 향할 것이다. 즉, 하나님의 법은 궁극적으로 당신과 나의 영광을 보호하고, 하나님의 심판도 당신과 나의 영광을 변호할 것이며, 결국 그 심판이 가끔은 하나님 자신을 향할 수도 있을 것이다. "하나님, 어떻게 이럴 수 있습니까?"

만일 사랑과 심판이 조화를 이룬다면, 지역교회에 실제적으로 적용할 수 있는 수많은 질문들이 떠오른다. 본질적으로 배타적인 등록 교인 제도가 바르게 시행된다고 해서, 그것이 애정 어린 행위가 될 수 있을까? 권징이 명백한 사랑이 아니라 다른 동기에 의해 시행될 수 있음에도, 경건하게 서로를 사랑하고 세상을 사랑하는 지역교회 성도들에게 출교 절차를 시행하라고 요구할 수 있을까?

하나님의 사랑과 심판과 관련된 두 번째 원리는, 하나님의 모든 심판이 하나님 중심적인 하나님의 사랑에 부응한다는 사실이다. 하나님의 사랑은 하나님 중심적으로 평가하고 사정한다. 하나님의 사랑은 하나님 중심적으로 형벌을 예상하고, 요구하고, 제정한다.

앞서 인용한 창세기 9장에서 흥미로운 부분은 인간의 생명이 '귀한 것'으로 여겨지는 이유이다. "다른 사람의 피를 흘리면 그 사람의 피도 흘릴 것이니 이는 하나님이 자기 형상대로 사람을 지으셨음이니라"(창 9:6). 인간의 생명이 소중한 것은 전적으로 인간이 하나님의 형상을 닮았기 때문이다. 우리의 가치는 우리가 닮은 분으로부터 나온다. 사람을 죽이는 것이 잘못된 이유는 하나님이 우리를 다른 것보다 더 사랑하시기 때문이 **아니라**, 다른 어떤 것보다 하나님 자신의 영광을 더 사랑하시기 때문이다.

이것이 바로 다윗이 자기의 살인과 간음죄가 궁극적으로 하나님께 범죄한 것이라고 했던 이유이다(시 51:4). 생명과 부부간의 정절을 보호하는 보호법이 제정되었으며, 이 두 가지는 하나님과 관련되기 때문에 귀중하게 여겨진다. 속이는 행위는 적어도 하나님의 백성들을 향한 하나님의 신실하심에 대해 거짓말을 하는 것이다. 하나님의 형상을 닮은 자로서 둘 중 하나를 행하는 것은 하나님의 형상을 왜곡하는 신성모독이다. 다윗의 죄는 비록 우리아와 밧세바 그리고 자기 몸에 대해 범한 것이지만, 결국에는 하나님께 그리고 하나님께만 범한 것이다. 다윗은 하나님의 법을 위반했다. 하나님의 영광에 이르지 못했다. 자기의 욕정이라는 우상을 하나님보다 더 숭배했다. 하나님의 영광과 존귀하심을 완전히 경멸했다.

하나님의 법은 하나님의 존귀하심과 영광을 보호하기 위해 무한히 높이 쌓은 담장이다. 하나님의 법은 하나님의 영광을 보호하며 선포한다. 하나님의 법을 위반하는 것은 그분의 무한한 존귀하심을 무시하는 것이다. 이것을 보다 덜 추상적인 언어로 표현하면, 하나님께 "아니요"라고 말하는 것은 "당신이 생각하시는 것은 나에게 큰 의미가 없어요. 왜냐하면 당신이 나에게 큰 의미가 없으니까요"라고 말하는 것이나 다름없다.

십계명의 구조를 살펴보면 하나님의 사랑이 우선순위에 있음을 확실히 알 수 있다. 두 번째 돌판에 들어 있는 금지 조항들은 다른 사람을 해하는 행위(부모에게 불경, 살인, 간음, 도둑질, 거짓 증언, 탐욕 등)를 금하는 것들인데, 모두 첫 번째 돌판에 근거하며, 특히 다른 신들과 우상에 대한 금지 조항들에 근거한다. 하나님의 영광과 명예는 창세기의 홍수부터 요한계시록의 불못에 이르기까지 하나님의 법과 심판이 추구하는 가장 중요한 목적이다.

사람들이 하나님의 심판을 경멸하는 이유가 무엇일까? 단지 고통이나 상실의 위협 때문이 아니다. 사람들은 자기가 사랑하는 것들을 위해서라면 고통과 상실을 받아들인다. 하나님의 형벌과 심판의 행위에 대한 우리의 마음 깊은 반감은, 근본적으로 우리가 가장 가치 있고 귀하게 여기는 것과 전혀 다른 것을 하나님이 가장 가치 있고 귀하게 여기신다는 사실에 근거한다. 우리는 우리의 것을 가장 사랑한다. 이것이 바로 아담과 하와가 하나님처럼 '선악'을 알게 될 수 있다고 유혹한 사탄의 제안을 덥석 받아들인 이유이다(창 3:5).

이 두 번째 원리에 내포된 의미 중 하나는, 하나님이 피조물을 다른 어떤 것보다 더 사랑하신다고 말하는 신학 체계가 결국 보편주의로 흐르게 될 뿐 아니라, 하나님의 심판을 제거해버리고, 윤리적 가치의 우열을 완전히 뒤바꾸어버리는 잘못을 범한다는 사실이다. 인간 중심적인 신학 체계 역시 경계선을 긋거나 심판을 행하기도 하지만, 세상에서 사람이 가장 존귀한 존재이기 때문에 법은 이러한 새로운 명령에 따라 사람을 보호하기 위해 재편되고 말 것이다. 파수꾼들은 마치 미국의 정권이 교체될 때마다 국토안보부 비밀수사국(U.S. Secret Service)이 하는 것처럼 새로운 명령을 이어받게 될 것이다. 인간 중심적인 시스템에서는 율법의 두 돌판이 뒤바뀔 것이다. 말하자면, '하나님'께 속한 규정들이 '인간'에게 속한 규정들에다가 기초를 두게 될 것이다. 원칙적으로 인간에게 흘러가는 하나님의 사랑과 함께, 거룩함의 개념은 마치 물이 말라버린 수도관처럼 결국 그 의미를 잃어버릴 것이다. 또한 영원한 심판이나 저주에 대한 교리 역시 말라버릴 것이다. 인간 중심적인 체계도 당분간은 그러한 교리들을 지킬 수 있을 것이다. 그러나 그런 체계의 필연적인 논리는 이렇다. 만일 사람이 세상에서 가장 존귀하고 하나님도 자기 자신보다 사람을 더 사랑하신다면, 하나님이 모든 사람에게 영원한 행복을 주시는 것 이외에 다른 행위를 하시도록 강제할 수 있는 상위법은 존재하지 않는다는 것이다.

또한 일부 신학적 전통에서 유행하는 것처럼, '사람의 선택을 존중하는' 법은 틀림없이 저주나 지옥을 요구하지 않게 될 것이다. 만일 하나님이 다른 어떤 것보다 사람을 더 사랑하신다면, 자신을 거절하는 사람들을 우주 저편으로 보내 영원한 기쁨의 여행을 즐기게 하시고, 그들의 눈을 멀게 하셔서 그분이 그곳에서조차 그들에게 기쁨을 주신다는 사실을 모르게 하지 않으시겠는가? 일정한 형태의 보편주의는 필연적으로 그렇게 될 수밖에 없다. 하나님 중심적인 하나님은 모든 사람을 구원하시거나 아무도 구원하지 않으시거나를 선택하실 수 있다. 인간 중심적인 하나님은 자신의 최고 사랑이 명령하는 바에 따라 모든 사람을 구원할 수밖에 없다.

마찬가지 원리에서, 인간 중심적인 하나님을 예배하는 교회는 천국과 지옥 사이의 경계선, 교회와 세상 사이의 경계선, 또는 현세와 내세 사이의 경계선 등 성경이 말하는 경계선을 무시하기 시작하다가 마침내 모두 지워버릴 것이다. 아마도 남성과 여성 리더십 사이의 경계나 동성애와 이성애의 삶의 방식 간의 경계 등 윤리적인 경계도 와해될 것이다. 그 자리에는 새로운 윤리적 경계선이 그어질 것이며, 이 경계선들은 정치적이고 대중적인 문화의 경계선과 훨씬 더 잘 어울릴 것이다. 결국, 교회는 세상과 똑같아질 것이며 그 이유는 분명하다. 인간 중심성이 이 세상의 세속적인 윤리 원칙이며, 이것이야말로 타락한 인류를 타락한 인류답게 만드는 주범이다.

사랑을 베푸는 교회란

교회를 인정하시고 거룩하지 않은 자들과 교회를 구별하시는,

거룩하신 분을 찾는 교회이다.

결론: 사랑을 베푸는 교회란 무엇인가?

하나님의 사랑은 사람들이 좋아하기도 하고 싫어하기도 하는 부메랑이다. 우리는 부메랑이 밖으로 날아가 보듬어 안아주는 것을 사랑한다. 반면에 부메랑이 우리를 불러들여 마음과 뜻과 영혼과 힘을 다해 하나님을 사랑하라고 요구하는 것을 싫어한다. 우리는 또한 하나님의 사랑이 하나님의 심판을 낳는다는 주장을 싫어한다. 하나님이 말씀하신다. "너희는 내 앞에 다른 신을 두지 마라. 이는 만물이 나에게서 나오고 나로 말미암고 나에게로 돌아오기 때문이다." 이에 대해 우리는 말한다. "그건 불쾌합니다. 나는 당신을 화형대 위에서 불태울 것입니다. 나는 당신이 돌아다니며 사람들을 고치는 것에 관심이 없습니다. 내가 당신 앞에 엎드리길 원한다고요? 당신이 어떻게 이럴 수 있습니까!"

　　하나님의 복음은 사람들이 좋아하기도 하고 싫어하기도 하는 부메랑이다. 우리는 하나님이 우리의 공로 없이 용서하고 사랑하신다는 선언을 좋아한다. 반면에 회개하고 모든 것을 버린 뒤 예수님을 따르라는 부르심을 싫어한다. 이러한 부르심의 배타성을 싫어하는 것이다.

　　하나님의 교회는 사람들이 좋아하기도 하고 싫어하기도 하는 부메랑이다. 우리는 우리를 받아주는 따뜻한 교제의 개념을 사랑한다.

반면에 가족과 친구들의 친숙한 유혹들을 버리고 감독과 권징에 복종하라는, 교제의 요구 사항들을 싫어한다. 더 나쁜 것은, 교회에 속한다는 것이 가족과 친구들에게 돌아가서 그들에게 어리석은 복음을 나누는 것을 의미한다는 사실이다. 마치 우리를 낳아준 분들에게 이렇게 말하는 것과 같다. "나는 여전히 부모님과 함께 있지만, 부모님의 것은 아닙니다." 우리는 그분들이 어떻게 반응하실지 잘 안다. "너혼자 잘났구나! 오만 방자하구나! 그건 사랑이 아니야!" 그러나 존버니언의 소설에 등장하는 크리스천이 마을 사람들에게 멸망이 오기 전에 회개하라고 외쳤던 것처럼, 우리가 그 사람들을 진정으로 사랑하는 법은 우리의 옛 모습과 현재 모습의 영원한 차이를 그들이 보게되기를 소망하는 것이다. 이 두 영역 사이의 경계선은 그들의 영원한 유익을 위해 반드시 확실하고 선명하게 그어져야 한다.

거룩함과 사랑

사람들은 거룩함과 사랑을 기대하지 않는다. 사랑이 교회에게 선교를 요구하는 반면 거룩함은 교회에게 예배를 요구한다는 것, 이것이 바로 사람들이 기대하는 바이다. 두 가지 모두 사실이다. 그러나 거룩함이 우리를 선교지로 내보내고, 사랑이 우리를 예배하게 한다는 것도 사실이다. 거룩한 사랑이나 사랑스러운 거룩함 모두 밖으로 향하기도 하고 안으로 향하기도 한다. 또는 위로 향하기도 한다. 다시말하지만, 사랑은 마치 부메랑과 같다. 모든 것에는 시기와 절기가있다. 받아들일 때가 있고 내보낼 때가 있으며, 앞으로 나갈 때가 있고 뒤로 물러설 때가 있으며, 세울 때가 있고 허물 때가 있으며, 사랑할 때가 있고 거절할 때가 있다.

예수님이 대제사장처럼 기도하신 것을 떠올려보라. 예수님은 성부 하나님께 교회를 세상으로부터 빼내어달라고 기도하신 것이 아니라, 교회를 보존해달라고 기도하셨다. "내가 비옵는 것은 그들을 세상에서 데려가시기를 위함이 아니요 다만 악에 빠지지 않게 보전하시기를 위함이니이다"(요 17:15). 예수님은 교회를 악의 세력들에게서 지키셨고, 이제 성부가 그와 똑같이 해주시기를 구했다(요 17:12). 더욱 구체적으로 말하면, 예수님은 성부 하나님께 교회를 아버지의 이름으로 보존해달라고 기도하셨다(요 17:11). 이 사람들은 하나님의 이름으로 그리고 하나님의 이름을 위해 인친 사람들이다. 그들은 구별되고 구분되어야 하며, 그것 때문에 미움을 받을 것이다. 마치 예수님이 미움을 받으신 것과 같다(요 17:14). 예수님은 세상 **속에서** 세상과 **공존하는** 교회 안의 사람들을 위해서도 결연하게 기도하셨다. 성부 하나님의 사역을 위해 그들을 거룩하게 해달라고 하신 것이다. "그들을 진리로 거룩하게 하옵소서 아버지의 말씀은 진리니이다 아버지께서 나를 세상에 보내신 것같이 나도 그들을 세상에 보내었고"(요 17:17-18).[72] 예수님이 그들을 보내시는 이유가 무엇인가? 예수님은 물이 바다를 덮음과 같이 교회가 하나님의 영광을 아는 지식으로 충만하기를 원하신다(합 2:14; 사 6:3). 신약학자 리처드 보컴의 말과 같이, "하나님은 그들을 거룩하게 하시고, 하나님께 헌신하게 하신다.

---

72 리처드 보컴은 요한복음이 제자들이 이미 받은 죄의 '정화'(요 13:10; 15:3)와 그들의 성화 또는 그리스도의 사역에 대한 헌신을 명확하게 구분한다고 주장한다. 보컴은 요한복음 17장 17절에 나오는 '하기아제인'(*hagiazine*)이라는 단어를 '헌신'으로 번역하는 것이 더 낫다고 주장한다. 왜냐하면 '성화시키다'라고 번역하면 예수님이 이 대목에서 제자들이 윤리적으로 거룩하게 된다는 개념을 마음에 두고 계신 것처럼 되기 때문이다. 그러나 18절의 문맥을 보면, 예수님이 마음에 두신 것은 예수님의 사역을 위해 제자들을 구별하신다는 생각이다. Richard Bauckham, "The Holiness of Jesus and His Disciples in the Gospel of John," p. 111.

그들을 세상으로부터 분리하기 위해서가 아니라, 그들을 세상으로 보내어 세상이 하나님을 알게 하기 위함이다".[73]

그러나 이것은 앞으로 나가기도 하고 뒤로 물러서기도 하는 거룩함을 통해서, 교회가 세상에 대해 사랑을 드러내는 방식인 거룩함을 통해서이다. 다른 말로 하면, 교회는 하나 되고 구별된 백성으로서, 곧 하나님의 이름으로 구별된 백성으로서 세상 **속으로** 나아가야 한다. 예수님이 성부 하나님께 말씀하셨다. "내게 주신 영광을 내가 그들에게 주었사오니 이는 우리가 하나가 된 것같이 그들도 하나가 되게 하려 함이니이다 곧 내가 그들 안에 있고 아버지께서 내 안에 계시어 **그들로 온전함을 이루어 하나가 되게 하려 함은 아버지께서 나를 보내신 것과 또 나를 사랑하심같이 그들도 사랑하신 것을 세상으로 알게 하려 함이로소이다**"(요 17:22-23). 이 구절에서 예수님이 말씀하지 않으신 것이 무엇인지 주목하라. 예수님은 교회가 세상처럼 행동할 때, 또는 교회가 비그리스도인들을 그 공동체에 받아들일 때, 또는 교회가 어느 곳으로나 개인적으로 흩어질 때 세상이 아버지의 사랑을 알게 될 것이라고 말씀하지 않으신다. 오히려 예수님은 교회가 하나 된 삶을 살 때 세상이 아버지의 사랑을 알게 될 것이라고 말씀하신다. 이것이야말로 예수님이 제자들에게, "내가 너희를 사랑한 것처럼 너희도 서로 사랑함으로써 너희가 내게 속한 줄 세상이 알 수 있게 하라"라고 말씀하신 이유이다(요 13:34-35).

오늘날 많은 교회들이 주장하는 것처럼 교회는 '선교적'일까?[74]

---

73 같은 책, p. 113.

74 1952년에 열린 세계선교대회(Conference of the International Missionary Council)에서 빌헬름 앤더슨
(Wilhelm Anderson)은 칼 바르트의 사상에 근거해 교회와 선교 두 가지 모두가 하나님의 선교(*missio Dei*)의

하나님 사랑의 부메랑이 복음을 전하는 교회 안에서 밖을 향해 던져지는 한 분명히 그렇다. 그러나 선교를 강조하는 것이 부메랑의 회귀 곡선을 무시한 채 하나님이 모으신 백성에 반하고 하나님의 영광에 반하는 순간, 그것은 인간 중심적이고 불경하게 된다. 죄인들을 향하신 하나님 사랑의 목적은 창조를 인정하시는 하나님의 목적과 마찬가지로 하나님이 영광과 경배를 받으시는 것이다. 이 땅에서의 영광과 경배는 하나님이 모으시는 백성들 가운데에서 가장 잘 실현되며, 이것이야말로 성도들이 그러한 모임에 자부심을 가져야 하는 이유이다. 잃어버린 죄인들에게로 나아가지 않는 교회는 사랑하지 않는 교회이다. 또는 거룩하지 않은 교회이다. 그러나 그 잃어버린 죄인들이 하나님께 영광을 돌리고 예배하는 일에 더욱더 순종하도록 돕지 않는 교회 또한 거룩하지 않거나 사랑하지 않는 교회이다.

기치 아래로 들어와야 한다고 주장했다. 선교는 단순히 교회의 기능이 아니고, 교회는 단순히 선교의 결과물이 아니다. 오히려 두 가지 모두 선교에 관한 삼위일체적 하나님에 근거를 두고 있다. 교회는 선교적인 (오늘날 우리는 "사명의"라고 말한다) 속성을 가지고 있다. 요하네스 블라우(Johannes Blauw)는 그가 1962년에 출판한 《교회의 선교적 본질》(*The Missionary Nature of the Church*, 한국장로교출판사)의 제목에서 이것을 기본적인 전제로 하고 있다. 에큐메니컬 운동을 하는 사람들은 1961년에 국제선교협회(IMC)와 세계교회협의회(WCC)를 합병하면서 이것을 보다 명확하게 받아들였으며, 그 후 로마가톨릭교의 제2차 바티칸공의회 선언문은 "지상교회는 성부 하나님의 계획에 따라 성자와 성령의 선교에 그 기원을 두고 있기 때문에 그 본질상 선교적이다"라고 명시했다. "Decree on the Church's Missionary Activity," *Ad Gentes Divinitus*, in *Vatican Council II: vol. 1, The Conciliar & Post conciliar Documents*. rev. ed., ed. Austin Flannery (Cowtello, 1987), p. 813. 이러한 변화가 많은 사람들에게 받아들여졌는지, 1969년에는 세계교회협의회가 그들이 발간하는 정기 간행물의 이름에서 's'를 제거함으로써 *International Review of Missions*가 *International Review of Mission*이 되었다. 자세한 역사는 다음 자료에 있다. *Craig Van Gelder, The Essence of the Church: A Community Created by the Spirit* (Baker, 2000), pp. 32-36. 최동규 옮김, 《선교하는 교회 만들기》(베다니, 2003); David Bosch, *Transforming Mission: Paradigm Shifts in Theology of Mission* (Orbis, 1991), pp. 362-368. 장훈태 옮김, 《변화하고 있는 선교》(CLC, 2000). 대럴 구더(Darrell Guder)는 선교적인 교회(missional church)라는 용어가 유행하게 된 것이 자신이 쓴 글의 제목 때문이라고 주장했다. Darrell Guder, "The Church as Missional Community," *The Community of the Word: Toward an Evangelical Ecclesiology*, ed. Mark Husbands and Daniel J. Treier (Downers Grove, IL: InterVarsity, 2005), p. 114.

영광을 추구하는 사람들

그리스도인들은 영광을 도둑질하는 자들이 되어서는 안 되고 오히려 영광을 추구하는 자들이 되어야 한다. "참고 선을 행하여 영광과 존귀와 썩지 아니함을 구하는 자에게는 영생으로 하시고"(롬 2:7). 그리스도인들은 세상 속으로 나가 하나님의 영광을 찾을 수 있는 곳마다 하나님의 영광을 구하고, 하나님의 영광을 마음 다해 인정하고, 스스로를 그 영광에 일치시켜야 한다. 그리스도인들은 하나님의 섭리적인 사랑, 하나님의 보편적인 사랑 그리고 하나님의 백성들을 향한 하나님의 특별한 사랑 등 여러 차원에서 하나님의 영광을 구해야 한다.

하나님의 영광이 창조에 분명하게 드러나 있으므로(예를 들면 시 19:1-5) 하나님의 백성들은 창조에서 하나님의 영광을 찾고 그것을 인정해야 한다.

하나님의 영광이 창조의 정점인 인류에게도 드러나 있으므로, 하나님의 백성들은 인류에게서 하나님의 영광을 찾고 그 영광을 인정해야 한다. 비록 하나님의 형상이 마치 화염 속에서 꺼낸, 그을리고 타다 남은 사진처럼 어그러지고 흐려지기는 했지만, 그리스도인의 마음은 한때 가지고 있던 기억으로 그리고 언젠가 다시 회복될 수 있는 그 기억으로 따뜻하게 데워져야 한다. 마더 테레사(Mother Tereas)는 이렇게 썼다.

> 하나님은 배고프고, 아프고, 헐벗고, 집 없는 사람들과 같이 되셨다. 빵에 굶주리신 것이 아니라, 누군가에게 사랑과 돌봄과 친구가 되어주시는 것에 굶주리셨다. 옷이 없어 헐벗으신 것이 아니라, 사람들이 이름 없는 자들에게는 긍휼을 베풀지 않으려고 하는 것 때문에 헐벗으

셨다. 그리고 돌로 지은 피난처가 없었기 때문만이 아니라, 그분에게 집이 없다는 사실을 알아주는 사람이 아무도 없는 것 때문에 집 없음 (homelessness)을 경험하셨다.[75]

하나님은 죄인들에게 자신의 형상을 인치심으로써 어느 곳에서나 죄인들과 하나가 되신다. 하나님은 근본적으로 이렇게 말씀하신다. "아담의 모든 후손은 나의 소유이고, 그들 모두에게서 나의 속성이 나타난다." 다시 말해, 하나님이 그들을 사랑하신다. 그러므로 그리스도인들은 술집에서, 골목길에서, 낙태 수술이 이루어지는 병원에서, 변호사 사무실에서, 시장에서 그리고 미식축구 경기장에서 하나님의 영광을 추구해야 한다.

더욱이 그리스도인은 마치 사랑받는 자가 사랑하는 자를 애타게 찾는 것처럼 거룩하신 분이 자기의 이름을 부르실 때까지 기다리면서 그분의 향기를 맡기 위해 항상 깨어 있는 사람이다. 그을린 사진으로는 충분하지 않다. 그리스도인은 거룩하신 분에게 달려가서 그분을 손으로 만지길 원하며, 그분이 안아주시는 느낌을 생생하게 경험하고 싶어 한다.

이 땅에서 그리스도인이 주님의 생생하고 거룩한 안아주심을 발견하는 곳은 지역교회이다. 지역교회가 그리스도인에게 다가가 그를 인정하고, 연합하여, 그와 하나가 되기 때문이다. "맞습니다. 당신은 그리스도께 속했습니다. 당신은 그분의 것입니다. 그리스도는 아직

---

75 본래 *Life in the Spirit: Reflections, Meditations, Prayers, Mother Teresa of Calcutta*, ed. Kathryn spink (San Francisco: Harper & Row, 1983), pp. 24-25에 인용되었다.

다시 오지 않으셨습니다. 그러나 그분이 오실 때까지 우리가 그분을 대신하고 있습니다. 당신이 고통당할 때 우리가 당신과 함께 아파할 것입니다. 당신이 기뻐할 때 우리가 당신과 함께 기뻐할 것입니다. 그리스도의 영광이 우리의 영광이고 우리의 영광이 그리스도의 영광이라고 그분이 약속하셨기 때문입니다."

그리스도의 사랑으로 사랑하는 교회는, 다른 사람들의 삶 속에서 복음이 창조하는 거룩한 사랑을 뜨겁게 인정한다.

- 교회 자신를 위해, 교회는 그리스도인 개개인의 삶에 존재하는 그 거룩한 사랑을 교회의 것으로 동일시하고자 한다. 왜냐하면 모든 그리스도인은 긍휼이나 자비와 같이 보편적으로 공유된 하나님의 속성과, 하나님이 그분의 몸 된 교회의 각 지체들에게 허락하신 하나님의 영광에 대한 고유한 통찰을 점점 더 드러내기 때문이다. 교회는 개인에게 허락된 아름다움을 교회와 동일시하고 공유하고자 열망한다. 성도들은 '예수 그리스도의 심장으로' 서로를 '사모한다'(빌 1:8). 지체들은 단지 자기에게 있는 것을 다른 지체들에게 주는 것이 아니라, 자기 자신을 내어준다. 그러므로 "만일 한 지체가 고통을 받으면 모든 지체가 함께 고통을 받고 한 지체가 영광을 얻으면 모든 지체가 함께 즐거워"한다(고전 12:26).

- 각 사람을 위해, 교회는 성도 한 사람 한 사람이 세상과 육신적인 것들과 마귀의 공격으로부터 보호받고 모든 의로움과 더 큰 사랑으로 인도받기를 원한다. 어머니가 자녀를 위해 이 모든 것들을 바라는 것과 마찬가지이다. 성도들은 예수 그리스도의 심장을 가지고 서로를

사모하므로, 서로의 사랑이 "지식과 모든 총명으로 점점 더 풍성하게" 되어 각자가 "지극히 선한 것을 분별하며 또 진실하여 허물없이 그리스도의 날까지 이르고 예수 그리스도로 말미암아 의의 열매가 가득하여 하나님의 영광과 찬송이 되기를" 기도한다(빌 1:9-11). 교회는 개인의 유익을 갈망한다. 그 유익은 곧 하나님이다.

• 세상을 위해, 교회는 성도 한 사람 한 사람이 소망을 전하는 본보기로, 사랑을 베푸는 본보기로 그리고 생명을 나누어 주는 빛으로 인침을 받고 세워지기를 갈망한다. 교회는 각 개인을 세상과 구별되게 함으로써, 세상이 그리스도인을 통해 다른 길, 더 나은 길이 있음을 보고, 마침내 하늘에 계신 아버지께 영광을 돌리며 그분을 따르게 되기를 원한다(마 5:13-16; 벧전 2:12).

• 그리스도를 위해, 교회는 성도 한 사람 한 사람을 교회와 동일시하여 신랑의 다시 오심을 준비하게 하고, 말씀의 물로 그들을 깨끗이 씻어 신랑이 오실 때 아무런 흠이나 점도 없이 거룩하고 아름답게 하기를 원한다(고후 11:2; 엡 5:27; 빌 1:11).

• 하나님을 위해, 교회는 성도 한 사람 한 사람을 온 세상 앞에 굳게 세워 이렇게 선포하기를 원한다. "보라! 여기에 하나님의 영광과, 그분의 지혜와, 거룩하심과 사랑이 있다"(엡 3:10을 보라).

교회는 영광과 거룩함과 사랑을 추구하는 존재여야만 한다. 그처럼 거룩한 사랑에 근거하여 예수님은 교회가 믿음을 **인정**하고, 믿음을 **동여매고 지키며**, 그 믿음을 **감독하는** 권위를 시행하길 바라신다. 예수님은 교회에게 그분의 사랑의 짐을 지우기만 하고 그 사랑을 시행할 수 있는 아무런 능력도 주지 않는 분이 아니다. 오히려 예수님은 그리스도인 개개인에게는 주시지 않은 권위를 교회에게 주셨다. 특별히 예수님은 교회에게 펜을 건네주시면서 말씀하신다. "나를 주로 고백하고 따르는 모든 사람들의 이름을 기록하라. 그들을 받아들이고, 그들이 이제 우리들 중 하나가 되었음을 세상에 말하라. 너희는 신문에 내고, 이웃들을 깨워서 그들에게 기뻐하라고 선포하라. 나의 자녀들이 집으로 돌아왔다."

다음 장에서는 이 사랑의 권위에 대하여 살펴보자.

_3장

사랑의 통치

"우리는 사랑이 지배하는 세상을 만들어야 해."_레니 크라비츠(Lenny Kravitz)

핵심 질문: 권위란 무엇일까? 권위는 사랑과 어떤 관계가 있을까? 교회에서 권위의 역할은 무
엇일까?

핵심 답변: 거룩한 사랑에 근거한 권위는 생명을 창조한다. 권위는 구별되기도 하고 형성되기
도 하는 전혀 새로운 실재를 창조한다.

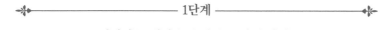
1단계

권위라는 개념은 우리를 두렵게 한다.

그럴 만한 이유가 있다. 사랑과 권위,

이 둘은 정말로 서로에게 속하는 것일까?

디스토피아 ^{Dystopia}

최근에 나는 조지 오웰(George Orwell)의 디스토피아(현대 사회의 부정적인

모습을 허구로 그려냄으로써 현실을 날카롭게 비판하는 문학작품—표준국어대사전)
소설 《1984년》(*Nineteen Eighty-Four*)을 읽었다. 오웰은 1940년대에 쓴
이 소설에서 구소련(舊蘇聯)의 스탈린주의적 전체주의를 겨냥하고 있
다. 하지만 이 작품은 마치 산탄총처럼 탄환이 퍼져나가는 범위가 넓
다. 이 작품은 대체로 권위의 개념에 도전한다. 즉, 사랑을 권위와 연
결하는 방식이 마치 난폭한 고릴라 우리에 사람을 집어넣는 것과 같
아서, 사랑이 매 순간 권위에게 얻어맞고 짓밟히도록 가두어두는 것
이라고 주장하는 듯하다.

　　오웰의 소설에 등장하는 범죄자는 권위주의적인 권력자 빅브라
더(Big Brother)이다. "빅브라더가 당신을 지켜보고 있다!" 이 문구가
실린 포스터와 비디오 화면이 온 도시를 뒤덮었다. 소설 속 정부는
자기들에 대한 충성 이외의 다른 모든 충성을 위협으로 여긴다. 부모
와 자녀, 친구, 연인 등 모든 사회적 유대 관계들을 조직적으로 끊어
버린다. 정의(正義)를 자기들의 언어로 다시 정의한다. 피지배자들의
삶에서 모든 소망과 정직한 사랑을 잔인하게 도려내버리고, 그들의
모든 말과 생각과 마음마저 지배한다. 이 정부의 목표는 결코 대화가
아니다. 빅브라더의 대변인은 정치적 반대자들에 대해(그리고 더 나아가
모든 시민에 대해) 다음과 같이 말한다.

　　우리는 그를 전향시킨다. 그의 속마음을 사로잡는다. 그를 개조한다. 우
　　리는 그에게서 모든 악과 모든 환상을 불살라버린다. 우리는 그를 우리
　　편으로 끌어들인다. 단지 겉으로만 그렇게 하는 것이 아니라, 진심으로
　　마음과 영혼을 끌어들인다. 우리는 그를 죽이기에 앞서 우리들 중 하나
　　가 되게 한다. 거짓된 사상이 세상 어디엔가 존재한다는 것을 참을 수

없다. 아무리 비밀스럽고 아무리 무력하다고 해도 참을 수 없다.[1]

스탈린 정부가 권력을 지키려는 배타적인 목표를 위해 사용하는 방법들은 위협, 선전과 선동, 집단 굶주림, 고문 그리고 처형이다. 더욱 역겨운 것은, 이 정부가 진리부(거짓말을 퍼뜨리는 부서), 평화부(전쟁을 수행하는 부서), 풍요부(집단 아사를 꾸미는 부서) 그리고 무엇보다 사랑부(고문을 하고 죽이는 부서) 등의 이름을 가진 정부 부처들을 통해 이런 짓들을 자행한다는 점이다.

이 정부는 성공을 거둔다. 주인공 윈스턴(Winston)은 이야기가 전개되는 내내 빅브라더에게 저항한다. 그러나 이야기 말미에서 윈스턴은 몹시 얻어맞고 세뇌를 당한 후에, 눈물을 글썽이며 신격화된 독재자의 사진을 올려다본다. 윈스턴은 자기가 이 독재자의 '사랑의 가슴'으로부터 지나치게 멀리 도망한 것을 자책한다. 이 소설은 터무니없는 말로 끝을 맺는다. "그는 빅브라더를 사랑했다." 윈스턴은 완전히 개조되고 말았다.

《1984년》을 읽는 동안 나의 머리와 마음은 두 갈래로 나뉘었다. 머리는 계속해서 성경적 권위 개념을 확신한 반면, 마음은 그것에 의문을 제기하고 싶어졌다. 예를 들어, 소설의 한 대목에서 독자들은 윈스턴의 눈을 통해 땅속 깊은 곳에 빠져 죽어가는 그의 어머니와 어린 여동생의 얼굴을 들여다볼 수 있다. 그들은 윈스턴을 살리기 위해 스스로를 희생한 것이다. 독자들은 두 사람의 얼굴을 보면서 고통스러워한다. 그러나 윈스턴의 삶은 전체주의 세상에서 두려움과 증오와

---

1 George Orwell, *Nineteen Eighty-Four*, centennial ed. (New York: Plume Harcourt Brace, 2003), p. 263.

고통으로 억눌려 있기 때문에, 그는 이 일을 비극적인 순간으로 기억하는 것조차 어려워했다. 윈스턴은 어머니와 여동생 때문에 괴로웠지만, 그것과는 모순되게 그의 마음은 이미 그 사실을 잊었다.

이 비정하고, 두려움에 사로잡히고, 증오에 찬 세상에 대해, 그리고 윈스턴의 감정적 부조화에 대해 책임을 져야 하는 원흉은 권위이다. 권위는 인생을 무기력하게 만들고, 오염시키며, 마침내 희생시킨다. 권위는 인간적인 면을 점점 약하게 만들고 그것을 도둑질한다. 이러한 현실 앞에서 신학책들이 단지 "권위는 선하다"라고 유쾌하게 정의하는 것은, 설령 비정하거나 어리석게 보이지는 않는다 해도 너무나 순진하게 들릴 것이다. 이 세상은 이미 권위자들의 손에 크나큰 고통을 당했다. 자유와 평등을 위한 민주적인 몸부림과 일정한 형태의 자율성은 정당하다. 이런 추론 방식은 정치 체제에서도 마찬가지이다. 이것은 천국으로까지 확장된다. 하나님은 단연코 우리를 통제하려 하지 않으시며, 우리에게 주신 생명과 사랑 그리고 창조성을 억압하려 하지 않으신다.

2장에서 제시한 내용을 다시 한 번 생각해보라. 하나님의 사랑은 하나님 중심적이다. 하나님의 사랑은 권위를 행사한다. 하나님의 사랑은 심판도 행한다. 하나님의 사랑은 우리에게 하나님의 성품과 같이 되라고 요청한다. 사랑과 권위는 분명히 서로 협력한다. 이보다 훨씬 더 혼란스러운 것은 이 장의 말미와 다음 장에서 우리가 생각해보려고 하는 주제이다. 즉, 그리스도는 교회에게 권위를 주시고 다스리라고 요구하신다. 그리스도는 심지어 우리가 다니는 교회에게 우리를 다스리라고 요구하신다!

이것이 과연 옳을까? 이것이 성경적일까? 빅브라더 정부에는 사람들을 고문하는 '사랑부'가 있다. 우리가 살펴보기 시작한 하나님과 그분의 백성 사이에서 펼쳐지는 사랑 이야기가 또 하나의 디스토피아에 이르지 않도록 해주는 것은 무엇일까? "하나님이 당신을 사랑하신다. 그러므로 회심하라. 그러지 않으면 당신을 죽일 수밖에 없다." 이것이 바로 손에 칼을 든 샤를마뉴 대제가 유럽의 이교 국가들에게 기독교로 '개종'하기를 강요하면서 했던 말이 아닌가? 권위의 정치나 권위의 신학은 그 어느 것 하나도 단순하지 않다. 세상에서 교회의 권위를 생각하려면 그것이 남용되는 현실을 함께 인정해야만 한다. 그래서 쉽사리 단언하거나 근거가 되는 구절을 인용할 수 없다.

이러한 생각이 무섭고 위험하기 때문에, 권위를 이해하려면 충분한 시간이 필요하다. 이 장의 대부분에서 권위가 무엇인지, 과연 하나님이 자기 백성들에게 권위를 행사하기 원하시는지에 대하여 논의할 것이다. 나는 예비 단계에 많은 시간을 할애할 생각이다. 하지만 한 지역교회와 연합하는 것은 단순히 시민사회나 컨트리클럽 또는 체스 모임 등과 같은 곳에 '참여하는' 문제가 아니다. 이것은 또한 자주권을 가지고 어느 기관과 계약을 맺고, 의무를 제공하고, 반대급부로 이득을 얻는 행위에 관한 것도 결코 아니다. 이러한 생각들은 교회를 가족, 시민권, 성전, 포도나무 또는 몸으로 비유하는 성경적 비유들에 내포된 연합 관계를 전혀 이해하지 못하는 것이다. 더욱이 교회에 속하는 것은 다른 기관들에 참여하는 것처럼 단지 **당신이 가진 것을 주는 행위**에 관한 문제가 아니다. **당신 자신을 주는 것**이며, 복종의 행위이다. 당신의 이름을 그 교회에 속한 모든 사람들과 동일시하는 것이다. 마음과 뜻과 사명이 하나가 되는 것이다. 요컨대, 그리스도에 대한 당신의 헌신이 한정된 지역에 존재하고 구성원의 수가 구체적인 하나의 무리에게 복종하는 것이다. 교회에 속하는 것은 복종하는 것이고, 다스림을 받는 것이고, 다스리는 것이다.

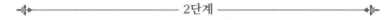

────────◆──────── 2단계 ────────◆────────
오늘날의 수많은 교회 지도자들과 목사들은
권위의 개념을 경시하는 관계 중심의
사랑 공동체에 대한 환상을 보여주고 있다.

다른 길: 공동체

물론, 우리가 택할 수 있는 다른 길이 있다. 우리는 권위에 대해 이야기할 **필요**가 없다. 1장에서 살펴본 바와 같이, 많은 신학자들과 교회 지도자들은 수직적인 권위 개념을 도입하지 않은 채 개인들과 교회를 하나로 묶기 위한 대안을 내놓고 있다. 그들이 내세운 슬로건은 "관계!" 또는 "공동체!"이다. 스스로 깨닫고 있는지는 모르겠지만, 그들의 외침은 수많은 '공동체주의' 철학자들과 정치 이론가들, 사회학자들 그리고 신학자들이 수십 년 동안 이야기해온 것과 똑같다. 거기에는 그럴 만한 이유가 있다. 즉, 현대인들은 분주한 도시 생활 속에서 소외감을 느끼며 사람들 사이의 얄팍한 관계성을 경험하다 보니 모두가 같은 질문을 한다는 것이다. "우리를 결속하는 사회적 매개체는 무엇인가?"

직장인들은 날마다 긴 시간을 들여 회사와 집을 오고간다. 이웃집에 사는 사람들보다 지구 반대편에 있는 사업 파트너들의 얼굴을 훨씬 더 자주 본다. 친구 관계는 휴대전화를 열고 닫을 때 열리기도 하고 닫히기도 한다. 바쁜 일상에 시달리는 부모들을 대신해 비디오게임이 자녀들을 돌봐준다. 대형교회의 슈퍼스타 목사들은 화려한 무대조명 너머로 구경꾼들의 얼굴을 노려본다.

이렇듯 정신없고 타인과 단절된 삶 속에서, 사람들은 더 이상 소외되지 않으려면 어떻게 해야 할지에 대해 머리를 긁적이며 궁리하는 중이다. 많은 사람들은 이것이 민주적이고, 자본주의적이고, 범세계적이고, 세속적인 서구문화에서 사는 삶에 대한 큰 도전들 중의 하나라고 말한다.[2] 사람들을 결속시키는 것은 무엇인가? 이 문제에 답하기 위해 전근대적인 말썽쟁이 요정(hobgoblin)을 꺼내 들려는 사람은 아무도 없다. 그 요정이란 바로 권위이다.

사실, 우리가 출발하려고 하는 지점이 바로 이곳이다. 권위에 대해 논의하거나 권위가 어떻게 지역교회와 교인들에게 조직을 부여하는지 논의하기 이전에, 오늘날의 대안이 되고 있는 대중적인 관계 및 공동체 개념을 먼저 살펴보려고 한다.

관계적 전환

사회과학에서, 공동체주의적인 논의들은 종종 "관계적 전환"이라고 불리는 것에 뿌리를 두고 있으며, 이 관계적 전환 덕분에 예전에는 부수적이었던 관계의 문제가 지금은 인간 존재(존재론)의 본질적인 중심 주제가 되고 있다.[3] 우리는 우리의 관계**이다**. 따라서 그 관계로부

---

2 오스 기니스(Os Guinness)는 등록 교인 제도에 관한 논쟁을 하려면 결국 현대 도시 생활의 독특한 상황들을 다루어야만 할 것이라고 내게 가르쳐주었다. 나는 6장과 7장에서 이 문제를 더욱 구체적으로 논할 것이다.

3 이러한 전환에 대하여 간략하게 개관하기 위해서는 다음을 보라. F. LeRon Shults, *Reforming Theological Anthropology: After the Philosophical Turn to Relationality* (Grand Rapids: Eerdmans, 2003), pp. 11–36.

터 우리를 분리시키면 정체성의 위기가 찾아온다.[4]

신학에서, 관계의 중요성(나-너 관계의 변증법)은 조직신학의 모든 영역을 재정립하고 있다.[5] 관찰된 것만 적어보면 다음과 같다.

- 하나님의 존재는 실재론적인 헬라적 범주에 속하는 정적 존재로 정의되지 않고, 하나님의 세 위격이 공동체를 이루고 계시는 사실로 정의된다.
- 인간의 인격은 하나님의 삼위일체적 공동체와 같은 '관계적 유비'를 품고 있다.
- 사랑은 '상호성'의 문제이다.
- 죄는 공동체를 깨뜨리는 것이다.
- 그리스도는 우리와 그리스도를 화해시키시고 우리와 하나님 사이의 관계를 회복시키신다.
- 그리스도는 우리와 그분의 몸 된 교회 공동체 사이의 관계를 회복시키신다.
- 또한 종말은 우리가 하나님의 공동체에 참여하는 것으로 모두 끝날 것이다.[6]

---

4 Michael Sandel, *Liberalism and the Limits of Justice* (New York: Cambridge University Press, 1982), p. 179. 이양수 옮김, 《정의의 한계》(멜론, 2012); Charles Taylor, *Sources of the Self*, p. 27.

5 특히 슐츠(F. LeRon Shults)의 *Reforming Theological Anthropology*와 *Reforming the Doctrine of God* (Grand Rapids: Eerdmans, 2005)을 보라.

6 이러한 주장을 담고 있는 핵심적인 책들의 제목을 보면 그 책이 무슨 이야기를 하려는지 알 수 있다. 《삼위일체와 하나님 나라》(*The Trinity and the Kingdom*, 대한기독교서회), 《친교로서의 존재》(*Being as Communion*, 삼원서원), 《삼위일체와 교회: 하나님의 형상으로서 교회에 대한 가톨릭·동방 정교회·개신교적 이해를 찾아서》(*After Our Likeness: The Church as the Image of the Trinity*, 새물결플러스), 《사회적 하나님과 관계적 자아》(*Social God and the Relational Self*), 《성부와 같이, 성자와 같이: 삼위일체의 형상을 닮은 인류》(*Like Father, Like Son: The Trinity Imaged in Our Humanity*), 《인간 공동체 안에서의 삼위일체: 사회

우리는 이 문제들 중에서 몇 가지를 이미 1장에서 다루었다. 그리고 그 이면에 놓인 질문은, '개인주의적인 우리 문화에서 사람들을 결속시키는 것이 무엇인가'라는 것이다. 정답은 관계이다. 또한 관계는 전근대적인 말썽쟁이 요정을 의지하지 않고 사람들을 결속시킬 수 있는, 깔끔하고 매력적인 방법이다. 모든 사람이 관계를 좋아한다. 그러니 제발 우리 교회에 등록해주기를 부탁드린다.

실용주의적 제안

예상할 수 있는 바와 같이, 교회를 위한 여러 가지 실용주의적인 교훈들이 뒤따른다. 사람들은 우리가 교회를 비인격적인 조직이 아니라 사람들의 공동체로 이해해야 한다고 말한다.[7] 만일 관계가 교회의 본질을 구성하는 것이라면, 현존하는 모든 조직들은 유기적이거나, 유동적이거나, 자연적이어야 한다. 교회는 "유기적 합성 과정을 가진 유기체이다".[8] 근래 들어 교회 지도자들을 위해 출판된 책들의 제목을 살펴보라. 《자연적 교회 성장》(*Natural Church Development*, NCD), 《유동적 교회》(*Liquid Church*), 《오가닉 처치》(*Organic Church*, 가나북스), 《미래를 위한 씨앗: 생동하는 교회를 위해 성장하는 유기적 리더》(*Seeds for the Future: Growing Organic Leaders for Living Churches*), 《유기적 공동체》(*Organic Community*, SFC출판부) 그리고 《다시 그려보는 교회: 유기적 그리스도교의 꿈을 찾아서》(*Reimagining the Church: Pursuing the Dream of Organic*

적 삼위일체 형상으로서의 회중의 삶에 대한 연구》(*Trinity in Human Community: Exploring Congregational Life in the Image of the Social Trinity*).

7 1장에서 이 주제에 관해 논의한 것을 보라.

8 Frank Viola, "Why I Left the Institutional Church."

Christianity, 대장간) 등이다.

또한 교회 모델 메뉴판에 적혀 있는 유쾌한 목록들을 한번 훑어보라. 구도자 중심 교회, 목적이 이끄는 교회, 셀 교회, G12 셀 교회, 카페 교회, 카페 스타일 교회, 동아리 교회, 직장 교회, 주점 교회, 클럽 문화 교회, 기업 교회, 사이버 교회, 네트워크 교회, 문화 특성화 교회, 주중 교회, 프로젝트 교회, 일주일 내내 교회, 알파코스 교회, 테이블 교회, 가족 교회, 메뉴 교회, 다문화 교회, 흩어진 교회 등등.[9] 셰익스피어의 표현을 빌리면, "오, 그러한 교회들을 가진 용감한 새 세상이여!"라고 외칠 수 있을 지경이다.

우리는 또한 설교가 독백체가 아닌 대화체이어야 한다는 말을 듣는다. 우리의 회중들 역시 말을 해야 하고 다양한 관점으로부터 배워야 한다.[10] 어느 개인이나 단체도 하나님의 뜻이 무엇이라고 말할 수 있는 권위가 없다.

사람들은 또한 회심이 일회적인 사건으로 다루어져서는 안 된다고 말한다. 왜냐하면 신앙은 종종 점진적으로 찾아오고 점진적으로 성장하기 때문이다. 오히려 회심은 하나의 여정, 과정, 대화, 또는 적어도 '지속적인 회심'으로서 마치 대화와 같이 새로운 관점에 서서히 마음을 여는 것이라고 말해주기를 원한다.[11] 개개인은 서로 다르게

9 Stuart Murray, *Church After Christendom* (Milton Keynes, UK: Paternoster, 2004), pp. 67–98.

10 O. Wesley Allen Jr., *The Homiletic of All Believers: A Conversational Approach* (Louisville: Westminster, 2005); Doug Pagitt, *Preaching Re-imagined: The Role of the Sermon in Communities of Faith* (Grand Rapids: Zondervan, 2005)를 보라.

11 다음을 보라. George. R. Hunsberger, "Evangelical Conversion toward a Missional Ecclesiology," in John Stackhouse, ed., *Evangelical Ecclesiology* (Grand Rapids: Baker, 2003), pp. 123–126; Darrell L. Guder, *The Continuing Conversion of the Church* (Grand Rapids: Eerdmans, 2000). 조범연 옮김, 《교회의 선교적 사명에 대한 신선한 통찰》(미션툴, 2005). 스튜어트 머레이는 *Church After Christendom*, p. 11에

변하고, 문화들도 서로 다르게 변한다. 더욱이 기독교 선교 역사에서, 회심의 '결정적 순간'이라는 개념은 종종 교회를 억압적인 태도로 이끌었다. 어느 저자는 이렇게 경고했다.

예민한 그리스도인들은 (회심에 대한) 이러한 용어를 꺼리며, 이 용어가 특정한 신앙과 행동을 따르라는 무언의 압력을 내포하고, 이미 '회심한' 사람들의 우월한 지혜와 의로움에 복종하라는 의미도 함축하고 있다는 것을 잘 안다. 회심은 역사적으로 종종 우세한 교회의 제도와 신조와 윤리적 규범에 순종할 것을 요구하는 제국주의적인 (때로는 강압적인) 요구를 의미했다.[12]

그리스도인으로서 우리의 목표가 교회 밖 사람들에게 우리의 신앙과 행동을 즉각 따르라고 요구하는 것이어서는 안 된다. 왜냐하면 첫째, 관계는 시간이 걸리고, 둘째, 관계는 말하는 것뿐 아니라 듣는 것도 포함하기 때문이다.[13]

서 경탄하며 외친다. "(영국국교회와 에큐메니컬 진영에서) 복음 전도 시대라 불리는 1960년대의 중요한 발견은, 많은 사람들이 갑자기 믿음으로 돌아서는 것이 아니라 점차적으로 그렇게 된다는 사실이다." 이와 다르게 말한 사람이 있는가?

12 Murray, *Church After Christendom*, pp. 31–32. 이와 맥락을 같이하면서 더 잘 알려진 논증은 데이비드 보쉬가 계몽주의 선교 패러다임이라고 묘사한 비평에서 찾아볼 수 있으며, 특히 그의 군사적인 비유에 잘 드러나 있다. 보쉬는 서구 선교 운동이 식민지주의 및 명백한 사명설과 맥을 같이한다고 보았다. *Transforming Mission* (Maryknoll, NY: Orbis, 1991), pp. 284–345. 장훈태 옮김, 《변화하고 있는 선교》(CLC, 2000). 또한 Brad Wheeler, "One of the Dirtiest Words Today: C————n," http://www.9marks.org, "Conversion"을 보라.

13 Bosch, *Transforming Mission*, p. 427, 453. 장훈태 옮김, 《변화하고 있는 선교》(CLC, 2000); Tite Tienou, "Christian Theology in an Era of World Christianity," in *Globalizing Theology: Belief and Practice in an Era of World Christianity*, ed. Craig Ott and Harold A. Netland (Grand Rapids: Baker, 2006), pp. 45–51 를 보라.

기독교의 선교와 복음 전도는 관계적인 행위이다. 이 둘을 진행하는 과정에서 관계성이 중요하다. 즉, 우리는 관계를 쌓아나감으로써 그리스도의 사명을 수행한다. 그리고 이 둘은 그 목표에서부터 관계적이기 때문에 연합이라는 목적을 추구한다. 신학자 사이먼 찬(Simon Chan)은 말했다. "모든 것은 삼위 하나님과의 연합 속으로 인도되어야 한다. 궁극적인 목표는 선교가 아니라 연합이다."[14]

이 모든 주장들에서, 권위의 개념은 하나님의 권위마저 밖으로 밀어내거나 적어도 상대적인 것으로 취급된다.[15]

등록 교인 제도에 미치는 영향

관계를 강조하고 단번에 회심하는 것보다 과정적인 회심을 강조하게 되면, 등록 교인 제도와 권징이라는 주제에 대해 어떤 조언을 하게 될지 예측이 가능하다. 한마디로, **"상관하지 마라!"**이다. 우리는 분열에 관심이 있는 게 아니라, 연합에 관심이 있다.

교회 지도자들이 주장하는 유명한 말 중에 "신앙보다 소속감이 우선이다"가 있다.[16] 교회들은 교회 밖 사람들에게 사랑의 공동체가 자기들을 초청하고 수용했다는 느낌을 주고 싶어 한다.[17] 경계선은

---

14 앤디 크라우치(Andy Crouch)의 사이먼 찬 인터뷰, "The Mission in Trinity," in *Christianity Today*, June 2007, 48 (http://www.christianvisionproject.com/2007/06/the_mission_of_the_trinity.html).

15 신학자 위르겐 몰트만은 그리스도의 주권을 주장한다. 하지만 그러고 나서 주님으로서의 하나님의 모습을 아버지로서의 하나님께 양보하고, 그 후에 다시 친구로서의 하나님께 양보한다고 했다. *Church in the Power of the Spirit* (Minneapolis: Fortress, 1993), pp. 114–121, 특히 p. 118.

16 다음 자료에는 이 주제에 대해 놀라울 만큼 상세한 논의가 수록되어 있다. Murray, *Church After Christendom*, pp. 10–23.

17 Dan Kimball, *They Like Jesus but Not the Church: Insights from Emerging Generations* (Grand Rapids: Zondervan, 2007), pp. 160–161. 차명호 옮김, 《그들이 꿈꾸는 교회》 (미션월드, 2008).

교회 밖 사람들에게 평가받고 판단받았다는 느낌을 준다. 그러므로 교회 밖에 있는 자들(the unchurched), 교회에 들어오려는 자들(the pre-churched), 교회에 들어온 것이나 마찬가지인 자들(the semi-churched), 교회를 나간 자들(the de-churched)이 신앙보다 소속감을 먼저 느끼게 해주어야 한다. 또한 이미 교회에 들어온 자들(the post-churched)과 교회에 반대하는 자들(the anti-churched)에게 어떤 요구도 해서는 안 된다. 그러한 요구는 그들을 더 멀리 밀어낼 것이기 때문이다.[18]

댄 킴벌(Dan Kimball)은 교회 밖에 있는 사람들에게 다가가는 방법을 담은 《그들이 꿈꾸는 교회》(*They Like Jesus but Not the Church*, 미션월드)에서, 비그리스도인들을 교회 안으로 데려오려면 우리가 담장을 낮추기 위해 무엇이든지 해야 한다고 주장했다.

우리의 목표는 사람들을 '교회에 가게' 하는 것이 아니다. 사람들이 교회 공동체의 삶에 참여하고, 하나님의 행위에 참여하도록 초대해야 한다. 단순히 그들을 우리 예배에 참석하도록 초대하는 것이 아니다. 우리 문화에서 대부분의 경우 신앙보다 소속감이 선행한다는 것을 알아야 한다. 현대문화에서, 사람들은 자기가 소속되었다고 느끼기 전까지는 신앙과 지식을 갖지 못한다. 그 후에 성령이 그들의 마음에 감동을 주셔서 신앙의 단계에까지 이르게 하신다.

킴벌은 문화에 민감해지길 원하고, 문화는 "나를 하나님의 백성 사이에 들어가게 해주세요. 그러면 믿겠습니다"라고 말한다. 그렇다면

---

18 이 유형 분류는 Murray, *Church After Christendom*, p. 25에 있다.

이 세상에서 누가 하나님의 백성에 속한 사람인가의 여부를 문화가 결정하는 것일까?

신앙보다 소속감이 우선이라고 말하는 것보다 약간 더 조심스러운 방식이 있다. 교회가 사람들의 삶에 '경계 중심적'(bounded-set)으로 접근하는 것이 아니라 '포용 중심적'(centered-set)으로 접근해야 한다고 말하는 것이다. 경계 중심적 교회들은 자기들이 옳다고 생각하는 행동과 신앙에 경계선을 긋고, 그 주위를 순찰한다. 포용 중심적 교회들은 사람들을 중심에 있는 분, 곧 그리스도와의 관계 속으로 인도하는 것에 초점을 둔다. 첫 번째 유형은 정적이며 제도적이라고 불린다. 두 번째 유형은 역동적이며 애정이 깊다고 불린다. 첫 번째 유형은 조직의 순결을 강조한다. 두 번째 유형은 사람들을 초청하고, 수용하고, 성장시키는 것을 강조한다. 첫 번째 유형은 사람들에게, 그 모임에 참여하려면 일정한 기준까지 도달해야 한다고 요구한다. 두 번째 유형은 자신들과 얼마나 다른지, 얼마나 망가진 삶을 사는지에 관계없이 모든 사람에게 다가간다.[19] 만일 상황이 이렇다면, 둘 중에 포용 중심적 교회를 선택하지 않을 사람이 누가 있을까?

포용 중심적 교회를 옹호하는 사람들은 이러한 교회들이 조금 더 혼란스럽고, 그 경계가 훨씬 불분명하다는 것을 인정한다. 그러나

---

19 Paul Hiebert, *Anthropological Reflections on Missiological Issues* (Grand Rapids: Baker, 1994), pp. 110-136. 김영동·안영권 옮김, 《인류학적 접근을 통한 선교현장의 문화이해》(죠이선교회, 1997); Murray, *Church After Christendom*, pp. 12-38; Michael Frost and Alan Hirsch, *The Shaping of Things to Come: Innovation and Mission for the 21st Century* (Peabody, MA: Hendrickson, 2003), pp. 47-50. 지성근 옮김, 《새로운 교회가 온다》(IVP, 2009); 또한 *Missional Church: A Vision for the Sending of the Church in North America*, ed. Darrell L. Guder (Grand Rapids: Eerdmans, 1998), pp. 205-212에서 대럴 구더가 부분적으로는 경계 중심적이고 부분적으로는 포용 중심적인 회중을 조심스럽게 주장하고 있음을 참조하라. 정승현 옮김, 《선교적 교회》(주안대학원대학교출판부, 2013).

그것 자체로 의미가 있다. 죄인들은 혼란스럽기 마련이다. 죄 사함을 받은 사람들도 그렇다. 게다가 세상의 모든 관계들은 유동적이고, 변덕스러우며, 모습을 다 드러내지 않는다. 우리는 하나님이 보시는 모든 것을 보지 못한다. 포용 중심적 접근법을 지지하는 어느 저자는 다음과 같이 말했다.

> 우리는 유한하기 때문에 사람들이 말하고 행동하는 것과 같은 외적인 기준밖에 보지 못한다. 그 결과 우리에게 회심은 종종 '어느 순간'이기보다는 '과정'처럼 여겨진다. 그리고 교회는 그리스도에 대한 헌신의 정도가 서로 다른, 수많은 사람들로 구성된 불명확한 몸처럼 보인다. 여기에서 문제는 영적 실재들의 참된 본질이 아니라 우리 인간 이성의 한계이다. … 이것은 특히 제도적 질서와 계획을 매우 중요하게 생각하는 서구사회에 속한 우리에게 문제로 다가온다. 우리는 우선순위를 재정비해야 한다. 우리는 프로그램보다 사람을 더 중요하게 여겨야 하고, 질서와 정돈보다 관계에 우선순위를 두어야 한다.[20]

우리에게는 누가 그리스도에게 속했고 누가 속하지 않았는지 알수 있는 능력의 한계가 있다고 말한 저자의 지적은 분명히 옳다. 이 것이 바로 아우구스티누스 이래로 그리스도인들이 가견적(可見的) 교회(그리스도를 고백하는 모든 사람들)와 불가견적(不可見的) 교회(정말로 그리스도께 속한 사람들)를 구분하는 이유이다. 하지만 우리가 실제로 원하

---

20 Hiebert, *Anthropological Reflections on Missiological Issues*, p. 134. 김영동·안영권 옮김, 《인류학적 접근을 통한 선교현장의 문화이해》 (죠이선교회, 1997).

는 것은 둘 중 하나가 아니라 둘 다인데, 우리는 포용 중심적 교회를 옹호하는 사람들이 우리에게 둘 중 하나를 선택하도록 요구한다고 말할 수 있겠는가? 사람들이 경계 중심적이니 포용 중심적이니 하는 용어를 알든지 모르든지 간에, 그 기본적인 개념은 현재 많은 복음주의자들의 인식 속에 퍼져 있다.

얼마 전 나는 한 블로그에서 등록 교인 제도를 주제로 한 논쟁에 참여한 적이 있다. 나는 등록 교인의 자격이 다른 어떤 것들 중에서도 구원의 확신을 제공해준다고 주장했다. 이에 대해 어느 비평가가 다음과 같이 대답했다.

> 나는 등록 교인의 자격을 얻으려고 교회에 다니지 않습니다. 나는 교제를 하기 위해 다닙니다. 솔직히 나는 교회가 나를 인정해주는지 아닌지에 대해서는 관심이 없습니다. 내가 그리스도인이 된 목적은 다른 사람들에게서 인정을 받는 것이 아닙니다. 나에게는 교제가 훨씬 더 중요합니다. 다른 사람들과 연결되어 나의 신앙을 나누는 것, 내가 그들에게 삶의 일부가 되고, 그들이 나의 삶에 일부가 되는 것이 중요합니다. 나는 신앙이나 믿음을 갖기 위해서 또는 그리스도인이 되기 위해서 다른 사람이 필요한 것이 아닙니다. 교인의 권리가 아닌 교제야말로 내가 다른 곳에서는 얻을 수 없는 것을 주고, 나 또한 다른 사람에게 나누어 줄 수 있게 해줍니다.

이 사람은 교제와 관계를 엄청나게 강조하고 있다. 개인과 지역교회의 관계는 이름뿐이거나 소비주의적이지 않고 관계적이어야 한다는 것이다. 즉, 지역교회에 등록하는 것은 단지 그 교회가 일정한 필요를 채워주느냐 그렇지 않느냐보다는, 관계를 주고받는 것으로 채워져야 한다. 문제는 이 비평가가 자기의 구원과 자기 오류의 가능성에 대해 잘못된 인식을 가지고 있다는 점이다("솔직히, 나는 교회가 나를 인정해주는지 아닌지에 대해서는 관심이 없습니다"). 그는 교회를 개인이 복종해야 하는 대상으로 여기지 않는다. 자기가 모든 통제권을 가지고 있다. 이러한 생각의 이면에서 작용하는 모종의 전제는, 관계와 권위가 사랑과 권위처럼 서로 조화롭지 않다는 것이다. 포용 중심적 교회는 이와 유사한 축소주의를 겪을 수밖에 없다.

관계적 욕구에서 옳은 것은 무엇인가?

나는 인위적이고 위선적인 교회들이나 권위주의적이고 판단적인 교회들을 열렬하게 지지하지 않는다. 두 가지 유형 모두 복음 사역을 방해한다. 위선과 비판주의, 또는 생명력 없는 형식주의를 만들어내는 것들은 복음에 정면으로 배치되기 때문이다.

사실 나는 최근의 책과 블로그 그리고 친구들 사이에 오가는 수많은 '논의들'이 표방한 '공동체'에 대한 요구에 전적으로 동의한다. 이머징 교회 지도자인 더그 패짓(Doug Pagitt)은《다시 그리는 교회》(*Church Re-Imagined*)에서 다음과 같이 말했다.

> 나는 공동체가 진정한 영적 훈련이 일어나는 곳이라고 생각한다. 대부분의 사람들은 혼자만의 노력으로 믿음에 이르지 못한다. 가족이나 친구와 같은 믿음의 사람들과 하루하루 함께 삶으로써 가능하다. … 영적 훈련 수단으로서의 공동체는 사람들을 그리스도인의 생활 방식에 젖어들게 함으로써, 그들이 평생 동안 깨닫고 변화되는 과정을 경험하게 하

며, 이를 통하여 어떻게 그리스도인이 되는지 배우게 해준다. 기독교 공동체는 복음 전도와 제자훈련의 장일 뿐 아니라 신앙을 고백하고 살아내는 곳이 될 수 있으며, 또한 그렇게 되어야만 한다.[21]

나는 이 말에 전적으로 동의한다. 교회 공동체는 우리 그리스도인의 삶을 형성해야 하고 복음 전도와 제자훈련의 장이 되어야 한다. 그러한 영적 훈련은 마치 우리가 다른 사람의 삶에서 유용하게 작동되는 장치들인 것마냥 그리스도인 개개인을 단순히 어떤 '궤도를 따라' 돌아가게 하는 것이 아니다.[22] 오히려 교회 공동체는 그리스도 안에서 새로운 공동체적 정체성을 보여주고, 거기에 그 이상의 모습을 더해준다.

팀 체스터(Tim Chester)와 스티브 티미스(Steve Timmis)는 다음과 같이 주장했는데, 나는 그들의 의견이 옳다고 생각한다. "인간으로서의 정체성은 공동체 안에서 발견된다. 그리스도인으로서의 정체성은 그리스도의 새로운 공동체에서 발견된다."[23] 우리는 단지 맛있는 음식이 있다는 이유로 가족이 함께하는 저녁 식사에 참여하지 않는다. 가족의 일원이라는 **존재** 때문에 참여한다. 같은 맥락에서, 지역교회의 목적을 그리스도인의 교화라고 한정하는 개신교 주류 교회들의 신앙고백과 선언문들은 부분적으로만 옳다. 교회는 하나님을 예배하고

---

21 Doug Pagitt, *Church Re-Imagined: The Spiritual Formation of People in Communities of Faith* (Grand Rapids: Zondervan, 2003), p. 27.

22 같은 책.

23 Tim Chester and Steve Timmis, *Total Church* (Wheaton, IL: Crossway, 2008), p. 50. 김경아 옮김, 《교회 다움》 (IVP, 2012).

세상으로 나아가는 존재이기도 하다. 지역교회는 새로운 개인 정체성과 새로운 집단 정체성이 표현되면서 하나님께 영광을 돌리며 세상에 도전을 주는 곳이다.

더욱이 나는 이러한 많은 논의들이 반대하는 것, 즉 프로그램이 이끄는 제도화된 교회 개념에 반대한다. 프랭크 바이올라(Frank Viola)는《다시 그려보는 교회》(Reimagining Church, 대장간)에서 제도화된 지역교회 개념과 그것에 자리를 빼앗겨버린 교회에 대해 다음과 같이 묘사했다.

> 나는 모든 교회들이(심지어 유기적 교회들도) **일정한** 제도들을 취한다는 점을 기꺼이 인정한다. 그러나 나는 매우 협소한 의미에서 '제도적 교회'라는 용어를 사용하고자 한다. 즉, 교회를 구성하는 교인들 위에, 그리고 그 너머에 독립적으로 존재하는 제도들을 통해 주로 움직이는 교회들을 가리키는 것이다. 이러한 교회들은 관계보다는 프로그램과 교회의식 위에 세워진다. 이 교회들은 고도로 조직화되었고, 구별된 전문가들('목사들'과 '성직자들')이 자원봉사자들(평신도)의 도움을 받아 다스리는 건물 중심적인 조직이다. 이 교회들에 필요한 것은 직원, 건물, 사례비 그리고 경영이다. 제도적 교회에서는 회중들이 일주일에 한두 번 정도 주로 한 사람이 인도하는 종교적 공연을 관람한 후, 집으로 돌아와 각자의 삶을 살아간다.[24]

---

24 Frank Viola, *Reimagining Church* (Colorado Springs: David C. Cook, 2008), pp. 17-18. 이남하 옮김, 《다시 그려보는 교회》(대장간, 2013).

바이올라는 오늘날 점점 더 많은 사람들이 그러는 것처럼 무엇인가 다른 것을 원한다.

나는 무수히 많은 교회들이 강력한 기업적인 조직에서 영적인 가족으로 변화되기를 꿈꾼다. 교인들이 서로를 친밀하게 알고, 서로를 무조건적으로 사랑하고, 서로를 위해 진심으로 피 흘리며, 끝까지 서로를 기뻐하는, 진정한 포용 중심적인 공동체를 꿈꾼다.[25]

건물, 월급, 교회 경영 등을 언급했다는 점에서 요점을 놓쳤을 수도 있다. 하지만 그러한 건물과 직원들과 프로그램들 때문에 교회가 전체적으로 섬김의 사역을 위해 준비되는 것(엡 4:11 이하)에서 멀어진다는 점을 고려했을 때 바이올라의 지적은 옳다. 나는 위에서 인용한 꿈같은 모습이 신약성경이 묘사하는 교회와 같다고 생각한다.

그렇게 수많은 논의들에서 염려되는 부분은, 그 논의들이 목욕물과 함께 아기까지 버린다는 점이다. 많은 논의가 오직 다른 대안을 택하기 위한 일념으로 불균형한 공식에 다다른다. 그것은 최악의 시나리오이다. 최선의 시나리오는 그 논의들이 보다 성경적이고 **현실적인** 교회 유형으로 나아가는 것이다. 이러한 논의들은 사실, 무엇인가를 놓치고 있다. 실제로 수많은 교회 지도자들이 버리고 싶어 하는 것들은, 그들이 추구하는 것(생명을 주는 관계와 공동체)을 얻으려면 결코 버려서는 안 되는 것들이다.

---

25 같은 책, p. 28.

― 3단계 ―

그러나 하나님이 단지 관계의 하나님만은 아니다.

하나님은 권위의 하나님이시고,

권위는 교회를 결속시키는 것이다.

관계가 아니라 권위이다

'사람들을 결속시키는 것이 무엇인가?'는 꼭 필요하고 좋은 질문이다. 그리고 우리는 성경이 또 다른 질문에 대해서도 관심이 있다는 것을 기억해야 한다. 즉, '하나님의 백성들이 어떻게 구별되는가?'이다. 성경은 하나님의 백성들을 불러 모으고 결속시키는 것에 관심이 있다. 성경에서 심판은 종종 하나님의 흩으심이나 쫓아내심으로 묘사되며, 구속은 불러 모으고 결속시키는 것으로 묘사된다. 우리는 바벨탑 사건에서 인류가 흩어지는 것을 본다. 오순절 사건에서는 성령이 많은 나라들로부터 사람들을 불러 모으시는 것을 본다. 이런 점에서 목사들과 교회 지도자들은, 사회학자들과 정치 이론가들이 자율적이고 개인주의적인 현실과 관련하여 직면하는 것과 똑같은 문제에 봉착한다. 바로 '공동체를 어떻게 세우는가?'이다.

그러나 '관계' 또는 '공동체'라는 해답은 적어도 우리가 여기에서 논의하는 교회에 관해 충분한 답을 주지 못한다. 이것은 마치 자기확신이 불안을 극복하는 해법이라고 말하는 것과 같다. 자기확신은 불안의 반대말이다. 그러므로 어느 정도 말이 되는 것 같지만, 궁극적으로는 그림에서 하나님을 도려내버린다. 성경적으로, 신학적으로 그리고 철학적으로 조금 더 자세히 살펴보자. 만일 우리가 성경에서 '관계' 또는 '공동체'라는 말과 '순종' 또는 '지키다'나 '따르다'라는 말을 찾아보면, 앞의 두 단어는 전혀 찾을 수 없는 반면, 뒤의 세 단어는 무수히 발견할 것이다. 물론 **교제**라는 단어는 찾을 수 있다. 그러나 그리스도인의 교제가 하나님 중심적인 형태를 가진 그리스도인의 공동체를 의미할 때에만 내 논점과 일치한다.

단어 연구는 제쳐두고, 우리는 성경 어디에서든 분명하고 단순하게 관계를 강조하는 곳을 찾을 수 있을까? 성경은 형용사와 명사를 함께 강조하지 않을까? 예를 들어 **사랑하는** 관계, **거룩한** 관계, **순종하는** 관계, **성령 충만한** 관계 등으로 말이다. 하나님은 행성들이 제멋대로 떠돌아다니도록 창조하지 않으셨다. 우선 태양과 관계를 맺게 하셨고, 다음에는 행성들끼리 관계를 맺게 하셨다. 아니, 하나님은 행성들이 태양과 **궤도를 선회하는** 관계를 맺으며 운행하도록 창조하셨다. 그렇다면 새로운 질문이 생긴다. 이 형용사들이 생겨나게 하는 힘은 무엇일까? 어떠한 중력이 두 사람을 단순한 관계가 아닌 거룩하며 서로 사랑하는 관계를 맺게 할까? 어떤 힘이 이 관계들의 체계를 잡아주며, 사랑하거나 거룩하거나 등의 관계가 될 수 있게 해주어야 한다. 그렇다면 그 힘은 무엇일까?

신학적으로 볼 때, 하나님은 단지 관계에만 관심을 가지시는 것이 아니라 특별한 종류의 관계에 관심을 가지신다. 하나님은 인간이 하나님의 영광이 주는 기쁨을 닮고 즐거워하도록 하기 위해 그들을 창조하셨다. 그러므로 하나님은 인간을 그 형상에 순종하거나 복종하는 관계로 부르신다. 하나님과 인간 그리고 인간과 인간의 관계는 하나님을 닮고 예배하는 특별한 목적에 부합해야 한다. 사랑은 바로 이것을 원한다. 사랑은 바로 이것을 갈망한다. 예를 들어, 성부는 성자가 성부의 영광이 주는 기쁨을 닮고 즐거워하기를 갈망하신다. 그래서 성부는 그분의 충만하심을 성자에게 주신다. 이것이 바로 성부와 성자의 관계이다. 성부와 성자는 임의로 떠도는 행성이 아니라 특별한 방식으로 체계화된 관계에 충실하신 두 위격이다.

또한 아버지와 자녀를 생각해보라. 아버지는 단지 자녀들과 '관계를 맺고' 있다는 사실 때문에 자녀들에게 사랑을 표현하는 것이 아니다. 오히려 성경은 아버지가 자녀들을 양육하고, 격려하고, 권면하고, 훈육하는 관계 속에서 자녀들에 대한 사랑을 표현한다고 말한다. 그러나 누가 아버지에게 자녀들을 양육하고, 격려하고, 권면하고, 훈육할 수 있는 권리나 자격을 부여하는가?

철학적으로 볼 때 이러한 문제들은 다소 복잡하지만, 여기에서는 간략하게나마 설명하고자 한다. 왜냐하면, 현장에 있는 수많은 복음주의 저자들과 강사들이 자기들이 다루는 주제가 학문적인 논의에서 흘러나온 것임을 미처 깨닫지 못한 채 곧바로 '공동체'를 말하기 시작하는데, 사실 이 학문적인 논의들은 현장의 사역자들이 내던지고 싶지 않은 전제들을 내던지고 있기 때문이다.

경계 중심적 접근 대 포용 중심적 접근에 대한 논의의 이면에는, 삼위일체 하나님의 본질을 포함하여 '실체적 존재론' 대 '관계적 존재론'에 관한 훨씬 더 복잡한 논쟁이 있다. 대략 설명하면, 관계적 존재론은 하나님과 우주가 가장 근본적인 단계에서 단순한 존재 또는 **실체**(substance)가 아니라 관계 속의 위격들(person-in-relation)이라고 주장한다. (그 철학적 배경에는 헤겔, 에드문트 후설, 화이트헤드 등이 있다.) 신학자들이 이러한 존재론을 자기들의 신학 연구에 받아들이면, 하나님의 본성이 가진 중요성을 경시하거나 내던지는 대신 하나님의 위격이나 위격들의 기본적인 역할을 강조하게 된다. 예를 들어, 하나님의 사랑을 본성의 특성으로 다루지 않고, 위격의 특성(또는 결정)으로 다루게 된다. 사랑이 사랑이기 위해서는, '존재론적 필요'에 의해 구속받지 않고 자유롭게 사랑해야 한다.[26] 이것은 사랑이 단지 인간의 본성('그는 본성적으로 사랑하기 때문에 사랑한다. 어쩔 수 없이 사랑한다'라는 식)에 의해 구속될 수 없다는 말을 그럴싸하게 표현한 것일 뿐이다. 인간의 본성은 존재론적으로 본인을 구속하기 때문에, 우리는 **본성**을 존재의 본질로 삼지 말고 **관계**를 존재의 본질로 삼아야 한다. 다른 말로 하면, 우리는 우리의 본성이 **아니다**. 우리는 우리의 관계**이다**. 이것이 하나님과, 궁극적으로는 우리의 자유를 보호한다.

이 주장에는 적어도 세 가지 문제점이 있다. 첫째, 이 주장은 자유와 사랑을 신격화한다. 우리는 더 이상 하나님을 그분의 본성 때문에 예배하지 않는다. 우리는 하나님이 우리를 사랑하기로 선택하셨기 때문에 하나님을 예배한다. 이것은 우리가 실제로 사랑과 사랑의 개념과 사랑받는 느낌을 예배한다는 의미이고, 이것은 다시 우리가 우리 자신을 예배한다는 의미이다.

둘째, 나와 아내의 관계는 나와 당근의 관계와 다르다. 그 차이점들은 나와 아내와 당근의 실체론적 **존재**와 관련이 있다. 내 말은 나와 아내의 관계나 나와 당근의 관계가 우리 셋의 존재에 대해 아무것도 말해주지 않는다는 뜻이 아니다. 틀림없이 무언가를 말해준다. 내가 결혼하기 전까지, 아내는 내 아내가 아니었다. 내가 당근을 먹겠다고 결정하고 당근을 집어 들기 전까지 당근은 음식이 아니다. 그

---

26 John Zizioulas, *Being as Communion: Studies in Personhood and the Church* (Crestwood, NY: St. Vladimir's Seminary Press, 1985), p. 44, 46. 이세형 · 정애성 옮김, 《친교로서의 존재》(삼원서원, 2012).

252 _ 당신이 오해하는 하나님의 사랑

러나 나는 결코 당근과 결혼하지 않을 것이고, 내 아내를 샐러드 재료로 사용하지 않을 것이다. 마찬가지로, 하나님의 존재는 단순히 그분이 관계 속에 계시는 세 위격이라는 사실에 의해 정의되지 않는다. 2장에서 살펴본 바와 같이, 하나님이 거룩하시고, 사랑이시며, 한 분이시라는 사실은 놀랍도록 확고하고, 변하지 않으며, 확실하다. 이것들은 하나님의 본성이 가진 속성들이다. 이 사실이 우리를 셋째 요점으로 인도해준다.

삼위일체 하나님은 관계를 맺은 인격이다. 그러나 그렇게만 말하는 것은 지나치게 축소주의적인 견해이다. 하나님의 세 위격은 단지 서로와의 관계 속에만 계신 것이 아니다. 세 위격은 거룩한 관계 속에 계신다. 이 관계는 방향성과, 목적과, 텔로스가 있는 관계이다. 성부는 그분의 완전하심으로 성자를 한결같이 사랑하시고, 성자는 성부를 사랑하시고, 성부와 성자는 성령을 사랑하시고, 성령은 성부와 성자를 사랑하신다. 하나님의 감정은 죄와 완전히 분리되어 있으며, 그분은 세상 그 무엇보다 하나님의 영광을 가장 사랑하시기 때문에 거룩하시다.

하나님의 세 위격이 서로 사랑하는 관계는 하나님의 거룩한 본성에 의해 **전적으로 구속을 받는다.** 하나님을 가리켜 관계 속의 위격들이라고 부르는 대신, 보다 본성적으로 표현해서 거룩한 본성을 가지신 위격(persons-in-holy-nature)이라고 불러야 할 것이다. 관계 속의 위격들 개념이 축소주의적인 또 다른 이유는, 하나님의 위격과 본성을 구분하는 것이 어떤 경우에는 유용하다 하더라도 결국은 지성적인 사변에 불과하기 때문이다. 한 인격체에게 방향성과 운동성과 힘과 실체를 제공하는, 일정한 '본성'을 갖지 않은 '인격체'란 있을 수 없다.[27] 그런 일을 상상할 수 있다면 한번 해보라.

감사한 것은 하나님이 거룩한 본성이시기 때문에, 하나님과 우리 사이의 관계가 아무리 가변적이라 해도(인간 편에서) 하나님의 약속은 변치 않는다는 사실이다. 그분은 거룩하시고 신실**하신** 하나님이기 때문에 약속을 지키신다. 만일 우리가 하나님의 본성과, 창조의 거룩한 목적을 배제한 채 관계에 대해 말한다면, 우리는 결국 상대주의에 빠지고 말 것이다. 하나님의 본성을 내던져보라. 그러면 우리는 하나님의 성품과 약속들을 내던지게 될 것이다. 어떤 신학자들은 이것을 가리켜 '범신론'(pantheism) 또는 '만유내재신론'(panentheism)이라고 완곡하게 표현한다. 그러나 상대주의는 고정된 본성이 없는 하나님, 즉 기본적으로 '관계성'에 의해 정의되는 하나님의 논리적 산물이다. 만일 하나님이 단지 관계 속의 위격들이라면 하나님을 독재적이거나, 강박적이고 강압적이거나, 충동적이거나, 또 다른 성향이 되지 않게 하는 것은 무엇일까?

감사하게도 우리의 삶에는 목적이 있다. 즉, 완전히 거룩하시고, 공의로우시고, 의로우시고, 사랑이신 하나님을 닮는 기쁨을 얻는 것이 목적이다. 그러므로 단지 관계를 회복하는 것이 아니라 새로운 왕국의 통치를 회복하는 것이 필요하다. 하나님의 권위는 우리의 관계 속에서 체계를 세워주는 힘이다. 행성들을 끌어당기는 힘이 태양이라면, 인간을 끌어당기는 힘은 하나님의 권위이다. 그러므로 "교회를

---

27 삼위일체에 대한 오늘날의 논의는 종종 하나의 본성보다 세 위격에 집중하는 경향이 있다. 위에서 설명한 이유들 때문에, 나는 두 가지 모두를 똑같이 강조했던 그레고리우스(Gregory of Nazianzus)를 인용한 로버트 레담(Robert Letham)의 입장을 따를 수밖에 없다. 그레고리우스는 이렇게 썼다. "한 분이심을 인식하자마자 나는 세 위격의 장엄함을 깨닫는다. 세 위격을 구분하자마자 나는 다시 한 분에게로 돌아간다." Robert Letham, *Holy Trinity* (Phillipsburg, NJ: P&R, 2004), p. 463.

결속시키는 것이 무엇인가?"라는 질문에 대답하기 위해, 우리는 권위와 거룩한 사랑이라는 주제로 돌아가야 한다.

— 4단계 —
권위란 무엇이고, 사랑과 어떤 관계가 있을까?
권위는 생명을 창조하시고 질서를 주시는 하나님께로부터
우리가 부여받은 권한이다.

사랑의 통치

왕으로서의 아담

권위의 문제는 우리의 존재와 직결된다. 우리는 다스리기 위해 창조되었다. 이 개념은 창세기 1장에 들어 있다. 하나님은 하나님의 형상을 따라 아담과 하와를 창조하셨고, 그들에게 이 땅의 모든 것들을 다스리는 권한을 주셨다. 하나님은 심지어 그들에게 "정복하라"(창 1:28)라는 말씀도 하셨다. 인류는 하나님을 닮는다. 적어도 권위를 행사하는 점에서 그렇다.

창세기 2장에서 하나님은 모든 동물들을 아담에게 데리고 오셔서 아담이 그들을 살피고 이름을 짓게 하셨다. 무엇인가의 이름을 지어줌으로써, 사람은 그것을 정의하고 방향을 정해주며 그것에 대한 권위를 행사한다. 하나님은 또한 아담에게 동산에서 '일하며' 그것을 '지키라'고 말씀하셨다. 동산은 아담의 영토였고, 아담은 하나님의 거룩한 사랑을 대신한 첫 번째 정복자였다.

다른 말로 하면, 하나님은 아담에게 일정한 지역에 대한 권위를 주신 것이다. 권위는 무슨 일을 하거나 그 일이 될 수 있게 요구하는 권리이다.[28] 권위는 단지 힘에 그치는 것이 아니다. 그것은 힘을 행사할 수 있는 정당성이다. 권위는 특정한 일을 성취하고, 특정한 자격으로 행동하고, 특정한 목적을 추구하는 권한이다.[29] 모든 사람은 권위를 행사하고 하나님이 승인하신 통치를 시행할 수 있도록 창조되었다. 또한 그럴 수 있는 권위가 사람에게 부여되었다. 실질적인 의미에서 권위는, 아무리 중요하거나 중요하지 않은 결정처럼 보인다 하더라도 하나님처럼 그리고 하나님이 승인하신 방식으로 결정하고 행동할 수 있도록 인간인 우리가 하나님께로부터 부여받은 자격일 뿐이라고 말할 수 있을 것이다. 이는 하나님이 에덴동산에서 의도하신 바와 같다. 한 사람이 하나님의 영광을 위해 먹고 마시는 것이나, 또는 다른 한 사람이 주인을 두려워하는 마음으로 군대에게 명령하여 포도원과 집과 정원과 공원을 건설하라고 하는 것은 질적으로 똑

---

28 R. S. Downie, "Authority," in *The Oxford Companion to Philosophy, ed.* Ted Honderich (New York: Oxford University Press, 1995), pp. 68–69를 보라.

29 여기에서 권위에 대한 나의 이해는 크리스토퍼 라이트(Christopher J. H. Wright)의 도움을 받았다. 그 역시 올리버 오도노반(Oliver O'Donovan)에게서 영향을 받았다. 라이트는 《하나님 백성의 선교》(*The Mission of God: Unlocking the Bible's Grand Narrative*, IVP), p. 53에서 '권한'(authorization)이라는 단어를 사용했다. 그러나 나는 이 단어의 개념을 라이트와는 약간 다르게 사용하려고 한다. 라이트는 '권한'을 '적법한 허용' 또는 '일정한 범위 안에서 행동할 수 있는 자유'라고 정의한다. 나는 우리의 행동에 대한 하나님의 권한을 그분의 **적법한 위임**이라고 말하는 것이 더 낫다고 생각한다. 결국, 장로나 총리와 같은 사람에게는 일정한 업무를 성취하거나 일정한 목적을 이루기 위한 권위가 부여되었다. 이것은 이 사람들에게 그 목적과 관련된 영역에서 행동의 자유가 있다는 것을 의미하기도 한다. 그러나 그 권위의 요점은 자기가 하고 싶은 것을(일정한 범위 안에서라도)하는 **자유**가 아니라, 부여된 권위로 자신의 임무를 완성해야 한다는 **목적**이다(어쩌면 라이트도 다른 곳에서 이것을 인식했을지도 모른다). Oliver O'Donovan, *Resurrection and Moral Order: An Outline for Evangelical Ethics*, 2nd ed. (Grand Rapids: Eerdmans, 1994), 특히 pp. 121–124 참조. 나는 오도노반이 자유를 '목적이 있는 행위'라고 말하고(p. 122), 현실을 목적론적이라고 말한 대목에서 내가 발견한 이 개념을 공유하고 있다고 본다.

같이 권위를 행사하는 것이다(전 2:4-5; 고전 10:31을 보라). 두 사람의 영역은 그 규모 면에서 매우 다르다. 하지만 두 사람 모두 사랑의 통치를 해야 하는 아담의 의무를 다한 것이다.

창세기 1장에 따르면, 인간이 된다는 것은 무엇인가를 다스리는 것을 의미한다. 비록 그것이 단지 당신 머릿속의 생각에 불과하다 해도 그렇다. 이것이 바로 아담과 그의 모든 후손이 일종의 왕으로 인정되는 이유이다.

하나님이 아담과 하와에게 통치권을 주셨다는 사실이 정치적 제국주의의 근거가 되는가? 경제적 착취의 근거가 되는가? 환경 파괴의 근거가 되는가? 독점기업의 근거가 되는가? 사회 붕괴의 근거가 되는가? 이러한 질문들 앞에서 우리는 성경의 이야기 속으로 들어가, 창세기 3장 초반에서 아담과 하와가 자기들의 의사 결정 능력에 정당성을 부여하기 위하여 (사회학자들의 표현대로라면) '다른 합법성'을 찾았다는 사실에 주목해야 한다.[30] 인류의 타락 이래, 인간은 하나님의 말씀과 뜻이 아니라 다른 방식대로 행한 자신의 결정과 행동을 합법화하고 정당화하려고 했다. 그 결과가 깨지고 저주받은 세상이다. 그 속에서 첫째, 사람의 권위 행사는 효과적이지 않을 수밖에 없다. 사람은 얼굴에 땀을 흘려야 먹을 것을 얻는다(창 3:17-19). 둘째, 타락 이후 인간의 권위 행사는 어떤 의미에서 전혀 합법적이지 않다.[31] 사람이 하나님의 영광이 아닌 다른 것을 찾기 위해 의사 결정 능력을 사

---

30 Peter L. Berger and Thomas Luckmann, *The Social Construction of Reality: A Treatise in the Sociology of Knowledge* (New York: Anchor Books, 1966), p. 92 이하, p. 157 참조. 하홍규 옮김, 《실재의 사회적 구성》 (문학과지성사, 2013); O'Donovan, *Resurrection and Moral Order*, p. 104 참조.

31 우리는 윤리적으로 적법한 권위인 법률상의(*de jure*) 권위가 아니라 일종의 사실상의(*de facto*) 권위를 가지고 있다.

용하기 때문에 사람의 권위 행사는 한결같이 악하다. 셋째, 타락 이후 사람의 권위 행사는 하나님의 권위를 거부하고, 하나님이 그분을 대신하여 보내신 중보자를 거절한다(시 2편; 124:1-2). 예를 들어, 부모는 자녀에 대해 하나님이 주신 권위를 가진다. 그러나 자녀는 자기들의 도덕적 합리성에 따라 행동하면서, 부모가 다른 행동을 요구하고 격려할 때까지 부모들의 권위를 거절한다.[32] 다른 권위 체계를 수용하는 것은 필연적으로 옛 권위 체계를 무너뜨리며 파괴한다는 것을 의미한다.[33] 사람은 두 주인을 섬기지 못한다(마 6:24). 그러므로 아담과 하와에게 다스리고 정복하라고 하신 하나님의 명령이 역사 속에서 모든 권위 남용의 근거가 되었다는 말은 어떤 의미에서 옳은 주장

---

32 여기에서 권위에 대한 사회학적 접근은 신학적인 목적에 적합하지 않다. 이는 내가 사회학적 정의를 무차별적으로 수용한 성경 주석가들에 대해 말하고 싶은 것이다. 권위의 사회학에 관한 막스 베버(Max Weber)의 원론서가 나온 뒤, 권위의 개념은 종종 권위를 가진 인물의 통치권과 정당성뿐 아니라 통치받는 자들이 실질적으로 이 통치에 순종하고 복종적으로 받아들이는 것도 포함하여 이해되었다. 베버 자신도 권위를 "구체적인 내용이 주어진 명령이 명령을 받은 사람들의 그룹에 의해 복종될 개연성"이라고 정의했다. 이 정의는 '권위'를 개연성으로 평가한다. *The Theory of Social and Economic Organization* (New York: Free Press, 1947; repr. 1964), p. 152. 모든 신성한 권위를 배제하고 모든 권위가 사회적으로 형성된 것이라고 전제하는 물질주의적인 관점에서 보면, 이 정의는 말이 된다. 그런 의미에서, 이것은 사회학의 기술적인 목적에 부합한다. 그러나 기독교 학자들이 단순히 세속 학문의 정의를 무분별하게 받아들이는 것은 안타까운 일이다. 예를 들어, 벵트 홀름버그(Bengt Holmberg)는 바울 서신에 기록된 교회의 권위에 대해 쓰면서 교회 안에 있는 권위를 베버와 그 계승자들의 렌즈를 통해 이해하고 있다. 그래서 홀름버그는 이렇게 말했다. "권위 관계의 '불가견적'이고 구체적인 특징은 지배자와 피지배자가 모두 그 관계를 피지배자가 순종해야 할 의무라고 본다는 것이다. … 이것은 명령을 내릴 수 있는 권위자의 주장이 권위에 순종하는 사람에게 발효된 합법성에 의해 정당화된다는 것을 의미한다." *Paul and Power: The Structure of Authority in the Primitive Church as Reflected in the Pauline Epistles* (Eugene, OR: Wipf & Stock, 1978), p. 127. 그러나 기독교 세계관에서 보면, 이것은 분명 사실이 아니다. 부모의 권위를 거절하는 자녀의 예에서 볼 수 있듯이, 하나님의 권위와 하나님이 인간 중재자들에게 주신 권위는, 이미 살펴본 것처럼 상호 경쟁하는 정당화 체계 때문에 인식될 수도 있고, 인식되지 않을 수도 있다. 세속 이론가들 중에서 이것을 매우 잘 이해하는 사람들도 있다. Joseph Raz, *The Authority of Law* (New York: Oxford University Press, 1983), p. 8; R. S. Downie, "Authority," in *The Oxford Companion to Philosophy*, p. 69를 보라.

33 Berger and Luckmann, *The Social Construction of Reality*, p. 157. 하홍규 옮김, 《실재의 사회적 구성》(문학과지성사, 2013).

이다. 그러나 다른 의미에서는, 결코 옳지 않다.

영광의 관을 쓴 아담

아담과 하와는 다른 존재, 즉 뱀의 권한에 의존함으로써 자기들에게 부여된 권위를 오용하고 남용했다(창 3:1-6). 그러나 하나님이 의도하신 권위의 개념을 생각해보면 인류가 오염시키고 남용한 것과는 전혀 다른 면을 발견할 수 있다. 창세기 1장 28절을 주석한 시편 8편은 하나님이 아담과 하와에게 권위를 주시기로 하신 결정에 대해 경탄하며 기뻐한다.

시편 8편의 첫 번째와 마지막 절은 이 시가 기본적으로 하나님의 위엄에 관한 것임을 말해 준다. "여호와 우리 주여 주의 이름이 온 땅에 어찌 그리 아름다운지요 주의 영광이 하늘을 덮었나이다 … 여호와 우리 주여 주의 이름이 온 땅에 어찌 그리 아름다운지요"(시 8:1, 9). 그 후에 시편 기자가 하나님의 위엄을 발견하는 곳은 어디인가?

> 주의 손가락으로 만드신 주의 하늘과
> 주께서 베풀어두신 달과 별들을 내가 보오니
> 사람이 무엇이기에 주께서 그를 생각하시며
> 인자가 무엇이기에 주께서 그를 돌보시나이까
> 그를 하나님보다 조금 못하게 하시고
> 영화와 존귀로 관을 씌우셨나이다
> 주의 손으로 만드신 것을 다스리게 하시고
> 만물을 그의 발아래 두셨으니
> 곧 모든 소와 양과

들짐승이며

공중의 새와 바다의 물고기와

바닷길에 다니는 것이니이다(시 8:3-8).

시인은 하나님이 만드신 우주 만물의 장엄함을 묵상한다. 상대적으로 작은 인간의 모습도 묵상한다. 하나님이 아담의 모든 아들과 딸들을 우주의 통치자로 만드셨음을 묵상하며 경외감에 사로잡힌다. 시인은 하나님의 위엄을 노래하지 않을 수 없다. 더욱 놀라운 것은, 하나님이 인간에게 부여하신 권위라는 선물을 묘사하기 위해 시인이 사용하는 언어이다. 하나님이 아담과 하와 그리고 그 모든 후손에게 영광과 존귀로 관을 씌우셨다. 하나님의 영광과 존귀를 우리에게 나누어 주셨다. 우리가 아는 모든 사람 그리고 길에서 지나치는 모든 사람들도 창조에 의해 하나님의 영광과 존귀로 관을 씌우셨다.

얼마나 경이로운가! 하나님은 모든 것에서 전능하시고, 전지하시고, 무한하시다. 그런데 창조 세계에 대한 통치권을 유한한 우리에게 넘겨주셨다. 지구는 물론이거니와 심지어 화성까지도, 무엇이든지 우리는 채우고 정복할 수 있다(자원 부족 문제는 잠시 접어두자). 하나님은 마치 자녀의 역량이 정말로 부족하다는 것을 알면서도 아들에게 "나와 함께 나무로 집을 짓자"라고 말하는 아버지나, 딸에게 "나와 함께 케이크를 굽자"라고 말하는 어머니와 같지 않으신가?[34] 하나님은 대단히 관대하게 아담을 통치하신다. 돌보시고, 영광을 나누어 주시고, 존귀함을 주신다. 하나님은 권한을 부여하시기 위해 권위를

---

34 나는 이 예들을 브루스 웨어(Bruce Ware)에게서 가져왔다.

사용하신다. 하나님은 허리를 굽히시고, 우리를 들어 올리신 후 말씀하신다. "자, 나를 대신해서 다스리렴. 너에게 필요한 모든 것을 줄게. 나는 너를 인도할 거야. 너에게 나의 모든 사역의 기쁨과 영광을 나누어 주고 싶기 때문이지." 하나님은 우리가 하나님의 영광을 나눔으로써 그 영광을 닮기도 하고 모든 사람에게 드러내어 그들이 볼 수 있게 하기를 원하신다.

요컨대, 우리는 하나님의 권위를 드러내고, 그분이 어떻게 그 권위를 자비롭게 사용하셔서 생명을 창조하시고, 그분의 영광과 존귀로 그 생명을 축복하셨는지 드러내는 과정에서 하나님의 위엄을 목격할 수 있다. 오 주님, 우리 주님, 주의 이름이 온 땅에 어찌 그리 장엄하신지요.

그러므로 아담과 하와의 통치는 남용되거나, 생명을 빼앗는 통치가 되어서는 안 된다. 하나님은 그들에게 식민지주의나 제국주의 또는 권위주의 등에서 비롯된 가혹한 행위를 하라고 권한을 부여하신 것이 아니다. 오히려 그 반대이다. 아담과 하와의 통치는 열매를 맺고, 경작하고, 힘을 북돋고, 구비하게 하고, 다른 사람들에게 생명을 주는 통치여야만 한다. **창시자**(author)와 **권위**(authority)의 라틴어 어원은 인간 권위의 이면에 있는 목적이 무엇인지 보여준다. 즉, 생명을 주는 것이다. 하나님은 그분의 통치가 생명을 창조하는 것처럼 사람도 생명을 줄 수 있도록 사람에게 권위와 다스릴 권리를 주셨다. 통치권은 창조할 수 있는 창조자의 권위이다. 그것은 무엇인가를 취하여(하나님의 경우에는 아무것도 취하지 않으시고) 일정한 목적을 두고 질서와 형태와 기능을 부여하는 것이다. 그러므로 질서와 형태와 기능은 선재(先在)하지 않는다. 이것은 교사가 가르치고, 감독이 훈련하며,

어머니가 양육하는 것이다. 권위를 가진다는 것은 창조할 수 있는 권리와 힘이 주어졌다는 뜻이다. 마치 교사와 감독과 어머니가 각각의 기능을 수행할 자격을 갖는 것과 같다. 창조하는 자는 일반적으로 통치권을 가진 자이다. 창시자가 권위를 갖는다. 창조주 하나님이 창조에 대한 모든 권위를 가지신 이유가 이것이다(또한 이것이 새 창조주이신 그리스도가 새 피조물에 대한 모든 권위를 가지신 이유이기도 하다). 아담보다 조금 더 나은 왕 다윗은 그의 유언에서 생명을 낳고 생명을 창조하는 권위의 본질을 간파했다.

> 이스라엘의 하나님이 말씀하시며 이스라엘의 반석이 내게 이르시기를 사람을 공의로 다스리는 자, 하나님을 경외함으로 다스리는 자여 그는 돋는 해의 아침 빛 같고 구름 없는 아침 같고 비 내린 후의 광선으로 땅에서 움이 돋는 새 풀 같으니라 하시도다(삼하 23:3-4).

하나님을 경외함으로 공정하게 사용하는 권위는 풀에 영양을 주고 자라게 하는 햇빛과 같다. 권위는 생명을 창조한다. 권위는 성장을 이끌어낸다.

사도 바울이 "하나님으로부터 나지 않은 권세가 없다"(롬 13:1)라고 말한 이유는 분명하다. 하나님은 온 우주의 창조주라는 사실 때문에 온 우주에 대한 권위를 가지신다(욥에게 하신 마지막 말씀을 생각해보라). 하나님이 유일하신 자존자(I AM)이시므로, 권위는 본질적으로 그분께만 속했다. 그러므로 이 세상의 다른 모든 권위자들은 하나님께로부터 나온 권위를 가졌을 뿐이다. 우리는 단지 청지기이고, 소작인이고, 관리인이고, 목동이고, 아들이다. 그러므로 우리의 모든 권위는 하나님께 의존한다.

사랑의 통치에 대한 요약

그렇다면 하나님이 창조 때에 의도하셨던 사랑의 통치를 어떻게 요약할 수 있을까? 사랑은 하나님의 모든 완전하심 속에 드러나는, 하나님의 아름다움에 대한 애정이다. 사랑은 그 아름다움에 대한 반응이다. 그 아름다움과 연합하고 하나 되기 위한 갈망이다. 그 아름다움이 항상 빛나고 온 우주 만물이 그것을 즐거워하기를 바라는 갈망이다. 통치는 일정한 목적을 위해 질서와 형태와 기능을 창조하는 행위이다. 경건한 권위나 통치를 간단히 말하면 **사랑의 시행**이다. 경건한 통치는 사랑의 화로가 **작동하는** 것이다. 그러한 애정들이 밖으로 표출되어 개인이나 단체의 삶에 질서와 형태와 능력을 부여함으로써, 그 사람들이 최고선이신 하나님을 알도록 하는 것이다. 통치는 가르치는 교사이다. 학생들이 하나님 나라의 아름다움을 깨닫길 원하기 때문이다. 통치는 훈련하는 감독이다. 선수들이 자기의 기술과 투지로 하나님을 영화롭게 하는 즐거움을 알게 되길 원하기 때문이다. 통치는 양육하는 어머니이다. 자녀들이 온 마음과 영혼과 뜻을 다하여 주님을 사랑하게 되길 원하기 때문이다. 경건한 선생과 감독과 어머니의 마음속에 있는 이 화로는 위와 같은 덕목들을 죽이려는 죄에 대한 미움으로 타오른다. 이 화로는 자기의 책임 아래에 있는 자들이, 하나님의 거룩하심 안에서 그분과 함께 누리는 기쁨과 자유와 즐거움을 알게 되길 바라는 열망으로 타오른다.

한편에서 볼 때, 우리는 거룩한 사랑이 모든 경건하고 유익한 권위를 사용하는 근거라고 말할 수 있을 것이다. 즉, 거룩한 사랑은 우리에게 권위의 목적과 뼈대를 제공해준다.[35] 또 다른 각도에서 보면, 거룩한 사랑의 본질, 즉 그 DNA는 **위임**과 **권한 부여**와 **권위적인 행위**를 필요로 한다. 거룩한 사랑은 게으른 자세로 자리에 앉아 있지 않는다. 반드시 창조하거나, 필요하다면 하나님의 영광을 위한 목적으로 재창조한다. 그리고 그 창조 행위는 거룩한 사랑의 위임 또는 권위적인 행위이다.

　얼마나 추악한 거짓말이 사람들로 하여금 권위의 개념을 무시하게 했는가! 거룩한 사랑에 뿌리를 둔 신성한 권위는 인류에게서 진정으로 인간적인 것들을 약탈하거나 도둑질하지 않는다. 오히려 그와 반대이다. 신성한 권위는 인류를 창조하고, 인류에게 권위를 부여하여 세상에서 가장 만족스러운 신성한 삶에 참여하거나 그것을 모방할 수 있게 한다. 순종하라는 부르심은 완전하신 하나님을 의식적으로 닮아가는 기쁨으로의 부르심일 뿐이다. 하나님의 사랑의 통치 그리고 순종하라는 그분의 부르심은 위임이다. 즉, 위대한 위임이다. 하나님은 우리가 하나님을 닮아야 하는 지각과 창조적 재능을 위해 모든 수단들을 구비시켜주신다. 또한 우리에게 이 땅을 건네주시고 권위를 부여해주셔서 하나님의 영광이 드러나고 선포될 수 있는 방식으로 우리가 살고, 사랑하고, 건설하고, 노래하고, 정복하고, 연구하고, 돌보고, 말하게 하신다.

　인간의 권위는 이와 마찬가지가 되고 또한, 그렇게 행하기 위해서 거룩한 사랑에 뿌리를 내려야 한다. 우리가 받은 모든 권위는 그것이 아버지의 권한이든지 또는 경제 부총리의 권한이든지 간에, 생

---

35 나는 올리버 오도노반이 말한, '근거'(ground)라는 용어를 사용하고 있다.

명을 창조하고 다른 사람들에게 다스리는 권한을 주는 데에 사용되어야 한다. 다른 사람들이 우리에게서 받은 통치권도 역시 생명을 창조하고 또 다른 사람들에게 다스리는 권한을 주는 데에 사용되어야 한다. 또한 우리는 우리의 권위에 주어진 모든 자격을 사용하여 다른 사람들을 최고선이신 하나님께로 인도해야 한다. 하나님이 그분을 계시하실 때마다 우리가 사람들을 하나님께로 인도한다면, 우리는 그들 속에 생명을 창조하는 것이다.

이야기를 조금 더 발전시키자면, 설교는 사랑의 권위를 시행하는 것이다. 사람들을 하나님의 계시로 인도하기 때문이다. 양육은 사랑의 권위를 시행하는 것이다. 사람들이 하나님의 형상을 따르게 하기 위하여 노력하기 때문이다. 복음 전도 역시 사랑의 권위를 시행하는 것이다. 사람들을 구원과 영원하신 왕의 통치로 인도하기 때문이다. 특히 복음 전도는 다른 사람들이 진정한 통치자가 되게 해줄 수 있는 유일한 길이다. 우리는 설교를 하고, 양육을 하고, 복음을 전하도록 위임받았다. 그러나 설교와 양육과 복음 전도 역시 그 자체로 일종의 위임 행위이다. 사람들이 하나님과 하나님의 권위에 불쾌감을 느낀다면, 그들이 설교와 양육과 복음 전도에 화를 내는 것에 대해 우리가 놀랄 이유가 있을까?

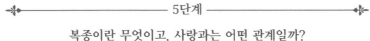

5단계

복종이란 무엇이고, 사랑과는 어떤 관계일까?
복종은 하나님에 대한 사랑이며 하나님의 영광을 추구하는 일에
자신을 바치는 것이다.

사랑의 복종

우리는 창조 때에 의도되었던 대로 권위를 정의했다. 권위는 거룩한 사랑의 위임령에 따라 질서와 형태와 기능을 창조하는 자격이다. 그렇다면 우리는 어떻게 복종과 순종을 창조 때에 의도되었던 대로 정의할 수 있을까?

제사장으로서의 아담

복종의 문제는 우리 존재의 핵심과 직결된다. 우리는 복종하도록 창조되었다. 이 개념은 창세기 1장에 담겨 있다. 하나님은 자기의 형상대로 아담과 하와를 창조하셨고, 그들에게 스스로의 형상이 아닌 하나님의 형상을 드러내라고 명하셨다. 인간은 권위를 시행함으로써 하나님을 본받는다. 그러나 **하나님이** 어떤 분이신지 세상에 보여주는 방식으로 권위를 시행한다. 인간이 완전한 권위를 시행하기 위해서는 하나님께 온전히 복종해야 한다. 권위보다 복종이 먼저이다. 또는 경건한 개인의 경우 두 가지를 동시에 한다고 말할 수도 있다. 권위를 가졌지만 권위 아래에 있었던 로마 백부장은 이것을 완벽하게 이해했다(마 8:9).

아담은 대왕이 아니었다. 대왕을 대신해서 다스리는 분봉 왕(分封王)이었다. 다른 비유를 들자면, 구속사에서 흔히 볼 수 있는 바와 같이, 아담은 제사장이었다. 아담은 자기가 기뻐하는 것이라면 무엇이든 할 수 있는 왕이 아니었다. 하나님의 거룩한 사랑과, 생명을 주는 통치와, 영광을 중재할 수 있는 왕이었다. 아담은 다른 사람들, 곧 세상에 하나님의 형상을 드러내기 위해 부름받은 제사장이었다.

그러므로 복종은 창조된 형상이 그 형상을 만드신 분께 순종하겠다고 결심하는 것이다. 만일 내가 하나님의 의롭고 사랑스러운 특성을 드러내기 위해 창조되었다면, 나는 하나님이 나를 창조하시면서 부여하신 임무를 행하는 동안 그분의 목적에 복종해야 한다. 경건한 복종은 명령과 법에 순종하는 것을 포함하지만, 사실상 그 이상의 의미를 갖는다. 경건한 복종은 전적으로 하나님을 사랑하고, 하나님의 영광을 수용하며, 나 자신과 내가 가진 모든 것을 하나님의 영광을 위해 드리는 것이다. 권위와 마찬가지로 복종은 사랑하는 것이다. 복종은 하나님에 대한 사랑과, 하나님의 하나님 되심에 대한 사랑에서 시작한다. 복종은 하나님의 아름다우심과 선하심을 인정하는 것 그리고 하나님과 하나님의 선하심에 연합하고자 하는 열망에서 시작한다. 하나님을 사랑하는 자들은 하나님의 방식과 하나님의 진리와 하나님의 생명에 굴복하고 복종한다.

그러므로 성부 하나님을 완벽하게 사랑하신 예수님도 성부 하나님을 최고로 높이기 위해 그분께 복종했다. 마찬가지로 아담은 하나님에 대한 사랑으로 하나님께 복종했고, 하와는 아담뿐만 아니라 아담의 하나님을 사랑해야 했기 때문에 아담을 돕는 일에 복종했다(룻 1:16을 보라).

다른 사람들에게 복종하기

다른 사람들에게 복종한다는 것은 다스리는 권위를 가진 사람의 자격을 사랑의 요구로 받아들인다는 뜻이다. 만일 당신이 특정한 상황에서 나에 대한 권위를 가진다면, 나는 당신이 그 영역에서 나의 길을 인도할 수 있도록 하나님께로부터 받은 특권을 인정한다. 나는 복종함으로써 당신의 권위에 부응한다. 나는 당신의 목적을 추구하는 일에 나 자신과 내가 가진 것들을 복종시킨다. 내가 당신의 권위에 부응해서 행동하지 못할 때는, 당신의 교정에 따른다. 나는 하나님을 사랑하고, 하나님이 그분의 거룩한 사랑의 요구를 이 특정한 상황에서 집행할 수 있도록 당신에게 자격을 주셨다고 믿기 때문에 이 모든 것들을 받아들인다.

경건한 복종은 거룩한 사랑을 행하는 것이므로, 이 세상에서 경건한 복종이란 결코 다른 사람에 대한 복종이 아니다. 다른 사람에게 복종하는 것은 우상숭배가 된다. 다른 사람들에게 복종할 때, 우리는 그들이 가진 왕의 자격 내에서 복종하는 것이다. 그러나 이 왕들은 궁극적인 왕이 아니다. 그들은 제사장적인 왕이다. 그들의 권위는 단지 다른 분의 권위를 중재할 뿐이다. 만일 하나님이 어떤 사람에게 권위를 주셨다면, 우리가 그에게 복종하는 것은 실제로 하나님께 복종하는 것이다. 하나님은 모든 사람이 아니라 소수에게 사람들을 다스릴 자격을 주신다. 그리고 우리는 그들에게 복종해야 한다. 그러나 우리는 오직 하나님께 순종하는 범위 안에서 그들에게 복종해야 하며, 하나님의 법이 우리에게 허용한 범위를 넘어서면 안 된다. 우리는 하나님이 세우신 인간 중재자들에게 고하는 것이 아니라, 궁극적으로 하나님께 고하는 것이다.

생명 창조인가 아니면 생명 위협인가?

타락한 세상에서 다른 존재의 목적을 위한 복종이라는 언어는 심지어 하나님의 목적을 위한 것이라 해도 불쾌하게 들린다. 결국 복종은 우리의 계획과 목적을 포기하는 것이며, 이는 우리의 독특하고 창조적인 잠재력을 소멸시키는 것처럼 보인다. 하나님은 우리 각자를 독특하게 만드셨다. 그런데 복종은 그 사실을 무용지물로 만들어버리는 것이 아닐까? 하나님은 우리가 우리의 개성을 계발하고 우리의 독특한 은사를 사용하길 원하신다.

지극히 옳은 말이다. 그러나 우리는 우리의 개성과 은사를 하나님의 목적에 복종시킴으로써, 그것들을 계발하고 사용한다. 우리의 은사는 하나님의 성품에 맞게 사용되어야 한다. 우리의 개성과 독특한 은사는, 우리가 그것들을 재료로 삼아 하나님 그리고 하나님이 우리 위에 두신 것들에 복종시키는 방향으로 계발되어야 하기 때문이다. 학생은 교사에게 복종하고 운동선수는 감독에게 복종한다. 그들의 재료가 계발되어야 하기 때문이다. 또는 아담이 에덴동산에 있을 때 피튜니아를 재배하는 방식과 장미를 재배하는 방식이 각각 다르다는 것을 알았던 것과 같이, 경건한 권위는 전형적으로 사람들을 향해 그들의 창조 목적과 부합하게 행동하라고 요구함으로써 통치한다. 경건한 권위는 달리기 선수가 더 빨리 달릴 수 있게 도와주고, 사상가가 더 예리한 생각을 할 수 있게 도와주며, 무용수가 더 우아한 춤을 출 수 있게 도와준다. 나는 "전형적으로"라는 단어를 사용했다. 왜냐하면, 타락한 세상에서 가끔씩 경건한 권위는 우리가 잘하지 못하는 것이나 결코 잘 할 수 없는 것들을 하라고 요구할 때도 있기 때문이다. 그럼에도, 우리의 삶을 다스리시는 하나님의 통치는 우리가 함께 창조된 목적을 이루라고 요구하신다. 그것은 바로 우리의 다양한 은사들을 모두 사용하여 하나님을 예배하는 것이다.

경건한 복종은 경건한 통치와 마찬가지로 창조와 관련이 깊다. 우리는 다가올 새 창조를 위해 우리 자신과 우리가 가진 것들을 다른 사람에게 복종시킨다. 하와는 아담을 돕는 자로서 이런 자세를 더욱 구체적으로 보여주어야 했다. 하와가 쌓아놓은 모든 은사와 재능과 관점들은 아담의 통치행위에 사용되어야 했다. 두 사람 모두 에덴동산의 경계와 하나님의 영광이 세상 끝까지 확장되기를 원했기 때문이다. 결국 아담의 통치와 하와의 복종은 모든 인류가 언제나 어떤 상황에서나 수없이 많은 방식으로 반드시 따라야 하는 태도를 보여주어야 했다.

시편의 문을 여는 시편 1편은 전체의 기초적인 서론을 비롯하여 온 인류가 하나님을 향해 품어야 하는 근본적인 마음이 무엇인지 보여준다. 이 시는 마치 에덴동산으로 돌아간 듯한 느낌을 준다. 또 인간이 하나님과 하나님의 말씀으로 돌아갈 때 그의 창조적인 능력이 해방된다는 것을 보여주기 위해 풍성히 열매 맺는 나무의 상징(symbol)을 사용한 것처럼 보인다.

복 있는 사람은
악인들의 꾀를 따르지 아니하며
죄인들의 길에 서지 아니하며
오만한 자들의 자리에 앉지 아니하고
오직 여호와의 율법을 즐거워하여
그의 율법을 주야로 묵상하는도다

그는 시냇가에 심은 나무가
철을 따라 열매를 맺으며
그 잎사귀가 마르지 아니함 같으니
그가 하는 모든 일이 다 형통하리로다(시 1:1-3).

하나님의 법에 복종하면 놀랍게도 시인의 생명이나 그의 독특하고 창조적인 잠재력이 소멸되지 않는다. 오히려 배가된다. 시인은 복을 받는다. 그리고 그에게서 축복의 열매들이 나와 다른 사람들의 삶을 채운다. 예수님이 돌아가시기 전에 말씀하신 것처럼, 한 알의 씨앗이 땅에 떨어져 죽지 않으면 열매를 맺지 못하는 법이다(요 12:24). 시인에게서는 이것이 그의 기쁨, 애정 그리고 사랑에서 시작된다. 시인은 하나님과 하나님의 말씀을 사랑한다.

사랑의 복종에 대한 요약

권위와 복종 모두 하나님의 거룩한 사랑이 시행되는 것이다. 권위와 복종은 하나님의 거룩한 사랑이 손과 발에 들려져 역사할 때, 그 사랑이 행하는 것이다. 권위는 말한다. "하나님의 영광을 위해 하나님 나라를 세웁시다." 복종은 말한다. "내가 돕겠습니다."

둘 다 주고 둘 다 받지만, 아마도 순서는 서로 반대일 것이다. 권위는 명령을 준 후에, 곧 펼쳐질 새 창조의 기쁨을 받는다. "좋아, 아주 좋아." 복종은 명령을 받은 후에, 위임받은 창조의 기쁨에 복종한다(문자적으로, "복종을 준다"—옮긴이). 받는 자에게는 주는 것이 기쁨이다. 왜냐하면, 완전한 권위는 원래 창조되도록 계획된 것만 창조하라고 복종에게 요구하기 때문이다. "그래, 좋았어. 내가 창조된 이유는 그것을 하기 위해서야." 음악가가 작곡을 할 때나 작가가 글을 쓸 때 느끼는 것은 바로 기쁨이다.

권위가 책임을 지기 때문에 더 많은 영광을 받는 것일까? 이 질문은 '영광이 어디로부터 오고 누구에게 속하는가?'라는 요점을 놓치고 있다. 바울은 이에 대한 답을 알고 있었다. "이는 만물이 주에게서

나오고 주로 말미암고 주에게로 돌아감이라 그에게 영광이 세세에
있을지어다"(롬 11:36).

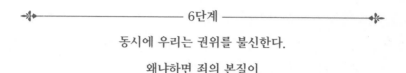

동시에 우리는 권위를 불신한다.
왜냐하면 죄의 본질이
하나님이 피조물에게 주신 권위의 남용이기 때문이다.

우리의 타락한 통치

인간의 모든 의사 결정이 위임된 권위를 사용하여 하나님께 순종하
는 것이라는 사실을 생각해볼 때, 우리는 죄와 관련해서 그리고 타락
이후 권위에 발생한 일과 관련해서 적어도 다섯 가지 놀라운 교훈과
맞닥뜨리게 된다.

죄는 권위의 남용이다

첫째, 죄는 불순종이다. 하지만 죄는 우리에게 위임된 권위의 남용이
라고 정의할 수도 있다. 죄는 하나님이 아담에게 주신 통치권을 악용
한 것이다. 인간이 '영적으로' 행하지 않고 '육적으로' 행한 모든 행동
과 결정은, 바울의 표현을 빌리면 권위의 남용이다. 죄는 권위를 잘
못 행하거나 잘못된 권위를 정당화한 것이다. 죄는 하나님이 아니라
사람을 위해 통치하는 것이고, 거룩한 사랑이 아니라 세속적인 사랑
을 위해 통치하는 것이다. 여동생의 장난감을 빼앗은 다섯 살짜리 아
이와 다른 나라를 빼앗고 그 국민들을 노예로 삼은 왕을 비교했을

때, 두 사람의 행동은 질적으로 똑같다. 권위가 남용되었다. 아이와 왕은 하나님의 통치를 거절하고 자신의 청지기 정신을 저버렸다.

우리가 권위를 증오하는 이유와 하나님과 그분의 영광에 대해 복종하기를 싫어하는 이유는 서로 긴밀하게 연관되어 있다. 하나님의 권위와 영광은 그 자체가 하나님의 본질적인 속성이지만, 한편으로는 창조 때문에 하나님께 돌려지는 특권이기도 하다. 우리가 짓는 죄의 핵심은 스스로 하나님이 되고 싶어서 이 특권에 저항하여 불평을 쏟아내는 것이다(창 3:5). 우리는 우리 자신과 우리의 소유를 하나님의 주권에 복종시키고 싶어 하지 않는다. 우리는 우리 자신과, 우리의 의와, 우리의 의미와, 우리의 가치와, 우리만의 법칙과, 우리만의 통치를 만들어내고 싶어 한다. 그렇게 되면 영광은 우리의 것이기 때문이다.

자율과 독재는 같은 근원에서 나온다

둘째, 서구사회에서 개인의 고립과 자율은 독재자가 대중을 유린하는 것과 같은 근원에서 나온다. 두 경우 모두 하나님의 권위를 거절하고 자기 방식대로 통치하려고 결정한다. 다행히도 자율적인 개인이 하나님의 권위를 거절할 때 나타나는 결과가 독재자의 경우보다는 재앙이 덜하다. 이것이 바로 내가 종종 공적인 영역에서 하는 것처럼, 그리스도인들이 어떤 철학적 자유주의 사조들을 인정할 수 있는 이유라고 생각한다. 철학적 자유주의는 기껏해야 악을 거부하는 방어적 장치에 불과하다. 간헐적인 거부권인 셈이다.[36] 하지만 우리

---

36 William H. Riker, *Liberalism against Populism: A Confrontation between the Theory of Democracy and*

는 자율적인 개인주의와 독재가 근본적으로 정도의 차이일 뿐 종류의 차이가 아니라는 것을 알아야 한다.[37] 이러한 방어적인 자세가 국민들에게 중요한 것만큼이나, 하나님 나라의 백성들은 권위에 대해 훨씬 더 복잡하고 남다른 관점을 가지고 있어야 한다.

수많은 현대 작가들이 자율적인 개인주의와 계몽주의, 또는 사회계약설로 인한 공동체 붕괴 등이 마치 이 시대의 독특한 문제인 것처럼 호되게 비판하는 것은 아이러니가 아닐 수 없다. 자율적인 개인주의는 계몽주의나 철학적 자유주의와 함께 시작된 것이 아니다. 오히려 하나님의 행위 언약에 대한 인간의 반응에서 출발했다. 특히 아담과 하와는 뱀의 거짓말을 덥석 물어 삼키고 자기들도 선악을 아는 일에 하나님과 같이 되기로 결정했다(창 3:5). 전근대로부터 근대로 이동한 것이 진정으로 의미하는 바는, 사탄의 속삭임이 소위 기독교 서구사회에서 도덕적, 철학적 신뢰를 얻게 되었다는 점이다(마치 그것

---

the Theory of Social Choice (Prospect Heights, IL: Waveland Press, 1982), pp. 8–11, p. 244. 분명히 이 점들은 반대의 여지가 없다. 그러나 나는 라이커가 다음과 같이 말한 것이 옳다고 생각한다. "자유주의적인 관점에서, 투표의 기능은 관료들을 통제하는 것일 뿐 아니라, **그 이상이다**(강조한 부분은 원문). 또한 Democracy and Power: Essays in Political Theory 1 (Oxford: Oxford University Press, 1991), 2장에 수록된 브라이언 베리(Brian Barry)의 절차주의적 접근을 보라.

37 존 롤스(John Rawls) 등과 같은 현대 자유주의 이론가들의 아이러니한 낙관주의 인간론과 비교해볼 때, 초기 민주주의 이론가들은 민중 정부가 빠르게 자기들만의 독재로 빠져들 것이라는 점을 잘 알고 있었다. 제임스 메디슨(James Madison)은 유명한 〈연방주의자 논문 제 10호〉(Federalist 10)에서, '정당의 해악'에 대해 묘사한다. 다수당이나 소수당을 막론하고 정당의 열정은 반대자들을 억압할 가능성을 포함하여 얼마든지 국가의 이익을 해할 수 있다. 메디슨은 이렇게 다른 사람들을 해치는 성향이 권위의 산물이 아니라 자유의 산물이라고 말했다. "자유와 정당의 관계는 공기와 불의 관계와 같다. 자유가 없으면 정당은 즉시 소멸한다." 결국 근본적인 원인은 인간의 본성에 있다. "그러므로 당쟁에 내재된 원인들은 인간의 본성에 뿌리를 두고 있다. … 인간의 이러한 성향이 너무나 강력해서 서로 증오에 빠지게 되며, 어떤 중요한 사안 때문이 아니라 아주 시시하고 하찮은 차이만 있어도 우호적이지 않은 감정에 불이 붙고, 가장 격렬한 싸움이 일어난다." 메디슨과 다른 미합중국 헌법 발의자들은 이러한 문제가 당쟁의 원인을 제거함으로써 해결될 수 없고, 오직 '그 결과를 통제함'으로써 해결될 수 있다는 것을 알았다. 그러므로 권력분립과 연방제, 국민 선거, 사법 심사, 결국에는 권리장전 등을 통해서만 가능하다는 것이다. 이와 비슷한 염려가 〈연방주의자 논문 제 51호〉(Federalist 51)에도 기록되어 있다. Alexander Hamilton, et al. (New York: Bantam Calssics, 1982), pp. 43–45에서 인용.

이 오래전부터 항상 신봉되고 실행되었던 것처럼 말이다). 계몽주의가 우리에게 급진적인 자유 행위와 원자론(atomism)을 가져다준 것이 아니다. 바로 창세기 3장이 가져다주었다. 계몽주의는 기껏해야 그것에 잠시 동안 공식적인 정당성을 부여해주었을 뿐이다.

권위를 남용하려는 인간, 그것을 미워하시는 하나님

모든 인간의 의사 결정이 하나님으로부터 위임받은 권위 안에서 시행된다는 사실과, 죄는 권위의 남용이라고 정의할 수 있다는 사실로부터 우리가 배울 수 있는 셋째와 넷째 교훈이 있다. 하나님은 권위가 남용되는 것을 미워하신다. 조지 오웰보다 훨씬 더 미워하신다. 그뿐만 아니라, 하나님은《1984년》을 읽은 나보다, 그리고 다른 어떤 철학적 자유주의자보다 훨씬 더 인간의 권위를 믿지 못하신다. 사실, 하나님은 인간이 어떤 청지기직을 받았든지 간에 권위를 **남용하려 할** 것이라는 점을 알고 계셨다. 목회자나 신자, 국회의원이나 대통령, 부모나 남편 중에서 자기는 죄에 대해 수동적이거나 과도한 활동으로 자신의 권위를 남용하지 않았다고 떳떳하게 주장할 수 있는 사람이 있을까? 만일 있다면, 그 사람은 자기를 속이는 것이다. 권력의 남용을 극복할 수 있는 첫 번째 단계들 중 하나는, 권위를 가진 사람들이 자기에게 이기적인 착취 성향이 있음을 깨닫는 것이다. 관계를 맺고 있는 사회가 왕권으로 세워진 것이든지, 가족이나 친구 간의 결속으로 세워진 것이든지, 또는 개인적인 계약으로 세워진 것이든지 간에 사람들은 기회만 있으면 다른 사람을 정복하고 이용한다. 에덴에서 추방된 아담과 하와의 아들 가인은, 성장한 뒤 자기의 동생 아벨을 미워하고 급기야 살해하기까지 했다. 이것이 성경의 첫 번째 교훈이어야 한다. 사실, 구약성경의 가장 중요한 두 가지 교훈이 바로 이것이다. 인간은 권위를 **남용하려고 한다**는 것과, 하나님은 그것을 **미워하신다**는 것이다.

더욱이 남을 해하고자 하는 잠재성은 손에 쥔 힘과 권위가 많으면 많을수록 더욱 커진다. 이집트와 아시리아의 왕들 중에서 우상 숭배를 한 자들이 이것을 증명하고(출 1:8-22; 사 10:5-19), 이스라엘의 왕들도 마찬가지이다. 사무엘상의 사울에서부터 열왕기하의 시드기야에 이르기까지 이스라엘의 모든 왕들은 이기적인 욕심을 채우는 데 권력을 사용했고, 심지어 살인까지 저질렀다. 그렇기 때문에 하나님의 선지자들은 "음식물을 삼키는 이리 같아서 불의한 이익을 얻으려고 피를 흘려 영혼을 멸하"는(겔 22:27) 이스라엘의 왕들과 목자들을 통렬하게 비난했다.[38]

그러나 하나님을 근심케 한 것은 단지 국가 지도자들의 불의와 학대만이 아니었다. 제임스 메디슨(James Madison)이 당파 싸움에 대해 경고한 것이나 알렉시스 드 토크빌이 '다수의 독재'에 대해 경고한 것과 같이, 하나님은 다수와 소수에게서 일어난 모든 독재를 비난하신다. "이 땅 백성은 포악하고 강탈을 일삼고 가난하고 궁핍한 자를 압제하고 나그네를 부당하게 학대하였으므로"(겔 22:29).[39] 하나님은 이 모든 학대를 심판하겠다고 약속하신다. "내가 내 분노를 그들 위에 쏟으며 내 진노의 불로 멸하여 그들 행위대로 그들 머리에 보응

---

38 또한 다음 구절들을 보라. 왕하 21:16; 렘 2:5-9; 10:21; 23:1-3; 50:6-7; 겔 22:6; 34:1-10; 슥 11:17. 이 구절들에 대한 가장 훌륭한 논의로는 Timothy S. Laniak, *Shepherds after My Own Heart: Pastoral Traditions and Leadership in the Bible* (Downers Grove, IL: InterVarsity, 2006), 7-8장을 보라.

39 또한 사 61:8; 렘 2:34; 19:4; 겔 22:7.

하였느니라 주 여호와의 말씀이니라"(겔 22:31).[40]

하나님은 모든 형태의 착취를 미워하시는 공의의 하나님이다. 다윗 왕이 말했듯이, "여호와는 압제를 당하는 자의 요새이시요 환난 때의 요새"이시다(시 9:9). 또한 여호사밧 왕이 말했듯이, "우리의 하나님 여호와께서는 불의함도 없으시고 치우침도 없으시고 뇌물을 받는 일도 없으"신 분이다(대하 19:7). 모세도 이렇게 말했다. "고아와 과부를 위하여 정의를 행하시며 나그네를 사랑하여 그에게 떡과 옷을 주시나니"(신 10:18).

흥미롭게도 타락 이후 구약에 등장한 모든 권위 남용에 대해 마지막으로 말씀하신 분은 예수님이다. 예수님이 성전을 거닐고 계실 때, 예루살렘의 제사장들과 서기관들과 장로들이 예수님의 권위에 도전했다(막 11:28). 예수님은 그들의 잘못을 비유로 말씀하셨다. 예수님은 그 종교 지도자들을 자기 지위에 만족하지 못하는 소작인에 비유하셨다. 그들은 주인이 되고 싶어 했다. 그들은 왕이 되기로 결심한 섭정왕(攝政王)들이어서 포도원 주인이 보낸 사신을 몹시 때려 죽였고, 주인의 상속자인 아들마저 죽인 뒤 이로써 자기들이 그 땅을 차지하게 될 것이라 생각했다(막 12:1-12). 이스라엘의 대표자들은, 즉 국가의 대리인일 뿐 아니라 백성들의 대리인이었던 이들은 하나님의 통치를 대리하는 일에 만족하지 않았다. 그들은 자기들이 직접 통치하길 원했다. 그 통치권을 얻기 위해 하나님의 아들마저 죽이려 했으며, 실제로 죽였다. 하나님의 아들을 십자가에 못 박은 사건은 이스라엘 민족의 역사에서 정점을 찍은 행위이다. 이는 하나님의 통치

---

40 신 27:18-19; 왕하 23:26-27; 24:3-4.

를 싫어하는 인간의 모습을 상징적으로 보여준다. 또한 로마 제국과 공모한 사건이기도 하다. 이 사건은 아담의 모든 자녀가 자기의 뜻을 관철하기 위해 공의를 곡해하고 권위를 남용한 대표적인 사례이다. 이 사건은 그러한 왜곡 행위를 싫어하시는 하나님의 미움을 상징할 뿐 아니라, 이상하고 우리의 예상을 뛰어넘는 하나님의 방식을 상징한다. 하나님이 구원과 영광을 성취하시기 위해 역사상 최악의 불의에 당신의 아들을 복종시키신 것이다.

성경을 읽으며 자기를 '신앙적'이라거나 '의롭다'고 생각하는 사람들, 이 책을 읽고 있는 목사들, 교회 지도자들, 또는 신학생들에게 소작인의 비유는 얼굴에 찬물을 끼얹는 것과 같다. 복음서들에서, 하나님의 통치에 대항한 폭력과 학대의 정수는 그들의 가장 순수한 제도에 스며들어 있었고, 종교 지도자들 안에 인격화되어 있었다. 그리고 이들이 바로 그리스도의 가장 큰 분노를 산 사람들이었다.

타락한 인간의 손에 들어간 권력과 권위는 양날의 검이다. 사랑을 위해 사용되면 생명을 낳고 질서를 창조한다. 다른 목적으로 사용되면 하나님의 형상으로 지음받은 사람들을 파괴한다(창 9:6을 보라). 구약 전체는 이 교훈을 가르친다. 그리스도의 십자가 사건도 이 교훈을 가르친다.

이 타락한 세상에서는 그 어떤 법률이나 제도, 또는 그 어떤 형태의 계급 구조도 궁극적으로 사랑이나 자유를 낳지 못한다. 권위와 사랑을 서로 대치시키는 현대 작가들은 자기들의 말이 맞는지 구약성경 전체의 줄거리를 살펴보아야 한다. 우리는 인간의 상황에 대한 구약성경의 비판이 현대 회의주의자들이나 포스트모던 해체주의자들보다 훨씬 더 과격하고 철저하다고 말해야 할 것이다. 성경에는 감상적인 이상주의란 없다. 이스라엘이 하나님을 거절하고 추방당한 것은 이스라엘의 이야기가 하나의 디스토피아임을 보여준다.

위에 있는 사람들을 의심하라 그리고 아래에 있는 사람들도…

다섯째, 성경은 우리에게 권위를 가진 사람들과 권위에 복종하기를 거부하는 사람들을 의심하라고 가르친다. 즉, 위에 있는 사람들과 아래에 있는 사람들 모두를 의심해야 한다. 어떤 의미에서, "권력은 부패한다"라는 속담은 사실임에 틀림없다. 권력과 권위를 가질수록 죄를 지을 기회가 더 많고, 마음이 더 굳어진다(애굽의 바로를 생각해보라). 동시에 권력을 부여받고 그것을 남용하는 사람은 단지 모든 사람의 마음속에 이미 내재되어 있는 부패, 즉 하나님의 권위를 미워하고 거부하는 부패를 드러내는 것뿐이다. 사람들은 불의를 두려워하고 해를 입는 것이 두려워서 권위에 복종하기를 거부하는 경우가 있다. 그것은 사탄이 아담과 하와에게 했던 거짓말이다. 사탄은 "하나님은 네가 그것을 먹으면 네 눈이 밝아진다는 것을 알고 계신다"라고 말하면서, 하나님이 아담과 하와를 속여 마땅히 그들에게 주어져야 하는 것들을 갖지 못하게 하신다고 했다. 아담과 하와가 이 거짓말을 믿은 이유는 순전히 자기 스스로 통치하고 싶은 탐욕 때문이었다.

아담과 하와의 경험은 보편적이다. 사탄은 우리에게 "복종하면 해를 입을 거야"라고 말하며, 우리는 기쁘게 대답한다. "그뿐만 아니라 나는 마땅히 내가 가져야 하는 것을 갖지도 못하고 주장하지도 못할 거야." 이렇게 주고받는 대화를 가리켜 사도 바울은 그것이 단지 반역일 뿐이라고 말한다(엡 2:1-3).

요컨대, 견고한 원죄론은 권력이 부패한다는 것을 인정할 뿐 아니라, 권력이 이미 부패한 것을 더 부패하게 한다는 것도 인정한다. 수직 구조의 상위에 있는 사람들만 의심하고 하위에 있는 사람들을 의심하지 않는 것은 자기를 기만하는 행위이다. 성경은 두 부류 모두를 고발한다.

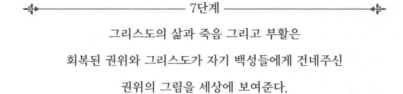

7단계
그리스도의 삶과 죽음 그리고 부활은
회복된 권위와 그리스도가 자기 백성들에게 건네주신
권위의 그림을 세상에 보여준다.

회복된 사랑의 통치

우리는 방금 전 타락한 사람들의 권위에 대한 성경의 가르침을 생각해보았다. 사랑을 권위와 같은 방에 밀어 넣으면 어떻게 될까? 사랑은 마치 성난 고릴라와 함께 우리에 갇힌 사람처럼 호되게 얻어맞을 것이다. 그렇다면 교회 안에 있는, 구속받은 사람들의 권위에 대한 성경의 가르침은 무엇일까?

그리스도가 회복시킨 권위

성경은 모든 사람들이 죄를 짓고 자기들의 통치를 추구함으로써 하나님의 영광에 이르지 못한다고 가르친다. 그러나 놀랍게도, 성경은 그 반대의 교훈도 가르친다. 구약성경은 예언적이고 예표적으로 하나님이 또 다른 아담의 후손을 역사의 페이지에 기록하셔서 아담이 통치하려던 방식대로 그 후손이 통치하게 될 것이라고 말한다. 그는

"지혜와 총명의 영으로", "모략과 재능의 영으로" 그리고 "지식과 여호와를 경외하는 영으로"(사 11:2) 통치할 것이다. 사실, 이 아담의 후손은 단지 역사에만 기록되는 것이 아니다. 그의 통치는 현재의 악한 세대를 내다보기도 하지만, 결국 에덴에서 누렸던 질서와 조화가 그대로 재현된 새로운 시대를 열 것이다. "그때에 이리가 어린양과 함께 살며 표범이 어린 염소와 함께 누우며 송아지와 어린 사자와 살진 짐승이 함께 있어 어린아이에게 끌리며"(사 11:6). 다윗 왕의 계보에서 잘라진 그루터기로부터 기적적으로 싹이 터서 탄생한 이 왕은 "여호와를 경외함으로 즐거움을 삼을 것이며 그의 눈에 보이는 대로 심판하지 아니하며 그의 귀에 들리는 대로 판단하지 아니하며 공의로 가난한 자를 심판하며 정직으로 세상의 겸손한 자를 판단할 것이다"(사 11:3-4). 아마도 가장 놀라운 것은, 이 왕이 하나님의 이름과, 칭호와, 속성과, 권위를 가지고 온다는 사실이다.

> 이는 한 아기가 우리에게 났고
> 한 아들을 우리에게 주신 바 되었는데
> 그의 어깨에는 정사를 메었고
> 그의 이름은 기묘자라, 모사라,
> 전능하신 하나님이라,
> 영존하시는 아버지라, 평강의 왕이라 할 것임이라(사 9:6).

더욱이, 이 오실 왕은 성부 하나님께 온전히 복종하실 것이기 때문에 완전한 통치를 이루실 것이다. 이 왕은 하나님의 영광을 중재하는 제사장으로 오실 것이다. 하나님이 이 왕에게 말씀하실 것이다.

"너는 나의 종이요 내 영광을 네 속에 나타낼 이스라엘이라"(사 49:3). 또한 이 왕은 온전한 겸손과 복종의 자세로 하나님에 대해 이렇게 말할 것이다. "아침마다 깨우치시되 나의 귀를 깨우치사 학자들 같이 알아듣게 하시도다"(사 50:4).

그러므로 그리스도는 왕과 제사장으로 오셨다. 예수 그리스도가 오셨을 때, 그분은 명백하게 이사야의 말씀을 인용하셨다. "천국이 가까이 왔느니라"(마 4:15-17; 11:4-6, 9-10; 사 9:1-2; 40:1-5; 61:1 이하). 예수 그리스도의 삶과 사역에서, 하나님의 권위는 완전하게 구현되었고, 인간의 권위는 완전하게 회복되었다. 그리스도의 권위는 생명을 도적질하거나 빼앗지 않았다. 오히려 생명을 창조하고, 창시하고, 권한을 주고, 위임했다. 그것이 가능했던 이유는 하나님과 하나님의 백성들을 향한 거룩한 사랑에 완전히 뿌리를 두었기 때문이다. 시편 기자가 하나님이 인간에게 창조를 통하여 권위와 영광과 존귀를 주신 것 때문에 하나님의 위엄을 찬송했다면, 그리스도인은 그리스도가 새 창조를 통해 교회에게 그리스도의 권위와 영광과 존귀를 주신 것 때문에 그분의 위엄을 찬양할 수 있다.[41]

다시 말하지만, 창시자가 권위를 갖는다. 새롭게 창조된 피조물 중에 권위를 갖는 분은 새 창조의 창시자이다. 그리고 그 창시자는 자기의 권위를 사용하셔서 성부 하나님의 영광을 위하여 다른 사람들에게 생명과 통치의 권한을 부여하신다.

---

41 그리스도의 새로운 통치라는 주제에 관해서는 G. E. 래드(G. E. Ladd)의 《신약신학》(*Theology of the New Testament*, 대한기독교서회)을, 최근 작품으로는 토머스 슈라이너(Thomas Schreiner)의 《신약신학》(*New Testament Theology*, 부흥과개혁사)을 보라.

- 예수님은 "백성 중의 모든 병과 모든 약한 것을" 고치심으로써 생명을 주시고 회복시키시는 권위를 나타내셨다(마 4:23-25; 9:35).

- 예수님은 사탄이 말한 "천하 만국과 그 영광"의 유혹을 거절하셨다. 예배를 받으실 분은 오직 주 하나님 한 분이시기 때문이다(마 4:8-10).

- 예수님은 "그 가르치시는 것이 권위 있는 자와 같고 그들의 서기관들과 같지" 않아서 무리를 놀라게 하셨다(마 7:28-29).

- 로마 백부장은 자기도 "남의 수하에 있는 사람"이고, 그의 "아래에도 군사가 있어서" 예수님의 권위를 인정했으며, 예수님이 그분의 권위로 자기의 종을 고칠 수 있다는 것을 알았다(마 8:5-9).

- 제자들은 바람과 바다조차 예수님께 순종하고, 그 일로 인해 자신들이 구원받은 사건을 목격했다(마 8:27).

- 귀신들은 예수님의 명령에 복종했으며, 예수님은 사탄을 결박했다고 선언하셨다(마 8:29-32; 9:32-33; 12:28-29).

- 예수님은 "세상에서 죄를 사하는 권능"을 가졌다고 주장하셨고, 중풍병자를 고쳐주심으로써 그것을 증명하셨다. 이로 인해 군중들은 "이런 권능을 사람에게 주신 하나님께 영광을" 돌렸다(마 9:6-8).

- 이 "다윗의 자손"과 "안식일의 주인"은 새로운 이스라엘을 건설하셨

다. "예수께서 그의 열두 제자를 부르사 더러운 귀신을 쫓아내며 모든 병과 모든 약한 것을 고치는 권능을 주시니라"(마 9:17; 10:1; 12:18).

• 예수님은 사람들이 맺고 있는 거의 모든 근본적인 혈연관계들을 없애시고, **전적으로 누가 예수님을 사랑하고 누가 사랑하지 않는지, 그리고 누가 예수님의 뜻을 행하고 누가 행하지 않는지에 따라** 모든 관계와 경계를 다시 정하겠다고 선언하셨다(마 10:34-39; 12:50; 또한 8:22).

• 예수님은 대적들에 대한 심판을 선언하셨다(마 11:20-24).

• 예수님은 마음이 온유하고 겸손하시기 때문에, 자신의 통치를 사용하여 무거운 멍에를 지우지 않으시며, 가볍고 안식을 주는 멍에를 지우겠다고 하셨다(마 11:29).

• 예수님은 특히 다른 사람들에게 '권세를 부리면서 권위를 행하는 지도자들'의 통치와 자신의 통치를 대조시키셨다. 예수님은 "섬김을 받으려 함이 아니라 도리어 섬기려 하고 자기 목숨을 많은 사람의 대속물로" 주려고 오셨다(마 20:25, 26a, 28). 예수님의 통치는 제사장적인 통치였다. 예수님은 자기를 따르는 자들에게 이사야가 약속한 왕을 보여주셨을 뿐 아니라, 이사야가 약속한 종의 모습도 보여주셨다(마 12:15-21 참조; 사 42:1-3; 53:3-6).

• 예수님은 "하늘과 땅의 모든 권세를 내게" 주셨다고 주장하셨다(마 28:18).

예수님은 왕국을 선포하고, 마귀를 결박하고, 피조물에 대한 통치를 보여주고, 갇힌 자를 자유롭게 하고, 저는 자를 고치고, 죽은 자를 일으키고, 사람들을 자기에게 불러 모으고, 구원을 이루고, 새 창조로 인도하고, 새롭게 창조된 세계에서 왕 같은 제사장이 되려고 오셨다. 예수님은 하나님이 창조하신 모든 것에 대한 하나님의 사랑스러운 권위를 포함하여, 하나님의 하나님 되심과 권리들을 선포하기 위해 오셨다.[42] 하지만 예수님은 자신의 생명을 희생제물로 복종시킴으로써 통치를 행하셨다. 예수님은 백성을 인도하기 위해 일어나셨고, 하나님의 목적에 자신을 복종시키셨다. 피흘림의 대속 행위로 왕국을 얻으셨고, 그 속량은 생명을 낳았다. 새로운 생명과 새로운 창조였다.

그리스도의 권위를 본받자

거듭난 자들과 그리스도인들은 그리스도의 권위에 어떻게 반응해야 할까? 답은 평범하고 단순하다. 권위에 순종해야 한다. 신약성경은 가끔씩 순종이라는 단어를 사용하고, 가끔은 모든 것을 버리고 예수님을 따른다는 언어를 사용하고, 또 다른 경우에는 회개라는 언어를 사용한다. 그러나 이 모든 표현이 다 똑같이 이미 도래한 그리스도의 통치에 복종하는 것을 의미한다.

2장의 요점은 이러한 행위들에 또 다른 단계의 의미를 추가하는 것이었다. 우리는 그렇게 순종하는 행위가 사실은 사랑의 행위라고

---

42 예수님이 선언하신 하나님의 하나님 되심과 권리들에 대해 더 살펴보려면 다음을 보라. Richard Bauckham, *God Crucified: Monotheism and Christology in the New Testament* (Grand Rapids: Eerdmans, 1999); Christopher J. H. Wright, *The Mission of God*, 4장. 한화룡 옮김, 《하나님 백성의 선교》 (IVP, 2012).

말했다. 그리스도에 대한 사랑과 순종은 함께 간다. 하나님을 사랑하고 이웃을 사랑하는 것은 이미 도래한 그리스도의 왕국 시민들이 하는 일이다(롬 13:8-10 참조). 우리는 우리가 사랑하는 것에 순종한다. 우리의 마음이 무엇인가를 소중히 여길 때, 그것의 법칙과 그것이 요구하는 바를 충족시키기 위해 반사적으로 행동한다. 이 모든 것을 한마디로 요약하면, 회심에는 우리의 마음이 충성하는 대상을 바꾸는 것이 포함된다.

여기에 한 단계 더 추가할 의미가 있다. 그리스도께 복종하는 것은 그리스도를 대신해서 행동하기 위해 권위를 부여받는 것이다. 그리스도의 권위는 우리가 믿는 자로서 순종할 때 우리의 권위가 된다. 아담이 하나님을 영화롭게 하던 통치 방식 중의 하나는, 그의 자녀도 하나님을 영화롭게 하는 통치를 행하도록 구비시키는 것이었다. 그리스도는 그리스도인들에게 자신과 같은 권위를 행사하라고 명령하신다. 그분은 그리스도인들에게 창조의 힘을 주시고, 질서와 능력을 부여하시며, 그리스도의 통치가 세상 끝까지 확장되도록 다른 사람들을 구비시키라고 명령하신다.

- 예수님은 제자들에게 세상에서 소금과 빛으로 행동하여 세상이 "하늘에 계신 너희 아버지께 영광을 돌리게 하라"라고 명령하셨다(마 5:13-16).

- 예수님은 제자들에게 미워하거나, 간음하거나, 이혼하거나, 거짓말하거나, 복수하지 말라고 명령하셨다(마 5:21-42). 제자들은 원수를 사랑하고 원수에게 선을 행해야만 했다. 왜냐하면 하늘 아버지께서 "의로

운 자와 불의한 자에게" 비를 내리시기 때문이다(마 5:43-48).

• 사실, 예수님은 제자들에게 누구든지 자기가 받고자 하는 대로 남에게 행하라고 말씀하심으로써 모든 율법과 선지자의 속성을 요약하셨다(마 7:12).

• 예수님은 사람들에게 모든 것을 버리고 생명마저 포기한 채 자신을 따르라고 초청하셨다(마 8:22; 10:39; 16:24-26).

• 예수님은 추수할 일꾼을 부르셨다(마 9:37).

• 예수님은 제자들에게 귀신을 결박하고, 병을 고치고, 죽은 자를 살리고, 하나님 나라의 좋은 소식을 전파할 수 있는 권위를 주셨다(마 10:1, 7-8).

• 예수님은 사람들에게 자녀들을 돌보라고 말씀하셨다(마 10:42).

• 예수님은 하늘에 계신 아버지의 뜻을 행하는 자들과 자신을 동일시하셨다(마 12:50).

• 예수님은 교회에게 매고 푸는 권세를 주셨다(마 16:15-20).

• 예수님은 교회에게 교회 안에서 심판을 행할 수 있는 권위를 주셨다(마 18:15-20).

- 예수님은 형제들 중에서 가장 작은 자를 돌보는 자들과 그렇게 하지 않는 자들을 구분하실 것이라고 말씀하셨다(마 25:31-46).

- 예수님은 예수님을 따르는 자들을 제자로 삼고 가르칠 수 있는 권위를 주셨다(마 28:18-20).[43]

예수님은 그분을 따르는 자들에게 예수님의 권위를 행하라고 명령하신다. 이것은 예수님을 따르는 자들이 병을 고치고, 생명을 빼앗는 대신 생명을 주고, 설교하고, 복음을 전하고, 귀신을 쫓아내고, 매는 일과 푸는 일을 하고, 가르치고, 악한 자들을 심판하고, 돌보고, 제자를 삼아야 한다는 의미이다. 그들은 아담처럼 온 땅에서 이 일들을 행해야 한다. 자기 십자가를 지고 자기를 온전히 그리스도께 드림으로써 이 모든 일들을 행해야 한다. 그리스도를 가장 사랑하는 방법은, 다른 사람들에게 그리스도의 나라에서 살 수 있는 권위를 부여하기 위해 노력하는 것이다. 마태복음 28장에 나오는 대위임령(大委任令)은 단순히 마태복음의 마지막 사건이 아니다. 이것은 복음의 진전이고 자연스러운 정점이다. 이것은 제자들이 받은 위임의 총체(summa)이고 최고점이다. 그리스도가 세상 백성들에게 위임하신 모든 일들은 이 명령으로 향한다. 왜냐하면 이 세상에서 사람들을 하나님에 대한 순종의 관계로 인도하고 그들이 그 순종 안에서 자라게 하는 것만큼, 다른 사람에게 삶의 권위를 부여하고 그를 사랑하는 것이

---

43 여기에서는 주로 마태복음을 인용했다. 교회의 권위와 관련된 다른 구절들에는 눅 10:19, 24:46-48, 요 14:26, 20:21-23 그리고 행 1:8이 있다. 종말에 누릴 교회의 권위에 대해서는 딤후 2:12, 계 2:26-27, 5:10, 22:5에서 찾을 수 있다.

없기 때문이다. 그것이 바로 복음을 전하고, 설교를 하고, 제자를 삼고, 교회를 개척하는 일들이 사랑의 행위이며, 그리스도가 위임하신 권위를 시행하는 행위라고 말할 수 있는 이유이다. 또한 교회가 이런 문제들에 적극적으로 관심을 보여야 하는 이유이기도 하다.

그리스도인이 된다는 것은 삶의 모든 영역에서 자신을 그리스도의 통치에 복종시키는 것이다. 그리스도인들은 한 왕국으로부터 다른 왕국으로 옮겨갔다. 마치 지리적으로 한 나라에서 다른 나라로 갈 때처럼 육체만 옮겨간 것이 아니다. 마음과 충성이 함께 갔다. 그리스도인들은 먹든지 마시든지, 군대에게 명령하여 포도원과 공원을 짓게 하든지, 또는 복음을 나누든지 간에 무슨 일이든 하나님의 영광을 위해 믿음으로 행해야 한다.

그렇게 복종할 때 권위 또는 권한이 따라온다. 우리가 그리스도께 복종하면 그분은 우리에게 권위를 주셔서 그리스도처럼 행하게 하신다. 예수님은 우리에게 다른 사람들을 그분의 왕국으로 초대하는, 사랑의 권위를 행사하라고 명령하신다.

경쟁하는 두 실재

한 왕국에서 다른 왕국으로 옮겨가는 것은 모든 것을 포함하는 일이다. 이것은 마치 한 에너지계에서 다른 에너지계로 옮겨가는 것이나, 한 물체의 중력으로부터 다른 물체의 중력으로 옮겨가는 것과 같다. 이 두 비유보다 더 좋은 설명은 신학자 올리버 오도노반(Olive O'Donovan)이 사용한 방식이다. 오도노반은 그리스도의 왕국과 인간의 왕국을 두 개의 서로 다른 '실재'라고 설명한다. **창조된 또는 회복된 권위**와 **타락한 권위**는 두 개의 서로 다른 실재에 근거를 둔다. 오도노반은 타락한 인간이 궁극적 선이신 하나님의 진정한 실재를 인식하지 못한다고 말했다. 그 대신 "인간이 매여 있는 죄는 비현실을 추구하며 환상적으로 살기로 결심하는 것이다".[44] 타락한 인간의 인생은 거짓말에 근거한다. 그의 결정과 행동의 근거는, 즉 기뻐하는 대로 행동할 수 있는 권위가 자기에게 주어졌다고 생각하는 그의 느낌은 환상에 불과하다. 그러나 그때 하나님의 통치가 그 환상을 깨뜨리고 진정한 실재를 가지고 온다. "구속(redemption)의 권위는 우리가 관계를 맺고 있는 세상의 현 실재를 결정하는 권위의 능력에 있다."[45] 이 권위는 옛 실재를 부수고 새로운 실재로 인도한다.

> '권위'라는 용어는 구속이 우리에게 나타날 때, 공허한 상태가 되는 것이 아니라고 경고한다. 구속은 세상 속에서 드러나는 분명한 질서 체계와 부딪쳐 그것을 비판하고 변화시킨다. 구속은 세상이 우리에게 보여 주는 실재의 모습들과 관련이 있는 참된 실재이다. 구속의 결과는 두 가지이다. 하나는 우리가 사는 세상이 심판을 받는 것이고, 다른 하나는 새롭게 창조되는 것이다.[46]

나는 오도노반의 말을 이렇게 이해한다. 타락은 마치 창고 관리자로 고용된 인류가 '창조'라고 불리는 하나님의 창고에 들어가서는, 그곳에 있는 모든 물건의 가격표를 하나님이 창고를 처음 여실 때 정

---

44 O'Donovan, *Resurrection and Moral Order*, p. 109.

45 같은 책.

46 같은 책, p. 104.

하셨던 가격과 전혀 다른 가격으로 바꾸어놓은 것과 같다. 싼 물건은 비싸졌고 비싼 물건은 싸졌다. 구속의 권위는 그 가격표들을 본래 가치로 되돌려놓을 수 있는 자격이고, 현재의 거짓 가격을 원하는 고객들로부터는 어쩔 수 없이 저항을 받게 되는 행위이다.

한 사람이 그리스도인이 될 때, 모든 물건에 붙어 있는 가격표들은 본래의 가격으로 회복된다. 전에는 사람이 자기의 전 생애를 바쳐 이 세상을 사려고 했을 것이다. 이제는 그런 노력이 자기에게 세상을 얻게 해주는 것이 아니라 오히려 영혼을 잃어버리게 만드는 헛된 일에 불과하다는 사실을 안다. 전에는 이리저리 뛰어다니며 무엇을 먹을까, 무엇을 마실까, 또는 무엇을 입을까 고민하는 데 삶의 전부를 쏟아야 했다. 이제는 먼저 하나님의 나라와 하나님의 의를 구한다. 전에는 사람의 칭찬을 구했지만, 이제는 하늘에 계신 아버지로부터 오는 보상을 구한다. 전에는 세속적인 부를 추구했지만, 이제는 영적인 부를 추구한다. 전에는 웃었지만, 이제는 애통한다. 전에는 허세를 부렸지만, 이제는 겸손하다.

등록 교인 제도의 측면으로 볼 때, 나는 오도노반이 권위와 '실재'라는 용어를 연관시킨 것이 세 가지 이유에서 마음에 든다. 첫째, 오도노반의 설명은 실재와 권위를 바라보는 타락한 관점과 회복된 관점 사이의 엄청난 간극을 보여준다. 마치 불신자가 도덕적으로 환상과 신기루의 세계에 거하는 반면, 신자는 진리의 콘크리트 위에 세워진 벽돌집에서 사는 것과 같다.[47] 이것은 엄청난 변화이다. 둘 중 오직 한 사람만이 진정한 도덕적 권위와 자기의 행동에 대한 정당성

---

47 영화 〈매트릭스〉 3부작을 본 사람이라면 이 영화들이 이와 유사한 비유를 전제했음을 알 것이다.

을 가질 수 있다. 둘째, 오도노반의 용어는 이 변화가 얼마나 총체적인 것인지 전달해준다. 우리는 경쟁하는 두 **실재**에 직면해 있다. 실재는 모든 것을 포함한다. 셋째, 이 변화는 하나님이 감독하시고 성취하신다. 이 변화는 단순히 해석의 틀이나 정당화 체계, 또는 대화법을 바꾸는 것이 아니다. 물론 그러한 문화인류학적 실재들을 통해 변화가 이루어질 것이다. 그러나 이것은 "성령이 우리가 살고 있는 거짓된 체계의 실재에 그리스도 안에 있는 하나님의 행위를 가지고 들어와 정면으로 대치시키시는 것이다. 이와 동시에 그리고 이와 동일한 행위를 통해, 성령이 더 새롭고 더 참된 존재 체계를 창조하신다".[48] 침노는 위에서 시작하여 아래로 향한다. 아래에서 위로 향하는 것이 아니다.

회복된 권위는 창조된 권위와 마찬가지로 놀랍고, 생명을 주고, 통치권을 수여하는 것이다. 그리고 이것을 하나님의 백성들이 받아 누리게 될 것이다. 이 권위의 속성은 우리가 타락한 권위에서 경험한 것과 완전히 다르다. 거듭나서 성령의 내주를 경험하는 그리스도인이 시편 전체의 수원지가 되는 시편 1편으로 돌아가 "여호와의 율법을 즐거워하여 그의 율법을 주야로 묵상하는"(시 1:2) 복 있는 사람에 대해 읽을 수 있는 이유가 바로 이것이다. 실제로, 사람이 성령을 통하여 그리스도와 연합하면, 하나님의 입으로부터 나오는 모든 말씀을 점점 더 음미하게 된다.

---

48 O'Donovan, *Resurrection and Moral Order*, p. 104.

지역교회는 그리스도인들이 그리스도께 복종하고
다른 사람들을 향한 사랑의 통치를 실천하는 곳이다.

이 권위와 등록 교인 제도는 어떤 관계가 있는가?

이번 장에서는 사랑에 근거한 권위가 생명을 창조한다는 사실과, 그
리스도가 하나님의 권위를 대표하신다는 사실 그리고 그리스도인의
사랑이 그리스도의 권위를 시행하는 데서 나타난다는 사실을 확립
했다. 그러나 이 모든 것이 등록 교인 제도 및 권징과 어떤 관계가 있
는가? 대답은 간단하다. 권위에 복종하는 행위가 성장을 가져온다면,
그리스도인은 그리스도께 복종하고 다른 사람들에 대한 사랑의 통치
를 실천할 수 있는 장이 필요하다. 성경의 해답은 그리스도인들이 지
역교회의 등록 교인 제도와 권징에 복종하라는 것이다.

어떤 허풍쟁이는 "나는 그리스도의 통치에 복종했습니다"라고
말할 수 있을 것이다. 그러나 복종은 무척 혐오스럽고 우리의 타락한
본성에 정면으로 거슬리기 때문에, 실제로는 그리스도께 복종하지
않았으면서도 복종했다고 생각하기로 마음먹는 경향이 있다. "그리
스도는 나의 주님이십니다"라고 말하는 것은 얼마나 쉬운가. 하지만
정말로 그렇게 행하는 것은 전혀 다른 문제이다. 지역교회의 권위적
인 조직은 그리스도인이 "그리스도는 주님이십니다"라는 말처럼, 자
기가 그리스도인임을 공언하게 해준다.

권위에 순종했을 때 일어난 변화

나는 하나님이 언제 나를 회심하게 하셨는지 모른다. 하지만 내 짐작

으로는 이십대 중반에 여러 교회 모임들에 참석하면서 회심했던 것 같다. 나는 교회 안에서 신실한 부모님의 교육을 받으며 성장했고, 어린 나이에 그리스도를 나의 구주로 고백했다. 하지만 대학과 대학원에서 공부하는 동안 거의 교회에 다니지 않았으며, 전적으로 나 자신과 세상적인 야망을 추구했다.

대학원을 마칠 무렵, 나는 고등학교 시절과 대학 시절에 했던 수많은 결정들이 후회되어 영적 불안 상태에 빠졌다. 나는 워싱턴 D. C.로 이사했고, 대학원에서 만난 친구가 추천해준 침례교회에 등록하기로 결정했다.

등록 교인의 자격을 얻기 위해 목사님과 면담을 하는 동안, 복음에 대한 생각을 묻는 질문에 나는 **대속**이라는 단어를 사용했다. 하지만 그 단어는 친구와 대화하면서 들어본 것일 뿐, 의미가 무엇인지는 전혀 몰랐다. 목사님이 더 이상 질문하지 않기를 바랄 뿐이었다.

이 교회에서는 하나님의 말씀이 강력하게 선포되었고, 위대하신 하나님과 자비로우신 그리스도가 증거되었다. 성도들은 나를 상냥하고 따뜻하게 맞아주었다. 댄(Dan)이라는 이름의 할아버지가 매주 토요일 아침마다 가족들이 모여 이사야서를 공부하는 자리에 나를 초대했고, 이후로도 종종 나는 성도들의 저녁 식사에 초대받았다. 그 무렵, 설교를 듣는 것이 두렵지 않게 되었다. 점점 더 나의 머리는 한 방향에서 다른 방향으로 돌아가기 시작했다.

교회에 소속된 지 약 1년 남짓 되었을 때 중요한 순간이 찾아왔다. 교회에서 정관을 개정하여 '복수장로제도'를 채택하기로 결정했다. 이것은 교회가 여전히 '회중교회'로 남아 있지만, 평소에는 복수의 장로들이 이끌어가며 장로 선출처럼 중요한 문제들에 관해서만 회중이 직접 의견을 내는 제도였다. 교회의 유일한 장로였던 목사님은 교인 총회에서 다섯 명의 장로 후보들을 추천했다. 나는 별다른 의미 없이 세 명에게는 찬성표를 그리고 두 명에게는 반대표를 던졌다. 그런데 놀랍게도 다섯 명 모두 정관이 정한 75퍼센트 득표에 실패했다.

개표 결과가 발표되자 모두가 숨을 죽인 채 목사님이 다음 일을 어떻게 진행하실지 궁금해했다. 그런데 일주일 뒤, 목사님은 동일한 후보 다섯 명을 추천하고 성도들에게 다시 투표할 것을 요구했다. 나는 순간 섬뜩해졌다. 목사님은 우리가 회중교회라고 하지 않았던가? 지난번 투표에서 교회의 목소리를 듣지 않았던가? 교회의 '뜻'을 거스를 수 있다고 생각하는 이 목사님은 과연 제대로 된 사람일까? 나는 저항의 의미로 다섯 명 모두에게 반대표를 던지겠다고 결심했다.

두 번째 투표가 있기 한 주 전, 목사님은 똑같은 후보들을 다시 추천한 자신의 결정에 대해 의논하고자 사전 모임을 소집했다. 그는 하나님 앞에서 양심상 다른 사람들을 추천할 수 없다고 말했다. 그리고 회중이 공식적으로 인정한 장로인 자신을 믿어달라고 부탁했다. 목사님은 매우 분명하고 솔직하게 말했다. 그리고 자신의 지위를 정확히 인식했다. 그의 태도에는 우리가 자기 방식대로 사안을 판단할 수 있게 해야 한다는 조바심이나 강요가 없었다. 그는 단순히 우리에게 자신을 따라달라고만 했다.

내가 이 목사님을 알고 지낸 지 13년이나 되었는데, 그동안 우리에게 이런 방식으로 자기를 믿어달라고 말했던 적은 그때가 유일했다. 그는 "나를 믿어주세요"라는 카드를 자주 사용하지 않았다.

돌이켜보면, 그때는 내가 부자 청년 관원이 된 순간이었다. 예수님은 나에게 그분을 따르려면 내 모든 소유를 팔아야 된다고 말씀하지 않으셨다. 그저 내게 민주적 기준에 따른 타당성과 자치권에 대한 생각만 버리라고 요구하셨을 뿐이었다. 물론 목사님의 요구는 모든 것을 다 팔라는 요구처럼 불합리하게 들릴 수도 있었다. 그러나 하나님의 은혜로, 그 말이 합당하게 여겨졌다. 내 마음속에서 변화가 일어났고, 그 순간 나는 이 사람의 리더십을 인정하고 싶었다. 그래서 목사님의 말에 따랐다. 그리고 이런 생각이 들었다. '내가 만일 신실하다고 증명된 이 목사님에게 복종하지 않는다면, 어느 누구에게 복종할 수 있겠는가?'

이런 일들이 있은 지 한두 해가 지나는 동안, 내 삶은 변하기 시작했다. 하나님의 사람들과 함께 있고 싶다는 소망이 놀랍도록 강해졌다. 죄를 떨쳐내려는 갈망이 커져갔다. 다른 사람들이 그리스도를 발견하고 그분을 아는 지식에서 자라가기를 바라는 열망이 새롭게 생겨났다. 동시에, 교회는 나를 신뢰하여 더 많은 책임을 부여하기 시작했다. 나는 교회학교에서 가르쳤고, 남성 성경공부반을 인도했으며, 성도들을 돌보는 집사의 직분을 받았다. 이처럼 복종의 행위를 통해, 나는 일종의 다스리는 자가 되었다. 다른 사람들에게 생명을 주는 권한을 부여받은 자가 된 것이다.

그때의 일과 그 후 몇 년 동안 나에게 일어난 일을 해석하는 데에는 두 가지 방식이 있다. 사회학자라면, 막스 베버가 말한 카리스마 있는 지도자의 개념과 모든 사회 조직들이 운영되는 데 필요한 제도적 충성의 집단역학을 이야기할 수 있다. 또 다른 해석은 첫 번째 해석을 전적으로 부인하지는 않지만 믿음의 눈으로 이 사건을 바라보는 것이다. 곧 내가 목사님의 권위에 순종하여 그가 추천한 다섯 명에게 찬성표를 던지겠다고 결심함으로써 하나님으로 말미암은 변화를 경험했다고 말할 수 있다.

회개

예수님이 부자 청년 관원에게 하신 말씀과 죄인들을 불러서 회개하라고 하실 때마다 하신 말씀을 다시 한 번 생각해보라. 우리의 자치권을 포기하고 그리스도의 통치에 복종하려면 거의 언제나 세상의 무언가를 포기해야 한다. 그 순간까지 하나님의 자리를 대신해왔던, 우리가 만든 우상을 포기하는 것이다. 부자 청년 관원의 우상은 돈이었다. 대학원에서 정치철학과 민주주의 이론으로 학위를 받은 나의 우상은 지적인 교만과 개인의 자율성이었다. 어떤 경우든지 간에, 하나님은 우리가 일반인에게는 터무니없는 것처럼 보이는 일을 함으로써 복종해야 한다고 요구하셨다. 그러나 그것이 진실로 하나님께 복종하는 행위이다. 그것은 세상의 권위자를 통한 복종이고, 영적인 생명을 낳는 복종이다.

그러므로 교회나 목사가 복음 전도와 제자훈련에 관한 철학을 받아들이고, 사람들을 예수님 앞으로 불러 모으기 위해 보상을 주는 방식을 전적으로 의지한다면 이것은 비극이나 다름없다. 물론 그렇게 하기는 쉽다. 권위주의적인 태도를 취하지 않아도 되기 때문이다. 회개를 요구하거나 죄로부터 돌아서라고 말할 필요가 없다. 사람들에게 그들이 이미 원하는 의미, 사랑, 성공, 관계 또는 목적 등을 말해주면 된다. 그러나 새로운 삶은 사람들이 자기가 이미 원하는 것을 받을 때 찾아오지 않는다. 사람들이 원하는 것을 주는 일은 단지 그들의 옛 삶을 확증해줄 뿐이다. 사람들은 옛것을 버리고 새것을 갈망해야 한다는 말을 들을 때 비로소 새 삶을 얻는다. 안타깝게도, 이것은 권위적인 선언이다. 이것은 명령이고, 우리는 그 명령을 싫어한다.

그리스도인의 삶은 우리가 회개하고 믿을 때 시작된다(막 1:15). 우리 스스로의 통치로부터 벗어나 우리 자신을 그리스도의 통치에 복종시킬 때 시작된다. 이것은 우리가 한때 믿었던 실재가 환상이었음을 깨닫는다는 뜻이다. 우리는 이제 새로운 실재와 새로운 통치 안에서 살고, 숨 쉬고, 일하고, 논다. 우리는 세상의 모든 것들에 붙은 가격표가 한때 생각했던 것과 다르다는 사실을 깨닫는다. 우리의 모든 관계와 야망은 새로운 목표를 향한다. 마치 태양계에 더 큰 태양이 떠오르는 것과 같다. 그리스도인이 된다는 것은, 평생에 처음으로 하나님이 우리에게 진정 원하시는 것처럼 사랑하기 시작한다는 뜻이다. 그리스도인이 된다는 것은, 평생에 처음으로 우리의 마음과 영혼과 생각과 힘을 다해 하나님을 사랑하고, 이웃을 자신과 같이 사랑하는 것이 무엇인지 조금 맛보는 경험을 한다는 뜻이다. 그 사랑이 아직 큰불이 되지는 않았지만, 그리스도인이 되면 이러한 감정의 불꽃이 우리 영혼 속에서 피어오른다.

복음주의자들은 종종 그리스도인이 되는 것을 가리켜 '그리스도와의 관계 속으로 들어가는 것'이라고 말한다. 어떤 의미에서는 옳은 말이다. 더욱이 하나님이 관계 안에 거하시는 존재인 것과 같이, 삶과 실재가 거의 기초적인 단계에서는 서로 관련되기 때문이다. 그러나 이보다 더 성경적으로 말하자면(회개를 명한다는 점을 생각할 때), 그리스도인이 된다는 것은 그리스도와 맺는 **새로운 종류의 관계** 속으로 들어가는 것이라고 할 수 있다. 비그리스도인도 그리스도와 관계를 맺고 있다. 그 관계는 거절과 반역, 그로 말미암은 하나님의 진노이다. 그리스도인과 비그리스도인의 차이는 근본적으로 관계의 문제가 아니라 권위와 사랑의 문제이다. 즉, 마음속 충성의 문제이다.

이는 포용 중심 교회 유형을 지지하는 것이 절반만 옳다는 뜻이다. 교회 생활로 들어가는 것은 단지 일정한 교리적 경계선을 넘는 것 이상을 의미한다. 만일 어떤 교회가 이런 식으로 등록 교인의 권리를 주고 있다면 그것은 위선을 조장하는 행태이다. 따라서 그 교회는 회개해야 한다. 적어도 예수님이 의도하신 바에 따르면, 교인의 권리는 마치 포용 중심 교회 사람들이 말하는 것처럼 실제로 그리스도와의 관계를 장려하고 그리스도를 향해 끊임없이 나아가도록 하는 것이다. 어떠한 영향도 받지 않고 삶을 살아가는 사람은 한 명도 없다. 교회에 속하는 것은 단지 어떤 모호한 관계를 통하여 그리스도께 나아가는 것이 아니다. 우리의 삶이 더욱더 그리스도의 형상을 닮아가는 것이다. 그리스도의 명령을 삶의 방식으로 삼고 그 명령에 순종하는 것이다. 그리스도의 영광스러운 형상을 더 많이 닮기 위해 회개하고, 또 회개하고, 다시 회개하는 것이다.

이 지속적인 회개를 중재하는 이 땅의 장치가 무엇일까? 우리가 그리스도께 복종하고, 가르침과 제자훈련과 권징을 통해 그리스도의 사랑에 기반한 통치를 시행하도록 우리에게 기회를 제공해주는 권위적인 체계를 어디에서 찾을 수 있을까? 그것은 우리가 복종하기도 하고 다스리기도 하는, 지역교회의 권위 아래에서 살아가는 삶을 통하여 가능하다.

나는 복음주의자들이 등록 교인 제도를 경시하거나 경멸하는 태도로 다룰 수 있다고 생각한다. 왜냐하면 복음주의자들은 그리스도에 대한 인격적인 제자도와 등록 교인의 권리가 전혀 별개라고 생각하기 때문이다. 등록 교인 제도야말로 그리스도에 대한 우리의 제자도가 생겨나는 시작점이며, 이것이 이어지는 두 장에서 내가 논하려는 주제이다. 등록 교인 제도 안에서 우리의 모든 삶이 형성되어야 한다. 그리스도인의 삶에 실체를 부여하는 것은 단지 관계가 아니라, 다른 사람들에 의해 중재되는 그리스도의 권위이기 때문이다.

우리가 교회에 들어갈 때에는 경계와 중심이 있는 전혀 새로운 실재 속으로 들어가는 것이다. 이 새로운 실재는, 정말로 새롭다면 구별될 것이다. 우리에 관한 모든 것이 구별되어야 한다. 그러므로 우리의 말, 상징 그리고 제도적인 규범들조차 그만큼 구별되어야 한다.

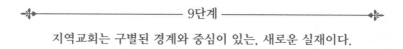

────────────── 9단계 ──────────────

지역교회는 구별된 경계와 중심이 있는, 새로운 실재이다.

교회의 경계

등록 교인의 권리를 얻는 일은 세례에 복종하는 행위에서 시작된다. 베드로는 구원을 받기 위해 무엇을 해야 하느냐고 묻는 군중에게 "회개하고 세례를 받으라"라고 말했다(행 2:38). 세례가 우리를 구원한다는 의미인가? 아니다. 세례는 그리스도가 새로운 그리스도인에게 그분에 대한 순종의 첫 번째 단계로 명하신 것이다. 세례는 그리스도에 대한 순종과, 그리스도와 연합하여 죽고 다시 사는 것을 상징한다. 그러나 이것은 지역교회 안에 있는 인간의 권위와 감독에 복종할 때 일어난다. 교회에 복종한 후에야 비로소 우리는 복음의 메시지를 서로에게 그리고 세상에 선포할 수 있는 권위를 부여받게 된다.

달리 말하자면, 지역교회는 매우 분명한 경계를 가지고 있어야 만 한다. 그 경계 안쪽에는 회개하고 세례를 받은 (그리고 성찬에 참여하는) 사람들이 있어야 하고, 경계 밖에는 그렇지 않은 사람들 또는 쫓겨난 사람들이 있어야 한다. 그러나 이 경계는 경계 중심 교회보다 포용 중심 교회를 선호하는 사람들을 비롯하여 수많은 현대인들을 불쾌하게 만든다.

문화인류학자 폴 히버트(Paul Hiebert)는 경계 중심 교회들의 문제점이 사람들을 그들의 **현 상태**에 따라 분류하는 것이라고 진단했다. 이렇게 하는 데에는 적어도 두 가지 문제가 있다는 것이다. 첫째, 사람들을 그들의 현 상태에 따라 분류하는 것은 우리가 살펴본 바와 같이, 인간을 관계적으로 보는 성경의 관점보다 그리스철학에 뿌리를 둔 정적인 개념에 의존한다. 둘째, 우리는 하나님이 보시는 것만큼 사람들을 다 알 수 없기 때문에 결국 사람들의 상태를 최대한 추정하여 판단할 수밖에 없다. 그래서 경계 중심적 교회는 "이 사람의 신앙과 행동이 우리가 생각하는 그리스도인의 요건에 맞는가?"라고 끊임없이 물어본다. 그 결과, 교회는 옳은 사람을 경계 안으로 들여보내고, 그른 사람을 경계 밖으로 내보내기 위하여 경계선 주변을 순찰하는 일에 모든 관심을 쏟는다.[49]

이러한 주장에는 문제가 있다. 사람이 하나님의 나라에 들어가기 위해 반드시 거듭나야 한다고 예수님이 말씀하셨기 때문이다. 바울도 사람은 새로운 피조물이 되어야 한다고 말했다. 그러므로 교회

---

49 Hiebert, *Anthropological Reflections*, pp. 115–116. 김영동 · 안영권 옮김, 《인류학적 접근을 통한 선교현장의 문화이해》 (죠이선교회, 1997).

는 사람들의 현 상태에 지극히 관심을 기울여야 한다. 그들이 거듭났
는가? 새로운 피조물인가? 신앙을 고백하는 신자의 상태를 하나님이
보시는 것만큼 교회가 확실하게 볼 수 없지만, 예수님은 그분의 제자
들에게 세례를 주라고 교회에게 명령하신다(마 28:19-20). 우리의 유
한성과 죄성 안에 내재한 인식론적인 한계는 예수님이 교회의 이러
한 권위를 철회하기로 결정하실 만한 걱정거리가 아니었다. 포용 중
심 교회는 신자들을 신앙 여정의 여러 단계에 맞게 여러 계층으로 구
분하는 반면,[50] 성경은 오직 두 가지로만 구분한다. 믿는 자들과 그렇
지 않은 자들, 또는 하나님의 자녀들과 마귀의 자녀들, 또는 세례받
은 자들과 세례받지 않은 자들이다. 교회는 그 사이에 정확히 경계선
을 그어야 할 사명이 있다.

　　나는 사람들이 점진적으로 믿음에 이를 수 없다거나, 점진적으
로 그리스도께 충성할 수 없다고 말하는 것이 아니다. 예수님의 제자
들도 즉시 눈이 열린 것이 아니라 점진적으로 열렸다. 예수님은 어느
맹인을 두 단계에 걸쳐 고치심으로써 믿음의 성장을 예증하셨다(막
8:22-26). 이것이 바로 내가 나의 회심에 어떤 특징이 있는지 설명하
는 방식이기도 하다. 나의 회심은 마치 두 가지 결정적인 순간이 있
는 하나의 과정이나 여정, 점진적인 이동과 같았다. 나의 경험은 다
른 제자들이나 맹인의 경험과 같이 점진적이었다(물론 나는 한 번의 결정
적인 순간에 칭의와 중생이 나에게 일어났다고 생각한다).

　　우리는 교회가 공식적으로 세상과 다른 실재라는 사실을 잊어서

---

50 히버트는 사람들을 구도자, 신자, 세례받은 교인 그리고 장로로 구분한다. 구더는 교회 밖에 있는 자, 명목적 신
자, 구도자, 회중 그리고 언약 공동체로 구분한다. *Missional Church*, pp. 210-211. 정승현 옮김, 《선교적 교
회》(주안대학원대학교출판부, 2013).

는 안 된다. 우리는 경계를 넘어가야 한다. 우리는 그 새로운 실재의 밖이 아니라 안에 들어가길 원한다. 하나님은 실제로 사람들을 구원하신다. 성령은 실제로 그 사람들을 새로운 피조물로 만드신다. 그리스도는 실제로 그들을 사망에서 생명으로 옮기신다. 그리고 교회가 공식적으로 다른 실재가 될 수 있는 권위를 명백히 부여하신다. 사람들이 충성의 대상을 바꾸어야 할 결정의 순간은 점진적으로 올 수도 있고 빨리 올 수도 있지만, 그들이 유니폼을 갈아입기로 **결정해야만 하는** 순간은 반드시 온다. "당신은 지금까지 빨강 팀을 위해 뛰었다. 그런데 지금은 파랑 팀으로 바꿀까 고민 중이다. 어떤 팀을 선택할 것인가? 빨강 팀인가 파랑 팀인가?" 회심은 그 결정이 내려지는 순간에 일어난다.

그 후에 세례는 새로운 유니폼을 입혀주는 것이다. 세례는 우리가 하나님을 대리한 교회의 권위에 의하여 그리스도의 죽으심과 부활하심을 우리와 동일시하는 공개적인 순간이다. 바로 그 순간에 모든 생각과 인생의 여정이 정점에 이른다. 교회를 통해 예수님은 우리가 나 자신과 스스로의 통치에 대해 죽을 것인지, 그리스도와 함께 땅에 묻힐 것인지 그리고 예수님이 새로운 능력과 통치에 따라 우리를 그분과 함께 일으키실 것임을 신뢰하는지 물어보실 것이다. 예수님이 교회에게 세례를 위임하신 것은 아마도 인간의 우유부단함을 아셨기 때문일 것이다. 어쩌면 예수님은 헌신을 두려워하는 포스트모던 사고를 알고 계셨을지도 모른다. 어쨌든 분명한 것은, 오늘날의 교회들이 눈치를 살피고 동정을 베풀며 죄인들에게 주님이 부르신 것에 대한 결정을 내릴 필요가 없다고 말함으로써, 무심결에 그리고 매정하게 주님을 무시해버릴 수 있다는 사실이다.

그러나 우리는 이 타락한 세상에서

권위가 복합적이고 혼합적이라는 사실을 항상 기억해야 한다.

현 시점에서 권위의 복합적인 속성

히버트가 제기한 인식론적 문제는 아이러니하게도 두 가지 상반된 결과를 낳고, 우리가 다음 장의 논의로 옮겨갈 수 있게 해준다. 교회가 신앙을 고백한 사람들의 마음을 하나님의 눈으로 들여다볼 수 없는 것은 사실이다. 바로 그 이유 때문에 예수님은 누가 정말 그리스도의 나라에 대한 신앙을 고백하는지 결정할 수 있는 권한을 개인에게 주시지 않았다. 예수님은 교회를 세우시고 이 권위를 교회에게 명시적으로 주셨다. 히버트는 개개인이 자기들과 자기 마음에 대한 하나님의 생각을 정확히 볼 수 있다고 가정한 것일까? 나는 이 질문에 대한 대답이, 결국 한 개인의 원죄론이 자기기만의 가능성을 내포하고 있느냐의 문제로 귀결된다고 생각한다.

의심할 나위 없이, 그리스도의 승천과 재림 사이에 있는 이 시대의 실재는 분별하기 어렵다. 회복된 권위는 창조된 권위와 마찬가지로 경이롭고 생명을 주는 힘이다. 그러나 타락한 권위는 이 세상에서 이와 유사한 능력이 있는 힘으로 남아 있다. 하나님이 그리스도를 통하여 세상에 침노하셨을 때, 단지 하나의 실재를 다른 실재와 교체하신 것이 아니다. 이 두 실재는 마치 두 대의 영사기가 같은 스크린에 빛을 쏘는 것과 같이 동시에 존재한다. 스크린에 있는 하나의 이미지가 언제 끝나고 다른 이미지가 시작되는지, 또는 어떤 영사기가 어떤 이미지를 투영하고 있는지 분별하는 것은 언제나 쉽지 않다.

그러므로 하나님의 백성들 중에서 누군가 권위를 시행하는 것은 주님이 다시 오실 때까지 복잡한 문제로 남을 것이다. 첫 번째 이유는 세상이 계속해서 회복된 권위의 예와 타락한 권위의 예를 동시에 보여주기 때문이며, 두 번째 이유는 여전히 악한 그리스도인들이 두 권위 모두를 행사할 수 있기 때문이다. 선하고 경건한 권위는 이 세상에 존재하며, 다시 한 번 역사 속으로 들어왔다. 그러나 세속적인 권위와 비교할 때 경건한 권위의 모습이 어떠한지 분별하는 것은 언제나 쉽지 않고, 그것을 행하기는 더욱 어렵다. 고린도 교회를 생각해보라. 고린도 교회 성도들은 그리스도 안에서의 승리와 통치에 대한 과장된 인식에 사로잡힌 나머지, 바울의 신랄하고 성난 꾸지람을 들어야 했다. "너희가 이미 배부르며 이미 풍성하며 우리 없이도 왕이 되었도다 우리가 너희와 함께 왕 노릇 하기 위하여 참으로 너희가 왕이 되기를 원하노라"(고전 4:8).[51] 반면에, 바울은 고린도 교회가 한 사람의 삶에 반드시 시행해야 했던 일종의 공적 권위를 시행하지 않은 것에 대해 교회를 꾸짖었다(고전 5:4-5). 이 이야기의 교훈은, 교회가 경건이라는 이름으로 세속적인 권위는 시행하면서 그들의 마땅한 임무인 경건한 권위를 시행하는 일에는 완전히 실패하는 경우가 너무나 많다는 것이다. 사실 모든 권위는 하나님에 대한 사랑과 세상에 대한 사랑에 동시에 뿌리를 두고 시행할 수 있다.

복음주의자들은 인기를 얻으려는 차원에서 종종 '섬김의 리더십'

---

51 이 구절은 고린도 교회의 근본적인 죄들 중 하나가 바로 왜곡된 종말론이라고 지적한 앤서니 티슬턴(Anthony Thiselton)의 주장에서 중요한 역할을 한다. Anthony C. Thiselton, "Realized Eschatalogy at Corinth," in *New Testament Studies* 24 (1978), pp. 510–526. 또한 티슬턴이 이 주제에 대해 보완한 내용을 보라. *The First Epistle to the Corinthians*, The New International Greek Testament (Grand Rapids: Eerdmans, 2000), p. 40.

에 대해 말한다. 마치 이것이 균형을 깨고 모든 문제에 대한 해답을 줄 수 있는 마법인 것처럼 말이다. 그러나 이 구절 뒤에 섬김의 의미에 대한 설명이 따르는 것이 전형적인 형태이다. 그런데 진정으로 교회를 이끌고 권위를 시행하는 것이 무엇인지에 대한 설명은 거의 하지 않는다. 경건한 권위란 단지 섬김 이상이 아닐까? 두 단어는 같은 의미를 가진 동의어일까?

신학자들 중에서는, 가끔씩 서로 다른 종류의 권위를 구분하는 사람들이 있다. 예컨대, '위로의 권위' 대 '명령의 권위' 또는 '정치적 권위' 대 '영적인 권위' 등이다. 실제로, 상황에 따라 요구되는 권위의 종류가 다르다. 그러나 너무 쉽게 그러한 구분을 하게 되면, 권위가 모든 영역에서 모든 자격을 가지고 경건하거나 세속적인 방식으로 시행될 수 있다는 점을 놓치게 된다. 경건한 권위에서 나온 행위들과 세속적인 권위에서 나온 행위들을 비교해보면, (일정한 윤리적 범위 안에서) 둘은 사실상 거의 똑같아 보인다. 예수님은 모든 왕들과 수상들이 하는 것처럼 명령을 내리시고, 심판을 선언하시고, 자신의 권리를 주장하셨다. 그러나 예수님은 하나님의 영광을 위해 자기 백성들을 끝까지 사랑하셨다. 그리스도의 행동 중에 세상의 권위자와 유사한 것이 있을지는 몰라도, 그 의도는 전혀 달랐다. 물론 경건한 권위가 전적으로 의도의 문제라고 말하는 것은 아니다. 세속적인 권위는 경건한 권위의 왜곡이기 때문에, 모든 왜곡의 경우에서처럼 유사점과 차이점을 모두 가지고 있다. 무엇이 어떤 것인지 분류하기 어렵다.

이 모든 것을 생각할 때, 교회들이 그리스도의 본을 따르게 할 수 있는 구체적인 방법은 무엇일까? 교회는 사람들에게 명령하고, 심판을 선언하고, 교회의 권리를 주장할 수 있을까? 그렇다면 다시 한

번, 교회가 죄를 짓지 않고 그리스도의 방식을 따른다고 주장할 수 있는 근거는 무엇일까?

우리는 예수님이 실제로 어떻게 권위를 부여하셔서 또는 위임하셔서, 교회가 그분의 나라에서 권위를 시행하게 하셨는지 생각하는 동안 이 복잡한 질문을 마음에 새겨둘 필요가 있다. 한편으로는 교회들과 교회 지도자들이 고린도 교인들의 과도한 종말론에 유혹될 수 있다. 반면에, 모든 타락한 권위의 위험성이 제거된 것처럼 권위를 정의하거나 교회를 조직하는 유혹에 빠질 수도 있다. 제임스 메디슨을 비롯한 미국 헌법 제정자들의 경우에는, 인간의 부패한 본성에서 나오는 파벌과 독재와 집단 이익과 남용 등을 최소화하기 위해 어떻게 정부를 구성할 것인가 물어봐야 한다는 합리적인 요구가 있었다. 그리스도인과 교회 지도자들은 무엇이 안전한지에 따라서 교회를 조직하는 것이 아니라, 무엇이 하나님의 말씀에 신실한지에 따라서 조직해야 한다. 또한 두 실재가 서로 겹친다는 사실은 하나님이 교회를 부르실 때 교회가 만일 일정한 수단들을 성령 안에서 사용하면 선을 이룰 것이지만, 육적으로 사용하면 해를 불러온다는 교훈을 보여주는 것이 아니겠는가?

결론

톰 울프(Tom Wolfe)가 2004년에 발표한 소설《내 이름은 샬럿 시먼스》(*I Am Charlotte Simmons*)에 등장하는 대학교 1학년 샬럿은 대학에 대해 이렇게 말한다. "모두가 거의 매일 밤 서로의 침대에서 뒹굴고 있었기 때문에 아무도 다른 사람에게 데이트하러 나가라고 요구하지 않았다. 또한 그렇게 뒹굴고 있을 때조차도 그 남학생은 이렇게 말할 것이다. '오늘 밤에 뭐 할래? 맥주 어때?'"[52]

오늘날의 문화는 관계와 공동체에 대해 말하기를 좋아한다. 이러한 관계들은 전혀 이상할 게 없다. 내가 대학원에서 정치 이론을 공부할 때, 많은 포스트모던 동료들 사이에서 공동체주의가 유행했다. 만일 인간이 정말로 관계를 위해 창조되었다면, 당신은 공동체와 관계를 원한다고 해서 꼭 그리스도인이 될 필요가 없다. 성경은 '관계'와 유사한 개념을 사용한다. 그러나 그것은 더 풍성한 개념이며, 사랑과 생명을 주는 하나님의 권위에 대한 거룩한 순종의 개념이다. 거룩하다는 것은 모든 사람들의 관계를 지키고, 그들의 태도와 목적을 변화시키는 것이다. 그것이 바로 우리가 성경을 읽어도 '관계'에 대한 언급을 찾을 수 없는 이유이다. 대신 우리는 순종, 거룩함 그리고 주권에 대한 언급을 찾게 될 것이다.

신학자나 목사가 순종과 거룩함에 관한 이야기 대신 관계와 공동체에 대한 이야기를 한다면, 그는 포스트모던의 번영 복음을 팔고 다니는 것일 수도 있다. 가난한 사람의 번영 복음은 "순종과 거룩함에 관한 것들은 모두 상관하지 마십시오. 예수님은 당신이 부유하고 행복해지길 원하십니다"이다. 그러나 서구에 사는 우리들 중에 많은 사람들은 이미 부유하다. 우리에게 가난한 사람의 번영 복음은 필요 없다. 오히려 우리는 권태와 불안과 과도한 대중매체 때문에 고통받고 있다. 우리가 맺은 관계들은 피상적이고 불만족스럽다. 그래서 지성적으로 약아빠진 사람들은 그 대신 포스트모던 번영 복음을 제시

---

52 Tom Wolfe, *I Am Charlotte Simmons* (New York: Farrar, Straus, and Giroux, 2004), pp. 362–363.

한다. "순종과 거룩함에 관한 것들은 모두 상관하지 마십시오. 예수
님이 당신에게 관계와 목적과 공동체를 주실 것입니다."

_4장

사랑의 헌장

"사랑의 힘은 진귀하다. 어떤 이는 눈물 흘리게 하고, 어떤 이는 노래하게 한다."

_휴이 루이스(Huey Lewis)

핵심 질문: 그리스도는 지역교회에 어떤 권위를, 왜 주실까?

핵심 답변: 그리스도는 지역교회가 복음을 선포하고 보호하며, 그리스도에게 속한 자들을 인정하거나 확인하고, 그들을 교회와 연합하고, 그들의 제자도를 감독하고, 위선자들을 추방시킬 수 있는 권위를 주신다. 예수님이 교회에 이 권위를 주시는 것은 예수님의 사랑의 복음을 끊임없이 오해하고 왜곡하여 드러내는 이 타락한 세상에서 예수님의 복음을 보호하기 위함이다.

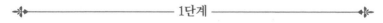

————————— 1단계 —————————

이 타락한 세상에서, 위선자들과 이단들은

세상이 그리스도의 복음과 사랑의 본질을 혼동하게 한다.

그러므로 그리스도는 교회에게 하나님의 백성들을 구별하는 권위를 주신다.

이 이야기는 풍자로 가득하다. 위선적인 세상이 교회와 기독교 지도자들에 대해 가지고 있는 최악의 고정관념이 무엇인지 보여준다. 또한 불쾌하고 괴상하다. 그러나 윌리엄 포크너(William Faulkner)의 소설 《내가 죽어 누워 있을 때》(*As I Lay Dying*, 민음사)는 수많은 목사들과 자칭 그리스도인들을 정확하게 묘사한다. 그리고 세상은 소설에 묘사된 것을 진실이라고 믿는다.

미시시피 주의 시골 마을에 사는 여인 애디 번드런은 죽음을 눈앞에 두고 있었다. 곁에서 지켜보던 남편과 자녀는 한 명씩 자기의 경험을 이야기하면서 각자가 느끼는 슬픔을 다르게 표현했다. 포크너는 이야기가 진행되는 동안 세 쪽에 걸쳐서 새로운 등장인물을 소개한다. 위선자 횟필드 목사이다. 배경 설명은 없다. 포크너는 그 목사의 말을 빌어 독자들을 새로운 이야기 속으로 인도한다.

그 사람들이 내게 소식을 알리러 왔을 때, 그 여자는 죽어가고 있었다. 밤새도록 나는 사탄과 씨름했다. 그리고 승리했다. 나는 내 죄가 얼마나 흉악한지 깨달았다. 마침내 참빛을 보았고, 무릎을 꿇은 채 하나님께 내 죄를 고백하며 그분의 인도하심을 구했다. 그리고 응답을 받았다. 하나님이 말씀하셨다. "일어나라. 네가 거짓말을 했던 집으로 가라. 그 사람들 앞에서 너는 내 말씀을 모욕했다. 너의 죄를 큰 소리로 고백해라. 내가 아니라 그 사람들이 그리고 기만을 당한 그 남편이 너를 용서하게 하기 위함이다."

호손의 딤스데일 목사와 마찬가지로, 포크너의 횟필드 목사는 그의 양 떼 중 한 명이었던 애디와 은밀한 관계를 맺었다. 횟필드는 당시의 일을 회상했다. "애디는 그때 아무것도 말하지 않기로 맹세했지." 그러나 곧 '영원은 참으로 직면하기 두려운 것'이라는 사실을 깨달았다. 그래서 그는 먼저 애디에게 죄를 뒤집어씌우기로 결심했다.

횟필드는 말을 타고 번드런 가족의 집으로 가면서 조용히 기도했다. "오, 전능하신 주님. 우리 왕이시여. 당신을 찬양합니다. 이것으로 나의 영혼을 깨끗하게 씻으시고 당신의 영원한 사랑의 품에 나를 다시 안아주소서." 아, 횟필드는 참된 그리스도인이다. 그는 죄를 지었고 이제 하나님 그리고 이웃과 화해하기를 구하고 있다. 그는 다시 한 번 주님의 사랑과 용서를 갈망했다. 그리고 기도가 끝나자 이렇게 말했다.

> 그러므로 나는 용서받았음을 알았다. … 용서가 이미 이루어진 것 같았다. 나의 영혼은 지난 몇 년 동안의 그 어느 순간보다 자유롭고 평안했다. 말을 타고 가는 동안 이미 나는 영원한 평화를 얻은 기분이 들었다. 내 양편에 있는 하나님의 손을 보았다. 내 마음으로 하나님의 음성을 들을 수 있었다. "용기를 내라. 내가 너와 함께한다."

횟필드가 번드런의 집에 도착하기 전에 하나님께 용서받았다고 느꼈다니 얼마나 다행인가! 애디는 횟필드가 도착하기 전에 죽었다. 이제 부도덕한 고백을 할 필요가 없어졌다. 하나님은 '자비하셔서 그의 의지만이라도 받아주실 것'이기 때문이다. 횟필드는 슬픔에 잠긴 집에 들어갔다. 그는 자기 죄에 대한 '무섭고 돌이킬 수 없는 심판'을 맞이하고 있는 여인의 주검을 바라보았다. 그리고 위엄 있게 선언했다. "하님의 은혜가 이 집에 임할 것입니다."

애디는 지옥에서 자기 죄를 숨기고 거짓말을 할지도 모른다. 그러나 횟필드는 자기 영혼을 위해 기뻐할 수 있다. "당신의 풍성하고 전능한 사랑으로 인해 당신을 찬양합니다. 오, 찬양합니다."[1]

《내가 죽어 누워 있을 때》가 출판된 뒤 포크너는 인터뷰에서 횟필드가 위선자인지를 묻는 질문에 이렇게 답했다. "아니요. 저는 그 사람을 위선자라고 말할 생각이 없습니다. 그는 위선적인 삶을 살아야만 했습니다. 그러니까, 그는 남들과 똑같은 사람이었지만, 그가 하나님의 사람이길 바라는 무지하고 열성적인, 남부의 외딴 시골 마을 사람들의 요구 때문에 공적으로 그런 삶을 살아야만 했습니다."[2]

이 풍자는 세상이 기독교와 교회 그리고 사랑과 의와 용서에 대한 우리의 생각을 어떻게 바라보는지 잘 드러내준다. 그리고 이 풍자에는 의미가 있다. 횟필드는 텔레비전 시대 이전의 번지르르한 설교자이다. 그와 같은 허풍선이들과 불한당들은 실제로 존재한다. 이러한 고정관념을 확증해줄 만큼 타락한 지도자들과 그리스도인들 그리고 분열된 교회들을 어렵지 않게 떠올릴 수 있다.

그러므로 정말 비극적인 것은 횟필드가 결코 그리스도인처럼 보이지 않는다는 사실이다. 횟필드는 가짜이다. 그리고 다른 모든 가짜들처럼 우리가 냉소적인 태도를 갖게 하며, 진실에 마음을 닫게 한다. 사람들이 종종 놓치는 아이러니는 이러한 가짜들이 진실을 숨기기도 하고 드러내기도 한다는 것이다. 포크너가 몰라보게 왜곡시켜 풍자했지만, 횟필드 목사의 신앙에는 아름답고 영광스러운 면도 있다. 즉, 그의 신앙에는 어떤 사람은 구원하시고 어떤 사람은 구원하

---

1 William Faulkner, *As I Lay Dying* (New York: Vintage International, 1990), pp. 177–179에서 인용.

2 Frederick L. Gwynn, et al., eds., *Faulkner in the University* (Charlottesville, VA: University of Virginia Press, 1959), p. 114.

시지 않는 행위를 통해 풍성한 사랑을 보여주시는, 오직 사랑이신 하나님이 있다. 가장 추악한 위선자들과 간음한 자들도 용서하시는, 오직 사랑이신 하나님이 있다. 구별된 경계선 안에 있는 사람들에게 축복을 선언하시고 그들을 다른 사람들에게 축복을 선언하는 자들로 부르심으로써 찬송을 받으시는, 오직 사랑이신 하나님이 있다. 모든 나라여, 하나님의 풍성하고 능력 있는 사랑을 찬송하라.

그러나 휫필드 같은 위선자들이 대서특필되면 누가 그것을 믿겠는가? 휫필드 같은 교회 지도자가 위선자로 밝혀지거나 이단과 연루되면 훨씬 더 주목을 받는다. 그러나 우리가 정말로 걱정해야 하는 것은 언론이 아니라 우리의 삶, 곧 평신도로서의 삶이다. 신문을 들썩이게 하는 모든 위선적인 행위들 중에는, 크든 작든 우리의 위선적인 삶에 해당되는 예가 수천 개에 이르지 않는가? 비그리스도인 이웃들과 동료들과 친구들은 우리가 입으로 그리고 교회에 소속됨으로 그리스도의 이름을 고백하는 것을 듣는다. 그러나 그들은 우리를 지켜보며 의아해한다. "만일 예수님이 당신이 말하는 그런 분이라면, 왜 당신의 삶은 내 삶과 똑같습니까? 당신이 말하는 거듭남의 복음이 정말로 사실입니까?" 그리스도와 그의 복음에 대한 세상의 인식을 결정하는 것은 신문의 헤드라인을 장식하는 사람들의 이야기가 아니라, 평신도들의 일상적인 삶이다.

그를 쫓아내라

사도 바울이 고린도전서 5장에서 씨름하는 문제는 일종의 비극이다. 고린도 교회에 있는 한 남성이 자기 아버지의 아내와 동침을 했는데,

바울이 그를 고린도 지방의 비그리스도인 이웃들과 같이 취급한다는 것을 성경에서 확인할 수 있다. "너희 중에 심지어 음행이 있다 함을 들으니 그런 음행은 이방인 중에서도 없는 것이라 누가 그 아버지의 아내를 취하였다 하는도다"(고전 5:1). 바울은 마치 이렇게 말하는 듯하다. "이런 일은 세상 사람들도 하지 않는다! 너희는 그 사람들이 이 일을 어떻게 생각할 거라고 여기느냐?" 바울은 곧바로 그리스도의 이름과 명성을 염려했다. 교회와 교회의 증거와, 교회의 거룩한 삶에 대해 염려했다. 스스로에게 속아서 저주의 위험 아래 살고 있는 그 남성을 염려했다. 바울이 생각하기에 해법은 간단했다. 그를 교회에서 쫓아내는 것이다.

그 일 행한 자를 너희 중에서 쫓아내지 아니하였느냐 내가 실로 몸으로는 떠나 있으나 영으로는 함께 있어서 거기 있는 것같이 이런 일 행한 자를 이미 판단하였노라 주 예수의 이름으로 너희가 내 영과 함께 모여서 우리 주 예수의 능력으로 이런 자를 사탄에게 내주었으니 이는 육신은 멸하고 영은 주 예수의 날에 구원을 받게 하려 함이라(고전 5:2b-5).

바울은 고린도 교회에게 예수님이 주신 권위를 시행하여 그 남성을 쫓아내라고 요청했다. 이것은 수많은 질문을 불러일으킨다. 바울은 교회를 향하여 그를 '쫓아내라'고 했는데, 정확히 무엇으로부터 쫓아내라는 것일까? 또한 바울은 왜 교회가 그를 쫓아낼 수 있는 권위를 가졌다고 가정할까? 그 남성은 그들이 아니라 하나님에 대한 책임이 있다. 그렇지 않은가? 누가 고린도 교회에게 그 남성을 쫓아낼 수 있는 권위를 부여할까? 또한 바울은 왜 그의 영이 "주 예수의 날에 구원을 받게 하려" 한다고 말할까? 그 남성이 고린도 교회에 속하는 것과 구원받는 것 사이의 연관성은 무엇일까? 마지막으로, 바울은 사람들을 결속시키는 것 이외에 다른 목표를 마음에 두고 있는 것 같다. 만일 바울의 목표가 단지 교회를 결속시키는 것이 아니라면 그가 의도한 것은 과연 무엇일까?

우리는 결국 이러한 문제들을 만나게 될 것이다. 그러나 한 가지는 분명하게 해야 한다. 바울은 복음의 증거를 지키기 위해 권위적이고 제도적인 행동을 요청한다는 것이다. 교회 생활의 제도적인 요소들과 복음은 어떤 사람들이 생각하는 것처럼 서로 별개의 것이 아닐 수도 있다.

제도적인 헌장

우리는 결국 두 가지를 서로 분리시킨다. 신학자 케빈 밴후저(Kevin Vanhoozer)는 교수로 재직하던 젊은 시절을 회상하면서 그 당시 교회론을 가르치고 싶지 않았다고 했다. 교회론에는 세례와 정치, 여성의 역할 등등 역사적으로 교회를 분열시켰던 문제들만 들어 있는 것처럼 보였기 때문이다.[3] 게다가, 이것들 중에 구원의 본질에 적합한 것은 아무것도 없었다. 그런데 지금은 교회론에 대한 관심을 되찾았다. 왜냐하면 그가 이렇게 분열을 일으키는 문제들에 집중하지 않고, '순수한 교회론'에 대해서만 글을 쓰기 때문이다. 순수한 교회론은 교

---

3 "Evangelicalism and the Church: The Company of the Gospel," in *The Futures of Evangelicalism: Issues and Prospects*, ed. Craig Bartholomew, Robin Parry, and Andrew West (Grand Rapids: Kregel, 2003), p. 46 각주 13. 이호우 옮김, 《복음주의 미래》(CLC, 2012).

회가 복음의 결과라는 사실에 초점을 두고, 정치와 예전 등의 외적인 문제들을 배제한다.[4] 그리스도의 위격과 사역은 우리를 **한 백성**이 되게 한다. 그러므로 오직 이것을 확증하는 데에만 집중하고, 우리를 분열시키는 것들에는 집중하지 말자.

신학적 성향이 강한 복음주의자들 사이에서, 밴후저의 접근법은 매우 흔한 방식이다. 각종 집회들과 책들은 새로운 세대를 위해 복음의 핵심을 확인하고, 본질을 세우며, 주요 교리를 재정의하라고 외친다. 그 말은 구속사 이야기에 훨씬 잘 어울리는 방식으로 복음을 정의하라는 뜻일 것이다. 어쩌면 이것은 회심을 덜 개인적인 것으로 정의한다는 의미이거나 교회의 본질을 '선교'라고 정의하는 것일 수도 있다. 그러나 어떤 접근이든지 간에, 교회 정치는 거의 논의의 대상이 되지 않는다. 교회 정치는 배제된다. J. L. 레이놀즈(J. L. Reynolds)가 1846년에 했던 말은 빈정거리는 투로 들린다. "교회 정치는 기독교 세계에서 관심을 한 몸에 받는 주제가 되었다."[5]

실용주의적 성향의 복음주의자들은 교회의 미래가 교회의 예전(禮典)을 올바로 시행하는 데에 달렸다고 말한다. 이들은 교회 정치가 지극히 가변적이라고 가정한다. 교회들은 효과가 있는 사역을 해야 한다. 각종 집회들과 책들은 상황화, 지교회 개척, 동영상 양육, 올바른 교회 문화 양성, 더 나은 소그룹 사역, 민감한 복음주의 프로그램 그리고 그 외의 많은 것들을 외치고 있다.

요약하자면, 어떤 복음주의자들은 교리적 핵심을 분명히 하라고

---

4 같은 책, pp. 46–55.

5 J. L. Reynols, "Church Polity or The Kingdom of Christ, In its Internal and External Development," in *Polity*, ed. Mark Dever (Washington DC: Center for Church Reform, 2001), p. 296.

권하며, 다른 복음주의자들은 조직 체계를 다루라고 조언한다. 그러나 아이러니한 것은, 이 두 가지 충동이 서로 엇갈린 목적을 향해 나아간다는 점이다. 물론 복음주의 교회들은 교리적 핵심을 확정해야 한다. 하지만 신학자들이나 실용주의자들을 막론하고 너무 많은 사람들이 간과하는 것은, 예수님이 매우 구체적인 조직상의 목적을 위하여 교회에 권위를 부여하신다는 사실이다. 마태복음 16, 18, 28장에서 예수님은 사실상 자기의 옥새를 찍어 봉인한 두루마리를 제자들에게 건네주신다. 사도들이 그 두루마리를 열 때, 그들은 교회라 불리는 조직을 위한 헌장을 발견한다. 이 헌장은 제자들이 전에 들었지만 이제는 새롭게 공식적으로 사용할 말씀이다. 이 헌장은 세상에서 공식적으로 교회의 존재를 갖추게 하고, 교회의 권위를 세워주며, 교회의 기본적인 권위와 특권의 윤곽을 잡아주고, 교회에 속한다는 것의 본질을 설명해준다. 이 헌장이 말하는 것은 무엇인가? 그것이 바로 이번 장에서 살펴볼 내용이다.

예수님은 결코 권위와 책임과 조직이 없는 교회를 마음속에 그리지 않으셨다. 권위, 책임, 조직 등은 우리를 밴후저가 그리스도인들을 분열시키는 것이라고 말한 문제에 휘말리게 한다. 마치 성례와 등록 교인 제도를 적절하게 다루는 것처럼 말이다. 그런데 예수님이 복음의 메시지를 전달하는 매개로 사용하시려는 것은 바로 이렇게 조직화된 교회이다. 예수님은 이 교회를 통해 복음을 보호하시고, 복음을 드러내시고, 복음을 지키시고, 복음을 매력 있게 하시고, 복음을 효과적인 것으로 만드신다.

교회는 밴후저의 주장처럼 복음의 결과이다. 그러나 권위적인 조직은 그러한 결과의 중요한 부분이다. 형식과 내용은 서로 연결되어 있다. 해가 거듭될수록 그리고 세대가 흘러갈수록 교회를 보호하는 것은 매고 푸는 능력이다. 교회를 보호하는 것은 등록 교인에게 권리를 부여하고, 경계를 긋고, 한계를 정하고, 감독하고, 성찬을 행하는 행위이며, 내부적인 심판과 교육과 통과의례 등 세상에서 시행되는 모든 행위이다.

이것들이 바로 고린도전서 5장에서 바울이 마음에 두고 있는 형식의 문제들이다. 바울은 단지 교회를 결속시키려고만 하지 않았다. 즉, 연합을 위한 연합이 아니다. 바울은 교회를 세상으로부터 구별하고, 그렇게 함으로써 복음을 보호하며 드러내려고 했다.

이는 또한 예수님의 마음속에 들어 있던 것이기도 하다. 등록 교인 제도와 권징에 대한 논의의 목적에 맞게 살펴볼 때, 예수님은 마태복음에서 교회가 다음의 다섯 가지 방식으로 사랑의 권위를 시행하도록 위임하신다.

1) 예수님은 예수님이 세우신 나라와 구원의 복된 소식을 **선포하고 보호하는** 권위를 교회에 주신다.
2) 예수님은 자신의 삶과 신앙고백을 통하여 그리스도의 몸 그리고 그리스도의 가족과 연합을 이룸으로써 그리스도께 속해 있음을 증명하는 사람들을 **공적으로 인정하는** 권위를 교회에 주신다.
3) 예수님은 신자들을 교회와 교회의 돌봄 사역에 **협력시키는** 권위를 교회에 주신다.
4) 예수님은 그분의 자녀를 인도하고, 지도하며, 말씀으로 구비시킴으로써 그들이 그리스도를 비롯하여 하나님의 모든 자녀와 더 친밀하게 연합할 수 있도록 **감독하는** 권위를 교회에 주신다.

5) 예수님은 영적 가족의 구성원들에게 해를 가하고, 그리스도의 이름을 훼손하며, 세상에 대한 교회의 증거를 방해하는 사기꾼들을 **금하고 추방할 수 있는** 권위를 교회에 주신다.

예수님이 이와 같은 권위를 교회에 주신 구체적인 이유는, 이 세대가 가진 권위의 복합성 그리고 진리와 사랑의 모호성 때문이다. 하나님의 사랑이 이 세상을 침노하여 들어왔지만, 아직 예수님이 이 사랑을 가리켜 "이것은 사랑이고, 이것은 아니다"라고 **정의를 내리시는** 최후 승리를 선언하지 않으셨기 때문이다. 두 대의 영사기에서 나온 빛이 똑같은 스크린 위를 비추고 있으며, 예수님이 교회에 펜을 주셔서 우리가 성경에서 보는 것과 같이 그리스도의 영사기가 비추는 이미지 주변에 경계를 긋게 하시기 때문이다.

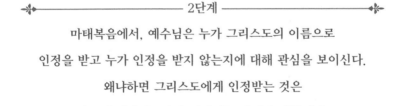

──────────── 2단계 ────────────

마태복음에서, 예수님은 누가 그리스도의 이름으로
인정을 받고 누가 인정을 받지 않는지에 대해 관심을 보이신다.
왜냐하면 그리스도에게 인정받는 것은
천국의 아버지로부터 인정받는 것이기 때문이다.

마태복음의 맥락

세상에서 천국을 대변하다

누가 세상에서 천국을 대변할까? 누가 천국의 뜻을 대변할까? 어쩌면 우리는 너무 많은 횟필드 목사를 알고 있어서 누구나 대변할 수 있다는 사실을 믿지 못할 수도 있다. 그러나 오늘날 유행하는 "아무도 천국을 대변한다고 주장할 수 없다"라는 가정은 그 자체가 아이러니하게도 천국의 권위를 가지고 말하는 것이다.

극도로 종교적인 바리새인들과 사두개인들은 오늘날의 반종교적 회의주의자들처럼 자기들이 천국을 대변한다고 생각했다. 그렇기에 그들은 모든 도전자들을 비난했다. 그들은 정말로 예수님이 마귀와 한 족속이라고 믿었기 때문에, 예수님에게 "하늘로부터 오는 표적"을 구함으로써 그분이 사기꾼이라는 사실을 폭로하고 싶어 했다(마 16:1; 12:24). 대제사장과 장로들도 마찬가지로 예수님의 권위에 도전했다(마 21:23). 다시 말하지만, 그러한 도전들 뒤에는 자기들이 하나님과 특별한 언약을 맺은 대변인들이라는 생각이 깔려 있다. "아브라함이 우리 조상"이다(마 3:9). 예수님은 그러한 가정들에 대적하신다. 예수님은 마태복음 전체에 걸쳐 자신이 세상에서 천국을 대변하시고, 자신을 따르는 자들도 그러하다고 주장하신다.[6]

- 예수님은 그분의 사역으로 천국이 가까이 왔다고 주장하신다(마 3:2; 4:17).

- 예수님은 누가 천국도 받고 이 땅도 상속하게 될지 아신다고 말씀하신다(마 5:3, 5).

---

6 천국과 지상의 대조에 관해서는 다음을 보라. Jonathan Pennington, *Heaven and Earth in the Gospel of Matthew* (Grand Rapids, Baker, 2009). "The Kingdom of Heaven in the Gospel of Matthew," in *Southern Baptist Journal of Theology*, vol. 12 (Spring 2008): pp. 44–51에는 페닝턴의 주장이 요약되어 있다.

• 예수님은 하나님의 뜻이 하늘에서 이루어진 것같이 땅에서도 이루어지도록 기도하라고 제자들을 가르치신다(마 6:10).

• 예수님은 제자들에게 좀과 동록이 갉아먹는 세상에 보화를 쌓지 말고 좀과 동록이 없는 천국에 보화를 쌓으라고 말씀하신다(마 6:19-20).

• 예수님은 천국의 비밀이 제자들에게 주어졌다고 말씀하신다(마 13:11).

거듭 주어지는 교훈은 모두 누가 천국을 받고 누가 받지 못할지에 대한 것이다. 심령이 가난한 자가 받을 것이다(마 5:3). 어린아이가 받을 것이다(마 11:25; 19:14). 어린아이처럼 겸손한 자들이 받을 것이다(마 18:4, 14). 하늘에 계신 아버지의 뜻을 행하는 자들이 받을 것이다(마 12:50). 회개에 합당한 열매를 맺는 자들이 받을 것이다(마 3:7-10; 7:15-23; 12:33). 하나님이 택하신 자들이 받을 것이다(마 19:25-26; 20:14-16; 22:14). 달리 말하자면, 마태복음은 세상에서 누가 천국을 대변하고 그들의 삶은 어떠해야 하는가에 대한 질문에 몰두한다. 더욱이 마태복음은 단회적(單回的)인 역사적 사건으로 말미암아 극적으로 통치가 바뀌었다고 강조함으로써 그 질문에 대답한다. 옛 언약 아래에서는 이스라엘 민족이 천국을 대변했다. 이제는 그리스도와 그분을 따르는 자들이 대변할 것이다. 세례 요한은 하나님이 돌들로도 아브라함의 후손을 일으키실 수 있다고 했다(마 3:7-9). 또한 예수님은 "동서로부터 많은 사람이 이르러 아브라함과 이삭과 야곱과 함께 천국에 앉으려니와 그 나라의 본 자손들은 바깥 어두운 데 쫓겨나 거기서 울며 이를 갈게 되리라"라고 약속하셨다(마 8:11-12). 예수님은 새로운 열두 명을 불러내셔서 새 나라의 새 통치자로 삼으시고, 그들이 열두 보좌에 앉아 이스라엘을 심판하게 될 것이라고 약속하셨다(마 10:1-4; 19:28). 정치적, 제의적, 민족적 경계를 긋던 자들은 더 이상 하나님의 가족이 아니다. 그 대신 주님은 이렇게 말씀하셨다. "누구든지 하늘에 계신 내 아버지의 뜻대로 하는 자가 내 형제요 자매요 어머니이니라"(마 12:50).

그러면 누가 세상에서 천국을 대변하는가? 첫째, 예수님이 대변하신다. 예수님은 지상 사역을 시작하실 때 '하늘로부터 나는 소리'에 의해 '사랑하는 아들'이라고 공인받으셨다(마 3:17; 17:5 참조). 또한 공생애 말에는 자신이 '하늘과 땅의 모든 권세'를 가졌다고 주장하셨다(마 28:18). 그리고 예수님뿐만 아니라 그분의 백성들도 천국을 대변한다. "내 아버지께서 모든 것을 내게 주셨으니 아버지 외에는 아들을 아는 자가 없고 아들과 또 아들의 소원대로 계시를 받는 자 외에는 아버지를 아는 자가 없느니라"(마 11:27).[7]

누가 예수님을 대변하는가?

그러면 누가 예수님의 백성인가? 세상에서 하나님의 대변인들이 민족적인 의미의 이스라엘에서 예수 그리스도와 그분의 백성으로 바뀐 것은 또 다른 문제를 불러온다. 누가 정말 그리스도를 대변하고, 그리스도의 백성에 속하는지 어떻게 결정하는가? 이스라엘에서는 제도적인 연결 고리가 있었다. 누군가 할례를 받고, 안식일을 지키고,

---

[7] 또한 마태복음 5:9, 16, 45, 48; 6:1, 8-9, 26, 32; 7:11; 10:29 등에 기록된 '아버지'와 '아들'이라는 용어를 보라.

음식에 대한 규례를 지키고, 이스라엘 국가에 속하는 등의 조건을 갖추면 그는 이스라엘을 대변할 수 있었으며, 이에 따라 그는 하나님을 대변할 수 있었다. 그런데 누가 확실하게 그리스도를 대변하는지 세상이 알게 하는 방법은 무엇일까? 마태복음은 주의 깊게 이 문제를 다룬다. 한편으로, 마태는 예수님을 따르는 사람들이 보여주는 삶의 특징을 묘사함으로써 이 질문에 답한다. 그들은 회개에 합당한 열매를 맺는다(마 3:8; 7:15-20). 그들의 삶은 세속적이지 않은 특징들로 구별된다(마 5:3-12). 그들은 세상의 양식에 사로잡힌 이방인들과 같이 행하지 않고, 먼저 그의 나라를 구한다(마 6:31-33). 그들은 그리스도의 말씀을 듣고 그 말씀을 실천한다(마 7:24-27). 마태복음은 또한 위선의 문제를 거듭 이야기한다.[8] 어쩌면 이것은 마태가 책을 써서 보내는 교회들이 겪었던 중요한 문제였을지도 모른다.[9]

다른 한편으로, 마태복음은 확실하게 예수님의 이름을 품은 사람이 누구인지, 그렇지 않은 사람이 누구인지에 대해 언급함으로써 '누가 예수님을 대변하는가?'라는 주제에 대해 이야기하고 있다.[10]

- 예수님은 어린아이들과 같이 작은 자들을 **예수님의 이름으로** 받아들이는 것이 자신을 받아들이는 것이라고 제자들에게 말씀하신다(마 18:5).

---

8 마태복음 6:1, 2-3, 5-6, 16-17; 13:24-30, 36-43, 47-50; 22:1-14; 23:3, 8-10; 24:45-51; 25:1-13을 보라.

9 Frank Thielman, *Theology of the New Testament* (Grand Rapids: Zondervan, 2005), pp. 105-109. 우성훈·김장복 옮김, 《신약신학》 (CLC, 2008).

10 주석가 존 놀랜드(John Nolland)는 마태복음의 "주의 이름으로"라는 구절을 그리스도와의 연합으로 본다. *The Gospel of Matthew*, The New International Greek Testament Commentary (Grand Rapids: Eerdmans, 2005), p. 1268.

- 예수님은 구약 백성들에게 여호와의 임재가 있었던 것처럼, 두세 사람이 **예수님의 이름으로** 모이는 곳에 친히 임재하겠다고 약속하신다 (마 18:20).

- 예수님은 세상 끝까지 가서 더 많은 제자들에게 **예수님의 이름**과 아버지의 이름과 성령의 이름으로 세례를 주라고 제자들에게 명령하신다(마 28:19).

동시에 이런 내용도 기록되어 있다.

- 어떤 사람들은 **그리스도의 이름**으로 예언하고, 귀신을 쫓아내고, 기사를 행하겠지만, 예수님은 그들이 하늘에 계신 아버지의 뜻을 행하지 않는 무법한 일꾼들이기 때문에 "내게서 떠나가라"라고 말씀하실 것이다(마 7:21-23).

- 어떤 사람들은 **그리스도의 이름**으로 와서 자기를 그리스도라고 주장하며 많은 사람들을 미혹할 것이다(마 24:5).

간단히 말하면, 어떤 사람들은 예수님의 이름을 신실하게 고백할 것이고, 어떤 사람들은 그릇되게 고백할 것이다. 예수님은 그러한 거짓 고백자들을 예견하시면서 말씀하신다. "너희가 사람의 미혹을 받지 않도록 주의하라"(마 24:4). 그러면 어떤 고백이 신실하고 어떤 고백이 거짓인지 세상이 어떻게 알 수 있을까? 세상에서 신실한 고백과 그렇지 않은 고백을 구별할 수 있는 권위를 가진 사람은 누구일

까? 매우 어렵지만 피할 수 없는 질문들이므로, 우리는 마태가 교회
론을 다룬 마태복음 16, 18, 28장을 살펴보아야 한다.[11]

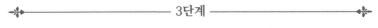

━━━━━━━━━━━━━ 3단계 ━━━━━━━━━━━━━

마태복음 16, 18, 28장에서
예수님은 사도들과 사도적 교회에게 천국 열쇠의 권세를 주셨다.
이 능력은 복음을 지키고, 신실한 신앙고백을 가려내고,
그러한 고백자들과 교회를 연합하고, 그들의 제자도를 감독하고,
위선자들을 쫓아내는 권위를 교회에 부여한다.

3대 교회론

새로운 열두 명에게 주신 권위(마태복음 16장)

"사람들이 인자를 누구라 하느냐?" 예수님이 열두 제자에게 물어보
셨다. 어떤 사람들은 예수님이 귀신의 왕을 의지한다고 했다(마 9:34).

───────────────

11 이 항목을 요약하는 의미로 조너선 페닝턴의 글을 길게 인용할 가치가 있다. "마태의 천국과 지상의 대조가 갖
는 또 다른 기능은 예수님을 따르는 자들의 분명한 정체성을 보여주는 것이다. 예수님을 따르는 자들이 하나님
의 진정한 백성이다. 마태는 이 사실을 독자들이 이해하길 바라며, 이 실재를 가지고 독자들을 격려하려고 한
다. 예수님은 아브라함을 아버지로 고백하는 민족적 계보나(마 3:9-10; 8:11-12; 23:9), 존경받는 지위(마
23:2-11)에 의해 이 새롭고 진정한 백성들을 정의하지 않으시고, 오히려 하늘에 계신 아버지의 뜻을 행하는
사람들과(마 7:21; 12:50), 마음으로부터 하나님의 명령을 따르는 열매를 맺는 사람들을(마 3:7-10; 7:15-
23; 12:33) 그분의 백성이라고 칭하신다. 이 주제는 적대적인 지상 세계의 한가운데에서 제자들에게 천국 중
심적인 **정체성**을 부여해준다. 세상은 천국과 지상으로 양분하여 묘사했으며, 예수님의 제자들은 지상의 지배
자들(로마인과 유대인을 막론하고)과는 대조적으로 천국에 합당한 하나님의 참된 백성이다. 이런 방식으로, 마
태의 천국 지상 주제는 그의 교회론에서 매우 중요한 부분이다(특히 마 16:17-19; 18:14-20을 보라)." "The
Kingdom of Heaven in the Gospel of Matthew," p. 49.

어떤 사람들은 예수님을 먹을 것과 마실 것을 탐한다고 생각했다(마 11:18). 또한 어떤 사람들은 예수님을 가리켜 세례 요한이라고 하거나, 엘리야라고 하거나, 선지자들 중 한 명이라고 했다(마 16:14).

이상한 설교를 하고, 이상한 권위를 주장하며, 이상한 인간관계를 맺는 것으로 볼 때, 과연 이 사람이 누구인지는 분명하지 않았다. 우리가 앞서 주목한 바와 같이, 세상은 하나님의 사랑과 권위가 완전하게 성육신하여 이 땅에 오셨을 때 그것을 즉시 알아보지 못했다. 하나님의 사랑 중에서 어떤 부분은 보통 사람들의 눈에 생소하게 비쳤다. 진정한 사랑이 계시될 때마다 타락한 죄인들에게는 설명이 필요했다. "여기에 사랑이 있다. 이것이 사랑이다."

제자들의 잘못된 대답을 차례대로 들으신 후에, 예수님은 다시 물어보셨다. "너희는 나를 누구라 하느냐?" 이때 제자들을 대변하듯 베드로가 말했다. "주는 그리스도시요, 살아계신 하나님의 아들이시니이다"(마 16:16). 예수님은 베드로의 말이 사실임을 확증하셨다. "바요나 시몬아 네가 복이 있도다 이를 네게 알게 한 이는 혈육이 아니요 하늘에 계신 내 아버지시니라"(마 16:17; 11:27 참조). 이처럼 다른 실재를 볼 수 있는 베드로의 능력은 희미한 불빛, 건전한 음악, 예수님의 확실성 등과는 아무런 관련이 없었다. 오히려 하늘에 계신 아버지께서 베드로의 눈을 열어주신 사실과 관련이 있었다. 뿐만 아니라, 예수님은 베드로의 믿음이 담긴 신앙고백의 내용에 관심을 두셨다. 그리고 흥미롭게도, 예수님은 여기에서 멈추지 않으셨다. 베드로와 제자들에게 "잘했어. 이제 너희가 제대로 아는구나. 아주 좋아"라고 말씀하지도 않으셨다. 예수님은 '예수님은 누구인가?'에 대한 진리를 사람들이 알길 원하셨다. 그리고 베드로가 고백한 이 진리 위에 사람들이 모이길 원하셨다. 그래서 예수님은 계속 말씀하셨다. "너는 베드로라 내가 이 반석 위에 내 교회를 세우리니 음부의 권세가 이기지 못하리라"(마 16:18). 베드로가 "당신은 그리스도이십니다"라고 말한 것과 예수님이 "너는 베드로다"라고 말씀하신 것 사이에 문법적 유사성이 있음을 주목할 필요가 있다. 베드로는 구속사에서 차지하는 예수님의 정체성과 역할을 정확히 정의했다. 예수님은 메시아이고, 살아계신 하나님의 아들이다. 예수님은 구속사에서 차지하는 베드로의 정체성과 역할을 정의하셨다. 베드로는 교회가 세워질 반석 또는 기초이다. 그러므로 *petros*(베드로)와 *petra*(반석) 사이에 언어유희가 있다. 이 교회는 참된 교회가 될 것이다. 음부의 권세가 침입하는 거짓된 교회가 되지 않을 것이다.

종교개혁 이후 많은 개신교 주석가들과 신학자들은 로마가톨릭교의 교황 제도가 정당화되는 것이 두려워서, 베드로가 반석이야 한다는 개념을 반대해왔다.[12] 그러나 오늘날 많은(대부분의?) 복음주의 주석가들은 이 본문이 분명하게 베드로를 반석으로 지칭한다고 인정한다.[13] 나는 예수님이 베드로와 그의 신앙고백 위에 교회를 세우신

---

12 가장 일반적인 두 가지 해석은 반석을 '베드로'라고 보는 해석과 반석을 '베드로의 신앙고백'이라고 보는 해석일 것이다. 반석을 예수님 자신으로 보거나 예수님의 가르침으로 보는 해석들도 있다(마 7:24 참조). 다음 자료에서 그 예를 찾을 수 있다. Robert H. Gundry, *Matthew*, 2nd ed. (Grand Rapids: Eerdmans, 1982, 1994), pp. 333-334.

13 D. A. 카슨은 이렇게 말했다. "로마가톨릭교의 극단적인 해석에 대한 개신교의 반발만 없다면, 많은 사람들은 '반석'을 베드로가 아닌 다른 것 또는 다른 사람으로 보지 않을 것이다." "Matthew," in *The Expositor's Bible Commentary*, vol. 8 (Grand Rapids: Zondervan, 1984), p. 368. 또한 다음을 보라. Craig Blomberg, *Matthew*, New American Commentary (Nashville: Broadman, 1992), pp. 251-253; Leon Morris, *The Gospel According to Matthew* (Grand Rapids: Eerdmans, 1992), pp. 422-424; Donald A. Hagner, *Matthew 14-28*, Word Biblical Commentary, vol. 33b (Dallas: Word, 1995), p. 470; Craig S. Keener, *A Commentary on the Gospel of Matthew* (Grand Rapids: Eerdmans, 1999), p. 427; R. T. France, *The Gospel of Matthew*, The New International Commentary on the New Testament (Grand Rapids:

다는 것에 더 큰 의미가 있다고 생각한다. 주석가 크레이그 키너(Craig Keener)는 말했다. "예수님은 이 역할을 아무렇게나 베드로에게 부여하신 것이 아니다. 베드로는 이 문맥에서 예수를 그리스도라고 고백한 사람이기 **때문에** '반석'이다."[14] 신학자 에드먼드 클라우니(Edmund Clowney)는 이렇게 말했다. "신앙고백은 베드로와 별개일 수 없으며, 베드로도 신앙고백과 별개일 수 없다."[15]

아니나 다를까, 사도행전을 읽어보면 예수님은 단지 베드로와 베드로의 신앙고백 위에 주의 교회를 세우시는 것이 아니라, 바른 신앙을 고백하는 베드로 위에 세우기 시작하신다. 대사는 왕의 칙령 없이 다니지 않는다. 더욱이, 신약성경 전체에서 제자들이 베드로의 신앙고백에 담긴 진리를 선포하기 위해 다닐 때, 그리스도는 제자들 위에 주님의 새로운 백성을 세우신다(엡 2:20; 계 21:14). 마태복음 16장 17-19절에서는 예수님이 오직 베드로에게만 말씀하셨으나, 20절에서는 모든 제자들이 포함되는 것처럼 보인다.[16] 이것이 역사적 사실이다. 하나님은 다른 사람들을 사용하실 수도 있었다. 제자들은 교회의 **궁극적** 또는 **본질적** 기초가 아니라 **역사적** 또는 **수단적** 기초이다.

Eerdmans, 2007), pp. 620-623; David L. Turner, *Matthew*, Baker Exegetical Commentary on the New Testament (Grnad Rapids: Baker, 2008), pp. 404-405, 406-407.

14 Keener, *Commentary on the Gospel of Matthew*, p. 427; 강조한 부분은 원문에 따른 것이다. 유사한 주장은 다음을 보라. Morris, *Gospel According to Matthew*, p. 423; Nolland, *The Gospel of Matthew*, p. 669.

15 *The Church*, Contours of Theology, ed. Gerald Bray (Downers Grove, IL: InterVarsity, 1995), p. 40. 또한 다음을 보라. Kevin Giles, *What on Earth Is the Church?: An Exploration in New Testament Theology* (1995; repr. Eugene, OR: Wipf & Stock, 2005), p. 54. 홍성희 옮김, 《신약성경의 교회론》(CLC, 1999).

16 베드로를 '대표적'으로 보느냐 아니면 '유일하게'로 보느냐에 관한 논쟁으로는 다음을 보라. Carson, "Matthew," p. 364; Ulrich Luz, *Matthew 8-20*, trans. James E. Crouch, Hermeneia (Minneapolis, MN: Fortress, 2001), pp. 366-368.

제자들은 그리스도가 주의 복음을 처음 선포하기 위해 사용하신 대사들이다. 그중에 베드로는 왕의 칙령을 처음으로 바르게 고백한 사람이기 때문에 동료들 사이에서 단연 두드러진다. "보라, 예수는 메시아이다."

그렇다면 예수님은 신앙을 고백한 베드로 위에 어떻게 교회를 세우시고, 교회의 기초인 베드로는 그의 능력으로 무엇을 행하는가?[17] 이 질문에 대한 답을 예수님의 말씀에서 찾을 수 있다. "내가 천국 열쇠를 네게 주리니 네가 땅에서 무엇이든지 매면 하늘에서도 매일 것이요 네가 땅에서 무엇이든지 풀면 하늘에서도 풀리리라"(마 16:19). 앞에 나온 구절들과 마찬가지로, 이 구절은 주석가들 사이에서 논란이 되고 있다.[18] 그러나 예수님이 베드로에게 천국 열쇠를 주심으로써 권위를 부여하셨다는 데에는 모두의 의견이 일치하는 것 같다. 더욱이 나는 18절과 19절을 결합하면 "교회는 천국 권위의 지상 대리인이다"라는 의미가 된다고 말해도 크게 논란이 되지 않을 것이라고 생각한다.[19] 만일 베드로가 교회의 기초이며, 예수님이 베드로가 그 기초로서 능력껏 행동하도록 하시려고 그에게 천국 열쇠를 주신다면, 그리스도의 나라가 교회를 **통해** 확장될 것이라고 볼 수 있다. 어쩌면 더욱 논란을 불러일으킬지도 모르겠지만, 나는 그리스

---

17 주석가 울리히 루츠(Ulrich Luz)는 18절과 19절을 서로 연관지으면서 말했다. "18절 상반절이 '건축학적'으로 표현한 반면, 19절은 기능적으로 말한다. 이제 베드로의 반석으로서의 기능이 설명되는 것이다." 즉, 이것이 바로 베드로가 기초로서 **행하는** 것이다. *Matthew 8-20*, p. 364.

18 열쇠란 무엇일까? 이 열쇠는 베드로에게만 주신 것일까 아니면 모든 사도에게도 주셨을까? 열쇠의 권세와 매고 푸는 권위는 서로 어떤 관계가 있을까? 매고 푸는 대상인 '무엇이든지'는 과연 무엇일까? 완료형 수동태 분사 구문도 해석해야 할까? 지상에서 베드로의 행동과 하늘에서 내려지는 결정 사이의 관계는 무엇일까?

19 Turner, *Matthew*, p. 405.

도의 나라가 오직 교회를 통해서만 확장된다는 주장을 하고 싶다. 왜냐하면 다른 지상 조직이나 기관이 천국 열쇠를 받지 않았기 때문이다. 그 어떤 자선단체들이나 사회복지 단체, 정부 기관, 정당, 또는 선한 마음을 가진 개인들조차도 이 열쇠를 받지 않았다.

마태복음 16장에서 베드로와 사도들이 받은, 지상에서 매고 푸는 권위가 **무엇**이고 매고 푸는 **대상**이 무엇인지는 분명하지 않다. 그렇지만 "세상에서 누가 예수님의 이름을 고백한 사람들의 진정성을 구별할 수 있는가?"라는 질문에 대한 답을 이 단락에서 찾을 수 있을 것 같다. 예수님은 분명히 그에 대한 권위를 가지셨다. 예수님은 베드로의 신앙고백이 확실하게 성부 하나님으로부터 왔다고 확증하신다. 그렇다면, 놀랍게도 예수님은 베드로에게 (그리고 사도들에게) 세상에서 어떤 것들이 천국의 실재를 대변하는지 선언할 수 있는 권위를 주신 것이다. 제자들에게 권위를 부여하시는 이 행위는 예수님이 제자들에게 바리새인과 사두개인의 누룩 또는 가르침을 주의하라고 말씀하신 사건 직후에 등장한다(마 16:5-12). 바리새인과 사두개인은 자기들이 천국을 대변하는 권위를 가졌다고 생각했지만, 실제로는 그렇지 않았다. 통치권이 변화되고 있었다.[20]

온 교회로 확장된 권위(마태복음 18장)

마태복음 18장에도 매고 푸는 것에 관한 구절이 있다. 다만 이번에는

---

20 Craig Blomberg, "Matthew," in *Commentary on the New Testament Use of the Old Testament*, ed. G. K. Beale and D. A. Carson (Grand Rapids: Baker, 2007), p. 35; W. D. Davies and Dale C. Allison Jr., *Matthew*, vol. 2, The International Critical Commentary, ed. J. A. Emerton, et al. (Edinburgh: T&T Clark, 1991), p. 603.

천국 열쇠에 대한 언급이 없고, '너'는 '너희', 즉 복수가 된다. "너희가 땅에서 매면 하늘에서도 매일 것이요 무엇이든지 땅에서 풀면 하늘에서도 풀리리라"(마 18:18). 예수님이 16장에서 이 열쇠를 오직 베드로에게만 주셨든지 아니든지 간에(나는 그렇지 않다고 생각하지만),[21] 이 열쇠의 권세가 모든 제자들에게 확장되고, 궁극적으로는 18장에서 지역교회로 확장된다는 데에는 거의 대부분이 동의한다. 다른 말로 하면, 16장에서 베드로에게 (그리고 사도들에게) 주어진 이 놀라운 권위가 18장에서는 교회 권징의 상황에서 지역교회에게 전해진 것처럼 보인다. 그러므로 이 권위가 베드로에게 속했든지 아니면 열두 사도 모두에게 속했든지 간에, 이 권위는 모든 교회에게 전해진다. 그리고 내가 사도적 교회를 언급할 때 의미하는 바가 바로 이것이다.[22]

문맥을 살펴보자. 예수님은 한 형제가 '너에게 죄를 범할' 때 그를 다시 얻기 위해 그 사람과 상대하는 것에 대해 말씀하신다(마 18:15). 만일 그 사람이 듣지 않으면, 그 사람은 한두 사람의 증인 앞에 서야 한다(마 18:16). 그래도 여전히 그가 듣지 않으면 피해를 입은 사람은 '교회에 말해야' 하고, 죄를 범한 사람이 교회의 말도 듣지 않으면 교회는 그를 이방인처럼 대접해야 한다(마 18:17).

---

21 (1) 예수님은 모든 제자들에게 질문하셨다. (2) 베드로는 아마도 모든 제자들을 대신해서 대답했을 것이다. (3) 예수님은 모든 제자들에게 베드로의 대답을 비밀로 하라고 말씀하셨다. 또한, 클라우니가 지적한 바와 같이 "베드로는 다른 열한 제자와 대조되는 반석이 아니다. 지식의 열쇠를 가지고 다닌다고 주장하는 사람들(눅 11:52), 모세의 자리에 앉아 있다고 주장하는 사람들(마 23:1-2) 그리고 아브라함의 후손이라고 주장하는 사람들(요 8:33)과 대조되는 반석이다". Edmund Clowney, "The Church as a heavenly and Eschatological Entity," in The Church in the Bible and the World, ed. D. A. Carson (1987; repr. Eugene, OR: Wipf & Stock, 2002), p. 40.

22 더 구체적으로, 교회는 '사도적'이다. 왜냐하면, 교회는 사도의 기초 위에 세워졌기 때문이고(엡 2:20; 계 21:14), 교회는 사도의 가르침을 지키며 선포하기 때문이다(딤후 1:13-14). 로마가톨릭교회는 세 번째 요소를 추가한다. 즉, 베드로의 교황직을 통한 사도적 계승이다.

여기에서 예수님은 마태복음 16장의 위임을 마태복음 18장 18
절에서 반복하심으로써 권징을 시행할 수 있는 교회의 자격에 대해
설명하신다. 16장에 나오는 권위 또는 열쇠의 권세는 지역교회가 누
군가를 출교할 때 사용한다.[23]

다음 절은 예수님이 지역교회가 정말로 그런 권위를 가졌다고
말할 수 있는지 의심하는 사람들에게 말씀하신 것처럼 보인다. 놀랍
게도 예수님은 다시 한 번 교회의 결정과 천국을 연결시키신다. "진
실로 다시 너희에게 이르노니 너희 중의 두 사람이 땅에서 합심하여
무엇이든지 구하면 하늘에 계신 내 아버지께서 그들을 위하여 이루
게 하시리라"(마 18:19).

교회가 시행하는 권위는 하나님의 권위이다. 교회는 전권대사로
서 하나님을 대변한다(고후 5:20; 엡 6:20 참조). 대사가 하는 말을 듣는
사람은 왕이 그 대사 뒤에 있다는 것을 안다. 고대 이스라엘도 마찬
가지였다. 온 세상은 이스라엘이 여호와께 속했다는 것을 알아야 했
다. 왜냐하면 이스라엘이 여호와의 이름을 지녔고, 여호와께서 이스
라엘 중에 거하셨기 때문이다. 지역교회도 이것과 마찬가지이다. 지
역교회는 여호와의 이름을 지녔고, 여호와께서 지역교회 가운데 거
하신다. 그러므로 예수님은 한 가지 약속으로 이 문제에 대한 결론을
지으셨다. "두세 사람이 내 이름으로 모인 곳에는 나도 그들 중에 있
느니라"(마 18:20). 우리는 그리스도의 이름을 고백하지 않는 사람들
을 반드시 교회에서 쫓아내야 한다.

---

23 카슨은 마태복음 18장 18절을 16장 19절에 나오는 열쇠의 권세에 대한 '특별한 적용'이라고 표현한다.
　"Matthew," p. 374.

이 두 단락은 복음서에서 예수님이 교회(ecclesia)라는 단어를 사용하시는 유일한 곳이다. 이 단락들은 논쟁을 불러일으키지만, 앞서 논증한 것처럼 예수님이 그분의 권위를 베드로와 사도들과 궁극적으로 교회에게 건네주신다는 사실에 반대할 사람은 아무도 없다. 열쇠는 성경에서 권위를 상징한다(사 22:15, 22; 눅 11:52; 계 3:7; 계 1:18 참조; 9:1; 20:1). 사도적 교회가 지상에서 매고 푸는 것이 궁극적으로 무엇을 의미하든지 간에, 두세 사람이 그리스도의 이름으로 모이는 이 공동체는 그리스도인 개개인이 갖지 못한 권위를 가진 것으로 보인다(마 18:15 참조). 예를 들어 어떤 그리스도인이 다른 그리스도인에게 죄를 범하면, 그 위법자를 쫓아낼 수 있는 권위는 피해를 입은 개인에게 있는 것이 아니라 함께 모인 교회에게 있다.

세상 끝까지 시행할 권위(마태복음 28장)

마태복음 28장에 나오는 예수님의 대위임령은 제자들이 가진 열쇠의 권세에 대해 아무것도 명시적으로 말하지 않는다. 하지만 예수님은 마태복음 16장과 18장에서 하신 것처럼, 자신의 권위를 주장하신다. 그리고 그 후에 자신을 대신해서 천국을 선포할 수 있는 권위를 다시 한 번 제자들에게 부여하신다.

> 예수께서 나아와 말씀하여 이르시되 하늘과 땅의 모든 권세를 내게 주셨으니 그러므로 너희는 가서 모든 민족을 제자로 삼아 아버지와 아들과 성령의 이름으로 세례를 베풀고 내가 너희에게 분부한 모든 것을 가르쳐 지키게 하라 볼지어다 내가 세상 끝 날까지 너희와 항상 함께 있으리라 하시니라(마 28:18-20).

예수님은 자기가 천국의 권세를 가졌다고 주장하신다. 그리고 그것에 기초하여, 제자들이 단지 복음을 나누어 줌으로써가 아니라 세례를 주고 가르침으로써 더 많은 사람을 제자 삼을 수 있도록 그들에게 권위를 부여하신다. 예수님은 제자들이 단지 확성기를 잡거나 라디오를 켜고 복음을 외쳐서, 사람들이 하나님의 뜻대로 메시지를 듣고 스스로를 그리스도인이라고 부르며, 메시지의 원천을 비롯하여 다른 사람들과 단절된 채 예전의 삶을 계속 살게 해야 한다고 말씀하지 않으신다. 이보다 더 중요한 일이 있다. 제자를 삼는 일에는 사람들에게 세례를 주고, 그리스도가 명하신 모든 것을 가르치는 과정이 포함된다.

왜 추가적인 단계가 필요한가? 마태복음의 더 큰 문맥으로 미루어 볼 때, 우리는 예수님이 누가 공적으로 그리스도의 이름을 (그리고 성부와 성부의 이름을) 고백하는지에 관심을 가지신다고 생각할 수 있다. 우리는 위선의 문제가 마태복음 전체에 걸쳐 나온다는 점을 기억해야 한다. 예수님은 제자들에게 단순히 설교만 하라고 명하신 것이 아니라, 오히려 세례를 통해 신실한 신앙고백을 확증해주는 '제도적인' 사역을 감당하며, 공적으로는 이렇게 보증해주라고 명령하셨다. "이 사람은 그리스도의 이름을 지녔고, 이 땅에서 천국을 대변합니다." 예수님은 그분이 명령하신 모든 것들을 배웠다고 인정받는 사람들을 원하신다.

궁극적으로, 나는 우리가 대위임령이 단지 복음 전파에 관한 명령이 아님을 알게 될 것이라고 믿는다. 대위임령은 교회를 개척하고 교회를 세우는 것에 관한 명령이다. 마태복음 18장에서 두세 사람이 예수님의 이름으로 모인 곳에는 항상 함께하신다고 말씀하신 것과 같이, 예수님은 마태복음 28장에서 세상 끝 날까지 제자들과 '함께 계실' 것이라고 약속하셨다.

세례의 물을 통과하지 않은 사람이 예수님과 하늘 아버지를 대변할 권리를 가질 수 있을까? 예수님이 그 권위를 단지 모든 사람의 양심에 맡겨두셨으므로, 누구나 세상 앞에서 "나는 예수님과 하늘에 계신 아버지를 대변합니다. 그러므로 나에게 귀를 기울이세요"라고 할 수 있을까? 예수님은 사기꾼들도 이런 짓들을 할 것이라고 말씀하셨다(마 7:21-23; 24:5). 그러나 원칙적으로 그래도 괜찮은 것일까? 나는 그에 대한 답이 우리가 마태복음 28장과 16장 그리고 18장에서 교회의 권위를 어떻게 이해하느냐에 달려 있다고 생각한다. 나의 잠정적인 답변은 "아니요"이다. 왜냐하면 나는 세상에 있는 하나님의 백성들이 그리스도를 대변할 사람들을 구별하고, 그들을 하나로 결속하며, 그들을 가르치고, 그들의 삶을 감독할 수 있는 제도적 장치를 갖도록 하기 위해 예수님이 베드로와 지역교회에게 열쇠의 권세를 주셨다고 생각하기 때문이다. 그리스도인들이라면 반드시 교회와 연합되어야 한다. 이것이 나의 주장이다.

열쇠의 권세가 가진 의미

이 열쇠의 권세는 정확히 무엇일까? 매고 푼다는 의미는 무엇일까? 마태복음 16장과 18장에 있는 단락들은 마태복음 28장의 대위임령과 무슨 관계가 있을까? 이 세 장을 마태복음의 다른 장들과 비교해서 생각해보면, 무언가 제도적인 내용이 계속된다는 느낌을 지울 수가 없다.[24] 다른 곳에서는, 예수님이 천국과 이 땅의 관계에 대해 말

---

24 이와는 반대로, 카슨은 16장과 18장에 사용된 단어 에클레시아(*ecclesia*)에는 "제도, 조직, 예배 형식, 또는 구

씀하실 때 기도하고 찾고 받는 등 적어도 모두 관계적인 문제들의 관점에서 말씀하신다. 그러나 이 세 장에서는 권위를 부여하고 위임하는 언어를 사용하신다. 예수님은 열쇠와 매고 푸는 것 그리고 성찬과 세례에 대한 말씀을 하시는데, 이것은 마치 예수님이 떠나가시면서 그 자리에 일정한 조직 체계를 남겨두시는 것처럼 들린다. 결국, "내 교회를 세우겠다"라는 예수님의 약속으로 대화가 시작된다(마 16:18). 여기에서 문제가 되는 권위는 베드로와 다른 제자들을 통해 일정한 형태의 모임을 세우시는 그리스도의 사역과 관련이 있다.

아래에 요약하여 제시한 항목들이 이 단락들을 최종적으로 혹은 가장 잘 분석했다고 할 수는 없지만, 나는 최선을 다해 여섯 단계의 논증을 해보려고 한다.

1) 마태복음 16장 18-19절의 해석이 어려운 이유 중의 하나는 혼합된 비유 때문이다. 19절에서의 동사 시제 등과 같은 몇 가지 문제들이 마태복음 16장 18-19절을 어렵게 한다. 그러나 나에게 가장 어려운 점은, 예수님이 여섯 개의 비유를 섞어놓으셨다는 것이다. 18절에서 예수님은 세우는 것과 기초의 비유로 시작하신다(마 7:24 참조). 그러나 예수님은 건물을 세우는 것에 대해서가 아니라 백성들의 모임을 세우는 것에 대해 말씀하신다. 그리고 예수님은 문 비유로 옮겨가신

별된 예배당에 대한 강조가 없다"라고 주장했다("Matthew," p. 369). 문맥상 카슨의 요점은, 백성을 '세운다'는 개념이 구약성경에서 나오기 때문에 예수님이 사용하신 '세우다'라는 단어가(마 16:18) 반드시 제도적인 부분을 가리키는 것은 아니라는 뜻이다(카슨은 다음 성경 구절을 제시한다. 룻 4:11; 삼하 7:13-14; 대상 17:12-13; 시 28:5; 118:22; 렘 1:10; 24:6; 31:4; 33:7; 암 9:11). 아마도 '제도'에 관해서 카슨이 생각하는 의미는 내 생각과 다른 것 같다. 그러나 '제도'라는 단어에서 나는 이 본문들에도 나타난(예컨대 권위의 체계, 교인의 경계, 등록 교인들에게만 적용되는 법 등) 구약 시대 이스라엘의 삶의 요소들을 함께 묘사하려고 했다. 만일 그렇다면, 내가 통치의 변화라고 부른 것은 하나의 제도적 체계를 다른 체계로 대체시키는 것을 의미한다. 요약하자면, 내가 이 항목 전체에서 논증하려는 바와 같이 사람들을 받아들인다는 의미에 아무런 '제도'적인 것이 포함되지 않는다고 말하는 것은 만족스럽지 못하다.

다(개역개정 성경은 "음부의 권세"라고 번역했지만, 원문을 직역하면 "지옥의 문"이다—옮긴이). 이 비유는 다소 당황스럽다. 왜냐하면, 본래 문은 방어를 위해 만드는 것인데 공격적인 느낌의 '이기는' 문에 대해 말씀하시기 때문이다. 그런데 19절에서는 또 다른 큰 문, 또는 작은 문 비유처럼 들리는 언어를 사용하신다. 하지만 여기에서는 문을 열거나 닫을 때 사용하는 열쇠가 강조된다. 예수님은 문 열쇠에 대해 말씀하시는 것이 아니라 구원의 통치 또는 지배를 의미하는 천국 열쇠에 대해 말씀하신다. 당신은 통치의 열쇠를 가질 수 있는가? 마지막으로, 예수님은 열쇠를 무언가 열고 닫는 데 사용해야 한다고 하신 것이 아니라, 무언가를 매고 푸는 데 사용해야 한다고 말씀하신다. 사실 물건을 매는 것은 열쇠가 아니라 밧줄이나 접착제, 중력 또는 법률이다.

이것을 과장을 섞어 문학적으로 표현하면, 예수님이 이렇게 말씀하시는 것이다. "베드로야, 나는 내 백성의 모임을 너와 너의 신앙고백 위에 세울 것이다. 너는 쏟아부은 콘크리트와 같아서 너를 공격하는 어떤 문들로부터도 보호를 받을 것이다. 그 후에 나는 너에게, 곧 쏟아부은 콘크리트 회중에게 내 구원의 통치를 열고 닫는 열쇠를 줄 것이다. 또한 네가 이 땅에서 밧줄로 매는 것은 하늘에서도 매일 것이다. 네가 이 땅에서 풀어놓는 것은 하늘에서도 풀릴 것이다." 하나의 비유에 또 다른 비유가 이어지는데, 둘 사이의 연결 고리는 명확하지 않다. 그럼에도, 해석의 과정에서 각각의 비유를 이해하는 것이 전체를 이해하는 핵심이다.

2) 각각의 비유가 그 자체로 의미를 가질 뿐 아니라, 다른 비유의 조건이 될 수 있게 해석해야 한다. 어떤 주장들은 이 단락을 논의할 때 하나의 비유를 다른 비유에 묻어버리는 경향이 있다. 예를 들어, 어

떤 저자는 16장 19절의 의미를 요약할 때, 열쇠가 열고 닫는 것이라는 사실을 강조하며 베드로와 사도들이 복음을 전파함으로써 사람들에게 천국을 열고 닫게 될 것이라고 주장한다. 앞에서 사용한 비유로 표현한다면, 이것은 마치 확성기나 라디오를 들고 복음을 선포하라며 베드로와 교회에게 천국 열쇠를 주었다고 말하는 것과 같다. 그러나 **매고 푼다**는 단어들 속에 포함된 요소는 어떻게 해야 할까? 또한 예수님이 세우겠다고 말씀하신 **교회**라는 단어와 밀접한 **회중**의 개념은 어떻게 이해해야 할까? 예수님은 단지 자유로운 대변인들을 양산하기 위해 베드로에게 열쇠를 주신 것일까? 이처럼 과도하게 일반화하는 경향은 개신교 주석가들과 특히 복음주의 주석가들 사이에서 흔한 일처럼 보인다. 아마도 우리 복음주의자들은 세상에 있는 것에 매이거나 풀리기를 꺼려하는 것 같다.

또 다른 주장은 예수님이 매고 푸는 열쇠를 말씀하신 것이라고 단정하기도 한다. 이러한 경우에는 열쇠가 문을 열고 닫는 데에도 사용된다는 사실을 까마득히 잊어버리게 된다. 열쇠는 단순히 매고 푸는 **권위**가 아니다. 그런데 비평적인 학자들은 이러한 해석을 선호한다. 왜냐하면, 이것이 귀신을 사로잡는 문제에 관한 흥미로운 역사적 자료나 유대 율법에 대한 랍비들의 해석[할라카(halakha)]을 소개하기 때문이다.

또는 18장에서 매고 푸는 것이 교회에 대해 논의하는 문맥에서 사용되었으므로, 천국 열쇠가 오직 교회 권징에 관한 것이라고 해석하는 경향도 있다. 예수님이 16장 18절에서 "내 교회"를 세우신다고 말씀하시면서 이 대화를 시작하셨다는 사실을 고려하지 않는 것이다. 이처럼 16장이 18장에 묻히도록 해석하는 것은 과거의 신앙고백

들과 해설서들에서 찾아볼 수 있는 방식이다.[25]

　　"그는 몸인 교회의 머리시라"(골 1:18)와 같은 구절에서, 말하는 사람이나 글을 쓰는 사람이 첫 번째 단어 또는 어구를 설명하기 위해 다른 단어나 어구를 바로 뒤에 덧붙이는 경우가 있다. 이 구절에서 **교회**라는 단어는 바울이 **몸**이라고 말한 단어를 설명하거나 구체적으로 지적한다. 마찬가지로, 어떤 사람들은 열쇠의 권세가 단지 매고 푸는 권위에 불과하다고 주장한다.[26] 일단 그들의 의견에 동의한다. 그러나 첫 번째 예에서, 바울이 다른 곳에서는 잉크를 아꼈던 반면에 이곳에서만 **몸**이라는 단어와 **교회**라는 단어를 함께 사용한 데에는 이유가 있다. 이 두 단어는 서로 다른 두 개의 의미 체계에 의존하며, 각각의 단어는 바울이 말하고자 하는 바가 무엇인지 이해하는 우리의 인식에 조금 다른 의미를 전해준다. 비록 뒤에 나온 단어들이 앞 단어를 설명해주기는 하지만 **열쇠**와 **매고 푼다**라는 단어 역시 마찬가지이다.

　　마태복음 16장 18-19절을 읽으며 건축 비유에서 출발하여 교회 비유와 열쇠 비유, 왕국 비유와 매고 푸는 비유에 이르는 동안 우리는 각각의 비유가 마땅히 그 자체의 의미를 갖도록 해석해야 한다. 이와 동시에 문맥이 중요하기 때문에, 우리는 각각의 비유가 인접한 비유들의 조건이 되거나 그 비유들을 이해하는 데 도움이 되도록 해석해야 한다. 우리는 골로새서 1장 18절에서 사도 바울이 그리스도

---

25 웨스트민스터 신앙고백서 제30장 "교회의 권징", 또는 하이델베르크 요리문답 제83문을 보라.

26 데이비스(Davies)와 앨리슨(Allison)는 이렇게 썼다. "우리의 의견으로는, 19절의 앞부분이 그 뒤에 나오는 구절에 의해 설명되고 있다고 보는 것이 가장 자연스럽다고 생각한다. 즉, 열쇠를 갖는 것은 매고 푸는 권세를 갖는 것이다." *Matthew*, p. 254.

의 육체적인 몸에 대해 말하는 게 아니라는 것을 안다. 왜냐하면 인접한 비유가 그렇게 말해주기 때문이다. 바울은 교회에 대해 말하고 있다. 그리고 교회는 육체적인 몸을 닮거나 그와 유사한 부분을 가지고 있다. 그래서 바울이 **몸**이라는 단어를 사용한 것이다. 세움, 교회 또는 회중, 열쇠 그리고 매고 푸는 등의 혼합된 비유를 생각할 때, 우리의 목표는 사람들을 세우는 문맥에서 '열고 닫는' 개념과 '붙이고 떼는' 개념을 어떻게 조화시킬 수 있을지 생각하는 것이다.[27] 마태복음 16장에 있는 몇 개의 비유들을 생각해보자.

세움과 반석. 예수님은 베드로가 했던 바른 신앙고백의 반석 또는 기초 위에 백성을 세우겠다고 약속하신다. 어떤 주석가들은 여기에서 교회를 새 성전으로 보거나 베드로를 일종의 아브라함과 같은 반석으로 보는 언급이 있는지 궁금해한다(사 51:1-2).[28] 이런 식의 배경 질문에 대해 당신이 무슨 대답을 생각하든지 간에, 예수님이 "이 반석 위에 내 교회를 세우리니"라고 말씀하신 것은 아직 존재하지 않는 것을 세운다는 개념이다. 즉, 어떤 사람이 건물을 짓는 것처럼 하나로 결속시키는 무언가를 세운다는 뜻이다.

교회. 그리스도는 교회, 즉 종말론적인 '백성의 회중'을 세우려고 하신다. 앞서 논의한 통치권 변화의 관점에서 볼 때, 이것은 말이 된다. 민족적인 이스라엘은 하나님이 세우신 하나 된 백성이었다.[29] 이제는 그리스도가 새로운 공동체를 건설하시고, 집단적 이스라엘은

---

27 이러한 시도는 자료 비평이나 편집 비평으로 답변하려는 비평적 전통 속에 두 개념을 밀어 넣는 것처럼 보인다.

28 Luz, *Matthew 8-20*, pp. 362-363; Nolland, *The Gospel of Matthew*, pp. 670-672.

29 각주 24를 보라.

거절하신다.[30] 그러므로 예수님은 우리가 말한 바와 같이 무언가를 세우려 하시는데, 그것은 바로 **백성**의 회중이다. 이 사람들은 물리적인 건물과 같이 하나의 기초 위에서 결속된다. 다른 말로 하면, 이 회중은 모두가 자동차 운전자라는 사실 외에는 실제로 아무런 결속 관계가 없는 사람들에게 운전 면허증을 부여하는 도로교통공단이 아니다. 오히려 통일된 존재가 세워지는 것이다.

열쇠. 주석가들은 마태복음 16장과 위에서 언급한 열쇠에 관한 구절들(사 22:15, 22: 눅 11:52; 계 3:7; 마 23:13 참조) 사이의 연관성에 대해 격론을 벌인다. 여기에서 예수님은 계시록 3장과 달리 열고 닫는 것에 대해 말씀하지 않으시고, 매고 푸는 것에 대해서만 말씀하신다는 사실 때문에 이 주제를 해석하기가 더욱 어렵다. 그렇지만 잠시 동안 열쇠가 무엇인지 생각해보자. 열쇠는 문을 열고 닫아서 사람이 새로운 공간 또는 영역으로 들어가거나 들어가지 못하게 하는 물건이다. 우리가 문자적으로 집 열쇠에 대해 말하든지, 또는 비유적으로 지식의 열쇠를 말하든지, 또는 어떤 사람의 마음의 열쇠를 말하든지 간에, 기본적인 개념은 열쇠를 가진 사람이 지식의 영역이나 교제의 영역 등 새로운 영역으로 **옮겨 들어갈 수** 있다는 것이다. 즉, 이 비유의 기본적인 개념은 가입과 추방이다.

왕국. 열쇠는 본질적으로 교회의 열쇠가 아니라 왕국의 열쇠이고, 신약성경에서 그리스도의 왕국은 많은 사람들의 말처럼 지리적인 영역이 아니라 통치 또는 지배이다. 예수님은 율법 선생들과 바리새인들에게 "너희는 천국 문을 사람들 앞에서 닫고 너희도 들어가지

---

30 Davies and Allison, *Matthew*, p. 603.

않고 들어가려 하는 자도 들어가지 못하게 하는도다"(마 23:13; 7:21; 18:3; 19:23)라고 말씀하신 경우처럼, 종종 영적인 의미에서 자기의 왕국에 대해 말씀하신다. 그러나 이 비유를 그대로 이해하려면, 우리가 그리스도의 통치에 대해 이야기를 나누고 있음을 알아야 한다. 우리는 어떤 원칙들과, 신앙과, 법과, 삶의 방식과, 구원과 그리고 다른 복이 적용되는 영역으로 들어가는 것에 대해 이야기하고 있다.

매고 푸는 것. 우리가 영토로 들어가는 것에 대해서가 아니라 통치 아래로 들어가는 것에 대해 말하고 있다는 사실은 매고 푸는 비유를 생각할 때 의미가 있다. 이 단어들에 대해 여러 가지 설명이 있다.[31] 아마도 가장 일반적인 논의는, 랍비들이 유대인의 율법 또는 무엇을 금하고 무엇을 허락할 것인지를 해석하던 기술적 방식대로 예수님이 이 단어들을 사용하고 계신지에 대한 논의이다.[32] 그래서 《굿 뉴스 바이블》(Good News Bible)은 마태복음 16장 19절을 "너희가 이 땅에서 금하는 것은 천국에서도 금지될 것이고, 너희가 이 땅에서 허락하는 것은 천국에서도 허락될 것이다"라고 번역했다. 예수님이 방금 전 제자들에게 바리새인들의 가르침을 주의하라고 하셨고, 이제는 베드로가 바른 신앙고백을 했기 때문에 그를 일종의 새로운 랍비로 선언하신다는 것이다.[33] 다른 저자들은 단지 교사가 하는 방식대

---

31 데이비스와 앨리슨은 열세 가지 가능성을 제시했다. 같은 책, pp. 630–632.

32 마태복음 5장 19절의 "누구든지 이 계명 중의 지극히 작은 것 하나라도 버리고"에서 '느슨하게 하다', '깨뜨리다' 또는 '무효로 하다' 등으로 다양하게 번역되는 단어가 여기에서 '풀다'에 해당하는 단어와 동일하다. 그러므로 이것은 틀림없이 명령과 관련이 있다. 이러한 논의들은 대부분의 주석들과 표준 신학 헬라어 사전들에서 발견할 수 있다. 게르하르트 킷텔(Gerhard Kittel)의 《신약성서 신학사전》(Theological Dictionary of the New Testament, 요단)이나 콜린 브라운(Colin Brown)의 《신약 신학 사전》(Dictionary of New Testament Theology) 등에서 δεω와 λυω 항목을 보라. 또한 BDAG도 보라.

33 Davies and Allison, Matthew, pp. 638–639; France, The Gospel of Matthew, pp. 625–626.

로 율법을 해석하는 것뿐 아니라, 재판관이 하는 방식대로 율법에 근거해서 용서를 선포하거나 유보하는 것도 강조하고 싶어 한다.[34] 또 어떤 저자들은 바울이 결혼에 매이고 풀리는 것에 대하여 말했던 것처럼(예를 들면 고전 7:27, 39),[35] 여기에서 매고 푸는 대상이 율법이 아니라 사람이라고 주장한다.[36]

그러므로 이러한 해석들과 또 다른 가능성들 사이에서 우리는 어떻게 방향을 잡아야 할 것인가? 이제 매고 푸는 비유를 해석하는 세 가지 지침을 제시하고자 한다.

첫째, 랍비들이 이 단어를 해석한 방식이 예수님의 해석과 반드시 같을 것이라고 가정하는 식으로 외부의 기술적 정의를 이 구절에 적용해서는 안 된다.[37] 둘째, 이 비유가 열쇠 비유 등 인접한 구절

---

34 예를 들어, Luz, *Matthew 8-20*, p. 365; Nolland, *The Gospel of Matthew*, pp. 677-682.

35 '매다'와 '푼다'에 해당하는 헬라어 원어(δεω와 λυω)는 신약성경에서 종종 사람과 관련이 있다. 마태는 **매다**에 해당하는 단어를 12장 29절, 14장 3절, 22장 13절, 27장 2절에서 사람에게 사용했다. 이 본문에서 **풀다**에 해당하는 단어는 사용하지 않았다. 하지만 21장 2절에서는 **매다**와 **풀다**를 모두 나귀를 매고 푸는 것에 사용했다. **풀다**에 해당하는 원어는 신약성경에서 종종 율법이나 명령 등과 관련해서 사용된다(마 5:19). 하지만 **매다**에 해당하는 원어는 총 40번 등장하는데, 단 한 번의 예외를 제외하면 **오직** 동물이나 사람과 관련해서만 사용되었다(우리가 논의하는 이 구절 이외에). 그 한 번의 예외는 결혼에 관한 본문인데, 여기에서는 매우 분명하게 사람과 관련되어 있다. "남편 있는 여인이 그 남편 생전에는 법으로 그에게 매인 바 되나"(롬 7:2).

36 Carson, *Matthew*, p. 372; Blomberg, *Matthew*, p. 254; Keener, *Commentary on the Gospel of Matthew*, p. 430; Turner, *Matthew*, p. 408. 이것은 또한 역사적으로 일부 침례교도들의 입장이기도 했다. 1697년에 침례교도 벤저민 키치(Benjamin Keach)는 이렇게 썼다. "열쇠의 권세, 또는 회중 안으로 받아들이거나 회중에서 내쫓는 힘이 교회에 주어졌다"("The Glory of a True Church and Its Discipline Display'd," in Dever, *Polity*, p. 71). 1743년에 침례교 목사 벤저민 그리피스(Benjamin Griffith)도 이와 유사한 말을 했다. "열쇠는 그리스도의 능력이다. 예수님은 이 능력을 모든 특정 회중에게 주셔서 회중을 열고 닫을 수 있게 하셨다. … 앞서 진술한 특징과 능력 때문에… 회중은 경우에 따라서 교인들을 받아들이기도 하고 부끄러운 교인들을 추방하기도 할 수 있다." in "A Short Treatise Concerning a True and Orderly Gospel Church," republished in Dever, *Polity*, p. 99.

37 카슨은 이 단어를 연구할 때 발생하는 오류에 대하여 경고했다. "해석자는 한 단어가 언제나 또는 거의 언제나 한 가지 의미만을 갖는다고 전제한다. 그러나 그 의미는 일반적으로 부분적인 증거들에서 도출했거나 해석자 개인의 신학에서 나온 것이다." *Exegetical Fallacies*, 2nd ed. (Grand Rapids: Baker Academic, 1996), p. 45. 박대영 옮김, 《성경 해석의 오류》(성서유니온선교회, 2002).

의 비유들에 묻히게 해서는 안 되며, 그 자체의 의미를 찾아야 한다. 무언가를 매는 것이 그 자체로 의미가 있다면 우리가 별자리에 대해 이야기를 하든지(욥 38:31) 나귀에 대해 말하든지(마 21:2) 율법에 대해 말하든지(마 5:19) 또는 사람에 대해 말하든지(마 12:29)를 불문하고, 이것은 무언가를 붙이거나 매거나 중력으로 당기거나 또는 무언가를 효과적으로 부과하는 것을 의미한다. 이 비유는 밧줄이나 접착제 또는 구속시키는 원칙들과 관련이 있어야 한다. 푸는 것은 당연히 그와 반대이다. 그러므로 비유들을 혼합하든지 그렇지 않든지 간에, 우리는 이 비유들을 한 문장 안에 넣어야 하며, 그 문장의 의미 속에 약간의 접착제나 접착 제거제를 집어넣어야 한다. 셋째, 우리가 매고 푸는 비유를 해석하는 방식에 맞게 인접한 비유들을 해석하거나 조정해야 한다. 즉, 이 논의가 백성을 세우는 일에 관한 것이라는 사실과 베드로가 통치와 법을 확장시키는 열쇠를 가졌다는 점 등을 고려해야만 한다는 뜻이다.

3) 매고 푸는 비유는 사람과 원칙 모두에 해당한다. 이 다양한 요점들을 종합해볼 때, 나는 베드로의(그리고 교회의) 매고 푸는 권위가 사람과 원칙 모두를 맬 수 있도록 책임을 부여해준다고 생각한다. 그러므로 19절에서 "무엇이든지"는 실제로 사람이나 원칙들 중 **무엇이든지**를 의미한다. "남편 있는 여인이 그 남편 생전에는 법으로 그에게 매인"(롬 7:2) 것처럼, 베드로의 매고 푸는 권위도 사람과 법, 또는 원칙을 모두 포함한다.

베드로의 바른 신앙고백 **때문에** 예수님이 그를 교회의 기초로 세웠음을 기억하라. 모든 것은 사람과 그의 고백에서 시작한다. 마찬가지로, 베드로에게는 이제 '바른 사람들을 바른 신앙고백을 통하여 교회에 속하게 할 책임'이 주어졌다.[38] 이것은 때로 사람들을 판단한다는 것을 의미하고, 때로는 교리가 어떻게 설명되거나 실천되는지 판단하는 것을 의미한다. 교회가 바른 교리를 믿고 순종하는 사람들을 통해 하나님 나라의 통치를 확장한다는 것과, 이제 베드로(와 사도적 교회)가 그것을 요청할 권위를 가졌다는 뜻이다. 통치 또는 **다스림**은 언제나 사람과 법률을 포함한다.

매고 푸는 대상이 예수님의 명령과 같은 그 무엇이라고 주장하는 사람들에게 나는 이렇게 묻고 싶다. **예수님의 명령은 오히려 사람을 매고 풀지 않는가?**(마 18:15-18). 매고 푸는 대상이 **사람**이라고 주장하는 사람들에게는 그 대상이 정확히 무엇이냐고 묻고 싶다. 당연히 다른 사람들일 것이다. 하지만 예수님의 명령과 같은 것들을 **적용**하는 주체도 다른 사람들이 아닌가? 요약하자면, 행동 원리들을 배제한 채 사람들을 매고 푸는 것에 대해서만 말하거나, 사람을 고려하지 않고 행동 원리들을 매고 푸는 것에 대해서만 말할 수는 없다. 그런 이유에서, 나는 '무엇이든지 네가 매고 풀면'에서 '무엇이든지'를 넓게 해석하는 것이 가장 타당하다고 생각한다.

더욱이, 나는 매고 푸는 능력 안에 사람을 매고 푸는 것이 포함된다고 생각하는데, 그 이유는 내 해석이 부분적으로 열쇠 비유에 의존하기 때문이다. 솔직히 말하면, 나는 열쇠와 매고 푸는 것 사이의 관계를 어떻게 규정해야 할지에 대해 완전히 확신하지는 못한다. 열

---

38 물론, 이 동일한 결론에 도달하는 데에는 여러 다른 방법이 있다. 예를 들어 울리히 루츠는 매고 푸는 것이 법 해석과 관련 있다고 주장한다. 그러면서도 내가 방금 전에 말한 것과 유사한 주장을 하기 위해 열쇠 비유로부터 설명한다. "본문으로부터 우리는 **사람들**을 위해 천국을 여는 것이 베드로의 임무이며, **율법**의 해석을 매는 방법으로 그렇게 하는 것이라고 결론지을 수 있다"(Matthew 8-20, p. 365. 강조한 부분은 저자가 그렇게 표기한 것이다).

쇠의 권세가 단순히 매고 푸는 능력인가?[39] 매고 푸는 것은 열쇠의 권세의 부분집합인가?[40] 내 생각에는 그 두 가지가 동일한 권위를 가리키고 있으며, 열쇠는 매고 푸는 행위에 **의해** 시행된다. (그러므로, 내가 앞으로 단순히 열쇠의 권세라고 할 때는 이 두 가지를 가리키는 것이다.) 그러나 권위가 무엇인지 설명하기 위해서는 이 두 비유의 조합이 필요하다. 우리가 그 둘을 어떻게 서로 연관시키든지, 베드로는 교회를 세우기 위한, 즉 사람들의 모임을 세우기 위한 열쇠를 받았다. 그러므로 매고 풀리는 것이 무엇이든지, 그것은 사람들과 관계가 있을 것이며 교회의 성장과 관계가 있을 것이다.

4) 열쇠 비유는 단지 어떤 길을 여는 것에 관한 일이 아니라, 사람들이 지상교회와 연합되도록 하기 위한 것이다. 만약 열쇠 비유가 매고 푸는 비유를 좌우한다면, 그 역(逆)도 사실이다. 즉, 매고 푸는 비유도 열쇠 비유를 좌우한다. 나는 열쇠가 사람들을 새로운 영역 안으로 들어오게 허락하는 (또는 쫓아내는) 것이라고 말했다. 그러나 열쇠를 말씀하신 예수님의 의도가 단지 사람들을 받아들이는 것만이 아니라고 생각한다. 즉, 문을 통해 막연한 공간으로 들어오도록 하는 것이 아니다. 예수님의 의도는 사람들을 그들이 달라붙게 될 무언가에, 즉 그들이 속하게 될 사회 안으로 받아들이는 것이다. 다른 말로 하면, 예수님은 단지 사람들을 받아들이는 일만 말씀하신 것이 아니라, 사람들을 지상에서 그리스도의 몸과 연합하게 만듦으로써 천국에서도 그리스도의 몸과 연합된다는 것을 말씀하신다. 그러나 우리는 지상

---

39 Davies and Allison, *Matthew*, p. 635; Luz, *Matthew 8–20*, p. 364.

40 Nolland, *The Gospel of Matthew*, p. 681.

교회를 정의하는 것으로 끝날 수도 있다. 매고 푸는 비유에 붙어 있는 요소가 이 해석을 지지하고, 그 앞 절이 이것을 지지한다. 즉, 예수님은 서로 관계가 없는 개인들의 모임을 세우는 것이 아니라, 교회라는 모임을 세우려고 하신다. 1세기 고대 근동의 문화적 배경도 이것을 지지한다. 사람들의 사고는 오늘날의 우리처럼 개인주의적인 범주에 머물러 있지 않았다. 마태복음의 줄거리도 이것을 지지한다. 예수님은 하나의 집단을 다른 집단으로 대체하려고 하셨다. 앞서 살펴보았듯이, 속이는 자들을 주의하고 예수님의 이름을 바르게 고백함으로써 위선자들로부터 모임을 지켜야 한다는 부제(副題) 또한 이것을 지지한다. 다시 말하지만, 예수님은 베드로가 자유로운 행위자들에게 자격을 부여하도록 허락하지 않으셨다. 예수님은 하나의 신앙고백을 가지고 하나의 반석 위에 하나의 백성들을 세우셔서 누가 그리스도를 대변하는지 세상이 알게 되기를 원하신다.

예수님은 베드로에게 제도적인 헌장을 주셨다. **제도적**이란 정적이거나 생기가 없다는 뜻이 아니다. 나는 예수님이 베드로에게 권위를 주셔서, 이 땅에 분명한 경계와 공통된 정체성과 공유된 신앙과 법칙 등을 가진 사람들의 사회를 건설하게 하신다고 생각한다. 다른 모든 사회가 그렇듯이, 이 사회는 조류 관찰 협회, 자유의지론자 연맹, 보이스카우트 등과 같이 공통 사항들 또는 원리들을 가진 **사람들**로 세워진다. 그러므로 지상교회는 예수님이 구세주이고 다윗의 자손이라고 고백한 베드로의 신앙고백을 공유하는 사람들의 사회이다. 이 사회에서는 그리스도의 왕국이 대변되고, 나타나고, 효과를 발휘하고, 드러나며, 확장된다.

그러나 그리스도인들은 그리스도의 언약의 피로 연합된 것이 아닌가? 물론이다. 우리는 이것을 다음 장에서 살펴볼 것이다. 여기에서 내 주장의 요점은 복음주의자들이 종종 놓치는 무언가가 있다는 것이다. 즉, 우리는 왕이자 메시아인 그리스도의 권위에 대한 충성을 서로 공유함으로써 서로 연합되기도 했다는 사실이다. 더욱이 만일 메시아의 권위를 가진 분이 자기의 권위를 베드로와 교회 같은 지상의 대리인에게 위임하신다면, 그리스도의 통치를 통한 우리의 연합은 반드시 이 대리인과의 연합, 즉 사도적 지상교회와의 연합으로 해석해야만 한다.[41] 우리는 그리스도의 십자가 사역에 의해 언약으로 연합되었다. 한편으로 우리는 메시아이신 통치자와 열쇠의 권세를 가진 그의 대리인에 대한 순종을 서로 공유함으로써 정치적으로 연합되기도 했다.

마찬가지로, 예수님을 그리스도라 고백하고 그 이름을 공적으로 시인하는 사람은 누구나 세상에서 이 사회, 곧 교회에 속해야 한다. 하나의 바위가 존재하는데, 그 위에 진정한 교회가 세워지고 음부의 권세가 그것을 이기지 못할 것이다. 또한 한 벌의 열쇠가 있는데, 그것은 이제 교회에 속한다. 아무도 그 열쇠를 갖지 못한다. 예수님을 그리스도라고 고백하지만 세상에서 왕의 열쇠를 지닌 대리인에게 복종하지 않는 사람은 진정으로 그 왕에게 복종한 것이 아니다. 그의 신앙고백은 가짜이다. 만일 우리가 그리스도의 통치에 대한 순종을 통해 서로 연합되었다면 그리고 그리스도가 그 통치권의 열쇠를 베드로와 사도적 교회에 주셨다면, 그리스도의 이름을 고백하는 모든 사람은 반드시 사도적 교회에 복종해야 한다.

---

41 교회를 지상의 대리인으로 보는 데 있어서 가톨릭교와 개신교의 견해 차이를 뒤에서 비교하여 설명하겠다.

5) (매고 푸는) 열쇠의 권세는 새로운 공동체에 들어가는 것과 그 공동체의 삶을 유지하는 것에 대해 말해준다. 천국의 열쇠는 사람들을 교회라는 새로운 공동체로 인도하는 데 사용되는가, 아니면 그 공동체의 삶을 유지하는 데 사용되는가? 어떤 사람들은 둘 중 하나만이라고 말한다.[42] 앞에서 논의한 바에 따르면, 왕국의 열쇠가 새로운 공동체로 들어가는 것과 그 공동체의 삶을 유지하는 권위를 베드로와 (궁극적으로는) 교회에게 모두 준다고 말하는 것이 가장 타당하다고 생각한다. 내 말의 의미는 이 구절들이 권위를 실제적으로 실행하는 **방식**에 관한, 구체적인 교회 정치체제 속으로 들어갈 자격을 우리에게 준다는 것이 아니라, 지상에서 서로 연합하고 교회 생활을 유지하는 권위가 여기에서 시작한다는 것이다.

예수님이 베드로를 교회가 세워질 기초라고 말씀하실 때, 교회로 들어가는 통로에 대해서는 말씀하지 않으셨다고 생각할 수 없다. 마찬가지로, 매고 푸는 개념이 교회로 들어가는 통로와 교회 생활을 유지하는 것을 **모두** 포함하지 않는다고 볼 수도 없다. 특히 매고 푸는 것이 법과 교리, 또는 바른 것을 믿는 신앙 등을 포함한다면 더욱 그렇다. 심하게 말하면, 사람은 자기가 들어갈 바른 것들을 믿어야 하고, 자기가 머무를 바른 것들을 믿어야 한다. 마태복음 18장의 교회 권징에 대한 문맥에서 예수님이 매고 푸는 것에 대해 하신 말씀도 마찬가지이다. 교회 권징은 교회 생활을 유지시키는 행위에서 시작하지만, 출교시키는 행위에서 정점에 이른다.

---

42 Luz, *Matthew 8-20*, p. 364와 France, *The Gospel of Matthew*, p. 625를 Nolland, *The Gospel of Matthew*, p. 676, 681를 비교하라.

교회와 왕국이 유지되는 동일한 원리들, 즉 회개와 신앙에 따라 교회가 세워지고 왕국이 확장되는 한, 신학적으로 볼 때 이것은 합리적인 원칙이다. 회개와 신앙이 없이는 교회가 없다. 왜냐하면 왕국의 통치가 없기 때문이다. 나는 기본적으로 레온 모리스의 마태복음 16장 18-19절 해석에 동의한다. "새로운 공동체가 하나님으로부터 받은 권위를 그 내적인 문제들을 규율하는 데 사용할 뿐 아니라, 누구에게 등록 교인의 권리를 줄 수 있고, 누구를 배제시킬 것인지 결정하는 데에도 사용할 수 있다는 것이 예수님이 의미하신 바라고 충분히 생각할 수 있다."[43]

6) 대위임령은 마태복음 16장과 18장에서 시작된 위임 사역의 결정판이다. 나는 이미 마태복음 16장과 18장 그리고 28장 사이에 두 가지 난해한 연관성이 있다고 지적했다. 즉, 이 세 장 모두에서 예수님은 암묵적으로나 명시적으로, 자신의 권위와 함께 하늘에 계신 아버지와 자신의 관계를 주장하신다. 예수님은 이 세 장 모두에서 제자들에게 자신을 대신해서 행동하라고 권위를 부여하신다. 또한 18장과 28장에서 예수님은 자신의 이름으로 하나가 된 제자들과 항상 함께하신다고 약속하신다. 28장과 앞의 두 장을 주해적으로 연관시키든지 아니면 단지 신학적으로만 연관시키든지 간에, 권위는 본래 16장에서 주어지고, 18장에서는 특정한 자격 안에서 적용되지만, 28장 16-20절에서는 새로운 종류의 표현으로 정점에 이른다.

---

43 Morris, *The Gospel According to Matthew*, p. 427. 크레이그 키너도 이와 유사한 말을 했다. "입교자와 이미 교회 안에 있는 사람들을 판단하는 기능에서, 하나님의 백성은 하늘 법정의 권위를 가지고 판단해야 한다. … 그러므로 베드로는 예수님의 진정한 정체성에 대한 베드로의 신앙고백을 공유한 사람들만 교회 안으로 받아들여야 한다." (*Commentary on the Gospel of Matthew*, p. 430); 요 20:22-23 참조. 또한 Turner, *Matthew*, p. 408를 보라.

매고 푸는 것은 단지 율법을 해석하는 것에만 관련이 있다고 주장하는 주석가들 중에도 이러한 연관 관계를 설명하는 사람들이 있다.[44] 예수님이 자기가 가르친 모든 것을 가르치라고 명령하신 방식은 16장에서 부여된 가르치는 권세에까지 거슬러 올라간다. 그러나 열쇠와 매고 푸는 것에 대한 나의 해석이 옳다면, 우리는 이 연관 관계를 더 확장시킬 수 있다. 28장의 가르치라는 명령이 16장으로 거슬러 올라갈 뿐 아니라, 새로운 제자들에게 세례를 주라는 명령도 16장으로 거슬러 올라간다. 결국 누군가에게 세례를 주는 것은 그 사람이 그리스도 예수의 죽음과 부활에 참여했음을 공적으로 인정하는 것이다. 그리고 그들이 그리스도의 이름을 시인한다고 말하는 것이다. 또한 그들을 그리스도의 백성인 교회와 하나가 되게 하는 것이며, 그들이 왕국과 교회 안으로 들어갔음을 인정하는 것이다. 어떤 의미에서 대위임령은, 주해적으로는 아니지만 적어도 신학적으로는 열쇠의 권세를 행동의 표현으로 주신 것처럼 보인다. 즉, 교회는 사람들에게 세례를 주어 교회 안으로 들어오게 하고 예수님이 명령하신 모든 것을 그들에게 가르침으로써 권위적인 열쇠를 사용한다. 비록 마태복음 안에서의 연관 관계는 다소 모호할 수 있다 하더라도, 복음서들에 기록된 주의 만찬에 대한 단락과 실제로 주의 만찬을 통해 열쇠가 사용되는 고린도전서로부터 이와 동일한 결론을 유추할 수 있다고 생각한다. 특히 고린도전서에서는 이 열쇠가 교회 생활을 유지하는 데 사용된다.[45]

---

44 Luz, *Matthew 8-20*, p. 368; Nolland, *The Gospel of Matthew*, p. 672; Davies and Allison, *Matthew*, p. 639.

45 마이클 호튼은 열쇠의 권세를 간략하게 요약했다. "왕국의 열쇠는 설교와 세례 그리고 성찬 참여 허용(또는 거

그렇다면 세례를 주고 신앙고백을 확증할 수 있는 권위는 누구에게 있을까? 그리스도의 이름을 보호하고 신실한 신앙고백자와 사기꾼을 구별하는 책임은 누구에게 있을까? 공동체의 삶을 유지하고 하나님 백성의 제자도를 감독할 책임은 누구에게 있을까? 오직 사도적 지상교회뿐이다. 왜냐하면 오직 사도적 교회만이 권위 있는 왕국의 열쇠와 매고 푸는 특권을 가졌기 때문이다.

교회 권위의 다섯 가지 측면

그렇다면 마태복음 16장, 18장, 28장에서 그리스도가 교회에 권위를 주셔서 행하게 하신 것은 무엇일까? 그리스도는 적어도 교인권과 권징에 적합한 다섯 가지 항목을 행하라고 교회에 권위를 부여하신다. 이 항목들은 신약성경을 보다 넓게 연구할 때 얻을 수 있다.

첫째, 예수님은 사도적 교회에 권위를 주셔서 예수 그리스도의 복된 소식을 **선포하는 자와 수호하는 자가 되게** 하신다. 이 논의는 예수님이 제자들에게 내가 누구냐고 물으시는 것에서 출발한다. 베드로의 신앙고백은 사도 베드로와 함께 교회가 세워지는 반석이다. 그리고 베드로는 (다른 많은 것들 중에서) 진리를 적용할 수 있는, 매고 푸는 왕국 열쇠를 받았다. 바울이 거짓 복음에 귀를 기울인 갈라디아 성도들을 꾸짖은 일에서, 이러한 열쇠의 기능이 실행되는 좋은 예를

부)을 통해 사용된다." *People and Place* (Louisville: Westminster, 2008), p. 243. 더욱이, 교회 예식을 열쇠의 시행과 연결시키는 것도 해석사에서 중요한 위치를 차지한다. 예를 들어, 아우크스부르크 신앙고백에는 다음과 같이 기록되어 있다. "열쇠 또는 사제의 능력은 하나님의 말씀을 가르치고 설교하는 것을 통해 그리고 성례를 집행하는 것을 통해 사용된다. … 이런 방식으로 육체적인 것들 뿐 아니라 영적인 것들과 은사들, 즉 영원한 의와, 성령과 영생 등이 전해진다. 이 은사들은 오직 설교와 성례의 집행을 통하지 않고는 받을 수 없다." 제28항, "Power of the Bishops," *Creeds of the Churches*, 3rd., ed. John H. Leith (Louisville: Westminster, 1982), p. 98.

볼 수 있다. 바울은 갈라디아 성도들이 마땅히 복음을 지켜야 하지만, 그러지 않았다고 질책한다(갈 1:6-9). 그리고 사도로서의 그의 권위조차도 이 메시지를 지키는 것에 달려 있다는 점을 인정한다(갈 1:8; 2:11 이하).

둘째, 예수님은 그분의 교회에 권위를 주셔서 마치 예수님이 베드로의 신앙고백을 인정해주신 것처럼, 교회도 신실한 신앙고백을 하는 개인을 **확증**하게 하셨다. 먼저 신앙고백이 있고, 다음으로 신앙고백과 그 고백을 한 사람에 대한 확증이 따라온다. 이것은 또한 매고 푸는 왕국 열쇠를 시행하는 하나의 측면이기도 하다. 왜냐하면 확증은 세례를 통해 공적으로 행해지기 때문이다. 그러므로 초대교회는 '그 말을 받은' 사람들(행 2:41), '성령을 받은' 사람들(행 10:47) 그리고 '믿는' 사람들(행 8:13; 18:8)에게 세례를 주었다. 초대교회는 '예수의 이름으로' 세례를 주었는데(행 2:38; 8:16; 10:48; 19:5; 22:16; 롬 6:3), 그 이유는 그들이 예수를 주로 고백했기 때문이다(롬 10:9). 이와는 대조적으로, 예수님은 바울과 아볼로와 게바의 신앙고백을 확증하는 권위를 교회에게 주지 않으셨다(고전 1:13-16). 예수님은 '익명의 그리스도인들'이나 자기의 입으로 그리스도를 고백하지 않는 사람들의 신앙을 확증하는 권위도 교회에게 주지 않으셨다(롬 10:9 참조). 예수님은 누군가의 신앙고백이 신실할 때 그가 그리스도께 속했다는 사실을 공적으로 선언할 수 있는 권위를 교회에게 부여하셨다.

내가 여기에서 **확증하다**와 **인정하다**의 차이를 구분한다는 점에 주목할 필요가 있다. 누구나, 심지어 비그리스도인도 누군가를 "그리스도인이다"라고 인정할 수 있다. 내가 말하는 바는, 마치 백악관 대변인이 공식적으로 대통령의 말을 확증하는 것과 같은 방식으로, 교회도 공식적으로 확증할 수 있는 공적 능력을 가졌다는 것이다. 나는 미국 대통령의 말을 개인적으로 인정할 수 있지만, 워싱턴 D. C.의 언론들 앞에 서서 대통령의 말을 공식적으로 확증할 수는 없다. 대통령은 나에게 그런 권위를 주지 않았다. 교회 안에서, 공식적인 확증은 세례와 성찬의 집례를 통해 행해진다. 신약성경 그 어디에서도 개인들이 스스로 세례를 주었다거나, 또는 성찬의 떡과 포도주를 나누었다는 기록을 찾아볼 수 없다. 교회 이외의 개인이 그러한 권위를 시행했다는 기록을 볼 수 없다. 아무리 위대한 선지자들이나 사도 이전의 세례 요한도 마찬가지이다. 한 개인이 그리스도의 몸에 속했다는 것을 공식적으로 확증하기 위하여 세례 요한에게 세례를 줄 수 있는 권위가 부여된 것은 아니었다(행 11:16; 19:3-4). 신약성경에서 우리는 사도들이나, 사도적 교회나, 또는 사도적 교회를 대변하는 사람만 세례를 주고 성찬을 베푸는 것을 볼 수 있다.

셋째, 예수님은 사도적 교회에게 권위를 주셔서 교회가 교인으로 받아들여 돌보는 신앙고백자들을 **연합하게** 하신다. 나는 이 항목을 교회가 개인의 신앙고백을 확증할 때 일어나는 하나의 효과로 다루고 있다. 하지만, 그것보다는 이 항목이 오히려 지상에서 매고 푸는 것이 의미하는 또 다른 예라고 볼 수 있다. 사도행전 2장에서는 사도적 교회가 이 권위를 시행하여 새로운 신자들을 교회와 연합하게 했다. "그 말을 받은 사람들은 세례를 받으매 이날에 신도의 수가 삼천이나 **더하더라**"(행 2:41; 2:47; 4:4 참조).

'연합하다'라는 단어는 마치 로마가톨릭교나 정교회에서 말하는 것과 같이, 교회가 신자들을 그리스도의 신비한 몸과 연합하게 하는 능력을 가졌다는 의미가 아니다. 오히려 왕이신 그리스도께 복종하는 것이 우리에게는 지상에 나타나는 그분의 통치에 복종할 것을 요구하고, 이것은 다시 왕국 즉 교회의 열쇠를 가진 사도적 공동체와 연합하라고 요구한다는 것을 의미한다. 아마도 **연합하다**보다 더 나은 단어는 **받아들이다**일 것이다(마 10:14, 40 참조). 개신교도들은 가끔 '개인을 교인으로 받아들이는 것'에 대해 말한다. **받아들이다**라는 단어의 수동적 의미 속에는 하나님은 주신 것을 행하신다는 의미가 내포되어 있다. 만일 사도적 교회가 신앙고백을 신실한 것으로 인정한다면, 세례를 통하여 개인을 교회와 연합하게 할 것인가에 대해 다른 선택을 할 여지가 없다. 베드로가 선언한 바와 같이, "이 사람들이 우리와 같이 성령을 받았으니 누가 능히 물로 세례 베풂을 금하리요?"(행 10:47). 이 질문의 답은 "아니요"이다. 그 누구도 그리스도인에게서 예수님이 이미 주신 것을 빼앗을 권리가 없다. 그리스도는 주님이시다. 그러나 인간 편에서 보면, 세례의 행위는 사도나 사도적 교회, 또는 교회가 없는 경우 사도적 교회의 대변인에 의해 권위가 부여될 때 일어난다(행 8:26, 36). 그러므로 베드로는 그들에게 "예수 그리스도의 이름으로 세례를 베풀라"라고 명령했다(행 10:48).

넷째, 예수님은 교회에게 권위를 주셔서, 가족 구성원들에게 해를 끼치고 그리스도의 이름을 실추시키며 세상에 대한 교회의 증거에 방해가 되는 사기꾼들의 접근을 **금하고** 이들을 **추방하게** 하신다. 우리는 이미 예수님이 이 권위의 측면을 마태복음 18장에서 언급하신 것을 보았다(마 7:15-23 참조). 베드로는 성령에 대해 거짓말을 한 아나니아와 삽비라를 권징할 때 이 권위를 행사한 것으로 보이며(행 5:1-9), 그 후에 다시 마술사 시몬에게 "하나님 앞에서 네 마음이 바르지 못하니"(행 8:21)라고 말하며 그를 추방시킬 때에도 이 권위를 사용한 것으로 보인다. 이러한 예들은 신약성경에서 수없이 찾을 수 있다(고전 5:5; 살후 3:14; 딛 3:10; 요이 1:10-11).

다섯째, 예수님은 교회에게 권위를 주셔서 신앙고백자들을 지도하고 인도하고 말씀으로 구비시키며, 이로써 그들이 그리스도 그리고 하나님의 자녀들과 더 친밀한 연합을 이룰 수 있도록 **감독하게** 하신다. 이 측면은 셋째와 넷째 측면에 내포되어 있으며, 예수님이 사도들에게 너희가 세례를 준 자들을 가르치라고 말씀하신 마태복음 28장에 명시되어 있다. 개인을 몸과 연합되게 하려면 일정한 수준의 지식이 필요하다. 개인을 권징하는 일도, 만일 순결하게 감독할 수만 있다면 계속해서 교회가 그 일을 하도록 요구된다. 또한 사도들은, 예수님의 말씀에 적어도 교회 지도자가 회중을 대신해서 감독을 시행해야 한다는 의미가 내포되어 있다고 생각했다. 그래서 바울은 에베소 교회 장로들에게 말했다. "여러분은 자기를 위하여 또는 온 양떼를 위하여 삼가라 성령이 그들 가운데 여러분을 감독자로 삼고 하나님이 자기 피로 사신 교회를 보살피게 하셨느니라"(행 20:28; 벧전 5:2; 히 13:17). 그러나 교회의 감독 사역은 신약성경 전체에서 모든 '상호' 명령들에 분명히 내포된 것이기도 하다. 예수님은 성부가 자신에게 주신 모든 자녀들 중 단 한 명만 제외하고 모두 보호하셨다고 말씀하신다(요 17:12; 또한 12:28-29; 18:9). 마찬가지로 교인들도 의심하는 자들에게 자비를 베풀고, 어떤 자를 불에서 끌어내어 구원하고, 또 어떤 자들은 두려움으로 긍휼히 여김으로써 하나님의 사랑 안에서 서로를 지키기 위해 애써야 한다(유 1:21-23).

요컨대, 예수님은 사도적 교회에게 권위를 주셔서 복음을 지키며 보호하게 하시고, 신실한 신앙고백을 확증하게 하시고, 신앙고백자들을 교회와 연합하게 하시고, 거짓 고백자들을 추방하게 하시고, 신자들의 제자도를 감독하게 하신다. 교회는 신실한 신앙고백을 한 사람들 주위에 경계선을 긋는 권위를 가지고 있다.

제도적인 헌장이 말하는 것

앞에서 나는 마태복음 16장, 18장, 28장을 읽을 때 무언가 제도적인 것이 있다는 느낌을 지울 수 없다는 말을 했다. 실제로 제도적인 무언가가 일어나고 있다. 예수님은 제자들에게 제도적인 헌장을 효과적으로 건네주신다. 그 헌장이 말하는 것은 무엇일까? 마태복음 16장, 18장, 28장과 신약성경의 다른 구절들을 살펴본 결과, 나는 그 헌장이 이렇게 말한다고 생각한다.

> 이제 나는 사도적 교회에게, 즉 종말론적인 천상의 회중에게 내 지상 왕국의 수호자요 증인으로 행할 수 있는 권위를 수여한다. 나는 이 왕 같고 제사장 같은 몸에게 권위를 부여함으로써, 두세 증인이 내 이름으로 모인 공식적인 모임이라면 어디에 있든지 그들을 공적으로 확증하고, 그들이 나와 연합할 뿐만 아니라 신실하게 내 이름을 고백하고, 나를 주님으로 따르는 모든 개인들과 연합하게 하고, 내가 명령한 모든 것을 가르침으로써 제자도를 감독하고, 거짓을 일삼으며 불순종하는 고백자들을 모두 추방하고, 이 새로운 고백자들을 세례를 통해 성부와 성자와 성령과 하나가 되게 함으로써 더 많은 사람을 제자 삼게 할 것이다.

예수님은 왕이시다. 그리고 예수님은 그분의 왕국 안에서 교회를 건축할 수 있는 권위가 부여된 헌장을 귀족들에게 주고 계신다. 우선, 너무나 많은 복음주의자들이 이 권위를 자기 스스로의 것이라고 생각한다는 것이 얼마나 어리석은 일인지 알 수 있다. 그들은 자기들의 신앙이 스스로에게 속한 것이므로 그 신앙을 확증해줄 교회는 필요 없다고 말한다. 미식축구 팀 선수에게 찾아가 영국 정부 내각의 한 자리를 제안할 수 있을까? 상상할 수조차 없는 일이다. 마찬가지로, 우리가 군대에 들어가면서 군대가 우리에게 속해야 한다고 말할 수는 없다. 우리에게는 그러한 권위가 없다는 것을 알고 있다. 그렇다면 어떤 사람을 공식적으로 확증하고 그리스도의 몸과 연합시킬 수 있는 권위는 누구에게 있는 것일까? 틀림없이 그리스도께 있다. 그리고 마태복음 16장, 18장, 28장은 예수님이 이 권위를 사도들에게 주셨다고 말해준다. 사도들은 교회의 기초를 세우라는 사도적 메시지를 유일하게 위임받은 사람들이다. 일단 그 기초가 세워진 뒤에는, 사도들이 죽었다고 해서 그 권위가 이 지구상에 살고 있는 모든 개개인에게 전수된 것이 아니다. 그 권위는 교회에게 전수되었다. 오직 사도적 교회만이 세례를 주는 권위를 가지고 있다.

우리가 이미 도래한 왕국과 완성될 왕국 사이에서 살고 있기 때문에, 이 기간 동안 권위가 매우 복합적인 문제이기 때문에, 그리스도인들이 의롭다 함을 받음과 동시에 죄성이 있기 때문에, 우리는 너무 쉽게 자기기만에 빠질 수 있기 때문에, 사랑에 대해 서로 대치되면서도 겹치는 이미지가 한 스크린 안에 비춰지고 있기 때문에, 세상에는 참된 사랑과 세속적인 사랑을 구별해줄 누군가가 필요하기 때문에 그리스도는 개인이 아닌 사도적 교회에게 권위를 부여하셔서 사람들을 구별시키고 결속하게 하셨다.

교회는 비록 불완전하지만 세상에서 예수님을 대변한다.

교회는 다가올 그리스도의 구원과 심판에 대해 증언한다.

지상의 헌장

사도적 교회가 이 땅에서 갖게 된 매고 푸는 권위와 천국에서 일어나게 될 일 사이의 관계를 어떻게 이해해야 할까? 주석가들은 마태복음 16장 19절과 18장 18절에 있는 동사구를 단순미래("shall be bound/shall be loosed" KJV, NIV, NRSV, ESV)로 해석할 것인지 아니면 미래완료("shall have been bound/shall have been loosed" NASB)로 해석할 것인지에 초점을 맞춘다. 두 경우 모두 기술적으로 가능한 해석이지만 서로 다른 신학적 결론에 이르기 때문에, 개신교도들은 종종 후자를 선호하고 로마가톨릭교도들은 전자를 선호한다.

　나는 사실 이것이 해석에 큰 차이를 가져다주지 않는다고 생각한다. 왜냐하면 예수님이 교회를 예수님의 지상 대변인으로 세우시려고 이 헌장을 사용하신다는 것이 요점이기 때문이다.[46] 또한 한쪽이 다른 쪽을 대신해서 권위를 시행할 때, 그 대리적 권위는 시간의 제한을 받지 않는다. 설령 제한이 있다 해도, 현재와 미래를 아우른다. 부모의 권위를 대신하는 베이비시터나 유모를 생각해보라. 부모

---

[46] 만일 차이가 있다면, 사실 18장 18절 이후에 나오는 구절에 비추어볼 때 이 구절들을 단순미래로 해석하는 것이 더 타당하다고 생각한다. "진실로 다시 너희에게 이르노니 너희 중의 두 사람이 땅에서 합심하여 무엇이든지 구하면 하늘에 계신 내 아버지께서 그들을 위하여 이루게 하시리라"라는 18절에서 분사구문 앞에 나오는 서술부('shall be')와 같은 시제, 같은 태(미래시제 재귀형)이다. 둘째, 18절은 이 땅에서의 결정이 하늘에 계신 아버지에 의해 **이루어질 것**이라고 확증해준다. 이것은 16장에서 예수님이 음부의 권세가 이기지 못할 것이라고 말씀하신 약속과 일치한다. 예수님이 음부의 권세가 이기지 **못할** 것이라고 말씀하신 교회는 거짓 교회가 아니라 참된 교회이다.

는 자기가 돌아올 때까지 베이비시터에게 모든 책임을 지운다. 부모가 돌아왔을 때 비로소 베이비시터가 아기에게 했던 약속과 경고들이 정당했는지 드러날 것이다. 마찬가지로, 예수님이 자기의 대변인으로 행동하라고 교회에게 맡기신 책임도 과거와 현재 그리고 미래의 관점에서 주어진 것이다.

이것을 다른 비유로 설명해보자. 예수님은 마치 관리인에게 "세입자에게 당신의 결정이 나의 결정이라고 말하시오"라고 말하는 건물 소유주와 같다. 이 말은 현재형이다. 과거형은 이렇다. "만일 당신이 세입자를 좋아하면, 나도 이미 그를 좋아한 것이오." 또한 미래형은 이렇다. "만일 당신과 그 세입자 사이에 문제가 생기면, 그와 나 사이에도 문제가 생길 것이오."[47] 이것은 건물 소유주가 관리인이 자신의 마음을 완벽하게 읽을 것이라고 예상한다거나, 관리인이 하는 모든 결정에 동의하겠다고 마음먹는다거나, 또는 세입자가 관리인에게 불만이 있을 경우 소유주에게 직접 하소연하지 못하도록 한다는 것을 의미할까? 전혀 그렇지 않다. 소유주는 단지, 관리인이 소유주를 대신해서 말할 것이라는 하나의 원칙을 세우고 있을 뿐이다. 예수님은 불과 몇 장 앞에서 이와 비슷한 점을 언급하셨다. "너희를 영접하는 자는 나를 영접하는 것이요 나를 영접하는 자는 나를 보내신 이를 영접하는 것이니라"(마 10:40).

개신교와 로마가톨릭교를 나누는 진짜 문제는 '교회가 어떤 종류의 대변인인가?'라는 것인데, 이는 내가 이미 사용했던 두 개의 비

---

47 사실, 과거형의 언급이 가장 부자연스럽다. 왜냐하면 대변인의 권위는 비록 어떤 의미에서 시간적 제한이 없긴 하지만 현재와 미래적 태도를 가지기 때문이다. 대변인의 권위는 궁극적인 권위가 **나타날** 때 증명될 것이다.

유, 즉 관리인과 전권대사의 차이로 쉽게 설명할 수 있다. 관리인으로서의 대변인은 선언할 수도 있고 시행할 수도 있다. 관리인은 누가 아파트에 세를 드는지 선언하지만, 그에게는 아파트를 빌려주는 대리인의 힘이 있는 것이다. 반면에, 전권대사는 그의 왕을 대신해서 선언만 할 수 있다. 대사는 상대국에게 "당신이 이 군대를 철수시키지 않으면 우리 왕께서 결정적으로 행동하실 것입니다"라고 하거나 "우리 왕께서 당신 나라에 대한 전쟁을 선포하십니다"라고 말할 수 있다. 로마가톨릭교회가 기본적으로 교회는 (시행할 수 있는 힘을 갖는) 관리인과 같다고 가르치지만,[48] 오히려 교회는 (선언하는 권위를 가진) 전권대사와 같다고 말하는 것이 더 낫다. 이 본문은 결코 우리가 어느 한쪽으로 치우친 대답을 하도록 강요하지 않는다. 문제가 되는 그 구절이 과거를 가리키는지 또는 미래를 가리키는지 알 수 없다. 우리는 성경의 다른 곳들을 더 찾아보아야 한다.

여기에서 알아야 할 중요한 사실은, 예수님이 교회에게 지상에서 예수님을 대변할 권위를 주셨다는 것과, 예수님은 온 세상이 그것을 알길 원하신다는 것이다. 죄를 회개하지 않는 교인들은 교회가 예수님을 대변한다는 사실을 알아야 한다. 회개하지 않은 죄에 대한 교회의 경고를 변론하기 위해 예수님이 오실 것이다. 교회의 복음을 거

---

48 키프리아누스(Thascius Caecilius Cyprianus) 이후, 로마가톨릭교회는 교회를 어머니에 비유했다. "당신이 교회를 어머니로 갖지 않는다면 하나님을 아버지로 가질 수 없다"[Cyprian, *The Unity of the Catholic Church*, Ancient Christian Writers, trans. Maurice Bévenot (New York: The Newman Press, 1956), p. 48 (sec. 6)]. 분명히 이 "비유"는 관리인보다 훨씬 더 강력한 대변인 역할을 말한다. 교황 베네딕토 16세의 출판 허가(*Imprimi Potest*)가 들어 있는 《가톨릭교회 교리서》(*Catechism of the Catholic Church*)는 매고 푸는 것을 다음과 같이 정의한다. "**매다**와 **풀다**라는 단어의 의미는 이와 같다. 누구든지 성찬으로부터 제외되는 사람은 하나님과의 교제로부터도 제외된다. 누구든지 너희가 성찬에 새롭게 받아들이는 사람은 하나님도 그와의 교제 속으로 다시 받아들이신다. 교회와의 화해는 하나님과의 화해와 결코 분리될 수 없다." *Catechism of the Catholic Church* (New York: Doubleday, 1995), p. 403. 강조한 부분은 원문에 따른 것이다.

절한 비그리스도인은 교회가 예수님의 대변인임을 알아야 한다. 회개하라는 교회의 외침을 변론하기 위해 예수님이 오실 것이다. 이것은 교회가 매 순간 모든 개인의 궁극적인 상태를 전지적으로 또는 신적으로 분별할 수 있다는 의미가 아니다.[49] 요점은, 예수님이 교회에게 자신을 대신하여 말할 수 있는 전권대사로서의 권위를 주셨고, 예수님이 다시 오셔서 교회의 모든 말을 변호하실 것이기 때문에 세상이 교회의 약속과 경고에 귀를 기울여야 한다는 것이다.

교회는 때로 잘못을 저지를 수 있다. 때로는 참된 그리스도인들이 교회에 들어오지 못하도록 금하거나 그들을 교회에서 추방할 수 있다. 때로는 그리스도인이 아닌 사람들을 교회 안으로 받아들일 수도 있다. 그러나 그렇다고 해서 교회의 권위가 소멸되는 것은 아니다. 베이비시터의 약속과 경고도 거짓으로 밝혀질 수 있지만, 그렇다고 해서 부모가 없는 동안 베이비시터가 갖는 권위 자체가 소멸되는 것은 아니다. 교회가 실수를 범할 수 있다는 사실을 근거로 세상이 교회의 경고와 약속을 무시해도 된다는 핑계를 댈 수는 없다. 이것은 마치 어린아이가 베이비시터에게 "내가 지금 자야 된다는 당신의 말은 옳지 않을 수도 있어요"라고 대꾸하는 것과 같다. 만일 내가 집으로 돌아왔을 때 내 딸이 베이비시터에게 그렇게 말했다는 것을 알게 된다면, 나는 내가 베이비시터에게 준 권위를 거부한 것에 대하여 딸을 질책할 것이다.[50] 나는 이 도발적인 행동이 결국 **나**의 권위에 대한 도발이라고 딸에게 설명해줄 것이다.

---

[49] 회심한 자에게 교인의 권리를 주는 것을 비판하는 사람들은 이러한 주장을 하면서 자기들을 변호할 것이다. 각주 51에 있는 제임스 배너먼(James Bannerman)의 설명을 보라.

[50] 교회의 권위에 반대하는 문제는 7장에서 다룬다.

지상교회가 종말론적 대변인이라는 사실을 기억하는 것이 중요하다. 지상교회의 삶과 선언은 종말의 실재를 가리키고 있다. 지상교회는 **이루어질** 일들을 가리킨다. 그러나 그리스도인으로서의 내 삶이 앞으로 이루어질 일을 불완전하게 가리키고 있는 것과 같이, 지상교회도 마찬가지이다. 이 땅의 교회는 비록 종말론적인 하나님의 백성을 완전하게 대변하지는 못하더라도, 할 수 있는 한 최선을 다해 대변해야 한다.[51] 그것이 교회의 임무이다. 그리스도는 한 개인이 복음을 받아들였는지의 여부에 따라 가입과 추방을 확증할 수 있는 공적인 권위를 교회에게 주셨다. 그리스도는 하늘에 계신 아버지의 권위와 지상에 있는 교회의 선언적인 권위 사이에 분명하고 실제적인 대리적 연관성이 있다는 것을 보여주려고 하셨다.[52] 다행스럽게도, 내가 베이비시터의 잘못을 옹호하지 않아도 되는 것과 마찬가지로, 그리스도가 교회의 잘못을 옹호하셔야만 하는 것은 아니다. 제2차 스위스 신조는 교회의 대리적, 선언적 권위를 다음과 같이 묘사했다.

---

51 바로 이런 점에서 나는 중생한 자들에게 등록 교인의 권리를 주는 것에 대한 장로교의 비판이 잘못되었다고 생각한다. James Bannerman, *The Church of Christ*, vol. 1 (Edinburgh: Banner of Truth, 1991), pp. 73–80를 보라. 중생한 자들로 교회의 교인을 삼는다는 주장의 요점은 다음과 같다. 가견교회가 불가견교회를 최대한 면밀하게 대변하려고 갈망하는 이유는, 교회가 "형제의 영혼에 행하신 하나님의 비밀스런 역사에 대한 증언"(p. 79)을 할 수 있기 때문이 아니라 배너먼이 처방한 대로 "지적인 신앙고백"(p. 74)을 정확히 판단해야만 하기 때문이라는 것이다. 이 주제에 대한 장로교인 배너먼과 다른 사람들의 '도나투스(Donatus)파와 같은 경향'은 완전히 중생한 교회를 향한 **노력**과 완전히 중생한 교회에 대한 **기대**를 구별하지 못한 것으로 보인다.

52 나는 칼뱅이 키프리아누스의 비유를 받아들였다는 사실이 조금 놀랍게 여겨진다. 칼뱅은 가견교회에 대해 이야기하면서 다음과 같이 말했다. "이 어머니가 우리를 그의 태 속에 임신하여, 낳고, 그의 가슴에서 기르지 않으면, 우리가 생명으로 들어갈 수 있는 길이 없기 때문이다." (*Institutes*, p. 1016). 나는 칼뱅의 말이 의미하는 바가 로마가톨릭교와 약간 다르다는 것을 인정하며, 우리의 구원에서 차지하는 교회의 수단적인 역할을 인정하고 싶다. 그러나 **낳는다**는 언어는 교회에게 큰 공(credit)을 돌리는 것이다. 성령이 우리를 거듭나게 하신다(요 3:1–8). 교회의 수단적 역할은 대리적으로 또는 선언적으로 묘사하는 것이 더 낫다.

우리는 주인이 청지기에게 자신의 집에 대한 권위와 능력을 준다는 것
과, 이를 위해 청지기에게 열쇠를 주어 주인이 허용하거나 배척하는 것
처럼 청지기도 허용하거나 배척할 수 있게 한다는 사실을 안다. … 주님
은 청지기가 행하는 것들을 비준하고 확증하시며, 주님의 사역자들이
한 행위를 주님의 행위로 인정하고 존중하실 것이다.[53]

여기에서 우리가 주목해야 할 대목은 "주님은… 주님의 사역자
들이 한 행위를 주님의 행위로 인정하고 존중하실 것이다"이다. 다른
말로 하면, 예수님은 교회가 예수님을 대변한다는 사실을 세상이 알
게 하실 것이다. 루터가 한 말에도 이 대리적 연관성이 잘 묘사되어
있다. "그것은 그리스도 자신의 심판과 같다." 다시 말하지만, 교회는
예수님을 대변한다. 교회가 권위를 갖는 이유는, 교회가 전지하기 때
문이 아니라, 그리스도가 교회에게 그리스도를 대신해 서서 말하라
고(또는 가서 말하라고) 위임하셨기 때문이다.

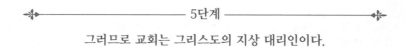

———————————— 5단계 ————————————

그러므로 교회는 그리스도의 지상 대리인이다.

그리스도의 대리인 그리고 회심

그리스도의 사랑의 통치는 백성을 창조하고 결속시킨다. 그리스도의
통치는 무(無)로부터 완전히 새로운 실재를 창조한다. 그리스도의 통

---

53 John H. Leith, *Creeds of the Churches*, pp. 156–157.

치는 중심과 경계 그리고 목적과 명확한 한계를 가진 교회를 창조한다. 현대문화에 널리 퍼진 사랑에 대한 우상숭배와 권위를 공공연하게 경시하는 현상 등을 생각할 때 이것은 다소 아이러니하다. 교회는 권위가 이끌어가고 권위에 의해 결속된다. 그리고 권위는 사랑을 규정하는 데 사용된다. 권위는 분명히 하나님의 사랑에 근거하고, 하나님의 사랑은 백성을 하나님의 것으로 선언하는 하나님의 통치를 위임하며, 하나님은 그 사랑을 다시 규정하신다. 2장에서 살펴본 것처럼, 이것이 바로 요한복음 전체에서 사랑과 순종이 밀접하게 연결되는 이유이다.

그러므로 그리스도는 이 사랑의 통치를 교회에게 건네주시면서 그리스도의 대리인으로 행동하라고 하신다. 마찬가지로 교회도 하나님의 사랑에 근거하여 개개인을 교회와 연합하게 하고 그들의 제자도를 감독함으로써 (건물 관리인과 같이 행동하는 것이 아니라 전권대사와 같이 선언하는) 하나님의 통치를 시행한다. 교회는 그리스도의 복음을 선포하고, 사람들을 새로운 창조로 초대하고, 세례와 성찬에 합당한 사람들을 구별함으로써 이것을 행한다.

개인의 관점에서 볼 때 이것은 무엇을 의미할까? 회심이라는 주제로 옮겨가보자. 회심은 조직신학자들이 정의한 대로 회개와 신앙이다. 적어도 인간의 편에서 봤을 때는 그렇다. 예수님은 공생애 사역을 시작하시면서 "하나님의 나라가 가까이 왔으니 회개하고 복음을 믿으라"(막 1:15)라고 선포하셨다. 회개한다는 것은 자기 스스로의 통치를 포기하고 하나님의 통치에 복종하는 것이다. 하나님의 나라에 들어가는 것은 자기 자신과 자기가 가진 모든 것들을 하나님의 통치에 복종시키고, 하나님의 구원하심을 믿는 것이다. 그러므로 만일 그리스도가 이러한 통치의 측면들을 교회에게 건네주시고 그리스도의 대리인으로 일하게 하신다면, 이것은 회심한 자들이 즉시 교회의 권위 아래로 인도된다는 것을 의미한다. 마치 선수를 고용한 미식축구 팀 구단주가 그 선수에게, 만일 경기에 나가고 싶다면 감독의 말을 들어야 한다고 말하는 것과 같다. 선수가 구단주에게 복종하려면 먼저 감독에게 복종해야 한다. 구단주가 고용하지만, 감독이 모든 훈련 일정을 세우고 선발선수를 결정하며 경기를 진행한다. 그리스도인들은 그리스도가 모든 영역의 권위를 부여해주신 사도적 교회에게 복종함으로써 그리스도께 복종한다.

이것이 바로 베드로가 예수님이 십자가에 죽으신 것을 확신하며 울고 있던 유대인들에게 이렇게 외친 이유이다. "너희가 회개하여 각각 예수 그리스도의 이름으로 세례를 받고 죄 사함을 받으라 그리하면 성령의 선물을 받으리니"(행 2:38). 베드로는 단지 회개하라고만 말하지 않았다. 세례를 받으라고도 했다. 이것은 세례가 거듭나게 하는 효력이 있다거나 은혜를 주입하는 효력이 있다는 의미가 아니다. 베드로는 단지 "이제까지는 당신 자신이 주인 행세를 했지만, 이제는 구단주를 위해 경기하기를 원한다고 구단주에게 말하고, 그 후에 즉시 감독에게 보고함으로써 그것을 증명하라"라고 말하는 것이다. 회개는 세례를 통해 공적으로 증명된다. 그리고 교회의 권위에 복종함으로써 증명된다. 베드로는 교회에 복종함으로써 그리스도께 복종하라고 말한다. 세례는 '단지 이것만'을 의미하는 것이 아니라, '최소한 이것도'를 의미하는 것이다.

회심은 단지 경계를 넘는 것이 아니다. 완전히 새로운 실재에 충성하고 복종하는 것이다. 새로운 태양 궤도를 도는 것이다. 만일 회개가 교회를 통해서 행해진다면, 또한 회개가 일회적 사건을 넘어서서 새로운 통치에 복종하는 것이라면, 회개의 삶은 교회라는 상황 속에서 살아내는 삶이다. 교회는 그리스도인의 삶이 어떠해야 하는지를 결정한다.

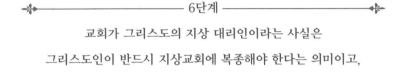

6단계

교회가 그리스도의 지상 대리인이라는 사실은
그리스도인이 반드시 지상교회에 복종해야 한다는 의미이고,
이것은 다시 지역교회에 복종해야 한다는 의미이다.

누구에 대한 복종인가?

그리스도인은 반드시 지역교회에 등록하거나 복종해야 할까? 단지 보편적, 또는 사도적 교회에 복종하기만 할 수는 없을까? 조지 바나는 "하나님과 그분의 백성들이 바른 관계를 맺는 것이 중요하다. 핵심 문제는 개인이 지역교회에 속하느냐 그렇지 않느냐가 아니라, 그 개인이 경건함과 예배를 추구하는 신자들의 몸에 연결되느냐 그렇지 않느냐이다"라고 했다. 이 말의 요점은 이렇다. "보라, 그냥 **교회**에 관한 이야기가 아니다. **보편교회**에 관한 이야기이다. 즉, 성령과 다른 신자들과 협력하여 하나님 나라를 적극적으로 확장하는 사람들의 모임에 관한 이야기이다."[54] 왜 청소년 캠프나 남성운동 모임 등에

---

54 George Barna, *Revolution* (Carol Stream, IL: Tyndale, 2005), pp. 37-38. 김용환 옮김, 《레볼루션》(베이스캠프, 2008).

서 세례를 받으면 안 될까? 왜 여름 몇 달 동안 유명 밴드 그레이트 풀 데드(Grateful Dead)의 소녀 팬들처럼 이 집회에서 저 집회로 몇몇 슈퍼 사도들을 쫓아다니면 안 될까? 음악 때문에 어느 교회에 참석하고, 설교 때문에 또 다른 교회에 참석하고, 소그룹 때문에 또 다른 교회에 참석하면 안 되는 이유는 무엇일까? 우리는 반드시 개인적으로 '말씀 안에' 거해야 할 뿐 아니라, 몇 개의 '책임 관계'를 맺어야 한다. 매일 성경을 읽으면서 양식을 먹는 것뿐만 아니라, 매 주일 아침마다 골프를 시작하는 시간에 그리스도인 친구들에게 던질 질문 목록도 마련해두어야 한다.

분명히 우리는 보편교회의 교인이 되는 것이 그리스도인이 되는 요소인 반면, 지역교회의 교인이 되는 것은 그 요소가 아니라고 말해야 한다. 마지막 날에 십자가에서 회개한 강도는 지역교회에 등록한 적이 전혀 없음에도 자신이 보편교회에 속했음을 발견할 것이다. 바울은 고린도 성도들에게 편지하면서 "고린도에 있는 하나님의 교회"라고 언급한 뒤 그들을 가리켜 "성도라 부르심을 받은 자들과 또 각처에서 우리의 주 곧 그들과 우리의 주 되신 예수 그리스도의 이름을 부르는 모든 자들"(고전 1:2)이라고 묘사한다. 그러므로 두 사람의 그리스도인들이 그리스도의 이름을 부른다면, 그들이 서로 다른 지역교회에 속해 있거나 지역교회에 전혀 속해 있지 않다 해도 그것이 무슨 문제이겠는가?

간단하게 답하면, 지역교회는 지상교회가 **존재하는** 곳이다. 뿐만 아니라, 지역교회는 천상교회가 **존재하는** 곳이다. 바울이 고린도에 있는 교회를 가리켜 "고린도에 있는 하나님의 교회(the church)"라고 말한 것에 주목하라. 바울은 **개별** 교회에 대해 말하지 않았다. 그리스도의 종말론적 천상의 모임이 **그곳**에 있다. **그 사람들** 중에 있다. 우리가 만일 외국에 있는 우리나라 대사관 안에 서 있으면, 책상 뒤에서 일하던 우리나라 국민들이 이렇게 말할 것이다. "당신은 지금 우리 영토에 있습니다." 그러나 하나님 백성의 본향은 이 지구상 그 어디에도 없다. 대사들과 대사관들만 있을 뿐이다. 지상교회는 하나님의 대사들이 있는 대사관들이 그리스도의 이름으로 함께 모인 곳이다. 이는 각 개인이 지역교회를 떠나서는 그리스도와 그리스도의 지상 대리인 모두에게 진심으로, 진정으로, 또는 의미 있게 자신의 삶과 제자도를 복종시킬 수 없다는 의미이다. 만일 그리스도에 대한 복종이 가입시키는 권위, 감독하는 권위 그리고 사도적 지상 대리인을 권징하는 권위에 대한 복종을 의미한다면, 청소년 캠프에서 세례를 받는 것으로 이것을 성취할 수 있을까? 순회 집회가 열성 팬들을 권징할 수 있을까? 또는 그리스도인 골프 친구가 대대로 사도적 복음을 보호하는 데 도움을 줄 수 있을까?

지상교회는 어디에 있는가?

예수님은 사도들에게 이 땅에서 매고 푸는 권위를 주셨다. 만일 그리스도인들이 이 땅에서 사도적 교회에 복종해야 한다는 사실을 인정한다면, 그에 따른 필연적인 질문은 '**성경은 지상교회가 어디에 있다고 말하는가?**'이다. 일회성으로 끝나는 공연장에 모인 그리스도인들이 교회를 구성하는가? 내가 아는 오스트레일리아 감독교회 교인은 그렇다고 생각한다. 교회는 하나의 모임이다. 기독교 공연도 하나의 모임이다. 그러므로 기독교 공연은 교회이다. 과연 옳은 말일까? 동네 공원에서 정기적으로 만나 아이들이 노는 동안 성경에 대해 이야기를 나누는 세 명의 그리스도인 엄마들을 생각해보자. 그들이 교회를 구성하는 것일까? 대형 마트의 시리얼 판매대 앞에서 마주친 두 명의 그리스도인들은 어떨까?

지상교회의 위치를 결정하는 한 가지 방법은, 신약성경에 나오는 교회(ἐκκλησία)라는 단어를 모두 찾아서 저자들이 교회를 어디에 위치시켰는지 살펴보는 것이다. 신약성경에서 우리는 종말론적 보편교회(마 16:18)와 지역교회(마 18:17)에 대한 언급을 발견할 수 있다. 가정교회가 도시교회와 구분되는지(고전 16:9; 골 4:15-16), 또는 누가가 '교회'를 종교적 명칭으로 언급하는지(행 9:31) 등을 둘러싼 논쟁이 있다. 그러나 보편교회들에 대한 언급을 제외하면, 교회에 관한 언급 모두가 비록 특정 지역의 교회들을 언급하는 것이긴 하지만,[55] 일반적으로는 모두 지역교회를 가리킨다는 것을 알 수 있다. 두세 명의 그리스도인들이 함께 시간을 보내거나 훌륭하게 사역하는 것을 가리키는 경우는 없다. 다국적 관리 체제에 대한 언급도 없다. 사도 바울과 그의 선교팀조차도 자기들을 가리켜 교회라고 부르지 않는다. 신약성경에서 지상교회는, 적어도 **교회**라는 단어가 나타나는 곳만을 근거로 판단하면 오직 지역교회뿐인 듯하다. 이것이 매우 중요한 요점인 것은 틀림없지만, 요한일서나 베드로전서와 같이 비중 있는 서신서들에는 **교회**라는 단어가 전혀 언급되지 않았다. 베드로는 "흩어진 나그네"들에게 첫 번째 편지를 썼다(벧전 1:1). 이 그리스도인들은 각각

---

55 다시 말하지만, 사도행전 9장 3절이 유일하다. 그러나 F. F. 브루스(F. F. Bruce)는 이것을 9장에서 흩어지게 될 예루살렘 교회에 대한 언급으로 본다. 이 해석은 마지막에 언급한 '교회'가 사울의 박해를 받아 흩어지게 될 예루살렘 교회를 가리킨다는 사실에 비추어볼 때, 설득력이 있다. 사도행전 8장 3절과 9장 31절을 비교해보면 이것이 타당하게 보인다. *The Book of Acts*, New International Commentary on the New Testament (Grand Rapids: Eerdmans, 1988), p. 196.

또는 소그룹으로 흩어져서 어떤 이는 캠프에, 어떤 이는 집회에, 어떤 이는 골프 모임에, 어떤 이는 어느 하나에도 복종하지 않고 여러 모임에 참여하고 있는 것일까?

교회사에서 목회자들과 신학자들은 '지상교회가 어디에 존재하는가?'라는 질문에 대해 서로 다른 대답을 내놓았다. 로마가톨릭교와 그리스정교회 전통은 베드로 및 교단의 조직과 바르게 연결되어 있는 사제가 성체를 바르게 분배하는 곳이라면 어디든지 교회가 존재할 수 있다고 말한다. 그러나 두 전통도 궁극적으로는 회중의 존재를 요구한다.[56] 동서양을 막론하고 기독교 국가 시대의 큰 어려움은, 교회와 국가 그리고 교인과 시민 사이의 경계가 모호했다는 것이다. 권위 있는 개신교 종교개혁자들은 하나님의 말씀을 바르게 설교하고 성례가 바르게 시행되는 곳이라면 어디든지 교회가 존재한다고 말했지만, 이는 중세의 오류를 부분적으로만 넘어선 것일 뿐이다. 중생하지 않은 아기에게 세례를 주는 유아세례 교리가 계속해서 등록 교인의 권리와 시민권 사이의 경계를 모호하게 하고 있다(여기에서는 본질적으로 유아세례 논쟁을 하려는 것이 아니다). 자유교회의 신앙고백도 설교와 성례에 관해 종교개혁자들에게 일반적으로 동의하지만, 그것은 회중과 회중 한 사람 한 사람의 주관적인 신앙을 더 많이 강조한다. 오늘날 이런 전통들에 대항해 일어나는 비판들 중 하나는, 그와 같은 정의들이 교회를 매주 벌어지는 사건이나 일련의 활동들, 또는 장소를 가리키는 말로 만든다는 것이다. 예를 들어, 영국 작가 체스터와 티

---

56 Miroslav Volf, *After Our Likeness* (Grand Rapids: Eerdmans, 1998), pp. 130-131. 황은영 옮김, 《삼위일체와 교회》 (새물결플러스, 2012).

미스는 이렇게 말한다. "교회는 당신이 참석하는 모임이나 들어가는 장소가 아니다. 교회는 그리스도 안에서 우리의 정체성이다. 그것은 우리의 삶 전체를 형성하여 삶과 선교가 '총체적인 교회'가 되게 한다."[57] 이러한 비평들은 내가 서론에서 언급했던 선교적 교회론과 '성만찬적 교회론'을 반영하고 있다.

역사속에서 찾을 수 있는 놀라운 사실은, 모든 이론이 그 형태와 확신의 정도를 막론하고 회중을 포함시킨다는 것이다. 이 이론들은 모두 그리스도인들이 모이는 모임들을 포함시키고 있으며, 각 개인은 그러한 모임 중 하나에 복종해야 한다고 주장한다.

나는 여기에서 그러한 지역 모임들 위에 상부 조직이 존재하거나 존재해야만 하는지의 여부에 대해 논쟁하려는 것이 아니다(물론 나는 그래야 한다고 생각하지 않는다). 또한 나는 그러한 상부 조직들이나 지역교회 내의 무엇인가가 회중들을 억압하는, 일종의 제도주의가 생겨나는 빌미를 제공했는지에 대해 논의하려는 것도 아니다(물론 나는 그렇다고 생각한다). 내가 하고 싶은 말은, 단지 신약성경과 교회사 전체에서 그리스도인의 삶이 언제나 의도적으로 지역교회 안에 자리 잡았다는 것이다. 유일한 예외는 빌립과 에티오피아 내시의 경우에서와 같이, 개인이나 그룹이 교회가 존재하지 않는 곳에 교회를 개척하려고 할 때뿐이다(행 8:26-39; 또한 주님이 빌립에게 위임하신 것에 주목하라). 지난 수십 년 동안 소비주의가 지배해온 서구사회에서만 이 기본적인 개념이 의심을 받았다.

신약성경에서는 교회라는 단어가 사용되지 않은 곳에서조차 그리스도인의 삶이 회중적인 배경을 갖는다고 가정한다. 요한은 그의 첫 번째 편지에서 이 단어를 사용하지 않았지만, 회중에 속하지 않은 개인들에게 다음과 같이 썼다. "그들이 우리에게서 나갔으나 우리에게 속하지 아니하였나니 만일 우리에게 속하였더라면 우리와 함께 거하였으려니와 그들이 나간 것은 다 우리에게 속하지 아니함을 나타내려 함이니라"(요일 2:19). 요한의 첫 번째 편지는 신자들에게 행할 사랑과 순종이 무엇인지 성경의 다른 책들에 비해 명확히 말하고 있다. 요한의 두 번째, 세 번째 편지를 읽어보면, 요한이 어떤 사람에게는 교제의 손을 내밀지 말고(요이 1:10), 어떤 이들에게는 내밀라고(요삼 1:5-10) 훨씬 더 분명하게 말한다는 것을 알 수 있다.

베드로도 그의 편지들에서 **교회**라는 단어를 한 번도 사용하지 않지만, 첫 번째 편지에서 독자들을 가리켜 집단적인 비유로 묘사한다(벧전 2:5, 9). 베드로는 독자들의 세례도 언급한다(벧전 3:21). 독자들에게 서로 한마음이 되고, 서로 불쌍히 여기며, 서로 불평하지 말고(벧전 3:8; 4:9), 받은 은사대로 섬기라고(벧전 4:10) 권면한다. 또한 "하나님의 집에서 심판을 시작할 때가" 되었다고 경고한다(벧전 4:17). 마지막으로, "장로들에게 순종"하라고 명령한다(벧전 5:5). 누가 장로들에게 순종해야 하고, 장로들이 감독해야 하는 것은 무엇인가? 넓은 지역에 흩어져 있는 베드로의 독자들은 경계가 그어진, 즉 틀림없이 범위가 정해져 있는 교회 안에서 생활하고 있었다.

지역교회에 복종하는 것은 우리가 그리스도의 주권에 복종하는 방식이다. 이것은 회개의 열매이다. 그리고 우리가 "그리스도시요 살아계신 하나님의 아들이시니이다"라고 고백하는 분에 대한 순종이다. 교회는 신자가 복종하는 **곳**이다. 지상에서 이런 일이 일어나는 **장소**이다.[58] 선교적 그리고 성만찬적인 욕구를 가진 사람들이 교회를 하나의 백성으로 여기는 것은 옳은 일이다. 그러나 두 그룹은 교회와 그리스도인 무리 사이에 어떤 차이가 있는지, 고린도에 있는 하나님의 교회가 공원에서 만났거나 노숙자 쉼터에서 일하는 세 명의 그리스도인 어머니들과 어떻게 다른지 구분하는 능력을 잃어버린 것 같다. 한편에서 보면, 그리스도인들과 교회들이 삶과 행동으로 그리스도를 대변하듯이, 교인들도 삶과 행동으로 자신이 속한 지역교회를 대변한다. 이것이 바로 바울이 고린도 교회 교인들 개개인의 부도덕을 그렇게도 염려한 이유이다(고전 5장). 그리스도인과 교회 사이에는 하나의 연합이라는 정체성이 있다. 그렇기에 우리가 다음 장에서 살펴볼 내용와 같이, 각 사람은 다른 사람을 '대변'하거나 '대행'한다.

다른 각도에서 보면, 우리는 지역교회와 그리스도인 무리 간의 차이를 구분해야 한다. 그 차이는 그리스도가 권위의 헌장을 일반적인 그리스도인들이 아니라 교회에게 주셨다는 사실에 있다. 이 헌장 때문에 전체(지역교회)는 부분(교인 개개인)의 합보다 크다고 말할 수 있다. 그렇다면, 나는 단지 내가 그리스도인이라는 이유로 친구들이나 자녀에게 직접 세례를 줄 수 없다. 내게는 그런 권위가 없기 때문이다. 나는 세상 앞에서 그리스도를 대신하여 그들이 종말론적인 하늘나라 백성이 될 것이라고 확증할 수 있는 권위를 부여받지 않았다.

---

58 마이클 호튼의 교회 신학을 담은 《사람과 장소: 언약적 교회론》 (*People and Place: A Covenant Ecclesiology*)의 제목이 얼마나 적절한지 보라.

나는 지역교회의 목회자로서, 내가 속한 교회와 함께 권위를 가지고 있지만, 그것은 실제로 **나의** 권위가 아니다. 그것은 교회의 권위이다. 나는 단지 권위를 시행할 뿐이다.

교회와 그리스도인 무리 사이의 구분이 모호하거나 지나치게 학문적이라고 여겨지는가? 나는 그렇게 생각하지 않는다. 한 조직의 고용인으로서 회사의 신용카드를 쓸 수 있는 사람들은, 회사 돈을 업무용으로 사용하는 것과 개인 용도로 사용하는 것의 차이를 잘 알고 있다. 하나는 윤리적이고 다른 하나는 그렇지 않다. 물론, 업무용과 개인용 사이의 구분이 항상 명확한 것은 아니다. 나는 종종 '업무상 점심식사'를 개인적인 친구들과 함께한다. 그리고 그 자리에서 대화를 나눌 때 개인적인 문제들을 다루곤 한다. 이에 대하여 회사는 나에게 책임을 물어야 할까? 이 질문에 대한 답은 결국 상황에 따라 달라질 수밖에 없다. 교회와 그리스도인들을 비교할 때, 문제는 돈이 아니라 권위에서 비롯된다. 그리고 솔직히 말해서, 어떤 활동이나 모임이 지역교회의 기능인지 아니면 단지 그리스도인 무리의 기능인지 항상 명확한 것은 아니다. 하지만 교회나 그리스도인 개인이 예수님께로부터 부여받은 명시적인 조직의 책임(복음을 설교하고, 복음을 보호하고, 신실한 신앙고백자들을 교회와 연합시키고, 거짓 고백자들을 추방하는 등)을 넘어서서 행동하면 할수록, 이 경계선은 더 불분명해질 것이다. 그럼에도 한 지역교회와 캠프, 공원, 경기장 등에서 만나는 그리스도인 무리와의 차이는 여전히 존재한다.

지역교회는 그리스도인들의 모임이 마태복음 16장에서 주어진 헌장을 책임 있고 의미 있게 실행할 수 있는 곳이다. 이 책임은 특히 마태복음 18장, 28장 그리고 26장의 성만찬 사건에서 더욱 구체화되었다. 내가 자유교회 친구의 의견에 백 번 양보한다 하더라도 최소한 차이는 있다. 우리는 지역교회와 그리스도인 무리와의 차이를 이렇게 설명할 수 있을 것이다. 즉, 캠프 상담사가 여름 동안 열일곱 살난 소년과 대화를 나누고, 결국 이 소년이 신실한 신앙고백을 하게 되었다고 가정해보자. 캠프 상담사는 소년에게 세례를 줄 수 있을까? 할 수 있다. 만일 예수님이 마태복음 16장에서 사도들에게 넘겨주신 권위에 따라 세례를 주는 것이라면 말이다. 이 상담사는 다른 동료들과 더불어 이 소년을 무기한 감독하고, 정기적인 성찬을 통해 주님의 죽으심을 선포하고, 그 소년이 돌이켜 세상의 길을 따라갈 때 권징하고, 그리스도가 명하신 모든 것을 가르치고, 복음을 지키고, 보호하고, 선포하며, 단지 십대들뿐 아니라 아직 그리스도를 알지 못하는 모든 내담자들을 제자 삼겠다고 결정했는가? 만일 그렇다면, 그는 교회를 대신해서 소년에게 세례를 줄 수 있다. 만일 그 상담사가 이 모든 것에 헌신할 수 없다면, 즉 그 사실을 증명해줄 수 있는 교회가 없다면, 그에게는 소년에게 세례를 줄 권위가 없다. 상담사가 소년의 삶에서 그리고 더 넓은 공적인 영역에서 복음을 보호하고자 하는 바람이 있다면 소년을 교회에 보내며 이렇게 말할 것이다. "교회로 들어가라! 가서 보호를 받아라. 감독을 받아라. 돌봄을 받아라. 인도를 받아라. 사랑을 받아라."

선교적 그리고 성만찬적 저자들이 교회 안에 있는 제도주의에 반발하는 것은 이해할 만하다. 그러나 그들이 교회를 하나의 장소, 사건 또는 일련의 행동으로 보며 비판하는 것은 지역교회와 그리스도인 무리 사이의 차이를 인식하지 못하는 것과 같다. 그들은 그리스도가 하나의 조직을 세우셨다는 사실과, 교인들에게 회사의 신용카드를 자기가 원하는 때에 마음대로 사용할 권위가 주어졌다는 사실을 놓치고 있다. 그리스도인들은 공식적으로 그리스도의 이름 아래 모였을 때마다 그리고 그리스도의 영이 말씀과 성례를 통해 임재하실 때마다 그 권위를 사용할 수 있다(행 4:31; 6:2; 14:27; 15:30; 20:7). 결국, 이 땅의 지역교회를 구성하는 열쇠의 권세를 실제로 행할 수 있는 주체는 그리스도인 회중이다. 예수님은 말씀하셨다.

만일 그들의 말도 듣지 않거든 교회에 말하고 교회의 말도 듣지 않거든 이방인과 세리와 같이 여기라 진실로 너희에게 이르노니 무엇이든지 너희가 땅에서 매면 하늘에서도 매일 것이요 무엇이든지 땅에서 풀면 하늘에서도 풀리리라 진실로 다시 너희에게 이르노니 너희 중의 두 사람이 땅에서 합심하여 무엇이든지 구하면 하늘에 계신 내 아버지께서 그들을 위하여 이루게 하시리라 두세 사람이 내 이름으로 모인 곳에는 나도 그들 중에 있느니라(마 18:17-20).

그러므로 너희는 가서 모든 민족을 제자로 삼아 아버지와 아들과 성령의 이름으로 세례를 베풀고 내가 너희에게 분부한 모든 것을 가르쳐 지키게 하라 볼지어다 내가 세상 끝 날까지 너희와 항상 함께 있으리라 하시니라(마 28:19-20).

또한 바울은 이렇게 말했다.

주 예수의 이름으로 너희가 내 영과 함께 모여서 우리 주 예수의 능력으로 이런 자를 사탄에게 내주었으니 이는 육신은 멸하고 영은 주 예수의 날에 구원을 받게 하려 함이라(고전 5:4-5).

먼저 너희가 교회에 모일 때에 너희 중에 분쟁이 있다 함을 듣고 어느
정도 믿거니와 너희 중에 파당이 있어야 너희 중에 옳다 인정함을 받은
자들이 나타나게 되리라(고전 11:18-19).

그리스도인들은 '교회'를 두고 타협한다. 그러나 바울과 예수님
은, 마치 농구팀이 함께 모일 때 비로소 '팀'이라고 불리는 것처럼, 우
리를 교회가 되게 하는 것은 모임이라고 말씀하시는 것 같다. 이 공
식적인 모임은 개개인이 가질 수 없는 존재와 권위를 가진다. 전체
는 부분의 합보다 더 크다. 그리스도가 그 전체에게 조직의 헌장을
주셨기 때문이다. 19세기 회중교회 목사 존 에인절 제임스(John Angell
James)는 이것을 다음과 같이 표현했다. "시민이 개인 이상을 의미하
는 것과 같이, 교회에 속한 교인도 그리스도인 이상을 의미한다. 각
각에게는 국가 또는 교회와의 관계에서 생겨난 의무가 있다."[59]
　지상교회는 지역교회 안에 위치한다. 만일 그리스도가 우리를
부르실 때 사도적 교회에 복종함으로써 그분께 복종하도록 하신다
면, 그분은 우리가 지역교회를 통하여 이것을 하게 하신다. 만일 자
기가 사는 곳에 지역교회가 있다면, 참된 지역교회에 복종하지 않음
으로써 그리스도의 주권을 거부하는 행위는 그가 정말로 회심했는지
에 대한 의문을 불러일으키게 된다. 우리는 교회에 등록할 것인지 등

---

59 John Angell James, *Christian Fellowship or The Church Member's Guide*, ed. and abr. Gordon T.
　Booth, from the 10th edition of vol. 11 *Works of John Angell James*, 1861 (Shropshire, England:
　Quinta Press, 1997), p. 7.

록하지 않을 것인지를 선택해야 한다. 어느 지역에서는 **어떤** 교회에 등록할지 선택해야 하는 문제도 있다. 하지만 우리는 주변에 지역교회가 있음에도 교회에 등록하지 않겠다고 결정할 수는 없다. 그것은 선택 사항이 아니다. 이처럼 지역교회의 등록 교인이 된다는 것은 자발적이기도 하고, 자발적이지 않기도 하다.

초대교회의 일부는 이 사실을 인식하지 못했다. 그래서 히브리서 기자는 독자들에게 "모이기를 폐하는 어떤 사람들의 습관과 같이 하지"(히 10:25) 말라고 경고했다. 그렇게 모임을 무시하는 죄의 결과는 "오직 무서운 마음으로 심판을 기다리는 것과 대적하는 자를 태울 맹렬한 불"(히 10:27)이다.

앞서 논의한 바를 보다 체계적으로 설명하면, 지역교회에 등록해야 하는 이유를 적어도 여섯 가지로 요약할 수 있다. 즉, 보편교회의 본질, 권위의 본질, '몸'에 대한 우리의 성경적 의무, 장로들과 감독들에게 복종하라는 성경의 명령, 우리 구원의 본질 그리고 그리스도 안에 있는 우리의 새로운 정체성의 본질이다.

1) 보편교회의 본질이 요구한다. 어떤 사람은 이것이 단지 한 교회(a church)에 속하는 것이 아니라 보편교회(the church)에 속하는 것에 대한 문제라고 말한다. 그리스도가 그리스도인들이 어디에 속하길 바라시는지 살펴보자. 예수님은 "내 교회를 세우겠다"라고 말씀하셨는데, 이것은 보편교회를 가리키신 것으로서 모든 시간과 공간을 초월한 그리스도인들의 모임이다. 그런데 이러한 교회가 모인 적이 있을까? 어떤 의미에서는 그렇다. 이 교회가 천국에서 모이기 시작했다(히 12:22-23; 엡 2:4-6; 골 3:1-3). 그러나 다른 의미에서는 그렇지 않다. 이 교회는 아직 완전히 모이지 않았다. 보편교회는 천상의 그리고 종

말론적인 무리이다.[60] 예수님이 그분의 교회를 세우겠다고 말씀하셨을 때, 그 마음속에는 궁극적으로 이 최종적인 집단이 들어 있었다 (마 16:18). 내 말을 오해하지 말길 바란다. 한 개인이 그리스도인이 될 때, 그는 보편교회인 그리스도의 몸에 속하게 된다. 이는 **정말로** 보편교회에 속하는 것에 대한 이야기이다.

그러나 예수님은 제자들에게 이 천상의 종말론적 교회를 지상에서 매고 풀라고 말씀셨다. 종말론적 교회의 사랑과 거룩함과 아름다움은 오늘날에도 나타나야만 한다. 용서하고 자비롭고 의로운 교회의 **하나 됨**(togetherness)은 오늘날에도 실현되어야 한다. 그리스도와 그분의 인격은 오늘날에도 계시되어야 한다. 그리스도인들은 이 마지막 사회와, 이 종말론적 모임과, 이 천상의 도시와, 무엇보다 그리스도를 혼자서 드러낼 수 없다. 다른 그리스도인들이 필요하다. 우리는 외딴섬에 혼자 앉아서 용서하고 사랑할 수 없다. 용서받거나 관용을 얻을 수도 없다. 그리스도의 제자가 된다는 것이 무엇을 의미하는지 세상이 알 수 있는 방법은 이 종말론적 사회의 시민들이 서로를 사랑하는 것이다(요 13:34-35).

보편교회는 천국에서 모이기 시작했기 때문에 천상의 교회이다. 그러나 마지막 때의 완전한 모임이 이 땅에서 이미 시작되었기 때문에 종말론적 교회이기도 하다.[61] 본국에서 대사를 파견하고 지금 이곳에 대사관을 지었다. 그래서 바울은 이를 가리켜 "고린도에 있는

---

60 Clowney, "The Church as a Heavenly and Eschatological Entity."

61 같은 책, pp. 93-98.

하나님의 교회"(고전 1:2; 고후 2:1)라고 부른다.[62] 고린도에 모인 신자들은 최종적인 모임의 전진기지이고, 징조이고, 거류민이고, 대표단이다. 이것은 모두 보편교회에 속하는 것에 대한 문제이지만, 지금 여기에서는 한 교회에 속하는 것에 대한 문제이다. 왜냐하면 바로 이 교회에서 우리의 선언과 우리의 신앙을 살찌우기 때문이다.

요약하면, 보편교회의 본질은 신앙을 고백하는 그리스도인들을 지역교회에 복종하게 한다.

2) 권위와 복종의 본질이 요구한다. 우리와 그리스도의 관계, 그리고 우리와 다른 그리스도인과의 관계에 대한 개념이 만일 모든 권위를 무시한 채 상호 주권이나 도덕적 필연성 간의 관계에 대한 모호한 개념만을 전제로 한다면, 우리는 지역교회에 속할 필요가 없다. 만일 그리스도가 우리에게 단지 그분과의 관계와 다른 그리스도인들과의 관계를 돈독히 하라고만 명하셨다면, 우리가 왜 교회에 등록해야 하는지, 그보다 먼저 왜 지역교회가 존재해야 하는지 알 수 없다. 그저 우리의 일정, 개인적인 필요, 사회적 선호도, 자기의 평판 그리고 우리가 돌보아야 하는 사람들의 필요에 맞추어 다른 신자들과 교제를 하면 되지 않을까? 사실, '모임'이라는 개념 자체가 불필요하게 여겨질 것이다.[63] 교회에 대해 말할 때 가장 추상적인 용어를 사용하

---

62 또한 고전 10:32; 11:22; 15:9; 고후 2:1; 갈 1:13; 빌 3:6; 딤전 3:15을 보라.

63 권위를 빼버린 삼위일체와 교회의 개념을 주장하면 가까스로 '모임'의 의미를 갖는 에클레시아(*ekklesia*) 개념을 낳을 수밖에 없다. 그 예로 케빈 길레스(Kevin Giles)의 《신약성경의 교회론》(*What on Earth Is the Church*, CLC)을 보라. 길레스는 이렇게 말했다. "바울 서신에서 에클레시아라는 단어는 일반적으로 그리스도인들에게 사용된다. 여기에는 그들이 적어도 가끔씩 서로 대면하여 만난다는 개념이 없다. 그러므로 이러한 경우에는 '모임'의 의미가 완전히 없어졌다"(원서 p. 121). 모임의 의미가 없다고 했는가? 이는 그리스도인으로서의 나의 삶을 모두 내가 좌지우지한다는 뜻인가? 충분히 이해할 만한 이유로 평등주의를 추구하는 신학자들이 자신의 주장을 아이러니하게도 일종의 '만인제사장설적' 귀류법(*reductio ad absurdum*)인 원자론(atomism)으로 끝맺는 것이 걱정된다.

는 이유가 무엇일까? 말하자면, 이것은 권위가 결여된 공동체 그리고 권위가 결여된 관계에 대한 문제를 야기한다. 그런 공동체는 결국 서로에 대해 정서적인 관심을 가졌거나 갖지 않은 개인들의 집합체에 불과하다. 실제로, 공동체에 속한 모든 사람은 익명이 된다. 왜냐하면 익명성을 해결할 수 있는 진정한 해독제는 단순한 관계가 아니라 복종이기 때문이다.

만일 우리가 이 들판에서 저 들판으로 이리저리 옮겨 다니면서 아무렇게나 풀을 뜯어 먹고 방목되는 식으로 그리스도에 대한 제자도를 지속한다면, 우리는 자신이 어떤 식으로 하나님의 교회에 복종할 것인지 알 수 없게 된다. 우리는 이 그리스도인 또는 저 교회에게 우리의 소유를 내어줄 수 있다. 그러나 결코 자신을 진심으로 내어주지는 않을 것이다. 지상교회에 복종하는 것은 사람들의 무리에 다가가서 이렇게 말하는 것이다. "당신이 믿는 것을 나도 믿습니다. 이제 당신이 원하는 대로 내가 서로의 목적을 위해 일할 수 있게 해주세요. 나를 믿어도 됩니다."

요약하면, 권위와 복종의 본질은 신앙을 고백하는 그리스도인이 지역교회에 복종하게 한다. 이는 또한 헌신을 요구한다.

3) '몸'에 대한 우리의 성경적인 의무가 요구한다. 고린도전서 12장에서 바울은 교회를 가리켜 많은 은사를 가졌지만 동일한 성령을 모신 몸, 다양한 섬김이 있지만 동일한 주님을 모신 몸, 다양한 활동을 하지만 전체를 위하여 각 사람에게 능력을 부여하시는 동일한 하나님을 모신 몸이라고 묘사한다. "각 사람에게 성령을 나타내심은 유익하게 하려 하심이라"(고전 12:4-7). 그 후에 바울은 이 몸의 상호 의존성을 이렇게 묘사한다.

몸은 하나인데 많은 지체가 있고 몸의 지체가 많으나 한 몸임과 같이 그리스도도 그러하니라 우리가 유대인이나 헬라인이나 종이나 자유인이나 다 한 성령으로 세례를 받아 한 몸이 되었고 또 다 한 성령을 마시게 하셨느니라 몸은 한 지체뿐만 아니요 여럿이니 만일 발이 이르되 나는 손이 아니니 몸에 붙지 아니하였다 할지라도 이로써 몸에 붙지 아니한 것이 아니요 또 귀가 이르되 나는 눈이 아니니 몸에 붙지 아니하였다 할지라도 이로써 몸에 붙지 아니한 것이 아니니 만일 온몸이 눈이면 듣는 곳은 어디며 온몸이 듣는 곳이면 냄새 맡는 곳은 어디냐 그러나 이제 하나님이 그 원하시는 대로 지체를 각각 몸에 두셨으니 만일 다 한 지체뿐이면 몸은 어디냐 이제 지체는 많으나 몸은 하나라(고전 12:12-20).

바울은 이 구절에서 교회를 사람의 몸에 빗대어 설명하는 생물학적인 비유를 통해 **지체**와 **몸**이라는 단어들을 사용했다. 바울은 교회가 실제로 인간의 몸이고 교회를 구성하는 교인들이 실제로 인간의 팔과 귀라는 이야기를 하는 것이 아니다. 그는 아담의 존재가 하와가 없이는 불완전했던 것처럼, 교회 안의 모든 개인도 다른 사람들이 없이는 불완전한 존재라는 것을 구체적으로 설명한다. 각 교인들의 정체성과 경험들은 서로 연결되어 있고 상호 의존적이다. 그러므로 바울은 말한다. "만일 한 지체가 고통을 받으면 모든 지체가 함께 고통을 받고 한 지체가 영광을 얻으면 모든 지체가 함께 즐거워하느니라"(고전 12:26).

고린도전서 12장을 등록 교인 제도에 어떻게 적용할지 처음 생각해보았을 때, 나는 우선 바울이 한 몸과 지체라는 용어를 사용하면서 고린도에 있는 지역적인 몸을 가리키는지, 아니면 보편적인 그리

스도의 몸을 가리키는지에 대한 것으로 문제의 범위를 좁혀보려고
했다. 다음 구절을 살펴보자. "너희는 그리스도의 몸이요 지체의 각
부분이라"(고전 12:27). 여기에서 바울의 이야기는 고린도 교인들이 갈
라디아에 있는 몸이나 로마에 있는 몸과는 구별되게 그들만의 몸을
구성하고, 자신들이 그 몸의 지체들이라는 뜻일까? 만일 그렇다면,
바울이 "우리가… 다 한 성령으로 세례를 받아 한 몸이 되었고"(고전
12:13)라고 말하면서 자신을 그 몸에 포함시키는 것이 이상하게 여겨
질 수 있다. 바울은 고린도 교회의 교인도 아니면서 그들과 한 성령
으로 세례를 받아 한 몸이 되었다고 가정하는 것처럼 보이기 때문이
다. 그렇다면 바울은 지역적인 몸을 이야기하는 것일까, 아니면 보편
적인 몸을 이야기하는 것일까?

　　지역적인 몸은 종말론적인 보편적 몸의 실현 또는 대사관이라는
점을 기억한다면 이 문제는 그리 어렵지 않다. 이 단어의 용례마다,
바울은 어느 한편을 강조하는 쪽으로 기울었을 수도 있다. "그뿐 아
니라 더 약하게 보이는 몸의 지체가 도리어 요긴하고"(고전 12:22)라고
할 때는 상황적인 요소들에 기초해서 지역적인 몸을 강조하는 경향
이 있다. 그러나 "우리가… 다 한 성령으로 세례를 받아 한 몸이 되었
고"라고 할 때는 보편적인 몸을 강조하면서, 지역교회가 보편교회의
구체적 실현이라는 점을 상기시켜준다. 언어는 과학이자 예술이다.
그래서 나는 언어가 한 가지만으로 해석되어야 한다고 주장하는 신
약 주석가들의 주장을 신뢰할 수 없다. 보편교회가 지역교회 안에 존
재하기 때문에, 바울은 두 가지 의미를 모두 드러내기 위해서 그리스
도의 몸이라는 이미지를 사용하는 경향이 있다(또한 롬 12:5; 엡 4:12; 골
2:19을 보라).

만일 이것이 옳다면, 고린도전서 12장은 오늘날의 지역교회가, 하나님의 백성들이 서로에게 복종함으로써 최종적이고 종말론적인 모임을 어떻게 실현하기 시작해야 하는지 보여주는 훌륭한 예화이다. 하나님은 지체들을 한 몸에 배치하시되, 그분이 정하신 방식대로 각각을 붙이셔서 각 부분이 전체에 독특하게 기여하도록 하셨다. 발과 손이 자기의 고유성을 잃지 않고 몸 전체를 위하여 선하게 사용되기 위해서는 자기의 '발 됨'과 '손 됨'을 몸에 복종시켜야 한다. 몸이 완전하려면 모든 지체가 필요하다. 각기 다양한 지체들은 자기의 은사를 공통의 유익에 복종시킨다. "각 사람에게 성령을 나타내심은 유익하게 하려 하심이라"(고전 12:7). 고린도전서 14장 전체는 사실 교회를 세우는 은사를 추구하라고 강조한다(고전 14:3-4, 12, 17, 19).

성령의 은사는 종말론적 은사이다. 이 은사들은 새로운 시대와 새로운 권위를 알린다. 하지만, 이제는 특정한 장소에서만 사용되도록 제한된다. 일치와 사랑은 이제 비록 불완전하지만(고전 13:9) 영광스러운 일치과 사랑의 증거로서 그려져야만 한다. "모든 것을 덕을 세우기 위하여 하라"(고전 14:26).

오늘날의 그리스도인들은 몸에 복종하지 않으려고 한다. 권위의 개념을 싫어하기 때문이 아니라 우리 마음이 소비자처럼 행동하지 않을 수 없기 때문이다. 소비자는 권위를 갖는다. 소비자는 자기가 머리이고, 몸의 다른 부분이 자기를 섬기며 자기의 개인사를 완성하기 위해 존재한다고 생각한다. 뿐만 아니라, 소비자는 사람들이 자기와 다른 점에 대해서 거의 신경 쓰지 않는다. "유대인**과** 헬라인? 종**과** 자유인? 아니, 사양하겠소. 나는 계속 자유로운 헬라인을 택하겠소." 소비자는 언제나 자신의 욕구와 꼭 맞는 것을 찾는다. 방의 개수가 충분하고, 인테리어가 잘된 부엌과 아이들이 놀 수 있는 넓은 뒤뜰, 그다지 낡지 않아 잔손이 많이 가지 않는 곳 등이다. 그러니 약간이라도 흠 있는 것이 마음에 들겠는가?

바울은 말한다. "그뿐 아니라 더 약하게 보이는 몸의 지체가 도리어 요긴하고 우리가 몸의 덜 귀히 여기는 그것들을 더욱 귀한 것들로 입혀주며 우리의 아름답지 못한 지체는 더욱 아름다운 것을 얻느니라"(고전 12:22-23). 소비자의 마음가짐과 몸 전체에 복종하겠다는 마음가짐은 서로 반대된다. 하나는 교회와 교회가 가진 모든 자원들을 자기의 유익을 위해 사용한다. 다른 하나는 자기 자신과 자기의 모든 자원들을 하나님의 영광을 위해 교회에 바친다. 온몸에 복종한다는 것은 단지 그 권위에 복종하는 것만을 뜻하지 않는다. 그 몸의 활기와 유익에 복종하는 것을 의미하기도 한다. "모든 것을 덕을 세우기 위하여 하라"(고전 14:26).

바로 이러한 배경에서 바울은 결혼식 잔치로부터 고린도전서 13장의 아름다운 시를 가져와 그것을 지역교회에 적용한다. 바울이 우리에게 묻는다. "당신은 영광스러운 천국의 사랑을 행하고, 실천하고, 시행하고, 실현하고, 드러내고 싶은가?" 만일 그렇다면 그것을 지역교회에서 행하라. 파당을 지어 서로 싸우고(고전 1:12-13), 왕 노릇을 하고(고전 4:8), 아비의 아내와 동침하고(고전 5:1), 서로 고소하며 속이고(고전 6:1-8), 성찬 후 다른 사람을 위해 음식을 충분히 남겨두지 않은 채 포도주에 취하고(고전 11:21-22), 서로 영적 은사를 뽐내고(고전 12, 14장), 죽은 자의 부활이 없다고 믿는 사람들이 있는(고전 15:12) 지역교회에서 행하라. 당신 자신과 당신의 은사를 **이러한 부류의** 사람들에게 매어두고 복종시키라. 시기하지 않고, 자랑하지 않고, 교만하지 않고, 무례하지 않고, 자기의 방식을 고집하지 않고, 성내거나 분을 품지 않고, 불의를 기뻐하지 않고, 진리를 기뻐하면서 인내와 자비로 그들을 사랑하라.

사람들은 종종 지역교회에 있는 죄인들에 대해 불평한다. 충분히 그럴 만하다. 교회는 죄인들로 가득하기 때문이다. 그래서 바울은 그리스도인들에게 모든 것을 참고, 모든 것을 믿고, 모든 것을 바라고, 모든 것을 견딤으로써 서로 사랑하라고 권면한다. 만일 당신이 이와 같은 중상모략가들과 속이는 자들을 사랑하지 못한다면, 당신의 영적 은사들에 대해, 당신의 방대한 성경 지식에 대해, 또는 당신이 가난한 자들에게 행한 모든 일에 대해 말하지 마라. 당신은 단지 시끄러운 징과 같을 뿐이다. 곳곳에 있는 모든 그리스도인들을 향한 당신의 사랑에 대해 말하지 마라. 당신은 울리는 꽹과리일 뿐이다. 그러나 만일 당신의 성향과 다른 특수한 사람들을 그 자체로 사랑한다면, 당신은 세상에 사랑을 드러내는 일에 참여하는 것이다. 그리고 이 사랑은 마지막 날에 교회가 무엇인지 완벽하게 보여줄 것이다. 왜냐하면 그 사랑은 자기희생적이고 자비로운 그리스도의 사랑을 완벽하게 본받는 것이기 때문이다.

요약하자면, 지역교회에 복종하는 것이 몸에 대한 우리의 의무이다. 그리스도인이 특정한 지역교회에 헌신하거나 언약을 맺을 때, 그는 다른 모든 지체들의 제자도에 대한 주인 의식을 가짐으로써 "**몸 가운데서 분쟁이 없고 오직 여러 지체가 서로 같이**" 돌본다(고전 12:25). 이 그리스도인은 고통당하는 사람과 함께 고통당하고, 영광을 얻은 사람과 함께 즐거워한다(고전 12:26). 우리 자신을 몸 전체와 모든 지체에게 복종시키는 것은 우리가 **가진** 것들뿐만 아니라 우리 자신을 그 몸에게 내어준다는 뜻이다.

4) 감독들에게 복종하라는 성경의 명령이 요구한다. 사도적 교회에 복종하는 것이 구체적으로 지역교회에 복종하는 것을 의미함과 같이, 지역교회에 복종하는 것은 그 몸에 속한 개인들에게 복종하는 것을 포함한다. 이것은 종종 어떤 형제나 자매가 우리를 향해 죄에서 돌이키라고 권고할 때, 그 지체에게 복종하는 것을 의미한다. 예수님이 말씀하셨다. "네 형제가 죄를 범하거든 가서 너와 그 사람과만 상대하여 권고하라 만일 들으면 네가 네 형제를 얻은 것이요"(마 18:15). 몸의 모든 지체는 몸에 있는 다른 모든 지체에게 이 권위를 사용할 수 있다. 왜냐하면 이것은 궁극적으로 회중을 다스리시는 그리스도의 권위이고, 모든 경우의 다스림은 단지 그리스도의 다스림을 대리하는 것이기 때문이다.

이와 동시에, 회중 가운데 어떤 사람들은 다른 모든 신자들에게 삶의 본이 될 만하다고 인정받을 것이며, 또 그렇게 되어야만 한다. 그들은 오랫동안 책망할 것이 없는 삶을 살고, 한 여자의 남편이고, 절제하고, 신중하고, 단정하고, 후히 대접하고, 잘 가르치고, 술을 즐기지 않고, 폭력적이지 않고, 관용하고, 다투지 않고, 돈을 사랑하지 않는다는 사실을 보여주었다(딤전 3:2-3). 그들은 또한 루터의 표현대로 '작은 교회'인 가족을 잘 돌보거나 자녀가 모든 공손함으로 복종하도록 양육하는 능력을 보여주었다. 이것은 그들이 자기 집을 잘 다스릴 뿐만 아니라 '큰 교회'도 잘 목양할 수 있을 것이라는 믿음을 준다(딤전 3:4-5을 보라). 그들은 또한 이런 일들을 오랫동안 보여주었다. 그들은 이제 막 회심한 자들이 아니다(딤전 3:6). 그리스도인들은 지역교회에 복종하는 방법 중의 하나로 이러한 감독들, 장로들, 또는 목사들에게 복종해야 한다.[64] 바울은 이 사람들을 가리켜 '감독권'을 가졌다고 말한다(행 20:28). 베드로는 성도들을 향해 장로들에게 '순종'하라고 말한다(벧전 5:5). 히브리서 저자는 교회에게 말한다. "너희를 인도하는 자들에게 순종하고 복종하라 그들은 너희 영혼을 위하여 경성하기를 자신들이 청산할 자인 것같이 하느니라"(히 13:17a). 그렇게 할 때 복종하는 자에게 복이 임한다. 히브리서 기자는 계속해서 말한다. "그들로 하여금 즐거움으로 이것을 하게 하고 근심으로 하게 하지 말라 그렇지 않으면 너희에게 유익이 없느니라"(히 13:17b). 지도자에게 복종하는 것은 우리에게 분명히 유익하다.

교회 목사들과 장로들의 권위가 마태복음 16장에서 예수님이 사도적 교회에게 건네주신 권위에 내포되어 있을까? 로마가톨릭교회와 일부 교회들은 그렇다고 말할 것이다. 그러나 나는 잘 모르겠다. 마태복음 16장의 권위는 이 땅에서 매고 푸는 효과적인 능력이다. 그리고 그것은 교회 전체가 시행하는 권위이다. '효과적인'이라 함은, 그 권위가 명령한 것이 반드시 이루어진다는 의미이다. 만일 교회가 한 개인의 추방을 명한다면, 그는 추방된다. 하지만 이 단락에서나 다른 어떤 단락에서 우리는 이 제도적인 헌장과 장로 또는 감독의 직무 사이의 연관성을 찾을 수 없다.

장로나 목사의 권위는 훨씬 더 유기적이다. 그 권위는 회중에게서 인정과 확증을 받은 권위이다. 예수님은 사도들과 예언자들을 주

---

64 감독 또는 주교(*episcopos*), 장로(*presbuteros*) 그리고 목자 또는 목사(*poimain*) 등의 세 가지 호칭이 신약성경에서 서로 통용되고 있으므로, 나는 이 호칭들이 동일한 직무를 가리키는 것으로 이해한다. 예를 들어, 사도행전 20장 17절과 28절, 베드로전서 5장 1–2절을 보라. 또는 디모데전서 3장 1절과 디도서 1장 5절을 비교해 보라.

셨던 것과 같이, 교회에 목사와 교사를 좋은 선물로 주신다(엡 4:8-11).
그러나 그 어느 곳에서도 우리는 목사와 교사가 사도들과 예언자들
처럼 교회의 기초를 세우는 데 사용된다고 하신 말씀을 듣지 못한다
(엡 2:20). 그러므로 로마가톨릭교가 사제를 교회의 본질(esse)이라고 말
하는 반면, 개신교는 전통적으로 목사와 교사가 본질이 아니라고 말
한다. 그리스도는 교회의 유익(bene esse)을 위해 목사와 교사를 주셨다.
그런 의미에서, 그들의 권위는 효과적이지 않다. 목사와 교사는 사도
가 했던 것처럼 한 개인 또는 심지어 교회에게 무언가를 하라고 명령
하거나 공식적으로 요구할 수 없다.[65] 물론 교인들은 그들에게 순종
해야 한다. 그러나 그 순종은 성경이 구체적으로 말씀하는 범위를 벗
어나지 않는다. 왜냐하면 그 권위는 예수님의 권위이지 목사의 권위
가 아니기 때문이다. 다른 말로 하면, 예수님은 내가 당신에게 복종
해야 한다고 명령하실 수 있다. 그러나 당신은 내가 당신에게 복종해
야 한다고 명령할 수 없다.

　　예를 들어, 목사는 어느 그리스도인에게 특정한 여성과 결혼하라
고 명령할 수 없다. 목사는 그 남성에게 비그리스도인 여성과 결혼하
지 말라고 명령할 수 없다. 그러나 목사는 성경의 가르침을 따라 그리
스도인에게 비그리스도인 여성과 결혼하지 말라고 가르칠 수는 있다
(고후 6:14). 사실, 목사는 그렇게 해야만 한다. 그리고 그리스도인은 거
기에 복종해야 한다. 왜냐하면 목사가 성경을 가지고 가르치기 때문
이다. 한 사람이나 다수를 막론하고 성경의 그 어느 구절도 장로 또는
감독이 불순종을 매고 풀 수 있는 마태복음 16장의 효과적인 권위를

---

65 행 16:18; 고전 5:3; 고후 2:10; 8:8; 빌 4:8; 살후 3:4, 6, 10을 보라.

가진다고 말하지 않는다. 물론 교회는 그런 권위를 가질 수 있다. 교회는 교인의 권리를 일방적으로 박탈할 수 있다.

교회의 권위와 장로의 권위를 비교할 때, 우리는 권고의 권위와 명령의 권위라는 전통적인 구분을 생각해볼 수 있다. 장로들은 권고의 권위를 갖는 반면, 교회는 명령의 권위를 갖는다.[66] 바울이 빌레몬에게 보낸 편지에는 흥미로운 대목이 있다. 바울은 자기가 명령의 권위에 호소할 수 있음에도 목사들의 본보기로서 권고의 권위에 호소한다. "이러므로 내가 그리스도 안에서 아주 담대하게 네게 마땅한 일로 명할 수도 있으나 도리어 사랑으로써 간구하노라…"(몬 1:8-9).

장로교회 교인들과 감독교회 교인들 그리고 다른 교파 교인들은 이 점에 동의하지 않을 것이다. 왜냐하면 그들은 교회가 당회 안에 있거나 감독 안에 있다고 생각하기 때문이다. 그러나 내가 회중교회 모델이 신약성경에 더 부합하고 권위의 남용을 방지할 수 있다고 추천하는 이유는, 명령의 권위가 온 회중에게 분산되기 때문이다.

요컨대, 감독들에게 복종하라는 신약성경의 명령은 비록 마태복음 16장에서 제시된 것과 약간 다른 근거이긴 하지만, 우리에게 지역교회에 복종하라고 말한다. 이 모든 문제들은 함께 조화를 이룬다.

5) 우리 구원의 본질이 요구한다. 위에서 언급한 구절, 또는 비유들 중에서 몇 가지를 이제 조금 더 명확하게 다루어야 할 때가 되었다. 나는 지역교회가 종말론적 교회의 삶을 실현해야 한다고 말했다. 그리고 우리가 지역교회에 등록함으로써 우리의 신앙고백을 살찌워

---

66 어떤 이는 권고의 권위가 결코 권위가 아니라고 말한다. James Bannerman, *The Church of Christ*, vol. 2 (Carlisle, PA: Banner of Truth, 1974), pp. 239-240.

야 한다고 했으며, 지역교회에 복종하는 것이 그리스도에게 복종하는 방법이라고 했다. 이 모든 생각의 근본적인 핵심은, 우리의 믿음과 행위 사이에는 관계가 있다는 것과, 이러한 관계는 보편교회와 지역교회 간의 차이로 드러난다는 점이다. 우리의 믿음은 종말론적 믿음이다. 우리는 이 믿음을 천국으로부터 받았다. 진실한 종말론적 믿음은 행위를 낳는다. 마찬가지로, 보편교회에 속할 수 있는 우리의 권리는 종말론적 권리이다. 우리는 이 권리 역시 천국으로부터 받았다. 그러므로 진실한 종말론적 권리는 지상의 권리를 낳는다. 믿음이 행위인 것처럼 보편교회는 지역교회이어야 한다. 실제로, 교회를 둘러싼 개신교와 가톨릭교의 차이는 믿음과 행위에 관한 차이와 밀접하게 관련되어 있다. 믿음과 행위를 서로 결합시키는 로마가톨릭교회는 종말론적 교회와 세상의 가견교회도 서로 결합시킨다.

우리가 그리스도 안에서 갖게 된 선언적인 의로움과 우리가 추구하는 공로로서의 의로움 사이에는 평행적인 관계가 존재한다. 선언적인 의로움은 하늘로부터 받은 반면, 공로로서의 의로움은 우리가 행한다. 그리스도 안에서 의롭다고 주장하는 한 남성이 의로운 삶을 추구하는 노력을 전혀 하지 않는 것은 자기기만에 불과하다. 마찬가지로, 모든 그리스도인을 사랑한다고 주장하는 한 여성이 자신의 그리스도인 자매를 사랑하지 않는 것도 자기기만이다. 두 사람 모두 위선자이다. 그들의 신앙이 행동과 현실로 옮겨지지 않는 한, 그들은 명목적인 그리스도인이다. 두 사람은 자기들이 하나님의 보좌 앞에서 얻게 될 지위를 주장하지만, 하나님이 업신여김을 당하실 바보가 아닌 이상 그들의 삶은 아무것도 그 지위의 진실성을 보증해주지 않는다(갈 6:7). 그들의 믿음에는 행위가 없으며, 야고보의 표현대로 죽은 믿음이다. 그들의 믿음은 무의미하다. 그들이 만일 자기들의 믿음을 참믿음이라고 생각한다면, 그것은 허상이다. 그리스도의 왕국은 실재, 곧 새로운 실재에 관한 것이다. 결코 환상적인 옛 실재가 아니다.

지역교회에 속하지 않으면서 교회에 속했다고 말하는 사람도 마찬가지이다. 나는 이런 사람도 명목적인 그리스도인이자 위선자로 보일까 봐 걱정된다. 이 땅에 있는 사도적 교회는 매고 푸는 권위를 부여받았다. 그렇다면 자기가 교회에 속했다고 주장하면서 이 땅에 있는 사도적 교회에 복종하지 않는 사람에 대해 우리는 어떤 결론을 내려야 할까? 사도 요한은 이렇게 말한다. "보는 바 그 형제를 사랑하지 아니하는 자는 보지 못하는 바 하나님을 사랑할 수 없느니라"(요일 4:20).

그리스도는 자기 백성을 사랑하신다. 이는 그분이 자기 백성들을 변화시키고 자라나게 하시겠다는 뜻이다. 그리스도의 사랑은 백성들에게 권위를 주장하심으로써 드러난다. 왜냐하면 그리스도의 권위는 창조의 능력, 생명의 능력이기 때문이다. 그리스도의 권위는 성부 하나님께로부터 받은 자격이다. 성부 하나님은 자비롭고 긍휼이 많은 사랑의 요구들을 모두 그분이 기뻐하시는 대로 계획하시고, 형성하시고, 명령하시고, 세우시고, 시행하신다. 그리스도는 자기가 구원하신 첫 번째 열두 제자에게 이 권위를 건네주셨으며, 또한 제자들에게 이 권위를 다시 다른 사람들에게 건네주고, 그들은 또다시 다른 사람에게 그리고 또 다른 사람에게 건네주도록 하라고 말씀하셨다. 이 권위는 삶에 에너지를 공급한다. 그러므로 교회의 권위라고 하는 에너지가 가득한 현장에서 그리스도인의 삶이 이루어지며 영적인 성장이 일어난다. 만일 우리가 지역교회에게 주어진 권위의 그늘에서 벗어난다면, 우리는 하나님이 정하신 성장의 수단으로부터 벗어나는 것이다.

소위 훈련을 잘 받았다는 그리스도인들은 이러한 주장에 대해 다음과 같이 대답할 것이다. "아닙니다. 중요한 것은 하나님의 말씀에 복종하는 것입니다. 교회가 아니라 말씀이 교회를 성장시킵니다." 물론 이들이 제기한 이의가 부분적으로는 옳다. 그리스도의 말씀에 대한 복종은 그리스도인을 변화시키고 성장시킨다. 교회에 대한 복종이 아니라, 그리스도에 대한 복종이 본질적인 목표이기 때문이다. 그러나 하나님의 말씀을 가르치는 주체가 교회이며, 각각의 신자가 하나님의 말씀에 복종할 기회를 갖는 곳이 교회이다.

예를 들어, 말씀은 우리가 용서를 받은 것처럼 우리도 용서해야 한다고 명령한다. 이것은 그리스도의 권위 있는 선언이다. 만일 우리가 형제를 용서하지 않으면, 교회는 그리스도를 대신해서 먼저 권면을 하고, 그 후에는 우리가 회개하지 않은 것 때문에 권징을 할 것이다. 때때로 교회는 부여받은 권위를 오용할 수 있다. 그럼에도, 그리스도는 교회에 책임을 부여하셨다. 우리가 그리스도께 복종하는 법이 바로 다른 신자들에게 복종하는 것이기 때문이다. 자녀들은 부모에게 복종함으로써 하나님께 복종하고, 이것이 그들을 자라게 한다. 조금 다른 관점에서 조금 다른 용어로 말하자면, 그리스도인들은 동료 신자들과 교회 전체에 복종함으로써 하나님께 복종한다. 그리고 이것이 그들을 자라게 한다. 우리는 그리스도를 경외함으로 서로에게 복종한다(엡 5:21).

바울이 말한 몸의 이미지는 이것을 구체적으로 설명한다. 발이 손에게 복종하고 자기와 다른 은사를 가진 손으로부터 무언가를 얻을 때 몸 전체는 성장한다(고전 12장). 각 지체가 목사와 교사의 가르침에 복종할 때 몸 전체는 성장한다(엡 4:11-12). 각 지체가 서로를 존경함으로써 서로에게 복종할 때 몸 전체는 성장한다(롬 12:10). 우리가 그리스도와 개인적으로 맺는 제자도 그리고 다른 사람들에 대한 사랑은 우리가 가진 등록 교인의 권리와 똑같은 손에서 나오는 것이다. 마치 내용과 형식이 함께 역사하는 것처럼, 복음의 사랑 안에서 성장하는 것과 등록 교인의 권리도 서로 함께 역사한다. 등록 교인이 되는 것, 즉 지역교회에 대한 복종은 제자도를 형성하고 성장시키기 위해 주님이 의도하신 것이다.

요컨대, 구원의 본질과 믿음과 행위 사이의 관계는 그리스도인이 지역교회에게 복종할 것을 요구한다. 지역교회에 복종하는 것, 또는 흔히 '교회에 다닌다'라고 말하는 것은 행동으로 표현되는 믿음이다. 다르게 비유하자면, 육신이 된 말씀이다. 그리스도인은 그리스도께 복종하기로 선택해야 하는 것처럼 교회에 소속되어야 한다. 그리스도를 선택한 이상, 지역교회에 소속되지 않을 수는 없다.

6) 우리의 새로운 정체성의 본질이 요구한다. 중생한 사람만 등록 교인이 될 수 있다는 주장에 반대하는 사람들은 종종 그리스도인이 자발적으로 교회에 등록해야 한다는 주의주의(主意主義, voluntarism)의 관행을 비판한다. 아무튼, 급진적인 종교개혁의 길을 따르는 재침례교도들과 침례교도들 그리고 다른 교단 사람들은 유아세례에 반대하여 신자의 세례와 중생한 사람들만 등록 교인이 될 수 있다고 주장한다. 주의주의에 대해 염려스러운 것은, 이를 통하여 개인주의와 자유행위를 부르며, 교회를 하나님의 집단적인 백성으로 축소시키는 등

의 오류에 빠질 수 있다는 것이다.

침례교도인 나는 회중교회 형태를 지지하기 때문에, 이러한 비판이 부분적으로는 부당하다고 생각한다. 그러나 이와 동시에, 중생한 사람들에게만 교인의 권리를 주어야 한다는 주장을 지지하는 사람들은 그동안 지역교회 생활에 관해 지나칠 만큼 주의주의적 이론에 치우친 경향이 있었다. 국교회든 개혁주의 교회든 옛 신앙고백들에서 찾아보기 힘든 점은, 그리스도가 우리를 그분의 몸을 이루는 지체가 되게 하셨기 때문에 그리스도인의 삶이 **반드시** 지역교회를 통해 이루어져야 한다는 것이다. 옛 신앙고백들은 가끔 지역교회와 연합해야 한다는 그리스도의 명령을 언급하기도 하지만, 그 신앙고백들은 그 명령이 우리의 새로운 정체성으로부터 나온다는 사실을 놓치고 있다. 그리스도는 우리가 **이미** 그분의 몸을 이루는 지체이기 때문에 우리에게 지역교회와 함께하라고 명령하신다. 서술형 뒤에 명령형이 따라오는 것이다. 에베소서 2장의 구조는 이 논증을 보여준다. 전반부는 그리스도를 통한 우리와 하나님과의 화해를 설명한다(엡 2:1-10). 후반부는 하나님과 우리의 화목에서 오는 직접적인 결과를 설명한다. 우리는 우리처럼 하나님께 속한 모든 사람들과 화목하게 된다. 그리스도는 "이 둘로 자기 안에서 한 새사람"이 되게 창조하셨다(엡 2:15). 전에는 서로 나뉘었던 사람들이 이제는 "외인도 아니요 나그네도 아니요 오직 성도들과 동일한 시민이요 하나님의 권속"이다(엡 2:19). 우리는 그리스도께 속했기 때문에, 서로에게 속해야만 한다. 믿음은 행위로 드러나야만 한다.

이와 마찬가지로 그리스도인들이 지역교회에 속하는 것이 그리스도인의 삶을 사는 데 유익하기 때문에, 또는 칼뱅의 말대로 "하나님이 우리를 그리스도의 무리에 초대하시는 외적인 수단 또는 도움"
이기 때문에 우리가 지역교회에 속해야 한다고 말하는 것은, 교회라
는 몸이 이제는 그리스도인이 가진 정체성의 일부이며 본질적인 요
소라는 사실을 놓치는 것이다.[67] 입양된 아들이 그의 새로운 형제자
매와 더불어 가족의 식사에 참여할 수 있는 이유는 단지 그것이 그에
게 유익하기 때문이 아니라 그가 이제 가족의 한 구성원이라는 **정체
성** 때문이다.

등록 교인 제도의 중요성

오늘날, 우리는 권위가 교회에 속한다고 생각하지 않는다. 즉, 권위는
핸드백을 들고 교회에 출석해서 자기의 통치를 주장하는 소비자에게
속한다고 생각한다. 교회는 소비자들에게 그리스도의 주권에 복종하
라고 요구하는 대신, 그 소비자를 만족시키기 위해 모든 것을 한다.
설교자는 권위를 버리고 희극배우가 된다. 음악 사역자는 눈을 감고
비스듬히 뒤로 기대어 앉아 기타 연주에 빠져든다. 교회의 '관객'은
잠시 동안 기뻐한다.

　　현대 복음주의의 커다란 비극 중 하나는 탁월하면서도 생명을
주는 권위의 힘을 잃어버렸다는 것이다. 우리는 문화에 휩쓸렸다. 우
리가 생각하는 것보다 훨씬 더, 우리는 스스로를 가장 훌륭하게 성
장하고, 섬기며, 믿음 안에서 사랑하는 법을 결정할 수 있는 독립적

---

67 다음을 보라. Kevin Vanhoozer, "Evangelicalism and the Church: The Company of the Gospel," in *The Futures of Evangelicalism: Issues and Prospects*, ed. Craig Bartholomew, Robin Parry, and Andrew West (Grand Rapids: Kregel, 2003). 이호우 옮김, 《복음주의 미래》(CLC, 2012). 다음을 참조하라. Michael Sandel, *Liberalism and the Limits of Justice* (New York: Cambridge University Press, 1982). 이양수 옮김, 《정의의 한계》(멜론, 2012).

인 행위자로 여긴다. 물론 우리는 다른 사람의 말을 듣기도 하고, 다른 사람을 존중하기도 하며, 다른 사람의 인도를 받기도 한다. 하지만 마지막 순간에 스스로를 감독, 자산 관리자, 안내자, 재판관 그리고 성경적이 아니라 문화적인 방법에 따라 배를 운항하는 선장이라고 생각한다. 이를 요약하면, 다음과 같다. 저급한 신학이 우리의 반권위적이고 개인주의적인 성향과 만나 우리를 속임으로써 우리는 모든 그리스도인들을 동등하게 사랑한다고 주장하지만, 실제로는 구체적으로 그리고 특별히 순종적인 자세로 모든 그리스도인들을 사랑하지 못하게 한다. 그러다 보니 교회는 천박하고, 그리스도인들은 나약하며, 하나님의 백성들은 세상과 다르지 않다.

그러나 만일 각 지역교회가 스스로 그리스도의 대리인이라는 사실을 회복한다면 어떻게 될까? 각 교회는 이 땅에서 하나님의 대리인이다. 그러므로 교인을 받아들이는 것이 얼마나 중요한 일인지 생각해보라. 다른 도시로 이사하는 사람에게 작별 인사를 하는 것이 얼마나 중요한 일인지 생각해보라. 그들을 내보내는 것이 훨씬 더 중요하다. 만일 교회가 이 문제에 대해 심사숙고한다면, 교인을 받아들이는 것은 입양을 할 때처럼 훨씬 더 신중하게 다루어질 것이다. "그 아이의 서류들은 갖추어졌는가? 입양의 두 당사자가 필요한 질문을 다 했는가? 이 아이를 어떻게 잘 돌보고 보호할 것인가?" 다른 도시로 떠나려는 교인에게 작별 인사를 하는 것은 집을 떠나는 아들에게 작별 인사를 하는 것과 같이 느껴질 것이다. "안전하게 도착하면 꼭 연락해라. 돈이 필요하면 연락해라. 좋은 친구를 사귀고, 우리가 가르쳐 준 것을 꼭 붙잡아라. 사랑한다."

그러면 지역교회의 등록 교인 제도와 권징을
공식적으로 어떻게 정의해야 할까?
그리스도인과 지역교회 사이에
언약을 체결하고 깨뜨리는 것에 관하여 살펴보자.

등록 교인 제도와 권징 정의하기

이제 등록 교인 제도와 권징에 대한 정의로 나아가보자. 사랑을 정의
한 문맥에서 이 정의들을 생각해보자. 사랑은 "사랑받은 자를 향한
그리고 사랑받은 자가 거룩하신 분 안에서 유익을 얻게 되기를 바라
는 사랑하는 자의 인정과 애정"이다. 사랑은 영광과 거룩함을 추구하
도록 인도한다. 사랑은 거룩한 것을 보길 원하고, 거룩함이 인정받기
를 기다리는 곳 어디에서나 그것을 인정하길 원한다. 사랑은 거룩함
을 인정하기 위해 거룩함을 추구할 뿐 아니라, 그 거룩함이 사랑받는
자의 삶에서 더욱 확대되며 자라나길 원한다. 그러므로 이 사랑은 사
랑의 대상 안에서 더 많은 생명과 영광을 창조하기 위해 그리스도가
주신 모든 권위를 시행할 것이다.

등록 교인 제도 정의하기

이러한 개념들을 염두에 두고, 등록 교인 제도를 한 문장으로 정의하
는 것에서부터 출발해보자. **등록 교인 제도는 (1) 특정한 교회와 그리스
도 사이에 맺어진 연합의 언약이며, (2) 이 언약에는 그리스도인의 복음
적인 신앙고백에 대한 교회의 확증과, (3) 그리스도인을 감독하겠다는
교회의 약속과, 교회와 함께 모이고 교회의 감독에 복종하겠다는 그리스**

도인의 약속이 들어 있다.

여기에 몇 가지 요소가 들어 있음을 주목하라. 첫째, 교회라는 몸은 개인의 신앙고백과 세례를 진실한 것으로 **확증**한다. 다음으로, 교회는 그 개인의 믿음을 **감독**하겠다고 약속한다. 개인은 이 특정한 몸을 비롯하여 지도자들의 섬김과 권위에 자기의 삶을 **복종**시킨다. 이 모든 상호 관계는 **언약**이라는 단어로 요약된다. 비록 서로 다른 자격으로 행하긴 하지만, 교회와 그리스도인은 모두 상대방에게 자기 자신을 (단지 자기가 가진 것이 아니라) 내어준다. 교회의 몸은 개인에게 말한다. "우리는 당신의 신앙고백과, 세례와, 그리스도에 대한 제자도가 유효하다고 인정한다. 그러므로 우리는 당신이 그리스도께 속하고 우리 교제권의 감독 아래 속했다는 것을 공식적으로 확증하고 인정한다. 우리는 당신 안에서 그리스도의 거룩한 사랑이 자라가며 찬양을 받도록 우리 자신을 내어줄 것이다." 개인은 교회의 몸에게 말한다. "당신을 신실하고 복음을 선포하는 교회로 인정하는 한, 나는 나의 존재와 제자도를 당신의 사랑과 감독에 복종시킵니다. 나는 당신 안에서 거룩한 사랑이 자라가고 찬양을 받도록 나 자신을 내어줄 것입니다."

확증하다. 개인의 신앙에 대한 교회의 확증이라는 용어를 사용하는 것은, 교회가 믿음을 창조하는 것이 아니라 믿음을 확증할 뿐이라는 것을 의미한다. 교회는 거룩함을 확증한다. 구원은 로마가톨릭교나 정교회의 성만찬적 교인권의 개념처럼 사제나 성체와 연합하는 것에서 나오지 않는다. 교회는 믿음을 주는 권위가 아니라 믿음을 확증하는 권위만 갖는다. 구원은 오직 은혜로 말미암아 오직 믿음으로 얻는다. 옛 로마가톨릭교회의 가르침과는 반대로, 가시적이고 제도적인 교회 밖에 구원이 있다.

이것을 달리 말하면, 교회의 권위는 중재적이기도 하고 선언적이기도 하다. 교회의 권위는 절대적이거나 사효적(*ex opere operato*: 교회의 의향에 따라 성사가 집전되면 반드시 은총이 전해진다는 가톨릭교의 주장―옮긴이)이지 않다. 교회의 모든 권위는 궁극적으로 왕이신 그리스도께 속하며, 각각의 그리스도인은 교황이나 목사에게 직고(直告)하는 것이 아니라 궁극적으로 그리스도께 직고한다. 또한, 교회는 그리스도가 이미 그리스도와 연합하게 하신 사람을 그리스도로부터 떼어낼 권위가 없다. 그런 의미에서, 나는 교회를 어머니라고 지칭한 칼뱅의(그리고 키프리아누스의) 묘사를 좋아하지 않는다. 비록 칼뱅이 이것을 순수하게 수단적인 의미로 말했지만 결과는 마찬가지이다. 개인을 교회와 연합시키는 교회의 권위는 단지 그리스도가 개인을 어떻게 만드셨는지 확증하는 권위일 뿐이다. 우리는 대사나 백악관의 언론 담당 비서관이 자기가 따르는 지도자의 결정이나 행동을 낳는다(mother)고 말할 수도 있다. 이러한 상황에서는 대변인 또는 대사 비유가 어머니 비유보다 교회의 역할을 더욱 잘 묘사한다. 그러나 하나님은, 장차 하늘에서 궁극적으로 확증되거나 거절될 것의 전조로 이 땅에서 확증하고 거절하는 일에 하나님의 권위를 대변하도록 하시려고 흠 많고 종종 어리석기까지 한 교회들과 지도자들을 사용하신다. 구약성경의 창세기 1장에서는 하나님이 피조 세계를 좋다고 선언하시는 반면, 이제 이 땅에서는 그리스도를 대신한 교회가 하나님의 새로운 피조물을 좋다고 선언한다.

오늘날의 저자들 중 일부는 이러한 등록 교인 제도의 개념을 가리켜 경계를 정한 집단이라고 비판한다. 이 개념이 기준을 정해놓은 바리새인들을 연상시킨다는 것이다. 또한 그들은 교회에 등록하는 것이 특정한 문빗장을 통과하거나 일정한 기준에 이르는 것을 의미한다고 말하고 싶지 않기 때문이다. 그러한 성향은 부분적으로 옳다. 나는 제자들이 예수님께 던졌던, 잘못된 질문과 똑같은 정신으로 교회들이 등록 교인 제도를 볼 **수도 있다**고 생각한다. "천국에서는 누가 크니이까?"(마 18:1). 동시에 예수님도 일종의 기준을 제시하신다. 사람은 반드시 예수님의 이름을 고백하고 어린아이와 같이 겸손한 기본 자세를 보여야 한다(마 18:3-5). 우리는 완벽한 사람을 확증하려고 하는 것이 절대 아니다. 우리는 사람들을 일흔 번씩 일곱 번이라도 기꺼이 용서해야 한다(마 18:21-22). 그러나 그들은 반드시 복음을 이해하고, 다른 사람들을 용서하는 능력을 포함한 회개의 열매를 보여야 한다(마 18:23-35).

감독하다. 교회의 확증은, 양들을 언덕 위에서 방황하도록 내버려둔 이스라엘의 거짓 목자들처럼 일회적인 사건으로 끝낸 뒤 무관심과 방치로 일관해버리는 행위가 아니다. 교회의 확증은 단순히 교리적 내용을 확증하고 경계선을 뛰어넘는 것이 아니다. 오히려 교회는 자기 교인들을 그 날개로 보듬기 위해 인내하고 견디는 사랑을 보여준다. 또한 교회의 사랑은 교훈적이고 권위적인 사랑으로서, 개인의 삶에서 구원자의 형상을 본받는 성장과 거룩함이 일어나 그가 영광에서 영광에 이르는 것을 보고자 열망하는 사랑이다(고후 3:18). 예수님은 제자들에게 하셨던, "내가 가르친 모든 것을 가르치라"라는 명령을 교회에 위임하신다.

복종하다. 교회의 몸에 대한 개인의 복종을 말하는 것은, 성경의 직접적인 가르침과는 별개로 우리가 또 다른 극단을 피할 수 있게 해준다. 그 극단이란, 믿음은 교회에 의존하지 않기 때문에 그리스도인은 지역교회에 속하지 않고도 잘 지낼 수 있다는 무모한 생각이다. (단순히 관계에 대해서가 아니라) 복종에 대해 말하는 것은 진정으로 오늘날의 개인주의를 방어하는 방법이다. 그리스도인들은 그리스도의 보편적 몸에 속했기 때문에 지역교회와 교회의 지도자들에게 복종할 의무가 있다. 마찬가지로, 그리스도인들은 그리스도 안에서 받은 외적인 의로움 덕분에 이제는 의로운 삶을 추구할 의무가 있다. 사람은 지역교회에 속하지 않고는 보편교회에 속했다고 말할 수 없다. 그런 의미에서 교회 등록이 자발적이라는 말은 기술적으로 옳다 하더라도, 결코 정당화될 수는 없다. 이것이 바로 **복종**이라는 단어가 유익한 이유이다. 지역교회에 등록하는 것은, 의로운 삶을 추구하는 것과 마찬가지로, 그리스도에 대한 필연적인 순종의 문제이다. 이것은 일회적인 사건이 아니라 지속적인 관계이다. 본래 가톨릭교의 문구이지만 개신교가 혼동하는 것이 있다. 바로 "(가견적, 제도적) 교회 밖에는 구원이 없다"이다. 교회는 중재적인 권위를 가졌다. 그러나 하늘이 정한 인간 중재자에게 복종하지 않으려는 그리스도인은 왕이신 그리스도께도 복종하지 않으려는 태도를 보이는 것이다.

이것을 보다 긍정적으로 표현하면, 개인은 마치 어리고 미숙한 운동선수가 감독의 훈련과 훈육에 복종하고, 어린 피아니스트가 교사의 음계와 수업에 복종하는 것과 같이 교회에게 복종한다. 이는 마치 땅이 자신을 아담에게 드리며 이렇게 말하는 것과 같다. "나를 개간하고, 경작하고, 나에게서 수확하세요." 이것이 바로 우리가 교회의 권위에 복종할 때 마음속에 품는 자세이다. 우리는 거룩하신 분을 위해 **빚어지기를** 원한다. 그리고 권위에 복종하면 우리가 다른 사람들의 삶 속에서 권위를 시행할 수 있게 된다. 우리는 다른 사람들의 삶 속에서 경작하고, 풀을 뽑고, 씨를 뿌리며 일하는 데에 우리의 손과 발과 가슴을 헌신한다.

언약하다. 비록 우리는 교회에 서약한다 또는 참여한다고 말할지 모르지만, 그리스도인은 단순히 교회에 서약하거나 참여하는 것이 아니다. 서약(commitment)한다는 것은 자신의 삶에 대한 궁극적인 권위를 가지고 있지만 무슨 이유에서든 일종의 계약관계에 들어가기를 선택하는 자의 행동이다. 반면에 언약(covenant)의 개념은 서약의 행동을 포함하여, 그 이상을 의미한다. 언약은 이미 존재하는 관계를 구체화하고 공식화한다. 언약은 관계를 맺은 각 당사자의 정체성이 그 관계로 인해 어떻게 변화되는지 설명하고, 그 관계의 의무와 자격과 특권과 자유를 설명한다. 서약은 무에서 유를 창조한다. 언약은 어떤 의미에서 이미 존재하는 것을 명시적으로 확증한다. 서약은 당사자의 공적 정체성의 변화 없이도 폐지될 수 있다. 언약은 그럴 수 없다. 우리는 다음 장에서 이 언약의 개념을 다룰 것이다.

교회 권징 정의하기

등록 교인의 언약과 밀접한 관계에 있는 것은 교회 권징의 개념이다. 교회 권징은 동전의 뒷면이다. 그렇다면 교회 권징이란 무엇일까? 넓은 의미로 볼 때, 교회 권징은 그리스도인의 제자도에서 매우 중요한 부분을 차지한다. **권징**(discipline)이라는 단어와 **제자**(disciple)라는 단어의 어근이 같다는 점에 주목하라. 두 단어 모두 교육과 관련이 있다. 더 구체적으로 말하면, 교회는 교인들을 제자 삼기 위해 권징한다. 즉, 교인들을 권징하는 것은 그들이 그리스도의 형상을 닮도록, 그들을 그리스도의 의의 길로 교육하는 것이다. 교육에 양성과 교정이 포함되듯이, 교회 권징에도 양성과 교정이 포함된다. 교사들은 가르치고 교정한다. 그래야 학생들이 성장한다. 마찬가지로, 교회도 가르치고 교정한다. 그래야 그리스도에 대한 교인들의 제자도가 자라난다. 교인의 권리가 권징을 받지 않으면 이는 제자 삼지 않는 것과 같다. 이러한 등록 교인 제도는 나약하고, 연약하고, 어리석고, 부정하다.

여기에서 우리의 관심은 특히 교정하는 권징에 있다. 등록 교인 제도를 하나님이 이스라엘 국가와 맺으신 언약과 같은 결혼 언약에 비유해보면, 교정하는 교회 권징은 비공식적으로 부정함에 상응한 이혼의 위협에서 시작한다. 그리고 공식적인 교회 권징은 이혼 자체이다. 이것은 한 사람을 교회의 몸으로부터 내쫓는 것이다. 이를 교육에 비유하여 말하자면, 공식적인 교회 권징은 교정과 낙제의 위협에서 시작한다. 공식적인 교회 권징은 완고하게 불순종하거나 저항하는 학생을 교사가 낙제시키고 퇴학시킬 때 이루어진다.

이것을 조금 더 명확하게 정의하면, **교정하는 교회 권징은 교회 안에서 죄가 교정될 때마다 일어난다. 또한 교인이 그리스도에 대한 제자도에 불순종한 것으로 증명되었기에 교회와 교인 간의 언약이 이미 파기되었다고 교회가 선언할 때 가장 완전하게 이루어진다. 이런 의미에서, 교회는 개인의 신앙에 대한 교회의 확증을 철회하고, 그 교인에 대한 교회의 감독을 중지한다고 선언하며, 그를 세상으로 돌려보낸다.**

모든 교회는 일정한 형식을 갖추어 그 교인들을 권징한다. 즉, 모든 교회는, 심지어 건강하지 못한 교회들도 교인들에게 무언가를 가르친다. 그러나 대부분의 교회들은 개인적으로든지, 비공식적으로든지 또는 공식적인 교회 권징의 행위로든지 간에 교인들을 올바르게 권징하지 못한다. 이 공식적인 행위는 개인을 교회의 교제권으로 부터 추방시키는 것이기 때문에 출교라고 알려져 있다. 교인들을 가르치기는 하지만 교정하지 않는 교회는 학생들이 훌륭한 답안지를 내거나 형편없는 답안지를 내거나 상관없이 모든 학생에게 A⁺ 학점을 주는 교사와 같다. 교인들이 교정하는 교회 권징을 받지 않더라도 당분간은 배우고 성장할 것이다. 그러나 모든 사람이 A⁺ 학점을 받기 때문에 결국 그 교회 안에서 훌륭한 답안지와 형편없는 답안지 사이의 구분이 모호해질 것이다. 그리고 훌륭한 답안지는 작성하기가 어렵고 언제나 자기희생을 요하기 때문에, 갈수록 좋은 답안지를 내려는 교인들의 수가 줄어들 것이다(고전 9:24-27). 이것이 바로 권징하지 않는 교회가 비대해지고 연약해지는 이유이다. 이런 교회는 결국 세상과 차이가 없어진다.

교정하는 교회 권징은 교회 안에 존재하는 거룩하지 않은 것들에 대한 교회의 대응이다. 권징은 어떤 교인이 특정한 죄를 그리스도보다 더 사랑할 때 반드시 행해야 하는 성경의 명령이다. 권위의 언어를 사용해서 말하자면, 이 교인은 창세기 3장에서 아담과 하와처럼 옛 모습으로 돌아가 자기 스스로의 통치를 따르기로 한 것이다. 교회는 그에게 회개하지 않은 죄의 결과에 대하여 몇 가지 충고를 하지만, 그는 (자기 행동에 대해) 이렇게 말한다. "상관없어요. 나는 이 죄를 사랑해요. 나는 내게 있는 자율성을 사랑해요. 자율성이 나에게 법이에요. 하늘의 왕께서 성경을 통하여 다른 말씀을 하신다 해도 나는 이 자율성을 버리지 않을 거예요." 아이러니하게도, 그는 여전히 자기가 그리스도를 따르는 자이고 그리스도 왕국의 시민이라고 고백할 테지만, 그의 고백은 속임수에 불과하다. 그러므로 교회는 협의하여 그에게 성찬의 떡과 잔을 금하기로 결정한다. 그는 공동체에서 출교를 당한다. 만일 그가 계속해서 죄를 회개하지 않으면, 교회와 이 교인 사이의 언약은 공식적으로 파기된다. 이것은 그가 그리스도의 새 언약에 속했다는 사실이 거짓으로 판명되었다는 의미이다.

등록 교인 제도 그리고 복음적인 사랑의 결과인 권징

만일 사랑을 '사랑받은 자를 향한 그리고 사랑받은 자가 거룩하신 분 안에서 유익을 얻게 되기를 바라는 사랑하는 자의 인정과 애정'이라고 정의한다면, 그리스도인들이 왜 등록 교인 제도와 권징의 개념을 반대하는지 이해할 수가 없다. 만일 그리스도인들이 그리스도를 사랑한다면, 그리스도의 임재가 나타나는 곳마다 그 임재를 인정하고 싶어 할 것이다. 그리스도인들은 그리스도의 임재를 지키고, 그 임재가 확대되는 것을 보고 싶어 할 것이다. "당신은 우리 구원자에게 속했습니까? 우리가 당신을 확증하고, 당신을 감독하고, 당신을 섬기고, 당신을 격려하겠습니다." 등록 교인 제도는 복음적인 사랑의 분명한 결과이며, 그리스도는 교회에게 이를 정확히 시행하라고 헌장을 주셨다.

교회 권징도 하나님이 중심되신 복음적 사랑의 분명한 결과이다. 권징은 그리스도의 나라가 이미 시작되었지만 아직 완성되지 않은 세상에서 필연적이고 사랑스러운 수단이다. 하나님의 사랑이 인간 중심이라면 권징은 잔인할 것이며, 특히 사탄의 거짓말(창 3:5)을 확신하는 사람들에게는 항상 잔인하게 들릴 것이다. 그러나 거룩함을 추구하는 교회에게 권징은, 거룩하지 않은 자를 가리켜 "거룩하다"라고 부르기를 거절하는 것이다. 자기기만이 더 이상 통치하지 못하도록 그러한 선언들을 모두 제거하는 것이다. 이 세상 지혜의 심각한 도전 앞에서, 교회 권징은 사랑이 무엇인지 정확하게 알려준다.

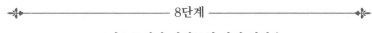

— 8단계 —

그리스도인과 지역교회 간의 언약은

다른 그리스도인들에 대한 그리스도인의 책임을 면제해주지 않는다.

오히려 그리스도인에게 자기 교회 교인들에 대한 더 많은 책임을 부여한다.

다른 교회 교인들을 어떻게 대할 것인가?

내 친구에게 등록 교인 제도의 개념에 대해 설명하자, 그는 내게 짤막한 질문을 했다. "그렇다면 우리 교회에 속한 그리스도인과 나의 관계 그리고 우리 교회에 속하지 않은 그리스도인과 나의 관계 사이의 차이가 무엇일까?" 참 좋은 질문이다. 여기에는 다음과 같은 두 번째 질문이 따라온다. "한 지역교회는 다른 지역교회의 권위 아래에 있는 그리스도인과 어떻게 서로 영향을 주고받을까?"

개인적인 의무

나에게 친구 두 명이 있다고 가정해보자. 셰인은 우리 교회의 교인이고, 더그는 다른 교회의 교인이다. 내가 그리스도인 대 그리스도인으로서 셰인과 더그에 대해 가진 의무는 한 사람이 같은 교회 교인이고 다른 한 사람은 아니라는 이유 때문에 차이가 있을까? 나는 상황이 허락되는 대로 각각을 격려하고, 사랑하고, 섬기고, 대신 짐을 지고, 용서하고, 책망하고, 물질을 공급하고 기도해야 한다. 반대로, 두 사람도 상황이 허락되는 대로 내게 똑같이 할 의무를 진다. 예를 들어, 바울은 예루살렘 교회에게 후한 연보를 한 마게도냐 교인들을 칭찬한다(고후 8:1-5). 나는 이 점에 대해서만큼은 그리스도인들 사이에서 큰 의견 대립이 없을 거라고 생각한다. 모든 사람이 성경에 있는 상호 명령을 알고 있으며, 우리 모두가 그리스도 안에서 한 몸에 속했기 때문에 다른 그리스도인들을 사랑하고, 섬기고, 격려해야 한다는 데에 동의한다. 그러나 이 두 사람에 대한 나의 성경적인 의무는 한 사람이 우리 교회 교인이고 다른 한 사람은 아니라는 이유 때문에 어떻게든지 서로 다른 것일까?

셰인과 나는 특정한 그리스도인 그룹(장로와 집사와 평신도로 구성된)에 우리의 삶과 제자도를 공식적으로 복종했고, 더그는 그 그룹에 복종하지 않았다. 이것은 어느 특정한 그리스도인 그룹이 내 신앙과 셰인의 신앙을 확증하고 그에 대한 책임을 지는 반면, 더그의 신앙에 대해서는 그것을 확증하지도 않고, 그에 대한 책임도 지지 않는다는 의미이다. 또한 이것은 셰인과 내가 서로의 제자도를 피차 감독하기로 언약을 맺은 반면, 더그의 경우에는 비록 우리가 그를 사랑하고 동료 그리스도인으로서 많은 부분을 그에게 헌신하고 있지만, 그와는 이러한 언약을 맺지 않았음을 의미한다. 이것은 우리가 그리스도 안에서 더그와 하나가 아니라는 의미는 아니다. 단지, 이 땅에서 그 어떤 교회도 모든 순례자들을 책임 있게 감독할 만큼 무한한 자원을 갖지 않았음을 의미하는 것이다. 우리의 자원과 시간을 책임 있게 사용하기 위해, 나는 한 몸을 감독하는 데에 힘을 보태고, 당신은 다른 몸을 감독하는 데에 힘을 보태야 한다. 이것은 팀을 위해 노력하는 것이다. 우리는 모두 같은 팀을 위해 뛴다. 그러나 그 팀은 수많은 장소에서 수많은 감독과 함께 모인다.

교회 권징의 시행은 서로에 대한 우리의 헌신이 어떻게 다른지 보여주는 하나의 구체적인 예이다. 더그에게 지는 책임과는 다른 방식으로, 셰인은 같은 교회의 교인으로서 나에게 책임이 있고 나는 셰인에게 책임이 있다. 만약 그가 죄에 빠지기 시작했다면, 나는 그리스도인 형제로서 그를 어느 정도 꾸짖을 책임이 있다. 아마 심하게 꾸짖을지도 모른다. 더그의 죄가 심각하다면 나는 이렇게 말할 수도 있을 것이다. "더그, 만일 자네가 계속해서 회개하지 않는 삶을 산다면, 자네를 그리스도인이라고 부를 수 없다네." 그러나 거기까지가 내 한계이다. 그리스도인 대 그리스도인으로서 내가 할 수 있는 일의 전부이다. 내 힘과 책임은 거기까지밖에 미치지 못한다. 만일 셰인이 죄를 짓고 회개하지 않는 삶을 산다면, 성경은 그에 대하여 나에게 더 높은 수준의 책임과 권위를 준다.

나는 내가 속한 지역교회와 함께 공적인 의식을 시행하는 일에 참여하라고 요청받을 것이며, 그곳에서 셰인의 세례가 가진 상징적인 의미가 무엇이고, 셰인이 그와는 정반대 방향으로 갔다는 사실을 확인할 것이다. 셰인의 세례가, 셰인이 그리스도와 화해했고 그가 주님이 세우신 보편교회의 교제권 안에 받아들여졌다는 상징적 의미를 가졌다면, 지역교회의 권징과 출교 결정은 셰인이 그리스도로부터 다시 단절되었고 보편교회의 교제권으로부터 제외되었음을 상징한다. 세례와 같이 권징은 지역교회에서 행하지만, 보편적인 의미를 갖는 행위이다. 책임과 권위는 '나'라는 개인에게 속한 것이 아니지만, 나는 그 책임과 권위를 셰인과 내가 특별하게 헌신한 전체 회중과 함께 나누어 가진다. 앞에서 살펴본 것처럼, 예수님은 한 개인에게 주지 않은 힘을 지역교회에게 주셨다. 이는 이 땅에서 어떤 것들은 매고 어떤 것들은 푸는 힘이다(마 18:18; 16:19 참조).

교회의 책임

그러면 교회들은 다른 교회에 소속된 그리스도인들을 어떻게 보아야 할까? 예를 들어, 우리 교회는 더그의 교회가 더그에게 해준 확증을 존중해야 할까? 더그는 우리 교회에서 성찬에 참여할 수 있을까? 만일 더그가 여전히 복음을 잘 선포하고 있는 지역교회의 교인으로서 세례를 받았다면, 가능하다.[68] 만일 다른 교회의 교인인 더그가 우리 교회를 방문 중이라면 우리는 그를 형제로 받아들여야 하는데, 그것은 단지 더그가 신앙고백을 하기 때문이 아니라 이 형제의 감독권을 가진 다른 회중이 그의 믿음을 확증하기 때문이다. 그 교회가 더그를 보증해주는 것이다.

이것은 신약성경에도 있는 이야기이다. 바울은 빌레몬에게 오네시모를 형제로 받아들이라고 말한다(몬 1:17). 그리고 바울은 빌레몬의 집에서 모이던 교회를 향하여 빌레몬이 오네시모를 영접하는지 주목해보라고 하는 것 같다(몬 1:2). 요한은 자기 교회에서 보낸 일꾼들을 가이오의 교회에서 사랑스럽게 영접한 것 때문에 기뻐한다(요삼 1:3-8). 그리고 디오드레베가 그 형제들을 반갑게 맞이하지 않은 것에 대해 꾸짖는다(요삼 1:10). 지역교회가 확증과 감독 그리고 복종을 행한다는 것은 어느 한 교회가 다른 교회의 교인들을 받아들이지 않는다는 의미가 아니다. 사실, 그와 반대이다. 각 교회는 복음을 믿는 모

---

68 이것이 어떻게 성찬 및 '수찬 제한'과 연결되는지에 대해서는 6장을 보라.

든 교회들의 권위를 존중해야 하고, 한 가정이 손님을 맞이하는 것처럼 다른 교회의 교인을 받아들여야 한다.

그러나 한시적으로만 그렇게 해야 한다. 한 교회의 교인이 자기 모교회에서 오랫동안 떨어져 있을수록, 모교회는 그 교인을 효과적으로 감독할 수 없다. 결국, 다른 교회에서 온 사람을 맞아들인 교회는 그 사람에게 본래 헌신했던 곳으로 돌아가든지, 아니면 교적을 옮겨서 새로운 교회의 감독 아래로 들어오라고 권유해야 한다. 어떤 경우든 이 교인은 특정한 교회에 복종함으로써 그리스도의 한 몸에 복종하는 삶을 살아야 한다.

이와 마찬가지로, 한 교회는 다른 교회의 권징 행위를 존중하고 주의를 기울여야 한다. 만일 더그가 그의 교회에서 권징을 받고 있는 상태라면, 우리 교회는 그 교회의 권위를 존중해야 한다. 이것은 성경의 가르침이다. 사도 요한은 다른 교회에게 말한다. "누구든지 이 교훈을 가지지 않고 너희에게 나아가거든 그를 집에 들이지도 말고 인사도 하지 말라"(요이 1:10). 여기에서 요한이 권징을 받은 개인을 언급한 것은 아닐 수도 있지만, 그가 사도적 복음을 전하지 않는 선생에 대해 말하고 있음은 분명하다. 지역교회는 그런 사람을 환영하거나 받아들이면 안 된다.

그러나 이 말은 어느 한 교회에서 부당한 대우를 받거나 권징을 받은 개인을 모든 지역교회가 기피해야 한다는 뜻이 아니다. 그 무엇도 교회가 교인에게 주의를 기울이지 못하도록 막을 수 없다. 그리고 모든 교회는 권위를 성실하게 이행하기 위하여 상당한 주의를 기울여야 한다.

이와 동시에, 교회는 자기와 같이 그리스도의 몸에 속한 다른 교회들을 존경하고 존중해야 하며, 특별히 우리는 오늘날의 교회들이 이런 자세를 회복할 필요가 있음을 강조해야 한다. 예를 들어, 어떤 교회는 세례를 받은 그리스도인이 한 교회를 떠나 자기에게로 왔을 때, 이전 교회가 그에 대해 무엇을 확증했는지 전혀 관심을 보이지 않음으로써 개인주의적인 기독교 개념이 무엇인지 여실히 보여주고 있다. 이전 교회에서 받은 자격증을 자기가 옮겨가고 싶은 교회에 보여주라고 요구하는 것이 잘못된 일로 여겨진다. 마치 사복 경찰관에게 경찰 배지를 보여달라고 요청하는 것과 같다고 생각하는 것이다. 그러나 모든 지역교회가 그런 자격증을 교부할 권위가 있다. 세례받은 그리스도인에게 당신이 이전 교회의 등록 교인이라는 증거를 보여달라고 요구하지 않는다면, 그 교회는 그리스도인들이 모두 운동 경기의 자유 계약 선수이며 자기가 원하는 곳이면 어디나 마음대로 왔다 갔다 할 수 있다고 말하는 것과 다름없다.

모든 지역교회는 다른 교회들과 그 교인들에 대한 열린 마음을 갖고, 그들을 사랑할 뿐 아니라 동시에 존경과 존중의 자세를 가져야만 한다. 모든 교회가 함께 그리스도의 한 몸에 참여하기 때문이다. 이런 태도를 가장 잘 보여주는 교회가 마게도냐 교회들이라고 할 수 있다. 바울은 이 교회들이 "극심한 가난"에도 "성도 섬기는 일에 참여함에 대하여 우리에게 간절히 구하니"라고 말한다(고후 8:2, 4).

한 그리스도인과 한 지역교회가 서로 연합하는 언약이 존재한다. 이 사실은, 우리가 다른 교회 교인들에게보다 우리 교회 교인들에게 공식적으로나 비공식적으로 더 많은 책임을 요구한다는 뜻이다. 이것은 마치 가족들이 당연히 자녀를 돌보는 원리와 같다. 나는 아버지로서 다른 가족의 자녀를 전혀 돌보지 않겠다거나, 어떤 경우에도 그들을 위하여 나를 희생하지 않겠다는 의미가 아니다. 그러나 하나님은 나를 내 자녀의 고유한 청지기로 빚으셨다. 이것은 내가 다른 이들의 자녀보다 내 자녀에게 더 많은 관심을 쏟아야 한다는 의미이다. 또한 다른 사람들이 할 수 없는 방식으로 내가 내 자녀를 교육하고 훈육해야 한다는 뜻이기도 하다.

결론

고린도전서 5장에서, 바울은 고린도 교회 교인들에게 비그리스도인들조차 짓지 않는 죄를 지은 사람을 더 이상 용납하지 말고, 이를 통하여 복음을 보존하라고 요청한다. 그들은 그리스도의 헌장이 가진 권위에 따라 공식적으로 '주 예수의 이름으로 모인' 고린도 지역 사람들이다. 그러므로 그들에게는 이 사람이 예수님을 안다고 공식적으로 말하지 못하게 할 책임이 있다. 교인들은 죄지은 사람과 교회의 이름 사이의 연결 고리를 끊어버림으로써 주님이 주신 헌장을 지켜야 한다. 그에 대한 확증과 감독권을 철회해야 한다. 그를 내쫓아야 한다. 교인의 권리를 박탈해야 한다. 그의 삶이 저주로 향하는 사람의 모습과 같다는 것이 증명되었으므로, 그의 신앙고백은 더 이상 신뢰할 수 없다. 바울은 그가 그리스도인인지 아닌지 확실하게 알 수 없다. 그러나 교회는 여전히 예수님을 대변할 필요가 있다. 그렇기에 바울은 그 사람이 비그리스도인과 같이 행하며 회개하지 않으므로 사랑 안에서 그를 내쫓으라고 권면한다. 바울의 목표는 하나님의 백성을 결속시키는 것 이상이다. 바울은 교회 안에 있는, 더 크게는 고린도에 있는 그리고 그리스도의 이름 안에 있는 그리스도인들을 위

해, 또한 죄를 지은 그 사람을 위해 하나님의 백성을 구별하는 일에
관심을 둔다. 바울의 관심은 복음을 보존하고 보호하는 것이다.

바울은 교회의 형식과 내용 사이에, 즉 교회의 조직과 복음 사이
에 상징적인 관계가 존재한다는 것을 알고 있다. 교회 조직의 문제들
을 단지 '부수적이고 중요하지 않은' 범주로 치부하면서, 위선자들과
이단들로부터 복음을 보호할 수 있다고 기대할 수는 없다. 교회들은
'자기의 핵심 가치를 회복'하고, 그 가치를 보존하기 위해 교리를 분
명하게 전해야 한다. 또한 교회들에게는 경계와 조직과 권위도 필요
하다. 내 말은 다양한 복음주의 진영의 지도자들이 그어놓은 교리적
경계나, 신학교들이 그어놓은 경계선들을 의미하는 것이 아니다. 지
역교회라고 하는 성경적 제도를 둘러싼 경계를 가리킨다. 이는 사탄
이 교회를 파괴하기 위해 위선자들과 이단들을 일으킬 때, 지상교회
가 올바른 신앙고백과 다양한 교리적 가치를 강화할 수 있도록 그리
스도가 교회에게 주신 수단이다.

예를 들어, 신학교가 정통에서 벗어날 때 그 잘못은 신학교 내에만
머물지 않고, 결국 탈선한 교수들이 다니는 모든 교회들에까지 미치게
된다.[69] 신학자 칼 트루먼(Carl Trueman)은 이것을 정확하게 간파했다.

복음주의가 현재 자행하는 문제는 교회를 약화시키고 있다는 것이다.
복음주의와 복음주의 기관들은 세례나 교회 정치 등과 같은 사안에서
교회론적인 차이를 무시하라고 요구하기 때문에, 이론적으로 볼 때 결
코 교회를 대신할 수 없다. 더욱이, 책임성의 문제는 신학교에서부터 복

---

69 이는 본래 마크 데버의 생각이다.

음주의신학회(Evangelical Theological Society)와 같은 학문적 단체에 이르기까지 모든 선교 단체(parachurch)들을 끈질기게 따라다닌다. 문제는, 복음주의 기관들이 교회의 역할을 하기 위해 만들어진 것이 아님에도 교회를 대체하게 되었다는 것이다. 어떤 기관의 경우에는 피라미 한 마리가 중요한 거물이 되기도 하고, 또 어떤 기관은 다양한 이단들이 아무런 제지도 받지 않고 번성하게 만드는 활동과 포럼의 장이 되기도 한다. 또 다른 경우에는 이 기관들이 기독교에서 가장 중요한 중심이 되고 있다. 그 이유는, 사람들이 먼저 복음주의자가 되고 그다음에 장로교인, 침례교인 또는 오순절 교인이 되기 때문이다.[70]

학위를 가진 학자들이 아무리 많다 해도, 출판된 책들이 아무리 많다 해도, 교인들을 훈육하라고 부름받은 기관은 책임 없는 기관들이나 이익 창출이 목적인 출판사들이 아니라 바로 지역교회이다. 목사들이나 사제들, 각종 운동들 또는 모든 교단들이 정통에서 벗어날 때 이와 똑같은 일이 벌어진다. 바울은 갈라디아서 1장에서 이 점을 매우 분명하게 지적한다. 바울은 거짓 복음에 귀 기울인 거짓 교사들을 책망하는 것이 아니라 교회를 책망한다. 최종적으로 하나님 앞에 서서 그들이 거짓 복음을 용인했는지 아닌지 직고해야 할 책임은 교인들 각자에게 있는 것이 아니라 교회에게 있다. 최근에 이와 관련된 사례가 있었는데, 미국 감독교회(ECUSA)에 속한 회원 교회가 교단에서 탈퇴하기로 결의하고 아프리카에 있는 몇몇 국교회 주교들과 연

---

70 Carl Trueman, "Confessions of a Bog-Standard Evnagelical," in *Reformation 21: The Online Magazine of the Alliance of Confessing Evangelicals*, issue 28 (January 2008),

합한 사건이다.

　우리는 케빈 밴후저의 '순수한 교회론'에 관한 이야기로 이번 장을 시작했다. 우리는 복음의 심장이 고동치는 그의 제안과, 본질적이지 않은 것 때문에 분열하지 않고 근본적인 문제를 확인하려는 그의 복음주의적 열정을 고맙게 여길 수 있다. 그러나 '복음=본질', '정치=비본질'이라고 할 만큼 그 공식이 단순하지는 않다. 특히 하나님이 본질을 보호하시기 위해 사용하시는 수단이 비본질적인 것들일 경우에는 더욱 그렇다. 견고한 콘크리트 구조물은 인간보다 중요하지 않지만, 허리케인이 올 때에는 매우 유용하며, 우리는 사랑하는 사람들을 그 구조물 속에 들여보내어 안전하게 보호하고 싶어 한다. 마찬가지로, 우리는 교회 정치 아래 있는 지도자들과 교인들이 그들의 정치가 갖는 중요성을 다시 한 번 보게 함으로써 교회론을 한두 단계쯤 덜 **하찮게** 다룰 필요가 있다.

　등록 교인 제도에 관한 논의에서 우리가 아직 다루지 않은 주제는 지상교회가 어떻게 복음의 결과인지 조금 더 자세히 생각해보는 것이다. 이 주제는 밴후저의 글이 잘 다루고 있다. 우리는 지금껏 제도적 측면, 즉 헌장에 초점을 맞추었다. 전체 그림을 보려면 교회의 고동치는 복음의 심장이 무엇이며, 복음이 이 헌장에 어떻게 부합하는지 조금 더 자세하게 생각해볼 필요가 있다. 그러기 위해서 우리는 이제 언약의 성경적 개념을 살펴볼 것이다.

_5장

사랑의 언약

"사랑은 타오르는 것, 불타는 고리를 만들지…." _조니 캐쉬(Johnny Cash)

핵심 질문: 지역교회 등록 교인의 서약 또는 '언약'은 정확히 무엇일까?

핵심 답변: 신자들이 한 지역교회를 이루기 위해 서로에게 하는 서약은 언약과 같다. 그리스도가 새 언약을 통해 신자들을 자신과 하나가 되게 하셨고, 그분의 헌장을 통해 그들을 자신과 하나가 되게 할 수 있는 권위를 주셨으므로, 신자들은 그리스도의 이름이 보존되고 그들의 유익이 증진될 수 있는 방식으로 서로 간에 언약을 맺는다.

몇 년 전부터 내 친구 조쉬는 선교사의 접근이 제한된 중동으로 선교를 하러 가고 싶어 했다. 그러나 지난 한 해 동안 조쉬는 사랑의 대상을 나와 함께 출석하고 있는 워싱턴 D. C.의 어느 지역교회로 선회했다. 조쉬는 이 사람들을 통해 역사하시는 하나님의 일에 훨씬 더 헌신하게 되었고, 그것이 해외 선교에 대한 그의 열망과 사고방식에 영향을 주었다. 최근에 조쉬는 나에게 자신의 생각이 어떻게 변했는지 이야기해주었다. 나는 이미 이 책을 쓰기 시작한 상태였기 때문에 우선 그의 말을 끊었다. 그리고 펜을 든 다음 받아 적을 테니 처음부터 다시 이야기해달라고 부탁했다. 조쉬는 이렇게 말했다.

> 나는 페르시아어권 사람들에 대한 열망이 있었기 때문에, 항상 그것이 나를 향한 하나님의 계획임에 틀림없다고 생각해왔다네. 그런데 이 교회에 있는 동안 그리고 자녀와 부모, 남편과 아내, 교인들과 장로들에게서 목격한 복종을 통해 하나님께 영광 돌리는 방법을 곰곰이 생각해보는 동안, 나는 어쩌면 선교에 대한 나의 개인적인 열망과 계획을 교회의 선교 비전에 복종시킬 때 하나님이 더 큰 영광을 받으시고 내가 보다 더 성화(sanctification)될 수도 있다는 생각을 하기 시작했어. 물론 이 말은 내가 다른 부류의 사람들과는 다른 현장으로 가게 될 수도 있다는 것을 뜻한다네.

어떤 복음주의자들은 내 친구에게 이렇게 말할지도 모른다. "조쉬, 하나님이 당신을 페르시아어권 사람들에게로 부르셨다면, 당신의 부르심은 그 사람들에게 가는 것입니다. 당신은 요나처럼 하나님의 뜻을 거역할 생각입니까?" 부르심에 대해 조금 덜 신비롭게 생각하는 복음주의자들은 어쩌면 보다 더 단순하게 말할 수도 있다. "조쉬, 나는 왜 교회가 당신에게, 당신이 어디로 가야 할지를 말해줘야 하는지 모르겠습니다."

나는 교회가 조쉬에게, 그가 가야 할 곳을 말해줄 수 없다는 데에 동의한다. 그리고 나는 여기에서 사역의 부르심에 대한 신학적 논의를 하려는 게 아니다. 그럼에도, 조쉬의 마음가짐과 생각의 바탕을 살펴볼 필요가 있다. 조쉬는 그리스도인의 삶에 대해 회중 중심적이고, 회중 우선적으로 생각한다. 조쉬의 삶과 은사는 자기에게 속한 것이 아니라 주님께 속했다. 그리고 조쉬는 자신의 삶을 향한 하나님의 뜻을 완벽하게 안다고 생각하지 않는다. 오히려 자기에게 도움이 필요하다는 것을 알고 있다. 또한 하나님은 여럿이 함께하는 사역을 위하여 그의 주변에 다른 그리스도인들을 두신다는 것과, 때로는 이것이 자기가 본래 계획한 대로 할 수 없음을 의미한다는 것도 성경을 통하여 알고 있다. 조쉬는 자기가 스스로의 영적 이익을 얻기 위하여 이 그리스도인 팀 또는 저 그리스도인 팀과의 계약서에 서명하는 자유 계약 선수라고 생각하지도 않는다. 오히려 그는 가족끼리 저녁 식사 자리에서 이야기를 나누며, 자기를 사랑하는 사람들에게 조언을 구하는 아들과 같다. 그는 배우자의 동의가 없이는 삶의 중요한 결정을 내리길 거부하는 남편이나 아내와 같다. 왕의 대신들에게 자문을 구하지 않고도 왕의 마음을 척척 알아낼 수 있다고 떠벌리는 신하와 같지 않다. 몸의 다른 지체들에게 "나는 네가 필요 없어"라고 말하는 손이나 발과 같지 않다. "조쉬, 교회가 말하는 것은 마음에 담아두지 마"라고 하는 사람은, 본인이 생각하는 것보다 훨씬 더 우리 시대의 개인주의 문화에 굴복한 것 아닐까?

조쉬가 복종하려고 생각하는 교회에 선교에 대한 비전이 없다면 어떻게 해야 할까? 완고하며 중생하지 않은 것 같은 늙은 집사들이 교회를 이끌고 있다면 어떻게 해야 할까? 수많은 이유로 인해 교회를 신뢰할 수 없다면 어떻게 해야 할까? 윌리엄 캐리(William Carey)가 복음을 들고 인도로 가겠다고 말했을 때 캐리에게 "젊은이, 앉아보게. 하나님이 그 이교도들을 회심시키기 원하신다면 자네와 나의 도움 없이도 그렇게 하실 수 있지 않겠나?"라고 말했던 J. R. 릴랜드

(J.R. Ryland)와 같이, 조쉬의 열망에 대한 교회의 반응이 냉랭하고 터무니없다면 어떻게 해야 할까? 이것이 조쉬가 복종해야 하는 선교의 비전일까? 당연히 아니다. 이것은 성경적이지 않다. 우리는 조쉬가 교회의 선교 비전에 신실하게 복종하는 것이 문제를 매우 복잡하게 만들 수 있는 다양한 환경들을 상상해볼 수 있다. 그러한 상황들은 마치 악한 남편에게 복종해야 하는 아내와, 불의한 통치자에게 복종해야 하는 시민들의 경우처럼 신중한 균형과 충분한 지혜가 필요하다. 그러나 성경적인 진실이 남아 있다. 조쉬는 운동 경기의 자유 계약 선수가 아니다. 그는 한 가정의 구성원이고, 결혼의 당사자이며, 한 나라의 시민이고, 한 몸의 지체이다. 그것이 조쉬의 정체성이다. 그러므로 그는 '내가 성경적으로 누구인가?'라는 관점에서 자신의 삶과 사역을 생각하고 있다.

조쉬가 최선을 다해 분별해보았을 때 교회의 조언이 어리석고 비성경적이라고 판단된다면 그것을 천천히, 꺼림칙하게 그리고 하나님을 두려워하는 마음으로 거절할 수 있다. 또는 조쉬가 자기의 꿈을 잠시 미뤄두고 먼저 몇 년 동안 헌신해서 어느 건강하지 못한 교회가 건전한 선교 비전을 개발할 수 있도록 도운 다음, 그 일이 잘 진행되고 있을 때 교회로부터 기쁜 마음으로 파송을 받아 선교하러 갈 수도 있다. 조쉬가 교회를 설득해서 그가 원하는 접근 제한국에 교회가 팀을 파송하거나, 또는 교회가 조쉬를 설득해서 그를 다른 나라로 가게 할 수도 있다.

어떤 상황이 벌어지든지 간에, 요점은 조쉬가 자기의 정체성과 교회의 정체성 사이의 연관 관계 속에서 반드시 교회의 조언을 받아야 한다는 사실을 잘 알고 있다는 것이다. 조쉬는 개인과 교회가 모두 그리스도와 연합되어 있으므로 자기는 교회와 교회는 자기와 하나가 되었다는 것을 알고 있다. 그러므로 조쉬는 이 교회에서 주인 의식을 가지고 있다. 교회의 성공과 실패는 조쉬의 것이다. 그리고 조쉬의 성공과 실패도 교회의 것이다.

────── 1단계 ──────

'지역교회 언약'이 무엇인지에 대한 질문에
우리는 4장에서 다룬 그리스도의 '헌장'과
그리스도의 새 언약과의 관계를 살펴봄으로써 답할 수 있다.

헌장과 언약

그리스도는 교회를 결속시키고, 교회를 구별시키며, 복음을 보존하는 위임령 또는 헌장을 그분의 교회에 주셨다. 우리는 4장에서 이 내용을 살펴보았다. 그러나 우리는 한 단계를 지나쳤다. 그리스도는 이 사도적 헌장을 **교회**에게 주셨는데, 이는 교회가 헌장보다 먼저 존재한다는 뜻이 아닐까? 보편적 교회는 헌장에 의해 창시된 것이 아니라 언약, 즉 그리스도의 새 언약에 의해 창시되었다. 내 친구 조쉬는 모든 그리스도인들과 마찬가지로 그리스도의 새 언약에 따라 보편교회에 속해 있다. 이런 사실은 우리에게 다음과 같은 질문을 던진다. "새 언약과 헌장의 관계는 무엇일까? 새 언약은 등록 교인의 언약과 같은 것일까?"

신약성경의 줄거리를 생각해보자. '언약'과 '헌장'에 대해 이야기하는 것은 복잡하게 보일 수도 있지만, 이것은 성경의 '왕국' 개념이 지역교회와 관련 있는 '언약' 개념과 어떻게 조화를 이루는지 이해하기 위해 반드시 마주해야 하는 도전이다. 그리스도는 왕국을 선포하시고 사람들에게 회개를 말씀하시기 위해 오셨다. 이는 그리스도가 자기를 따르는 모든 사람들을 통치하시고 복을 주시기 위해 오셨음을 뜻한다. 이와 함께, 그리스도는 열두 제자에게 명령하셔서 자기에게 충성을 고백하는 사람들의 모임인 교회를 세우라고 하셨고, 이 사도들에게 헌장을 주셨으며, 사도들은 이것을 다시 전체 교회에게 위임했다. 그뿐 아니라 그리스도는 훨씬 더 인격적인 무언가를 더하셨다. 즉, 그리스도는 언약을 체결하셨다. 그분의 피로 인치신 맹세였다. 이 언약은 죄를 용서하시고 그리스도의 백성들이 따를 수 있도록 성령을 주시겠다는 약속이었다. 그럼에도 그리스도가 부르신 사람들은 여전히 그리스도와 반목하고, 다른 사람과 화합하지 못하며, 변화할 수 있는 힘을 갖지 못했다. 그러나 이 언약은 놀랍게도 유효한 용서와 변화를 가져다준다.

오늘날, 그리스도는 그분의 헌장과 새 언약으로 교회들을 세우신다. 지역교회와 교인들의 존재를 완전하게 이해하기 위해서는, 이 둘을 이해하고 둘의 관계를 이해해야 한다. 더욱이, 우리는 이 둘이 어떻게 지역교회 언약을 낳는지도 이해해야 한다. 신약성경에는 **지역교회 등록 교인의 권리** 또는 **지역교회 언약**이라는 구절이 그 어디에도 없다. 그러나 이 개념들은 분명 추론이 가능하다. 그리스도인들은 먼저 자기들이 새 언약에 속했다는 증거로, 그다음에는 그리스도의 통치에 복종했다는 증거로 신자들의 몸에 언약과 같은 헌신을 다짐해야 한다. 신앙을 고백한 사람들에게 행위가 요구되는 것처럼 이러한 헌신도 반드시 요구된다.

등록 교인의 권리에는 우리가 그리스도·및 그리스도의 백성들과

하나가 되는 것이 포함된다.

서로 하나 되는 역사는 언약을 통해 일어난다.

당신의 이름은 무엇인가?

등록 교인 제도의 핵심에는 정체성의 개념이 있다. 등록 교인 제도는 우리 개인의 이름을 그리스도의 백성과 연합시킴으로써, 결국 우리의 이름을 그리스도의 이름과 연합시키는 것이다. 이 집단적인 방식이 바로 그리스도가 우리 개개인과 하나가 되시고 우리가 그리스도와 하나가 되는 방법이다. 그러므로 책임과 보증 등 등록 교인 제도의 다른 요소들은 이 근본적인 개념으로부터 나온다. 예를 들어, 내가 자녀로서 내 아버지에게 책임이 있는 것은, 아버지가 나를 자기의 아들로 생각하기 때문이다.

사람의 이름은 그 사람의 정체성을 세워주고, 그를 다른 사람과 구별시켜준다. 내가 유치원부터 고등학교에 다닐 때까지, 선생님들은 매 학년을 시작하는 날마다 첫 수업 시간에 출석을 불렀다. 어떤 얼굴이 어떤 이름을 가졌는지 알아보기 위해서였다. 하나님이 개개인을 하나님과 연합시키실 때, 그분은 각 사람에게 새로운 정체성과 새로운 이름을 부여하신다. 왜냐하면 그 사람은 이제 다시 태어난, 새로운 피조물이기 때문이다.

하나님은 자기의 백성에게 부여할 새로운 정체성을 알려주시기 위해 어떤 사람의 이름을 바꾸기도 하셨다. 성경에 보면 아브람을 아브라함으로, 야곱을 이스라엘로, 시몬을 베드로로, 사울을 바울로 그

리고 오늘날 우리 모두를 그리스도-인(Christ-ian)으로 바꾸셨다.[1]

그러나 하나님은 단지 사람의 정체성을 새롭게 변화시켜주실 뿐만 아니라, 그들을 한 가족, 한 몸, 거룩한 사랑의 공동체로 초대하신다. 그들에게 집단적이고 공적인 성격의 새로운 정체성을 부여하신다. 한 가정이 어린아이를 입양했을 때, 이 아이에게는 아버지와 어머니 그리고 형제자매들이 함께 사용하는 성(姓)이 부여된다. 그리스도인의 회심과 입양도 마찬가지이다. 하나님은 우리 개개인을 한 가족으로 입양하신다. 왜냐하면 하나님은 자기를 단지 당신이나 나와 하나가 되게 하시려는 것이 아니라, 모든 자녀와 그 가족들까지 하나가 되게 하려 하시기 때문이다.

우리 각 사람의 새로운 정체성은 우리의 새로운 집단 정체성과 함께 올 뿐만 아니라, 우리의 집단적인 권리가 우리 각자의 새로운 정체성을 공적으로 확증한다. 인류가 "여기에서 누가 하나님께 속했는가?"라고 물어보면, 교회는 "우리가 속했다"라고 대답할 권위가 있다. 그리고 이것은 다시 모든 교인들에게 "나도 속했다"라고 말할 수 있는 특권을 준다. 이제 남은 것은 많은 증인들이 보는 앞에서 가족 잔치를 하는 것이다. "우리는 성부와 성자와 성령의 이름으로 당신에게 세례를 줍니다"(마 28:19-20).[2]

---

1 아브라함과 이스라엘에 관해서, 나는 그들이 요한복음 3장에서의 의미와 같이 '거듭났다'라는 논쟁을 하려는 것이 아니다(물론 나는 그들이 거듭났다고 생각한다). 나는 다만 그들의 이름이 바뀐 것이 예표적으로 신약성경이 말하는 거듭남의 개념에 대한 전조가 된다는 것을 말하고 싶다.

2 신앙고백의 집단적인 속성에 대한 논의는 다음을 보라. W. W. J. Van Oene, "Before Many Witness," in J. Geertsema, et al., *Before Many Witnesses* (Winnipeg, Manitoba: 1249 Plessis Road, 1975), pp. 9-13. 판 오네가 말하듯이, "당신이 공적으로 신앙고백을 하는 순간에는, 개인의 자격으로 서 있는 것이 아니라 한 몸의 지체로 서 있는 것이다 … 당신의 신앙고백은 공동체의 사건이다".

진보적인 민주주의자들은 종종 공적인 권리 및 책임과 사적인 권리 및 책임을 구분해야 한다고 주장한다. 그러나 그리스도인에게 는 공적인 것과 사적인 것, 또는 집단적인 것과 개인적인 것 사이의 명확하고 분명한 구분이 없다. 한 개인이 그리스도인이 될 때, 그의 사적인 삶과 행동은 그가 의도하든 그렇지 않든 그리스도와 그리스 도의 몸을 대변하기 시작한다. 그 사람은 한 가족의 구성원이므로 모 든 일에 가족의 이름을 갖는다. 예를 들어, 내가 혼자서 범죄를 저지 르고 붙잡힌다 해도, 나의 행동은 내 가족 전체에게 불명예가 될 것 이다. 마찬가지로, 교회의 삶이 그리스도를 반영하고 대표하듯 그리 스도인의 삶은 교회를 반영하고 대변한다.

- 이것이 바로 누가가 사울이 각 집에 들어가 남녀를 끌어다가 옥에 넘 김으로써 "교회를 잔멸"했다고 말하는 이유이다(행 8:3). **핍박받는 개 인들이 예루살렘에 있는 지역교회의 대리인들로 여겨진다.**

- 그리스도는 개별 그리스도인들과 교회에 대한 사울의 핍박이 "나를 박해"하는 것이라고 말씀하셨다(행 9:4). **그리스도는 집단적으로나 개 인적으로나 자신을 자기 백성의 대리인으로 여기신다.** [마태복음에도 이와 동일한 내용이 있다(마 18:5; 25:40, 45).]

- 바울은 한 그리스도인이 창녀와 동침한 행위를 가리켜 그가 그리스 도의 다른 지체들을 창녀와 연합시키는 것으로 간주했다(고전 6:15). **죄를 범하는 개인은 적어도 그리스도의 대리인으로 여겨짐과 동시에 어 쩌면 교회의 대리인이기도 하다** ("그리스도의 지체").

- 바울은 "너희가 형제에게 죄를 지어 그 약한 양심을 상하게 하는 것이 곧 그리스도에게 죄를 짓는 것이니라"라고 경고한다(고전 8:12). **죄의 대상이 된 개인은 그리스도의 대리인으로 여겨진다.**

- 바울은 "만일 한 지체가 고통을 받으면 모든 지체가 함께 고통을 받고 한 지체가 영광을 얻으면 모든 지체가 함께 즐거워하느니라"라고 말했다(고전 12:26). **한 지역교회의 개별 교인들은 서로의 대리인으로 여겨진다.**

이 각각의 사건에서 무슨 일이 벌어지고 있는지 주목해보라. 한 사람의 이름이 다른 사람 또는 여러 사람들의 이름을 대리한다. 이것은 마치 얼마 전 브로드웨이 공연에 관한 라디오 광고에서 "〈타임스〉는 이 공연을 가리켜 '탁월하다'는 평가를 내렸다"라고 말한 것과 같다. 〈타임스〉가 정말 "탁월하다"라고 말한 것인가, 아니면 기자가 그렇게 말한 것인가? 물론 기자가 한 말이다. 그리고 공연에 대한 기사의 상단 또는 하단에는 이 기자의 이름이 적혀 있을 것이다. 그러나 그 기자의 기사는 외부인들이 볼 때 기사가 실린 잡지의 것이다. 그리스도인과 그가 속한 교회의 관계 그리고 그리스도와의 관계도 마찬가지이다. 그리스도인은 교회와 그리스도를 대신해서 말하고 행동한다.[3] 몸이나 가족 등과 같이 교회에 대한 수많은 비유들이 이와 동일한 결론을 말하고 있다.

---

[3] 그리스도인, 교회 그리고 그리스도 사이의 관계는 대칭적 구조가 아니다. 우리는 세상에서 전혀 죄가 없으신 그리스도를 대변하는 반면, 그리스도는 하늘에 계신 아버지 앞에서 우리가 죄 가운데 있는 모습 그대로를 대변하시는 것이 아니라, 죄 없으신 그리스도를 따라 대변하신다.

지역교회들은 매고 풀며, 받아들이고 내보내는 헌장을 부여받았다. 그 이유는 그리스도인이 그리스도를 대변하기 때문이다. 월요일 아침, 사무실에서 그리스도인들의 어리석은 행동을 본 비그리스도인들은 예수님이 어떤 분인지 알기 위해 굳이 성경적인 리더십을 공부할 필요가 없다. 누군가 자신을 그리스도인이라고 부르기 시작하면, 비그리스도인들은 그 사람을 그리스도와 연결시킨다. 이런 이유 때문에, 교회들은 누군가에게 세례와 성찬을 베풀어 그를 그리스도인으로 확증하는 일에 신중을 기해야 한다. 그런 행위는 그들에게 그리스도를 공적으로 대변하는 자격을 주는 것이다.

그리스도인들과 교회 사이에서만 이름이 중요하게 여겨지고, 또 이름이 더 큰 주체와 동일하게 여겨지는 것은 아니다. 바벨론의 관원은 다니엘과 히브리 소년 세 명에게 바벨론의 정체성을 심어주기 위하여 새로운 이름을 주었다(단 1:7). 한 국가의 국민들은 그 국가의 이름을 취한다. 이슬람교로 개종한 사람들은 신에 대한 자기들의 충성을 표시하는 새 이름을 짓는다. 운동경기 팬들은 자기들이 좋아하는 팀의 이름을 옷에 새겨 넣는다. 일반적으로, 무언가의 이름은 그것이 맺고 있는 관계나 충성 등을 입증한다.

이러한 사실은 우리가 3장에서 살펴보았던 내용으로 되돌아가게 한다. "사람들을 결속시키는 것은 무엇일까?"라는 질문은 교회 지도자들에게 충분하지 않다. 이 질문을 다음과 같이 보충해야 한다. "사람들을 구별시키고 하나님과 동일시되게 하는 것은 무엇일까?" 하나님이 이 두 가지 일을 모두 하신다. 그리고 자기 백성들에게 거룩한 사랑의 언약을 주시고 그들에게 자기의 이름을 두심으로써 이 일을 행하신다. 아브라함과 그의 후손들은 할례라는 언약의 징표에 의해 구별되었다. 광야와 이스라엘 땅에 있던 하나님의 백성들은 음식 규정, 정결 규례, 십계명, 다양한 절기 그리고 안식일이라는 언약의 징표에 의해 구별되었다. 신약성경의 교회는 사랑과 거룩함뿐 아니라 세례와 성찬이라는 언약의 징표에 의해 구별되어야 하고 그리스도와 동일시되어야 한다. 하나님은 구속사의 매 단계에서, 그분과 거룩한 사랑의 언약을 맺은 사람들에게 임재하시고 이름을 주심으로써 그분의 백성들을 구별하신다.

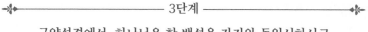

3단계
구약성경에서, 하나님은 한 백성을 자기와 동일시하시고
그분의 왕국을 세우기 위해 언약을 널리 사용하셨다.

공식적인 사랑의 언약

오늘날의 연인들은 혼외정사나 심지어 동거를 정당화하기 위해서 서로를 향한 사랑을 호소하는 경우가 많다. 그들의 전형적인 변명은 이렇다. "우리의 사랑을 확증하기 위해 인위적인 확인서 따위는 필요 없어요. 우리의 사랑이 진실하다고 법적으로 확인받는 것보다 있는 그대로가 중요하니까요."

하나님도 아브라함과 이스라엘 민족과 다윗 왕을 향한 그분의 사랑을 선언하실 때, 이와 똑같은 변명을 하실 수 있었다. 그 나라 역시 그와 같은 식으로 해도 된다고 허락하실 수 있었다. 그러나 그렇게 하지 않으셨다. 하나님은 아브라함과 이스라엘과 다윗에게 언약, 곧 공식적인 맹세를 주셨다(창 15장, 17장; 출 24장; 삼하 7장). 시내 산에서 행해진 '결혼식'은 하나님의 심판을 받아 광야에서 죽은 세대와 맺은 것이었기 때문에, 하나님은 그들에게 약속의 땅으로 들어가기 전, 모압에서 '그들의 서약을 갱신'하라고 요구하셨다.[4] 하나님은 언약을, 그 조항과 약속들을 분명하게 하기를 원하셨다.

혼외정사와 동거를 정당화하기 위해 이미 존재한 사랑에 호소하는 연인들에게는, 성경의 언약들이 그 어떤 관계도 새롭게 낳지 않는다.[5] 그 언약들은 단지 이미 존재한 관계를 확인해주고, 그 관계들에 추가적인 체계를 세워줄 뿐이다.[6] 하나님은 노아에게 언약을 주시기 전에 이미 그와 관계를 맺으셨다. 아브라함과 이스라엘과 다윗과도 마찬가지였다.

만일 이것이 사실이라면, '동거하는 연인의 변명이 무엇이 잘못되었는가?'라는 문제가 생긴다. 또는 하나님과 이스라엘의 관계에서, '하나님은 왜 언약을 통해 사랑의 관계를 공식화하려고 하시는가?'라는 질문이 생긴다. 우리는 거룩한 사랑에 대한 논의를 떠올리며 이 질문들에 개괄적으로나 구체적으로 대답할 수 있다. 개괄적으로 말하면, 하나님은 그분과 동일시된 백성들 가운데에 그분의 왕국 또는

---

4 시내 산(또는 호렙 산)에서 맺은 언약과 모압에서 다시 맺은 언약 사이의 관계에 대해서는 다음을 보라. Gary Millar, *Now Choose Life: Theology and Ethics in Deuteronomy*, New Studies in Biblical Theology, ed. D. A. Carson (Downers Grove, IL: InterVarsity, n.d.), p 82; Dumbrell, *Covenant and Creation: Biblical and Theological Classics Library* (Kent, UK: Paternoster, 1997), p. 114. 최우성 옮김, 《언약과 창조》 (크리스챤서적, 1990).

5 T. D. Alexander, *From Paradise to the Promised Land: An Introduction to the Main Themes of the Pentateuch* (Grand Rapids: Baker, 1995), p. 166. 정효제 옮김, 《주제별로 본 모세오경》 (대한신학대학원대학교, 2009).

6 Paul Williamson, *Sealed with an Oath: Covenant in God's Unfolding Purpose* (Downers Grove, IL: InterVarsity, 2007), pp. 75–76; Bruce Waltke with Cathi J. Fredericks, *Genesis: A Commetary* (Grand Rapids: Zondervan, 2001), p. 136.

통치를 세우기 위하여 언약들을 사용하신다. 이 언약들은 하나님의 거룩한 사랑이 부메랑처럼 밖으로 나가서, 하나님의 백성들을 그분의 성품을 닮는 사랑의 순종으로 끌어오는 장치이다. 언약은 관계에 관한 것이고, 왕국은 통치에 관한 것이며, 하나님은 이 두 가지를 결합하시는 데에 관심을 두신다. 하나님은 관계에 관심이 있으시지만, 그중에서도 특별한 종류의 관계에 관심이 있으시다. 즉, 하나님의 통치가 실현되는 관계이다.

구체적으로 말하면, 하나님은 열한 가지 목적을 위해 언약을 사용하신다. 백성들을 자신과 동일시하기 위해, 백성들을 세상과 구별하기 위해, 백성들을 의로 부르기 위해, 백성들을 증인 삼기 위해, 하나님의 영광을 보이고 나누어 주기 위해, 백성들을 서로 하나 되게 하기 위해, 백성들을 위한 증거로 삼기 위해, 모든 사람에게 책임을 부여하기 위해, 의무를 부과하기 위해, 하나님의 백성을 보호하기 위해 그리고 이 모든 문제들을 명확하게 하기 위해 언약을 사용하신다. 나는 궁극적으로 하나님이 이 모든 일들을 행하시기 위해, 즉 넓게는 하나님의 지상왕국을 세우고, 구체적으로는 이 모든 목적들을 위해 백성을 자신과 동일시하려고 지역교회를 사용하신다고 주장한다. 사랑은 사랑하는 자가 사랑받는 자와 정체성을 공유하게 함으로써 사랑하는 자와 사랑받는 자를 효과적으로 연합시킨다. 지역교회의 등록 교인에 대한 언약도 바로 그러한 정의를 꿈꾼다. 우리는 하나님이 언약을 사용하시는 넓은 이유, 즉 하나님과 동일시된 백성들 가운데 그분의 왕국을 세우시는 모습을 살펴보는 것으로 이 주제에 대한 논의를 시작하려고 한다.

언약을 통한 왕국

창세기 1장과 2장에서는 **언약**이라는 단어가 전혀 사용되지 않았다. 어쩌면 죄가 아직 세상에 들어오지 않았고, 하나님과 아담 사이에 공식적인 언약을 필요로 하는 어떤 불화도 일어나지 않았기 때문일지도 모른다. 그럼에도, 하나님과 아담 사이에 맺어진 관계의 구조와 속성은 언약적인 관계의 모든 특징들을 가지고 있다. 공식적으로 두 당사자는 다양하게 명시된 책임과 권리를 가진 관계로 규정된다. 이 관계는 거룩한 사랑의 관계여야만 했다. 그 관계 속에서 하나님은 자기의 이름을 아담과 효과적으로 연합시키셨고, 아담도 그렇게 하기를 바라셨다. 구약학자 피터 젠트리(Peter Gentry)는 에덴에서 맺은 하나님과 아담의 원형적인 관계를 묘사하기 위해 '언약을 통한 왕국'이라는 표현을 사용한다.

아담은 하나님께 반역했다. 언약을 깨뜨렸다. 그러나 자비로우신 하나님은 아담의 자손을 통하여 창조 목적을 성취하시려고 새로운 계획을 시행하셨다. 아담의 계보는 마침내 노아에 이르렀고, 홍수에 의한 진멸(un-creation)과 회복(re-creation) 후에 노아는 아담과 똑같이 생육하고 번성하라는 명령을 받았다(창 9:1). 그러나 노아의 후손들은 아담의 후손들보다 나을 게 없었고, 그들은 마침내 세상 곳곳으로 흩어졌다.

아브라함 언약

그 후 하나님은 아브라함을 부르셔서 두 가지 명령을 주셨다. "가라" 그리고 "복이 되라"(창 12:1-2). 이는 예수님이 명령하신 "가라"와 "제자를 삼으라"(마 28:19-20)와는 다르다. 하나님은 아브라함에게 이 두

가지를 명령하시면서 몇 가지를 약속하셨다. 그 약속은 아브라함이
큰 민족이 되게 하시고, 아브라함에게 복을 주어 그의 이름을 창대하
게 하시고, 아브라함을 축복하는 자와 저주하는 자 사이에 선을 그
어 한쪽에게는 축복을 다른 쪽에게는 저주를 내리시며, 아브라함으
로 인하여 이 땅의 모든 족속에게 복을 주시겠다는 것이다(창 12:2-3).[7]
이는 하나님의 이름을 아브라함의 이름과 하나가 되게 하고 하나님
의 모든 영광을 아브라함에게 나누어 주는, 그 거룩한 사랑을 아브라
함에게 주신다는 뜻이다.

　　젠트리는 아브라함을 큰 민족으로 만드시겠다는 하나님의 약속
과 관련해서, 민족에 해당하는 히브리어 단어 '고이'(gôy)가 사용된 것
이 놀랍다고 했다. 이 단어는 구약성경에서 본래 이방 나라들을 가리
킬 때 사용한 단어로 행정적, 정치적, 사회적 구조를 갖춘 조직화된
공동체를 의미한다[이 문맥에서 다른 민족들은 모두 부족 또는 혈족의 의미를 가
진 단어 '미쉬파하'(mišpāhâ)로 표현되었다]. 이 점은 매우 중요하다. 왜냐하
면 구약성경의 다른 거의 모든 곳에서는 아브라함의 후손들, 즉 이스
라엘 민족이 혈족 또는 가족 관계를 나타내는 단어 '암'('am)으로 표
현되기 때문이다. 그런데 왜 여기에서만 예외일까? 젠트리는 다음과
같이 추론했다

　　창세기 12장은 하나님이 중심이 되시고, 하나님이 행정부의 수장이 되
　　시며, 하나님이 공동체의 통치자가 되시는 등 하나님이라는 단어로 구

7　Peter J. Gentry, "The Covenant at Sinai," in *The Southern Baptist Journal of Theology*, vol. 12 (Fall
　　2008): p. 39.

체화되는 정치 구조를 보여준다. 다른 말로 하면, (하나님과 아브람 간의) 언약에 의해 구체화되는 하나님의 왕국이 있다. 창세기 기자의 단어 선택은 아브람의 가문이 영원한 능력과 중요성을 가진 실제적인 나라인 반면, 소위 '나라'라고 불리는 이 세상의 다른 나라들은 더 이상 지속적인 능력이나 중요성이 없음을 강조하고 있다.[8]

하나님은 언약을 통해 자신과 동일시하실 민족 가운데에 그분의 왕국을 세우려고 하신다. 물론, 이 언약은 창세기 15장과 17장에서 마침내 공식화된다. 젠트리는 이러한 조직을 가장 잘 묘사하는 헬라어가 행정적이고 관료적인 관계들을 맺고 있는 폴리스(*polis*) 또는 시티(*city*)라고 말했다. 이것은 히브리서 기자가 아브라함이 "하나님이 계획하시고 지으실 터가 있는 성(city)을 바랐음이라"(히 11:10)라고 이야기한 의미와 "장자들의 모임"(히 12:22-23)이라고 부른 실재가 무엇인지 알 수 있게 해 준다.

모세 언약

출애굽기 1장은, 아직 하나님의 경건한 통치가 세워지거나 이루어진 것은 아니지만 아브라함에게 많은 자손을 주셔서 그를 큰 나라가 되게 하시겠다는 약속에 근거하여, 하나님의 구원이 시작되었음을 보여준다. 이스라엘 백성들에 대한 바로의 압제적인 통치는 그들에게 무언가 더 필요하다는 사실을 가리키는 것이었다. 즉, 궁극적으로는 모세와 다윗 언약으로 보완되어야 할 그 무엇이 있어야 했다. 하나님

---

8 같은 글. p. 40.

은 이스라엘에게 모세 언약을 주심으로써 아브라함 언약의 복을 베풀기 시작하신다.[9] 이 언약은 이스라엘 민족이, '주변에 둘러싸인 나라들과 피조 세계 속에서 어떻게 하나님과 관계를 맺어야 할 것인가?'라는 관점에서 그들의 삶에 대한 하나님의 의지를 드러낸다.[10] 하나님은 자기가 이스라엘 민족을 독수리의 날개 아래 품어 애굽으로부터 인도해냈음을 상기시키면서 이렇게 약속하신다. "세계가 다 내게 속하였나니 너희가 내 말을 잘 듣고 내 언약을 지키면 너희는 모든 민족 중에서 내 소유가 되겠고 너희가 내게 대하여 제사장 나라가 되며 거룩한 백성이 되리라"(출 19:5-6). 이것은 그들에게 하나님의 거룩한 사랑을 보여주시겠다는 약속이다. 이스라엘은 이 언약에 순종함으로써 '아브라함 언약이 담고 있는, 더 넓은 목적을 성취하는 하나님의 대리인'이 될 것이다.[11] 이스라엘은 하나님의 '소유'라는 위대한 이름의 복을 얻었으며, '제사장 나라'로서 다른 나라들에게 복이 될 것이다.

아담과 같이, 이스라엘도 다스리기 위해 창조되었다. 그러나 그 통치는 왜곡된 권위의 의미를 재정의해야만 했다. 하나님의 말씀에

---

9 같은 글, p. 41; Stephen G. Dempster, *Dominion and Dynasty: A Theology of the Hebrew Bible*, New Studies in Biblical Theology, ed. D. A. Carson (Downers Grove, IL: InterVarsity, 2001), p. 174. 박성창 옮김, 《하나님 나라 관점으로 읽는 구약신학》 (부흥과개혁사, 2012).

10 Dempster, "Dominion and Dynasty," p. 172. 박성창 옮김, 《하나님 나라 관점으로 읽는 구약신학》 (부흥과개혁사, 2012).

11 William Dumbrell, *Covenant and Creation*, p. 89. 최우성 옮김, 《언약과 창조》 (크리스챤서적, 1990); Craig A. Balising and Darrell L. Bock, *Progressive Dispensationalism* (Grand Rapids: Baker, 1993), pp. 141-142 참조. 곽철호 옮김, 《하나님 나라와 언약》 (CLC, 2005); Andreas J. Köstenberger and Peter T. O'Brien, *Salvation to the Ends of the Earth: A Biblical Theology of Mission*, New Studies in Biblical Theology; Graeme Goldsworthy, *According to Plan: The Unfolding Revelation of God in the Bible* (Downers Grove, IL: InterVaristy, 1991), p. 141. 김영철 옮김, 《복음과 하나님의 계획》 (성서유니온선교회, 2007).

대한 복종에 근거를 둔 이스라엘의 통치는 하나님의 성품과 영광을 모든 나라들에게 중재함으로써 그 나라들 중에 생명과 소망을 창조해야 했다.[12] 다시 한 번 말하지만, 하나님은 언약을 통해 자신과 동일시된 백성 가운데 그분의 왕국을 세우시려는 것이었다.

다윗 언약

다윗에게 주신 언약은 앞선 두 언약의 문맥 속에서 주신 것이었다. 특히, 이 언약은 모세 언약을 보다 선명하게 해주었으며, 아브라함 언약의 성취에 성큼 다가섰다.[13] 왕위에 오른 다윗은 하나님의 부섭정(副攝政, vice-regent)으로서 하나님의 왕권을 반영하는 시내 산 언약의 가치들을 탁월하게 실현해야 했다(신 17:18-20).[14] 다윗은 또한 그 땅의 경계를 분명히 함으로써 하나님이 임재하실 영원한 처소를 세워야 했다.[15] 이스라엘 왕은 이 모든 일에 하나님과 특별한 관계를 맺었다. 즉, '다윗의 자손'이 '하나님의 자손'이었다(시 2:7; 45:6 참조; 89:26-28). 그뿐만 아니라, 이스라엘 왕은 하나님과 이스라엘의 언약과 관련하여 독특한 역할을 담당했다. 그는 언약 중재자로, 백성들에

---

12 젠트리의 글 〈시내 산 언약〉(The Covenant at Sinai)의 p. 47에 인용된 뎀프스터의 책 《하나님 나라 관점으로 읽는 구약신학》(Dominion and Dynasty, 부흥과개혁사)의 pp. 101-102(원서)를 보라. 뎀프스터는 현대 복음주의자들이 일반적으로 하는 것처럼 구속되고 회복된 통치를 가리키기 위해 **섬김(service)**이라는 용어를 사용한다. 섬김의 동기가 회복된 권위의 개념에 들어와야 한다는 것은 인정하지만(예를 들면 막 10:45), 이 단어는 하나님이 아담에게 명령 또는 심판 등과 같은 각각의 통치를 의도하셨던 것을 정확히 담아내기에 충분하지 않다고 생각한다.

13 Dumbrell, Covenant and Creation, p. 127. 최우성 옮김, 《언약과 창조》(크리스챤서적, 1990); Blaising and Bock, Progressive Dispensationalism, pp. 168-169. 곽철호 옮김, 《하나님 나라와 언약》(CLC, 2005).

14 Dumbrell, Covenant and Creation, pp. 150-152. 최우성 옮김, 《언약과 창조》(크리스챤서적, 1990).

15 같은 책, p. 151, pp. 162-163.

게 하나님을 언약의 주님이라고 대변할 뿐 아니라 백성들과 그들의 뜻을 하나님 앞에서 실현함으로써 하나님께 백성들을 대변했다.[16]

하나님이 자신을 위해 왕국을 세우시는 역사는 구속사가 아브라함으로부터 모세를 거쳐 다윗에 이르기까지 각각의 언약이 이전 언약 위에 세워지면서 진행되었다.[17] 큰 나라가 되고, 이름이 창대하게 되며, 다른 나라에게 복이 될 것이라는 아브라함 언약은 다윗의 자손을 통해 마침내 성취될 수 있다. 유일하게 다윗의 자손만이 언약을 통해 하나님의 왕국을 세울 수 있다. "이런 중요한 의미에서, 다윗 왕은 아브라함과 연결되고 궁극적으로는 인류가 맺은 언약의 수장인 아담과 연결되어, 언약의 축복된 중재자가 된다."[18]

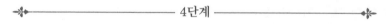

4단계

신약성경은 하나님이 더 효과적이면서도
더 나은 언약을 세우시기 위해 아들을 보내셨다고 말한다.
성령과 믿음으로 말미암아 우리를 대리인의 자격으로
그리스도와 연합시키는 이 새 언약은 교회의 기초이다.

16 O. Palmer Robertson, *The Christ of the Covenants* (Phillipsburg, NJ: P&R, 1980), p. 235. 김의원 옮김, 《계약신학과 그리스도》 (P&R, 2011); Stephen J. Wellum, "Baptism and the Relationship between the Covenants," in *Believer's Baptism: Sign of the New Covenant in Christ*, ed. Thomas R. Schreiner and Shawn D. Wright, NAC Studies in Bible and Theology (Nashville: Broadman, 2006), p. 39.

17 Blaising and Bock, *Progressive Dispensationalism*, pp. 172–173. 곽철호 옮김, 《하나님 나라와 언약》 (CLC, 2005); Robertson, *Christ of the Covenants*, pp. 185–190, p. 268. 김의원 옮김, 《계약신학과 그리스도》 (P&R, 2011).

18 Wellum, "Baptism and the Relationship between the Covenants," p. 39.

효과적인 사랑의 언약

다윗과 그의 자손들은 이스라엘, 아브라함, 아담과 마찬가지로 하나님의 언약을 지키지 못했다. 각 사람은 예표 또는 그림자였다.

다윗의 자손, 새 이스라엘, 아브라함의 씨, 마지막 아담

신약성경 첫 장은 그리스도가 하나님의 거룩한 사랑의 새 언약을 중보하시는 다윗의 자손이라고 가르쳐준다. 그리스도는 "아브라함과 다윗의 자손"이며(마 1:1), "약속하신 자손"(갈 3:19, 16)이다. 실제로, "하나님의 약속은 얼마든지 그리스도 안에서 예가" 된다(고후 1:20). 그리스도는 참된 이스라엘이시고(마 2:15), 이스라엘의 왕이시다(마 27:42; 요 12:13). 그리스도는 위대한 다윗이 '나의 주'라고 부른 분이시며(시 110:1; 마 22:4; 행 2:34; 히 1:13), 하나님 나라의 도래를 선언하기 위해 오신 분이다(막 1:15).

그리스도는 또한 성부에 대한 거룩한 사랑의 측면에서 세 언약의 조건을 모두 성취하셨다. 할례를 받으심으로써 아브라함 언약의 요건을 갖추셨다.[19] 징계를 받을 필요가 없으시고(포로 전 다윗 언약의 내용과 포로 후 내용을 비교해보라—삼하 7장과 대상 17:3 이하), 아버지를 온전히 기쁘게 해드린(히 1:5, 8-9, 13) 다윗의 자손이었다. 그럼에도 그리스도는 징계를 받으셨고 "내 피로 세운 언약"을 통해 모세 언약의 조항들을 성취하셨다. 예수님은 다락방에서 제자들과 함께 계실 때, 새 언약이 세워졌음을 말씀하시면서 이 어구를 사용하셨다. 그러나 예수

---

19 벨룸이 말한 것처럼, "이런 점에서, 누가복음 2장 21절은 중요하다. 예수님의 할례는 작은 사건이 아니다. 이것은 아브라함부터 그리스도에 이르는 계보를 보존하려는 목적을 가진 할례의 성취이다". "Baptism and the Relationship between the Covenant," p. 69.

님의 사역은 옛 언약 아래에서 진 빚을 탕감해줄 것이기 때문에, 이 어구를 이해하기 위해서는 옛 언약의 배경을 알아야 한다(롬 3:25-26; 골 1:13; 히 9:15; 10:10).[20]

그리스도는 다윗의 자손, 새 이스라엘, 아브라함의 씨일 뿐 아니라 마지막 아담이다(고전 15:22, 45; 눅 3:23-38 참조). 비록 아담은 성부 하나님을 온전히 닮지 못했지만(아브라함, 이스라엘, 다윗도 마찬가지이다), 예수님은 완전한 형상이고 완전한 아들이셨다(고후 4:4; 골 1:15; 히 1:3 참조).[21] 예수님은 완전히 새로운 창조를 시작하셨는데, 이것은 치료하시고, 죽은 자를 일으키시고, 군중을 먹이시는 사역에서 상징적으로 나타났으며, '첫 열매'가 되어 부활하심으로써 성취되었다(고전 15:23). 인류의 첫 번째 연대적 수장(federal head)을 통해 세상에 죽음이 들어온 것처럼, 두 번째 연대적 수장을 통해 세상에 생명과 약속이 들어왔다(롬 5:12-19).[22]

예수님이 더 나은 언약을 주실 수 있었던 이유에 대해서는 '그분이 누구이신가?'라는 관점에서 살펴보아야 한다(히 7:22; 8:6). 예수님

---

20 카슨은 예수님이 사용하신 이 어구를 출애굽기 24장 8절에 나오는 유형의 대형(對型, antitype)이라고 부른다. *Matthew*, Expositor's Bible Commentary, vol. 8. ed. Frank E. Gaebelein and J. D. Douglas (Grand Rapids: Zondervan, 1984), p. 537.

21 G. K. Beale, *The Temple and the Church's Mission: A Biblical Theology of the Dwelling Place of God*, New Studies in Biblical Theology, pp. 169-176. 강성열 옮김, 《성전신학》 (새물결플러스, 2014).

22 연대적 수권(federal headship)은 마치 미국 의회에서 대표자의 투표가 유권자들의 투표를 '대행'하거나, '구속'하거나 또는 '대변'하는 것과 마찬가지로 많은 사람들을 대변하고 그들의 입장에서 행하는 한 개인의 행동 또는 결정이라고 정의할 수 있다. 이 관점에 대한 더 자세한 설명과 논의를 위해서는 다음을 보라. Louis Berkhof, *Systematic Theology* (Carlisle, PA: Banner of Truth, 1958; 2001), pp. 242-243. 권수경·이상원 옮김, 《벌코프 조직신학》 (크리스챤다이제스트, 2005); Millard J. Erickson, *Christian Theology, 2nd ed.* (Grand Rapids: Baker, 1998), pp. 651-652. 신경수 옮김, 《복음주의 조직신학 상·중·하》 (크리스챤다이제스트, 상: 2000, 중: 1995, 하: 2012). 조금 더 확장된 연대성에 관해서는 다음을 보라. Henri Blocher, *Original Sin: Illuminating the Riddle*, New Studies in Biblical Theology, pp. 70-81, 96-99, p. 116, p. 129 이하.

은 실질적인 희생양이 되시고 언약을 주실 수 있는 신인(God-man)이셨다.[23] 이 사실은 우리를 교회의 기초에 대한 논의로 인도해준다.

교회란 무엇인가?

교회란 무엇인가? 신약성경에서 수없이 등장하는 교회에 관한 비유는, 교회의 정체성과 교회의 모습을 풍성하게 보여준다. 성전, 포도원, 신부, 공동체, 모임, 몸, 가정, 양, 가족 등 비유의 목록이 무척 길다.[24] 교회론에 관한 책들은 종종 교회의 본질을 정의하기 위하여, 다른 비유들보다는 한 가지 비유에 더 큰 의미를 부여하곤 한다. 더욱이 어떤 비유들은 한동안 유행하다가 10~20년이 지난 뒤에는 다른 비유로 대체되기도 한다. 예를 들어, 로마가톨릭교회는 **하나님의 백성**과 **그리스도의 몸** 사이를 오락가락했다. 각각의 비유는 정치적인 의미를 내포하며 남용될 가능성도 있다.[25] 오늘날 가톨릭교 진영과 개신교 진영에서 가장 인기 있는 접근법은 하나님의 백성, 그리스도의 몸 그리고 성령의 전 등 세 개의 비유를 강조하여 삼위일체적인 교회를 주장하는 것이다. '삼위일체적'을 강조하는 것은 무척 유익하다. 그러나 이 세 가지 비유 대신 하나님의 집, 그리스도의 신부 그리고 성령의 전이라고 말하면 안 될까? 아니면 또 다른 조합은 어떨까? 해석학적으로 볼 때, 다른 비유들에 비해 단 몇 개의 조합을 가장 중

---

23 Wellum, "Baptism and the Relationship between the Covenants," p. 55, 57.

24 교회의 모습에 대한 자세한 목록은 다음을 보라. Paul S. Minear, *Images of the Church in the New Testament* (Philadelphia: Westminster, 1960).

25 Veli-Matti Kärkkäinen, *An Introduction to Ecclesiology: Ecumenical, Historical and Global Perspectives* (Downers Grove: InterVarsity, 2002), pp. 26-38.

요한 비유로 택하는 것이 정당화될 수 있는지는 잘 모르겠다.

교회를 정의하는 또 다른 접근법은, '성경 전체의 줄거리가 언약을 통해 자기의 왕국을 세우시는 하나님의 역사에 따라 진행된다'는 사실을 고려하는 것이다. 그러므로 나는 우리가 선호하는 몇 개의 비유를 임의로 선택하는 대신, 교회가 오랫동안 해왔던 대로 그리스도의 인격과 사역에 의해 교회를 정의하는 것에서 시작해야 한다고 생각한다. 그리스도는 마지막 아담, 아브라함의 씨, 새 이스라엘, 그리고 다윗의 자손으로 오신 신인(God-man)이다. 하나님의 계획에 따라, 성령의 능력으로 말미암아, 예수님은 하나님의 언약들을 성취하시고 그 언약들의 모든 복과 약속을 얻으셨다. 예수님은 아담처럼 이 땅을 상속하셨다. 아브라함처럼 이름이 창대하게 되셨고, 복이 되셨다. 이스라엘처럼 약속된 안식을 얻으셨다. 다윗의 왕위처럼 그리스도의 왕위도 영원하다. 그러나 무엇보다 놀랍고 은혜로운 것은, 신이시며 또한 인간이신 그분이 회개하고 믿는 모든 사람들을 위해 새 언약을 선포하셨다는 사실이다.

제자들에게 왕국 열쇠를 주신 직후, 예수님은 제자들을 데리고 다락방에 올라가셨다. 그런 다음 제자들과 잔을 나누시면서 "너희에게 부어주는 이 잔은 내 피로 세우는 새 언약이다"라는 말씀과 함께 "이것을 행하여 나를 기념하라"라고 명령하셨다. 예수님은 하나님이 예레미야를 통해 "나의 법을 그들의 속에 두며"라고 하셨고, "작은 자로부터 큰 자에 이르기까지… 그들의 하나님이 되리라"라고 하셨으며, "그들의 허물을 용서하겠다"(렘 31:33-34; 히 8:6-13)라고 하신 하나님의 약속을 일깨워주셨던 것이다. 이는 또한 주님이 당하실 죽음을 암시하시는 것이기도 했다.

이처럼 그리스도는 왕국을 선포하시기 위해 오셨지만, 조금 더 인격적인 일들도 하셨다. 왕이신 그분이 죄인들을 대신하여 죽음의 길로 가셨다. 새 언약을 주시고 그것을 자기 피로 인치셨다. 이러한 행위를 통해, 예수님은 백성들을 자신과 같은 상속자이자 통치자로 삼으셨다. 백성들은 아담과 같이 이 땅을 상속할 것이고, 다윗처럼 그리스도와 함께 다스릴 것이다. 교회란 무엇일까? 교회는 그리스도와 새 언약으로 맺어진 백성이다. 그리스도의 거룩한 사랑을 받은 백성이다. 그리스도가 성육신과 세례와 죽음과 부활을 통해 그분의 백성들을 자신과 하나 되게 하셨으므로, 교회는 그리스도께 연합되고 그리스도의 정체성을 공유한 백성이다. 그리스도는 자신의 생명과 의를 백성들에게 주셨다. 아담이 한때 우리의 언약적 수장이었다면, 이제는 그리스도가 우리의 언약적 수장이다. 그러므로 교회에 대한 우리의 정의는 그리스도의 언약에서 출발한다.

교회는 그리스도의 언약 백성임과 동시에 그리스도의 왕국 백성이기도 하다. 그리스도는 언약 백성을 자기의 왕국을 **위해** 사셨고, 그들에게 왕국 열쇠를 주셨다. 그리스도는 자기의 정체성을 그 백성들과 공유하여 교회가 그리스도와 함께 왕국을 통치하게 하셨다. 신학자들은 공통적으로 그리스도의 인격과 사역이 결코 분리될 수 없다고 인정한다. 그리스도가 하신 일들은 모두 그분이 신이시며 또한 인간이시기 때문에 가능했던 일들이었다. 교회도 마찬가지이다. 교회는 교회이기 때문에 맡겨진 일들만 할 수 있다. 이것이 바로 베드로가 우리를 왕 같은 제사장이라고 부르는 이유이다(벧전 2:9). 이 호칭은 우리가 누구이고 무엇을 해야 하는지 알려준다. 우리는 그리스도의 통치권이 닿는 경계를 확장시키면서 하나님의 영광을 중재하도록 그리스도와 같은 제사장과 왕으로 지어졌다.

우리는 그리스도의 인격과 사역에서 출발함으로써, 여러 비유들 중에 한 가지 비유만을 임의로 선택하여 강조하기보다는 성경 전체의 언약 구조 또는 왕국 구조에 근거한 교회론을 세운다. 이렇게 하면 몸 비유에 지나치게 집착한 나머지 "교회는 성육신의 연장이다"라고 말하거나, 신부 비유에만 근거해서 "우리는 그리스도의 신비한 신부이다"라고 말하거나, 다윗의 머리 됨의 문맥에서 몸 비유를 볼 수 없었던 것에 근거하여 "머리이신 그리스도는 그의 몸 없이는 불완전하다. 몸과 머리가 함께 하나의 완전한 그리스도를 이룬다"라고 말하는 등의 철학적이고 사변적인 정의를 내리지 않을 수 있다. 이러한 정의들이야말로 교회론 역사에서 가장 두드러진 오류들이다.

또한 그리스도의 인격과 사역에서 출발하는 것은 각각의 비유들이 교회의 다채로운 아름다움을 충분히 반영할 수 있게 해준다. 언약적인 왕국 백성은 몸, 양 떼, 가족, 포도나무, 진리의 보루, 성전, 그리고 '경계'와 법률을 가진 나라 등등의 속성을 갖는다.[26] 교회는 하와가 아담과 연합한 것처럼 그리스도의 인격과 사역에 연합되었다. 하와는 아담의 사역을 돕는 자가 될 수 있게 아담의 이름(wo-man)을 나누어 가졌다(엡 5:22-32). 그러나 남편과 아내의 비유로는 충분하지 않다. 교회는 아들이 아버지와 연합한 것처럼 하나님과 연합되었다. 옛

---

26 여기에서 예를 하나 드는 것이 유익할 것 같다. 남편과 아내 관계의 속성은 여러 가지로 설명할 수 있다. 친구, 연인, 동지, 동반자, 마음의 친구, 동역자 등이다. 누군가에게 결혼의 속성을 정의해보라는 요청을 받았다고 가정해보라. "결혼이란 무엇일까?" 이때 한 가지 설명을 다른 것들보다 더 강조해야 할까? 예를 들어 "결혼은 근본적으로 우정이다" 또는 "결혼은 근본적으로 성적인 연합의 행위이다"라는 식으로 말이다. 이 설명들 혹은 이름들 중 그 어느 것도 결혼을 온전히 설명하지 못한다. 결혼의 속성을 '두 사람 간의 평생 언약' 또는 그와 유사하게 정의하는 것이 더 나을 듯하다. 그러면 우리는 그 이름들 혹은 설명들 중 하나를 사용해서 이 근본적인 정의를 더욱 풍성하고 다채롭게 할 수 있을 것이다.

이스라엘의 아들은 아버지를 본받고 아버지의 직업을 따르고 아버지의 유산을 상속했다(마 5:9, 45; 갈 4:4-7). 그뿐만이 아니다. 교회는 백성들이 왕과 연합한 것처럼 그리스도와 연합했다. 물론 왕이 모두를 통치하지만, 왕은 백성들을 대변하고 백성들은 왕을 대변한다. 그리고 왕과 백성들 모두가 왕국의 시민권과 상징과 아름다움과 영광을 함께 누린다. 어떤 비유들은 다른 비유들보다 더 핵심적인 내용을 담고 있다. 그러나 어느 한 비유만을 강조하는 것은 불가능하며, 해석학적으로도 무책임하다. 즉, 모든 비유들이 함께 하나님께 선택을 받고 아들의 피 언약 안에서 아들과 성령의 능력으로 사신 바 된 백성을 훌륭하게 묘사한다.

그러면 우리는 언약과 왕국을 어떻게 연결할 수 있을까? 다음과 같은 상황을 가정해보자. 한 왕이 다른 왕을 물리치고 그의 영토를 차지한다. 그러나 그 나라 국민들은 여전히 옛 왕이 통치하는 것처럼 반항한다. 새로운 왕은 이제 어떤 의미에서 그들 모두를 다스리지만, 다른 의미에서 그의 통치는 그를 왕으로 인정하는 사람들의 마음에만 미칠 뿐이다. 반역의 기운이 널리 퍼지자, 어느 날 왕은 반역하는 모든 사람에게 형벌을 내리겠다고 선포한다. 그러나 자기에게 충성을 맹세하면 자비와 용서를 베풀겠다는 약속도 한다. 그뿐만 아니라, 인두세(人頭稅)를 지불할 수 있도록 백성들에게 돈을 주겠다는 약속도 한다. 물론 이 비유가 완전하지는 않다. 하지만 그리스도의 왕국이란 무엇일까? 그리스도의 왕국은 옛 왕을 무너뜨림으로써 그리스도가 얻으신 통치임과 동시에, 회개하는 사람들의 마음에 임하는 통치이다. 그리스도의 새 언약은 자비와 관용과 용서의 약속이다. 또한 성령의 도우심으로 말미암아 (세금을 내면서) 충성하며 살 수 있는 능력이다. 언약은 우리를 그리스도인이 되게 하는, 또는 이 왕국의 시민이 되게 하는 것이다.

삼중 연합

이 언약은 정확히 어떻게 교회를 그리스도와 연합시킬까? 우리는 우리와 그리스도의 연합에 대해 적어도 세 가지 방법으로 말할 수 있으며, 각각은 교회 생활에 중요한 의미를 갖는다.

첫째, 이 언약은 우리와 그리스도를 대리적으로(representationally) 연합시킨다(롬 5:12-21). 아내가 남편의 이름을 사용하거나, 입양된 아들이 아버지의 이름을 사용하거나, 또는 이주민이 시민이 되는 것과 같이, 우리가 그리스도의 신분과 사역을 취할 수 있는 공식적인 서약 또는 맹세가 있다. 이 언약은 혼인 언약이다. 신랑이 신부만 진심으로 사랑하기 때문이다. 이 언약은 입양 언약이다. 성부와 성자가, 성자의 상속을 다른 형제자매와 나누길 원하시기 때문이다. 이 언약은 정치적 조직의 언약이다. 왕이 전체에 대한 권위를 갖기 때문이다. 신분을 공유했다는 것은 모든 것을 공유했다는 뜻이지만, 왕과 국가, 아버지와 아들, 남편과 아내 사이에 존재하는 비대칭적인 관계마저 무시된다는 의미는 아니다.

그리스도가 우리의 죄책을 담당하시는 반면, 우리는 그리스도의 의와 그로부터 오는 모든 축복을 얻는다. 그리스도는 우리의 짐과 슬픔을 지시는 반면, 우리는 그리스도의 영광과 평안을 얻는다. 그리스도가 우리의 수고를 대신하시는 반면, 우리는 그리스도의 위임과 책임을 받는다. 그리스도가 우리의 약함을 취하시는 반면, 우리는 그리스도의 능력을 얻는다. 우리와 그리스도의 대리적 연합은 방대하다.

이 연합은 그리스도가 우리를 위해 행하신 모든 인간적인 경험에까지 확장된다(롬 6:1 이하; 갈 2:20; 골 2:20-3:4). 그러므로 우리는 그리스도의 삶과, 죽음, 장사 지냄, 부활, 승천, 통치 그리고 권세를 공유한다.[27] 그리스도의 가족 구성원이 된다는 것은 얼마나 좋은 일인가! 싱클레어 퍼거슨(Sinclair Ferguson)은 이렇게 말한다. "그리스도 안에 있다는 것은, 그리스도가 나를 대신해서 행하신 모든 것이 내 것이 된다는 의미이다."[28] 그러므로, 교회가 그리스도의 몸이라고 말하는 것은 우리가 존재론적으로나 신비적으로 주님의 몸이라고 말하는 것이 아니다. 이것은 우리가 정치적 조직에 대해 말할 때처럼 연대적으로 또는 언약적으로 말하는 것이다. 국회의원이 우리를 위해 투표하는 이유는 그가 우리를 대표하기 때문이다. 다윗 왕이 하나님의 백성들을 대변하는 이유는 그가 그들을 대표하기 때문이다. 그리스도가 '몸의 머리'라는 사실은 그리스도가 언약의 중보자이며 교회의 연대적 머리라는 의미이다(고전 11:3; 엡 1:22; 4:15; 5:23; 골 1:18; 2:10, 19).

둘째, 이 언약은 우리를 그리스도와 영적으로 연합시킨다. 우리가 그리스도의 성령을 받았기 때문이다(고전 12:13; 롬 8:9-11 참조; 고전 6:17-19; 요일 3:24; 4:13). 성령은 그리스도께 속한 자들을 거듭나게 하시고, 인치시고, 보증하시고, 은사를 주시고, 견인하시고, 영화롭게 하신다. 그러므로 그리스도의 언약은 유효하다. 이 언약은 약속한 것을 반드시 이룬다. 이 언약은 요구하는 바를 준다. 교회는 삼위일체

---

27 이 점에 대해서는 스티븐 벨룸에게 감사한다.

28 Sinclair B. Ferguson, *The Holy Spirit*, Contours of Christian Theology, ed. Gerald Bray (Downers Grove, IL: InterVarsity, 1996), p. 109. 김재성 옮김, 《성령》(IVP, 1999); 또한 Robert Letham, *The Work of Christ*, Contours of Christian Theology, ed. Gerald Bray (Downers Grove, IL: InterVarsity, 1993), pp. 75-87를 보라. 황영철 옮김, 《그리스도의 사역》(IVP, 2000).

적이다. 왜냐하면 그리스도의 언약이 성부의 선택에 근거하고 성령에 의해 적용되기 때문이다.

셋째, 이 언약은 교회를 그리스도와 믿음으로 연합시킨다(요 2:11; 3:16; 롬 10:14; 갈 2:16; 빌 1:29). 우리는 믿음으로 말미암아 그리스도에게로 들어간다. 그리스도의 새 언약은 일방적이고 효과적일 수 있지만, 그 효과는 하나님의 주권과 인간의 자유를 모두 인정하는 양립적(compatibilist) 배경에서 작용한다. 언약은 언약이 요구하는 것을 주며, 언약이 요구하는 것은 인간의 결정이다. 개인은 죄를 회개하고 온전히 그리스도를 신뢰해야 한다. 우리는 그리스도가 우리에게 주신 의지를 모두 사용하여 그리스도를 선택해야 한다. 그러므로 히브리서 기자는 독자들에게, 그들이 구원에서 떨어지지 않도록 "언약의 피를 부정한 것으로" 여기지 말라고 경고한다(히 10:29; 6:4-6 참조; 10:26-27). 예수님은 자신을 위하여 대가를 지불하고 백성을 사셨다. 그러나 이 가견교회 지체들은 "자기들을 사신 주를 부인"할 수 있다(벧후 2:1). 개인은 믿음으로 그리스도와 연합한다.

4장에서 살펴본 것처럼, 그리스도인들은 마태복음 16장 18-19절 덕분에 실제로 한 왕 아래에서 '정치적 연합'을 누린다. 이 정치적 연합은 '이 땅에 있는' 교회에만 해당하는 표현이다. 그러나 앞서 설명한 구약의 언약들과 새 언약에 관한 논의들을 생각해볼 때, 새 언약이 이 정치적 연합 또는 시민권의 요소들을 낳기도 한다는 것은 분명하다. 국가(góy)의 행정적 또는 정치적 연합은 아브라함에게 약속하시고 다윗과 솔로몬의 '민족국가'에서 특수한 형태를 띤 것으로, 그리스도의 통치 아래 있는 시민들, 즉 지역교회 교인들에게서 재현된 새로운 형태를 가진다! 지역교회들은 사실 어떠한 클럽이나 사교 단체가 아니라, '이 세상에 속하지 않은' 왕국인 그리스도의 궁극적 '민족 국가'가 미리 파견한 대사들이다(요 18:36).

삼중 연합의 영향

우리는 그리스도와 삼중으로 연합되었다는 사실로부터 교회에 미치는 다양한 영향을 도출해낼 수 있다. 첫째, 교회가 그리스도의 신분을 공유한다는 것은 교인들이 서로의 신분을 공유한다는 뜻이다. 이는 우리가 사역, 관계, 기쁨, 슬픔 등과 같이 우리의 신분을 구성하는 모든 요소들을 서로 공유한다는 것이다. 앞서 말한 것처럼, 이 사랑의 연합은 방대하다. 한 사람이 슬퍼하면 우리 모두가 슬퍼한다. 한 사람이 기뻐하면 우리 모두가 기뻐한다. 한 사람이 죄를 지으면 우리 모두가 실패한다. 우리는 삶의 모든 순간에서 책임, 죄책, 승리, 기회를 공유한다. 왜냐하면 우리는 그리스도를 대변하는 것처럼 서로를 대변하기 때문이다. 한 가족의 구성원이 되고, 한 나라의 시민이 되고, 한 성전의 벽돌이 된다는 의미도 이것이다. 내가 지금껏 개인적으로 만난 적이 한 번도 없는 구성원이라 할지라도, 모든 구성원들의 성공과 실패는 곧 나의 성공과 실패이다. 그러나 이것은 마치 창조주인 그리스도와 피조물인 그리스도인 사이의 차이가 소멸되지 않듯이, 한 몸을 이룬 모든 지체들 사이의 차이가 소멸되지 않는다는 것을 의미한다. 우리 모두가 그리스도의 신분을 대변한다는 사실은 우리가 서로 다르기 때문에 의미가 있다. 그리스도인의 삶은 필연적으로 회중적인 형태를 띤다.

둘째, 우리가 그리스도의 신분을 공유한다는 것은 등록 교인 제도에 대한 우리의 교리가 순수한 주의주의, 결정론, 또는 소비주의에 근거하지 않는다는 뜻이다. 그리스도인은 인간의 책임과 자유를 이행하는 의미에서 교회에 등록하기로 선택해야 한다. 믿음과 행위의 관계를 생각할 때, 그리스도인에게는 교회에 등록할 것인지 말 것인지 선택할 권한이 없다. 지역교회에 무관심한 것은 '언약을 모욕하는' 행위이다(히 10:26-29).

셋째, 우리가 믿음으로 그리스도와 연합했다는 것은 교회의 구성원이 되고 교회의 사역에 참여하는 것이 개인의 자발적인 협력 없이 일어난다는 뜻이다. 각 사람은 교회에 등록하겠다고 선택하거나, 교회에 머무르겠다고 선택하거나, 교회에서 나가겠다고 선택할 수 있다. 그리스도는 자신이 정복하기로 한 것을 반드시 정복하시기 때문에 은혜 언약은 일방적이다. 그러나 그리스도는 여전히 우리에게 결정을 요구하신다. 교회는 어떤 사람이 참된 신자라고 선언할 권리를 가졌지만, 동시에 그 승인 도장은 그 신자가 끝까지 믿음을 지킨다는 것을 조건으로 한다(마 10:22; 18:15-17; 계 2:7, 17, 26). 이것이 바로 교회가 가진 선언적인 권위의 속성이다. 만일 우리가 로마 교회나 다른 사람들이 하는 것처럼 등록 교인이 되는 것으로부터 자발적인 요소를 제거한다면 어떻게 될까? 교회가 개인의 출생이나 성인의 회심에 근거해서 그가 교회에 속했다고 일방적으로 선언하기만 하고, 인간의 결정 과정을 무시한 채 그 사람에게 믿음의 인내를 요구하지 않으면, 우리는 명목적인 기독교와 위선자들이 생겨날 수 있는 엄청난 비극의 여지를 낳게 될 것이다.

넷째, 그리스도가 교회에 성령을 보내신 이유는, 오늘날 많은 교회들이 하는 것처럼 교회가 교회 정치와 관련된 모든 규율들을 내던진 뒤 환경에 맞게 조직 구조를 변경하라는 것이 아니다. 오히려 성령이 백성들의 삶 속에서 그리스도의 언약 왕국 통치를 성취하셔서 그들을 거듭나게 하시고, 거룩하게 하시고, 인치시고, 은사를 주시고, 보증하시고, 이끌어주시기 위함이다. 그리스도는 자기의 언약이 효과를 발휘하게 하려고 성령을 주셨다. 믿음과 순종을 위해 성령을 주셨다. 거듭나지 않은 민족적 이스라엘이 민족국가의 율법을 지키지 못한 반면, 거듭난 교회는 성령을 통해 그리스도 '국가'(왕국)의 법을 어떻게 지켜야 하는지 배우게 될 것이다.

우리가 성령을 받았다는 사실은 비제도적인 결과를 낳지만, 그렇다고 해서 우리가 선교적으로 꼭 필요한 상황을 제외한, 모든 인간적인 수직 구조와 권위들을 내던질 수 있다는 뜻은 아니다. 바울은 고린도 성도들에게 편지하면서 이 점을 지적한다. "우리 없이도 (너희가) 왕이 되었도다"(고전 4:8). 왕은 권위적인 주장을 할 수 없는 사람들에게 주권을 행사한다. 성경적인 교회 조직을 순전히 상황에 따른 편의주의와 실용주의의 문제로 다루게 되면, 모든 그리스도인은 특별한 일(또는 사명)을 위해 서로가 자발적으로 계약을 맺고 자기들이 선택한 범위 안에 머무는, 자기 주권적인 사람들이 되어 버린다. 이것이야말로 순수한 주의주의이다. 이러한 태도는 그리스도인이 공유하고 있는 언약적 정체성을 잃어버린다. 이 정체성은 그리스도인들이 생물학적인 어머니 그리고 형제들과 나눈 피보다 훨씬 더 중요하다(마 12:50). 그러므로 교회를 전적으로 그 사명에 따라 정의하는 것은 그리스도의 언약적인 사역 안에서 우리가 공유한 정체성을 경시하기 때문에 개인주의와 자율성으로 퇴보할 수밖에 없다.

성령의 효과적인 사역이 교회에 미치는 제도적 영향은 무엇일까? 첫째, 교회의 모임들은 질서가 있어야 한다(고전 14장). 둘째, 교회의 지도자들은 성령으로부터 받은 성품과 은사 때문에 그 자리에 서 게 될 것이다. 그들은 책망할 것이 없고, 잘 가르친다. 그들은 어떤 신비적인 요소 때문이 아니라 회중들에 의해 공적으로 인정되고 확증된 자질 때문에 지도자가 된다. 셋째, 목회적 상담이나 사도적 명령을 불문하고 모든 권위는 개인의 의지에 호소하여 시행한다. 성령이 그 능력으로 모든 욕구를 바로잡으실 것이라고 믿기 때문에, 모든 권위는 회중이 원하는 것을 명령하고 싶어 할 것이다. 바울은 빌레몬에게 말한다. "내가 그리스도 안에서 아주 담대하게 네게 마땅한 일로 명할 수도 있으나 도리어 사랑으로써 간구하노라"(몬 1:8-9).

목회적 혹은 사도적 권위는 성령이 개인에게 주신 새 언약에 호소한다. 우리는 목사의 역할을 행할 때마다 새사람에게 요청하고 옛사람에게 하지 않는다. 물론, 교회가 개인의 의지에 개입하기로 결정을 내려야 할 때도 있다. 교회가 어느 개인이 성령을 소유했다고 믿을 만큼의 충분한 이유가 없다는 사실을 공식적으로 발표하여 권징을 행하는 경우이다. 또한 교회는 모든 사람이 동의하지 못하는 결정을 내려야만 할 때도 있다. 그러나 일반적으로 볼 때, 나는 우리가 이렇게 말해야 한다고 생각한다. 즉, 기독교 교회의 제도적인 권위들은 새 언약 덕분에, 그 권위의 명령과 조언이 점차적으로 신자들의 욕구에 들어맞게 될 것이라고 기대해야(주장하는 것이 아니라) 한다.

신학자들을 위해서는 이렇게 말할 수 있다. 교회론을 너무 과신하면 교회의 권위와 교인들의 욕구가 완벽하게 일치하여 조직이나 의무 등이 없어도 된다고 기대하게 될 것이다. 소심한 교회론은 이와 반대로 권위주의가 되거나 지나칠 만큼 명령에만 의존하게 될 것이다. 균형 잡힌 교회론은 그리스도인들이 의롭게 되었음과 동시에 죄성이 있고, 자기기만을 당할 수 있음과 동시에 참믿음이 있을 수도 있다는 것을 알며, 어렵고도 난해한 중도를 추구하게 될 것이다.

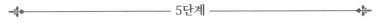

———————————— 5단계 ————————————
지역교회 등록 교인의 '언약'은 그리스도의 헌장이
그리스도의 새 언약 백성들을 함께 모아 구별시킬 때 생기는 결과이다.

지역교회 언약

나는 4장의 마지막 부분에서 특정 교회와 한 그리스도인 간의 **연합 언약**이 확증과 감독 그리고 복종으로 이루어져 있다고 말했다. 교회는 그리스도인을 확증하고 감독하는 언약을 하고, 그리스도인은 교회의 감독에 복종하는 언약을 한다. 분명히 말하면, 나는 현대 교회들이 이따금 '언약'이라고 부르는 일종의 문서에 대해 말하는 것이 아니다. 내가 말하는 것은 그러한 문서 뒤에 있는 실재이다. 즉, 교회와 교인들 간의 언약과 같은 합의이다. 이 언약과 같은 서약, 또는 이 지역교회 언약은 새 언약과 같은 것이라고 말할 수 있을까? 그리스도의 새 언약과 지역교회 언약은 서로 어떤 관계가 있을까? 어쨌든, 성경에는 지역교회 언약이라는 단어가 전혀 사용되지 않았다.

헌장과 언약이 충돌하는 곳

내가 우리 교회의 다른 교인들과 맺는 언약 같은(covenant-like) 서약, 또는 지역교회 언약은 새 언약과 같은 것이 **아니다**. 오히려 이 서약은 그리스도의 헌장과 새 언약이 충돌하는 곳에 있다. 등록 교인의 권리를 낳는 것은 헌장이지만, 교회 자체는 그리스도의 새 언약이 낳은 피조물이다. 말하자면, 우리는 이러한 충돌을 교회의 두 예식에서 볼 수 있다. 한편으로 지역교회는 마태복음 16장, 18장 그리고 28장에 있는 그리스도의 **헌장**에 따라 세례를 베푼다. 다른 한편으로 지역교회는 마태복음 26장에서 예수님이 약속하신 **새 언약**에 따라 성찬을 시행한다. 이 둘을 함께 생각하면, 우리에게는 등록 교인의 권리를 구별하는 두 가지 특징이 있음을 알게 된다. 지역교회 교인들은 지역 회중 안에서 단순히 세례와 성찬으로 구별되는 사람들이다. 그것이 교회이다. 하지만 이러한 충돌을 살펴보아도 어떻게 언약과 헌장이 함께 지역교회의 언약, 또는 지역교회의 등록 교인 제도를 낳는지에 대한 답을 얻을 수 없다.

새 언약이 먼저 온다는 사실을 아는 것이 중요하다. 그리스도의 종말론적인 천상의 몸을 창조하는 것은 헌장이 아니라 새 언약이다. 마태복음 16장(헌장)이 마태복음 26장(새 언약에 대한 약속)보다 먼저 온다고 말할 수도 있지만, 두 곳 모두에서 예수님은 하늘로부터 임하는 새 언약의 능력이 세상에서 처음으로 역사하게 될 오순절에 교회가 탄생할 것을 준비하고 계신다. 언약이 헌장보다 앞선다. 왜냐하면 보편교회가 지역교회보다 먼저 존재하기 때문이다.[29] 따라서 구원이 등록 교인의 권리보다 앞선다.

그 후에 예수님이 이 종말론적인 천상의 몸을 이룬 사람들에게

---

29 나는 로마가톨릭교회가 말하는 것과 같은 의미에서 보편교회를 지역교회보다 우위에 두려는 것이 아니다. 로마가톨릭교회는 보편교회를 지상에 있는 가견적 단체라고 정의하고, 이 가견적 단체가 많은 지역교회를 탄생시킨다고 말한다. 나는 보편교회를 우리가 회심에 의해 속하게 되는 그리스도의 종말론적 천상의 몸이라고 정의했다. 지역교회에서 세례를 받는 것은 단지 이미 얻은 교인의 권리를 확증받는 것이다. 미로슬라브 볼프는 《삼위일체와 교회》(After Our Likeness, 새물결플러스) pp. 139-141(원서)에서 이 문제를 잘 다루고 있다.

열쇠를 주셔서, 이 땅에서 두세 사람이 그리스도의 이름을 가지고 의도적으로 그리고 지속적으로 모이는 곳이면 어디에서나 이 열쇠를 사용하게 하신다. 매고 푸는 것은 이 사람들에게 달려 있다. 이것은 사람들이 집단적이고 공적으로 선언하기 전에는 지역교회와 지역교회 등록 교인의 권리가 존재하지 않는다는 것을 의미한다. 지상교회의 존재는 언제나 공적인 성격을 가진 인간 행위의 직접적 산물이다. 사람들은 이 행위를 가시적으로 그리고 소리를 내어 해야 한다. 보편교회의 존재에도 신적인 행위와 인간의 행위가 공존해야 한다. 즉, 개인은 그리스도의 보편교회에 참여하기 위해 반드시 회개하고 믿어야 한다. 그러나 지역교회와 보편교회 사이에는 중요한 차이점이 있다. 지역교회에 등록하기 위해서는 한 사람 이상의 동의가 필요하다. 적어도 두세 사람이 함께 모여 "서로 복종하기로 합시다. 그리스도를 대신해서 내 신앙고백을 확증해주고, 내 영혼을 계속 감독해주세요. 나도 다른 사람들과 더불어 당신에게 그와 같이 하겠습니다"라고 말해야 한다. 그리스도가 이 사람들의 모임에 이렇게 할 수 있는 권위를 주셨다. 만일 그리스도가 사람들에게 권위를 주시지 않았다면, 인간이 부활하신 그리스도를 대신해서 서로에게 이야기하기로 동의하는 것은 주제넘은 짓이 된다. 지역교회 언약을 구성하는 것은 바로 이렇게 서로를 매고 풀겠다는 동의 또는 서약이다. 등록 교인 제도에 대한 **그리스도인들 간의 언약은 지역교회, 즉 가시적인 지상교회의 존재 그 이상도 그 이하도 아니다.**

그리스도가 이 헌장을 그분의 백성들에게 주시지 않았다고 상상해보라. 다른 말로 하면, 그리스도가 이 지구상에 존재하는 모든 개인이 독립적으로 "나는 그분의 것이다"라고 선언하는 것에 그분의 복음과 명예의 운명을 맡기기로 결정하셨다고 상상해보라. 양(羊)의 안전을 누가 보장할 것인가? 누가 그들에게 책임을 물을 것인가? 누가 대대로 복음을 지켜낼 것인가? 그리스도가 우리에게 행하라고 명령하신 모든 것을 누가 우리에게 가르칠 것인가? 그리스도의 백성들이 타락하여 완전히 혼란에 빠지지 않도록 누가 막아줄 것인가?

하나님이 우리에게 종말론적인 천상의 몸을 주시고, 방방곡곡에서 사람들을 불러 모아 하나의 거룩하고, 보편적이며, 사도적인 지상 교회를 세울 수 있는 권위를 주셨다. 할렐루야! 하나님이 개개인 간에 언약을 맺을 수 있는 권위를 그리스도인에게 부여하셔서, 그들이 서로를 확증하고 사도적 교회를 위해 서로를 준비시킬 수 있게 하심으로써 양들을 보호하시고, 복음을 보존하시며, 이 좋은 소식을 선포하기로 결정하셨다(갈 1:6-9을 보라).

지역교회 언약은 지역교회의 삶이요 존재 자체이다. 그리스도가 그분의 백성들에게 자기의 헌장 안에서 매고 풀고, 세례를 주고, 가르치라고 명하셨기 때문에 그리스도인들이 서로에게 권위를 주기로 서약하며, 실제로 그렇게 행할 때 비로소 지역교회가 존재한다.

서약 이상의 언약

만일 등록 교인 제도가 실제로 새 언약과 같은 것이 아니라면, 우리는 왜 등록 교인 제도를 가리켜 '언약'이라고 말할까? 등록 교인 제도를 단지 '서약'이라고 부르는 것만으로는 충분하지 않을까? 새 언약과 등록 교인 제도가 서로 다른 것이니까 등록 교인 제도를 '언약'이라고 부르는 것이 혼란을 주지는 않을까? 어쩌면 **삼위일체**나 **대속**이라는 단어처럼, 등록 교인의 권리에 대한 언약이라는 단어가 성경에 나오지 않으니 그 누구도 우리에게 이 단어를 사용하라고 요구할 수 없을지도 모른다. 그럼에도 삼위일체나 대속처럼 이 단어는 그 본질을 정확하게 표현해준다. 이 단어는 교인의 권리가 무엇인지 설명해준다. 즉, 등록 교인 제도는 새 언약과 사도적 헌장에 의해 이미 함께 속한 사람들 사이에서 맺어진, 일종의 언약이라는 것이다.

이 행위에는 틀림없이 서약이 포함되어 있다. 그러나 언약은 서약 이상이다. 언약은 사랑 안에서 자신의 전 존재가 다른 사람들에게 향하도록 하고, 그들에게 복종하는 것이다. 나는 그리스도에 대한 나의 제자도를 그 사람들 아래에 두고, 그들은 나와 다른 사람들 아래에 둔다. 왜냐하면 우리는 그리스도의 사랑으로 서로 사랑하기 때문이다. 우리는 자신을 다른 사람들에게 내어주고 그들과 연합하기를 원한다.

아내와 내가 결혼하기 전 상담을 받으러 갔을 때, 목사님은 우리에게 결혼 언약이 '삶이라는 파이의 한 조각'에 불과한 것이 아니라고 말씀해주셨다. 즉, 삶이라는 파이가 한 조각은 결혼, 한 조각은 일, 또 다른 조각은 우정 등으로 나뉘는 것이 아니라는 뜻이다. 오히려 우리는 우리 삶 전체를 상대방의 관점에서 보아야 했다. 우리는 한 몸이었고, 이것은 결혼하는 우리 각자가 우리의 하나 됨이라는 렌즈를 통해 삶의 모든 조각들을 보아야 한다는 것을 의미했다. 나는 내 아내에게 서약했지만, 나와 아내의 관계에는 그 이상이 포함되어 있다. 나의 정체성 자체가 바뀌었다. 나의 인격 전체가 이제 아내에게 그리고 우리가 서로 공유한 교제에 굴복하고 복종하게 되었다. 교회 언약은 분명히 결혼 언약과 다르다. 수많은 차이가 있다. 그러나 거기에는 이와 유사하게 역동적인 것이 있다. 교회 언약에는 우리의 정체성 자체를 복종시키는 극적인 방법으로 인격 전체를 헌신하는 것이 포함된다.

이것은 우리의 존재가 **이** 지역교회에는 복종하고 **저** 지역교회에는 복종하지 않는다는 의미가 아니다. 결혼 비유가 들어맞지 않는 대목이 하나 있다. 나와 내 아내의 언약은 배타적이다. 그러나 그리스도인의 정체성은 궁극적으로 그리스도와 그분의 모든 백성들에게 복종한다. 결국, 우리와 그리스도는 포괄적으로 연합되어 있다. 그러나 우리는 그리스도와 그분의 백성에 대한 복종을 표현하기 위해, 모든 곳에 있는 그리스도인들에게 복종할 수는 없다. 적어도 상식적으로는 그럴 수 없다. 우리가 세상에 있는 모든 그리스도인의 이름을 불러가며 기도할 수 있는지, 모든 그리스도인들을 섬길 수 있는지 그리고 그들에게 우리가 좁은 길로부터 벗어나지 않도록 우리를 징계해달라고 요청할 수 있는지 생각해보라. 우리는 반드시 일정한 지역에 있는 일정한 사람들에게 자신의 인격을 복종한다고 표현해야 하며, 이와 같은 일은 지역교회 안에서 일어나야 한다.

만일 우리가 삶의 모든 영역에서 일어나는 우리의 제자도를 지역교회의 렌즈로 바라본다면, 우리는 모든 교인들의 이름을 불러가며 기도하고, 그들 모두를 어떤 식으로든 섬기며, 우리가 좁은 길에서 벗어날 때 징계해달라고 그들 모두에게 부탁할 것이다. 우리는 우는 자들과 함께 울고, 즐거워하는 자들과 함께 즐거워하기를 바랄 것이며, 다른 사람들도 우리와 똑같이 하기를 바랄 것이다. 더욱이, 시장에서 일을 할 때나, 공적인 일에 관여하게 되었을 때, 결혼할 때나, 비그리스도인 이웃과 친분을 맺을 때나, 기타 다른 상황에서 무언가를 판단해야 할 때 우리는 교회의 도움을 기대할 것이다.

우리가 그리스도의 통치를 세상의 구석진 곳까지 확장하기 위하여 몸 전체의 힘에 도움을 요청할 경우 우리가 사용할 수 있는 자원이 얼마나 많을지 생각해보라. 우리가 몸 전체의 권위에 복종할 때, 그 몸의 다양한 은사와, 재능과, 능력과, 기도가 우리에게 그리고 그리스도의 통치를 확장하려는 우리의 사역에 생명을 불어넣을 것이다.

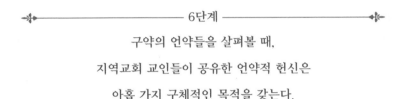

6단계

구약의 언약들을 살펴볼 때,
지역교회 교인들이 공유한 언약적 헌신은
아홉 가지 구체적인 목적을 갖는다.

언약의 기능

등록 교인 제도를 일종의 언약으로 묘사하려는 주장은 내가 결혼 전 상담에서 들었던 듣기 좋은 비유보다 더 강력하다. 성경 전체에서 하나님의 백성들이 보여준 언약적 헌신의 유형을 살펴보자. 하나님의 백성들에게는 언제나 안팎이 존재했다. 에덴동산에 안팎이 있었고, 노아의 방주에 안팎이 있었으며, 유대인들이 살던 고센 땅, 유월절 밤, 광야 그리고 약속의 땅에도 안팎이 있었다. 모든 단계에서 하나님의 백성들은 한 언약 또는 다른 언약에 의해 구별되었다.

우리는 하나님께서 자신과 하나가 되게 하려는 백성들 가운데 하나님의 왕국을 건설하기 위하여 언약을 사용하신다는 것을 살펴보았다. 그러나 그리스도인들이 함께 모일 때 서로에게 행하는 서약을 보다 잘 이해하기 위해서는 조금 더 깊이 들여다보아야 한다. 특히,

하나님은 성경에서 적어도 아홉 가지 일을 하기 위해 언약을 사용하신다. 백성을 자신과 하나가 되게 하심, 그 백성을 세상으로부터 구별하심, 그 백성을 의로 부르심, 하나님의 증인이 되게 하심, 하나님의 영광을 보이시고 나누어 주심, 백성이 서로 하나가 되게 하심, 상호 책임의 증거와 기준으로 작용하게 하심, 모든 사람들에게 책임을 부과하심 그리고 하나님의 백성을 보호하심이다. 우리는 그리스도인들이 지역교회에서 나누는 서약을 '언약'이라고 부른다. 왜냐하면 그리스도의 이름 아래 공식적으로 모이는 그리스도인들은 하나님의 영광과 자기들의 유익을 위해 아래의 아홉 가지 목적을 마음에 두기 때문이다.

1) 언약은 백성을 하나님과 하나가 되게 한다. 하나님은 언약을 통해 공식적으로 그리고 공개적으로 자신을 백성과 하나가 되게 하신다. 때로 하나님은 아브라함과 야곱에게 행하셨던 것처럼 백성들의 이름을 바꾸신다. 더욱 놀라운 것은, 아브라함과 이삭과 야곱의 하나님이라고 스스로를 부르신 경우처럼 하나님이 백성들의 이름을 사용하셔서 자신을 정의하신다는 사실이다(출 3:6, 15-16; 4:5). 무한하시고, 선행사나 서술어가 없는 I AM으로 백성들에게 자신을 알리신, 그 장엄하신 하나님이 겸손하게 자신을 그 백성들의 이름으로 알리시는 것이다.

하나님은 이스라엘 민족에게 언약을 보이실 때, 이 언약을 구체적으로 누구와 맺으시는지 말씀하신다. "이스라엘아 오늘 내가 너희의 귀에 말하는 규례와 법도를 듣고 그것을 배우며 지켜 행하라"(신 5:1). "이스라엘아 들으라 우리 하나님 여호와는 오직 유일한 여호와이시니"(신 6:4). 하나님은 모든 사람에게 맹세하지 않으신다. 즉, 애굽 사람들이나 가나안 사람들에게는 맹세하지 않으신다. 하나님은 오직 이스라엘과 언약을 맺으신다.

하나님이 얼마나 자주 이스라엘 백성들에게 "너희를 내 백성으로 삼고 나는 너희의 하나님이 되리니"(출 6:7)라는 취지로 말씀하시는지 생각해보라.[30] 또한 그분은 얼마나 자주 자신을 질투하는 분으로 선언하시면서[31] 백성들에게 다른 나라들과 언약을 맺지 말라고 하시는가(출 34:12-15; 신 7:2)? 각 나라들에 대한 심판을 약속하시면서, 단지 하나님을 향해 저지른 명백한 죄뿐만 아니라 그들이 하나님의 신부인 이스라엘을 학대한 것에 대해서까지 심판하겠다고 말씀하신 적이 얼마나 많은가? 실제로 아들, 신부, 포도나무, 양 떼, 집, 기업, 분깃 등 하나님과 이스라엘의 관계를 묘사한 다양한 비유들은 하나님과 그분의 백성이 친밀하게 하나 되었음을 보여준다.

다윗 언약을 통해 하나님이 자신과 다윗을 하나가 되게 하신 것은 다윗 이후에 태어난 악한 왕들에게도 '나의 종 다윗을 위하여' 계속 자비를 베푸시는 모습에서 가장 분명하게 드러난다.[32] 더욱 놀라운 것은 다윗의 아들에게 하신 하나님의 약속이다. "나는 그에게 아버지가 되고 그는 내게 아들이 되리니"(삼하 7:14; 시 2:7 참조; 45:6; 89:26-28).

---

30 모세오경에서, 하나님이 이스라엘 민족에게 말씀하실 때 자신을 '주 너의 하나님'이라고 부르신 경우는 수없이 많다. 출 15:26; 16:12; 20:3, 5; 레 11:44, 45; 18:2, 4, 30; 19:2-4, 10, 12, 25, 31, 34, 36; 20:7, 24; 22:33; 23:22, 43; 24:22; 25:17, 38, 55; 26:1, 12-13; 민 10:10; 15:41; 신 4:1; 5:6, 9; 11:2, 28; 13:18; 29:6.

31 모세오경에만 다음의 구절들이 있다. 출 20:5; 신 4:24; 5:9; 6:15; 32:21. 하나님은 출 34:14에서 심지어 자신의 이름을 "질투라 이름하는 질투의 하나님"이라고 말씀하신다.

32 왕상 11:13, 32, 34; 왕하 19:34; 사 37:35.

하나님은 구약성경의 매 순간마다 자기 이름을 두고자 하는 사람들과 함께 거하신다.[33] 하나님은 언약 안에서 그들과 함께 거하시는 반면, 언약을 깨뜨리는 사람들은 버리신다. 이것이 바로 간음과 우상숭배 간의 유비(類比)가 그렇게 많은 단계에서 적합한 이유이다 (예를 들면 렘 2-3장; 겔 16장; 호 2장).[34] 구약성경에서 하나님의 언약적 임재를 나타내는 가장 중요한 상징은 성전이다(삼하 7:1-12; 왕상 8:13).

구약성경에서와 마찬가지로, 하나님은 신약성경의 백성들도 새 언약 아래에서 자신과 하나가 되게 하려 하신다. 시작부터 이 약속이 존재한다. "나는 그들의 하나님이 되고, 그들은 나의 백성이 될 것이다." 하나님께서 이 새 언약 백성을 두고 말씀하신다(렘 31:33; 겔 36:28; 히 8:10). 그러므로 신약성경에서 하나님의 백성은 하나님의 신분을 가지신 그리스도와 연합되었기 때문에 하나님과 하나가 된다. 지역 교회에 들어간다는 것은 "아버지와 아들과 성령의 이름으로" 세례를 받는다는 의미이다(마 28:19). 이 사랑받는 아들이 이 백성들과 참으로 친밀하게 하나가 되시기 때문에, 그리스도인들을 박해하려던 사울에게 부활하신 그리스도가 나타나셨을 때, 그분은 사울에게 왜 나의 백성들을 박해하느냐고 묻지 않으시고, "사울아 사울아 네가 어찌하여 나를 박해하느냐"라고 하셨다(행 9:4).

신약성경의 서신서들 대부분이 수신자와 하나님의 하나 됨에 대한 언급으로 시작하는 것은 결코 놀라운 일이 아니다. 예를 들어, "로마에서 하나님의 사랑하심을 받고 성도로 부르심을 받은 모든 자에

---

33 예를 들면 창 26:3, 24; 28:15; 출 3:12; 25:8; 29:45-46; 신 12:11.

34 다음을 보라. Raymond Ortlund, *God's Unfaithful Wife: A Biblical Theology of Spiritual Adultery*, New Studies in Biblical Theolog.

게"(롬 1:7), "고린도에 있는 하나님의 교회"에게(고전 1:2), "하나님 아버지 안에서 사랑을 얻고 예수 그리스도를 위하여 지키심을 받은 자들에게"(유 1:1) 등이다. 지역교회는 하나님이 지상에서 공적으로 자신과 백성을 하나가 되게 하기로 작정하신 곳이다.

그러므로 여기에서 무슨 일이 벌어지는지 주목하라. 하나님은 그리스도의 새 언약을 통해 자신을 신약 백성들과 하나가 되게 하신다. 하나님은 이 언약에 따라 그리스도와 연합한 모든 사람에게 그분의 이름을 두신다. 그렇다면 그러한 하나 됨을 주장할 수 있는 사람은 누구일까? 개개인이 스스로 할 수는 없다. 로마에 있는 지역교회, 고린도에 있는 지역교회 등과 같이 이 땅의 교회에 속한 사람들이 주장할 수 있다. 하나님은 그리스도의 헌장이 사용되는 곳이라면 언제든 어디에서든 새 언약 신자들과 자기를 하나가 되게 하신다. 하나님은 지역교회 언약 안에서 서로 모이고 자신의 삶을 서로에게 복종시키는 모든 그리스도인 무리와 자신을 하나가 되게 하신다. 경건한 권위 또는 통치는 사랑을 시행하는 것이다. 사랑은 다가가고 행동한다. 그리고 사랑은 생명을 불어넣거나 권위적인 행동을 통해 실행된다. 그리스도의 새 언약에 기반한 사랑은 그리스도의 헌장에 담긴 권위를 통해 행동으로 옮겨진다. 자기가 복음 안에서 그리스도의 사랑에 속했다는 것을 깨달은 사람은, 그리스도의 권위가 지역교회를 통해 시행될 때 그 권위에 자기를 복종시킨다. 간단히 말해서, 지역교회는 하나님이 회개한 죄인들과 자기를 사랑 안에서 하나가 되게 하시는 곳이다. 지역교회 등록 교인의 언약은 바로 그것을 나타낸다.

교회에 등록하는 것은 중대하고 굉장한 일이다. 이것은 당신이 그리스도와 그분의 백성 사이에 맺어진 일종의 혼인 관계 속으로 들어갔다는 것과, 하나님의 가족으로 입양되었다는 것을 나타낸다. 또한 이것은 당신이 자신의 이름과 가장 중요한 관계들 그리고 가장 중요한 영향력을 바꾸었다는 사실과, 당신이 그 모든 일들을 바로 이 땅에서 했다는 것을 나타낸다.

지역교회는 하나님이 그분의 고귀한 이름을 두신 백성들과 당신을 하나가 되게 하시는 곳이다. 하나님은 더 이상 돌과 백향목으로 지은 성전에 거하지 않으신다. 하나님은 몸과 영혼으로 지은 성전에 거하신다(고전 3:16; 고후 6:16; 엡 2:21; 벧전 2:5). 당신이 이 실재를 경험하는 곳은 지역교회이다.

2) 언약은 하나님의 백성을 세상과 구별한다. 하나님은 또한 언약을 통하여 공식적이고 공개적으로 자기 백성과 다른 모든 백성을 구별하신다.[35] 하나님이 자기와 그분의 백성을 하나가 되게 하시는 이유는 그들을 구별하시기 위함이다. 그러면, 하나님은 어떤 언약적 결혼 서약이 있기 전에 그분의 백성을 다른 나라들과 구별하시는 것일까? 시내 산 언약이 온 이스라엘과 체결되기 전에, 하나님은 파리 재앙과 함께 바로에게 말씀하신다. "내가 내 백성과 네 백성 사이를 구별하리니"(출 8:23). 하나님은 "이스라엘의 가축과 애굽의 가축을 구별하리니"라고 모세에게 말씀하신다(출 9:4). 우박 재앙이 있을 때도 말씀하시고(출 9:26), 마지막 재앙인 장자의 죽음이 있을 때도 말씀하신다. "여호와께서 애굽 사람과 이스라엘 사이를 구별하는 줄을 너희가 알리라"(출 11:7). 하나님이 애굽과 이스라엘을 구별하시는 사랑은

---

35 출애굽기에서 하나님이 그분의 백성들을 구별하신 것에 대한 마크 데버의 묵상을 보라. *The Message of the Old Testament: Promises Made* (Wheaton, IL: Crossway, 2006), pp. 93-99. 김귀탁 옮김, 《구약 성경의 핵심 메시지》(부흥과개혁사, 2009). 또한 같은 책 pp. 111-112에 수록된 그의 레위기 묵상도 보라.

이스라엘을 세상의 다른 모든 나라들과 구별하시는 사랑의 형태를 띠고 공식적으로 표현된다.

> 내가 애굽 사람에게 어떻게 행하였음과 내가 어떻게 독수리 날개로 너희를 업어 내게로 인도하였음을 너희가 보았느니라 세계가 다 내게 속하였나니 너희가 내 말을 잘 듣고 내 언약을 지키면 너희는 모든 민족 중에서 내 소유가 되겠고 너희가 내게 대하여 제사장 나라가 되며 거룩한 백성이 되리라(출 19:4-6a).

"너희가 보았느니라"라는 구절을 통하여 하나님의 사랑과 사랑의 행위는 시내 산 언약보다 앞선다는 것을 알 수 있다. 하지만 이 언약은 사랑의 속성, 하나님의 사랑에서 차지하는 이스라엘의 독특한 위치에 대한 약속 그리고 그 사랑 안에 거할 수 있는 조건들을 공개적으로 자세하게 설명해준다. "너희가 내 말을 잘 듣고 내 언약을 지키면"이다.[36] 하나님은 다윗을 선택하셨을 때처럼, 차별적으로 선택하신 사람들에게 언약을 주신다(예를 들면 시 89:3; 신 7:6 이하 참조). 할례, 안식일 등과 같이 다양한 언약의 징표들은 하나님의 백성을 이웃 나라들과 구별해주었다. 또한 하나님의 백성들이 금송아지를 숭배했을 때 하나님이 자기의 임재를 거두겠다고 위협하신 것과 같이, 명령과 하나님의 임재도 하나님의 백성을 구별해주었다. 모세는 이에 대해 이렇게 간청한다.

---

36 5절이 아브라함 언약을 가리키는 것인지 아니면 모세 언약을 가리키는 것인지에 대해서는 논쟁이 있다.

주께서 친히 가지 아니하시려거든 우리를 이곳에서 올려 보내지 마옵소서 나와 주의 백성이 주의 목전에 은총 입은 줄을 무엇으로 알리이까 주께서 우리와 함께 행하심으로 나와 주의 백성을 천하 만민 중에 구별하심이 아니니이까(출 33:15-16).

다시 말하지만, 하나님의 언약과 연관되어 있는 하나님의 임재는 백성을 구별한다. 하나님의 임재로부터 배제되고 쫓겨나면 그들은 구별되지 않는다.

마찬가지로, 구약성경 전체에서 하나님이 그려주시는 심판의 모습은 그분의 백성들을 다른 나라로 흩으셔서, 그들이 다른 나라들과 전혀 구별되지 않게 하는 것이다.[37] 그러므로 예언자들은 언약의 파기를 의미하는 용어인 '이혼'을 사용하여 이러한 추방 행위를 묘사한다(사 50:1; 렘 3:8; 31:32 참조).

구약성경에서와 같이, 하나님은 그분의 새 언약 백성들이 세상과 구별되기를 원하신다. 비록 징표와 경계의 방식은 바뀌었지만 이 점에서만큼은 구약과 신약 사이에 연속성이 있다. 모든 책 속에 세상과 구별되어야 한다는 교회의 외침이 스며 있다.[38] 마태복음에서, 예수님은 자기를 따르는 자들이 소금과 같이 구별되고 세상의 빛으로 빛나야 한다고 말씀하신다(마 5:13-17). 마가복음에서는, 인류를 그리스도를 위한 자들과 그리스도에게 반대하는 자들로 나누신다(막 9:40). 누가복음에서는, 이스라엘과 그 지도자들이 열매를 맺지 못하

---

37 레 26:33; 신 4:27; 28:64; 왕상 14:15; 느 1:8; 렘 9:15-16; 13:15-27; 겔 12:14-15.

38 거룩한 교회라는 주제로 신약성경 전체를 권별로 연구한 책으로는 Kent E. Brower and Andy Johnson, eds., *Holiness and Ecclesiology in the New Testament* (Grand Rapids: Eerdmans, 2007)를 보라.

기 때문에 그들에 대한 소유권을 포기하시고 열매 맺는 사람들을 찾으신다(눅 13:6-9). 요한복음에서는, 자기와 아버지께서 예수님의 말씀을 지키는 자들을 위해 거처를 마련하실 것이라고 말씀하신다(요 14:23). 사도행전에서는, 성령으로 세례를 받은 사람들과 그렇지 못한 사람들 사이의 경계선이 예루살렘으로부터 사마리아를 거쳐 이방 나라로 점차 확장되는 내용이 전체의 줄거리를 이룬다.[39] 로마서에서는, 세례를 받음으로 그리스도와 함께 장사 지낸 바 되고 주님의 성령이 함께하는 자들과 그렇지 못한 자들 사이에 분명한 경계선이 그어진다(롬 6:1-14; 8:1-11). 고린도전서에서는, 바울이 "너희는 너희가 하나님의 성전인 것과 하나님의 성령이 너희 안에 계시는 것을 알지 못하느냐?"라고 물은 후에 "하나님의 성전은 거룩하니 너희도 그러하니라"라고 말한다(고전 3:16-17b). 이러한 예는 신약성경의 모든 책에서 찾아낼 수 있다. 그러므로 하나님이 구약의 명령을 신약 백성들에게도 반복하시는 것은 결코 놀라운 일이 아니다. "내가 거룩하니 너희도 거룩할지어다"(레 11:45; 벧전 1:16).

구별됨에 관한 구약과 신약 사이의 연속성은 구약의 언약적 이미지들이 교회에 적용되는 것에서도 찾을 수 있다. 하나님의 거룩한 나라 이스라엘은 더 이상 왕 같은 제사장, 포도나무, 양 떼, 신부, 백성 그리고 성전이 아니다. 교회가 그 자리를 대신한다. 베드로는 심지어 교회를 "택하신 족속"(벧전 2:9)이라고 했는데, 이것은 무척 인상적인 표현이다. 교인들을 연합시키고 구별하는 끈은 히브리인들의

---

39 다음을 보라. David W. Pao, *Acts and the Isaianic New Exodus*, in the Biblical Studies Library (Grand Rapids: Baker, 2002).

혈연보다 더 강하고 친밀하다. 어떻게 그럴 수 있을까? 교회는 구별된 아들인 그리스도와 연합되었기 때문이다.

구약과 신약의 연속성을 보여주는 가장 생생한 예는 바울이 모세오경에 나오는 정결 규례와 제사법의 기억을 더듬어 그것을 한 손에 잡고, 고린도 교인들에게 "교회여, 이와 같이 구별되라!"라고 외친 장면이다. 바울은 이렇게 말했다.

> 너희는 믿지 않는 자와 멍에를 함께 메지 말라 의와 불법이 어찌 함께하며 빛과 어둠이 어찌 사귀며 그리스도와 벨리알이 어찌 조화되며 믿는 자와 믿지 않는 자가 어찌 상관하며 하나님의 성전과 우상이 어찌 일치가 되리요 우리는 살아계신 하나님의 성전이라 이와 같이 하나님께서 이르시되 내가 그들 가운데 거하며 두루 행하여 나는 그들의 하나님이 되고 그들은 나의 백성이 되리라 그러므로 너희는 그들 중에서 나와서 따로 있고 부정한 것을 만지지 말라 내가 너희를 영접하여 너희에게 아버지가 되고 너희는 내게 자녀가 되리라 전능하신 주의 말씀이니라 하셨느니라 그런즉 사랑하는 자들아 이 약속을 가진 우리는 하나님을 두려워하는 가운데서 거룩함을 온전히 이루어 육과 영의 온갖 더러운 것에서 자신을 깨끗하게 하자(고후 6:14-7:1).

바울은 고린도에 있는 하나님의 백성들과 그 외의 고린도 시민들을 구별하는, 분명한 경계선을 생각하고 있다. 그들과 협력해서는 안 된다. 교제도 하지 마라. 어울리지 마라. 분깃을 나누지 마라. 그들의 말에 동의하지 마라. 그 대신, 그들에게서 나와 따로 있으라. 너희를 정결케 하라. 거룩함을 온전히 이루라.

바울은 지리적 경계를 말하는 것이 아니다. 정체성을 말하고 있다. 바울은 그들에게 비그리스도인들과 친구가 되지 말라거나 그들과 함께 살지 말라고 하는 것이 아니다. 바울은 교회가 하나님이 거하시는 언약 백성이라는, 교회의 구별된 정체성을 확인하고 있다. 고린도 교인들은 "살아계신 하나님의 성전"이다. 그러므로 그들은 불신자들이 자기도 하나님께 속했다고 여기거나 신자들이 세상에 속했다고 여기지 않도록 그들과 협력해서도, 교제해서도, 조화를 이루어서도 안 된다. 물론 윤리적인 적용들이 따라오지만, 모든 것은 그들의 새로운 정체성을 확인하는 데서 출발한다. 신약의 교회는 유대인의 식사법, 안식일 준수, 가나안 거주, 남성의 할례, 민족적 이스라엘과 같이 '하나님께 구별되어야' 한다.

우리는 이 구절이 지난 수십 년간의 복음주의 교회론에서 언제 사라졌는지 궁금하다. 이 구절에는 '소속감이 신앙보다 우선된다'라고 말할 조짐이 전혀 보이지 않는다. 우리는 십대 청소년들에게 비그리스도인들과 이성 교제를 하지 말라고 가르치는 근거로 고린도후서 6장 14절을 인용하는데, 실제로 이 구절은 그 내용을 담고 있다.

이 말은 바울이 구약과 신약의 비연속성에서 대해서는 전혀 관심이 없다는 의미가 아니다. 바울은 이미 고린도후서 3장 전체에서 이 비연속성에 대해 논의했고, 이어지는 4장과 5장에서는 새 언약이 갖는 선교적 의미에 대해서도 강조하면서, 자신을 가리켜 화목케 하시는 하나님을 대신한 대사라고 부르며 결론을 내린다(고후 5:19-20). 바울은 6장 전반부에서 자기가 복음 안에서 "많은 사람들을 부요하게" 하기 위해 얼마나 많은 고난을 받았는지 설명한다(고후 6:1-10). 그런 다음 6장 후반부에서는 교회에게 "나와서 따로" 있으라고 말한다.

바울은 화목케 하는 대사가 되어야 한다는 요구와 교회에서 불신자를 내보내야 한다는 요구가 서로 대치된다고 생각하지 않는다. 선교와 거룩함은 서로 대치되는 것이 아니라 서로 조화된다. 예수님은 소금이 맛을 잃으면 쓸모가 없고, 말 아래 둔 등불과 같다고 말씀하셨다(마 5:13-16).

바울의 권면을 들으면 두 가지 의문점이 생긴다. 첫째, 오늘날의 그리스도인들과 교회 지도자들은 교회의 거룩한 구별됨과 증인 됨이 성경적으로 서로 연결된다는 것을 알고 있을까? 둘째, 바울은 독자들이 어떻게 "거룩함을 온전히" 이루기를 바라는 것일까? 우리가 대학이나 잡지를 만들어 그런 일을 시작하라는 뜻일까? 더 많은 책을 써야 할까? 특정한 센터를 만들어야 할까? 집회를 시작해야 할까? 교단을 설립해야 할까? 그리스도와 문화를 연결시킬 수 있는 완벽한 공식을 찾아내야 할까? 각각의 방법은 부수적이면서 유익한 역할을 할 수 있다. 그러나 바울이 말하는 가장 중요한 점을 놓쳐서는 안 된다. 이것을 놓치면 다른 모든 것들을 잃어버리고 만다. 예수님은 교인들을 훈육하고, 구별됨을 유지하고, 거룩함을 온전히 이룰 수 있는 권위를 가진 오직 하나의 기관을 세우셨으며, 바울은 이 사실을 알고 있었다. 그 기관은 바로 지역교회이다.

이런 관점에서, 지역교회에 등록하는 것이 무엇을 의미하는지 다시 한 번 생각해보라. 그것은 단지 군중에 휩쓸려가는 것이 아니다. 단지 특정한 사교계에 들어가서 존경받는 어른들 틈에 속하는 것이 아니다. 오히려 그와 반대이다. 지역교회에 등록한다는 것은 내쫓김을 당하고 시대의 흐름에 역행하기로 헌신한 무리들과 우리 자신을 일치시키는 것이다. 그것은 마치 당신의 고향 땅에서 여행하는 나

그네의 무리에 들어가는 것이나 당신의 나라에서 소수 언어를 사용하는 무리에 들어가는 것과 같다. 새 언약으로 얻은 등록 교인의 권리는 우리를 구별되게 한다. 그러나 우리는 어떻게 구별된 삶을 살 것인가? 우리는 우리의 신분을 지역교회와 연합시킨다. 우리는 다른 이들과 함께 지역교회와 언약을 맺는다. 이것은 좋은 소식이다. 우리 혼자서 강물을 거슬러 헤엄치지 않아도 되기 때문이다. 강물을 거슬러 헤엄치기로 서약하는 것은 가벼운 결정이 아니며, 감사하게도 우리에게는 우리와 함께하겠다고 언약한 사람들이 있다.

3) 언약은 개인과 집단의 의로움의 근거가 된다. 하나님은 또한 그분의 백성들이 어떻게 살아야 할 것인지 말씀하시기 위해 성경에 있는 언약들을 사용하신다. 언약들은 의로운 삶이 무엇인지 설명해 준다. 그러므로 모세는 약속의 땅에 들어갈 이스라엘 사람들을 향해, 하나님의 명령을 지키는 것이 그들의 의로움이라는 사실을 자녀들에게 가르치라고 교훈한다. "너는 네 아들에게 이르기를… 우리가 그 명령하신 대로 이 모든 명령을 우리 하나님 여호와 앞에서 삼가 지키면 그것이 곧 우리의 의로움이니라 할지니라"(신 6:21, 25).

아브라함 언약도 아브라함의 의에 관심이 있지만, 아브라함은 그가 믿은 것에 따라 의롭다 여김을 받았다. "아브람이 여호와를 믿으니 여호와께서 이를 그의 의로 여기시고"(창 15:6). 물론, 바울도 새 언약을 통해 그리스도 안에서 얻는 그리스도인의 의, 즉 "의의 직분"(고후 3:9)을 설명하기 위해 이러한 흐름을 따라 사고를 전개한다. 그리스도는 완전히 의로우시다. 그리고 그리스도의 의는 '우리가 범죄한 것 때문에 내줌이 되고 또한 우리를 의롭다 하시기 위하여 살아나신 예수 우리 주를, 죽은 자 가운데서 살리신 이를 믿는 자'들의 것이다(롬 4:23-25). 요컨대, 그리스도는 우리의 의가 되시며(고전 1:30), 그리스도를 통해 우리는 "하나님의 의"가 된다(고후 5:21).

나는 앞에서 그리스도의 전가된 의에 대한 개혁주의 교리가 단지 법적인 허구일 뿐이라고 주장하는 비판을 언급한 적이 있다.[40] 언약들이 어떤 역할을 **하는지** 이해하지 못했기 때문에 이런 비판이 나온 것이다. 내가 그리스도인으로서 가진 의는 그것이 마치 '가스처럼' 법정 안에 떠다니기 때문에 갖게 된 것이 아니라—새 언약 속에서 그리스도와 내가 서로 하나가 되었다는 것이 마치 나와 내 아내가 결혼 언약을 하면서부터 서로의 자산과 부채를 공유하게 된 것처럼—이제 우리도 모든 자산과 부채를 공유하게 되었음을 의미하기 때문에 갖게 된 것이다. 그리스도인들에게 좋은 소식은 당연히 우리의 모든 부채가 그리스도의 것이 되고, 그리스도의 모든 자산이 우리의 것이 된다는 사실이다.

새 언약은 또한 그리스도인들이 이 의를 '옷 입고', 하나님의 법에 순종하는 태도를 보이는 데 관심이 있다. 그리스도인이 의롭게 된다는 것은 그리스도의 형상을 바라보면서 그와 동일한 형상으로 변화되는 것이다. 이것이 바로 새 언약에 대한 논의에서 바울이 가장 강조하는 점이다(고후 3:18; 또한 롬 8:29; 고전 15:49; 골 3:9-10). 사도 요한은 교회와 세상 사이에 윤리적 의의 경계선을 긋는다. "이러므로 하나님의 자녀들과 마귀의 자녀들이 드러나나니 무릇 의를 행하지 아니하는 자나 또는 그 형제를 사랑하지 아니하는 자는 하나님께 속하지 아니하니라"(요일 3:10).

---

40 2장의 각주 62를 보라.

우리를 의로 부르시는 언약적 부르심의 관점에서 볼 때, 교회에 등록하는 것은 무엇을 의미할까? 우리가 교회에 나타나서 "나는 이제 자격을 갖추었습니다. 나는 기준에 적합한 사람입니다"라고 말하는 것일까? "예"이기도 하고, "아니요"이기도 하다. 먼저, 예수님이 우리의 의가 바리새인의 의보다 나아야 한다고 말씀하셨기 때문에 "예"이다(마 5:20). 우리 그리스도인들이 세례에서 나타난 그리스도의 의를 가졌다는 것은 참 좋은 소식이다. 교인의 자격을 얻으려고 교회에 들어갈 때, 우리에게는 우리를 덮어줄 그리스도의 의가 필요하다. 그러나 우리가 의로운 삶을 완성하지 못했다는 점에서는 "아니요"이다. 우리는 이제 시작했을 뿐이다. 예수님도 "의에 주리고 목마른 자는 복이 있나니"라고 말씀하셨다(마 5:6). 교회는 회개한 자들의 모임이다. 교회는 이미 목표 지점에 도달한 사람들의 모임이 아니라, 지금부터 방향을 바꾸어서 강물을 거슬러 헤엄치는 모임(또는 대사관이 더 낫다)이다. 이 사람들은 의를 **원한다.** 의를 얻기 위해 싸운다. 더 많은 의를 달라고 하나님께 간청한다. 다른 사람들보다 자기를 더 낮추어, 의를 추구할 수 있게 도와달라고 부탁한다. 지역교회는 한 남성에게 세례를 주기 전에 그에게 정욕을 멀리하라고 요구하지 않는다. 그러나 만일 그가 부인이 아닌 다른 여성과 살고 있다면 그 일을 그만두라고 요구해야 한다. 그리스도인들은 죄를 짓지만, 천국에서 그들의 지위에는 차이가 있고, 지상에서의 태도에도 차이가 있다. 그리스도인들은 죄와 싸운다.

교회에 등록하는 것이 무엇을 의미하는지 생각해보라. 교회에 등록하는 것은 우리가 훈장을 손에 들게 된다는 의미가 아니다. 또한 공연장에 앉아 다른 사람들의 공연이나 감상하면서 만족을 느끼게 된다는 의미도 아니다. 교회에 등록한다는 것은 우리가 세상과 육체와 마귀라는 적에 대항하여 전쟁을 치르는 동안 형제자매들과 동맹을 맺어야 한다는 것을 잘 알기 때문에, 이 일에 우리의 삶을 기꺼이 내어주는 것이다.

지역교회는 그리스도의 의를 소유한 사람들의 모임이다. 그러므로 지역교회는 자기의 삶을 드려 거룩한 혁명을 위해 함께 싸우는 사람들의 모임이다. 그들은 맹세하고 서로 동맹을 맺었다. 언약을 세웠다. 한 사람은 모두를 위하고, 모두는 한 사람을 위한다. 언약을 저버리면 징계가 따른다. 탈영병에 대한 징계이다. 그것이 바로 등록 교인의 언약이다.

4) 언약은 하나님을 위해 이 땅의 증인을 세운다. 언약이 구별된 백성들을 하나님과 하나가 되게 한다면, 그것은 누가 하나님의 증인 역할을 하는지 이스라엘과 다른 모든 나라들이 볼 수 있게 해준다.[41] 하나님은 열방 중에 그의 이름을 창대하게 하겠다고 약속하셨고, 모든 나라의 복이 되게 할 것이라고 약속하셨다(창 12:2-3). 이 약속은 결국 아브람과의 언약과 연결된다(창 15, 17장). 아비멜렉도 하나님이 아브라함에게 언약을 주셨다는 사실을 알았는지는 분명하지 않지만, 창세기를 읽은 독자들은 아비멜렉이 이런 관점에서 증언하는 것을 분명하게 볼 수 있다. "네가 무슨 일을 하든지 하나님이 너와 함께 계시도다"(창 21:22).

이스라엘 백성들이 약속의 땅으로 들어가기 전에, 모세는 그들

---

41 Christopher J. H. Wright, *The Mission of God: Unlocking the Bible's Grand Narrative* (Downers Grove, IL: InterVarsity, 2006), 특히 pp. 87-92, 324-356를 보라. 한화룡 옮김, 《하나님 백성의 선교》 (IVP, 2012).

이 하나님과 맺은 언약의 항목들을 순종함으로써 이웃 나라들과 스스로에게 증언했던 것을 상기시켰다.

> 너희는 지켜 행하라 이것이 여러 민족 앞에서 너희의 지혜요 너희의 지식이라 그들이 이 모든 규례를 듣고 이르기를 이 큰 나라 사람은 과연 지혜와 지식이 있는 백성이로다 하리라 우리 하나님 여호와께서 우리가 그에게 기도할 때마다 우리에게 가까이하심과 같이 그 신이 가까이함을 얻은 큰 나라가 어디 있느냐 오늘 내가 너희에게 선포하는 이 율법과 같이 그 규례와 법도가 공의로운 큰 나라가 어디 있느냐(신 4:6-8).

이스라엘 역사에서 악한 왕들과 거짓 선지들이 백성을 오도하기 시작했을 때 하나님은 참선지자들을 사용하셔서 이 언약을 다시 한 번 상기시키시며, 누가 정말로 하나님을 대변하고 누가 그렇지 않은지를 주장하게 하셨다. 갈멜 산의 엘리야는 하나님과 아브라함이 언약 안에서 하나가 된 것뿐만 아니라 그 언약적 하나 됨을 증언하는 일에 참여하는 자신의 역할을 호소했다. "아브라함과 이삭과 이스라엘의 하나님 여호와여 주께서 이스라엘 중에서 하나님이신 것과 내가 주의 종인 것과 내가 주의 말씀대로 이 모든 일을 행하는 것을 오늘 알게 하옵소서"(왕상 18:36).

여기에서 알 수 있는 것처럼, 하나님은 자기 백성들이 언약에 불순종함으로써 하나님에 대해 형편없는 증언을 하게 되거나 복음 전파에 걸림돌이 되는 것을 무척 염려하셨다. 선지자 예레미야는 예루살렘이 하나님의 심판을 받아 멸망한 것을 두고 열방이 어떻게 반응할지 말해주었다.

여러 민족들이 이 성읍으로 지나가며 서로 말하기를 여호와가 이 큰 성읍에 이같이 행함은 어찌 됨인고 하겠고 그들이 대답하기는 이는 그들이 자기 하나님 여호와의 언약을 버리고 다른 신들에게 절하고 그를 섬긴 까닭이라 하셨다 할지니라(렘 22:8-9; 또한 신 29:25-26).[42]

아브라함에게 행하셨던 것처럼, 하나님은 다윗의 이름을 창대하게 하기 위해 그와 언약을 맺으신다(삼하 7:9). 이 언약은 하나님이 "영원히"(삼하 7:13, 16) 그리고 "영원한 언약"을 세우셔서 다윗을 "만민에게 증인"(사 55:3, 4)이 되게 하겠다고 약속하신 것이다.

예수님은 하나님께 완전한 증인이 되시는 다윗의 자손이다. 예수님은 하나님의 말씀이고, 하나님의 형상이다(요 1:1; 골 1:15). 예수님은 한 치의 오차 없이 하나님을 전하신다. 그러나 그리스도는 새 언약으로 자신과 백성을 연합시키시고, 그들이 세상 끝까지 그리스도의 증인으로 행할 수 있도록 권위를 부여하는 헌장을 주신다(마 28:19-20; 행 1:8). 예수님은 자신이 보내심을 받은 것처럼 백성들을 보내신다(요 20:21). 그러므로 바울은 교회를 향하여 그들이 대변하는 이름에 합당하게 행하라고 말한다(엡 4:1; 골 1:10; 살후 2:12). 교회는 그리스도를 대변한다. 교회는 그리스도처럼 행해야 한다.

많은 신학자들과 교회 지도자들이 교회의 선교적 속성을 강조하는 오늘날의 흐름은 자칫 축소주의적 성향을 띨 수 있다. 달리 말하자면, 이러한 경향은 교회를 기능으로 한정한다. 이는 마치 한 사람의 정체성을 그의 업무로만 축소시키되 그것도 수많은 업무들 중에

---

42 또한 다음 구절을 보라. 신 31:28; 사 30:8 이하; 렘 18:13-17.

단 하나의 업무로만 축소시키는 것과 같다. 그럼에도, 책마다 선교적 교회를 말하는 이러한 풍조는 '증인의 사역 또는 선교가 교회의 정체성에 얼마나 핵심적인가'에 대한 관심을 불러일으킨다. 이미 살펴본 것처럼, 그리스도의 인격과 사역이 불가분인 것과 같이 교회의 인격과 사역은 불가분이다. 그리스도는 자기 백성을 구원하기 위해 성육신하신 신인으로 오셨다. 그리스도의 제자들도 이와 마찬가지로, 사람을 낚는 어부가 되기 위해 존재한다(마 4:19).

감사하게도 어떤 선교적인 저자들은 전체로서의 몸이 증인 된다는 것을 강조했다. 한 저자는 이렇게 말했다. "북미에서, 교회가 산 위의 동네가 되어야 한다는 의미가 무엇일까? 소금이라는 것은? 세상의 빛이라는 것은? 그것은 무엇보다 교회 내부의 삶, 즉 공동체의 삶이 선교에 중요하다는 것을 의미한다."[43] 달리 말하자면, 교회의 증인 됨은 단지 교회가 **나간다**는 사실에 있지 않고, 교회가 구별된 공동체의 삶을 산다는 사실에 있다. 교회의 증인 됨은 교회가 세상과 구별되어 거룩하고, 사랑하고, 연합하는 데에 있다. 그러므로 예수님은 약속하신다. "너희가 서로 사랑하면 이로써 모든 사람이 너희가 내 제자인 줄 알리라"(요 13:35). 교인들이 거룩하게 살고 서로 사랑하는 교회의 내적 사역은 외적으로 행하는 증인의 사역과 밀접하게 연결되어 있다. 우리가 각자의 삶에서 그리스도를 드러내려면 먼저 공동체의 삶에서 그리스도를 드러내야 한다. 마크 데버는 교회가 예수님의 '복음 전도 계획'이라고 말했다. 왜냐하면 교회만이 하나님의 지혜를

---

43 Darrell Guder, ed. *Missional Church: A Vision for the Sending of the Church in North America* (Grand Rapids: Eerdmans, 1998), p. 128. 정승현 옮김, 《선교적 교회》(주안대학원대학교출판부, 2013).

드러내기 때문이다. 바울은 이것을 다음과 같이 표현했다. "교회로 말미암아 하늘에 있는 통치자들과 권세들에게 하나님의 각종 지혜를 알게 하려 하심이니"(엡 3:10). 오직 온전히 지혜로우신 하나님만이 자신과 서로에게 대적하여 싸우던 사람들을 변화시켜 사랑의 공동체로 만드실 수 있다.

교회의 증인 사역이라는 관점에 볼 때, 교회에 등록한다는 것은 무슨 뜻일까? 그것은 그리스도인이 교회에 속하는 이유가 단지 영적 필요를 채우거나 교훈을 받기 위함이 아니라는 것을 의미한다. 오히려 교회에 속하는 것은 특정한 방식으로 살고, 특정한 목적을 위한 사역에 헌신한다는 의미이다. 교회와 함께하려면 우리의 시간과 돈 그리고 실제로 우리의 전 인격을 내어주어야 한다. 왜냐하면 헌신은 우리의 새로운 신분에 뿌리를 두기 때문이다. 오늘날 서구사회의 사업가나 변호사 또는 의사는 자기의 직업적인 야망을 좇는 일에 매주 80시간을 투자한다. 왜냐하면 종종 노동에서 가치와 정당성 그리고 정체성을 발견하기 때문이다. 그리스도인이 된다는 것은 그리스도가 우리의 가치와 정당성과 정체성의 가장 중요한 원천이 되신다는 의미이고, 이것은 다시 우리가 그분이 택하신 백성의 사역을 증언하는 일에 우리의 삶을 쏟아붓는다는 것을 의미한다. 즉, 교회 내부적으로는 사랑의 사역에 헌신하고 외부적으로는 선교 사역에 헌신한다는 의미이다. 그리스도는 우리에게, 우리가 '하나의 교회로서' 정기적으로 모여 말씀을 전파하며 성례를 행하라고 명령하신다. 교회에 속한다는 의미는, 그리스도인으로 산다는 것이 주말의 쉼이 아니라 주중의 노동과 비슷하다는 사실을 인식하도록 우리를 구비시키는 것임을 기억해야 한다.

5) 언약은 하나님의 백성들에게 하나님의 영광의 은사를 약속한다.

구약성경에서, 하나님은 그분의 영광을 언약 백성들에게 나누어 주신다. 비록 아브라함 언약의 결과이기는 하지만, 하나님과 이스라엘의 관계가 시내 산에서 이스라엘과 세우신 언약보다 먼저였던 것처럼(출 2:24; 6:4-5), 하나님이 이스라엘에게 그분의 영광을 맛보게 해 주신 것도 언약을 세우시는 것보다 앞선다(출 16:7, 10; 출 14:4, 17-18 참조). 그렇지만 이스라엘은 하나님이 모든 이스라엘과 언약을 세우시는 과정 속에서 하나님의 영광이 담긴 가장 큰 계시를 보게 되었다(출 24:16-17; 40:34-35; 레 9:6, 23). 특히 모세가 그랬다(출 33:18 이하). 하나님의 영광은, 그 후에 성전을 가득 채우기 전까지는 하나님의 가장 뚜렷한 언약적 처소인 법궤 위에 머물렀다(왕상 8:11).

다윗은 하나님이 아브라함과 이삭과 야곱과 맺으신 언약 때문에 그분의 영광이 열방 중에 나타날 것임을 인정한다(대상 16:10, 15-22, 24, 28-29; 또한 시 105:8 이하). 다윗은 또한 하나님이 그분의 영광을 언약의 왕에게 나누어 주신다는 사실에 기뻐한다(시 21:5).

안타깝게도, 이스라엘 민족은 '언약의 주님'의 영광과 우상의 영광을 바꾸었다(시 106:20; 렘 2:11). 그 결과 하나님은 마침내 언약적 처소인 성전으로부터 그분의 영광을 거두셨다(겔 10:4, 18-19). 이스라엘의 죄가 참으로 크고, 하나님의 이름이 이스라엘의 이름과 무척이나 가까웠기 때문에, 하나님은 열방 앞에서 새로운 구원과 새 언약을 통하여 열방에게 '하나님의 이름을 변호'하기로 결정하셨다(겔 36:22-32; 롬 3:25-26 참조).

놀랍게도, 하나님은 새 언약을 통해 다시 한 번 그분의 영광을 나누어 주겠다고 약속하셨다(예를 들면 사 60:1-2, 19; 렘 13:11; 33:9; 시

73:24 참조; 사 28:5). 바울은 이것을 가리켜 이전에 있던 모든 영광보다 더욱 영광스러운 직분이라고 말했다(고후 3:7-11; 히 3:3 참조). 하나님의 영광이 새 성전을 가득 채울 것이다(겔 43:2-5; 44:4; 학 2:7, 9). 모든 나라가 하나님 백성의 고귀한 의와 신성한 아름다움을 볼 수 있도록 하나님의 영광이 그분의 신부에게 주어질 것이다(사 62:2-4).

그 후에 그리스도가 오셔서 하나님의 영광을 나타내시고(요 1:14; 8:50; 12:16; 13:31-32; 17:4), 아버지가 자기에게 주신 영광을 제자들에게 나누어 주셨다(요 17:22). 아담이 창조될 때 그에게 하나님의 영광의 관이 씌워졌던 것처럼, 교회는 놀랍게도 그리스도의 영광을 나누어 갖게 될 것이다(살전 2:12; 살후 2:14; 벧전 1:7; 5:4, 10; 벧후 1:3). 그러므로 바울은 교회에게 영광을 추구하는 자가 되고 모든 것을 하나님의 영광을 위해 하라고 교훈한다(롬 2:7; 고전 10:31). 또한 바울은 교회가 그리스도의 얼굴에 있는 하나님의 영광을 볼 때 영광에서 영광으로 변화될 것이라고 약속한다(고후 3:18; 4:6).

교회에 등록한다는 것은 무슨 뜻일까? 예배를 섬기는 찬양팀이 있고 역동적인 설교자가 있다고 해서 엔터테인먼트와 관련된 것은 아니다. 교회에 등록한다는 것은 한 팀에 가입하고, 훈련에 참여하고, 몸과 마음을 단련하고, 동료를 격려하고, 때로는 감독의 가르침을 듣고, 상 받기를 꿈꾸고, 하나님의 영광 곧 하나님이 그분의 자녀들에게 놀라운 방법으로 나누어 주신 영광의 트로피를 얻기 위한 크나큰 계획에 나의 전부를 바치는 것이다.

6) 언약은 하나님의 백성들을 서로 하나가 되게 한다. 구약의 언약들은 하나님과 그분의 백성들을 하나가 되게 할 뿐 아니라, 이스라엘 백성들이 서로 하나가 될 수 있게 해준다. 흥미롭게도, 이 대목에서

하나님과 이스라엘의 언약은 가족의 비유를 사용함과 동시에 그 비유들을 뛰어넘기도 한다. 하나님과 아브라함의 언약을 통해, 이스라엘은 공통의 아버지를 갖게 되었고, 이스라엘 백성들은 서로를 가리켜 '형제'라고 부르게 되었다. 이것은 그들에게 가족의 정체성이 생겼음을 보여준다. 그러나 아브라함의 두 아들인 이스마엘과 이삭의 차이가 보여주듯이, 언약적 정체성은 동시에 생물학적 조상을 뛰어넘는다(롬 9:6-8; 갈 4:21-31). 달리 말하자면, 두 명의 이스라엘 사람은 당연히 형제이지만, 그 이상이기도 하다. 즉, 생물학적 형제보다 더 단단하고, 더 연합되고, 더 '하나 된' 관계이다. 물론 이것은 모든 이스라엘 개개인이 근본적으로 주님과 하나가 되었을 때 가능하다. 주님과 하나가 된다는 것은, 주님과 하나 된 모든 사람들과 하나가 되는 것이다. 또한 만일 하나님이 하나님이시라면, 조금만 생각해봐도 그러한 하나 됨이 생물학적인 관계보다 더 강력할 수밖에 없는 이유가 무엇인지 자명해질 것이다. 하나님은 근본적인 분이시지만, 생물학은 그렇지 않다.

이스라엘의 언약으로 주어진 집단적인 정체성은 특히 제사장, 왕, 선지자들의 인격과 사역을 통해 나타났다. 이스라엘의 대제사장은 해마다 한 번씩 온 나라를 위해 희생제물을 드렸다(레 16장). 다윗의 반차를 따른 왕인 하나님의 아들은 온 나라의 아들 됨을 궁극적으로 실현하셨다. 고난받는 선지자는 온 나라의 불신과 슬픔을 체현(體現)했다(예를 들면 애 3장). 이 세 직분의 대리적 사역을 통해 모든 이스라엘 백성들은 피부색, 혈통, 문화적 관습, 취미, 의복, 또는 사람들이 일반적으로 공동체와 사회적 유대 관계를 세우기 위해 의존하는 그 밖의 것들과 서로 공유한 정체성 등보다 훨씬 더 중요한 것들을 갖게 되었다. 그들은 한 구원, 한 기업, 한 신앙, 한 세례 그리고 한 언약의 주님을 공유했다.

그 후에 그리스도는 대표적인 선지자, 제사장 그리고 왕으로 오셨다. 예수님은 하나님을 대신해서 하나님의 백성에게 말씀하셨고, 하나님의 백성들을 대신해서 고난받으셨으며, 새로 선택된 나라의 새로운 연대적 수장이 되셨다. 이제 그리스도께 연합된 모든 사람들은 그리스도의 신분을 나누어 갖는다. 또한 이것은 그리스도인들의 신분이 서로 동일함을 의미한다. 그러므로 초대교회 그리스도인들은 서로를 '형제'라고 불렀다.

교회에 등록한다는 것은 무슨 뜻일까? 그것은 영적 훈련 과정에서 단지 한 걸음 더 나아가는 것을 의미하지 않는다. 즉, 개별적인 그리스도인으로서 성장하기 위해 무엇인가를 하는 것이 아니다. 앞서 말했듯이, 교회에 등록하는 것은 가족의 저녁 식사에 참여하는 것과 같다. 교회는 당신의 형제와 자매들이 있는 곳이다.

7) 언약은 하나님의 백성들 사이에서 상호 책임의 목적을 위한 증거가 된다. 하나님의 언약은 모든 나라들 중에서 누가 하나님의 증인인지 밝혀줄 뿐만 아니라, 이스라엘을 위한 공적인 증거, 증언, 또는 기록으로 작용한다. 그래서 모세는 레위인들에게 이렇게 명령했다. "이 율법책을 가져다가 너희 하나님 여호와의 언약궤 곁에 두어 너희에게 증거가 되게 하라"(신 31:26). 비유를 들자면, 결혼 서약은 한 연인을 다른 모든 사람들 앞에서 구별하는 역할을 한다. 그러나 동시에 이 서약은 두 사람이 서로 어떤 약속을 했는지 보여주는 기록이기도 하다. 즉, 서약은 외적으로나 내적으로 모두 증인 또는 증거가 된다.

그러므로 이 증거는 언약 당사자들이 서로 책임을 져야 하는 기준이 되었다. 예를 들어, 시내 산 언약은 이스라엘 백성들이 하나님께 책임을 져야 하는 존재가 되게 했다(예를 들면 신 29:1; 28장). 다윗 언약은 다윗의 자손이 불순종으로 형벌을 받을 것이라고 약속했다(삼하 7:14). 언약은 이스라엘 백성들이 서로 책임을 지킬 수 있게 해주었다. 하나님은 이스라엘 백성들이 가장 가까운 가족 안에서조차 불순종에 대해 단호하게 대처해야 한다고 말씀하셨다.

> 네 어머니의 아들 곧 네 형제나 네 자녀나 네 품의 아내나 너와 생명을 함께하는 친구가 가만히 너를 꾀어 이르기를 너와 네 조상들이 알지 못하던 다른 신들 곧 네 사방을 둘러싸고 있는 민족 혹 네게서 가깝든지 네게서 멀든지 땅 이 끝에서 저 끝까지에 있는 민족의 신들을 우리가 가서 섬기자 할지라도 너는 그를 따르지 말며 듣지 말며 긍휼히 여기지 말며 애석히 여기지 말며 덮어 숨기지 말고 너는 용서 없이 그를 죽이되 죽일 때에 네가 먼저 그에게 손을 대고 후에 뭇 백성이 손을 대라(신 13:6-9; 또한 21:18-21).

왜 그렇게 과격한 요구를 하시는가? 간단히 말해서, 하나님의 혼인 서약은 정절을 요구한다. 하나님의 사랑은 충성을 요구한다. "너는 그 선지자나 꿈꾸는 자의 말을 청종하지 말라 이는 너희의 하나님 여호와께서 너희가 마음을 다하고 뜻을 다하여 너희의 하나님 여호와를 사랑하는 여부를 알려 하사 너희를 시험하심이니라"(신 13:3; 또한 6:5). 비록 사람의 죽음을 명령하는 율법은 그리스도의 새 언약이 도래하면서 모두 지나간 것이 분명하지만, 예수님이 자기 백성들에게 요구하시는 충성이 이보다 덜 철저하다고 생각해서는 안 된다(눅

14:26을 보라).

　　그러므로 신약성경이 교회 밖의 사람들을 돌보는 것보다 교회 안의 교인들을 돌보는 문제에 대하여 강조하는 것처럼 보인다 해도 결코 놀랄 필요는 없다. 예수님은 사람들이 자기의 형제들 중에 가장 작은 자를 돌보았는지 그러지 않았는지에 따라 양과 염소를 구분하셨다(마 25:31-46). 바울은 갈라디아 교회 교인들에게 모든 사람에게 선을 행하되 "더욱 믿음의 가정들에게 할지니라"라고 말했다(갈 6:10). 베드로는 독자들에게 서로 대접하라고 명령했다(벧전 4:9; 또한 롬 12:13). 바울은 교회 안에 있는 사람들을 돌보는 것이 윤리적인 일이며, 이것이 교회 밖의 사람들에게는 적용되지 않는다고 가르쳤다. 바울은 고린도 교인들에게 이렇게 말했다. "밖에 있는 사람들을 판단하는 것이야 내게 무슨 상관이 있으리요마는 교회 안에 있는 사람들이야 너희가 판단하지 아니하랴"(고전 5:12). 바울은 또한 주의 만찬에 나아갈 때마다 항상 '주의 몸을 분별하라'고 가르쳤다(고전 11:29).

　　어쩌면 이 마지막 요점에 반대하는 사람들이 있을 수도 있다. 그들은 교회 밖의 사람들과 원수에 대한 사랑이 교회 안에 있는 사람들이나 가족에 대한 사랑보다 더 높은 형태의 사랑이라고 말한다. 그러나 교회 안의 동료 교인들에 대한 사랑은 한때 원수였던 사람들에 대한 사랑**이다**.[44] 구원을 받기 이전에 우리는 하나님과 서로에게 원수였다. 교회 안에서 나누는 사랑에는 능력이 있다. 왜냐하면 그 사랑은 원수들을 변화시키는 하나님의 사랑이 지닌 또 다른 면을 보여주기 때문이다. 그 사랑이 우리에게 그 결과를 보여준다. 즉, 이전에 원

---

44 D. A. Carson, *Love in Hard Places* (Wheaton, IL: Crossway, 2002), p. 56.

수였던 수많은 사람들이 이제는 서로 잘 지낼 뿐만 아니라 심지어 서로에게 자신을 내어주기까지 한다.

그리스도인들은 서로를 악한 길로부터 지켜주고 서로의 짐을 져야 한다고 계속해서 배운다. "형제들아 사람이 만일 무슨 범죄한 일이 드러나거든 신령한 너희는 온유한 심령으로 그러한 자를 바로잡고 너 자신을 살펴보아 너도 시험을 받을까 두려워하라 너희가 짐을 서로 지라 그리하여 그리스도의 법을 성취하라"(갈 6:1-2; 또한 고전 4:21; 유 1:22-23). 강한 자들은 약한 자들이 넘어지지 않도록 도와야 한다고 계속해서 배운다(롬 14:20-21; 15:1; 고전 8:13).

그리스도인들은 성례가 정당하게 시행되는 지역교회의 권위 아래에서 자신의 책임을 가장 잘 완수한다. 그런 면에서 지역교회의 언약은 일종의 증언과 같은 역할을 한다. 나는 교회에 등록할 때, 당신이 그리스도에 대한 나의 제자도를 감독하고 나는 당신을 감독하겠다는 조항에 동의한다. 우리 중 하나가 제자도나 감독에 실패하면, 우리는 모두 처음 서약했을 때로 돌아가서 말한다. "당신은 내 영혼을 돌보기로 서약하지 않았습니까?" 수 세기 동안 많은 교회들은 그러한 증거로 사용하기 위해 공식적인 '교회 언약'을 만들었다. 그렇게 쓰인 언약들은 그리스도인들이 교회의 감독에 복종하며 어떻게 함께 살기로 합의했는지 훨씬 더 구체적으로 보여준다.

교회에 속한다는 것이 의미하는 바가 주는 교훈은 무엇인가? 교회에 속한다는 것은 회원권을 가지고 자기가 원하는 상품을 마음껏 살 수 있는 대형 할인 매장에 가입하는 것과 다르다. 오히려, 나에게 책임을 요구하는 사람들의 무리에 서약한다는 것을 의미한다. 또한 교회에 속한다는 것은 두 사람 간에 나눌 수 있는 가장 깊은 문제들에 대하여 다른 사람들에게 책임을 진다는 뜻임과 동시에, 그 과정에서 우리 스스로도 영향을 받는다는 뜻이다.

8) 언약은 언약 당사자들에게 책임을 부과한다. 언약은 또한 언약과 관련된 모든 당사자들에게 책임을 부과한다. 예를 들어, 옛 언약 아래에서는 하나님이 이스라엘에게 마음의 할례를 행하라고 교훈하셨다(신 10:16). 이스라엘 백성들에게는 하나님을 사랑하고 하나님의 명령에 순종하도록 마음을 부드럽게 할 책임이 있었던 것으로 보인다. 반면에 새 언약 아래에서는, 하나님이 그 책임을 떠맡으실 것이다(신 30:6; 렘 31:33; 겔 36:26). 하나님은 그분의 백성들에게 하나님을 사랑하고 하나님께 순종하는 마음을 주실 것이다.

언약은 책임의 **내용**뿐만 아니라, 책임의 **대상**까지 정한다. 예를 들어, 다윗과 맺은 언약에서 하나님은 다윗에게 그를 "내 백성 이스라엘의 주권자로" 삼았다는 사실을 상기시키신다(삼하 7:8). 다윗은 블레셋 사람들이나 그들의 예배에 대해 책임을 진 것이 아니었다. 그에게는 이스라엘과 이스라엘의 예배에 대한 책임이 있었다. 그러므로 이스라엘의 왕들과 제사장들이 자기가 책임져야 할 양들을 잘못 인도했을 때, 하나님이 분노하셨다. "여호와의 말씀이니라 내 목장의 양 떼를 멸하며 흩어지게 하는 목자에게 화 있으리라… 너희가 내 양 떼를 흩으며 그것을 몰아내고 돌보지 아니하였도다"(렘 23:1-2; 또한 겔 34:1-10; 신 17:18-20 참조).

언약은 **누가 무엇**에 대해 책임이 있다고 합의했는지 당사자들에게 말해준다. 신약성경에서 발견할 수 있는 놀라운 점은, 온 교회가 분쟁과 권징과 교리의 문제들에 대해 책임을 부여받는다는 사실이다. 마태복음 18장에서, 온 교회는 개인적으로 풀 수 없는 그리스도인들 간의 분쟁을 조정할 책임을 부여받는다. 고린도전서 5장에서는, 온 교회가 자기 죄를 회개하지 않는 교인을 징계해야 한다는 책임을 부여받는다. 갈라디아서 1장에서는, 온 교회가 거짓 교사를 용납한 사실에 대해 책임을 지라고 한다. 고린도후서 2장 6-8절에서는, 다수에 의해 권징을 받은 죄인이 회개했을 때 교회가 그를 다시 복권시키라고 한다.

장로들은 몸 된 교회에 대한 감독권을 가지고 있으며, 그래서 리더십의 특권을 유지한다. 그럼에도, 어떤 정치형태를 가지고 있든지 간에, 모든 그리스도인과 모든 교회의 분쟁을 바로잡고, 권징에 앞서 권면과 견책을 행하고, 사도적 교리를 변호할 책임이 있다.

지역교회에 속한다는 것은 다른 사람들과 그들의 제자도에 대한 주인 의식을 갖겠다는 의미이다. 또한 복음을 선포하고, 드러내고, 보호하라는 주님의 과제를 받아들이겠다는 의미이다. 그리스도가 주시는 왕국 열쇠를 받겠다는 의미이다. 교회에 등록할 때 우리는 이 땅에 있는 영원한 영혼들이 하늘에서 매일 수 있도록 그들을 매고 푸는 권위가 우리에게 주어졌다는 사실을 깨닫는다. 대통령, 장관, 시민 인권 운동가, 영화배우 등은 이러한 권위를 받지 않았다. 평범한 교인은 몸에 연결되었다는 이유 덕분에 사람들 중에서 누가 영원히 살고 누가 죽게 될지, 누가 왕의 아들이고 누가 아닌지 선언할 수 있는 막대한 권위를 받았다. 우리는 교회에 등록할 때, "교인의 권리가 주는 혜택들"을 받을 뿐 아니라, 가장 고귀한 질서에 대한 책임과 신임을 받는다. 그러므로 현대 그리스도인들이 등록 교인의 자격을 그렇게 가볍게 여기는 것이 정말 놀라울 뿐이다.

9) 언약은 하나님의 복음을 보호한다. 하나님의 구약 언약들은 권

위의 남용을 비롯한 자연적, 사회적 해악으로부터 이스라엘 백성 개개인을 보호해주었다. 하나님의 언약들 속에 '권리장전'이 들어 있었다고 말하는 것은 적절하지 않겠지만, 그와 유사한 효력이 담겼다고 말할 수는 있을 것이다. 즉, 하나님의 언약은 다수의 독재나 소수의 독재로부터 개인을 보호해주었다.

우리는 또한 하나님이 불의를 얼마나 싫어하시는지 살펴보았다. 그러므로 성경에 과부와 고아와 일반적으로 도움이 필요한 자들을 공궤하라는 언약의 명령이 있는 것은 전혀 놀랄 만한 일이 아니다.[45] 이와 마찬가지로, 이스라엘은 고대 근동 지방에서 나그네와 외국인을 보호하는 법을 가진 유일한 국가였다(출 23:9, 신 10:19). 재판관들은 외국인들과 이스라엘 사람들 사이에서 공평하게 일을 처리해야 했다(신 1:16; 24:17). 도피성은 외국인과 본토인에게 똑같이 열려 있었다(민 35:15; 수 20:9). 망명자들은 종종 과부, 고아, 가난한 자들과 같이 공동체의 돌봄과 공평한 대우를 받아야 하는 사람들로 분류되었다(출 22:21-24; 신 24:17-18).

이러한 것들은 하나님의 언약이 어떻게 이스라엘 안팎에 있는 사람들 모두를 보호하려고 했는지 보여주는 좋은 예이다. 그러나 더 크고 심오한 점은, 현대인들이 권위적인 체계를 두려워하는 반면 하나님은 인간이 권위를 남용하기 때문에 이처럼 권위적인 언약 체계를 주셨다는 사실이다. 언약을 맺은 백성들이 다른 백성들보다 더 큰 보호를 받았지만, 결국 둘 다 보호를 받았다. 마찬가지로, 언약을 맺은 백성들 중에 불순종하는 자들은 스스로를 해로운 길로 밀어 넣었

---

45 출 22:21-25; 레 19:14; 25:25, 35-55; 신 24:17; 27:18-19.

다. 예를 들면 압제와 같은 것이다. "너는 항상 압제와 학대를 받을 뿐이리니"(신 28:33; 또한 28장; 29:18-20; 30:15-20을 보라). 번영이 뒤따르는 보호하심도 역시 순종하는 언약 백성들에게 약속되었다. "너희는 이 언약의 말씀을 지켜 행하라 그리하면 너희가 하는 모든 일이 형통하리라"(신 29:9).

새 언약도 마찬가지로 다양한 차원에서 그리스도인을 보호한다. 첫째, 새 언약은 하나님의 진노로부터 보호해준다. 죄를 용서받았기 때문이다. 둘째, 새 언약은 오직 몸만 해하는 자들로부터 영혼을 보호해준다. 비록 새로운 형태로 복원되기는 했으나, 시편에 약속된 모든 보호는 근본적으로 그리스도인들의 것이다. 셋째, 새 언약은 옛 언약이 요구하는 바를 성취할 수 없는 우리 자신과 우리의 무능함으로부터 우리를 보호해준다. 넷째, 새 언약은 그리스도인을 죄의 속박으로부터 보호해준다. 죄가 더 이상 그에게 왕 노릇을 하지 못하기 때문이다. 다섯째, 새 언약은 도둑질 대신 창조하는 권위, 무너뜨리는 대신 세우는 권위가 시행되는 영토로 그리스도인들을 맞아들인다. 즉, 하나님의 백성들은 보호를 받는다는 사실을 그리스도인들이 알수 있을 것이라는 뜻이다(마 20:25; 벧전 5:3).

마지막으로, 교회에 속한다는 것은 무엇을 의미할까? 그것은 자신을 하나님의 아들 그리고 그 아들의 백성들과 하나가 되게 하고, 그렇게 함으로써 그분의 이름으로 모든 보호를 받는다는 의미이다.

명확함

하나님과 그분의 백성들 사이에 언약을 통하여 존재하는 사랑을 공식화하는, 이 아홉 가지 이유들을 모두 요약할 수 있는 단 하나의 단어가 있다. 바로 **명확함**이다. 하나님은 자신과 하나가 되게 할 사람들과 구별할 사람들과 그분의 증인들에 대해서뿐 아니라, 누가 무엇에 대해 책임을 질 것인지와 누가 누구에게 책임을 부과할 것인지 등의 문제에 관하여 언제나 매우 명확하셨다. 무엇보다 중요한 것은, 하나님은 그분의 형상이 **명확하게** 백성들 안에서 나타나길 원하셨다. 이것을 다른 말로 하면, 하나님은 그분의 백성과 세상을 위해 이 모든 것들을 **명확히 하길** 원하신다. 교회의 입장에서 보면, 이 아홉 가지 언약을 통한 유익은 하나님의 영광과 교회의 유익을 위해 그들이 서로에게 한 서약의 속성이 무엇인지를 **명확히 해준다.**

동거는 하면서도, 결혼 언약을 맺지 않기로 결정한 연인에 대해 다시금 생각해보라. 그들은 자기의 이름이 상대방의 이름과 하나가 되는 것을 원하지 않는다. 여성은 남성의 이름을 원하지 않고, 남성은 여성의 이름을 원하지 않는다. 두 사람은 상대방을 자신의 평생에 유일한 사람으로 구별하는 서약을 하고 싶지 않다. 두 사람은 자기들의 하나 됨을 공적인 기록으로 남기고 싶지 않다. 왜냐하면 둘 사이에는 하나 됨의 실재가 없기 때문이다. 두 사람은 분명히 서로에 의해 또는 상대방에 의해 책임을 부여받고 싶지 않다. 다른 말로 하면, 그들에게는 사랑이 없다. 또는 적어도 그들의 사랑에는 결함이 있다. 사랑이란 무엇인가? 사랑은 하나님의 명령에 따라 상대방의 유익을 인정하고 보살피는 것이다. 사랑은 상대방이 거룩하신 분을 향하여 나아가도록 하기 위해 그 사람과 하나가 되는 것이다. 그러나 동거하는 연인은 결혼 언약을 거부하면서 이 점을 부인한다.

내가 지역교회 등록 교인의 언약이라고 부르는 것으로 돌아와서, 그 언약이 기록된 문서가 아니라 합의 그 자체라고 한다면, 새 언약이 먼저 온다는 것을 꼭 기억해야 한다. 위에서 언급한 아홉 가지 주제들은 모두 새 언약의 특징들이다. 하나님은 새 언약을 믿는 자들을 자기와 하나가 되게 하신다. 하나님은 그들을 구별하시고, 의로 교육하시고, 그들을 택하여 증인 삼으시고, 그들에게 하나님의 영광을 주시는 등 여러 가지 일을 하신다. 하나님은 이 언약을 모든 곳에 있는 모든 그리스도인과 맺으신다. 그러나 이 땅에서 이러한 일들을 실행할 수 있는 곳이 필요하다. 어디에서 이러한 일들이 일어나는가? 두세 사람의 그리스도인들이 정기적으로 그리스도의 이름으로 모여 열쇠의 권세를 사용하려고 서약하는 곳에서 일어난다. 내가 언약이라고 부르는 것이 바로 이 서약이다. 그리스도의 이름을 보호하고 신자들이 더 유익해질 수 있는 언약이다. 이런 의미에서, 이 아홉 가지 목적은 지역교회에 복종해야 하는 이유이다. 지역교회에 복종하면 아래와 같은 유익이 있다.

1) 우리를 그리스도와 하나가 되게 한다.
2) 우리를 세상과 구별해준다.
3) 우리에게 개인적이고 집단적인 의의 기준을 제공함으로써 우리를 그리스도의 의로 인도한다.
4) 비그리스도인들에게 증거로 작용한다.
5) 하나님을 영화롭게 하며, 우리가 하나님의 영광을 즐거워하게 해준다.
6) 우리를 그리스도의 백성들과 하나가 되게 한다.
7) 우리가 믿음 안에 있는 형제자매들에 대해 책임을 짐으로써, 그들이 그리스도인의 삶을 살 수 있게 도와준다.
8) 우리가 특정한 신자들을 책임지게 한다.

9) 우리를 세상과 육체와 마귀로부터 보호해준다.

성경에 나온 언약들의 기능을 보다 체계적으로 조직하고, 지역 교회에 등록하는 이유들을 보다 효과적으로 제시하는 방법이 있을 것이다. 그렇지만, 나는 내가 요약하고 제시한 것들이 우리를 바른 방향으로 인도해주기를 바란다.

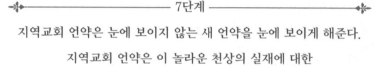

― 7단계 ―

지역교회 언약은 눈에 보이지 않는 새 언약을 눈에 보이게 해준다.
지역교회 언약은 이 놀라운 천상의 실재에 대한
이 땅의 상징, 전조 또는 유비이다.

보이지 않던 것이 보인다

우리가 가진 등록 교인의 권리 또는 지역교회 언약을 설명하는 또 다른 방법은, 지역교회 언약이 눈에 보이지 않는 것을 보이게 한다고 말하는 것이다. 등록 교인 제도는 사랑의 복음을 세상에 드러낸다. 그리스도의 새 언약은 개인을 조용히 그리고 눈에 보이지 않게 맞이한다. 한 사람이 그리스도와 연합되고, 그리스도의 성령을 받고, 믿음으로 이 모든 일이 이루어지는 것은 우리가 볼 수 없고, 들을 수 없고, 냄새를 맡을 수 없다. 이것은 세상에서 가장 강력하고 가장 실제적인 연합임에도, 다른 형태의 연합과 비교해보면 실체가 희미하게 보일 뿐이다. 미식축구 팀을 연합하게 하는 팀 유니폼은 눈으로 볼 수 있다. 신랑과 신부가 낭송하는 결혼 서약은 귀로 들을 수 있다. 이스라엘 사람 한 명과 또 다른 사람을 연합하게 했던 피 냄새는 코로 맡을 수 있다. 그러나 개인을 하나님과 연합시키는 결속은 보거나 듣거나 냄새를 맡을 수 없으며, 천상의 그리스도인들과 '교회'라고 불리는 종말론적 몸 사이를 잇는 연합의 끈은 영원하고 끊을 수 없음에도 보거나 듣거나 냄새를 맡을 수 없다.

그리스도는 이 언약을 세상에 나타내려고 하셨다. 그리스도는 이 언약이 보이고, 들리고, 냄새가 나기를 바라셨다. 그리스도는 사랑의 복음이 드러나기를 원하셨다. 물론, 그렇게 되기는 쉽지 않다. 왜냐하면 새 언약이 다양한 얼굴을 가졌기 때문이다. 새 언약에는 죄 용서가 포함된다. 성령의 인도하심을 따라 그리스도의 주권을 믿고 순종하는 것이 포함된다. 하나님과 사람 사이의 연합과 사람과 사람 사이의 연합이 포함된다. 그러면 우리는 그것을 어떻게 구체적으로 나타내며, 거짓 고백의 위협을 주의하면서 세상에 드러낼 수 있을까?

그리스도는 정확히 이 목적을 위해서, 즉 사랑의 새 언약을 세상에 구체적으로 드러내도록 돕기 위해서 교회에게 제도적인 헌장을 주셨다. 지역교회에 복종하는 것은 세례에서 출발한다. "너희가 회개하여 각각 예수 그리스도의 이름으로 세례를 받고 죄 사함을 받으라 그리하면 성령의 선물을 받으리니"(행 2:38). 우리는 그리스도의 죽음과 부활의 새 언약 사역을, 세례를 통하여 형상화한다. 또한 우리가 옛 자아에 대해서는 죽고 새로운 자아를 갖게 되었다는 사실도 형상화한다. 옛사람에 대해 죽고, 새사람에 대해 사는 것이다.

지역교회에 대한 복종은 성찬으로 지속된다. 십자가를 지기 전날 밤, 예수님은 제자들에게 잔을 나누어 주시며 "이 잔은 내 피로 세우는 새 언약이니 곧 너희를 위하여 붓는 것이라"라고 말씀하시고,

계속해서 "이를 행하여 나를 기념하라"라고 명령하셨다(눅 22:19-20). 우리가 이 식사를 반복적으로 기념하는 것도 새 언약을 형상화하는 것이다.

그러므로 세례와 성찬은 등록 교인의 범주와 경계선을 보여준다. 세례와 성찬은 새 언약의 그림이다. 왜냐하면 그리스도의 죽음과 부활을 통한 죄 용서를 표현하고, 왕이신 그리스도의 권위로 시행되며, 그리스도를 왕으로 고백하는 사람들에게 시행되기 때문이다. 세상이 이 언약을 보고, 듣고, 냄새를 맡을 수 있는 곳이 바로 이곳, 즉 지역교회 등록 교인의 경계가 있는 곳이다. 이 언약은 세례와 성찬에서 시행되고 형상화된다. 세례와 성찬과 등록 교인 제도의 관계는 이름과 사람의 관계와 같다. 세례와 성찬은 그것들이 형상화하는 실재에 대해 우리에게 말해주는 증표이다. 용서와 사랑 그리고 새 언약의 화신들은 바로 지역교회의 등록 교인들이다.

교회는 어떻게 사랑을 드러내는가?

복음서의 줄거리를 따라가보면, 모든 복음서가 예수님이 오셔서 천국을 선포하시는 것에서 시작한다. 세상은 하나님을 반역했다. 그러나 하나님 아버지는 하나님의 통치에 순종함으로써 하나님의 영광을 선포하시려는 창조 목적을 위해, 사람을 구원하고 사용할 계획을 세우셨다. 앞에서 언급한 내 친구 조쉬는 자기의 영광을 위해 살던 반역자 중 하나였다. 그러나 그리스도가 새 언약을 통해 조쉬에게 말씀하심으로써 그분의 마음속에 그리스도 왕국의 통치를 세우셨다. 그리스도는 삶과 죽음과 부활을 통해 조쉬를 자기와 하나가 되게 하셔서 그리스도께 속한 모든 것이 조쉬의 것이 되게 하시고, 조쉬에게 속한 모든 것이 그리스도의 것이 되게 하셨다. 조쉬는 완전히 새로운 신분을 얻었다. 또한 그리스도는 성령으로 조쉬를 자신과 연합시키셔서, 그가 새롭고 진정한 순종의 길을 걷게 하셨다. 그리스도는 믿음으로 조쉬를 자신과 연합시키셨으며, 조쉬는 그것에 반응하고 행동해야 했다. 그리고 주님의 새 언약은 그 이상의 것을 했다. 새 언약은 그리스도의 이름을 함께 나눈 모든 사람들과 조쉬를 연합시켰다. 이것은 구원자를 인정하고 구원자에게 반응하는 조쉬의 새로운 사랑이 그 구원자의 사람들, 사실은 조쉬의 사람들을 인정하고 그들에게 반응하는 것으로 표현됨을 의미한다. 이제 조쉬 안에는, 그가 영광과 거룩함을 추구하는 사람이 되게 하는 그 무엇이 있다. 조쉬는 언제 어디에서 하나님의 이 놀라운 사랑이 나타나는지 세상 모든 사람이 알게 되기를 원한다.

이처럼 귀중한 사랑의 복음을 선포하고, 드러내고, 보호하는 목적을 성취하기 위해 조쉬는 신실한 신앙고백을 하는 여러 형제자매들과 함께 모이며, 그리스도가 이러한 경우를 위해 남겨두신 헌장의 권위에 근거하여 그들과 언약을 맺는다. 함께 모인 사람들은 서로를 향해 이렇게 말한다. "나는 당신의 신앙고백을 들었습니다. 신뢰할 수 있더군요. 그래서 당신에게 교제의 손을 내밀고 당신을 '형제' 또는 '자매'라고 부르겠습니다. 또한 나는 당신이 내 형제나 자매로서 신실하게 나의 믿음을 가르치고, 감독하고, 권징할 것을 믿기 때문에 그리고 나도 당신에게 그렇게 할 것이기 때문에 그리스도에 대한 나의 제자도를 당신에게 복종시키겠습니다. 우리는 함께 그리스도의 복음을 선포하고, 드러내고, 보호할 것입니다. 우리는 함께 그리스도의 사랑을 세상에 드러낼 것입니다." 이와 같은 등록 교인의 언약이

하는 일에 주목해보라. 이 언약은 교인들을 그리스도와 하나가 되게 하고, 교인들을 세상과 구별하고, 교인들을 그리스도의 의로 인도하고, 교인들을 비그리스도인들에 대한 증거로 작용할 수 있는 집단으로 만들고, 교인들을 하나가 되게 하고, 교인들이 서로 책임을 지게 하고, 교인들이 서로 증인이 되게 하고, 교인들을 세상으로부터 보호하고, 하나님을 영화롭게 한다.

만일 조쉬에게 선교에 대한 비전이 있고, 그 외의 교인들에게는 다른 비전이 있다면 조쉬는 어떻게 해야 할까? 만일 조쉬가 정말 다른 교인들의 제자도에 대해 주인 의식을 가졌고, 다른 교인들도 조쉬의 제자도에 대해 주인 의식을 가졌다면, 조쉬는 결코 쉽게 교회와 교회의 비전을 무시하지 않을 것이다. 조쉬는 "이것은 나와 하나님 사이의 문제야. 그들은 잊어버려"라고 말하지 않을 것이다. 그렇게 말하는 것은 현장의 요구 사항들을 무시하는 것일 뿐 아니라, 그리스도의 새 언약을 심각하게 오해하고 있음을 보여주는 사례이다. 조쉬는 한 몸, 한 성전, 한 양 떼, 한 포도나무 그리고 한 백성에 속해 있다. 각각의 비유들은 단지 보편교회를 묘사하는 것이 아니라 조쉬와 지역교회의 관계를 묘사한다. 조쉬의 믿음과 제자도의 날실은 다른 교인들의 믿음과 제자도의 씨실로 엮여 있다. 감사하게도, 조쉬는 교회를 떠나 자기의 일을 해서는 안 된다는 점을 잘 알고 있다. 조쉬는 부모나 책임감 있는 아들처럼, 인내하고 기도하며 다른 교인들과 자신을 위해 사랑 안에 거해야 한다는 점을 알고 있다. 어쩌면 조쉬는 자기가 항상 가고 싶어 했던 나라로 가게 될 수도 있다. 어쩌면 다른 나라로 갈 수도 있다. 어쩌면 당분간 고향에 있다가 선교하러 나갈지도 모른다. 분명한 것은, 어떠한 형태든지 자기와 다른 사람들의 삶에서 열매를 맺으며 교회에 복종하는 조쉬의 신실함을 하나님이 귀하게 여기신다는 점이다. 다른 무엇보다도, 조쉬가 이 문제에 관해 교회에 복종하는 것이 세상에 사랑을 드러내는 데 도움을 줄 것이다. 사랑은 나의 일을 하는 것이 아니다. 사랑은 하나님의 영광을 위해 하나님의 백성과 하나가 되는 것이다.

실천하기

이 개념들과 교리들을 일정한 상황에 적용시키려면 지혜와 분별력이 필요하다. 앞서 살펴보았듯이, 교회론은 다른 교리들보다 훨씬 더 정치적이다. 왜냐하면 그 형식에 있어서 보다 직접적인 수직 구조와 실제로 행동하는 사람들이 필요하기 때문이다. 이런 이유 때문에, 우리는 계속해서 등록 교인 제도와 권징에 관한 실제적인 세부 사항들을 자세하게 살펴볼 필요가 있다.

3부

삶으로
살아내는
사랑

6장

사랑의 확증과 증거

"우리는 오직 사랑의 영광을 위해 모든 것을 했다."_피터 세트라(Peter Cetera)

핵심 질문: 교회가 책임 있게 교인들을 확증하고, 감독하고, 제명하려면 어떻게 해야 할까? 이
러한 활동을 할 때 문화적 차이를 고려해야 할까?

핵심 답변: 교회들이 어느 정도는 문화적 차이를 고려해야 한다. 특히 사회의 복잡성과 기독교
에 대한 태도 등을 고려해야 한다. 동시에 교회들은 그리스도의 거룩하신 이름에 대
한 증거 사역을 하기 위해서 한결같은 마음으로 교인들을 일관되게 확증하고, 감독
하고, 제명해야 한다.

제시 제임스(Jesse James)는 은행 강도와 열차 탈취 사건으로 미주리 주
에서 가장 악명이 높으면서도 사랑받는 악당이다. 그는 미주리 주 커
니에 있는 마운트 올리벳 침례교회의 교인이었을 때 이런 행각을 벌
이기 시작했다. 제임스는 1866년에 세례를 받았다. 그해 미주리 주
리버티에 있는 클레이 카운티 세이빙스 은행에 강도가 들었는데, 제
임스가 이 일에 연루되었다. 무고한 시민이 총에 맞아 죽었다. 제임

스는 또한 1867년에 미주리 주 리치몬드에서 발생한 은행 강도 사건에도 연루되었으며, 이 사건으로 그 도시의 시장과 몇몇 시민이 목숨을 잃었다. 1868년에도 켄터키 주 루이빌에 은행 강도가 들어 또 한 명의 시민을 살해했다.

20년이 지난 뒤 제임스의 이웃 W. H. 프라이스(W. H. Price)는 터무니없을 만큼 긍정적으로 이 시절을 회상했다. "나는 제임스가 세례를 받고 처음 한두 해 동안 매우 신실하고 참된 그리스도인처럼 행동했다고 생각합니다. 어린 시절부터 군대에서 제대했을 때까지의 제임스는 조용하고, 상냥하며, 행동이 점잖은 사람이었습니다."[1]

1869년, 마운트 올리벳 침례교회는 제임스를 출교하는 안건에 대해 심사하기 시작했다. 그러나 확인되지 않은 기록에 의하면, 이때 교회는 만일 자기들이 제임스를 출교하기로 결정하면 그가 교회를 불태워버릴지도 모른다고 염려했다. 집사 두 명이 이 문제에 대해 위임을 받아 그와 이야기를 나누기로 했다. 당시 제임스는 어머니의 농가에서 살고 있었는데, 두 집사는 결코 그 집을 방문할 수 없었다. 그 대신 1869년 9월에 제임스가 스스로 교회의 운영위원회를 찾아와 '자기는 자격이 없다고 생각하기에' 교인의 권리를 포기하겠다고 했다.[2] 교회는 무척 기뻐하며 이를 승낙했다.

석 달이 지난 12월에 제임스와 무장 괴한들은 미주리 주 갤러틴에 있는 데이비스 카운티 세이빙스 은행으로 들어갔다. 제임스는 캡틴 존 쉬츠(Captain John Sheets)라는 은행 직원을 총으로 쏘아 죽였다.

---

1 Ted P. Yeatman, *Frank and Jesse James: The Story Behind the Legend* (Nashville: Cumeberland, 2000), p. 91.

2 T. J. Stiles, *Jesse James: Last Rebel of the Civil War* (New York: Alfred A. Knopf, 2002), p. 203.

제임스의 이름은 신문에 커다랗게 실렸고, 이 일로 제임스는 사람들에게 널리 알려졌다.

교회를 어떻게 세울 것인가?

제임스가 스스로 물러나게 한 마운트 올리벳 교회의 처사는 과연 옳은 것이었을까? 교회가 먼저 제임스를 출교했어야 하는 것은 아닐까? 이 모든 일은 사랑, 권위, 헌장 그리고 언약에 대해 무엇을 말해 줄 수 있을까? 또한 하나님이 교회에게 주신 다양한 속성들에 대해 어떤 말을 해줄 수 있을까?

교회에 들어오거나 교회에서 떠나는 교인들의 이야기들 대부분은 제시 제임스처럼 별나지 않다. 밥이라는 남자가 어느 날 한 교회에 나타나서는 자기가 그리스도를 믿는다고 말한다. 교회는 친교실에서 닭고기 요리를 대접하며 그를 반갑게 맞이한다. 만일 대형교회라면 근사한 선물을 주면서 새 가족을 환영할 것이다. 어쨌든 밥은 교회에 등록하고 정기적으로 출석한다. 두세 사람이 밥과 교제를 나눈다. 밥은 가끔씩 교회 봉사도 한다. 그러다가 밥은 직장 때문에 다른 도시로 이사를 가게 되어, 교회를 떠난다.

우리는 마치 체육관이나 운동 모임에 등록하듯이 교회에 등록한다. 별일이 없으면 꾸준히 교회에 나타난다. 무슨 일이 있으면 몇 주 또는 몇 달씩 교회에 안 나갈 수도 있다. 우리는 인생이라는 게 본래 주기가 있는 법이니 괜찮다고 생각한다. 물론 우리에게 '운동 파트너'가 있으면 도움이 된다. 서로 격려할 수 있고, 지나치게 질투만 하지 않는다면 좋은 동료가 될 수 있다. 교인의 권리를 얻는 대가가 너무

비싸거나 오랜 시간이 소요된다면 언제든지 그만두면 된다.

그러나 하나님이 진정으로 지역교회에게 원하시는 것은, 교회가 하나님의 거룩한 사랑을 세상에 드러내는 것이다. 이것을 단지 그리스도인 개개인에게 바라시는 것이 아니라 교회 전체, 즉 그 집단적인 삶을 살아가는 모두에게 바라신다. 등록 교인 제도와 권징의 관점에서 볼 때, 그러한 교회는 어떻게 보일까? 이번 장에서는 교회의 책임에 대해 살펴볼 것이다. 교회는 어떻게 교인들을 받아들이고, 감독하고, 내보내야 할까? 그리고 마지막 장에서는 교인의 책임에 대해 살펴볼 것이다. 언약적인 복종은 우리에게 무엇을 요구할까? 이 마지막 두 장의 목표는 망치와 톱을 손에 들고 조금 더 실제적인 일에 착수하는 것이다. 과연 교회를 어떻게 세울 것인가?

우리가 살펴보아야 할 첫 번째 질문은 문화적 차이에 관한 것이다. 미국의 볼티모어에 있는 복음 중심적 교회는 태국의 방콕이나 키르기스스탄의 비슈케크에 있는 복음 중심적 교회들과 똑같은 방식으로 등록 교인 제도와 권징을 시행해야 할까? 이 질문에서 시작하여 우리는 등록 교인 제도의 전체 과정을 살펴볼 것이다. 교회는 어떻게 교인을 받아들이고, 감독하며, 그들에게 작별 인사를 해야 할까?

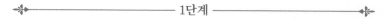

1단계

많은 현대인들이 문화적 차이의 중요성을 지나치게 과장한다.
그렇지만 우리는 문화적 차이에 어느 정도 주의를 기울일 필요가 있다.
세 나라에 있는 각기 다른 세 교회들의 예를 통해
문화적 차이에 대하여 신중하게 접근해보자.

문화적 차이

우리가 사는 포스트모던 시대의 중요한 주제들 중 하나는 문화적 차이와 독특성이다. 학계는 특히 우리의 차이를 중시하며, 수많은 관련 서적들은 이러한 차이들 중에 결코 변할 수 없는 것들이 있다고 주장한다. 왜냐하면 인간들은 어쩔 수 없이 자기의 상황에 길들여진 나머지 그 너머를 볼 수 없기 때문이라는 것이다.

기독교계 안에서도 다른 문화에서 온 사람들이 어떻게 다른지, 문화와 인종의 차이를 뛰어넘어 교류하는 것이 얼마나 어려운지 그리고 상황화가 얼마나 필요한지 등에 관심을 기울인다. 선교학자들은 타문화 선교사들이 세운 교회의 상황화를 분류하고자 등급 기준을 개발해왔다.[3] 그들은 아마도 다음과 같은 질문들을 떠올릴 것이다. 사람들이 자기들만의 찬송을 직접 작사했을까, 아니면 서구 교회의 찬송을 번역했을까? 지역교회들이 코란을 올려놓던 곳에 성경을 올려놓는 것과 같이 전통적인 종교에서 지켜오던 '외적인 형식들'을 수용하는 것이 용납될까? 사도 바울에게서 상황화의 문제들을 고찰하기 위한 성경적 토대를 찾을 수 있다. 바울은 문화인류학적인 현실에 매우 민감하여 "내가 여러 사람에게 여러 모습이 된 것은 아무쪼록 몇 사람이라도 구원하고자 함이니"(고전 9:22)라고 말했다.

그러나 외국을 여행하기도 하고 외국에서 살기도 하는 동안 나에게 충격으로 다가왔던 사실이 있다. 비록 사는 곳은 다르지만 사람들의 성향은 몹시 비슷하다는 점이다. 각각의 문화들마다 독특한 형

---

3 Timothy C. Tennent, *Theology in the context of World Christianity* (Grand Rapids: Zondervan, 2007), pp. 193-220를 보라.

태의 우상들이 있지만, 우리는 모두 철저하게 우상숭배적인 삶을 산다. 각각의 인종들은 다른 인종과 구별되는 자기 정당화 체계를 가지고 있지만, 결국 우리 모두는 날마다 자기를 정당화하며 산다. 각각의 나라들은 서로 다른 방식으로 남을 비난하지만, 결국은 우리 모두가 남을 비난한다. 각각의 경제적 그룹들은 서로 다른 보물을 사랑하지만, 결국 모든 사람이 세상을 사랑한다. 우리는 바벨탑 사건 이후에 서로 말이 통하지 않아 흩어져 사는 아담의 후손들 사이에서 나타나는 차이가 무엇인지 이야기하느라 시간을 보내지만, 그들 모두는 여전히 아담의 후손들이다. 포스트모던 시대를 사는 우리가 만일 훨씬 더 거룩한 하나님의 관점을 가지고 있다면, 우리는 문화적 독특성에 대한 이야기를 줄이고, 오히려 우리의 애처롭고 평범한 유사성에 대해 더 많은 이야기를 할 수 있을 것이다.

최근에 나는 두 주 동안 남아프리카 지역교회의 목회자들을 가르칠 기회가 있었다. 어느 날 젊은 코샤 족(남아프리카 토착 부족) 목사 수련생이 손을 들고 질문했다. "사람들이 나를 목사로서 어떻게 생각하는지 신경이 쓰입니다. 이런 마음과 어떻게 싸워야 하나요?" 나는 미국인이기에 그가 가족과 부족과 조상들에게서 받는 모든 사회적 압박을 마치 내가 그의 피부 속으로 들어간 것처럼 실감 나게 느낄 수는 없었다. 이 젊은이의 자의식에서 그 모든 사람들이 차지하는 비중은 일반적인 미국인들이 경험하는 것보다 훨씬 클 것이다. 그의 세계관은 아프리카 사람들이 우분투(ubuntu)라고 부르는 것에 의해 형성되었다. 이 단어는 줄루(Zulu)어로 '인간 됨'이라는 뜻이다. 이 단어에는 우리가 다른 사람들을 통하여 더욱 인간적이 된다는 개념이 들어 있다. 동시에, 그의 질문이 얼마나 친숙하게 들리는지 모른다! 이 젊은이와 같은 문제로 씨름하지 않는 미국 목사를 찾기란 여간 힘든 것이 아니다. 미국 목사는 코샤 족 목사와 다른 형태로 '사람에 대한 두려움'을 경험할 것이다. 예를 들어, 미국 목사는 조상에 대해 생각할 필요가 별로 없다. 그러나 두 지역의 목사가 모두 사람에 대한 두려움을 경험한다. 또한 그들 모두 사람보다 하나님을 더 두려워하는 마음으로 회개해야만 한다.

나는 독자들이 이러한 문제들에 대하여 조금 더 신중하게 생각해야 한다고 본다. 나는 그리스도인들이 문화적 차이에 대하여 두 가지 자세로 접근했으면 좋겠다. 첫째, 민감하라. 약간의 융통성이 요구된다는 사실에 귀 기울이고, 배우고, 예측하라. 교회론을 세우면서 우리는 특히 인간의 사회적 측면을 고려해야 한다. 왜냐하면 교회에 속한다는 것은 권위적인 조직에 속하는 것을 의미하기 때문이다. 사람들의 다양한 경험과 배경지식은 그들이 목회자들과 회중들로부터 목양을 받고 사랑을 받는 능력에 극적으로 영향을 미칠 것이다.

둘째, 우리의 방대한 차이들에 대한 모든 이야기들을 의심해볼 필요가 있다. 그리스도인들은 학계와 세상이 복음 전파의 통로를 막고 하나님의 말씀을 불순종하는 데에 영적인 관심이 있다는 사실을 기억해야 한다. 세상의 철학들이 세련되고 점잖은 말투로 하나님의 존재, 대속의 복음, 또는 등록 교인 제도의 시행 등에 대하여 우리가 가진 개념이 그저 근대적이고, 서구적이며, 플라톤적이고, 강압적이고, 또는 그와 비슷한 종류에 해당한다고 말해도 결코 놀랄 필요는 없다. 그러한 비판에는 간혹 우리가 취할 점들이 있다. 그러나 동시에, 만일 세상의 영적 헌신에 대한 우리의 생각을 말하라고 한다면, "그래, 당신이 그렇게 말할 줄 알았어요"라고 대답할 수 있는 능력이 있어야 한다. 나는 그리스도인의 헌신이 완벽하다고 말하는 것이 아니다. 그러나 그렇기 때문에 우리는 더더욱 자신이 할 수 있는 한 하나님의 말씀에 복종해야 한다. 사도 바울은 여러 문화로부터 좋은 방법들을 가져왔을 뿐 아니라 다양한 문화로부터 복음에 대한 도전을 받을 것이라고 예상했다(고전 1:20-25).

또한 복음주의자들이 형식과 내용, 또는 방법과 메시지 사이에 그어놓은 절대적인 구분에 대해 약간의 이의를 제기해보겠다. 우리가 옛 메시지를 가르치려는 목적으로 새로운 수단을 사용하는 것에 대해 이야기할 때나 혹은 그리스도인이 이슬람 국가에서 거룩한 사람으로 비치기 위해 라마단을 지킬 필요성이 있겠는지에 대해 이야기할 때 그러한 구분을 하게 된다. 비록 우리 머릿속에서는 그러한 구분이 분명하고 깔끔하게 들릴 수 있으나, 눈앞의 현실과 성경은 그처럼 단순한 구분을 허락하지 않는다. 현실에서는 형식과 내용이 언제나 서로 영향을 준다. 성경에서는 형식과 내용 모두에 대한 처방이 있다. 예를 들어, 바울은 "숨은 부끄러움의 일을 버리고 속임으로 행하지 아니하며"라고 말하면서, "오직 진리를 나타냄으로" 스스로를 천거한다(고후 4:2). 이것은 방법론에 관하여 매우 중요한 설명이다. 왜냐하면, 이러한 방법들은 태생적으로 메시지를 드러내기 때문이다. 이와 유사하게, 예수님도 교회 안에서 벌어진 분쟁을 처리하는 구체적인 단계들을 말씀하신다(마 18:15-17). 이것도 역시 복음 자체의 속성에서 나오는 방법론적 처방이다.

그렇다고 해서 성경이 우리가 장소를 옮겨 다닐 때 방법이나 형식의 융통성을 허락하지 않는 것은 아니다. 예를 들어 마이크 사용 여부 등과 같은 형식은 심사숙고해야하는 문제이다. 마이크를 사용하면 모든 사람이 메시지를 듣는 데에 도움이 될까? 우리는 성경이 형식과 내용에 대해 무엇을 말하는지 먼저 주의를 기울인 후, 그것을 주어진 상황에 적용해야 한다.

세 나라의 각기 다른 세 교회

볼티모어에 있는 복음 중심적 교회는 방콕이나 비슈케크에 있는 복음 중심적 교회와 같은 방법으로 등록 교인 제도와 권징을 시행할 것인가? 대답은 "예"이기도 하고 "아니요"이기도 하다.

이제부터 세 교회를 비교해보자. 한 교회는 중앙아시아에 있고, 다른 한 교회는 페르시아 만에 있으며, 나머지 한 교회는 남아메리카에 있다.

중앙아시아의 교회

이 교회는 이름도 없고 건물도 없다. 그리고 시에 정식으로 등록되어 있지도 않다. 만일 교회가 존재하는 것을 알면 정부가 교회 문을 닫아버릴 것이기 때문이다. 이 교회는 중앙아시아 어느 도시에 있는 한 성도의 집에서 모인다. 교회가 위치한 도시의 주민 대부분은 무슬림이다. 이 교회에는 8~10명의 교인들이 있으며, 결코 20명 이상의 규모로 성장할 수 없다. 교인 수가 20명에 근접하면 교회를 분립해야 한다. 모임 장소로 사용하는 집이 더 많은 사람들을 수용할 만큼 크지 않을 뿐더러, 때로는 무슬림 성직자나 이웃 평의회 등 도시 권위자들의 감시망을 피해야 하기 때문이다.

교회는 장로 두 명과 함께 매주 일요일에 모여 기도하고, 찬양하고, 성경을 배운다. 교회의 장로인 프랭크와 한츠는 회심한 지 10년도 안 되었고, 그들이 가진 성경 지식은 대부분 두세 명의 선교사들에게 배운 것이다. 물론 그중 한 명은 몇 달 동안 그 나라 수도에 가서 성경공부 과정을 이수했다. 이 도시에는 다른 가정교회도 몇 개 있지만, 이 교회에 출석하는 교인들 중에는 다른 교회에서 옮겨온 사람이 한 명도 없다. 모두 이 교회에서 회심하고 세례를 받은 사람들이다. 간혹 주일에 방문객이나 이웃, 또는 친척들이 나타나기도 하지만, 세례를 받지 않은 사람들은 성찬에 참여하지 못한다. 물론, 방문객들이 성찬에 참여하고 싶어 할 이유도 없다. 이 교회가 처한 상황처럼 기독교에 대해 완전히 적대적인 문화에서는, 아무도 자기가 교인이라는 사실을 드러내지 않을 것이다. 교인의 권리를 가져도 아무런 사회적 이득이 없다. 그 대가가 너무 크기 때문이다. 사실, 예수님을 따르는 사람들은 자기의 가족과 사회적, 종교적, 민족적 정체성의 상당 부분을 잃게 된다.

어떤 사람은 세례를 받아 교인이 된다. 세례는 장로들, 그리고 교회와 몇 주간의 문답을 한 후에야 받을 수 있다. 먼저 한 사람이 신앙고백을 하면, 프랭크와 한츠는 그가 복음을 잘 이해하고 회개했는지 알아보기 위해 질문을 던진다. 신앙고백을 한 사람이 여성이면, 교인들 중에서 신앙이 성숙한 여성 한 명이 이 문답에 참여한다. 이 사람은 온 교회 앞에서 자기의 신앙을 고백해야 한다. 비록 새신자가 기존 신자들에게 낯선 사람이 아니라 대체로 그들의 친구, 동료, 가족이긴 해도, 교인들은 그에게 질문을 한다. 장로들이 주로 토론을 주도하지만, 그들은 모든 교인들이 참여할 수 있도록 격려한다. 그렇게 할 때 모든 교인들이 복음을 명확하게 이해할 수 있기 때문이다.

회중은 그 사람에게 교인의 권리를 줄 것인지에 대해 투표하지 않는다. 다만 심사 대상이 정말로 신자인지 아니면 조금 더 성장할 필요가 있는 사람인지에 대한 공감대가 형성된다.

이와 같은 이슬람 문화권의 공동체에서는, 회심이 사람들의 삶을 변화시킬 것이라고 기대하기 때문에 교회는 회심의 증거를 요구한다. 교회가 요구하는 것은 회심자가 완전히 거룩해지는 것이 아니다. 교회는 단지 그에게 믿음의 삶이 시작되었다는 것과, 예수님을 따르는 자가 되려는 그의 의지를 보고 싶어 한다. 교회는 마지막 단계에서 세례를 통해 확증하고, 그 사람을 공식적으로 모임에 받아들인다. 중앙아시아에서 세례를 베푸는 것은 매우 어렵다. 가끔은 도시에서 조금 떨어진 호수나 강에서 세례식이 거행된다. 종종 부유한 교인의 집에 있는 어린이용 수영장에서 세례를 주는 경우도 있다(내가 실제 목격한 광경이기도 하다).

이 교회의 교인들은 그 도시에 있는 다른 교회 교인들을 사랑하고 인정한다. 그들은 그렇게 숨어 지내는 동지들이다. 동시에 그들은 삶을 통하여 그리스도의 몸에 대한 사랑과 복종을 드러내라는 주님의 명령을 인정한다. 그래서 그들은 우선 서로에게 자신을 내어준다. 교인들은 복음을 전파하도록 서로를 격려한다. 어떤 사람의 자녀가 병원에서 퇴원할 때는 경제적으로 도움을 준다. 교인들이 돈을 모아 교회의 장로를 몇 백 마일 떨어진 수도에서 열린 사역자 훈련 과정에 보내기도 한다.

이들이 다른 교회 교인들에게 절대로 이런 일들을 행하지 않는다는 의미가 아니다. 그러나 이 교회 교인들은 먼저 서로에게 책임이 있다는 것을 안다. 그들은 다른 교회 교인들에게 매고 푸는 권위를 사용하지 않는다. 각 사람들을 다른 교회와 연합시키지 않는다. 다른 사람들이 아닌, 자기 교회 교인들과 함께 의무적으로 모임을 갖는다. 그리고 다른 교회 교인에게는 권징을 시행하지 않는다.

한번은 장로 한 명이 가족과 문제가 생겼는데, 결국 다른 장로가 그 일에 개입했고, 그는 지도자의 자격을 박탈당할 처지에 놓였다. 또한 그는 다른 교회로 옮겨갈 수도 없었다. 감사하게도 문제를 일으킨 장로는 곧바로 회개를 했고, 그에 대한 권징 절차는 중지되었다. 이 도시에서는 한 교회에서 출교를 당했을 때 다른 교회들에게 그 사실이 알려진다. 따라서 출교를 당하고도 회개하지 않은 사람은 다른 교회로 옮겨갈 수 없다. 교회들은 독립적이지만, 자율적이지는 않다. 복음 안에서 서로 동역자이며 상호 의존적이다.

이처럼 이 지역의 교회들은, 매주 열리는 모임과 일주일 내내 진행되는 제자훈련 외에 등록 교인의 권리를 취득하는 별도의 과정이 없다. 수준이 높다기보다는 상식적인 내용을 다루는 모임이다. 교인의 임무가 문서로 정리되어 있지 않다. 누가 안에 있고 누가 밖에 있는지 모두가 알기 때문이다. 문답을 하기 위해 목사의 사무실을 방문하는 일도 없다. 목사들은 사례를 많이 받지 않고, 거의 대부분 사무실도 없다. 새 교인을 맞이하기 위해 회중이 투표를 하는 일도 없고, 장로가 가부를 선언하는 일도 없다. 어쨌든 이 정도 규모의 공동체에서는 몇 사람의 강력한 반대를 무릅쓰고 교회와 연합되는 사람이 아무도 없다. 그렇게 하면 교회 안에 분열의 씨앗이 심길 것이다. 반대자들은 자신들의 주장을 철회하든지 아니면 자신들의 주장이 받아들여지도록 사람들을 설득해야 한다. 15명에서 20명 정도의 모임 안에서는 공감대를 이루기가 어렵지 않다.

나는 중앙아시아에 있는 이 작은 회중이 성경적인 기준을 가진 공동체라고 생각한다. 이 교회는 등록 교인 제도와 권징을 시행하는 절차에 있어 몇 가지 문제점을 개선할 수도 있을 것이다. 예를 들면, 보다 간결한 신앙 선언문이나 교회 언약서 등을 마련하는 것이다. 만약 시간이 허락되고, 주님이 원하시면 그렇게 되리라 생각한다. 이러한 교회들은 신앙 선언문이나 교회 언약서를 성찬이 행해질 때 암송할 수 있도록 짧은 구절로 구성한다. 그러나 교회의 상황을 고려해 볼 때, 이 교회는 성경적인 등록 교인 제도의 기준을 충족했다. 이들은 그리스도가 지역교회에게 원하시는 것을 행하고 있다. 즉, '구별된' 교인들의 삶을 통해 복음을 선포하고, 드러내고, 보호하는 일이다. 교인 명부가 없어도 누가 교인인지는 분명하다. 누가 회개했는지, 누가 믿고 있는지 그리고 누가 믿지 않는지 모든 사람이 다 안다. 왜냐하면 새로 들어온 사람의 세례식에 모두가 참석하기 때문이다. 이곳에서는 교회와 세상 사이의 경계가 분명하다. 그리고 그 경계선이 계속 분명하게 유지될 수 있도록 성찬의 탁자를 보호한다. 신앙의 신빙성을 확인하기 위하여 신앙고백을 신중하게 심사한다. 교회의 순결을 유지하고 각 교인들의 영적 건강에 해가 되지 않도록 권징을 시행한다. 모든 교인은 장로들을 포함한 교회의 감독에 복종한다. 그리고 모든 교인은 자기에게 다른 교인들의 제자도를 도와야 하는 책임이 있음을 잘 알고 있다. 이곳에서는 그리스도의 이름과 명예가 보호되고 빛이 난다. 그것이 교회의 목적이다.

우리의 논의에 맞게 상황적인 요소들을 살펴볼 필요가 있다.

- 교회의 규모

- 정치적, 종교적, 사회적 환경의 적대감을 비롯하여 모든 면에서 찾아 오는 반감
- 문화적으로 명목적 그리스도인들이 없고, 모두가 1세대 그리스도인 들로 구성
- 소수자들에게 세례를 주는 것에 대한 사회적 인센티브가 없음(오히려 사회적으로 손해를 입게 되어 있음)
- 교단적인 분열이 없음
- (아직) 수직적인 구조가 상대적으로 없음
- 경제적 자원 부족
- 낮은 유동성
- 모든 교인이 단순히 새신자일 뿐 아니라, 국가와 도시와 이웃과 가정 안에서 기억할 만한 또는 최근의(적어도 지난 600년 동안) 기독교 전통을 접하지 못한 새신자라는 사실

이 교회의 교인들은 유대교나 기독교 사회에서 살지 않으며, 세속화된 사회에서 살지도 않는다. 적어도 이 사람들에게는 로마와 콘스탄티노플의 분열이 일어나지 않았고, 종교개혁도 일어나지 않았다. 이들에게는 모든 것이 새롭다. 여러 면에서 1세기의 기독교와 같다. 2년 전에는 부활절 직후 교회에 단속반이 들이닥쳤다. 그들은 성경을 제외하고 모든 것들을 다 없애라는 조치를 내렸다. 최근에 들은 이야기로는, 요즈음 그 교회 교인들의 주요 관심사가 '서로를 격려해서 믿음을 지키고 지도자가 감옥에 가지 않도록 하는 것'이라고 한다.
이와 같은 것이 바로 등록 교인 제도의 절차를 단순화할 수 있는 상황적 요소들이다. 만일 등록 교인 제도의 핵심이 사람들을 그리

스도 및 그분의 백성들과 하나가 되게 하는 것이라면, 적은 수가 모이고, 유동성이 낮고, 기독교 문화가 부재하며, 박해를 받는 등의 요소들은 누가 그리스도의 백성들과 하나가 되고 누가 그렇지 않은지를 명확히 하는 데 무척 큰 도움이 된다. 어떤 사람이 내게 말했듯이, "누가 안에 있고 누가 밖에 있는지 구별하는 것은 비교적 쉽다". 그들에게 있어서 더 큰 도전은 교인들에게 서로에 대한 책임과 교회 권징의 목적을 가르치는 것이다. 물론, 이러한 가르침은 등록 교인 제도의 문제라기보다는 그리스도인의 삶과 관련된 문제이다. 이 복된 성도들에게는 그리스도인의 삶과 교인으로서 살아가는 삶이 거의 완벽하게 일치한다. 두 가지가 같은 것이다.

그러므로 우리도 그렇게 해야 한다.

페르시아 만의 교회

상황적 요소들을 섞어보면 어떻게 될까? 비행기를 타고 수천 마일을 날아 UAE(아랍에미리트)로 가보자. 내 신학교 친구인 존은 UAE에서 가장 인구가 많은 두바이에 산다. 그는 두바이의 UCCD(United Christian Church of Dubai: 두바이연합그리스도교회)에서 목회를 하고 있다. 중앙아시아에 있는 교회처럼, 이 교회도 이슬람 국가에 세워졌다. 그러나 UCCD는 그 지역 지도자들이 원유 사업에 기여할 수 있는 외국 인력들을 많이 유치하고, 나라의 경제를 활성화하기 위해 설립을 허가해준 교회이다. 사실, UAE 인구 중 거의 4분의 3은 외국에서 태어났다. 이처럼 이곳은 세계에서 해외 출산율이 가장 높다.

UCCD는 이 나라에서 가장 큰 영어권 복음주의 교회임과 동시에 정부로부터 공식 허가를 받은 유일한 교회이다. 교인의 수는 약

600명 정도이며, 비교적 깨끗하고 넓은 건물을 다른 열 개의 교회와 나누어 사용한다. 그 외의 교회들은 모두 다른 언어를 사용한다. 정부는 UCCD가 새로운 교회를 개척하지 못하게 했으며, UCCD의 예배당 한 곳을 폐쇄한 적도 있다. 이곳에서는 허가를 받지 않은 종교 모임이 불법으로 간주된다. 또한 국민들이 개종하는 것을 정부가 허락하지 않기 때문에, UAE 국적을 가진 사람은 이 교회의 교인이 될 수 없다. 그런 이유로 교인들은 모두 육십여 개국에서 온 외국인들이며, 한시적으로 이 교회에 다니는 경우가 많다. 그들 중 많은 사람들이 몇 년 뒤에는 본국으로 돌아간다.

중앙아시아의 교회와 UCCD 사이에는 분명히 유사한 상황이 있다. 두 교회 모두 기독교로 개종하는 것에 위험이 따르는 이슬람 국가에 있다. 그럼에도 등록 교인 제도와 권징에 대한 도전은 매우 다르다. 존이 이곳에 도착했을 때, UCCD는 국제적인 교회의 전형적인 특징들을 가지고 있었다. 사람들은 세계 곳곳에서 모였으며, 수많은 장로교 교단에서 신앙생활을 해왔다. 그러므로 이전의 지도자들은 교인들이 더욱 잘 연합할 수 있도록 교회 정치 문제에 교단적으로 접근했다. 복음의 핵심을 지키고 불화의 가능성을 배제하기 위해서였다. 매주 모임에 600명이 참석했지만, 이 사람들이 정말로 신자인지에 대해서는 어떠한 평가도 내리지 않았으며, 누가 교인인지 알 수 있는 명부도 없었다. 존이 목회를 시작할 때 확인할 수 있었던 것은 오직 100명 정도의 이름이 적힌 전화번호부였으며, 그나마 그중에 50명은 이미 교회를 떠났다. 존은 그 상황을 이렇게 말했다. "매우 혼란스러웠네. 우리는 '우리'가 누구인지도 몰랐어."

어떤 의미에서, 우리는 UCCD가 중앙아시아의 교회와 비슷한 등록 교인 제도 및 권징 방식을 채택했다고 말할 수 있을지도 모른다. 입교를 위한 성경공부반이 없고, 공식적인 교인 명부가 없으며, 교회에 등록하기 전에 목사의 사무실에 방문하지 않고, 누군가를 교인으로 받아들이기 위해 회중이 투표하거나 장로가 공표하지 않는다. 그러나 결과는 정반대였다. UCCD에서는 '교회'가 무엇인지 불분명했다. 누가 누구에게 책임이 있는지 불분명했다. 누가 정말 그리스도와 하나인지, 누가 그렇지 않은지 불분명했다. 마찬가지로, 매주 예배에 참석하는 사람들의 삶에서 복음과 그 결과가 희미했다. 존은 회중의 마음속에서 복음이 희미하다는 것을 보았다. 복음을 보호하고 드러낼 수 없을 것 같았다.

게다가 참석자들 대부분은 두바이에 와서 가능한 한 빨리 돈을 벌어 본국으로 돌아가려는 사람들이었기 때문에, 교회에 헌신하는 정도가 매우 낮았다. 다른 사람의 제자도에 대해 주인 의식을 가져야 한다는 의식이 없었다. "우는 자와 함께 울라고요? 기뻐하는 자와 함께 기뻐하라고요? 미안하지만, 누구에게 말씀하는 것인가요? 전 빨리 가서 일해야 해요." 그리스도인들이 서로에 대한 책임을 나누어 지지 않으면 당연히 부도덕한 행위를 저지르는 자가 늘어난다. 그러면 무슬림 방관자들은 기독교를 엉성하고 방탕한 종교로 보았던 자기들의 선입관을 더욱 확신하게 된다.

이러한 상황적인 요소들을 고려하면서(높은 유동성, 낮은 헌신도와 상호 책임성, 이 나라에 있는 동안 돈을 벌겠다는 높은 집념, 다양한 교단 배경, 복음을 희미하게 이해), 존은 등록 교인 제도와 권징을 더욱 체계적이고 엄격하게 시행하는 방향으로 교회를 변화시켜나갔다. 사람들은 이제 다섯 단계로 나뉜 입교 준비반에 참여하여 교인으로 등록하는 절차를 밟아야 한다. 첫 번째 반은 복음과 기초 교리에 집중한다. 두 번째 반은 예배가 무엇이고, 어째서 삶의 모든 순간이 예배이며, 특히 회중 예배는 무엇으로 구성되는지에 집중한다. 세 번째 반은 성경적 등록 교인 제도에 대한 하나님의 의도를 다룬다. 네 번째 반은 리더십(장로와 집사)에 대해 교회가 어떻게 접근하는지 설명한다. 그리고 다섯 번째 반은 영적 훈련의 입문 과정이다.

UCCD는 개개인이 교회에 등록하기 전에 반드시 이 다섯 단계에 참여하도록 한다. 그렇다면 이것은 성경 외적인 것을 더하라고 요구하는 것일까? 결코 아니다. 이 다섯 반의 수업에서 모든 예비 교인들에게 묻는 질문이 무엇인지 생각해보라.

- 성경은 이것들이 우리가 알아야 하는 복음과 기독교의 기본 진리라고 말합니다. 당신은 이것을 믿습니까?

- 성경은 그리스도인이 그리스도 안에 있는 형제자매들과 함께, 그리스도를 인격적으로 그리고 복종하는 자세로 예배하기 위해 존재한다고 말합니다. 그리스도께 당신의 삶을 드려 복종하겠습니까?

- 성경은 그리스도의 몸에 속하는 것이 곧 당신의 삶을 지역교회의 유익에 복종시키는 것이라고 말합니다. 당신은 기꺼이 그렇게 하겠습니까?

- 성경은 그리스도인들이 지도자에게 복종하며 서로를 섬겨야 한다고 말합니다. 당신은 기꺼이 그렇게 하겠습니까?

- 성경은 그리스도인이 하나님에 대해 말하고 하나님의 말씀을 읽는 사람이라고 말합니다. 우리가 당신과 우리의 유익을 위해 당신에게 그렇게 하라고 권면해도 되겠습니까?

다양한 상황적 요소들은 하나님 백성들의 삶에서 복음을 희미하게 한다. 이슬람 국가에서조차 그렇다. 그러므로 예비 교인들에게 이 다섯 가지 질문을 던지는 것은 복음을 다시 한 번 명확히 하는 데 도움을 준다. 이렇게 하면 예비 교인들은 잠시 멈추어 스스로에게 물어볼 것이다. "나는 정말 이것을 믿는가? 나는 정말 내가 말한 대로 그리스도를 따르고 그분의 몸 된 교회를 헌신적으로 사랑하는가?" 그리스도는 사도적 교회에게 신자들을 감독할 권위를 주셨으며, 우리는 4장에서 이 사실을 논증했다. UCCD의 다섯 과정은 그와 같은 감독을 행하기 위한 시작 단계에 불과하다. 이 과정은 하나님과 교회 앞에서 그리스도인이 된다는 것이 무슨 의미인지를 명확하게 해준다. 그뿐만 아니라 이 수업들은, 예비 교인들이 UCCD에 등록함으로써 정확히 누구와 '결혼하는' 것인지를 알게 해준다는 점에서 그들에 대한 목회자의 사랑을 보여준다.

다섯 개 반을 모두 마치면, 예비 교인들은 두세 명씩 짝을 지어 존이나 다른 목사 중 한 명과 문답을 한다. 문답을 통해 예비 교인들은 자신의 인생에 관하여 짤막한 질문들을 받고, 신앙을 분명하게 고백하며, 복음에 대해 이해한 것을 설명하라는 요구를 받는다. 문답은 복음에 대한 자신들의 어렴풋한 이해를 그대로 드러낼 수 있는 기회이다. 또한 목회자들에게는 각 예비 교인을 교회에 등록시키려면 어떻게 목양해야 하는지 알게 해 준다.

감히 말하자면, 이 입교 준비반과 입교 문답은 우리가 '거룩함을 추구함'이라고 부르는 것의 필수(또는 적어도 중요한) 요소이다. 이 절차들은 그리스도의 거룩한 사랑을 경솔하게 말함으로써, 거룩하지 않은 것을 "거룩하다"라고 부르게 될 위험 요소를 제거하고 순전하게 그 사랑을 확증하기 위한 노력이다. 이 절차들은 그리스도인의 제자도를 올바로 감독할 수 있는 첫 단계이기도 하다. 또한 개인에게 이 땅에 있는 사도적 교회에 복종함으로써 그리스도께 복종하라고 요청하는 방법이다. 마찬가지로, 두바이에 있는 교회가 조금 더 엄격하게 등록 교인 제도를 다루는 것은 중앙아시아에 있는 교회가 조금 덜 제도적으로 그것을 다루는 것과 똑같은 효과를 거둔다. 이러한 태도는 교회를 세상과 구별시킨다. 누가 그리스도 안에서 하나님께 속했고 누가 속하지 않았는지를 분명히 해준다. 복음적인 사랑이 무엇인지 올바로 정의해주고, 복음적인 사랑과 복음적인 사랑이 아닌 것을 구분해준다.

이러한 맥락에서, UCCD는 거짓된 사랑 개념을 추구하는 교인에 대해 징계해야 한다. 비그리스도인과 결혼을 한 것 때문에 권징을 받고 조용히 교회를 떠난 교인이 있다. 또 다른 교인은 아내와 자녀들을 버린 것 때문에 권징을 받았다. 존은 그에게 아내와 자녀, 그리고 동료 교인들에 대해 일말의 죄책감이 있냐고 물었고, 그는 화를 내면서 자기에게는 교회에 대한 그 어떤 책임감도 없으며, 특히 자기가 모르는 사람들에 대해서는 더더욱 그렇다고 대답했다.

이러한 권징 행위들은 분명히 마음 아프고 어려운 일이다. 그러나 우리는 이렇게 이 땅에서 행하는 작은 심판들이 많은 사람들을 다가올 더 큰 심판으로부터 구원해줄 것이라고 믿는다. 이 행위들은 교회에 대한 사랑, 추방한 교인에 대한 사랑, 비기독교 공동체에 대한 사랑 그리고 그리스도에 대한 사랑을 보여준다.

남아메리카의 교회

전혀 다른 상황에 놓인 또 다른 교회의 예가 있는데, 여기에서 우리는 몇 가지 교훈을 얻을 수 있다. 브라질 산호세 도스 캄포스에 있는 IBG(Igreja Batista da Graça: 은혜침례교회)는 1984년 선교사 두 명과 브라질 목사 한 명이 세운 교회이다. 현재는 브라질 사람인 길손 카를로스 드 수사 산토스가 그 교회에서 목회를 하고 있다. IBG에는 약 130명의 교인이 있는데, 대부분은 브라질인이고, 그중에서도 거의 대부분은 이 교회의 사역을 통해 그리스도인이 되었다(이 교회가 바로 2장에서 내가 말했던, '예수님의 세례 때 나타난, 성자를 향한 성부의 사랑'에 대한 설교를 들은 교회이다).

IBG의 교인이 되기 위해서는 반드시 문답이라는 절차를 거쳐야 한다. 교회가 설립된 뒤에 등록한 교인 대부분이 새로 회심한 자들이기 때문에, 문답은 기본적으로 신앙고백을 요구하고, 질문을 통해 그 고백을 점검하고, 새신자와 함께 기뻐하고, 제자도의 첫걸음을 내딛은 그 신자를 격려하는 기회가 된다. 또한 거의 모든 사람이 새로 회심하자마자 등록했기 때문에 입교 공부반 같은 것은 없다. 교회는 "당신이 아는 다른 교회들과 비교할 때 이것이 바로 우리 교회의 모습입니다"라고 설명할 필요가 없었다. 그 대신 믿음과 회개, 복음, 회심, 세례, 성경 그리고 교회 등의 제목으로 새신자 공부반을 열었다. 중앙아시아 교회의 경우처럼, 이 교회의 모든 초신자들은 그리스도인이 된다는 것과 교인이 된다는 것을 동의어로 받아들인다.

브라질은 역사적으로 가톨릭교의 전통이 강한 나라이며, 많은 사람들이 명목적으로 이 신앙을 가졌다고 말한다(전체 인구 중 불과 4분의 1만 자신의 종교가 개신교라고 말하는 반면, 4분의 3은 가톨릭교라고 말한다). 이것은 복음 전도자들의 대화에 매우 중요한 소재가 되고, 새신자 공부반의 내용이기도 하다.

IBG는 지난 몇 년 동안 규모가 커지다 보니 다른 교회 신자들의 주목을 받았고, 그들 중 일부는 이 교회에 출석하기 시작했다. 그런데 이러한 현상은 교회와 교회를 찾아오는 사람들의 연애 과정을 어떤 식으로 지혜롭게 보내야 할지에 대한 고민거리를 IBG에게 안겨 주었다. 다른 교회에서 온 세례 교인들에게 새신자 공부반에 참석하라고 요구하고 싶지도 않고, 그렇다고 해서 예비 교인들에 대한 감독과 양육도 게을리할 수는 없다. 그러므로 IBG는 이렇게 자문했다.

- 우리는 다른 교회에서 온 세례 교인들을 받아들이기 전에, 먼저 우리 교회가 복음과 복음의 결과에 대해 어떻게 믿는지 그들에게 정확히 알려줄 수 있는 기회를 어떻게 마련할 것인가?

- 우리는 이 신자들에게 성경, 하나님의 삼위일체, 회심, 성령, 성령의 은사 또는 그리스도가 다시 오신다는 약속 등 신앙고백자들을 가려낼 수 있는 매우 중요하고 복음과 직결된 교리들을 정확하게 알려주어야 한다. 그런 기회를 어떻게 마련할 것인가?

- 우리는 이 신자들의 영혼을 양육하는 동안, 그리스도가 그들에게 요구하라고 명령하신 교회의 의무들을 어떻게 알려줄 것인가?

- 우리는 이 신자들에게 우리가 일반적으로 교회의 몸과 제자도를 관리할 때나 불화와 분쟁이 일어날 때 모든 것이 조화를 이룰 수 있도록 어떤 방식으로 의사 결정을 하는지, 그 과정에 대해 정확하게 알 수 있는 기회를 어떻게 마련할 것인가?

- 우리는 이 신자들이 이 몸에 대해 어떤 책임을 가지고 있으며, 만일 그들이 그리스도의 명령 앞에서 가르침을 듣지 않고 교정이 불가능할 경우 무슨 일을 겪게 될지 알 수 있도록 어떻게 준비시킬 것인가?

이를 통해 미루어보면, IBG는 그리스도가 그분의 교회에게 신자들을 감독하고, 양육하며, 가르치도록 권위를 주셨다는 사실을 인식하고 있다. 그러므로 이 교회는 다른 교회에서 오는 세례 교인들이 일단 교회에 등록하고 나서 나중에 동의할 수 없는 중요한 영역이 있음을 발견하게 하기보다는, 처음부터 이 교회가 중요한 문제들에 대해 무엇을 믿고 있는지를 알려주고 싶어 한다. 이러한 이유 때문에, IBG는 곧 입교 준비반을 개설할 것이다. 입교 준비반이야말로 교회의 하나 됨을 추구하기 위한 사랑의 수단이 아니고 무엇이겠는가?

브라질에 있는 이 교회에게 이것이 특별히 중요한 이유는, 첫째, 1970년대까지 개신교 진영을 지배했던 루터교와 장로교 그리고 다른 교회들 안에 자유주의가 들어왔기 때문이고, 둘째, 1970년대 이후 거짓 번영 복음을 가르치는 은사주의 또는 오순절 교회가 급성장했기 때문이다. IBG는 지난해에 바로 그런 교회에서 온 신자들을 비롯하여 기독교에 대해 잘못 이해하거나 얄팍한 개념을 가진 교회에서 온 신자들의 방문을 받은 적이 있었다. 수년 동안 은사주의 교회에 다녔던 한 여성은 이 교회의 문답 과정에서 비로소 자기가 복음이 무엇인지 몰랐다는 사실을 깨달았다.

— 2단계 —

달리 말하자면, 교회는 문화가 얼마나 복잡한지
그리고 사회가 기독교를 좋아하는지
또는 싫어하는지에 대하여 주의를 기울여야 한다.
또한 그러한 상황들 때문에 교회와 그리스도인에게는
자기들을 충분히 '설명할' 기회가 있어야 한다는 사실도 알아야 한다.

상황의 중요성 첫 번째

볼티모어에 있는 복음 중심적 교회는 방콕이나 비슈케크에 있는 복음 중심적 교회들과 똑같은 방식으로 등록 교인 제도와 권징을 시행해야 할까? 한편으로 생각하면, 나는 그 답이 "아니요"라고 본다. 등록 교인 제도의 목적 중에서 '하나 됨'을 생각해보자. 우리는 그리스도가 교회에게 신자들을 그리스도 및 그분의 백성들과 하나 되게 하는 권위를 부여하셨다고 말했다. 이 목적을 이루는 것은 두 가지 신중한 요소들을 고려할 때 상황에 따라 조금 다르게 보인다. 즉, 한 사회의 복잡성과 사회가 교회에게 보이는 호의(好意) 여부이다.

사회의 복잡성

사회가 더 커지고 복잡해질수록, 교회가 신자들을 그리스도 및 그리스도의 백성들과 하나가 되게 하는 것이 점점 더 어려워진다. 그 원인은 직업 이동, 사회적 유동성, 교회 규모, 도시 팽창, 빡빡한 근무 환경, 종교 다원주의, 인종적 편견, 다교파(多敎派) 상황, 이단 혹은 거짓 복음 교회들, 교회의 수평 이동 그리고 개인주의와 소비주의 등의 사회적 요인들이다. 매우 단순하게 말해서, 사회가 더 커지고 복잡해질수록 '누가 누구인지' 분간하기가 어려워진다. 누군가를 작은 무리에서 찾는 것보다 큰 무리에서 찾는 것이 더 어려운 법이다.

예를 들어, 당신이 미국의 한 교회 목사라고 가정해보자. 한 청년이 교회 정문에 나타나 이렇게 말한다. "저는 그리스도인입니다. 이 교회에 등록하게 해주세요." 당신은 그 사람을 본 적이 없다. 그 청년의 부모나 친구 또는 직장 동료들을 알지도 못한다. 알고 보니, 그 청년은 당신 교회 예배당으로부터 약 20마일 정도 떨어진 곳에서 살고, 그보다 더 먼 곳에서 일한다. 그 청년에게 전에 다녔던 교회가 어디인지를 물어볼 수는 있지만, 그 교회가 가르치는 '예수'와 '복음'이 무엇인지는 알 수 없다. 그 교회가 손쉬운 믿음주의(easy-believism) 복음, 자유주의 복음, 또는 모르몬교의 교리를 믿을 수도 있다. 게다가 그 청년은 주일 저녁에 다른 교회에서 열리는 미혼자 모임에 계속 참여할 것이라고 이야기한다. 그렇다면 그 청년이 당신의 교회에 어느 정도 헌신할 것인지 대략 짐작할 수 있다. 그뿐 아니라, 그는 하루 종일 일하며, 자기 분야에서 정상에 오르기 위해 갖은 노력을 다한다. 그는 직장에서 어떤 삶을 살고 있을까? 비그리스도인 동료들과 어떤 점이 다를까? 아마도 법적인 문제에 연루되지 않는 한 자세히 알 수 없을 것이다. 당신은 여러 가지 일로 분주한 삶을 산다. 만일 그 청년이 이 상태로 당신 교회에 등록한다면 당신은 그저 주일예배 때 회중 속에 묻힌 그의 얼굴을 볼 수 있을 뿐, 그 이상의 교제나 돌봄은 어려울 것이다. 심지어 당신은 그 청년의 이름을 기억하지 못할 수도 있다.

　이와는 대조적으로, 당신이 중앙아시아의 소도시에 있는 한 교회 목사라고 가정해보자. 한 청년이 교회 정문에 나타나 이렇게 말한다. "저는 그리스도인입니다. 이 교회에 등록하게 해주세요." 물론, 실제로 교회 정문에 서 있는 것이 아니라, 당신과 그 청년이 그의 집에서 음식을 나누어 먹는 상황일 수도 있다. 당신은 그 청년이 누구인지 잘 알 것이다. 왜냐하면 그는 당신 집에서 불과 2분 정도 떨어진, 함석지붕을 얹은 콘크리트 벽돌집에서 살기 때문이다. 당신은 그 청년의 부모가 불과 2년 전에 미신적인 전통을 가진 이슬람교로부터 개종했다는 사실을 알고 있다. 또한 수건 공장에 다니는 그의 아버지가 석 달째 월급 대신 수건을 받게 된 나머지, 그것을 거리에서 팔아 가족의 생활비를 마련한다는 사실도 잘 알고 있을 것이다. 그들에게는 돈이 부족한 것이 전혀 문제가 되지 않았다. 오히려 완고한 무슬림인 할아버지가 돌아가시기 전에, 할아버지에게 복음을 전하는 것이 그들의 주된 관심사였다. 당신은 그 청년이 총명하다는 것도 알 것이다. 왜냐하면 그가 열일곱 살 때 당신이 체스 두는 법을 가르쳐주었는데 네 번째 대결 만에 당신을 이겼기 때문이다. 그러나 당신은 그가 시 공무원들과 아무런 끈이 없기 때문에 직업을 구하기 어렵다는 사실도 알고 있을 것이다. 시 공무원이 수건을 뇌물로 받을 리는 없기 때문이다(물론 당신은 뇌물을 권하지도 않을 것이다). 그 청년이 "나는 그리스도인입니다"라고 말할 때, 당신은 그의 말이 무엇을 의미하는지 정확히 알 것이다. 당신이 벌써 여러 달, 여러 해 동안 그 문제에 대해 그와 이야기를 나누었고, 그 청년은 평생 동안 어느 누구와도 복음을 나눈 적이 없기 때문이다.

이 두 상황의 차이는 무엇인가? 첫 번째 경우의 사회가 종교적으로, 문화적으로 그리고 경제적으로 훨씬 더 복잡하다. 둘 중 어느 한 곳이 다른 곳보다 더 낫다고 말할 수 있는지는 모르겠다. 두 사회 모두 장점과 약점이 있고, 둘 중의 어느 하나도 밝은 미래를 약속할 수 없다. 여기에서 요점은, 첫 번째 사회에서는 누군가를 그가 그리스도와 연합되었다고 인정하는 것이 훨씬 더 어렵다는 사실이다. 교회와 개인 모두가 해야 하는 것 중에는 '설명'이 있다. 따라서 단순한 사회에 있는 교회들과 복잡한 사회에 있는 교회들이 **설명**이라는 단어로 서로 다르게 등록 교인 제도와 권징을 시행해야 한다고 요약할 수 있다. 복잡한 사회에서는, 서로 간의 동의를 위해 당사자들이 더 많은 **설명**을 해야 한다. 즉, "내가 '그리스도인'이라고 말할 때, 그것은 이런 의미가 아니고, 저런 의미이다"라는 식이다. 물론 나는 '설명하다'라는 단어를 막연하게 사용하고 있다. 나는 일상적인 대화의 설명에 대해 말하는 것이 아니다. 오히려 분주하고 다원적인 도시 환경에 있는 우리가, 우리와는 다른 환경에서 성장한 사람에 대한 약간의 개인적인 정보를 얻을 수 있도록 방법을 찾으려는 것이다.

인도의 델리는 800만 명의 인구가 거주하며 인구 이동이 활발한 도시이다. 그곳에 있는 내 친구 로빈의 교회는 한 사람을 교인으로 받아들이기에 앞서 서로에 대한 정보의 간극을 메우기 위해, 새신자에게 약 6개월의 준비 기간을 요구한다(브라질에 있는 IBG도 똑같은 요구를 한다). 이 교회는 교회와 그리스도인이 언약을 맺기 전에 서로를 알 수 있는 기회를 갖고자 이 특별한 수단을 사용하기로 결정했다. 나는 이러한 사례를 추천하는 것이 아니다. 사실 그럴 필요가 없는 이유들을 충분히 생각해볼 수 있다. 그러나 서로 다른 상황에 처했기 때문에, 교회들은 각자의 상황에 따라 세례와 성찬으로 등록 교인의 언약을 맺는 것이 무엇을 의미하는지에 대해 설명할 수 있는 방식을 찾아야 한다. 오늘날 일반적인 상황에서 공통적으로 사용할 수 있는 진부한 방법은 입교 준비반 운영이다. 이것을 '소개 과정' 등으로 불러도 된다. 약 100년 전에 교회들이 사용했던 다른 방법들도 추천할 수 있다. 예를 들면, 입교 문답, 신앙 선언문, 문서화된 교회 언약서, 교인 명부, 이명증서와 교적부 등이다. 이 모든 것들은 교회가 예비 교인에게 "이것이 바로 우리입니다"라고 설명하고, 개인은 교회에게 "이것이 나입니다"라고 설명할 수 있는 간단한 방법이다.

양편이 서로에게 주의 깊은 설명을 요구하는 것은 분별의 문제이다. 성실의 문제일 수도 있다. 이것은 서로 간에 투명성과 훈련과 연합을 증진시킬 수 있는 사랑의 문제임이 틀림없다.

사회적 호의 또는 냉대

기독교에 대한 사회적 태도의 관점에서, 한 사회의 상황이 다른 상황과 어떻게 다른지 살펴볼 때에도 이와 똑같은 기본 원리가 적용된다. 그 사회는 일반적으로 기독교를 대하는 태도가 호의적인가 아니면 적대적인가?

두 종류의 사회를 생각해보자. 하나는 기독교가 극심한 탄압을 받는 사회이고, 다른 하나는 기독교가 용인되거나 적어도 호의적으로 받아들여지는 사회이다. 1세기 때나 오늘날 이슬람 국가처럼 기독교를 거부하는 사회 속에서 한 사람이 자신을 교회와 일치시키는 행위를 할 경우 그에게는 사회적으로 엄청난 불이익이 따른다. 미국의 일정한 지역에서나 기독교 가정 안에서처럼 기독교에 호의적인 사회에서는, 회심하고 교인이 되는 것에 이익이 있다. 물론, 호의와 냉대 사이에는 정도의 차이가 있다.

여기에서 사회적 이익 또는 불이익이라는 것은 누군가 그리스도인이 되거나 세례를 받으려 할 때 친구, 가족, 동료 또는 정부 관료들로부터 받는 인정 또는 비난을 의미한다. 인도의 오리사 주에 사는 스물일곱 살 청년은 자신이 인정받지 못할 것이라는 사실을 잘 알고 있다. 회심의 첫 번째 단계에서는 이익이 있겠지만, 두 번째 단계부터는 불이익이 있다.

그리스도인들은 사람들을 기독교로 향하게 해주는 사회적 이익에 대해 하나님을 찬양해야 한다. 어느 특정 상황에서는 그러한 사회적 이익이 사람을 하나님께로 이끌기 위해 하나님이 쓰시는 도구가 된다. 반면에, 교회들은 그러한 요소들이 존재할 때 훨씬 더 큰 주의를 기울여야 한다. 왜냐하면, 사회적인 호의나 기독교에 대한 관용 등은 사람이 기독교 또는 다른 어떤 것에 반응하는지 그러지 않는지의 여부를 판단할 수 있는 분별력을 흐릿하게 만들기 때문이다. 존이 세례를 받으려는 이유는 그의 마음속에서 성령이 역사하셨기 때문일까, 아니면 그의 누나가 세례를 받았을 때 모두가 축하해주고 좋은 음식점에서 맛난 음식을 먹었던 기억 때문일까?

등록 교인 제도의 목적 중 하나가 개개인을 그리스도와 하나가 되게 하는 것이라면, 여기에서 중요한 문제는 명확성이다. 프랭크가 중앙아시아 교회에서 누군가에게 세례를 줄 때, 그 세례의 의미는 교회 밖 사람들에게 분명하게 다가온다. 무슬림 부모들에게는 치욕을, 이웃들에게는 충격을, 무슬림 성직자들에게는 분노를 그리고 정부 관료들에게는 배신감을 안겨줄 것이다. 그 사람들에게 세례란 이런 뜻이다. "그가 우리를 배신하고 거짓 종교인 기독교를 선택했다. 그는 더 이상 우리 중의 하나가 아니다." 세례의 의미는 또한 교회 안에 있는 모든 사람에게도 분명하다. "그는 우리 구주와 하나가 되었다. 그는 이제 우리 중의 하나이다." 또한 세례는 세례를 받는 사람에게도 의미가 분명하다. "나는 내 명예와, 가족과, 야망과 심지어 목숨까지 버렸다. 하지만 내가 달리 무엇을 할 수 있을까? 오직 그리스도만이 나의 구주이고, 이제는 이 사람들이 내 민족이다."

세례의 의미가 서구사회에서도 이와 같이 명확하다고 할 수는 없다. 물론 그리스도인이 된다는 것이 50년 전에 비하면 대중적이지 않기는 하지만, 우리의 상황은 여전히 1세기 초대교회나 이슬람 국가에 있는 형제자매들과 판이하다.

흥미로운 점은, 현재 서구사회의 일부 교회 지도자들이 우리가 지금 후기 기독교 사회(post-Christian society)에 살고 있기 때문에 입교 문답, 교인 명부 또는 입교 준비반과 같은 등록 교인 제도의 제도적인 요소들을 배제해야 한다고 말한다는 것이다. 그들은 이러한 요소들이 진정한 공동체를 저해한다고 주장한다. 물론 후기 기독교 사회에서 교회에 등록하는 것이 기독교 사회에서 그렇게 하는 것보다 사회적인 이득이 훨씬 적은 것은 사실이다. 그러나 포스트모던 서구사회가 훨씬 덜 복잡할까? 포스트모던 사회에서 기독교의 의미에 대한 혼동이 훨씬 덜할까? 내 생각에 서구사회는 '그리스도인이란 무엇인가?'라는 문제에 대해 훨씬 더 혼동하고 있다. 후기 기독교 사회에서 (만일 당신이 그렇게 부르길 원한다면) 기독교가 사라졌다는 의미는 아니다. 기독교가 마치 거울의 방에 서 있는 사람처럼 수천 가지 얼굴을 하고 있다는 의미이다. "진짜 예수님은 앞으로 나와 주시겠습니까?" 기독교를 부인하는 수많은 유럽인들도 스스로 자기 나라 국교의 신봉자라고 말한다. 이렇듯 혼란스러운 상황에 필요한 것은 확실한 명확성이지 더 애매한 혼란이 아니다.

감독에 대한 도전들

사회가 급속히 도시화되고 세계화가 진행되면서, 대부분의 교회 지도자들은 신실한 신앙고백을 확증하는 데 있어 날이 갈수록 똑같은 도전과 직면하게 된다. 그러나 이것은 상대적으로 쉬운 도전이다. 이제까지 우리는 등록 교인 제도의 경계에 대해서만 다루었다. 더 어려운 도전은 교인들을 어떻게 매월 그리고 매년 효과적으로 감독해야 하는지 아는 것이다. 목사들과 장로들은 30마일이나 떨어진 곳에 사는 사람들을 어떻게 감독해야 할까? 어떻게 하면 교회는 1,281명이나 되는 교인들에 대한 권징을 성실하게 시행할 수 있을까? 모든 연장자들이 너무 바쁠 때, 젊은 여성은 어떻게 연장자를 찾아 양육을 부탁할 수 있을까?

나는 카리브 제도에 있는 비교적 부유한 교회에서 몇 개월간 임시 목사로 사역한 적이 있다. 이 섬은 외국계 은행들로 유명한 곳이다. 이것은 이 교회의 구성원 중 상당수가 은행원, 회계사 그리고 다른 영역 전문가들이라는 의미이다. 나는 임시 목사였기 때문에 교인들이 가끔씩 나에게 훨씬 더 솔직하게 이야기를 해주곤 했다. 어느 날 점심시간에, 교회 재정위원회에 속한 교인 한 명이 점심 식사비를 청구하는 목사들에 대해 불평을 늘어놓았다. 그 사람은 회계사였고, 그의 회사는 그에게 점심값을 주지 않았다. 그는 검소했으며, 평소에는 주로 도시락 가방을 가지고 출근했다.

그 주간에 나는 제자훈련을 할 목적으로 교인들과 여러 차례 점심 식사를 했다. 아침 식사와 저녁 식사를 제외하고 점심시간에만 두 번에서 네 번 정도 교인들을 만났던 것 같다. 내가 만난 교인에게는 점심 식사가 '일회성'의 의미이거나, 적어도 한 달에 한 번 있는 일이었다. 하지만 나에는 그러한 점심 식사가 양들의 영혼을 살피는 중요한 수단이다. 오늘날 도시라는 상황에서는, 18세기 영국에서 리처드 백스터(Richard Baxter)가 했던 것처럼 목사가 집집마다 방문하며 사람들에게 교리 교육을 할 수 없다. 그 대신 오늘날의 목사들은 식사 약속을 잡는다.

그날 점심값은 감사하게도 그 교인이 지불했다. 그러나 나는 그에게 재정위원으로서 목사들이 점심 식사 예산을 요구하는 것에 대해 호의적으로 받아들여달라고 권면했다. 그게 바로 목사들이 바쁜 직장인들을 목회하는 방법이고, 교인들이 돈을 내게 하는 난처한 상황을 벗어나게 해주는 방법이라고 이야기해주었다. 황소에게 재갈을 물리지 마라. 이러한 충고는 프랭크와 한츠의 교인들에게 할 수 있는 말이 **아니다.** 점심 식사비? 그들은 사례비조차 지급할 수 없다.

나는 교회가 세상에 대해 사랑을 드러내는 방식이 고작 입교 준비반과 식비 예산에 있다고 말하려는 것이 아니다. 등록 교인 제도는 이처럼 장소와 시간에 따라 서로 차이를 보일 수밖에 없다는 점을 지적하려는 것이다. 목회를 해본 사람이라면 누구나 목회 사역이라는 게 입교 준비반을 운영하고, 햄버거 하나를 먹더라도 어떻게 그 주간의 네 번째 점심 식사비를 지출할 것인지를 고민하는 등의 현실적인 문제라는 사실을 알고 있다.

─────────────────── 3단계 ───────────────────

모든 지역에 있는 교회들은

거룩한 백성들을 구별해야 할 직무가 있고,

이것은 언제나 세상과 육체와 마귀의

대적을 받을 것이라는 사실을 의미한다.

상황의 중요성 두 번째

이제 우리는 볼티모어, 방콕, 또는 비슈케크 등 교회가 어디에 있는지의 문제를 넘어 핵심으로 들어갈 필요가 있다. 모든 지역의 모든 교회들에게 주님 앞에 거룩한 백성들을 구별해야 할 책임이 있다. 그리스도는 모든 교회들에게 신실한 신앙고백을 확증하고, 신앙고백자들을 감독하고, 그들을 훈육하고, 필요에 따라 그들을 내쫓을 수 있는 책임을 부여하셨다. 모든 교회들은 하나님의 사랑을 세상에 드러낼 책임을 가졌다. 이것은 모든 교회가 세상과 육체와 마귀의 공격을 받게 된다는 뜻이다. 교회가 지리적으로나 문화적으로 어떤 상황에 있든지, 교회는 적들의 영토에 존재하며 그 땅 주인이 혐오하는 전초기지가 된다. 횃불을 휘두르는 오리사 지역 힌두교 폭도들의 공격은 지나치게 달콤한 기독교 문화를 가진 미시시피 지역의 속임수와는 다르다. 그러나 흥미롭게도, 교회는 예비 교인들에게 똑같은 질문을 함으로써 이 모든 공격으로부터 복음을 보호한다. "당신은 정말로 자기 십자가를 지고, 자신을 그리스도 및 그의 몸 된 교회와 하나 되게 할 준비가 되었다고 확신합니까?" 교회는 교인들을 교회와 연합시키는 일에 주의를 기울이고, 항상 하나님의 말씀을 가르쳐서 영혼들을 주의 깊게 감독하며, 이를 통해 복음을 보호한다.

인도 델리의 교회

상황이 중요치 않다는 점은 위에서 잠시 언급한 네 번째 교회의 사례에서도 확인할 수 있다. 내 영국 친구 로빈은 인도의 델리에서 다민족 교회의 목사로 섬긴다. 이 교회의 교인은 주로 인도인들이며, 등록 교인의 수는 약 80명 정도인데, 예배 참석 인원은 이보다 두 배 정도 많다. 델리는 대도시이다. 델리에는 수많은 이주 노동자들이 있다. 그러므로 로빈은 두바이에 있는 존이 겪는 것과 똑같은 문제를 겪는다. 즉, 교인의 잦은 이동과 낮은 헌신도이다. 그러나 로빈의 교회에서 성도들의 헌신도가 낮은 이유는 인도인들이 자기의 지리적 출신지에 강한 유대감을 갖기 때문이다. 많은 그리스도인들이 인도 남부에 살고 있지만, 그들 중 상당수가 일을 하기 위해 델리와 같은 북부 지역으로 이주한다. 이들은 북부로 이주할 때에도 여전히 남부에 있는 모교회와의 강한 유대감을 유지하며, 델리에 있는 교회에 등록하거나 그 교회에 헌금을 하는 법이 없다. 그들은 남부에 있는 모교회에 십일조를 보낸다.

델리에 있는 교회는 서구의 많은 교회들이 시달리는 것과 똑같은 개인주의 문제로 시달리지 않는다. 사실, 이렇게 카스트 제도가 굳건한 사회에 사는 사람들은 가족, 계급 그리고 지역 등과 같이 훨씬 더 전통적인 형식에 강한 유대감을 가진다. 가난 때문에 여러 곳으로 직장을 찾아 떠나지만, 사회구조는 오늘날에도 강하게 유지되고 있다. 그런데, 사람들이 자기가 실제로 숨 쉬며 활동하는 곳에서 그리스도의 몸에 대한 주인 의식을 갖지 못하게 방해하는 것이 바로 이 사회구조이다. 이것은 그들이 자기의 눈앞에 있는 형제자매들을 사랑하지 못하게 한다.

요점은, 사회가 개인주의적이든지, 가족 중심적이든지, 또는 지역 중심적이든지 간에 사람들은 그리스도 및 그분의 백성들과 하나가 되고 싶어 하지 않는다는 것이다. 왜냐하면 그것이 우리의 악한 본성이기 때문이다. 이러한 저항은 전 세계적으로 보편적인 현상이고, 이것은 타락한 세상의 현실이다. 예수님이 우리에게 가족을 버리고, 죽은 자들은 죽은 자들에게 장사 지내게 하고, 모든 것을 팔고, 자기 십자가를 지고 주님을 따르라고 하셨을 때, 그것은 예수님이 모든 문화, 모든 나라, 모든 사회적 조직 그리고 모든 시대를 침노하셨으며, 우리를 새로운 역사와 새로운 창조에 참여하라고 부르셨음을 뜻한다. 이 새 역사와 창조에서는, 옛 창조에서 나를 '규정'한 모든 것들이 아무런 의미가 없다. 나를 예로 들어보면, 내가 더 이상 세상을 남성으로, 백인으로, 미국인으로, 리먼가(家)의 일원으로 그리고 (무엇보다 중요하게) 죄인의 눈으로 바라보지 않을 것이라는 의미가 아니다. 그 모든 영역들을 에워싼 문화적 껍데기들이 더 이상 내게 결정적으로 작용하지 않는다는 의미이다. 이것들은 더 이상 나를 구속하지 않는다. 나는 그리스도와 함께 십자가에 못 박혔다. 나는 거듭났다. 나는 새로운 피조물이다. 오직 그리스도만이 나의 처음과 나중을 완전히 결정하실 권위를 가졌다. 나는 항상 남성의 입장에서 생각하겠지만, 이제까지 나를 규정짓던 남성의 신분과, 미국인의 신분과, 그 밖의 모든 것을 그리스도의 발아래 둘 것이다. "제가 이것들을 어떻게 하길 원하십니까, 주님?" 이것이 바로 바울이 하나님의 나라에서는 남자나 여자가 없고, 종이나 자유자가 없고, 유대인이나 헬라인이 없다고 말한 이유이다. 그리스도는 우리가 누구인지 결정하신다. 왜냐하면 영원토록 지속될 것이 바로 그 정체성이기 때문이다.

새로운 정체성은 단지 새로운 개인의 정체성만이 아니다. 새로운 정체성은 새로운 공동체 또는 가족의 정체성이다. 그러므로 그리스도는 지역교회에게 우리를 구속할 권위를 주신다. 이상한 일 아닌가? 하지만 그리스도인의 이 새로운 정체성이 개인적으로나 공동체적으로 지금 여기에서 가장 완전하게 표현될 수 있는 곳은 바로 이 땅에 있는 지역교회이다. 우리가 창조주를 본받을 수 있는 사랑과 거룩함을 '입어야' 하는 곳도 바로 지역교회이다(골로새서 3장, 특히 9절부터 17절에서 바울이 지역교회들에게 주는 교훈을 보라). 이것은 매우 놀라운 의미를 담고 있다. 나는 이제 내 육신의 형제보다는 인도 혈통의 가정에서 태어나 잠비아 국적을 가진 우리 교회 성도 브리야와 훨씬 더 친밀한 연합을 이루고 있다. 내 육신의 형제는 비록 나와 피를 나누었지만 그 관계가 죽음으로 끝날 것이기 때문이다. 볼티모어, 방콕, 비슈케크에 있는 교회의 등록 교인 제도는 모두 이 영원한 사실을 확증하고, 매일의 삶에서 그것을 살찌운다. 세례와 성찬은 브리야와 나 같은 사람들을 구별해준다. 교회의 가르치는 사역은 우리를 양육한다. 그러면 우리는 그리스도와 사랑으로 연합된 삶을 살아내게 된다. 교회가 어디에 있든지 상관없이 이것은 진리이다. 등록 교인 제도는 그리스도인 개개인을 하나님의 백성으로 확증하고, 세상을 향한 증인으로 세운다.

교회가 해야 할 일

핵심만 요약하자면, 지역교회의 등록 교인 제도는 사도적 교회가 그리스도의 이름에 대한 증거로 제시하기 위하여 확증한 사람들의 명부이다. 교회 안에 있는 사람들과 밖에 있는 사람들 모두 누가 그리스도에게 속했는지 알아야 한다. 누가 그리스도의 옷을 입었고, 누가 그리스도의 깃발을 들었으며, 누가 그분의 이름을 품었는지 알아야 한다. 교회가 세례와 성찬을 통해 누군가를 받아들일 때, 사람들은 그 사람을 향해 그리고 세상을 향해 말할 것이다. "이 사람은 우리 중 한 명이다. 그리스도를 따르는 자이다! 그리스도의 대변인이다. 세상이여, 우리가 교회로서 예수님이 어떤 분이신지 드러내기 위해 이 사람을 보증하는 것을 보라. 바로 여기 이 사람에게서 당신들은 하나님의 거룩하심과, 사랑과, 지혜를 목격할 수 있다"(엡 3:10을 보라). 물론 이것은 단지 하나님의 거룩하심, 사랑 그리고 지혜의 불씨에 불과할 수도 있다. 하지만 그 불이 이미 밝혀졌다. 등록 교인의 권리라는 것이 얼마나 중요하고 엄청난 것인가.

교정하는 권징을 핵심적으로 요약하면, 한 사람의 이름을 그 명부에서 제명하겠다는 위협 또는 실제로 제명하는 행위이다. 교회 안팎의 사람들은 어떤 행위들과 어떤 사람들이 하나님께 속하지 않았는지 알아야 한다. 교정하는 권징은 책망의 말로 시작해서 제명하는 행위로 끝이 난다. 교회 권징은 얼마나 중요하고 두려운 일인가.

펜과 종이가 넘쳐나는 이 세상에서, 핍박과 투옥의 위협을 받지 않는 교회가 왜 교인들의 명부를 적어두지 않는지 모르겠다. 나는 등록 교인 제도를 비성경적인 것으로 보고 반대하는 교회 지도자들과 이야기를 나눈 적이 있다. 물론 신약성경에는 지상의 등록 교인 명부에 대한 언급이 없다. 그러나 신약성경 전체에서 분명한 것은, 사도들이 옳은 사람들을 교회가 확증하고 옳지 않은 사람들을 확증하지 않는 것에 관심이 많았다는 사실이다. 사도적 교회가 땅에서 매는 것은 하늘에서도 매일 것이다. 하늘에는 생명책이라는 명백한 명부가 있기 때문이다(계 20:12-15). 어떤 이름들은 명부에 있고, 다른 이름들은 명부에 없을 것이다. 더욱이, 교회는 교회가 그리스도에 대해 증언하고자 찾은 사람들에게 임하신 그리스도의 임재를 확증하는 데에 관심이 많다. 그러므로 나는 기록된 명부의 존재 여부가 중요한 것이 아니라 교회 안팎의 모든 사람들에게 분명히 드러나도록, **교회에 정확히 속한 사람은 누구인지**가 중요하다고 생각한다.

등록 교인 제도와 권징을 '명부'로 단순화시켜서 이야기할 때, 어떤 사람을 명부에 넣거나 혹은 빼는 일 자체가 중요한 것은 아니다. 오히려 그와 반대이다. 명부에 있는 이름들은 **그리스도를 대변하거나 그리스도를 증언하기 위해** 그곳에 있는 것이므로, 교회는 그리스도가 오실 때까지 그 이름들이 더욱더 그리스도를 따를 수 있게 감독하고, 훈육하며, 준비시키는 데에 관심을 두어야 한다.

4단계

교회가 교인을 책임 있게 확증하기 위해서는
예비 교인들에게 필요한 교육과 교리적 진술
그리고 성찬을 보호하기 위한 선서들을 통해 그
들이 누구에게 헌신하는 것인지 이해시켜야 한다.
교회는 또한 예비 교인들이 복음을 올바로 붙잡게 해야 한다.

교인의 권리에 대한 확증

교회가 성도들을 확증하고, 감독하고, 권징하는 일을 책임지도록 돕기 위해, 이 장의 나머지 부분에서는 등록 교인 제도와 권징의 과정을 교회 입장에서 살펴보겠다. 반제도적인 문화 유전자를 품고 있는 나는 앞으로 언급할 것들을 가리켜 프로그램이라고 부르겠지만, 어쨌든 그 프로그램들이 내가 제안하려는 것이다. 일정한 목적을 달성하기 위한 계획, 그것이 바로 프로그램에 대한 정의이다. 아마 이것은 책임 있고 성경적인 기독교일 것이다. 또한 교회와 세상을 구별하는 데 도움이 되는 일련의 활동이기도 하다. 다음 프로그램의 목표는 교회가 개개인을 그리스도인으로 확증하고 그들을 그리스도의 증인으로 세울 수 있게 돕는 것이다. 어떤 개념들은 분명히 성경적이고, 어떤 개념들은 성경 본문에서 유추한 것이다. 그리고 어떤 것들은 단지 사람들을 세상과 구별하라는 성경의 명령을 성취하기 위한 방법이다. 상황으로 따지면, 기본적으로 현대적이고, 서구적이며, 도시적인 상황에 맞게 쓰겠지만, 다른 상황들도 고려할 것이다.

듣기 위해 모이고, 선포하기 위해 흩어진다

교회에 등록하는 것은 하나님의 말씀에서 출발한다. 왜냐하면 하나님의 성령이 하나님의 말씀을 사용하셔서 죄를 깨닫게 하시고, 하나님의 형상으로 생명을 재창조하실 때 삶이 시작되기 때문이다. 하나님의 말씀과 하나님의 성령은 회개하고 믿는 모든 사람들의 마음속에서 새로운 창조를 시작하신다. 불신자들이 하나님의 말씀을 듣지 않고는 그리스도께로 돌아올 수 없으며, 성령의 은혜로운 역사가 없이도 돌아올 수 없다. 제자들은 하나님의 말씀과 하나님의 성령을 통해 만들어지고 성장한다.

　　그리스도의 제자들은 믿음으로 그리고 예수님의 음성과 성령의 능력으로, 죄인들을 부르기 위해 모든 나라에 흩어진다. 그 죄인들이 회개하고 세례를 통해 성부와 성자와 성령의 이름으로 함께 모일 때 교회가 세워진다. 그러나 교회와 말씀과 성령의 사역은 끝나지 않았다. 제자들이 시작한 것처럼, 제자들이 계속한다. 제자들은 그리스도가 명령하신 모든 것을 가르쳐야 한다. 제자들은 하나님의 말씀을 듣고, 예배하고, 그리스도의 영에 이끌려 그리스도의 형상을 따르고자 함께 모인다. 그리고 다른 사람들도 그리스도의 영에 이끌려 그리스도의 음성을 듣고, 와서 예배하도록 초청하기 위하여 흩어진다. 부메랑이 밖으로 날아갔다가 다시 돌아오는 것이다.

당신은 세상에 하나님의 사랑을 드러내기 위하여 등록 교인의 권리를 얻고 싶은가? 그렇다면 교회의 중심에 하나님 말씀을 두라. 이것은 당연히 강단에서 시작한다. 그러나 하나님의 말씀은 모든 손들이 **손다워지고**, 모든 귀들이 **귀다워지며**, 모든 발들이 **발다워질** 때까지 교회 곳곳에서 사람들의 대화 속에 울려 퍼져야 한다. 그러면 그 손과 귀와 발들이 똑같은 말씀을 선포하기 위하여 때로는 함께, 때로는 따로 흩어졌다가 다시 모일 것이다.

새신자들과 입교 준비반

그리스도는 그분이 명령하신 모든 것을 제자들에게 가르치도록 교회에게 책임을 부여하셨다. 가르치는 내용에는 그리스도의 몸에 연합되는 것이 무엇을 의미하는지도 포함된다. 새신자반 또는 입교 준비반은 신자들에게 지역교회 생활의 여러 측면을 가르쳐줄 수 있는 훌륭한 도구이다. 입교 준비반을 운영하면 다음과 같은 유익이 있다.

- 교회가 예수님과 복음에 대해 무엇을 믿고 있는지 분명하게 가르치

는 데 유용하다.

• 교회가 믿는 것과 그에 따라 교회에 등록한 모든 사람들의 연합을 증진시키는 것이 무엇인지 새신자에게 가르치는 데 유용하다.

• 교회가 교인들이 어떻게 살기를 기대하는지 새신자에게 가르치는 데 유용하다. 이는 교인들이 서로 관심을 갖고 돌보게 해준다.

• 특정한 교회를 신학적으로나 교단적으로 다른 교회들과 구별하는 데 도움이 된다. 오늘날 많은 교회 지도자들은 그러한 차이점과 차별성을 무시하는 경향이 있다. 그러나 사람들, 특히 불신자들은 정직한 구별을 고맙게 여긴다. 자기가 구별되었음을 솔직하게 인정하면 정직해 보인다. 이것은 또한 나중에 있을 논쟁을 예방하는 데 도움이 된다.

• 특정한 교회 정치 그리고 의사 결정이 어떻게 이루어지는지 등에 관한 문제를 설명하는 데 도움이 될 수 있다. 이렇게 함으로써 몸의 연합을 증진시킨다. 교회 생활 속에서 불화와 분쟁이 생길 때, 그 문제를 어떻게 풀어야 할지 모두가 알게 될 것이다.

그리스도는 신자들이 지역교회의 권위에 복종해야 한다고 말씀하신다. 그러므로 나는 예비 교인들에게 새신자반 또는 입교 준비반에 참석하라고 요구하는 것이 부당한 의무를 지우는 것은 아니라고 생각한다. 사실, 이것은 교회와 한 개인 사이의 관계에서 처음부터 교회가 가르치고 양육할 책임을 다하는 방법이다.

기존의 신자들은 입교 준비반에 참여하라는 요구에 반대한다고 한다. 그러나 새신자들이 반대한다는 말을 들은 적은 없다. 새신자들은 주로 자기가 할 수 있는 한 기쁘게 배우려 하고, 그러한 기회가 생기면 즉각 헌신한다. 안타깝게도, 오래된 신자들이 반대하는 이유는 그러한 개념에 익숙하지 않거나, 무언가를 하라고 요구받는 것 자체를 싫어하기 때문인 것 같다. 만일 그렇다면, 이들은 성경적인 등록교인 제도 및 기독교의 핵심과 정반대인 불순종을 보여주는 것이다.

기초반을 '새신자반'이라고 부르든지 아니면 '입교 준비반'이라고 부르든지 간에, 중요한 점은 그러한 과정이 여러 주제들에 대한 이해의 폭을 넓혀주어 새신자들이 교회와 연합을 이룰 수 있도록 도와준다는 사실이다. 그런 의미에서 이 과정들은 사랑을 촉진한다. 물론 이런 과정이 본질은 아니며, 때로는 그 교회가 처한 상황과 맞지 않을 수도 있다. 예를 들어, 서부의 큰 도시 중심가에서 12명이 모이는 가정교회의 경우 입교 준비반이 지나치게 형식적이며 비정상적으로 운영될 수 있다. 이런 상황에 맞는 방식은 교회가 무엇을 믿는지, 지역교회에 헌신한다는 것이 무엇을 의미하는지에 대하여 여러 차례에 걸쳐 신중하고 계획적인 대화를 나누는 것이다.

그러나 나는 개척교회들과 가정교회들의 경우에 시작부터 입교 준비반의 틀을 모방하여, 다음과 같은 질문을 하면서 신중하게 대화하라는 권면을 하고 싶다. "우리의 신앙 선언문은 무엇인가? 어떻게 의사 결정을 할 것인가? 서로에 대해 어떻게 책임을 질 것인가? 우리가 누구와 연계할 것인가?" 사랑과 연합을 위해서는 이에 대한 답변들이 교회의 DNA가 되어야 한다. 만일 교회가 10명에서 50명으로 성장할 때까지 이 질문들에 대한 답을 미룬다면, 그 50명의 교인들은 결국 동일한 답변을 하지 못하게 될 수도 있다. 나는 실제로 이런 일이 벌어진 사례를 알고 있다. 교회는 특별히 신입 교인들에게 교회 권징에 대하여 분명히 알려주어야 한다. 교회와 연합한 모든 사람들은 처음부터 이런 내용을 명확하게 들어야 한다. "우리 교회는 권징을 시행합니다. 이러한 이유 때문에 권징을 시행합니다. 이러한 방식으로 시행하며, 그 이유는 이것입니다."

이를 통해 입교 준비반이나 새신자반에서 이룰 수 있는 것이 무엇인지 설명해보겠다. 결혼 전에 나를 상담해준 목사님은, 나와 약혼자에게 결혼 초부터 가족 예산을 세우라고 권면했다. 당시 우리는 예산이라는 범주에 넣을 만큼 충분한 돈이 없다고 생각했다. 왜냐하면 우리 두 사람은 이미 오랜 세월 동안 각자의 개인적인 가치에 근거하여 무엇을 결정하는 데 익숙했기 때문이다. 나는 외식에 높은 가치를 두었고, 그것이 내 예산에 반영되었다. 약혼녀는 휴가에 높은 가치를 두었고, 당연히 그것이 그녀의 예산에 반영되었다. 편안하게 계획을 세우는 자리에서 예산에 대한 주제를 드러내놓고 나누며, 우리는 나와 다른 상대방의 가치에 대해 솔직해질 수 있었다. 당시 우리 가족은 아내와 나, 단지 둘뿐이었다. 10명도 아니고, 12명도 아니고, 200명도 아니었다. 하지만 가족 예산은 분명히 신중을 기해야 하는 문제이다. 등록 교인 제도나 새신자반도 마찬가지이다. 이를 통해 교회가 더욱더 연합되고 서로 사랑하게 된다.

신앙 선언문

동일한 원리가 교회의 신앙 선언문에도 적용된다. 교회가 교인들을 가장 잘 섬기는 방법은 자기들의 믿음을 명확히 밝히는 것이다. 신앙 선언문은 성경적일까? 적어도 성경에서 유추할 수는 있다.

- 예수님은 베드로가 예수님을 누구라고 생각하는지 구체적인 내용에 관심을 가지셨다(마 16:15-17).

- 바울은 갈라디아 교인들에게, 자기가 가르친 것과 다른 복음을 가르치는 사람들을 용납하지 말라고 했다(갈 1:6-9). 바울은 갈라디아 교인들이 복음이 무엇인지에 대한 생각을 서로 공유한다고 가정했다.

- 요한은 교회들에게 반드시 예수님이 그리스도라는 것과, 육체로 오셨다는 것 그리고 하나님의 아들이라는 사실을 믿어야 한다고 말했다. 요한은 또한 교회들이 죄에 대하여 바른 교리를 가져야 한다고 주장했다. 만일 누구든지 죄가 없다고 주장하면, 그는 거짓말하는 자이다(요 3:16; 20:31; 요일 1:8-9, 4:2, 15; 5:1, 5, 10, 13; 요이 1:7, 10).

- 베드로와 유다는 교회들에 보내는 편지 전체에서 그리스도인의 삶과 교리에 대하여 거짓 가르침을 전하는 교사들에게 대항하라고 말했다.

- 히브리서 기자는 다른 교훈에 끌리지 말라고 경고했다(히 13:9).

- 예수님은 교회들에게 니골라당과 이세벨의 거짓 교훈에 대항하라고 경고하셨다(계 2:15, 20).

- 바울은 종말에 대한 잘못된 견해가 그의 설교와 고린도 교인들의 신

앙을 무익하게 할 것이라고 말했다(고전 15:12 이하).

신약성경에 "교회는 반드시 신앙 선언문을 가져야 한다"라고 말하는 구절은 없지만, 서신서들은 하나같이 교회가 바른 교리를 붙잡고 거짓 교리들을 삼가야 한다고 가르친다. 서신서들은 비록 독자적으로 교리를 바로잡고 가르치지만, 마치 모든 교회들이 사도들의 교리를 함께 공유하는 것처럼 이야기하기도 한다(갈 2:2, 7-9을 보라).

그리스도인들 중에는 신앙 선언문이 성경의 이야기를 지나치게 체계화하거나 무리하게 강요한다고 비판하는 사람들이 있다. 또 다른 사람들은 "우리에게 신조는 없고 성경은 있다"라는 말을 하고 싶어 한다. **모든 사람**이 신앙 선언문을 가지고 있다. **모든 사람**이 성경, 하나님, 창조, 타락, 그리스도의 인격과 사역, 교회 그리고 종말에 대해 특정한 것들을 믿는다. 그뿐 아니라, 그러한 개인적인 신앙은 반드시 성경을 체계화할 수밖에 없다. 우리는 그리스도인들에게 다가가서 "하나님이 누구십니까?" 또는 "성경이 무엇입니까?" 또는 "구원을 받으려면 무엇을 해야 합니까?"라고 물어볼 수 있다. 그러면 그 사람은 단지 성경 구절들을 모아놓은 것 이상의 대답을 할 것이다. 그러나 모든 그리스도인이 이러한 질문들에 대해 잘 정리된 대답을 할 수는 없다. 그런 점에서, 신앙 선언문은 사람들이 그렇게 할 수 있도록 도와주는 지혜로운 양육 도구가 되며, 그들의 대답이 특정한 교회의 신앙과 일치하는지 결정해줄 것이다.

신앙 선언문 자체가 성경적인 유추의 결과이긴 하지만, 신앙 선언문을 작성할 때는 신중해야 한다. 좋은 신앙 선언문에는 수많은 고려 대상들을 균형 있게 진술하려는 노력이 담겨 있다. 신앙 선언문은 포괄적이면서 간결하고, 보편적이면서 특수하고, 역사적이면서 현실적이고, 세밀하면서 단순하다. 무엇보다도, 신앙 선언문은 오직 성경이 그리스도인들에게 고백하라고 요구하는 것만 고백하도록 신자들에게 요구해야 한다. 이런 균형을 맞추기 위해서는 서로의 상황을 민감하게 고려해야 한다.

포괄적이면서 간결함. 한편으로, 신앙 선언문은 기독교 교리의 주된 분야들을 포괄적으로 요약해야 한다. 기독교 교리들이 서로 연결되어 있기 때문이다. 신앙 선언문이 그저 여러 항목을 나열한 것처럼 보일 수도 있지만, 사실은 그 이상이다.[4] 거미줄 어느 한 곳에 손을 대면, 거미줄 전체가 떨릴 것이다. 마찬가지로 우리가 그리스도의 인격에 대한 교리에 손을 대면, 그리스도의 사역에 대한 교리가 함께 떨릴 것이다. 만일 하나님의 사랑에 대한 교리에 손을 대면, 교회 정치에 대한 복음적인 이해 전체가 떨릴 것이다. 그러한 상호 연관성의 관점에서 볼 때, 좋은 신앙 선언문은 성경을 통해 그리스도인의 삶과 세상을 바라보는 통일된 방식을 보여주거나, 적어도 성경에 대한 교회 전체의 이해를 보여준다. 신앙 선언문은 이 모든 문제들이 서로 연결되었다는 것을 볼 수 있도록 도와준다. 다른 한편으로, 신앙 선언문은 이 모든 것을 간결하고 압축적으로 진술해야 한다. 교리적 설명보다는 교리적 논지들을 전달해야 한다. '이신칭의'는 단언해야 할 문제이며, 이것을 상세하게 해설할 필요는 없다. 목표는 교회가 어디

---

4 물론, 거미줄 비유는 정확하지 않다. 조직신학자들이 신학서론과 성경에 관한 교리를 가장 먼저 그처럼 길게 다루고, 오늘날 많은 사람들이 신론을 가장 우선시하는 데에는 이유가 있다(나는 두 가지에 대해 좋은 논증이 있을 수 있다고 생각한다). 아무튼, 거미줄 비유로 그 선행 논의들이나 기초를 대신할 수는 없다. 그럼에도 나는 거미줄 비유가 나열식 설명 방식과는 달리 조직신학의 일정한 측면과 각 교리들 간의 연관성을 잘 보여준다고 생각한다.

에 서 있는지 사람들이 알게 하는 데에 있을 뿐이다.

보편적이면서 특수함. 한편으로, 신앙 선언문은 모든 곳에 있는 모든 그리스도인들에게 보편적인 것들을 확인해야 한다. 예를 들어, 그리스도가 하나의 위격에 두 본성을 가진 완전한 하나님이고 완전한 인간이라는 전제 등이다.[5]

다른 한편으로, 신앙 선언문은 특정한 시간 및 장소와 관련된 교리적 도전들에 대응할 수 있어야 한다. 예를 들어, 번영 복음을 설교하는 오순절 교회들에 둘러싸인 남아프리카의 교회는 주위 교회들의 부절제와 오류들에 대해 설명하는 방식으로 복음 또는 성령의 은사에 대한 교리를 진술할 수 있을 것이다. 물론 그러한 결정은 심사숙고해서 신중하게 내려야만 한다.

역사적이면서 현실적임. 신앙 선언문은 역사적이면서 현실적이어야 한다. 한편으로는 진부한 용어 사용을 감수하고서라도 옛 신앙 고백을 사용함으로써, 한 교회를 오랜 기독교 신학 전통의 흐름 속에 자리하게 하는 지혜와 겸손이 필요하다. 교회들은 스스로 성경을 발견한 것이 아니라는 사실을 인정해야 한다. 오히려 우리는 우리보다 앞선 신실한 성도들의 어깨를 딛고 서 있다.

다른 측면에서 보면, 대부분의 교인들이 자기들의 일상 언어로

---

5 포스트모던적이고 세계화적인 신학 경향은, 모든 교리가 시대적이면서도 미래적이므로 신앙 선언문이 '보편적인' 진술을 할 수 있다고 하는 개념을 받아들이지 못한다. 예를 들어, 스티브 스트라우스(Steve Strauss)는 에티오피아 종교회의의 칼케돈 결정이 당시의 역사적 정황에서 가졌던 의미와 현대 서구 교회들이 칼케돈 기독론을 가지고 전달하는 의미가 서로 얼마나 다른지에 대해 논증한다. Steve Strauss, "Creeds, Confessions, and Global Theologizing: A Case Study in Comparative Christologies," in *Globalizing Theology*, ed. Craig Ott and Harold A. Netland (Grand Rapids: Baker, 2006), pp.140-156. 나는 모든 신학이 시대적이고 불완전하다는 점과 우리의 교리적 형식에 어느 정도 상황이 고려되어야 한다는 점에 동의하지만, 우리가 이 점에 다소 지나치게 집중하며 상황적 차이의 중요성을 과대평가한다고도 생각한다. 이 문제는 여기에서 간략하게 다룰 수 없을 만큼 방대한 주제이다.

기록된 글에 더 쉽게 동질감을 느낀다. 그러므로 새로운 선언문을 사용하는 것도 권할 만하다. 나는 교회들에게 두 가지 사항을 모두 고려한 방식을 찾아보라고 권한다.

세밀하면서 단순함. 거짓 교사들이 지나치게 막연하거나 모호한 언어를 사용하는 것과 달리, 신앙 선언문은 교회가 믿는 것을 세밀하게 진술해야 한다. 미국의 어느 대형교회가 신앙 선언문의 '전면에' 내세운 하나님에 관한 교리를 예로 들어보자. "하나님은 우리가 상상하는 것보다 더 크고, 더 좋은 분이며 더 가까이 계신다." 다행스럽게도 이 교회는 더 길고, 더 포괄적인 '막후의' 선언문을 가지고 있다(열람을 요청할 수 있다). 그렇다면 '전면의' 선언문에서 잘못된 점이 무엇일까? 이 선언문은 친절하고 따뜻하다. 문제는 삼위일체론을 부정하고, 그리스도의 신성을 부정하며, 신격의 단일성을 주장하는 유니테리언 교파로부터 힌두교에 이르는 모든 사람들이 그 진술에 (일정한 조건부로) 동의할 수 있다는 것이다.

또한 신앙선언문은 단순하고 명료해야 한다. 그리스도인들은 자기들이 선언하는 것이 무엇인지 이해할 수 있어야 한다.

상황적. 어떻게 해야 포괄적이면서 간결할 수 있을까? 어떻게 해야 세밀하면서 단순할 수 있을까? 그러한 균형을 찾는 것이 어느 정도는 교회의 상황에 달려 있다. 교양 있고 교육을 많이 받은 회중은 글을 모르고 교육을 받지 못한 회중들과는 다른 균형을 요구할 것이다. 이렇게 말하면서 나는 많은 교회 지도자들이 현재 서구사회를 휩쓸고 있는 민주적이고 반엘리트주의적 경향 때문에, 단순성만 추구하고 회중들에게 많은 것을 요구하지 않는 오류를 범할까 봐 염려된다. 그 결과, 우리는 오늘날 대학 졸업생이 넘쳐나는 교회들에게 신약의 서신서들이 그 당시 독자들에게 요구했던 것보다 훨씬 적은 것을 요구하게 될 것이다. 히브리서의 첫 독자들(또는 청중들)이 우리와 비교해서 얼마나 많은 교육을 받았을지 생각해보라. 과연 우리는 히브리서 기자가 독자들에게 요구했던 것보다 훨씬 적은 것을 우리 독자들에게 요구해야 할까?

성경적. 무엇보다도, 교회는 성경이 말하지 않는 것으로 신자의 양심을 구속해서는 안 된다. 신앙 선언문이 성경을 벗어나서는 절대로 안 된다. 더욱이, 신앙 선언문은 신자들에게 단지 한두 구절의 증거 구절이 아니라 성경 전체가 입증하는 내용들만 선언할 것을 요구해야 한다.

교회 언약서

신앙 선언문이 교회가 믿는 것을 담고 있다면, 교회 언약서는 교회가 함께 살기로 동의하는 것을 담고 있다.

지난 장에서, 나는 교회 언약의 개념에 대해 논의하고, 지역교회 안에서 서로에 대한 우리의 헌신을 가리키는 말로 **언약**이라는 단어를 사용했다. 그리스도인들과 교회 간에 맺은 서약은 성경적인 명령이 실현된 것이다. 교회가 그 서약을 한 쪽짜리 문서와 같은 것에 담아두기로 할 것인지의 여부는 신중을 기할 문제이다. 다만 교회가 그 문서를 단지 선언하기만 하고 서랍에 꼭꼭 숨겨두는 것이 아니라 정기적으로 그 언약을 사용할 수만 있다면, 그렇게 신중을 기하는 문제는 단점보다 장점만 있으리라 생각한다. 예를 들어, 우리 교회는 함께 성찬에 참여할 때마다 교회 언약서를 큰 소리로 낭독한다. 이것은 우리가 해마다 열두 번이나 서로에게 그 약속들을 이야기한다는 뜻이다. 그럼에도, 하나님의 백성들이 성경의 수많은 인물들처럼(예를 들면 창 21:27; 삼상 18:3; 23:18; 삼하 5:3; 스 10:3; 느 9:38) 자기들의 서약을 기록된 언약서로 남겨야 하는지는 그리스도인의 자유와 관련된 문제로 남겨두어야 한다.

입교 문답

매고 푸는 성경적 권위를 신실하게 시행하기 위해서는, 교회가 신앙고백을 하는 신자들에게 그들이 무엇을 믿으며 앞으로 어떻게 살아갈 것인지에 대해 물어보아야 한다. 그러한 대화를 공식적으로 할 것인지 비공식적으로 할 것인지는 상황과 판단에 맡겨야겠지만, 어떤 형태로든 반드시 해야 한다. 이 사실은 교회가 오직 신실한 신앙고백을 한 사람들만 확증함으로써 복음의 증거를 보호해야 한다는 부르심의 일부분이다.

오늘날 세상의 일반적 특징 중 하나인 사회적 복합성의 관점에서 그 수위를 한번 높여보도록 하자. 나는 어느 교회에 등록한 적이 있었는데, 주일 아침에 그 교회 목사님은 나에게 앞으로 나오라고 하더니 모든 회중 앞에서 다음과 같이 물었다.

"이 교회에 등록하려고 오셨습니까?"

"네, 목사님."

"예수님이 주님이시라는 것과 그분이 당신의 죄를 위해 죽으셨다는 것을 믿습니까?"

"네."

이것으로 모든 질의가 끝났다. 목사님은 온 회중을 향하여 말했다. "조너선을 우리 교회의 교인으로 받아들이기로 동의하는 분들은 모두 '예'라고 대답해주시기 바랍니다." 이것을 참으로 멋진 회중 정치의 진면목이라 할 수 있을까? 아니다. 오히려 교회에서 순결함을 앗아가고 교회를 명목주의와 위선으로 인도하는 부주의한 행태이다. (이 교회는 현재 그때와 같은 형태로 남아 있지 않다.) 교회 지도자들은 고용주들이 일자리를 제공하기 전에 얼마나 많은 주의를 기울이는지, 또는 보험회사가 보험약관을 제시하기 전에 얼마나 많은 주의를 기울이는지 생각해보아야 한다. 교회는 고용주들이나 보험회사보다 그 위험성을 인식하지 못하는 것일까? 익명성이 보장되고 분주한 도시에서, 교회는 적어도 30분에서 1시간 동안 신앙고백자와 마주 앉아 그의 신앙 경력에 대해 물어보아야 한다. 즉, 그의 가족과 생애, 회심과 세례의 경험, 회심 이후에 받은 제자훈련, 그동안 참석했던 교회, 교회의 신앙 선언문과 교회 언약서에 동의할 것인지의 여부 등을 자세히 물어야 한다. 그러나 다른 무엇보다 중요한 질문은 이것이다. "복음이란 무엇인가?"

이 모든 질문들에서 우리의 목적은 그 사람이 마태복음 18장 3-5절의 기준에 부합하는지 분별하는 것이다. 그가 예수님의 이름을 고백하는가? 그의 삶은 그가 죄악 된 세상으로부터 돌이켜 예수님을 신뢰하는 어린아이와 같이 되었음을 증명하는가? 그가 완전할 필요는 없지만, 그는 반드시 회개해야 한다. 이것은 그에게 다른 사람의 죄를 용서할 능력도 있다는 뜻이다(마 18:23-35).

이러한 문답이나 대화를 반드시 목회자와 해야 한다고 명시한 성경 구절은 없다. 그러나 성경에서 유추할 수는 있다. 양 문을 지키고 서서 양을 보호하고 늑대가 들어오지 못하게 막는 사람은 목자이다. 모든 양 떼를 감독할 책임이 목회자들에게 주어진 이상, 매고 푸는 천국 열쇠를 사용해서 사도적 회중을 인도할 수 있도록 가장 잘 구비되어야 하는 사람은 목회자들이다. 목회자에게 이런 역할이 주어진 데에는 더 중요한 이유가 있다. 입교 문답은 한 사람이, 세월이 지나도 계속 따라올 수 있도록 개인적인 양육의 기초를 놓는 과정이기 때문이다.

새신자들과 달리 믿은 지 오래된 그리스도인들은 입교 문답에 반대한다고 한다. 그들에게는 입교 문답이 낯설고 달갑지 않게 느껴질 수 있다. 비그리스도인들에게도 마찬가지일 것이다. 이것은 교회가 무엇인지에 대하여 기존 교인들에게 가르치지 않은 결과이다. 앞에서 내가 언급했던 목사들 중 한 명은 최근에 이메일을 한 통 받았다. 거기에는 교회의 입교 과정에 대한 비판이 담겨 있었는데, 특히 입교 문답에 대한 내용이었다.

> 저는 가족이 되기 위해 반드시 시험에 통과해야 한다고 요구하는 식의 교회는 다녀본 적이 없습니다. 교회에서는 사랑과 돌봄을 경험해야 합니다. 모든 등록 교인의 권리가 동시에 선포될 수는 없으니 다른 교인들에게 질문을 할 수는 있습니다. … 당신은 먼저 교인들을 따뜻하게 교회 안으로 맞아들인 뒤, 만일 그 사람들이 그리스도인으로 성장하기 위해 가르침이나 멘토링이 필요하다고 생각하면, 그에게 무언가를 더 요구할 수 있습니다. … 그러므로 나는 왜 내 아내가 질문을 받는 자리에 서서 직접 심문을 받아야 하는지, 대답을 제대로 못할 때는 따뜻하게 용납되는 것이 아니라 따가운 시선을 느끼다가 또 다른 질문들을 받아야 하는지 도저히 이해할 수 없습니다. 당신은 이런 일이 내 아내에게 얼마나 수치심을 안겨주었는지 아십니까?

어쩌면 이 교회 목사가 불쾌한 방법을 썼을지도 모른다. 만일 그렇다면, 방법을 고쳐야 한다. 그렇지만 한 가지는 분명하다. 이 편지를 쓴 사람은 그리스도의 주권에 복종한다는 것이 그리스도가 권위를 부여하신 지역교회에 복종하는 것임을 이전 교회에서 배우지 못했다. 복음을 지켜야 하는 교회의 책임에 대한 인식이 전혀 없다. 이 사람의 마음속에는 스스로 자기기만에 빠질 수도 있다는 염려가 전혀 없다. 그리스도인이 아니면서 스스로 그리스도인이라고 믿는 것 말이다. 그러므로 목사가 그의 아내에게 했던 질문들이 그에게 불쾌감을 준 것 같다.

상상해본다면, 그는 아내가 "복음이 무엇입니까?" 등과 같은 목사의 기본적인 질문들에 대답하지 못했다는 사실 때문에 당황했을 것이다. 내가 이렇게 가정하는 이유는 편지 말미에서 그가 이렇게 썼기 때문이다. "당신은 또한 내 아내가 일단 성숙한 여성도와 몇 차례 만난 뒤에 다시 만나자고 말했습니다. 이것은 마치 우리가 교인이 되기 전에 또 다른 시험을 통과해야 한다는 의미인 것 같습니다." 목사는 그의 아내가 그리스도인이라고 확신하지 못했던 것 같다. 그렇기 때문에 목사는 그의 아내가 먼저 다른 여성도와 몇 차례 만나기를 **따뜻하게** 권면한 것이다. 설령 목사의 평가가 잘못되었다 해도, 그의 아내에게 복음을 정확하게 말할 수 있어야 한다고 지적한 것은 그녀의 믿음을 단단하게 해주는 일이 아닐까? 그녀가 복음을 전하고 자녀들을 올바로 양육할 수 있도록 준비시켜주는 일이 아닐까? 목사가 그의 아내에게 다른 여성도와 훈련을 받으라고 요구한 것을 남편이 그토록 반대하는 이유는 결국 자존심 때문이 아니고 무엇이겠는가? 그는 틀림없이 사랑이 하나님 중심적이라는 사실과, 사랑이 그리스도인들에게 그리스도에 대한 순종을 요구한다는 사실을 배운 적이 없을 것이다. 또한 우리가 우리 삶에서 이 목적을 이루고 다른 사람들의 삶에서도 그것을 이루는 일에 참여하도록 하나님이 우리를 교회에 맡기셨다는 사실도 배우지 못했을 것이다.

문답을 받는 사람이 복음에 대해 말할 수 없을 때 목사는 어떻게 해야 할까? 우선, 질문을 추가하여 어떻게든 대답을 받아내려고 노력할 수 있다. 아직은 영어가 서투른 여성이 입교 문답을 하기 위해서 우리 교회로 찾아온 적이 있다. 내가 그녀에게 복음이 무엇이냐고 묻자, 그녀가 반문했다. "복음이라고요?" 그 단어 자체를 모르는 것 같았다. 그래서 나는 짧게 다시 물었다. "예수 그리스도의 좋은 소식이 뭐죠?" 그러자 그녀는 예수 그리스도의 대속적 죽음과 부활에 대해 훌륭하게 설명했다. 그 대화 덕분에 그녀는 **복음**이라는 단어를 알게 되었다. 이처럼 입교 문답은 훌륭한 교육의 기회를 제공한다.

입교 문답을 하는 동안, 사람들은 때로 부활이나 회개로의 부르심 등과 같이 복음의 중요한 요소들을 빼먹기도 한다. 그럴 때면 추가 질문들을 통해 자비롭게 그들의 생각을 이끌어내거나 그들에게 가르쳐줄 수 있다. 문답자가 회개에 대한 것을 언급하지 못하면, 나는 이렇게 말할 수 있다. "어떤 사람이 그리스도가 우리의 죄를 위해 죽으셨다는 메시지를 믿는다고 고백한 뒤 세례를 받았지만, 그의 삶은 변하지 않았습니다. 그는 계속해서 여자 친구와 잠자리를 하고, 약한 사람들을 사랑하는 데에는 관심이 없습니다. 또한 성도들과의 모임을 피하고, 대부분 비그리스도인과 같은 삶을 삽니다. 당신은 그런 사람에게 뭐라고 말하겠습니까?" 문답자들은 거의 비슷한 답을 한다. "그러면 안 됩니다. 그는 복음을 잘못 이해하고 있습니다." 그렇다면 그 문답자는 **회개**라는 단어를 모를 수도 있으나, 회개의 기본적인 개념은 이해하고 있는 것이다.

목사와 장로는 이러한 문답을 할 때 자비를 충분히 베풀어야 한다. 우리는 신학자를 가려내려는 것이 아니라 그리스도인을 가려내려는 것이다. 제자들이 천국에서 누가 가장 크냐고 물어보자 예수님은 이렇게 답하셨다. "누구든지 이 어린아이와 같이 자기를 낮추는 사람이 천국에서 큰 자니라 또 누구든지 내 이름으로 이런 어린아이 하나를 영접하면 곧 나를 영접함이니"(마 18:4-5). 다른 말로 하면, 문답자가 신학적 진리를 완벽하게 읊어댈 필요가 없다. 우리는 그런 것을 기대하지 않는다. 하나님 앞에서 성령이 주시는 깨어짐과 겸비함의 소리를 들으려는 것이다. 우리는 심령이 가난하고, 자기 죄를 슬퍼하고, 자기들에게 그리스도의 용서나 교인의 권리를 얻을 자격이 없다는 것을 겸손히 인정하며, 그리스도의 의에 주리고 목마른 사람들의 말을 들으려는 것이다(마 5:3-6).

성령이 이렇듯 누군가에게 가난한 심령을 주실 때에는, 그것뿐만 아니라 '예수는 죄 사함을 얻게 하려고 많은 사람을 위하여 피를 흘리는 그리스도시요 살아계신 하나님의 아들'이라는 것을 그 사람이 알게 해주신다(마 16:16; 26:28). 만일 문답을 받기 위해 앉아 있는 사람들이 정말로 의에 주리고 목마르면서 그 의가 오직 그리스도께로부터 온다는 사실을 발견하지 못했다면, 그들은 아직까지 교인의 신분을 얻을 때가 되지 않은 것이다. 그들이 마침내 자기들의 입으로 그리스도의 이름을 고백할 때, 교회는 기쁘게 그들의 신앙을 확증할 수 있다. 왜냐하면 이제 그들은 자비를 행함으로써 그리스도의 이름을 높이고, 청결한 마음으로 살고, 화평케 하고, 의를 위하여 기꺼이 핍박을 받을 사람들이기 때문이다(마 5:7-10). 그들은 그리스도의 나라에서 소금과 빛으로 행하며, 그리스도의 증인이 되어 하늘에 계신 아버지께 영광을 돌릴 사람들이다(마 5:13-16). 목사들이 양 우리의 문 앞에 서서 양을 보호하고 이리에게 대항하라고 부름받은 대목이 바로 여기이다.

마지막으로, 입교 문답은 문답자가 어떤 문화적인 상황에서도 자기 정체성을 가장 명확하게 전달하는 형식으로, 교회의 신앙 선언문과 교회 언약서를 공식적으로 인정하고 복종할 수 있는 기회가 된다. 대부분의 현대인들은 무엇을 승인할 때 서명을 한다. 일반적으로 서명은 "이 종이에 적힌 모든 말들을 내 것으로 받아들입니다. 내 삶과 행동으로 그 모든 것을 증명하겠습니다"라는 의사를 표시하는 것이다. 교회가 서명을 요구해도 된다는 직접적인 증거를 성경에서 찾기는 어렵지만, 우리는 이 문제를 신중하게 다루어야 한다. 왜냐하면, 우리는 은행수표, 대학 지원 그리고 세금 보고서 등과 같이 훨씬 덜 중요한 서약들에도 서명을 하기 때문이다.

교회 정치제도

입교 문답을 마치면, 교회 정치의 구체적인 장치들이 작동한다. 감독 정치의 경우에는, 감독이 그때 그 자리에서 새신자가 교회에 들어온 것을 환영한다. 장로 정치와 같이 장로가 치리하는 경우에는, 장로 한 명이 당회에 추천을 하고 당회가 최종 결정을 내린다. 장로가 이끄는 회중 정치의 경우에는, 장로가 모든 장로에게 추천을 하면 모두가 그 사항을 심사숙고한 뒤 다시 전체 회중에게 추천하여 회중이 최종 승인을 하게 한다. 교회가 만일 목사 한 명에 의해 치리된다면, 그 목사가 회중에게 추천해서 회중이 최종 결정을 내린다.

내가 성경을 이해한 바로는, 장로가 이끄는 회중 정치 모델이 가장 좋다고 생각하지만 여기에서 이 문제를 다루지는 않을 것이다. 그 대신, 나는 위에 언급된 모든 모델의 교회가 입교하는 사람들을 승인하는 일에 가장 실천적인 방법을 찾으라고 권하고 싶다. 교회가 자기의 공적 신분 안에 존재한다고 생각하는 감독교회의 감독조차도 자신이 최종적으로 회중과 동일하지 않다는 것을 안다. 그러므로 감독은 새 교인을 승인하고 그리스도의 새 대리인을 맞이하는 일에 가능한 한 회중 전체가 참여하도록 해야만 한다. 그는 그리스도의 이름과 영광이 이 사람의 삶에 달려 있고, 모든 교인들이 이제 이 사람의 제자도와 믿음의 인내에 관심을 기울이려 한다는 사실을 회중 전체가 알게 해야 한다. 물론, 회중 정치의 장점은 온 회중이 투표를 통해 승인 과정에 참여하는 것이다. 설령 당신이 목사로서 투표라는 단어의 어감을 싫어한다 하더라도, 당신은 온 교인이 자기의 이름을 걸고 모든 지체들에 대한 주인 의식을 갖게 해주는 또 다른 방법을 찾을 수 있을 것이다. 이것은 고린도전서 12장과 신약성경의 다른 많은 본문이 가르치는 내용이다.

성찬에 울타리 치기

교회와 세상 간의 경계선을 분명하게 할 수 있는 또 다른 방법은 '성찬에 울타리를 치는' 것이다. 교회는 성찬을 시행하기 전에, 성찬에 허락된 사람들 주위로 울타리를 쳐야 한다. 바울은 합당하지 않게 떡을 먹고 잔을 마시는 사람은 자기의 죄에 대한 심판을 먹고 마시는 것이라고 경고한다(고전 11:27). 성찬은 그리스도인들을 위한 것이다. 왜냐하면, 성찬은 그리스도인들이 그리스도의 몸과 피를 함께 나누었다는 사실을 상징하기 때문이다. 성찬은 예수님이 교회를 세상과 구별하기 위해서 주신 두 가지 표지 중 하나이다. 이것은 교회가 비그리스도인들에게 성찬에 참여하지 못하도록 권면해야 한다는 것을 의미한다.

그러나 교회가 성찬에 울타리를 칠 때는 무척 신중해야 한다. 회심하고 그리스도께 복종하는 것이 곧 세례를 통해 지역교회에 복종하는 것과 같다고 해석된다면, 성찬은 교회의 세례 교인들에게만 허락된다. 그리스도인이 먼저 세례를 통하여 지역교회의 권위에 순종하지 않은 상태로 성찬에 참여한다면, 그것은 예수님이 그리스도인 개개인에게 주신 적이 없는 권위를 주장하는 것이 되기 때문이다. 벤저민 그리피스(Benjamin Griffith)의 표현을 빌리면, 이것은 "열쇠의 권세를 도둑질하는" 것이다. 또한 이렇게 말하는 것과 같다. "예수님은 사도적 교회에게 매고 푸는 권위를 주셨다. 이는 곧 어떤 사람들에게는 예수님을 대변할 수 있는 권리가 있는 반면 어떤 사람들에게는 없다는 뜻이다. 하지만 전혀 상관하지 마라. 나는 내가 누구인지 안다! 교회는 잊어버려라." 요컨대 지역교회의 세례 교인이 되지 않고 성찬에 참여하는 것은 그리스도의 권위 자체를 제멋대로 억측하고 경멸하는 행동이다.

앞서 지적한 바와 같이, 지역교회는 복음을 믿는 다른 교회들을 존중하고 존경해야 한다. 왜냐하면 그 교회들도 동일한 주님과 그분의 권위에 속했기 때문이다. 군대에서 장교들이 자기와 같은 계급의 장교들을 언제나 진심으로 인정하고 존경하는 것과 같이, 교회들도 다른 교회들을 서로 존중해야 한다. 그렇기 때문에 교회들은 자기 교회에 방문한 다른 교회 사람들이 성찬에 참여하도록 허락할 수 있다. "만일 당신이 이 교회에서 듣는 복음과 똑같은 복음을 전하는 지역교회의 교인이거나 세례 교인으로서 아무런 문제가 없다면, 우리와 함께 이 성찬에 참여해도 좋습니다." 이런 방식으로 울타리를 치는 것은 하나님 앞에서 교회의 책임을 다하는 것이다. 나머지는 개인의 양심에 맡길 수밖에 없다.

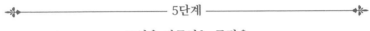

5단계

교인을 감독하는 목적은
그리스도에 대해 믿을 만한 증거를 세상에 보여주는 것이다.
온 교회와 교회 지도자들 그리고 교인들은 말씀 사역을 통하여
복음에 기초하고 제자도가 이끄는 돌봄에 참여한다.

교인을 감독하기

이제까지 우리는 교인이 되는 관문에 대해 살펴보았다. 이제부터는 교회가 확증한 교인들의 삶을 감독하는 교회의 책임에 대해 살펴보겠다. 교회의 감독은 대부분 개개인이 서로를 돌보고 제자 삼는 것을 통해 이루어진다.

감독의 목표

왜 교회는 교인들의 삶을 감독해야 할까? 거기에는 어떤 목표가 있을까? 이 질문에 대한 답은 여러 가지가 있다. 예수님이 계시록의 일곱 교회에게 보내신 편지에서 거듭 말씀하신 것처럼 교인들이 끝까지 견딜 수 있도록 돕는 것이 우리의 목표라고 말할 수 있다. 우리는

요한이 그의 복음서와 서신서에서 강조하는 것처럼 교인들이 세상에 사랑을 드러내도록 돕는 것이 목표라고 말할 수도 있다. 또한 우리는 바울이 에베소서 4장에서 이야기하는 것처럼 교인들을 구비시켜 봉사하게 함으로써 연합과 성숙함 그리고 그리스도의 충만에 이르게 하는 것이 목표라고 말할 수도 있으며, 바울이 에베소서 5장에서 이야기하는 것처럼 교회를 거룩하고 아름다운 신부로 준비시키는 것이 목표라고 말할 수도 있다.

이것들 중 어느 하나를 선택하든지, 감독의 목표는 이 세상에서 그리스도를 위하여 신실한 증인들을 관리하고 성장시키는 것이라고 요약할 수 있다. 이것이 교인들의 입장에서 볼 때 지나치게 기계적이거나 착취적으로 들린다면, 즉 마치 교인들에게 이정표처럼 서 있기만 하라고 요구하는 것처럼 들린다면, 오히려 하나님의 나라에서 이정표(또는 형상)가 되는 것이야말로 하나님의 통치에 참여하면서 그분의 사랑과 영광을 충만하게 경험하는 길임을 기억하기 바란다.

감독의 능력

그러나 우리가 순종하는 백성들과 아름다운 신부의 그림을 생각할 때, 반드시 구약의 이스라엘과 신약의 교회 사이에 존재하는 중요한 차이점들 중 하나를 잊지 말아야 한다. 이스라엘도 순종하는 백성과 아름다운 신부로서 하나님의 증인이 되어야 했다. 그리고 그들은 이러한 그림이 되도록 돕는 모든 법을 가지고 있었다. 문제는 그 법이 마음을 변화시키지 않는다는 것이다.

목사들과 회중이 다가올 그리스도의 날을 준비하면서 서로의 삶을 감독할 때, 이 기본적인 진리가 모든 교훈과 훈련의 토대가 되어야 한다. 오직 하나님만 복음을 통해 사람의 마음을 변화시키신다. 이것은 회심의 순간에도 진리이고, 삶의 모든 성장 과정에서도 진리이다. 그러므로 교회 감독자들은 단지 외적으로 법에 순종하기만을 위해 기도하고 노력할 것이 아니라 부모와 같이 근본적인 마음의 변화를 위해서 기도하고 노력해야 한다. 이 점과 관련하여 내가 아는 가장 좋은 예화는 상담자 폴 트립의 비유이다.

> 우리 집 뒤뜰에 사과나무 한 그루가 있다고 가정해보자. 해마다 그 나무는 꽃을 피우고 사과를 맺는다. 그런데 사과들은 익을수록 점점 물기가 없어지고, 쭈글쭈글해지고, 갈색으로 변하고, 흐물흐물해진다. 몇 년이 지나자 나는 열매도 먹지 못할 나무를 기르는 것이 어리석다는 생각을 한다. 그래서 나는 그 나무를 '손보기' 위해 무언가를 해야겠다고 결심한다. 당신은 내가 어느 토요일 오후에 전지가위, 스테이플 건, 사다리, 맛있는 품종의 사과나무 두 그루를 들고 뒤뜰에 서 있는 것을 창문 너머로 보게 될 것이다. 나는 모든 사과나무의 가지들을 조심스럽게 잘라낸 뒤 그 자리에 붉고 아름다운 사과나무 가지들을 접붙인다. 당신은 이 모습을 바라보다가 밖으로 나와서 나에게 무엇을 하냐고 묻는다. 나는 자랑스럽게 대답한다. "드디어 내 사과나무를 손봤습니다."[6]

근본주의적이고 율법적이고 권위적인 감독과 복음이 이끄는 감독 간의 차이는, 전자가 단지 외적인 행동을 명령하는 반면 후자는

---

6 Paul David Tripp and Timothy S. Lane, *Helping Others Change Workbook*, 3rd ed. (Greensboro, NC: New Growth Press, 2008), pp. 2–3, lesson 2.

행위에 관심을 가질 뿐 아니라 사람의 마음과 복음을 믿는 신앙고백에 호소한다는 점이다. 나는 우리가 자녀나 교인들을 양육하고 감독할 때 하나님의 율법이 필요하지 않다고 말하는 것이 아니다. 율법은 여전히 하나님의 거룩한 성품을 보여준다. 그러나 율법은 죽은 것을 살릴 수 없다. 율법은 율법에 순종하려는 열망을 일으킬 수 없다. 교회는 이 아름다운 신부가 되기 위해 함께 노력하는 동안, 오직 하나님만 변화의 능력을 가지셨다는 것과 그분이 자비와 긍휼의 하나님이시라는 사실을 항상 기억해야 한다.

회중이 책임을 지고 실행하라

그러면 교회에서 누가 감독의 책임을 지는가? 나는 다시 한 번 친(親)회중주의적인 관점에서 말해야겠다(나로서는 어쩔 수가 없다!). 감독 행위에 대한 책임은 온 교회가 진다. 그렇다고 해서 모든 교인이 이 책임을 진다는 의미가 아니다. 마태복음 16장, 18장, 20장에 기록된 그리스도의 헌장에 근거하여, 교회가 전체로서 갖는 집단적인 책임을 말하는 것이다. 몇몇 교인들이 스스로 분쟁을 해결할 수 없을 때, 예수님은 그들에게 그 문제를 교회에게 맡기라고 말씀하셨다(마 18:17). 갈라디아 교회 교사들이 복음에서 떠났을 때, 바울은 교회 자체를 꾸짖었다(갈 1:6-9). 나는 감독교회, 루터교회, 장로교회, 감리교회 그리고 다른 교단들도 자기들의 정치 체제 내에서 인정할 수 있는 이 '회중주의' 본문들로부터 무엇인가를 이끌어낼 수 있다고 생각한다. 만일 그 교회가 복음을 저버린다면, 무서운 심판의 날이 올 때 모든 교인들이 각자 자기의 몫에 대한 책임을 지게 될 것이다. 감독들이나 장로들은 평신도들보다 더 많은 책임을 질 것이다(감독교회와 침례교회는 그 차이의 정도에 대해 서로 일치하지 않는다). 그러나 모두에게 어느 정도는 책임이 있을 것이다. 마찬가지로, 모든 교인들은 교회의 사역을 통해 서로의 영혼 구원에 참여함으로써 기뻐할 것이다. 귀는 손이나 발과는 다르게 참여했지만, 각자가 자기의 역할을 하고, 그리스도의 영이 모두를 통해 하신 일을 함께 기념할 것이다.

교회는 회중에 속한 모든 교인들의 제자도에 대해 공동으로 책임을 져야 한다. 이는 특히 오늘날의 교회가 회복해야 할 부분이다. 모든 교인은 다른 교인에 대해 어느 정도 책임이 있으며, 서로 알지 못하는 교인에 대한 책임도 있다. "만일 한 지체가 고통을 받으면 모든 지체가 함께 고통을 받고 한 지체가 영광을 얻으면 모든 지체가 함께 즐거워하느니라"(고전 12:26). 편협하고 이기적인 내 마음이 점점 더 많은 하나님의 백성들을 사랑으로 품게 해주는 방법 중 하나는, 하나님이 역사하시는 능력을 따라 그 마음을 자신이 속한 지역교회 회중에게 완전하고 분명하게 고정시키라고 가르치는 것이다.

지도자가 주도하라

그리스도와 사도들은 감독의 책임을 **목사, 장로** 또는 **감독**에게 주셨다. 이 세 단어는 그 의미가 서로 통용되며, 그중 마지막 단어는 문자 그대로 '감독하는 자'라는 뜻이다. 나는 여기에서 목회적 감독의 모든 측면을 논의하려는 게 아니다. 그와 관련해서는 유익한 자료들이 많다.[7] 우리는 이미 4장에서 목사의 권위와 사도적 교회의 권위가 가진

---

7 티모시 라니악(Timothy Laniak)은 성경 전체에 나오는 양육 비유들을 성경 신학적 관점에서 논의했다. Timothy Laniak, *Shepherds after My Own Heart* (Nottingham, UK: Inter-Varsity, 2006). 이보다 대중적인 작품으로는 다음을 보라. David Dickson, The Elder and His Work (Phillipsburg, NJ: P&R, 2004).

속성에 대해 논의했으므로, 여기에서는 두 가지 진부한 내용과 한 가지 새로운 논의를 덧붙이고자 한다.

첫째, 장로는 원칙적으로 가르침과 기도를 통해 감독한다. 이 두 가지가 바로 사도행전 6장에서 교회가 민족적인 분쟁을 겪는 순간조차 사도들이 자기들의 임무로 떼어놓은 것이었다. 디모데전서 3장과 디도서 1장에서 가르치는 능력은 장로와 집사를 구별하는 속성이다. 이것은 민족적인 분쟁을 치유하거나 사람들을 섬기는 것이 덜 중요하다는 의미가 아니다. 단지 하나님 가족의 원리에서는, 하나님의 말씀이 그분의 영을 통해 생명과 성장을 가져오기 때문에 목사와 교사가 성도들을 구비시켜서 그러한 사역을 할 수 있게 한다는 의미이다. 하나님의 영은 특정한 사람들을 구별하여, 확고한 방식으로 그들을 가르치고 그들에게 기도하는 일을 맡기신다.

둘째, 장로는 치리를 통해 감독한다. 바울은 "잘 다스리는 장로들은 배나 존경할 자로 알되"(딤전 5:17)라고 했다. 이미 살펴본 바와 같이, 장로가 치리한다는 것은 교인들에게 일정한 방식의 행동을 하라고 강요하거나 명령할 수 있다는 의미가 아니다. 장로는 회중이 좋은 결정을 내리도록 인도하는 방향으로 치리한다. 그러한 리더십에는 언제나 성령이 회중에게 주시는, 자발적 복종이 전제된다.

이러한 의견들을 적어도 어떤 진영에서는 매우 진부하다고 여길 수 있다. 하지만 이보다 약간 더 혁신적인 제안은 이것이다. "치리를 잘한다는 것에는 **이름을 걸고** 전체 교회에 대한 책임을 진다는 의미가 있다." 나는 이 제안이 성경의 요구 사항이라고 말하는 것은 아니다. 오히려 성경이 희망하는 것이라고 생각한다. 모세는 자기가 모든 사건을 일일이 심판한다면 그 책임(양육의 한 부분)을 다하지 못할 것임을 알았다. 그래서 다른 사람들을 임명하여 그 일을 맡겼다. 예레미야와 에스겔은 이스라엘의 목자들을 향하여 양들이 유리하도록 방치했다고 비난했다. 예수님은 아흔아홉 마리의 양을 위해 아버지가 자신에게 주신 한 마리의 양을 포기하지 않은(지옥에 갈 한 명을 제외하고), 선한 목자였다. 각각의 예는 저마다의 고유한 구속사적 배경이 있다. 그러나 각각은 또한 사도 바울이 에베소 장로들에게 한 말의 근거가 된다. "여러분은 자기를 위하여 또는 온 양 떼를 위하여 삼가라 성령이 그들 가운데 여러분을 감독자로 삼고 하나님이 자기 피로 사신 교회를 보살피게 하셨느니라"(행 20:28). 이와 똑같은 사상이 다음 말씀의 이면에도 담겨 있다. "너희를 인도하는 자들에게 순종하고 복종하라 그들은 너희 영혼을 위하여 경성하기를 자신들이 청산할 자인 것같이 하느니라"(히 13:17).

나는 모든 장로가 모든 교인들을 일일이 책임져야 한다고 주장하는 것이 아니다. 그러나 이 두 구절은 교회의 장로들이 모든 양들에게 관심을 기울여야 한다고 명확하게 말한다. 장로는 하나님 앞에서 모든 교인에 대한 책임이 있기 때문이다. 이는 다섯 아이의 아버지가 네 아이에게는 잘해도 나머지 한 아이를 돌보지 않는다면, 그는 좋은 아버지가 아닌 것과 마찬가지이다. 장로들은 어떤 식으로든지 양 무리의 모든 사람이 목양을 받게 해야 한다.

장로가 소그룹 인도자 등의 도움을 받을 수 있지 않을까? 이 문제에 대해서 나는 결론을 내리지 못했다. 내가 이처럼 조심하는 이유는, 사도들이 사도행전 6장에서 일대일 양육과 같은 무언가를 위임했을 수도 있기 때문이다. 또한 사도행전이 독특한 구속사적 시기에 해당하기 때문에 더더욱 불분명하기도 하다. 그러나 나는 신자와 장로 사이에 놓여 있는 모든 중재적인 지위들(예를 들어 성경적이지 않은 용어인 '소그룹 인도자' 등) 때문에 개개인이 세심한 목회적 돌봄으로부터 한 걸음 더 물러나게 된다고 말하고 싶다. 나는 장로로서 직접적 또는 간접적인 조언을 해주기 위해 성도들의 삶과 환경을 주의 깊게 관찰한다. 성도들을 일일이 알지 못한다면 누가 늑대인지 구별할 수 없다. 성경은 교회의 규모에 제한을 두지 않는다. 예루살렘 교회의 성도 수는 수천 명을 헤아렸다(행 4:4). 그러나 사도행전에서 사도들은 성도 개개인의 삶에 세세하게 관여했고(행 5:1-10), 모든 제자들을 한데 모았으며(행 5:12; 6:2), 꼭 필요한 감독을 하기 위해 애를 썼다. 그러므로 우리는 큰 교회의 목사들이 모든 교인들을 일일이 감독하고자 애써야 하며, 또한 그것을 열망해야 한다고 결론지어야 한다. 단순한 해법은 교회에 더 많은 장로들을 세워주시도록 그리스도께 구하는 것이다.

교회의 장로들은 모든 교인들의 이름을 부르며 기도해야 한다. 우리 교회는 교인의 수가 꽤 많기 때문에 장로들과 회중이 매일 두 쪽에 달하는 교인 명부를 가지고 기도하려고 노력한다. 나는 시간이 없을 때 10분이라도 교인들을 위해 기도한다. "아버지여, 이 형제를 우상에게서 멀어지게 해주세요. 이 자매가 전도에 힘쓰게 해주세요. 이 자매에게 남편을 허락해주세요. 저 지체에게는 영적인 위로를 주세요." 하나님이 당신을 5,000명의 청지기로 삼으셨다고 가정해보자, 그 많은 교인들을 위해 기도하는 것이 불가능하다고 생각되는가? 당신이 기도를 덜 하게 하시려고 하나님이 많은 교인들을 허락해주셨을까? 하나님이 당신에게 5,000명을 허락하신 이유가 무엇일까? 만일 당신이 그들의 이름을 한 달에 한 번씩 부르면서(하루에 167명) 기도하거나, 두 달에 한 번씩(매일 87명), 또는 일년에 두 번씩(매일 27명)

부르면서 기도한다면 교회에 어떤 일이 일어날까? 나는 그토록 영광스러운 소식이 들려올 때 교회 사역의 엄청난 이야기들이 새로 만들어질 것이라고 기대한다.

교인들은 장로들의 모범을 따라 서로를 감독해야 한다. 히브리서 기자는 말했다. "하나님의 말씀을 너희에게 일러주고 너희를 인도하던 자들을 생각하며 그들의 행실의 결말을 주의하여 보고 그들의 믿음을 본받으라"(히 13:7).

오늘날의 교회는 온 회중과 지도자와 평신도가, 회중에 속한 모든 교인들의 제자도에 대해 집단적인 책임을 가졌다는 생각을 회복해야 한다. 기독교는 회중을 중심으로 세워져야 한다. 거짓 교사들이 골로새 교회 안에 들어와서 교인들을 개인주의적이고 광신적인 금욕주의에 빠지게 했을 때, 바울은 참된 성장이 그리스도께로부터 오며, 온 회중을 **통해** 온다는 것을 상기시켜주었다. 바울은 이 사람들이 "머리를 붙들지 아니하는지라 온몸이 머리로 말미암아 마디와 힘줄로 공급함을 받고 연합하여 하나님이 자라게 하시므로 자라느니라"라고 말했다(골 2:19). 몸은 하나님이 주시는 모든 지체의 성장에 의존한다. 그리고 연합을 향해 언제나 함께 자라간다.

교회의 다른 사역들

교회의 다양한 사역들이 그리스도의 이름을 위해 확증하고 감독하는 교회의 집단적인 책임에 어떻게 포함될 수 있을까? 우리는 청소년 사역, 미혼자 사역, 노숙자 사역 그리고 다른 영역의 사역들을 어떻게 활용해야 할까?

나는 켄터키 주 루이빌에 있는 한 침례교회에서 임시목사로 섬긴 적이 있다. 어느 날 저녁 장로들의 모임에서, 이제 막 시작된 캠퍼스 사역에 대한 논의가 이루어졌다. 교회 건물은 루이빌 대학교에서 한 구역 떨어져 있었고, 교회는 최근에 신학생 한 명을 캠퍼스 사역 간사로 고용했다. 매력이 넘치는 이 사역자는 대학생들 사이에서 꽤 인기를 얻었다. 그런데 장로들은 캠퍼스 사역을 전체 교회와 관련해서 어떻게 바라보아야 할지 그리고 캠퍼스 사역 간사를 장로들과의 관계에서 어떤 위치에 두어야 할지를 고민하고 있었다.

장로들은 두 가지를 염려했다. 첫째, 장로들은 대학생들이 그 캠퍼스 사역 간사를 자기들의 목회자라고 여기지 않기를 바랐다. 장로들은 그 간사가 과도한 일로 지치는 것이 아니라, 그가 목사로 잘 성장하고 성숙해가기를 원했다. 그것이 바로 그가 훈련받는 이유였기 때문이다. 장로들은 대학생들이 온 회중에게 목회자로 인정받은 그 간사와 좋은 관계를 맺음으로써 유익을 얻게 되길 바랐다. 그것이 학생들뿐 아니라 장로들을 섬기는 일이기 때문이다.

둘째, 장로들은 대학생들이 전체로서의 교회의 삶에 연합하기를 원했다. 그랙이라는 장로가 이 문제를 구체적으로 설명한 내용이 아직도 기억난다. "우리는 대학 캠퍼스 사역이 우리 교회에서 분리된 하나의 당을 만들어 자기들만의 공간에 모이고, 자기들만의 지도자들을 세우고, 몸의 다른 지체들과는 거의 관계를 맺지 않는 방향으로 흘러가는 것을 바라지 않습니다." 그랙의 평가는, 온몸이 "마디와 힘줄로 공급함을 받고 연합하여 하나님이 자라게 하시므로 자라느니라"(골 2:19)라는 말씀과 같이, '온몸'이 함께 성장해야 한다는 성경적인 통찰에 기반한 것이다. 그의 말은 몸의 지체 중 그 어느 것도(귀, 손, 발) 몸의 나머지 부분으로부터 떨어져나갈 수 없다는 성경적 원리에서 근거를 찾을 수 있다. 오늘날의 문제는 너무 많은 교회들이 교회의 감독권을 교회 내 하위 부서들에게 기꺼이 양도해버린다는 것과, 이러한 하위 부서들은 종종 나이, 가정환경, 직업 등 사회적 유사성을 기준으로 모인다는 점이다. 심지어 대학생들이 자기들끼리 감독하도록 방치된다. 이제 막 결혼한 젊은 부부들도 마찬가지이다. 은퇴한 사람들도 마찬가지이다. 그 과정에서 당연히 그들은 몸의 지혜와 은사들을 공급받지 못한다.

나는 이렇게 제안하고 싶다. 청소년 사역, 캠퍼스 사역, 소그룹 사역, 미혼자 사역, 여성 사역, 남성 사역, 어린이 사역, 자선 사역, 방문 사역, 스포츠 사역, 오토바이 동호회 사역 그리고 그 밖의 모든 영역의 사역들은 **선교 단체 사역** 아니면 **교회에 대한 사역** 중 하나로 볼 수 있다. 물론 이러한 구분은 정확하지 않으며, 독자들 중에는 이 두 범주에 속하지 않은 사역 형태를 생각하는 사람도 있을 것이다. 하지만, 나는 이렇듯 다양한 영역의 사역들이 어떻게 교회 안의 삶과 어울릴 수 있는지 살펴보기 위한 기본적인 모형들로 이 두 가지를 제시한 것뿐이다.

선교 단체 사역. 선교 단체의 사역은 서로 같은 교회나 다른 교회에 속한 그리스도인들이 일정한 복음주의적 또는 사회복지와 관련된 목적을 위해 함께 일하는 사역이다. 흔한 예로는 엔티엠부족선교회(New Tribe Missions) 등의 선교 단체나 대학생선교회(Campus Crusade for Christ) 등의 캠퍼스 조직이 있다. 과거에는 일부 선교 단체가 (의도적이든 아니든) 그리스도인들을 지역교회의 삶에 참여하지 못하게 했다. 이와 같은 일은 우리가 지금까지 열거한 모든 이유들 때문에 분명 문제가 있다. 그러나 선교 단체의 사역은 지역교회와 비그리스도인들을 모두 섬길 수 있기 때문에 하나님 나라의 사역을 성취하는 데에 유용한 역할을 할 수 있다. 또한 나는 선교 단체의 사역이 지역교회와 혼동되지만 않는다면, 지역교회를 돕는 매우 귀한 사역이라고 생각한다.

나는 교회들이 자기들의 울타리 안에서 진행되는 수많은 사역들을 선교 단체의 특성을 지닌 사역으로 보아야 한다고 제안한다. 청소년 사역은 종종 교인들과 비교인들, 그리스도인들과 비그리스도인들을 섞어놓는다. 청소년 사역이 비그리스도인들에게 다가가는 데 사용되는 한, 이 사역은 선교 단체의 사역들과 마찬가지로 유용하다. 그러나 이 사역이 지역교회 교인인 청소년들로 하여금 교회로부터 분리된 당을 짓게 한다면, 이는 그들의 제자도를 훼손하는 것이다. 온몸의 지혜와 은사들을 그 청소년들에게서 빼앗는 것이기 때문이다. 또한 그런 일은 그리스도인들과 비그리스도인들 모두의 마음속에서 교회와 세상 사이의 경계선을 희미하게 만들어버린다.

무료 급식 시설과 같은 구제 사역들은 비록 교회에서 직접 후원을 받는다 해도 이와 비슷하게 선교 단체의 특징을 지닌 사역으로 볼 수 있다. 이 사역을 그와 같이 규정하는 이유는 교회와 세상 사이에 더 분명한 경계를 유지하는 데 도움이 되는 것 이외에도, 사도적 지역교회가 그리스도의 헌장에 명시된 기본적인 책임과, 그리스도를 증거하기 위해 가끔씩 갖게 되는 다른 책임들의 차이를 구분하는 데 도움을 주기 때문이다.

교회에 대한 사역. 일상적으로 교회 생활을 하다 보면 정기적인 모임에서는 드러나지 않았던 특별한 필요가 발생할 수도 있다. 어쩌면 교회에 싱글맘, 대학생들, 또는 동성애 때문에 힘들어하는 사람들이 있을지도 모른다. 교인들의 구성 비율은 교회마다 서로 다르다. 이처럼 특별한 대상층의 필요를 채우기 위해, 교회는 정기적인 모임

외에도 이들을 더욱 정성껏 돌보고 섬기는 사역을 시작하기로 결정할 수 있다. 그러나 이 사역은 대상층에 해당하는 범위로 사역을 한정시킬 때, 그들을 가장 잘 섬길 수 있다. 이 사역을 통해 교회와 분리된 하나의 당을 지으려고 하거나 교회가 하는 모든 제자도 사역을 떠맡으려고 해서는 안 된다. 예를 들어, 싱글맘 사역은 보통의 교인들이 들어야 하는 메시지보다 싱글맘으로 살아가는 것에 초점이 집중될 수 있다. 동시에 싱글맘들이 전체로서의 몸에 통합될 수 있게 하고, 전체로서의 교회가 어떻게 싱글맘 사역을 해야 하는지를 알 수 있도록 돕는 관점에서 사역할 수 있다.

미국 메릴랜드 주 게이더스버그에 있는 커버넌트 라이프 교회는 자기들의 청소년 사역을 교회 밖의 비기독교 청소년에 대한 사역이라기보다는 교회 내의 청소년과 그 부모에 대한 사역으로 인식한다. 이 사역은 부모가 청소년을 잘 양육할 수 있도록 준비시킨다. 또한 청소년에게는 사랑과 순종으로 부모를 대하라고 권면한다. 청소년 사역은 온 교회의 책임이어야 하는 청소년의 제자도나 부모의 제자도 전체를 떠맡지 않는다. 이 사역은 단지 부모와 청소년이 그들의 제자도에서 공통적으로 필요한 주제들을 특별히 강조한다.

온 교회의 감독

온 교회의 감독은 교회의 정기 모임에서 시작한다. 교인들이 함께 모여 같은 설교와, 고백의 기도와, 찬송과, 세례와 성찬에 나타나는 복음의 이미지를 통해 그리스도인으로 형성되어가는 동안, 그들은 매일의 삶에서 쓸 수 있는 공통된 언어 또는 양식을 얻게 된다. 일주일 동안 시험과 비극 그리고 승리가 찾아올 때, 성도들은 이렇게 나눈 언어와 양식을 가지고 서로를 격려한다. 주일의 말씀 사역이 한 사람의 삶에서 그리고 그와 다른 사람의 삶 사이에서 서로 주고받는 메아리가 되는 곳이 바로 일주일간의 삶이다.

그러므로 온 교회의 감독은 집회에서 시작하지만 일대일 기도, 대화, 식사, 섬김의 행위, 선교 단체 또는 교회 사역 그리고 더불어 사는 삶의 현장과 같은 수많은 순간들에까지 확장된다. 반면에, 교회 정기 모임을 하는 데 한 시간도 채 걸리지 않고, 깊이가 없는 노래를 부르며, 설교 시간이 20분 남짓한 데다가 심지어 그중에서도 성경을 이야기하는 시간이 10분 정도에 불과하다면, 그리스도인들이 정기 모임과 설교를 중요하지 않게 생각하는 것도 결코 놀랄 일은 아니다. "매주 정기 모임이 왜 중요하지?" 만일 일주일 동안 대중매체(라디오, 영화, 텔레비전, 인터넷)가 **우리를 빚어가도록** 내버려두면서 주일날 교회에 한 시간도 드리지 않으려고 한다면, 우리에게 공통된 언어와 양식을 주는 주체는 대중매체가 되지 않을까? 주일에 설교를 듣고 나서, 누군가 지난밤에 나와 똑같은 영화를 보았다는 사실을 알게 될 때, 영화에 대해 서로 이야기하는 것이 더 자연스러울까 아니면 설교에 대해 이야기하는 것이 더 자연스러울까?

제자도

온 교회의 감독은 목사와 교인들이 서로를 제자 삼을 때 일어난다. 제자도는 서로의 삶을 빚어가고 교정하는 수많은 사랑과 권징의 행위를 통해 생겨난다. 두 남성이 서로를 책임지기 위해 만나기로 한다. 두 여성이 함께 기독교 서적을 읽기로 한다. 소그룹이 매주 모여 주일 설교를 함께 묵상한다. 나이 많은 아버지가 젊은 아버지를 꾸짖는다. 젊은 부인이 나이 많은 부인에게 조언을 구한다. 한 가정이 교회에 새로 등록한 교인들과 방문자들에게 매주 후한 대접을 한다. 이러한 작은 행위들 모두가 한 몸의 삶이라는 특징이 되어, 한 백성을 그리스도의 형상으로 빚어가기 시작한다.

제자도에는 권징과 같은 판단과 교정이 포함되어 있다. 그렇기 때문에 오늘날에는 제자도를 행하는 사람이 거의 없는 것 같다. 우리의 죄악 된 육신은 판단받는 것을 싫어한다. 뿐만 아니라, 우리 모두는 아무도 다른 사람을 판단할 자격이 없다고 말하는 이 세상의 철학에 물들어 있다. "포스트모던 철학에 대해 읽어보지 않았군요. 당신이 어떻게 감히 그 젊은이에게 이 길은 지혜롭고 저 길은 어리석다고 말할 수 있습니까? 당신은 사회적으로 몸에 밴 것이 있기 때문에 당신의 상황과 시각을 벗어나서는 아무런 말도 할 수 없다는 것을 모릅니까?" 잠언에 나오는 아버지라는 인물은 아무 말도 하지 못한 채, 다만 편협하고 완고하다는 죄목으로 버려진다. 이런 일이 벌어질 때, 제자도는 단지 상호 존중으로 변질된다.

교회들은 간혹 마치 잠언이나 자녀 양육이 프로그램화될 수 있는 것인 양 제자도를 하나의 프로그램으로 바꾸어놓는다. 물론 그러한 프로그램들은 일정한 면에서 도움이 될 수 있다. 특히 교육과 양육 면에서 도움이 된다. 그러나 정말 중요한 것은, 제자도가 궁극적으로 마음의 변화와 교회 문화의 변화를 요구한다는 사실이다. 마찬가지로, 우리는 자녀가 지혜와 어리석음의 차이를 잘 알아서 우리가 없을 때에도 스스로 지혜를 선택하기 시작할 때에야 비로소 자녀의 제자훈련이 성공했다고 생각한다. 이와 같이 점점 더 많은 교인들이 서로를 사랑하고, 순종하고, 도전하고, 그리스도께 나아가도록 인도하는 제자도의 문화를 장려할 때 교회의 기능이 원활해진다. 제자도 문화는 비공식적인 교회 권징이 일상적으로 이루어지고, 공식적인 교회 권징이 시행되는 곳에 뿌리내린 문화이다. 물론, 점점 더 많은 교인들이 자발적으로 형제자매들의 개인적이고 사적인 충고를 받아들이면 들일수록, 공식적인 출교 절차는 줄어들 것이다.

제자도는 견디기 어려울 수 있다. "무릇 징계가 당시에는 즐거워 보이지 않고 슬퍼 보이나 후에 그로 말미암아 연단받은 자들은 의와 평강의 열매를 맺느니라"(히 12:11). 누군가 우리를 교정할 때, 그 앞에서 겸손해지는 것은 어렵다. 다른 그리스도인의 교훈을 받아들이기란 쉽지 않은 일이다. 특히 우리보다 어린 사람의 교훈은 더욱 그렇다. 다른 교인들과 만나기 위해 일정을 조정하기도 힘들다. 설교를 삶에서 실천하기도 어렵다. "그렇게 말하는 당신은 누구십니까? 어떻게 그처럼 지혜로우십니까?"라는 생각을 감추기도 어렵다. 기도하기 어렵고, 사랑하기 어렵고, 이상한 말이지만 사랑받기도 어렵다. 그러나 제자도는 그리스도의 형상을 본받는 데에 꼭 필요하다. 교회는 권징과 제자도를 통해 감독을 시행한다.

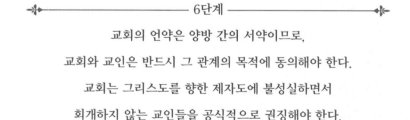

— 6단계 —

교회의 언약은 양방 간의 서약이므로,
교회와 교인은 반드시 그 관계의 목적에 동의해야 한다.
교회는 그리스도를 향한 제자도에 불성실하면서
회개하지 않는 교인들을 공식적으로 권징해야 한다.

교인의 자격 포기와 출교

교회를 떠나는 방법에는 세 가지가 있다. 교인이 죽거나, 스스로 떠나거나, 출교당하는 것이다. 이 세 가지 가운데 교회의 책임이라는 관점에서 두 번째와 세 번째를 생각해보자.

포기란 무슨 의미인가?

오늘날의 서구사회에서, 개인과 가족은 종종 호텔에서 퇴실하는 것처럼 교회를 떠나는 경우가 있다. 그들은 모든 물건을 다 챙겼는지 확인하고, 관리자에게 통보한 후 떠나버린다. 사실 많은 교인들이 이렇게 하지 않는다. 대체로 아무에게도 말하지 않고 교회를 떠난다. 아마도 호텔은 자신의 신용카드 번호를 적어놓았으니 더 공손하게 행동하는 것이 아닐까 한다.

이러한 행태가 만연하는 한, 교회들도 부분적으로는 비난을 받아야 한다. 교회는 교인들에게 그렇게 하지 말라고 가르치지 않았다. 교인들이 세상에 있는 동안 그리스도 및 천국 백성들과 연합되었다는 사실을 가르치지 않았다. 교회 권위의 속성과, 그 권위에 복종하라는 그리스도의 명령을 가르치지 않았다. 사랑이 순종으로 드러난다는 예수님의 말씀을 가르치지 않았다.

그런 의미에서, 우리의 첫 번째 관심은 교인들이 스스로 교인의 자격을 포기하는 바른 절차에 대해서 말하는 것이 아니다. 물론 그 점에 대해서도 이야기는 하겠지만, 우리의 첫 번째 관심은 그리스도인이 교회를 떠날 때 무슨 일이 벌어지는지 깨달아야 한다는 것이다. 교인의 자격은 그리스도인 개인과 한 지역교회 사이의 언약이므로, 그 개인이 떠난다는 것은 언약이 파기된다는 의미이다. 그 교회에 남아 있는 다른 교인들과의 관계는 계속될 수 있다. 하지만 더 이상 그들의 집단적인 감독 아래 있지 않게 된다. 교회는 그의 신앙을 보증하거나 그를 권징할 수 있는 권위를 잃는다.

만일 등록 교인의 자격 속에 정말로 우리 자신을 그 교회의 다른 교인들에게 내어준다는 의미가 들어 있다면, 그들이 우리처럼 그리스도와 하나가 되었기 때문에 우리 자신을 그들과 하나가 되게 한다는 의미가 있다면, 그리스도가 우리에게 자격을 부여하시는 한 언제까지나 그들의 제자도를 감독할 책임이 우리에게 주어졌다는 의미도 있다면, 교인들이 떠나는 것은 마치 장성한 아들이나 딸이 집을 떠나는 것과 같이 언제나 기쁨과 슬픔이 교차하는 일이어야 한다. 우리는 주님이 그들에게 행하신 일 때문에 기뻐하지만, 존재만으로도 사랑했던 그 사람들을 잃는 것 때문에 슬프기도 하다.

함께 모이는 것의 중요성

그러므로 교회를 떠나는 것이 전적으로 제도적인 문제만은 아니다. 즉, 언제 언약이 무효라고 선언해야 하는지를 법률로 규정할 수 없다. 교인들은 교회 안에서 여러 갈래로 관계를 맺는다. 제도적인 관계는 그중 하나일 뿐이다. 모임 또는 개인의 출석은 또 하나의 갈래이다. 우리는 불과 4피트 떨어져 있는 사람에 대해 책임을 지는 것만큼 400마일 떨어져 있는 사람에 대해서도 책임을 질 수는 없다. 만일 우리 중 한 사람이 멀리 이사를 가서 그 지역의 다른 교회에 출석하기 시작한다면 다른 방법으로 그 사람과 소식을 주고받을 수 있다. 하지만 그 사람의 삶을 예전처럼 분명하게 들여다볼 수는 없다. 또한 우리가 한 교회에서 함께 모이지 않는다면, 동일한 설교, 기도, 찬양으로 함께 빚어갈 수 없다. 각 교회와 도시와 문화는 저마다 강조하는 것이 다르기 때문에 독특한 성격으로 형성되었다. 그러므로 우리는 우리가 정착하는 장소의 언어와 양식을 얻을 수밖에 없다. 분명히 그리스도의 온몸에는 다양한 양식과 언어들이 풍성하게 있다. 하지만 그리스도인들이 서로 맺은 권위적이거나 제도적인 관계는 동일한 양식와 언어를 공유할 때 가장 좋은 효과를 거둔다. 만일 내가 당신이 앉아서 듣고 있는 설교를 직접적으로 안다면, 나는 하나님이 당신을 부르셔서 책임을 물으시는 지식에 대해 더욱 잘 알 수 있을 것이다. 그럴 때 나는 당신의 삶에 대해 의미 있는 말을 해줄 수 있는, 더 좋은 입장에 서게 된다. 즉, 나는 온 회중과 함께 이 땅에서 당신의 신앙고백을 인정하거나 부인할 수 있는, 또는 매거나 풀 수 있는 더 나은 입장에 있는 것이다.

그러므로 어떤 사람이 교회와 함께 모이는 것을 중단한다면, 교회가 그 사람을 확증하고, 감독하고, 훈련하는 책임을 다할 수 있는 가능성은 그 사람이 떠나는 기간에 비례해서 감소한다. 만일 교회가 한 자매를 한 달 동안 보지 못하면, 그 자매의 신앙을 계속해서 확증하고 감독할 수 있을까? 물론 그럴 수도 있을 것이다. 그렇다면 그 자매가 넉 달 혹은 열두 달 동안 떠나 있다면 어떨까? 어느 순간 교회는 떠난 사람을 확증하고 감독하는 책임을 다하지 못하게 될 것이며, 오랫동안 떠난 그 교인도 교회에 대한 책임을 다하지 못할 것이다. 그리스도인들이 어느 교회에 1년 동안 참석하지 못하면서도 여전히 **등록 교인의 자격**이라는 단어 자체에 의미가 있는 양 스스로를 그 교회 교인이라고 부르는 것은 얼마나 가엾은 일인가? '교인들이' 아직 교회에 속해 있다고 주장할 수 있는 원칙에 몇 가지 예외적인 경우가 있다. 워싱턴 D.C.에 있는 우리 교회는 간혹 정부 부처의 이동이나 군대의 해외 파견 등으로 인해 한두 해 정도 교인들과 작별 인사를 해야 하는 상황이 벌어지는데, 그렇게 떠난 교인들이 그곳에 가서 교회에 등록할 수 없을 때가 있다. 이럴 경우에는, 우리 교회가 기도와 정기적인 접촉 등의 방법으로 가능한 한 그들에게 제자도를 시행하기 위해 최선을 다해야 한다. 왜냐하면 그들에 대해 책임을 질 수 있는 다른 지역교회가 없기 때문이다.

그러나 일반적으로는 사람들이 우리 무리를 떠날 때 우리는 그 사람들에게 최대한 빨리 다른 교회에 가라고 권면한다. 왜냐하면 이제는 그리스도가 우리에게 부여하신 감독의 책임을 우리가 더 이상 감당할 수 없으니, 그들이 빨리 그 일을 감당할 수 있는 교회에 등록하기를 바라기 때문이다.

정기적으로 함께 모일 필요성으로부터 두 가지 실질적인 적용점을 찾을 수 있다. 첫째, 다시 돌아오지 않는 장기 결석은 공식적인 교회 권징의 사유이다. 마태복음 18장과 히브리서 10장과 같은 맥락에서, 교회와 함께 모이기를 거절하는 사람은 여러 차례 경고를 받다가 그 후에 제명을 당한다. 이 절차는 몇 개월이 걸릴 수도 있다. 하지만 이것은 성경의 명령을 생각하지 않더라도 그가 처한 현실을 보여주기 위해서 꼭 필요하다. 교회는 마침내 이렇게 이야기할 수밖에 없다. "당신이 이곳에 없기 때문에 우리는 더 이상 당신의 신앙고백을 확증하거나 당신의 제자도를 감독할 수 없습니다. 우리는 당신이 어디에서 무엇을 하고 있는지 모릅니다." 교회가 장기 결석자에게서 교인의 권리를 박탈하지 않으면, 일종의 거짓을 행하는 것이다. 그에 대해 아무런 권리가 없다는 주장을 하는 셈이다. 성경은 교회와 함께 정기적으로 모이지 않는 사람들에 대해 매우 엄하게 말한다.

> 서로 돌아보아 사랑과 선행을 격려하며 모이기를 폐하는 어떤 사람들의 습관과 같이 하지 말고 오직 권하여 그날이 가까움을 볼수록 더욱 그리하자 우리가 진리를 아는 지식을 받은 후 짐짓 죄를 범한즉 다시 속죄하는 제사가 없고 오직 무서운 마음으로 심판을 기다리는 것과 대적하는 자를 태울 맹렬한 불만 있으리라(히 10:24-27).

성도들과 모이기를 게을리하는 사람은 하나님의 심판을 향해 가고 있다. 그리고 하나님의 심판을 희미하게 보여주는 교회의 권징은 자비로운 경고 행위이다. 교인들이 교회 출석을 중단하고 다른 교회에 등록하지 않을 때, 그들은 종종 죄를 짓고 있거나 죄를 향해 가고 있다. 무엇인가 드러내고 싶지 않은 것이 그들의 삶에 있다. 그들이 포기하고 싶은 책임과 사랑이 있다.

둘째, 한 사람 또는 가족이 멀리 이사를 갈 때, 교회는 그들이 가능한 한 빨리 다른 교회에 출석하도록 권면해야 한다. 만일 충분한 시간이 흘렀다면, 교회는 그들에게 권징의 행위로서 그들의 이름을 교인 명부에서 제거하겠다고 경고해야 한다. 이러한 생각이 많은 복음주의자들을 놀라게 할 수도 있을 것이다. 그러나 하나님의 사랑은 하나님 중심적이며, 우리를 죄에서 구원하시고 우리를 부르셔서 그분의 아름다운 성품을 닮으라고 말씀하시는 것으로 표현된다. 지역 교회는 우리가 이 땅에서 이것을 배울 수 있는 장소이다. 그러므로 우리는 그 사람들에게 교회의 교제에 복종하라고 주장함으로써 그들을 사랑한다. 사람들이 교회를 떠나고, 이사를 간 뒤 수개월 혹은 수

년이 지나도록 다른 교회에 출석하지 않는다면, 우리는 예수님이 순종을 통해 하나님의 사랑을 알고 드러내도록 우리를 부르셨다는 사실을 그들에게 상기시켜줌으로써 그들에 대한 사랑을 나타내야 한다. 방황하는 사람들에게 아무 말도 하지 않거나 아무 행동도 하지 않는 것은 사랑이 아니다! 그런데 우리의 사랑 개념은 타락으로 인해 완전히 뒤틀려서 이 진리를 보지 못한다. 그래서 우리는 사랑이란 결코 의무를 부과하거나, 조건을 두거나, 심판을 선언하지 않는다고 확신하게 되었다. 그러나 이것은 사실이 아니다. 사랑은 의무를 부과하고, 조건을 두며, 심판을 선언한다.

"교인들이 세상에서 활개치고 다니도록 놓아두는 것은 바람직하지 않다"라고 말한 옛날 목사님들의 말씀이 옳다.[8] 그리스도인의 제자도를 확증하고 감독하는 언약을 성취해야 하는 책임은 그리스도인들이 다른 회중에 들어가서 안전하게 양육받는 모습을 볼 수 있을 때에야 비로소 성취된다.

서로 동의해야 포기할 수 있다

그리스도가 그리스도인들에게 지역교회에 복종하라고 명령하셨으므로, 어떤 이는 그리스도인들이 지역적인 이주와 상관없이 교인의 자격을 포기할 권리가 있냐고 물어볼 수 있다. 다시 말하지만, 미국 초기 목사들은 이 질문에 대해 부정적으로 대답했다. 1725년부터 1768년까지 펜실베이니아 주에 있는 한 침례교회에서 사역한 벤저민 그

---

8 Benjamin Griffith, "A Short Treatise Concerning a True and Orderly Gospel Church," in *Polity*, ed. Mark Dever (Washington DC: Center for Church Reform, 2001), p. 103.

리피스는, 하나님의 말씀이 바르게 선포되고 복음적인 성례가 바르게 집행된다면 혹시 개인의 마음에 들지 않는 '약점과 불완전함과 허물이 교회에 있다 해도' 그 교회를 떠나서는 안 된다고 했다. 그리피스는 다음과 같이 적었다.

> 그러므로 특정 사건을 처리하면서 감정이 상했다고 해서 한 교인을 그가 거주하는 교회로부터 멀리 떨어진 교회로 떠나보내는 것은 바람직하지 않다. … 또한 교회를 떠나려는 이유도 밝히지 않은 채 일방적으로 보내달라고 요구하는 독단적인 교인에게 떠나도록 허락하는 것도 바람직하지 않다. 어떤 경우에서든지 그렇게 떠나보내서는 안 된다.[9]

그리피스는 호텔에서 퇴실하는 것처럼 자기 마음대로 교회를 떠나는 것을 가리켜 '분리주의적'이라고 부르며, '열쇠를 강탈하는 것 또는 열쇠를 도둑질하는 것'이라고 했다.[10] 또한 그리피스뿐만 아니라 수 세기 동안 수많은 목사들이 이와 같은 견해를 가지고 있었다.

그리피스의 자세는 조금 권위주의적인 인상을 준다. 우리는 교인 중 한 사람이 자기를 내보내달라고 요청할 때 그리피스가 "떠나보내서는 안 된다"라고 말한 것과 같이 해서는 안 될 것 같다는 생각이 든다. 어쨌든, 새로운 언약 안에 있는 우리의 교인 자격은 지역교회 언약 안에 있는 교인 자격보다 선행한다. 그러므로 지역교회에 등록하고 남아 있을 것인지의 여부는 개인이 선택해야 하고, 떠나는 것

---

9 같은 책, p. 102.
10 같은 책, pp. 108-109.

도 개인이 선택할 수 있다. 또한 상황적인 요소들 때문에 한 교회를 떠나 다른 교회로 가는 것이 그에게 정말 더 유익할 수도 있다. 그래서 나는 그리피스가 교회의 권위라는 논리를 다소 심하게 강조하려는 것이 아니었다면 왜 이것을 고려하지 않았는지 모르겠다. 그리피스가 탕자의 아버지였다면, 아들에게 줄 유산을 모두 허락하지 않고, 집에서 떠나지 못하도록 막았을 것이다. 하지만 비유의 내용은 그렇지 않다. 아버지는 탕자의 가출을 허락했다. 그리고 떠나기 전에 상속 재산을 미리 나누어 주면서 아들에게 축복했다. 교회는 교인들이 떠날 때 이와 똑같이 해야 한다. 어리석은 이유로 떠날 때도 마찬가지이다. 떠나는 교인들에게 최고의 덕담과 축복을 해주어야 한다. 그러한 순간에 우리는 제도적 절차에 대한 규정뿐만 아니라 사람 마음의 역동성과 그 마음이 어떻게 변하기도 하고 변하지 않기도 하는지에 대해서도 모두 고려하여 판단해야 한다.

하지만 그리피스의 생각에는 옳은 점도 있다. 교회를 떠나는 좋은 이유와 나쁜 이유가 있다. 설교가 비성경적이기 때문에 떠나는 것은 좋은 이유이다. 예배 음악에 대한 기호 때문에 떠나는 것은 덜 좋은 이유이다. 무언가 즐거운 것을 찾아 떠나는 것은 어리석은 이유이다. 그리피스의 생각에는 정확한 가정이 있다. 교회 언약은 당사자가 그 언약을 파기하기로 합의할 때에만 비로소 올바른 방법으로 파기된다는 것이다. 교회에 등록하려면 양쪽의 동의가 필요하다. 따라서 교회를 나갈 때도 그래야 한다.[11] 교회를 떠나려는 모든 교인이 좋은

---

11 4장에서 나는 만일 성령이 사람을 회심케 하시면 교회가 그 사람의 세례를 금할 권한이 없다고 주장했다. 하지만 동시에 오직 교회만이 그리스도의 현장의 권위를 가지므로 세례를 행할 수 있는 교회의 특권은 여전히 남아 있다(행 10:47-48을 보라). 이와 동일한 공식이 교인의 자격 포기 문제에도 적용된다. '적법한 자격을 유지하

이유 때문에 나가려고 하거나 다른 교회에 가기 위해 나가는 것이 아니다. 그러므로 우리는 '교정하는 교회 권징'을 생각해보아야 한다.

교정하는 교회 권징

교정하는 교회 권징이란 무엇일까? 4장에서 정의한 것처럼, 교정하는 교회 권징은 교회 안에 있는 죄를 바로잡는 절차이다. 권징은 죄지은 사람을 개인적이고 사적으로 타이르는 비공식적인 것에서 시작한다. 만일 죄인이 회개하지 않으면, 그 죄가 온 교회 앞에 밝혀지고 그 교인이 성찬에서 배제될 때 권징이 공식적으로 끝난다.[12] 이것이 바로 마태복음 18장 15-17절에서 예수님이 가르쳐주신 교회 권징의 개요이다.

그러나 교회가 비공식적이고 사적인 단계를 생략한 채 곧바로 교인을 성찬 교제에서 배제시키는 공식적인 행위를 진행시키는 경우도 있다. 이것이 바로 바울이 고린도전서 5장의 사건에서 요구한 것이다. 바울은 고린도 교회의 한 교인이 자기 아버지의 아내와 동침했다는 이야기를 들었다. 이 죄는 너무나 추잡한 것이어서 곧바로 그 교인을 제명하기에 충분했다.

그런 의미에서, 마태복음 18장과 고린도전서 5장은 교회 권징 절차의 두 가지 목적을 보여준다. 마태복음 18장은 상대적으로 더 느린 절차에 대해 말한다. 먼저 개인적으로 찾아가고, 그다음에는 한두

는' 교인이 다른 교회로 떠나고자 할 때, 나는 교회가 그 교인의 자격 포기를 받아들여야 한다고 생각한다. 그렇게 떠나려고 하는 이유가 어리석을 수도 있지만, 다른 교회로 떠나려는 결정은 교회 권징의 사유가 되지 않는다. 동시에, 교회의 동의가 있어야 정당하게 떠날 수 있는 경우도 있다.

12 비공식적인 권징과 공식적인 권징의 구분은 Jay E. Adams, *Handbook of Church Discipline: A Right and Privilege of Every Church Member* (Grand Rapids: Zondervan, 1974), p. 27에서 가져왔다.

사람이 더 찾아가며, 그 후에 비로소 공적으로 처리한다. 교회는 매 단계를 지날 때마다 죄인이 회개하길 기다리고 바란다. 그래서 전체 과정을 마치는 데 몇 주 혹은 몇 달이 걸릴 수도 있다. 고린도전서 5장은 그렇지 않다. 바울은 교회에게 다음 모임에서 그 남성을 사탄에게 넘겨주라고 말한다. 즉시 행동하라는 것이다.

어떤 죄를 권징할 것인가?

문제는 실제 삶이 마태복음 18장이나 고린도전서 5장과 같이 목사의 사무실이나 장로들의 모임에서 나타나는 게 아니라는 사실이다. 이 땅에 다양한 사람들이 살고 있는 것만큼이나 실제 삶도 매우 다양한 환경들이 결합된 여러 형태로 나타난다. 모든 목사들은 죄인들의 상황이 간단한 해법으로는 풀 수 없을 만큼 얼마나 복잡하게 뒤엉켜 있는지 잘 안다. 그러면 교회는 언제 권징을 해야 할지, 시간은 얼마나 걸리는지는 어떻게 알 수 있을까?

과거의 신학 이론에서는 그러한 권징을 해야 하는 적당한 경우의 목록을 만들어놓았다. 예를 들어, 회중교회 목사 존 에인절 제임스는 다섯 가지 범죄에 대해 권징을 해야 한다고 말했다. 수치스러운 악행과 부도덕(고전 5:11-13), 기독교의 교리 부정(갈 1:8; 딤후 2:17-21; 딤전 6:3-5; 요이 1:10 이하), 분열 조장(딛 3:10), 가까운 친족이 궁핍할 때 돕지 않음(딤전 5:8) 그리고 화해하지 않는 불화(마 18:7) 등이다.[13]

이러한 유형의 성경 목록은 우리가 논점을 전개하는 데 유용하

---

13 John Angell James, *Christian Fellowship or The Church Member's Guide*, ed. and abr. Gordon T. Booth, from the 10th edition of vol. 11 of the *Works of John Angell James*, 1861 (Shropshire, England: Quinta Press, 1997), p. 53.

다. 여기 예시한 모든 죄들이 심각하다는 것과 겉으로 드러났다는 것에 주목하라. 이 죄들은 단지 마음속의 개인적인 죄들이 아니다. 공적인 차원의 문제가 있다. 이 죄들은 양들을 오도하고, 세상이 기독교를 오해하게 한다. 그러나 이 목록만으로 부족한 이유는, 성경이 말하지 않는 수많은 죄들(예를 들어, 불법 체류), 또는 이제는 사회가 더 이상 부끄러운 일이라고 여기지 않는 수많은 죄들(예를 들어, 동거나 이혼)이 있기 때문이다.

다소 모호하기는 하지만, 내가 생각하기에 공식적인 권징은 공적이고, 심각하며, 회개하지 않는 죄를 위한 것이라고 간단히 말하는 것이 좋다. 교정하는 교회 권징은 심각한 죄에 연루된 사람이 성경에 있는 하나님의 명령을 개인적으로 위반했음에도 불구하고 죄를 인정하지 않을 때 취하는 적절한 대처 방식이다. 외관상으로 그 사람은 예수님보다 죄를 더 존중한다.

내가 처음으로 교정하는 교회 권징을 시행했던 경험이 바로 그런 경우이다. 그 상황은 내 좋은 친구이자 함께 운동을 하던 동료와 관계된 일이었다. 우리 교회와 나는 그 친구가 어느 날 나와 점심 식사를 하면서 이야기해주기 전까지는 그가 성적인 죄에 심각하게 빠져 있다는 사실을 몰랐다. 나는 즉시 그에게 성경이 그러한 행위에 대해 어떻게 이야기하는지 아냐고 물었다. 그러자 그 친구는, 자기는 이미 하나님과 화해했다고 대답했다. 나는 그 친구에게 회개하라고 말했다. 마침내 다른 사람들도 그에게 똑같이 요구했지만, 그는 나에게 했던 대로 그 사람들에게 대답했다. "하나님께서 괜찮다고 하셨습니다." 몇 달 동안 그러한 대화들이 오고간 후에, 교회는 공식적으로 그 친구를 출교시켰다. 그의 죄는 심각했고, 분명하게 겉으로 드러났다. 그는 회개하지도 않았다. 그 죄는 교회 안팎에 있는 사람들이 그리스도인에 대하여 오해하게 만들었다.

교회는 몇 개월 동안 그 친구의 문제를 다루었다. 우리는 그를 사랑했다. 우리는 그가 죄에서 돌이키고, 예수님이 이 세상의 그 어떤 것보다 귀하다는 사실을 알길 원했다. 그럼에도 불구하고, 그는 돌이킬 의지가 전혀 없었다. 죄와 하나님의 말씀 중 하나를 택하라고 했을 때, 그는 죄를 택했다. 그래서 교회는 행동했다.

또 한 번은 이와 비슷한 상황에서 죄인이 그렇게 완고하지 않은 경우도 있었다. 내가 종종 만나던 남성이 자기의 죄를 고백하고 진심으로 그것을 미워하는 것처럼 보였다. 그리고 실제로 몇 달 동안 그 죄를 삼가는 태도를 보였다. 그 무렵, 나는 몹시 바빴다. 그래서 몇 주가 지나는 동안 그 사람을 보거나 소식을 듣지 못했다. 그런데, 그는 다시 한 번 그 죄를 향해 곤두박질쳤다. 어느 순간, 그는 물 밖으로 고개를 내밀고 숨을 헐떡거리면서 도움을 청했다. 이런 사람들에 대해서는 교회가 종종 시간을 두고 일을 처리한다. 결국, 교회가 고려해야 하는 것은 단지 죄의 성격이 아니라 죄인의 속성이다. 다른 죄인들에게는 각각 다른 전략을 사용해야 한다. 바울이 말한 바와 같이, "게으른 자들을 권계하며 마음이 약한 자들을 격려하고 힘이 없는 자들을 붙들어주며 모든 사람에게 오래 참아야 한다"(살전 5:14). 이 형제는 '약한 자'의 범주에 들어 있었다. 그에게는 도움이 필요했다. 그것도 지속적인 도움이 필요했다. 다른 사람의 부축을 받지 않고는 자기 두 발로 걷지 못하는 노인과 같았다. 이 형제는 내 바쁜 일정을 기다려줄 여유가 없었다. 한 가지 사건만 생각하면, 그의 죄는 다른 사람들에게 매우 수치스러운 방법으로 해를 끼칠 수 있을 것 같았다.

만일 그가 계속해서 그러한 행위를 했다면, 교회는 틀림없이 그를 곧바로 출교시켰을 것이고, 그것이 옳았을 것이다. 감사하게도, 그 형제는 교회의 경고에 주의를 기울였고 마침내 죄에서 돌이켰다.

다양한 요소들이 한 가지 사건 속에 들어 있다. 따라서 단순한 공식이 있을 수 없다. 하지만 모든 경우에, 교회와 지도자들은 반드시 이 한 가지 사실을 기억해야 한다. 교회는 그 무엇보다도 그리스도의 이름과 영광을 지켜내야 한다. 교정하는 교회 권징은 본질적으로 그리스도의 명예에 관한 문제이고, 누군가의 삶이 교회에 해를 끼칠 위험이 있을 때 그의 신앙고백을 계속해서 인정할 수 있는가의 문제이다. 죄와 죄를 범하게 된 상황은 매우 다양하다. 하지만 우리 마음속에서 가장 먼저 물어야 하는 한 가지 질문이 있다. "이 죄인의 죄와 그 죄에 대한 우리의 대응이 어떻게 그리스도의 거룩한 사랑을 반영할 수 있을까?" 이 질문은 "어떻게 하면 그리스도를 인기 있는 존재로 만들 수 있을까?"라는 질문과 다르다. 그리스도가 말씀하시고 행하신 것들 중에는 많은 사람들에게 불쾌감을 주는 것들이 있다. 교회의 경우에도 마찬가지이다. 그리스도의 거룩한 사랑을 어떻게 드러낼 것인지에 대한 답을 언제나 명확하게 알아낼 수 있는 것은 아니다. 그렇기 때문에, 교회 권징은 교회가 거룩한 존경을 받고 죄를 두려워하면서 성장할 수 있게 도와준다. 공식적인 권징 행위가 있을 때마다, 교인들은 자기들의 삶에 더욱 주의를 기울이게 된다. 회중교회 목사 제임스는 이렇게 말했다.

권징의 유익은 분명하다. 권징은 타락한 사람을 교정하고, 위선자를 찾아내며, 교회 안에 건전한 두려움이 생겨나게 해주고, 더욱 주의하고 기

도하고자 하는 자극을 주며, 범죄 사실과 결과를 명백히 증명하고, 공적으로 불의를 입증한다.[14]

죄인이 교인의 자격을 먼저 포기할 경우

어떤 사람이 죄를 회개하지 않아서 권징을 받을 처지에 있는데, 그가 선수를 써서 교회를 떠나겠다고 할 때 그것을 받아들여야 하는지에 대해 물어보는 목사들이 있다. 이런 경우가 적지 않다. 예를 들어, 한 남성이 다른 여성와 결혼하기 위해 자기 아내와 헤어지려고 하는 경우를 생각해보라. 교회의 성도들이 그에게 회개하고 아내에게 돌아가라는 요구를 한다. 그러나 그 사람은 듣지 않는다. 성도들이 다시 요구한다. 이번에는 출교의 가능성에 대해 경고한다. 그래서 그 사람은 교인의 자격을 포기한다. 사건이 종결된다. 그는 이제 자유롭게 되었을까? 아니다. 그것은 회개하지 않은 죄인의 생각일 뿐이다.

언약 관계가 끝나려면 당사자 모두의 동의가 있어야 한다. 우리는 교회의 동의를 얻어 교회에 등록한다. 그리고 교회의 동의를 얻어 교회를 떠난다. 이 장의 앞부분에 언급했던 마운트 올리벳 침례교회는 제시 제임스의 자격 포기를 받아들이지 **말았어야** 했다. 교회는 그가 교회 건물을 태워버릴 위험성이 있다 해도 그 사람과 맺은 언약을 신실하게 성취하기 위해 반드시 그를 출교시켰어야 했다(물론, 말하기는 쉽다는 것을 나도 안다). 오늘날에는 불만을 품은 교인들이 건물을 태우겠다고 협박하는 일은 거의 없지만, 그 대신 교회를 고소하겠다거나 언론에 알리겠다고 협박한다. 그럼에도 그리스도는 개인이 아닌 교회에

---

14 같은 책.

게 매고 푸는 권위를 주셨다. 자기를 계속 그리스도인이라고 부르면서 교회의 권징 행위를 피하는 그 사람은, 그리피스의 말을 빌리면 열쇠를 강탈하거나 도둑질하는 죄를 범하는 것이다. 그리스도는 바로 이와 같은 경우 때문에 교회를 대리인으로서 삼으셨다. 이단과 위선자들이 계속해서 그리스도를 대변하지 못하게 하기 위함이다.

교회는 신앙을 명백히 부인하는 교인들을 권징해야 할까? 또한 만일 그들이 부도덕한 삶을 살고 있다면 달라지는 게 있을까? 만일 더 이상 자기를 그리스도인이라고 주장하지 않는 사람이 있다면, 그가 부도덕한 삶을 살고 있든지 그렇지 않든지 간에 교회가 그를 출교할 필요는 없다고 생각한다. 교회는 어떤 사람이 죽었을 때 하는 것처럼 해야 한다. 즉, 사실을 인정하고 그 이름을 교인 명부에서 지우면 된다. 그것이 교회가 할 수 있는 일이다. 그리스도는 죽은 사람들이나 그리스도의 이름을 부르지 않는 사람들에 대한 권위를 교회에게 주지 않으셨다. 이런 경우에는 교회 언약을 고려할 가치가 없다. 교회 권징을 다룬 중요한 성경 본문 두 곳을 살펴볼 필요가 있다(마태복음 18장 15-17절과 고린도전서 5장). 두 곳 모두 교회가 스스로 형제라고 주장하는 사람을 어떻게 대할 것인가에 대해 가르치고 있다.

교회에 맡겨진 열쇠

교회 권징은 어려운 주제임이 틀림없다. 우리는 기독교가 오직 사랑과 은혜에 관한 것인 반면 교회 권징은 사랑과 은혜에 정반대된다고 생각하기 때문에 스스로 회의에 빠진다. 교회 권징이 최상의 선택인지 의심한다. 목사들은 그 사람을 도울 다른 방법이 있는지 고민한다. 교회에 대한 그 사람의 마음을 더 굳어버리게 하는 것은 아닌지 염려한다. 어쩌면 우리가 그리스도의 대리인으로 행동하고 있다는 느낌을 전혀 갖지 못할지도 모른다. "정말입니까? 주님은 **우리가** 매고 푸는 열쇠를 시행하길 원하십니까?" 우리가 누군가를 교회 안으로 들일 때는 열쇠를 사용하기 쉬울 것이다. 하지만 그들을 내보낼 때는 어떤가?

　우리는 교회 권징이 하늘에서 있을 하나님의 마지막 심판을 어렴풋이 알려주기 위해 이 땅에서 행하는 작은 심판 행위라는 사실을 기억해야 한다. 교회 권징은 하나님의 마지막 심판이 있기 전에 죄인을 회개시키시는 데 도움이 되기를 바라는 마음으로 시행한다. 그러므로 본론으로 들어가서, 나는 우리가 하나님의 마지막 심판을 너무 가볍게 다루기 때문에 교회 권징을 시행하기가 어렵다고 생각한다. 우리는 며칠, 몇 달이 지나도록 권징에 대해 생각하지 않는다. 심지어 우리는 결국 권징이 매우 나쁜 것으로 드러나면 어떻게 할까 염려한다. 사탄은 계속해서 우리 귀에 속삭인다. "너는 결코 죽지 않을 거야." 더욱이, 우리는 우리 자신을 너무 많이 사랑한다. 또한 하나님의 하나님 중심적인 사랑 개념과 우리의 사람 중심적인 사랑 개념 사이의 불일치가 교회의 권징 앞에서 시끄러운 비명을 지른다. 하나님은 사실 복음 밖에 있는 사람들을 심판하지 않을 것이다. 정말 그럴까? 네덜란드 개혁주의 목사 빌헬무스 아 브라켈(Wilhelmus à Brakel)은, 1700년에 처음 출판한 그의 책에서, 이런 식으로 생각하는 교회 지도자들을 향하여 심각하게 경고했다. 브라켈의 말은 현대인들의 감성에 매우 거슬릴 수도 있다. 하지만 나는 그 말에 귀 기울일 필요가 있다고 생각한다. 특히 나처럼 심판의 날에 대해 가볍게 생각하는 교회 지도자들에게는 더욱 그렇다. 브라켈은 우리에게 맡겨진 사람들을 변호해주는 것이 무엇을 의미하는지에 대해 '권징의 열쇠'라는 표현을 사용해서 조금 들여다볼 수 있게 해준다.

이 열쇠를 주 예수님이 당신에게 맡기셨다는 사실을 기억하라. 말하자면, 당신은 한 성의 문지기이다. 적군이 성을 파괴하려고 다가오는데 문을 맡은 문지기가 신실하지 않다면 어떻게 될까? 당신의 신실함을 믿어준 교회 안에 적들이 들어와 계속 머무르면서 온 회중을 파괴시키려고 하는데 그것을 그냥 허용한다면, 당신도 마찬가지로 신실하지 않은 문지기가 될 수 있다.

교회가 철저히 변질되는 원인은 바로 당신이다. 이 모든 결과에 대한 책임이 당신에게 있다. 그 결과, 하나님의 이름이 모욕을 당한다. 이런 일만 없었으면 교회에 들어올 많은 사람들이, 교회에 오지 않는다. 하나님 나라의 열쇠를 사용했더라면 회개했을 영혼들이 파멸한다. 경건한 사람들이 늘어나는 것을 방해한다. 당신은 한 교인이 다른 교인의 죄를 모방하게 하고, 경건한 사람들이 압제를 당하고, 교회의 비참한 현실에 대해 남몰래 한숨짓게 하는 원인 제공자이다.

주님이 이 모든 일들에 대해 당신을 심판하신다는 사실을 기억하라. 그 자리에서 당신은 하나님이 당신에게 맡기신 교회를 어떻게 이끌었는지 설명해야 할 것이며, 주님이 당신을 감독자로 세우신 영혼들을 어떻게 돌보았는지에 대해서도 설명해야 할 것이다. 주님은 당신이 이 열쇠의 사용을 게을리했기 때문에 멸망한 영혼들의 피를 당신에게 물으실 것이다. 오, 이것이 얼마나 막중한 책임인가! 그리고 신실하지 못한 장로들에게 임하는 하나님의 심판이 얼마나 무서운가! 오, 장로가 되지 말았어야 할 저 많은 사람들이여![15]

　우리 시대에 교회들이 권징을 시행하는 경우가 얼마나 드문지 생각해보라. 또한 우리가 얼마나 인기에 영합하는지 생각해보라. 우리가 생각하는 것보다 훨씬 더, 우리는 평화가 없으면서도 "평화로다, 평화로다"라고 외쳤던 이스라엘의 제사장들이나 선지자들과 같다고 할 수 있지 않을까? 아니다. 결단코 우리는 그렇지 않다. 우리는 지혜롭다. 우리보다 앞선 **모든 사람들**과 달리, 우리는 균형을 도모했다. 내 말이 맞는가?

결론

등록 교인 제도와 권징은 하나님의 백성을 세상과 구별시켜주고 그들을 굳게 잡아주기 때문에 세상에 하나님의 사랑을 드러낸다. 그러므로 우리 교회 안팎에 있는 교인들을 주의 깊게 감독하는 것은 건강한 교회를 세우고, 세상을 복음화하고, 하나님께 영광을 돌리기 위해 할 수 있는 가장 중요한 일들 중 하나이다. 하지만 등록 교인 제도는 단지 경계선에 관한 것이 아니라, 교회 내의 삶에 관한 것이기도 하다. 이것이 바로 우리가 마지막으로 살펴볼 주제이다.

---

15 Wilhelmus à Brakel, *The Christian's Reasonable Service*, vol. 2 (Ligonier, PA: Soli Deo Gloria, 1993), p. 185.

7장

복종 그리고 사랑의 자유

"누군가를 사랑한다면, 그를 자유롭게 하라."_스팅(Sting)

핵심 질문: 지역교회에 복종한다는 의미는 무엇일까? 개개인에 대한 교회의 권위에 한계가 있을까?

핵심 답변: 교회에 복종한다는 것은, 마치 그리스도가 우리의 유익과 하나님의 영광을 위해 자신을 포기하신 것처럼, 교회의 유익과 그리스도의 영광을 위해 우리의 존재 전체를 교회에게 내맡기는 것이다.

나는 가장 어려운 문제를 마지막에 다루려고 남겨두었다. 이 주제는 당신과 나 그리고 그리스도를 따른다고 주장하는 모든 사람들에게 해당한다. 이 주제를 통해 우리는 지역교회에 복종한다는 것이 무엇인지 본격적으로 다루게 된다. 우리는 지금껏 이 책 전체에서 등록 교인의 권리가 일종의 복종이라는 것과, 기독교가 회중적으로 형성된다는 사실에 대해 이야기했다. 하지만 이 말이 구체적으로 의미하는 바가 무엇일까? 우리는 정말로 우리의 자유를 포기해야 하는 것일까? 참으로 삼키기 힘든 약이 아닐 수 없다.

사랑, 권위 그리고 복종에 대해 논의하는 동안, 우리는 우리의 자유에 무슨 일이 벌어지는가에 대해서는 다루지 않았다. 예수님은 우리를 자유롭게 하기 위해 오신 것 아닌가? 그리고 이것이 바로 사랑이 늘 하는 일 아닌가? 즉, 사랑받는 자를 자유롭게 하는 일이 사랑이 하는 일 아닌가? 자유는 사랑의 선결 요건인 것처럼 보인다. 그 누구도 어떤 이에게 서로 사랑하라고 강요할 수 없다.

윌리엄 영(William Young)의 대중 영성 소설 《오두막》(*The Shack*, 세계사)에서 성부 하나님을 형상화한 파파(Papa)는 말한다. "관계를 강요하는 것은 사랑의 속성이 아니다. 길을 열어놓는 것이 사랑의 속성이다."[1] 그렇다면, 그리스도인들은 사랑을 드러내기 위해 어떻게 지역 교회의 권위에 의해, 또는 그 아래에 구속될까? 우리는 교회 권위의 한계에 대해 분명히 말해야 한다.

우리는 이 장에서 두 가지 질문에 대답할 것이다. 첫째, 지역교회에 복종하는 기독교는 그리스도인들에게 어떻게 보일까? 둘째, 과거와 같은 권위주의나 율법적인 근본주의에 빠지지 않으려면 교회 권위의 한계를 어떻게 정해야 할까?

우선 둘째 질문을 먼저 살펴보도록 하겠다. 그런데 이 주제를 다루기 위해서는 조금 더 신학적인 작업을 해야 한다. 하지만 그 후에는 회중적으로 형성된 삶의 구체적인 모습이 무엇인지에 대한 주제로 재빨리 옮겨갈 것이다.

---

1   William Paul Young, *The Shack* (Newbury Park, CA: Windblown Media, 2007), p. 192. 한은경 옮김, 《오두막》 (세계사, 2009).

그리스도인의 자유는 속박으로부터의 자유가 아니라,

하나님이 원하시는 것을 원하고

자신의 삶을 그분의 뜻에 복종시키는 것이며, 성령이 주신 것이다.

소극적 자유 대 적극적 자유

나는 1995년 가을에 정치철학자 이사야 벌린의 대표 논문 〈자유의 두 개념〉(Two Concepts of Liberty)을 처음 읽었다. 그 당시 나는 내가 그리스도인이라고 생각하지 않았고, 교회 안에서 자라며 자연스럽게 습득한 기초 지식 외에는 신학에 대해 아는 것이 없었다. 그러나 나는 독실한 그리스도인이었던 부모님의 영향과 교회학교에서 외운 성경 구절들 덕분에 기본적으로는 성경과 매우 친숙했다. 그런데 나는 영국 런던에 있는 영국 사회정치경제과학 도서관 책상에 앉아서 책을 읽다가, 벌린의 논문이 기독교에 미치는 신학적 영향들 때문에 엄청난 충격을 받았다. 지금도 그때의 기억이 생생하다. 벌린은 자유의 두 개념을 비교했다. 이 비교가 얼마나 혼란스러웠는지 모른다!

자유의 두 개념

이 논문에서 벌린은 소극적 자유와 적극적 자유를 구분했다.[2] 그는 의사 결정을 할 수 있는 우리의 자유가 다른 사람들에 의해 방해를 받지 않을 때를 가리켜 '소극적 자유'라고 정의했다. "나는 보통 그

---

2 벌린이 말한 자유의 개념은 기독교 신학자들이 자유의지론적 자유(libertarian freedom)와 양립론적 자유(compatibilist freedom)를 구분하는 것과 유사하다.

누구도, 그 어떤 단체도 내 행동을 간섭하지 않을 정도로 자유롭다고 말한다."[3] 이것은 **무엇인가로부터의** 자유이다. 예를 들면 속박으로부터의 자유, 법으로부터의 자유, 강요로부터의 자유 장애로부터의 자유, 그리고 우리가 선택하고 싶은 것을 선택하지 못하게 하는 것으로부터의 자유 등이다.

반면에 벌린은 '적극적 자유'를 가리켜 자기 결정(self-determination) 또는 자제(self-mastery)의 자유라고 부른다. 이것은 **무엇을 향한** 자유이다. "생각하고, 원하고, 행동하는 존재로서의 나를 인식하고, 나의 선택에 대한 책임을 지며, 나의 생각과 목적을 언급하면서 나의 선택을 설명할 수 있는"[4] 자유이다.

벌린은 이 두 가지 자유 사이에 별다른 차이가 없는 것처럼 들릴 수도 있다는 것을 인정한다. 하지만 요점은 소극적 자유가 **외적인** 면에 초점을 둔다는 것이다. 외부에 있는 무엇이 우리의 자유를 방해하는가? 만일 그렇지 않다면, 우리는 자유롭다. 적극적 자유는 **내적인** 면에 초점을 둔다. 우리는 우리의 이성, 원칙 그리고 진리에 부합하게 행동할 수 있을까? 적극적 자유 개념은 은연중에 내적인 이성, 원칙, 법칙, 또는 진리에 호소한다.[5]

---

3 Isaiah Berlin, "Two Concepts for Liberty," in *Four Essays on Liberty* (Oxford: Oxford University Press, 1958), p. 122. 박동천 옮김, 《이사야 벌린의 자유론》 (아카넷, 2014).

4 같은 책, p. 131.

5 두 가지를 비교하는 또 다른 방법은, 소극적 자유가 '얇팍한' 진리 개념에 의존하는 반면 적극적 자유는 '두터운' 진리 개념에 의존한다고 말하는 것이다. 얇팍한 개념은 삶의 궁극적인 형이상학적 문제들에 관해 어떠한 주장도 하지 않은 채, 단순히 인간들 사이에 존재하는 특정한 형태의 사회계약에 관한 윤리학과 정치철학을 정립한다. 이러한 계획의 신빙성에 대해서는 당연하게도 많은 비판이 있었다. 반면에 두터운 개념은 형이상학적 기초에 관한 정치철학과 윤리학에 분명한 근거를 둔다.

적극적 자유의 위험성

벌린은 홀로코스트의 깊은 상처가 남아 있고 냉전이 절정에 이른 시기에 이 글을 쓰면서, 적극적 자유의 위험성은 사회적 개념의 자아와 이성과 진리가 개인의 자아와 이성과 진리로 받아들여지는 것이라고 말했다. 파시즘 국가, 공산국가 또는 로마가톨릭교 국가에 사는 사람은 선동가들에게서 배운 파시즘, 공산주의 또는 로마가톨릭교의 진리에 부합하게 행동할 때 스스로 '자유롭다'고 생각할 것이다. 벌린의 논문은 사실상 적극적 자유 전통 전체와 루소, 헤르더, 칸트, 헤겔 그리고 마르크스 등과 같은 주창자들을 비판하고 있다.

반면에 벌린은 소극적 자유와 그 옹호자들을 적극적으로 소개한다. 홉스, 로크, 밴덤, 밀 또는 토크빌 등과 같이 영국과 미국 학자들에게 훨씬 더 친숙한 사상가들은 위대한 역사적 진리 대신 개인이 방해받지 않고 행동할 수 있는 최소한의 영역을 보장하는 것에 대해 더욱 강조했다.

벌린이 적극적 자유보다 소극적 자유를 더 선호한 것에는 일리가 있어 보인다. 정치학과 정치철학의 역사는 인간이 적극적 자유의 형식을 끊임없이 추구한 역사라고 요약할 수 있다. 즉, 인류는 자기들을 자유롭게 해줄 것이라고 기대하는 새로운 메시아적 통치자, 체제, 이념 또는 유토피아를 갈망했다. 그러나 이 모든 형식들은 결국 우상으로 증명되었다(단 2장). 공산주의나 파시즘 등과 같은 우상들은 다른 우상들보다 더하겠지만, 모든 형태의 적극적 자유, 즉 모든 우상이 하나님을 반대하는 진리 체계에 의존한다. 포스트모더니즘과 철학적 자유주의의 현대적 형태들에서 배울 수 있는 올바른 통찰은, 모든 형태의 적극적 자유가 결국 압제와 노예를 초래하는 우상일 뿐이라는 사실이다. 그러므로 이러한 현대적 관점들을 가진 사람들은 위험성이 최소인 것처럼 보이는 해법을 추구하는 경향이 있다. 즉, 소극적 자유를 선택하는 것이다. 소극적 자유는 서로의 차이를 인정하기로 동의한다는, 소위 얄팍한 진리 외에는 가능한 한 그 어떤 진리도 주장하지 않는다. 소극적 자유가 요구하는 것은 단지 방해받지 않는 것이다. "서로에게 참견하지 않기로 동의하는 한, 나를 방해하지 마라. 나도 당신을 방해하지 않을 것이다."

내가 여기에서 잠시 벌린의 논문을 헤쳐본 이유는, 그의 구분 방식이 자유에 대해 포스트모던 서구사회가 이해한 것과 성경이 이해한 것 사이의 차이를 밝히는 데 도움이 될 거라고 생각하기 때문이다. 나는 1장에서 소극적 자유라는 단어를 사용하지는 않았지만, 그와 비슷한 말을 했다. "내가 무엇을 생각해야 하는지 나에게 말하지 말고, 내 일에 상관하지 마세요." 여기에서 자유롭다는 것은 진리와 부합하게 행동한다는 의미가 아니다. 이러한 자유는 부모, 교사, 또는 목사의 제지를 받지 않는다는 의미이다. 오늘날의 서구사회에서 사랑에 대한 정의는 이러한 소극적 자유 개념의 꼭대기에 놓여 있다. 누군가를 사랑한다는 것은 그를 자유롭게 두는 것이다. 모든 구속과 판단을 거두는 것이다. "당신이 나를 조건과 판단을 가지고 사랑한다면, 당신은 나를 사랑하지 않는 것이다. 왜냐하면 나를 자유롭게 놓아주지 않기 때문이다." 앤서니 기든스는 이것을 가리켜 '순수한 관계'라고 불렀다. 즉, 어떤 윤리적 의무나 책임감, 장기적인 헌신 또는 다른 사람을 섬기거나 돌보라는 요구 등에 의해 오염되지 않은 순수한 관계라는 것이다. 당시에 만연하던 문화에 부응하여, 후기 근본주의적 복음주의자들은 목회적 권위를 조금이라도 이야기하면 그것을 가리켜 '율법주의' 혹은 '비정함'이라고 외쳤던 최초의 사람들이다. 《오두막》에 나오는 파파가 말한 것처럼, "길을 열어주는 것이 사랑의 속성이다". 모든 억압을 제거하라.

기독교, 적극적 자유 체제

1995년에 나를 몹시 혼란스럽게 한 것은, 스스로 '그리스도인'이라고 부르지만 철저하게 나를 위한 삶을 사는 내 모습이었다. 기독교는 오직 적극적 자유에 관한 것이다.[6] 성경에 나오는 자유는 진리를 알고 그 진리를 사모하기 때문에 진리를 따라 사는 것이다. 예수님도 이것을 말씀하신다. "진리를 알지니 진리가 너희를 자유케 하리라"(요 8:32). 진리는 우리가 그리스도를 알고 따라야만 한다는 사실 자체이다. "그러므로 아들이 너희를 자유롭게 하면 너희가 참으로 자유로우리라"(요 8:36).

　　예수님은 전체주의자이다. 그러나 옛날의 군주처럼 소작농들에게 과도한 세금을 부과하거나 자기의 성을 짓게 하지는 않으신다. 그분은 오히려 사람들의 머릿속에 들어가 그들의 사고방식을 바꾸고 자기들의 '자유' 교리에 복종하라고 요구하던 구소련과 같다. 구소련의 요구가 전체주의적이었던 것처럼, 예수님의 요구도 전체주의적이다. 예수님이 우리에게 땅에 떨어져 죽는 한 알의 씨앗이 되어야 한다고 말씀하신 것이나, 거듭나야 한다고 말씀하신 것, 또는 자기 십자가를 지고 주님을 따라야 한다고 말씀하신 것의 의미가 바로 이것이다. 그리스도의 진리가 우리의 감정, 동기, 욕구 그리고 예배 등 우

6　벌린은 기독교에 대해 많은 것을 이야기했다("Two Concepts of Liberty," p. 123 각주 2; p. 129, 각주 2).

리의 내적 작용 원리가 될 때 비로소 우리는 자유롭게 된다.

바울도 자유를 이와 같이 설명한다. 로마서 6장부터 8장까지, 바울은 적극적 자유 개념의 범주 안에서 자유와 속박을 묘사한다. 자유는 단지 외적으로 우리를 속박하는 것에 관한 개념이 아니라, 내적으로 우리를 자극하는 것에 관한 개념이다. 자유는 우리의 내적 작용 원리에 의해 정의된다. 우리의 내적 동기와 욕구에 따라 행동하는 자유가 "종노릇" 또는 "순종"이라고 묘사되기도 한다는 사실에서 이것이 명확해진다. 바울은 우리가 비그리스도인들로서 "죄에게 종노릇" 했다고 말한다(롬 6:6, 17, 20). 죄가 우리 안에서 우리를 '주관하고 지배하여' 우리가 "몸의 사욕에 순종"하게 했다(롬 6:12, 14). 옛사람에 대해 말하면서, 바울은 '죄에게 종노릇하는 것'과 '자유롭게 죄를 짓는 것'을 명시적으로 동일시하지는 않는다. 왜냐하면 바울의 목표가 자유에 대한 철학적 정의를 내리는 것이 아닐 뿐더러, 그렇게 하면 자유의 의미를 퇴색시키기 때문이다. 그리스도인은 그리스도를 통하여 '죄로부터 자유롭게' 되었다(롬 6:7, 22). 우리는 '그리스도 예수 안에서 자유롭다'(롬 8:2). 그러나 죄로부터의 자유와 그리스도 안에서의 자유는 동시에 종의 형태이다. "그러나 이제는 너희가 죄로부터 해방되고 하나님께 종이 되어"(롬 6:22). 우리는 우리 자신을 "의의 무기로" 또는 "의에게 종으로" 하나님께 드려야 한다(롬 6:13, 19). 의에게 종이 되는 것, 이것이야말로 바울이 정의하는 자유이다.

갈라디아서 3장부터 5장도 이와 동일하게 이해할 수 있다. 그리스도가 오시기 전에 우리는 율법 아래에 매인 바 되고 갇혔다(갈 3:23). 우리는 외적으로 율법의 방해를 받았으며(소극적), 이것은 우리가 원하는 것을 할 수 없었으므로(적극적), 내적으로도 방해를 받았다는 의미이다.[7] 그런데 다시 한 번 우리는 그리스도가 우리를 자유롭게 하신 것을 본다. "그리스도께서 우리를 자유롭게 하려고 자유를 주셨으니 그러므로 굳건하게 서서 다시는 종의 멍에를 메지 말라"(갈 5:1; 또한 4:21-31). 그러나 이 자유는 속박으로부터의 소극적 자유가 아니라, 하나님의 사랑스러운 요구에 부합하는 내적 자유이다. "너희가 자유를 위하여 부르심을 입었으나 그러나 그 자유로 육체의 기회를 삼지 말고 오직 사랑으로 서로 종노릇하라"(갈 5:13).

베드로도 자유에 대하여 이와 같은 개념을 가지고 있다. "너희는 자유가 있으나 그 자유로 악을 가리는 데 쓰지 말고 오직 하나님의 종과 같이 하라"(벧전 2:16; 또한 벧후 2:19). 자유롭다는 것은 하나님의 종으로 사는 것이다.

성령이 주시는 마음의 새로운 욕구

성경적인 자유는 우리가 하나님이 원하시는 것을 할 수 있는 놀라운 상태이다. 이것이 어떻게 가능할까? 우리는 어떻게 하나님이 원하시는 것을 우리도 원할 만큼 자유로울까? 한때는 하나님의 의로운 율법이 우리를 가두었지만, 이제는 우리가 '의의 종이' 되었으며, 예수님은 그것을 '자유'라고 부르셨고, 바울 역시 그랬다. 그것이 어떻게 가능할까? 바로 새 언약 때문이다. 성령이 우리에게 새로운 마음을 주셨다. 성령이 우리 속에 새로운 욕구를 창조하셔서 우리가 하나님 사랑과 이웃 사랑을 갈망하게 하셨다(신 30:6; 렘 31:33-34; 겔 36:26-27). 이것은 율법의 성취이다(롬 13:8-10). 예수님은 이 점을 분명히 하셨

---

7 소극적 자유 개념은 적극적 개념을 배제하는 반면, 적극적 개념은 소극적 개념을 포함한다.

고, 바울 역시 마찬가지였다.[8] 예수님은 자기 백성들에게 진리와 성령을 주셔서 그들을 자유롭게 하시고, 그들 속에 새로운 실재를 창조하셔서 그리스도의 명령을 지키게 하셨다. 사람은 하나님의 나라에 들어가기 위해 반드시 거듭나야 한다(요 3:5; 6, 8 참조). 사람은 오직 성령과 진리 안에서 하나님을 예배할 수 있다(요 4:23-24). 오직 성령이 생명을 주시고(요 6:63), 성령을 받아야만 그리스도의 백성들이 진리 가운데로 인도함을 받을 수 있다(요 14:17; 15:26; 16:13). 오직 성령만이 죄와 의와 심판에 대하여 세상을 책망하신다(요 16:8-11). 예수님은 하늘로 올라가시기 전에 제자들에게 성령을 불어넣으셔서 그들이 이 자유를 알게 하셨다(요 20:22; 7:39 참조). 바울도 우리 마음속에 새로운 실재를 창조하시는 것이 성령의 사역이라고 분명하게 말한다. "이는 그리스도 예수 안에 있는 생명의 성령의 법이 죄와 사망의 법에서 너를 해방하였음이라"(롬 8:2). 또한 "주는 영이시니 주의 영이 계신 곳에는 자유가 있느니라"(고후 3:17).

성경에 나오는 자유는 한결같이 진리에 대한 지식, 진리를 사모하는 마음, 진리를 사모하는 능력으로 묘사된다. 이것은 우리가 하나님이 우리를 창조하신 목적을 행할 수 있는 자유이다. 즉, 우리가 달리기 선수, 사상가, 기술자, 가수 등 무엇으로 빚어졌든지 우리는 하나님의 모든 영광을 닮는 것이다. 그러므로 오직 그리스도만 진정으로 자유로우시다. 왜냐하면 그리스도는 율법을 아시고 율법을 지키셨기 때문이다. 아담의 모든 후손이 이렇게 살아야 한다. 우리가 육

---

8 베드로는 예수님과 바울보다는 덜 명확하게 자유와 성령의 사역을 연결시킨다. 하지만 베드로가 그리스도인의 성화와 성장에 대해 이해하는 바탕에는 동일한 성령 신학이 있는 것이 분명하다(벧전 1:2; 2:2, 5; 3:18; 4:14을 보라).

체를 따라 행하지 않고 성령을 따라 행하는 한, 우리는 그리스도인으로서 자유롭다(롬 7-8장). 그러나 육체의 작용이 우리를 인도하게 하는 한, 우리는 자유롭지 않다. 하나님의 의로운 기준이 우리를 속박하거나 심지어 종으로 삼는 느낌을 줄 것이다.

오늘날의 그리스도인들이 직관적이든 아니면 인위적이든 자유를 거의 소극적 자유로만 생각하게 된 것은 충분히 이해할 만하다(신학자들은 이것을 가리켜 자유의지론적 자유라고 부른다). 교인들은 그리스도인이기 이전에 인간으로서 정치사에 나타난 우상화 과정을 통해 다른 모든 사람들과 함께 학대와 압제로 고통받았다. 그러므로 그리스도인들이 (거의) 모든 형태의 적극적 자유를 의심하는 것은 당연하다. 그러나 이는 예수님이 말씀하신 것이다. 즉, 진리 체계, 거대 담론, 세계관, 율법 그리고 복음이 없는 자유는 불가능하다.

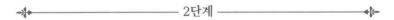

2단계

그리스도인의 자유는 오직 성령이 주시는 것이고
육체가 주는 것이 아니므로, 교회 안에서 경건한 권위를 사용하는 것은
육체에 의해 개인을 강제하지 않고,
성령이 주신 복음의 실재에 호소할 것이다.

권위주의와 권위의 한계

이 책 전체에서 나는 그리스도인의 삶이 권위에 복종하는 것을 포함해야 한다고 주장했다. 그 권위가 매고 푸는 사도적 교회의 권위인지 아니면 하나님의 말씀에 따라 '경책하며, 경계하며, 권하는' 목사의 권위인지는 상관없다(마 16:19; 딤후 4:2). 그런데 소극적 자유와 적극적 자유에 대한 이 논의는 교회에 복종하는 것과 교회의 권위가 가진 한계의 의미가 무엇인지를 이해하는 데 도움이 될 것이다. 이 논의를 하는 동안, 나는 권위와 권위주의를 구분하고자 한다. 권위는 중립적 또는 긍정적으로 사용하겠지만, 권위주의는 경멸의 느낌을 담아 사용하거나 죄로 인식할 것이다.

1) 그리스도인의 자유는 성령과 무관한 자유가 아니다. 하나님의 영이 사람의 마음에서 역사하시지 않는다면, 그리스도인의 자유는 자유가 아니다. 그것은 단지 가두고 저주하는 율법이다. 기독교가 무엇을 말하는지 기억하라. 사람은 참된 생명을 얻기 위해 **반드시** 예수님의 삶과 죽음 그리고 부활에 관한 좋은 소식을 받아들여야 한다(예를 들면 요 3:18; 14:6; 히 10:28-29 참조). 기독교는 그리스도인이 반드시 그리스도께 순종하는 마음으로 행해야 한다고 말하지만(예를 들면 요 3:36; 8:51; 15:1 이하, 14), 사람이 성령으로 거듭나기 전에는 이 좋은 소식과 명령을 받아들일 수 없다고도 한다(요 3:5-8; 5:21 참조; 6:37, 44, 65; 8:43, 47; 10:3, 16, 27). 그러므로 성령을 따라 행하지 않는 한, 사람은 믿고 따르는 일에 **자유롭지 않다.** 육체를 따라 행하는 한, 이것은 비그리스도인에게도 사실이고, 그리스도인에게도 사실이다.

불신자들은 하나님의 사랑, 하나님의 복음 그리고 하나님의 교회를 싫어한다. 왜냐하면 이러한 것들이 그들의 믿지 못하는 귀와 보지 못하는 눈에는 **자유롭지 않게** 느껴지기 때문이다. 그들에게는 기독교의 진리가 단지 배타적으로 자유를 속박하는 것처럼 들릴 뿐이다. 기독교는 매우 성가신 것이기 때문에, 이사야 벌린과 다른 모든 비그리스도인들이 기독교를 공산주의와 파시즘 같은 다른 형태의 적극적 자유처럼 취급하는 것이다. 그들은 기독교를 믿을 수 없다.

2) 기독교 권위는 타락한 인류에게 언제나 속박하는 것처럼 느껴진다. 만일 성령이 함께하시지 않는 그리스도인의 자유가 사실은 자유가 아니라면, 성령의 새 언약 사역과 무관한 기독교 권위는 언제나 속박하거나 무거운 짐을 지우는 것처럼 보일 것이다. 만일 이 장이 설교였다면, 나는 이 문장을 두 번 반복했을 것이다. 그만큼 중요하기 때문이다. 하나님의 영이 마음속에서 역사하지 않으면, 권위를 경건하게 사용하는 것은 거의 언제나 권위주의처럼 느껴질 것이다.

교회 또는 목사가 "하나님이 우리에게 사랑하라고 하십니다"라고 말하면, 비그리스도인과 그리스도인의 육체는 똑같이 부담스러워지며 강요당한다는 느낌을 받는다. 왜냐하면 그들의 몸은 사랑하길 **원하지** 않기 때문이다. 그들의 몸은 자기 자신만 사랑하고 싶어 한다. 따라서 그 명령은 자기들의 내적 욕구와 일치하지 않는다.

애매한 것 중의 하나는, 교인들에게 권위적이고 강압적으로 **느껴지는** 기독교 목회자들의 행위가 실제로는 그럴 수도 있고 그렇지 않을 수도 있다는 사실이다. 3장에서 우리는 교회 안에 타락과 성령을 통한 재창조의 실재가 모두 공존하기 때문에, 우리는 그 안에 있는 권위를 복합적으로 이해해야 한다고 강조했다. 나는 이 세대를 두 대의 영사기가 빛을 비추는 영화 스크린에 비유했다. 스크린에 비치는 이미지들은 간혹 서로 겹치기 때문에 그 이미지들이 각각 어떤 영사기에서 나오는 것인지 분간하기 어렵다.

교회 안에서 행해지는 권위의 행위를 생각해보라. 목사가 청년을 가르치는 행위일 수도 있고, 교회가 회개하지 않은 죄인을 내보내는 행위일 수도 있다. 이 행위는 경건한 행위일 수도 있고, 권위주의적인 행위일 수도 있다. 사랑을 위해 성령 안에서 행하는 행위일 수도 있고, 권력을 위해 육체 안에서 행하는 행위일 수도 있다. 권위적인 행위를 접한 사람은, 만일 그가 성령 안에 있지 않다면 모든 행위를 권위주의적인 것으로 느낄 것이다. 또한 자기에게 의무가 부과되었다고 느낄 것이다. 그러므로 비그리스도인이나 미성숙한 그리스도인이 교회를 떠나면서 교회의 행위가 율법적이거나 권위주의적이라고 말할 때, 나는 교회가 정말로 그럴 수도 있고, 아니면 떠나는 교인이 그냥 그렇게 생각했을 수도 있다고 본다.

결국, 이것이 모든 권징의 속성이다(히 12:11). 권징은 우리 내면의 욕구와 부합하지 않는다. 사실, 그렇게 우리 내면의 욕구와 부합하지 않기 때문에 더더욱 권징이 필요하다.

3) 경건한 기독교 권위는 이 한계들을 인정한다. 이 모든 것을 볼 때, 교회 권위의 한계를 어떻게 이해할 수 있을까? 사람들은 교회 또는 목회자의 권위가 가진 한계에 대해 말할 때, 종종 "목회자가 **이** 영역에서는 권위적으로 행동할 수 있지만, **저** 영역에서는 그렇지 않다"라는 식으로 영역의 문제를 언급한다. 예를 들어, 목회자에게 성경 말씀을 설교할 권위는 있지만, 맹장 수술을 하거나 항공 관제탑을 움직이거나 국회에서 법률을 제정할 권위는 없다. 그렇다면 이렇게 정리해보자. 교회나 목회자는 성경이 허락하는 범위를 넘어설 수 없다.[9]

이와 동시에 영역의 관점에서 교회 권위의 한계를 생각하는 것

---

9 이것에 관한 고전적인 예는 장로교 목사 제임스 배너먼의 책 중 "The Extent and Limits of Church Power"라는 장에 수록되어 있다. 이 장에서 배너먼은 교회의 권위를 국가의 영역에 반대되는 영적인 영역, 그 권위가 그리스도의 권위에서 파생되었다는 사실, 하나님의 말씀에서 허용된 범위 그리고 그리스도인의 양심의 권리 등에 제한한다. James Bannerman, *The Church of Christ*, vol. 2 (Carlisle, PA: Banner of Truth, 1974), pp. 247-248.

은, 실제로 권위를 경건하게 사용하는 것과 권위주의 사이에 존재하는 위험이 무엇인지 보지 못하게 할 수도 있다. 권위주의적으로 행동하는 사람의 마음과 권위 있는 행동을 하는 사람의 마음속에는 중요한 차이점이 존재한다. 6장에서 본 것처럼 권위주의적인 마음은 변화를 일으킬 수 있는 자기의 능력을 의존한다. 그 마음은 맛있는 사과가 열리는 가지를 나무에 접붙이는 것과 같다. 그러나 비권위주의적인 마음은 오직 하나님만 변화시킬 수 있다는 사실을 안다. 그 마음은 나무에 물과 양분을 공급하지만, 하나님께 나무를 성장시켜달라고 구한다.

그러므로 여기에 세 번째 교훈이 있다. 경건한 기독교 권위는 첫 번째와 두 번째 교훈에서 설명한 한계들을 인정한다. 즉, 경건한 기독교 권위는 그 권위가 죄인들의 눈에 진정한 자유와 진정한 사랑과 진정한 빛을 주시는 하나님의 영을 전적으로 그리고 간절하게 의존한다는 사실을 인정한다(첫 번째 교훈에 근거함). 또한 경건한 기독교 권위는 사람들 앞에 펼쳐지는 모든 법률, 명령, 참된 주장 또는 좋은 소식이 그들의 타락한 육체에게 부여되었다는 사실과, 그들의 육체가 그것에 저항한다는 사실을 인정한다(두 번째 교훈에 근거함). 이것이 바로 어디에서나 볼 수 있는 기독교 사역의 위기이다.

그러므로 기독교 권위를 바르게 사용하려면, 하나님의 영이 없이는 그 권위가 완전히 무익하고 쓸모없다는 사실을 교회와 개인이 깨달아야 한다. 권위의 사용은 육체의 행위가 아니라 믿음의 행위이다. 설교와 제자도 그리고 복음 전도 등은 실제로 권위적인 행동이기 때문에 항상 믿음으로 행해야 한다.

경건한 권위의 속성을 지역교회(또는 기독교 가정)의 상황에 맞게 다음처럼 요약할 수 있다.

- 경건한 권위는 믿음으로 행해진다. 경건한 권위는 변화를 일으키시는 하나님을 의존한다. 또한 하나님이 변화시키는 능력을 가지셨다는 사실과, 하나님은 결정하신 것을 반드시 행하신다는 사실을 믿는다.

- 경건한 권위는 마음을 먼저 권면하고, 그다음에 의지를 권면한다. 다른 말로 하면, 경건한 권위는 사람들에게 무엇을 해야 하는지 말하기 전에 그들이 정말로 바라는 것이 무엇인지 생각해보도록 도와준다.[10]

- 경건한 권위는 육체의 힘이 아니라 복음 안에 있는 그리스도인의 지위에 근거하여 그리스도인들에게 호소한다. 목사나 상담사는 "당신에게 더 많은 것을 기대합니다" 또는 "당신은 그것보다 더 잘할 수 있습니다"라고 말하지 않는다. 대신, "당신이 그리스도와 함께 죽고 다시 살아났다는 사실을 깨닫지 못했습니까? 당신은 새로운 피조물입니다. 그럼, 그것이 무슨 의미입니까?"라고 말한다. 기독교 권위는 명령을 내릴 수 있지만(예를 들면 살후 3:6, 10, 12), 이 명령들은 복음 안에 있는 교인의 자격 덕분에 내릴 수 있는 것이다. 기독교 권위는 성령의 새로운 실재에 호소한다. 명령문은 언제나 그리스도가 행하신 서술문을 따라가야 한다.

---

10 기독교 자유주의와 근본주의가 서로 만나는 이상한 지점이 바로 여기이다. 두 주장 모두 종종 본성과 욕구의 역할을 말하지 않는 자유주의적인 자유 개념을 선호한다. 그 결과, 두 주장 모두 같은 방식으로 사역을 하는 경향이 있다. 다만 우리는 하나를 도덕적이라 부르고 다른 하나를 율법적이라 부른다.

- 경건한 권위는 오직 하나님만 자라나게 하실 수 있다는 사실을 알기 때문에 인내심이 강하고 온화하다(고전 3:5-9). 미성숙한 그리스도인은 성숙에 이르기까지 수백 단계를 거쳐야 할 수도 있다. 그러나 지혜로운 목사는 그런 사람에게 한두 단계 이상을 요구하지 않는다. 예수님이 그 본을 보이셨다. 그분은 "나의 멍에를 메고 내게 배우라"라고 말씀하신다(마 11:29). 예수님의 멍에를 메는 것은 제자가 되는 것이다. 배우는 것이다. 그러나 예수님은 마음이 온유하시고 겸손하시다. 또한 그분의 멍에는 쉽고 가볍다(마 11:29-30).

- 경건한 권위는 사람이 영적으로 어디쯤 있는지 신중하게 살피고 측정한다. 경건한 목회자와 교회는 좋은 의사와 마찬가지로 질문과 진찰을 하지 않고서는 처방을 내리지 않는다.

- 그러나 경건한 권위는 또한 기꺼이 경계선을 긋고 환영받지 못할 요구를 한다. 좋은 의사는 신중한 질문을 할 뿐만 아니라, 암이 보일 때에는 암이라고 진단한다. 마찬가지로, 교회나 목회자는 자기의 권위를 사용해서 하나님의 복음을 어둡게 하는 것이 아니라 밝게 비추어야 한다. 예를 들어, 열쇠의 권세는 정확히 이 목적을 위하여 사용되어야 한다.

요컨대, 교회 또는 목사의 권위가 일정한 영역으로 제한되어야 한다고 말하는 것만으로는 충분하지 않다. 오히려 우리는 기독교 권위가 육체의 능력으로 행하는 것이 아니라 성령의 능력으로 행하는 것이기 때문에, 근본적으로 세상의 권위와 속성이 다르다는 것을 알아야 한다. 교회의 권위 또는 목사의 권위는 다스림을 받는 사람들의 동의에 뿌리를 두지 않는다. 오히려 예수님 자신의 권위에 뿌리를 둔다. 하지만 언제나 다스림을 받는 사람들에게 호소하여 그들이 성령 안에서 한마음을 이루게 한다. 이 권위는, 강요되거나 인위적으로 만들어진 행위는 참된 믿음의 행위가 아니며 따라서 참된 의의 행위가 아니라는 사실을 안다. 이 권위는 강압적이거나 인위적인 행동을 하지 않는다. 어깨에 힘을 주고 아무 때나 권위의 카드를 내밀지 않는다. 오히려 사람들을 사랑으로 품는다. 사람들과 함께 시간을 보내고 그들을 알아간다. 그 사람들의 마음속에 계신 성령께 호소하고, 그들이 더욱 거룩해져가기를 간구한다.

4) 교회 안에 있는 권위주의는 이 한계를 깨닫지 못한다. 네 번째 교훈은 세 번째 교훈과 정반대이다. 즉, 하나님께로부터 권위를 받은 교회(또는 기독교 지도자)는 첫 번째와 두 번째 교훈에서 설명한 태생적인 한계를 깨닫지 못할 때 악한 권위주의와 율법주의에 빠진다. 이 권위는 나무에 양분과 물을 공급하는 대신 사과나무 가지를 접붙인다. 구체적으로 정리하면 다음과 같다.

- 권위주의는 육체에게 명령하고 복음 안에 있는 영적 새사람에게 호소하지 않는다.

- 권위주의는 그리스도가 성취하신 것에 대한 서술문에서 시작하지 않고 성경의 명령문에서 시작한다.

- 권위주의는 사람의 의지가 마음의 욕구에 뿌리를 두고 있다는 것을

고려하지 않은 채, 그 의지가 바른 선택을 하도록 가능한 한 모든 것을 하면서 의지를 심하게 위협한다.

• 권위주의는 마음의 회개보다 외적인 순종을 요구한다. 그렇게 함으로써 오직 바리새인만 만들어낼 뿐이다.

• 권위주의는 종종 성경이 허락하는 경계선을 넘어선다. 그래서 '빠른 음악' 또는 '파벌 정치'와 같은 것들에 대해 처방을 내린다. 이렇듯 주제넘은 행태는 사람이 자기가 육신의 힘으로 다른 사람을 변화시킬 수 있다고 생각할 때 무척 자연스럽게 나온다.

• 권위주의는 성급하고 단호하다. 사람들은 무엇을 결정할 때 결정의 궁극적인 근거가 마음의 욕구에 있다는 것을 알지 못하기 때문에, '옳은' 결정을 끌어내기만 하면 그 결정이 강압적이거나 인위적이어도 상관없이 성공적이라고 느낀다.

• 권위주의는 믿음으로 성령을 의지하기보다는 자기 힘을 의지한다(요 3:6; 6:63을 보라).

설교와 제자도 그리고 복음 전도 등의 권위적인 행위가 육신적으로 행해지는 한, 그 행위들은 행위자를 권위주의로 인도하게 된다. 즉, 육신의 힘을 사용해서 강요하고 조장하는 것이다. 목사가 강단에서 마음으로 자기의 수사법(修辭法)적 능력을 의존한다면, 그가 의존하는 것은 파시스트 독재자가 의존하는 것과 다르지 않다. 목사가 제자도에서 마음으로 자기의 강직한 삶을 의지한다면, 그가 의지하는 것은 구소련의 정치국이 내세우는 기준과 다르지 않다. 목사가 복음을 전할 때 마음으로 자기의 지적인 설득 능력을 의존한다면, 그가 의존하는 것은 역사에 등장한 최악의 선동가와 사기꾼들이 의존하던 것과 다르지 않다.

그렇다고 해서 그리스도인이 사역을 할 때 모든 수사학적인 은사 또는 지적인 능력을 포기해야 한다고 말하는 것은 아니다. 단지 무엇인가를 이용하는 것과 그것을 의지하는 것 사이에는 차이가 있다는 뜻이다. 우리는 소모품들을 이용하며 필요한 것들에 의지한다. 빵을 만들기 위해 농부와 식료품 상인의 노력을 이용하지만, 또한 음식을 주시는 하나님을 의지한다. 우리 앞에 놓여 있는 음식에 대해 하나님께 머리를 숙여 감사할 때마다 분명히 그런 구분이 드러난다. 매우 단순하게 말하면, 믿음이란 이 둘 사이의 차이를 볼 수 있는 눈을 갖는 것이다. 믿음이 없다는 것은 변화를 일으키기 위해 두뇌, 근육, 또는 미모가 필요하다고 생각하는 것을 의미한다. 각각의 경우, 우리는 육신을 조종하기 위해 육신을 사용한다.

오늘날의 교회 성장 통계가 교회 지도자들에게 형식, 조명, 음악, 수사학적 기술, 건물 디자인, 지성, 유머, 진정성, 문화적 관련성 등 세상의 장치들에 의존하고 싶은 유혹을 준다면, 이 통계는 지도자들에게 역사에 등장한 모든 권위주의자들이 했던 방식대로 변화와 생산성을 계산하고자 하는 충동을 일으키는 것이다. 사실, 히틀러에게는 바그너보다 베토벤의 음악을 선호하는 정치적인 이유가 있었다. 또한 레닌의 사회주의 건설 목적도 구소련의 구조주의 건축양식에 구현되었다. 그러한 교회들은 교인들에게 강권하지 않을지는 몰라도, 그들의 심미안과 정신을 강제한다. 아이러니하게도, 교회가 성장하려면 록 음악이 필요하다고 생각하는 복음주의자들은 모든 록 음악이 죄라고 말하는 근본주의자들과 전혀 다르지 않다. 그런 의미에서, 그런 교회를 단지 실용주의에 빠졌다고 비난하는 것은, 설령 그 교회가 정말로 거기에 빠졌다 해도 지나치게 관대한 평가를 내리는 것이다.

교회는 사실 악한 권위주의적 방식으로 행동하면서도 너무 쉽게 자신이 성경적인 원리에 따라 행동한다고 가정한다. 전체로서의 교회를 포함하여 권위를 가진 사람들에게 예수님과 바울은 자유에 대해 이와 같은 말을 했다. 스크린에 비친 이미지는 세상의 영사기에서 나온 것인가, 아니면 그리스도의 영사기에서 나온 것인가? 대답하기 쉬울 때도 있고, 어려울 때도 있다. 세상적인 권위는 성급하고, 지배적이고, 쉽게 말하고, 인위적이고, 단호하게 보일 수도 있지만, 반면에 유머 있고, 교양 있고, 세련되어 보이기도 한다. 경건한 권위는 참을성 있고, 신중히 말하고, 점잖고, 사려 깊게 보이는 경향이 있지만, 반면에 완고하고, 강력하고, 독단적으로 보일 수도 있다. 지역교회 안에서 또는 지역교회에 의해 행해지는 권위와 관련하여 몇 가지를 더 비교함으로써 이 문제를 요약하고자 한다.

- 세상적인 권위는 확신을 가지고 가르친다. 복음적인 권위는 먼저 들은 후에 훨씬 더 큰 확신을 가지고 가르친다.

- 세상적인 권위는 종종 한 명의 교사를 절대화한다. 복음적인 권위는 종종 여러 명의 세상 교사들을 높인다. 왜냐하면 오직 한 분의 교사 (teacher)를 의지하기 때문이다.

- 세상적인 권위는 자기가 말하는 것을 좋아한다. 복음적인 권위는 하나님의 말씀을 전하는 것을 좋아한다.

- 세상적인 권위는 강하다. 복음적인 권위는 하나님의 능력으로 훨씬 더 강하다.

- 세상적인 권위는 겸손을 드러내고 싶어 하고, 약간의 의구심 또는 확신이 부족한 모습을 보임으로써 겸손한 척한다.[11] 복음적인 권위는 겸손하고, 매 순간 하나님 말씀의 확실성에 복종함으로써 겸손을 증명한다.

구도자에 민감한 대형교회들의 실용주의와 부상하는 커피 전문점들의 포장된 겸손이 모두 왜 근본주의 나무로부터 떨어진 것인지 이제 짐작이 가는가?

---

11 겸손한 말씨를 흉내 냄으로써 겸손을 훈련하려고 했다는 벤저민 프랭클린의 말은, 안타깝게도 신앙적인 대화에서 **겸손하게 들리는** 것을 매우 중요하게 여기는 우리 시대에 많은 점을 시사한다. 프랭클린은 말했다. "내가 가진 미덕의 목록에는 처음에 열두 가지 항목밖에 없었다. 그런데, 한 퀘이커파 형제가 내가 일반적으로 교만하게 생각하는 경향이 있다고 말해주었다. … 나는 **겸손**을 목록에 추가했다. … 내가 이 덕목을 **완전히** 얻는 데 성공했다고 말할 수는 없다. 하지만, 적어도 그렇게 **보이는** 면에서는 잘하고 있다. … 나는 모든 말과 표현에서 단호한 의견을 나타내는 언어를 사용하지 않는다. 예를 들면, **분명히**나 **틀림없이** 등과 같은 말들이다. 그 대신 나는 내가 **느끼기로는**, 내가 **이해하기로는**, 또는 내가 **추측하기로는**, 또는 현재 내가 보는 바로는 등과 같은 언어를 사용한다. 사실, 우리의 자연적인 열정으로 교만을 억제하기란 매우 어렵다. 교만은 아무리 감추고, 싸우고, 억제하고, 억누르고, 죽이려고 해도, 여전히 살아 있다. 그리고 수시로 머리를 들고 나타난다. … 심지어 내가 교만을 완전히 정복했다고 생각하는 순간에도, 나는 겸손을 자랑하는 것이 된다." Benjamin Franklin, *The Autobiography and Other Writings* (New York: Viking Penguin Books, 1984 ed.), pp. 102–103. 최혁순 옮김, 《풍요로운 삶을 위하여》(을지출판사, 1988). 내가 **이해하기로는**, 만일 작가들이나 교회 지도자들이 포스트모더니즘 같은 것에 근거해서 기독교 겸손을 말하려고 한다면, 그들은 곧 거짓 겸손을 드러내고 말 것이다. 그 어떤 인식론도 참된 겸손을 낳지 않는다. 오직 성령만이 가능하게 하신다.

사람들은 자기가 남용된 권위 아래 있다는 것을 알 때,

언제나 하나님의 공급하심과 목적을 신뢰해야 한다.

가능하다면, 그곳에서 떠나야 한다.

권위주의에 대응하기

권위 아래 있는 사람과 관련해서 권위와 권위주의를 비교할 때 얻을 수 있는 교훈이 두 가지 더 있다.

가능하다면 권위를 남용하는 지도자에게서 떠나라

나는 많은 그리스도인들의 삶과 제자도가 포악한 아버지, 권력을 남용하는 목사, 또는 율법적인 교회에 의해 무척이나 큰 상처를 받고 있다는 사실을 안다. 그런 까닭에 나는 책의 서두에서 권위에 대한 개념을 이미 확고하게 가지고 있는 교회 지도자는 이 책을 읽지 않았으면 좋겠다는 말을 했다. 나는 이 글의 내용 중 그 어떤 것도 이미 의식적으로나 무의식적으로 권위를 남용하는 지도자를 지지해주는 일이 벌어지지 않기를 기도한다. 말하자면, 최선의 바람은 목욕물과 함께 아기를 버리지 않고 아기를 개혁하는 것이다. 그것이 바로 내가 우리의 권위 개념을 개혁하려고 짧은 시도를 하는 이유이다.

비극적으로 들리겠지만, 교회들과 교회 지도자들은 하나님이 맡겨주신 권위를 주님 다시 오실 때까지 계속해서 남용할 것이다. 그들은 그렇게 함으로써 자기들이 섬긴다고 말하는 그리스도에 대해 엄청난 거짓말을 할 것이다. 권위를 남용하는 교회 또는 교회 지도자의 손에 고통받는 그리스도인을 향하여 내가 어떤 조언을 할 수 있을

까? 첫째, 나는 그들에게 가능하면 그 상황을 피하라는 조언을 하고 싶다. 바울은 종들에게 말하면서 다음과 썼다. "네가 자유롭게 될 수 있거든 그것을 이용하라"(고전 7:21).

경건한 권위를 사용하면 생명을 낳는다. 권위를 남용하거나 그것을 착취의 수단으로 쓰면 생명을 낳을 수 없다. 나는 그런 교회에 다니는 대부분의 사람들에게 교회를 떠나라는 조언을 하고 싶다. 자기 자신을 보호하고, 그런 교회가 다른 사람들의 삶에 행하는 일을 지지하는 죄를 범하지 않기 위해서이다. 목사들은 양들을 보호해야 한다. 약탈해서는 안 된다. 그렇게 하는 자들은 무서운 심판을 받을 것이다(예를 들면 겔 34:1-10).

교회나 지도자가 정말로 권위를 남용하고 착취하는지 판단하는 것은 결코 쉽지 않다. 방금 전에 말한 것처럼, 우리가 보고 있는 스크린의 이미지가 어느 영사기에서 나온 것인지 분별하기 어려울 수 있다. 게다가 그리스도인은 그러한 판단을 할 때 전적으로 자기 자신을 믿어서는 안 된다. 많은 사람들의 지혜로운 충고가 필요하다.

하나님의 공급하심을 신뢰하라

이와 동시에, 그리스도인이 남용되는 권위를 피할 수 없거나, 권위 남용이 곤란하기는 하지만 그 상황을 벗어나야겠다고 느낄 만큼 견디기 어려운 정도는 아닌 경우들도 많이 있다. 어떤 경우든 그리스도인들은 이 세상의 나라와, 능력과, 권력이 영원하지 않다는 사실을 항상 기억해야 한다. 그래서 바울은 이렇게 말한다.

네가 종으로 있을 때에 부르심을 받았느냐 염려하지 말라 그러나 네가 자유롭게 될 수 있거든 그것을 이용하라 주 안에서 부르심을 받은 자는 종이라도 주께 속한 자유인이요 또 그와 같이 자유인으로 있을 때에 부르심을 받은 자는 그리스도의 종이니라 너희는 값으로 사신 것이니 사람들의 종이 되지 말라(고전 7:21-23).

이 말씀을 가리켜 바울이 노예제도를 인정한 것이라고 이해해서는 안 된다. 오히려 바울은 우리의 정치적인 신분이 세상적으로 아무리 비참하다 할지라도, 복음 안에 있는 우리의 신분은 정치적인 신분보다 더 중요하다고 말하는 것이다. 만일 이것이 사실이 아니라면, 자유해방 운동가가 준 정치적 자유는 그리스도가 다시 오셔서 주신 자유보다 더 나은 것이 된다. 바울의 목표는 우리의 눈을 오직 복음에 고정시키는 것이다. "너희는 값으로 사신 것이다." 그러므로, 그리스도인이 교회에서나 세상에서 불의한 지도자 때문에 아무리 고통을 받는다 해도, 복음 안에 있는 하나님의 공급하심과 권위로 인해 평안을 누릴 수 있다. 우리는 그리스도가 이 세상의 모든 능력과 권세를 물리치셨다는 약속을 받았다(골 2:15). 이 승리를 아직 눈으로 볼 수 없지만, 이곳에 우리의 믿음이 머물러야 한다.

이 마지막 두 가지 항목은 따로 떼내어 각각의 장으로 논의해도 될 만한 주제들이다. 하지만 다소 만족스럽지 못하더라도 이 문제를 다음과 같이 요약하려고 한다. 우리가 이 세상의 권위를 매우 복합적으로 바라보아야 하는 것처럼, 그 권위에 대한 우리의 반응도 복합적이어야 한다. 실제로, 이 세상의 권위자들에 대한 예수님의 반응도 복합적이었다. 예수님은 권력의 착취를 비난하심과 동시에, 결국에는 그 권위에 자신을 복종시키셨다. 왜냐하면 하늘 아버지의 궁극적인 통치와 공급하심을 믿으셨기 때문이다.

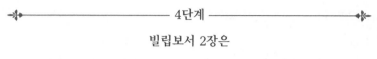

빌립보서 2장은
지역교회 안에서의 복종에 대한 성경적 모델을 보여준다.
즉, 그리스도의 성육신과 십자가이다.

교회 안에서의 복종에 대한 성경의 그림

지역교회에 복종하는 삶을 사는 그리스도인들의 모습을 그리기 위해 바울이 사용한 것은 그리스도가 기꺼이 죽음에 이르기까지 복종하신 모습이다. 빌립보서 2장 1-17절을 통해, 바울은 지역교회 안에서 그리스도인의 삶이 어떠해야 하는지 그림을 그린 것처럼 보여주고, 그 그림 안에 그리스도의 희생적 복종이라는 두 번째 그림을 그려 넣었다. 이 두 그림이 함께 이 책 전체가 논증하는 본질을 보여준다. 하나님 중심적인 하나님의 사랑은 반역한 죄인들을 세상과 구별시키고, 순종하는 아들의 형상으로 그들을 개혁하고, 세상이 보는 앞에 그들을 드러내기 위하여 죄인들에게 그 사랑을 부으셨다.

빌립보서 1장 말미에서, 바울은 빌립보 교인들에게 복음에 합당한 삶을 살라고 말한다. 즉, 한 성령 안에서 한마음으로 굳게 서는 삶이다. 2장으로 들어가면, 바울은 빌립보 교인들에게 복음에 합당한 삶에 대해 설명하기를 계속하면서, 그들이 그리스도와 성령 안에서 발견한 격려와 사랑을 되새겨준다. 바울은 다시 한 번 그들에게 같은 마음을 품고 같은 사랑을 서로 나누라고 말한다. 다른 사람을 자기보다 더 낮게 여기며, 자기의 유익을 구하지 말고 다른 사람의 유익을 구하라고 한다. 그 후에 바울은 그들이 나누어 가져야 하는 '한마음'이 그리스도의 마음이라고 설명한다. 자신을 아무것도 아닌 것으로 여기시고, 종의 형체를 가지시고, 자신을 낮추어 죽기까지 복종하신 그리스도의 마음이다. 그리스도는 모든 피조물이 그분에게 무릎 꿇고 하나님께 영광을 돌리게 하려고 이 일을 행하셨다.

바울은 빌립보 교인들이 과거에 서로 순종했으므로 그들의 구원을 이루어가는 동안 계속 순종하며, 그들 속에서 자기의 영광을 위해 일하시는 하나님을 의지하라고 말한다. 바울은 이 같은 마음과 사랑이 무엇인지 정확하게 핵심을 찔러준다. 즉, 서로에게 불평하거나 원망하지 않는 것이다. 그들이 온 세상 앞에서 밤하늘에 빛나는 별과 같이 두드러지기를 기대할 수 있는 순간은 바로 이 비뚤어지고 왜곡된 세상에서 오직 생명의 말씀을 붙잡고 구별된 삶을 살 때이다. 이러한 삶은 성부 하나님에 대한 그리스도의 복종적인 사랑과 다른 사람들을 향한 그리스도의 희생적인 사랑을 본받는 삶이다. 우리가 세상에 사랑을 드러내는 순간은 바로 우리 교회의 교인들을 이러한 방식으로 사랑할 때이다.

나는 우리가 종종 이 구절을 읽으면서 지역교회를 염두에 두지 않을까 봐 염려된다. 바울이 이 편지를 "그리스도 예수 안에서 빌립보에 사는 모든 성도와 또한 감독들과 집사들에게"(빌 1:1) 쓰고 있음을 주목하라. 바울은 지역교회에게 편지하고 있다. 그러므로 바울이 그들에게 같은 영, 같은 사랑, 같은 마음이 되라고 말한 의도는 이 교회의 교인 개개인에게 무엇보다도 같은 교회의 교인들과 그렇게 하라는 것이다. 바울이 자기보다 남을 낮게 여기라고 말한 것도 교회 안의 다른 교인들을 그렇게 여기라는 뜻이다. 바울이 독자들에게, 그리스도가 성부께 복종하시고 순종하신 것처럼 서로 복종하고 순종하라고 권면하는 상황적 배경은 지역교회이다. 이는 그리스도인들이 다른 교회의 교인들을 그러한 사랑 없이 대해야 한다고 말하는 것이 아니다. 이 자기희생적인 사랑이 '자기 교회에서 시작한다'는 것을 말하고 있다. 즉, 회중과 지도자들의 감독 아래에서 시작하는 것이다.

바울은 모든 곳에 있는 모든 그리스도인들과 같은 마음이 되고 같은 사랑을 품으라고 말하지 않는다. 비록 그것이 그리스도의 궁극적인 목표라고 해도 말이다. 바울은 **자기가 있는 곳**의 그리스도인들과 같은 마음이 되고 같은 사랑을 품으라고 말한다.

지역교회에 복종하는 삶은 우리의 생각과 마음을 이 집단적인 사랑에 순응함으로써 구원을 이루는 것이다. 이것은 우리와 다른 사람들 그리고 우리가 잘 알지 못하는 사람들과 함께 행하는 것이다. 경쟁심이나 자만심 없이 그들과 서로 영향을 주는 것이다. 겸손하게 우리 자신보다 다른 사람을 훨씬 더 낮게 여기는 것이다. 우리의 유익보다 그들의 유익을 구하는 것이다. 그들을 원망하거나 의심하려는 유혹이 찾아와도 그렇게 하지 않는 것이다. 무엇보다, 예수 그리스도의 완전한 자기부인을 본받는 것이 중요하다.

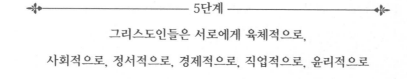

— 5단계 —

그리스도인들은 서로에게 육체적으로,
사회적으로, 정서적으로, 경제적으로, 직업적으로, 윤리적으로
그리고 영적으로 복종함으로써 그리스도를 본받는다.

복종의 다양한 측면

등록 교인 제도와 권징에 관해 이전에 나온 책들은 간혹 교인들이 다른 교인들에 대해 갖는 의무와 책임을 나열하곤 했다. 예를 들어, 다른 교인들과 함께 모이고, 그들을 위해 기도하고, 그들을 감독하는 것 등의 의무이다. 이러한 목록은 실용적인 면에서 도움이 된다. 하지만 만일 그리스도의 복종이 우리가 다른 사람들의 유익을 구하는 모델이라면, 우리는 이 목록에 있는 것 이상의 무엇인가를 해야만 한다. 우리는 우리의 정체성을 다른 사람들의 정체성과 하나로 묶고 우리의 삶을 그들과 나누어야 한다. 여기에는 우리 자신을 교회에 헌신하는 것이 포함된다. 교회와 일정한 거리를 두고 우리가 가진 것만을 교회에 내주는 것이 아니다. 우리는 그리스도의 영광을 위해 교회에 **어떻게 우리 자신을 헌신해야** 할까? 우리 삶의 모든 영역을 내주어야 한다. 우리는 육체적으로, 사회적으로, 정서적으로, 경제적으로, 직업적으로, 윤리적으로 그리고 영적으로 우리 자신을 내주어야 한다. 건강하고, 복음 중심적이고, 비권위적인 교회를 배경으로 이 모든 것들을 살펴보자.

공적인 복종

그리스도인들은 지역교회에 공적으로 복종해야 한다. 이는 '정식으로' 또는 '공식적으로'라는 뜻이다. 그리스도인들은 신자들의 지역공동체에 헌신함으로써 교회에 등록한다. 이 공식적이고 공적인 행위는 우리가 전혀 새로운 실재에 복종했다는 사실을 상징한다. 교회에 등록하는 것은 우리 이름을 교인 명부에 등재하는 것 이상의 의미를 갖는다.

육체적인 복종과 지리적인 복종

그리스도인들은 지역교회에 육체적으로, 어쩌면 지리적으로 복종해야 한다. 우리는 정기적으로 교회와 함께 모임으로써 육체적으로 복종한다(행 2:42-47; 히 10:25). 통신과 여행 분야에서 엄청난 과학기술의 발전이 이루어졌지만, 그 어떤 것도 사람이 실제로 참석하는 것을 대체할 수는 것은 없다. 히브리서 기자도 서두에서 이 점을 확증하고 있다. 그는 하나님이 과거에 사도들이나 선지자들을 통하여 그분의 백성들과 소통하셨던 것을, 아들의 성육신으로 탁월하게 계시하신 것과 비교한다. 그리스도인들도 이와 동일하게 지역교회의 다른 교인들이 실제로 참석한 곳에 자기 몸을 복종시켜야 한다. 일반적으로, 몸이 가는 곳에 마음도 가기 마련이다.

만일 내가 150년 전에 이 책을 썼다면, 또는 오늘날 도시화가 조금 덜 진전된 곳에서 이 책을 썼다면, 그런 상황에서는 일주일 동안 사람들의 공동체 생활이 훨씬 더 자연스럽게 이루어졌을 것이기 때문에 나는 정기 주일 모임을 언급하는 것만으로 이 항목을 마무리할 수 있을 것이다. 상대적으로 작고 느린 공동체에서는, 주일 모임에서 나누는 교제가 훨씬 더 쉽게 주중 교제 속으로 이어질 수 있다. 사람들이 교회와 가까운 거리에서 살면 다른 사람을 집으로 초대하여 함께 저녁 식사를 하고, 볼일을 보는 동안 서로의 자녀를 돌보고, 가게에 가는 길에 다른 사람의 빵과 우유를 사다 주는 일이 훨씬 더 쉽다. 지리적으로 근거리(심지어 걸어서 다닐 수 있는 거리)에 살면 일상생활을 하나로 묶기가 더 쉽다.

내가 어느 학자에게 등록 교인 제도에 관한 글을 쓸 것이라고 이야기했더니, 그 학자는 우리가 교회에 가기 위해 수십 마일을 운전해야 하는 사회에 산다는 점을 설명할 수 있는 방법도 찾아보라고 충고해주었다. 한 가지 확실한 해법은 교회로부터 수십 마일 떨어진 곳에 살지 않는 것이다. 교회에서 가까운 곳에 사는 것은 결코 성경의 요구 사항이 아니다. 하지만 사려 깊은 일일 수도 있고, 심지어 충성스러운 일일 수도 있다. 우리 문화에서 집을 선택하는 공식은 단순하다. 최소의 비용으로 최고의 집을 얻는 것이다. 그러나 그리스도인은 더 이상 자기 자신에게 속하지 않았다. 그리스도인은 그리스도와 그리스도의 백성들에게 속했다. 그러므로 그가 집을 선택하는 공식은 조금 달라야 하지 않을까? 우리가 다른 사람을 나보다 더 낫게 여기고 다른 사람의 유익을 구할 수 있는 집을 선택할 수는 없을까? 그렇게 하려면 자녀를 위해 좋은 학군을 고려해야 하지만, 가격도 고려하고 교회와의 지리적 근접성도 고려해야 한다. 은행 대출과 월세를 감당하고도 다른 사람들에게 자비를 베풀기에 충분한 재정 상태인가? 그 집은 다른 사람이 언제든지 찾아와서 우리의 대접을 받을 수 있는 곳인가? 교회에 걸어갈 만한 거리에다가 집을 구하는 것은 교외보다 도심에서 훨씬 더 현실적인 일이지만, 동일한 원리가 두 경우 모두에 적용된다. 젊은 엄마에게는 다른 도시에 사는 엄마들보다 자기와 같은 주택단지에 사는 젊은 엄마들과 아이들의 플레이데이트(날짜를 정해 아이들이 다른 집에 방문해서 함께 노는 것—옮긴이)를 계획하는 게 더 쉽다. 때로는 가격과 지리적 접근성과 같은 다양한 요소들이 서로 맞지 않는 경우가 있다. 내 말의 요점은, 그리스도인은 집을 선택할 때 비그리스도인과 다르게 생각해야 한다는 것이다. 즉, 원칙적으로 교회와의 관계에 우선순위를 두어야 한다.

나는 우리 교회를 비롯한 여러 교회에서 많은 교인들이 일부러 교회에 걸어서 다닐 수 있는 가까운 거리로 이사하려고 하는 것을 보았다. 또한 직장 때문에 새로운 도시로 가게 되는 경우 집을 구하기 전에 먼저 건강한 교회를 찾는 사람도 보았다. 내 가족의 경우에, 지리적으로 교회에 복종한다는 것은 교회 가까이로 이사한다는 뜻이 아니라 다른 교인들이 살고 있는 지역으로 이사해서 그들과 이웃이 되는 것이다.

우리가 수년 전에 지금 살고 있는 도시로 이사를 왔을 때, 내 아내와 나는 집에 대한 문제로 의견이 나뉘었다. 우리는 어느 교인과 15분 거리에 있는 더 훌륭하고 가격이 저렴한 새집이냐, 다른 교인들과 걸어서 만날 수 있는 지역의 덜 편안하고 더 비싼 낡은 집이냐를 놓고 고심했다. 나는 여러 장로들에게 조언을 구했다. 그러자 그들은 각각 관계에 우선순위를 두라고 조언했으며, 우리는 그 조언을 따랐다. 그 결과 우리가 선택한 집은 당장 수리가 필요 없을 만큼 아름답게 장식되어 있고, 디자인이 훌륭하며, 매력적인 집이 아니었다. 오히려 현관은 낡았고, 문은 덜컹거릴 뿐만 아니라 가끔씩 지하실에서 물이 넘치는 집이었다. 하지만 교회와의 관계에 우선순위를 둔 것이 우리 가족에게는 얼마나 큰 유익이 되었는지 모른다! 아내와 자녀는 우리 교회 교인 가족과 거의 매일 만난다. 나는 1년 6개월 동안 매일 아침마다 한 형제를 만나 함께 기도하고 성경을 읽었다. 그리고 아직까지도 다른 사람들과 이 일을 하고 있다. 이웃에 사는 모든 교인 가족들이 서로를 격려하여 함께 복음을 전하고 우리 이웃에서 사역할 기회를 만들고 있다. 이 책에서 개인주의와 같은 사회적 개념에 대해 이야기할 때마다, 나는 그것이 '등록 교인 제도의 의미를 격감시키기 위한 사탄의 방책이 더 새롭고 더 멋있는 집을 갖고 싶어 하는 우리

문화의 탐욕이 아닐까?'라는 생각을 해본다. 수많은 그리스도인들이 지역적 한계 때문에 주일 아침에만 간신히 교회의 교제에 참여한다. 자신을 기독교 거품(Christian bubble) 속에 고립시키는 것은 그리스도인을 향한 하나님의 부르심이 아니다. 자신과 자신의 공동체를 위해 더욱 적극적으로 자신의 삶을 건설하는 것이야말로 그리스도인을 향한 하나님의 부르심이다.

사회적인 복종

육체적으로 그리고 지리적으로 지역교회에 복종하는 목적 중의 하나는 자신을 사회적으로 복종시킬 기회를 얻기 위함이다. 그렇다고 해서 교회들이 단지 사교 모임이 되어야 한다고 말하는 것은 아니다. 오히려 교회가 사교 모임 이상이어야 한다는 뜻이다. 그리스도인들은 지역교회 안에서 그리고 지역교회를 통해서 친교를 추구해야 한다.

우리의 친구들은 우리가 본받고 따르는 사람들이다. 우리는 친구들의 언어와 생활 방식을 받아들인다. 친구들이 돈을 쓰는 곳에 우리도 돈을 쓴다. 친구들이 가치 있게 여기는 것을 우리도 가치 있게 여긴다. 친구들의 자녀 양육 방식을 따라 우리 자녀를 양육한다. 친구들이 기도하는 것을 본받아 우리도 기도한다. 친구들의 조언을 신뢰하고, 친구가 아닌 사람들의 책망보다는 친구들의 책망에 더 쉽게 귀를 기울인다. 바울이 "악한 동무들은 선한 행실을 더럽히나니"(고전 15:33; 신 13:6 참조)라고 말한 이유가 있다. 우리가 서로를 본받으며 빚어져가는 동안 우리의 형상을 형성하는 데 친구들이 큰 역할을 하기 때문이다(약 4:4을 보라).

이것이 바로 그리스도의 언약을 지키고 그 명령을 행하는 사람들에게 허락된 우리 주님과의 사귐이, 이 세상에 있는 그 어떤 사귐보다 더 귀한 이유이다(시 25:14; 요 15:14). 그리스도가 우리의 친구라고 말하는 것은 우리가 그리스도를 본받는다고 말하는 것과 같다.

친구가 된다는 것은 하나님이 내어주신 것과 같이 내어주는 것이다. 그리스도가 희생을 통해 우리를 친구로 삼으신 것처럼, 하나님은 그분이 친구로 삼으신 사람들에게 자신을 내어주신다(요 15:13, 15). 마찬가지로, 우리 역시 자신을 내어줌으로써 우리 교회 교인들을 친구로 삼아야 한다. (토마스 아퀴나스는 '사귐'이라는 용어를 사용해서 사랑에 대한 논의를 한다.)

지역교회 공동체는 그리스도인들이 역동적인 사귐을 통하여 영원토록 서로의 모습을 빚어가고 형성시키는 일에 참여하는 곳이다. 그리스도인 친구들은 분명히 교회 안팎에서 모두 소중하다. 하지만 지역교회 안의 친구들은 일주일 내내 다른 사람의 삶 속에 말씀 사역을 더 신중하게 확장시킬 수 있는 기회를 서로에게 줌으로써, 동일한 말씀 사역에 의해 형성되어갈 것이다. 사귐은 교회의 말씀 사역이 전달되는 통로이다. 다른 말로 하면, 교회의 사귐은 일반적인 사귐이 갖는 장점들을 모두 가져야 할 뿐만 아니라, 제자도의 요소도 가져야만 한다.

여러 가지 면에서 제자도는 그리스도를 향한 방향 또는 목적과 사귀는 것이다. 즉, 한편 혹은 양편이 서로에게 자기를 내어줌으로써 다른 사람이 점점 그리스도의 형상을 닮아가는 모습을 보는 것이다. 그리스도인의 사귐에는 겸손이 있다. 왜냐하면 제자도는 겸손을 주고받도록 요구하기 때문이다. 하나님이 교회들에게 겸손을 주셨으므로, 그 교회들에는 점차 제자도의 사귐이 넘쳐나야 한다. 젊은 남성들은 서로의 믿음을 격려하기 위해 다른 젊은 남성들을 친구로 삼고, 젊은 여성들도 다른 젊은 여성들을 친구로 삼고, 다른 사람들 역시 그렇게 해나가는 것이다.

간혹 사람들은 어떻게 특정한 말씨나 버릇이 친구들 모임이나 교회 공동체 안에 퍼질 수 있냐고 비웃곤 한다. 하지만 이것이 바로 서로 본받는 피조물들 사이에서 제자도가 역사하는 방식이다. 우리가 겸손하다면, 서로를 보며 모방한다. 바울은 고린도 교회에 보내는 편지에서 "내가 그리스도를 본받는 자가 된 것같이 너희는 나를 본받는 자가 되라"라고 두 번이나 말했다(고전 11:1; 4:16; 또한 살후 3:7, 9). 히브리서 기자도 마찬가지로 독자들에게 지도자의 믿음을 본받으라고 했으며(히 13:7), 요한도 편지를 보내는 교회에게 선한 것을 본받고 악한 것을 본받지 말라고 했다(요삼 1:11).

지역교회에 자신을 사회적으로 내어주는 것은, 그리스도인들에게 자기들이 사회적으로 편안하게 여기는 영역에서 벗어나 사귐 속으로 들어갈 기회를 주는 것이다. 나이 든 사람들과 젊은 사람들, 부유한 사람들과 가난한 사람들, 교육을 받지 못한 사람들과 교육을 받은 사람들, 흑인들과 백인들 등 서로 다른 사람들이 사귀는 것이다. 여기에는 다른 인종의 교인들이 서로 친구가 되는 것도 포함되지만, 그들이 서로에게서 교훈과 책망을 받으려면 조금 더 겸손해져야 한다. 그러나 서로 다른 인종의 교인들이 같은 영, 같은 사랑, 같은 마음 안에서 서로 견고하게 설 수 있도록 성령이 기쁘게 도우신다. 성령은 부와 계층, 교육 그리고 전통적으로 분열을 일으키는 요인들 때문에 마음이 나뉜 사람들을 위해 이와 똑같은 일을 즐겨 하신다.

요약하면, 교회 안에서의 사귐은 세상의 사귐과 같기도 하고 다르기도 하다. 교회 안에서의 사귐이 비뚤어지고 부패한 세대 속에서 아무런 다툼과 논쟁 없이 시행될 때, 이 사귐은 세상에서 별과 같이 빛날 것이다.

정서적인 복종

누군가를 사귈 때 상대방과 정서를 교감하게 된다. 그리스도인들이 지역교회에 복종하는 또 한 가지 방식은 자기의 애정을 서로에게 복종시키는 것이다. 나에게 기쁨 또는 슬픔을 준다는 의미가 무엇일까? 나를 기쁘게 하거나 슬프게 한다는 의미는 무엇일까?

"자기보다 남을 낮게 여기고 자기의 유익만 구하지 말라"라고 한 바울의 명령을 성취한다는 것은 우리가 단지 몸과 사귐만 내어주는 것에 그치지 않는다. 바울은 우리가 자기 몸을 불사르게 내어준다 해도 마땅히 내어주어야 할 것을 주지 못할 수 있다고 말한다. 즉, 사랑과 애정이다. 그러므로 바울은 빌립보 교회에게 같은 마음이 되고 같은 사랑을 가지라고 교훈한다. 같은 사랑은 무엇보다도 아들을 예배하고 아버지의 영광을 구하지만, 이렇게 아버지를 예배하는 데에는 자기 교회 교인들의 유익을 구하는 그리스도인의 마음도 포함된다. 그래서 바울은 로마 교회 교인들에게 이렇게 말한다. "형제를 사랑하여 서로 우애하고 존경하기를 서로 먼저 하며"(롬 12:10). 또한 고린도 교회 교인들에게는 이렇게 말한다. "몸 가운데서 분쟁이 없고 오직 여러 지체가 서로 같이 돌보게 하셨느니라"(고전 12:25).

소비주의적인 교회가 어떻게 이러한 사랑과 공존할 수 있는지 이해할 수 없다. 내가 염려하는 것은 우리가 교회에서 추구하는 것이 고작 영화관에서 경험하는 사랑과 감정이라는 사실이다. 영화관에 앉아서 흘리는 눈물에 대해 잠시 생각해보라. 관객이 공감할 수 있는 한순간의 로맨스나 비극이 일어난다. 순식간에 감정이 이입되어 우리의 생각과 마음이 사로잡히고, 심지어 그 감정에 완전히 몰두하게 된다. 어느 순간 눈물이 흐르지만, 그 장면이 지나가면 눈물은 말라버리고 모든 것을 금방 잊어버린다. 영화가 모두 끝나면, 우리는 그저 한 차례 이상한 감정 폭발을 경험한 사람으로 남고 만다. 당신의 인격은 전혀 변화되지 않은 채 남아 있다.

실제의 삶이 우리를 울게 할 때 우리는 당연히 이와 다른 경험을 하게 된다. 진정한 눈물을 흘리게 하는 상황들은 종종 우리를 더 좋게 혹은 나쁘게 변화시킨다. 영화관에서 눈물을 흘리는 것은 나에게 특별한 경험이다. 한순간 나는 완전히 몰입한다. 그러나 영화가 끝나고 실내에 불이 켜지면 나의 감정은 마치 아무런 일도 없었던 것처럼 원래대로 돌아온다. 그런 상황은 종종 무언가에 조종당했다는 느낌을 주기도 한다. 다시 말하지만, 내가 염려하는 것은 영화관 감성에 길들여진 오늘날의 그리스도인들이 교회 안에서도 이와 똑같은 방식으로 느끼고 사랑하려 한다는 점이다. 매력적인 설교 예화, 계속해서 반복하는 찬양 후렴구 등은 모두 눈물을 자아내고 기쁨과 사랑, 심지어 확신의 감정까지 만들어낸다. 그러나 예배가 끝나면 그러한 감정들이 모호하게 남는다.

이 감정을 바울이 명령한 애정과 비교해보라. 바울이 명령한 애정은 감정과 행동이 결합된다. 즉, 기쁨과 자기희생의 결합이다. 바울은 우리에게 긍휼, 자비, 겸손, 온유, 오래 참음, 인내, 용서 그리고 무엇보다 모든 것을 완벽하게 하나로 묶어 연합시키는 사랑을 입으라고 말한다(골 3:12-14). 이 덕목들은 영화관에서 느낄 수 있는 것처럼 감상적인 감정이 아니다. 바울은 직장에서 승진하여 돈과 명예를 얻게 된 형제가 있으면 그 형제와 함께 기뻐하라고 명령한다. 우리가 그렇게 할 수 있을까? 바울은 애타게 결혼하고 싶어 하는 서른 살 미혼 여성에게 스물두 살 여성의 결혼을 기뻐하라고 명령한다. 그녀가 그렇게 할 수 있을까? 부자가 직업을 잃었을 때, 가난한 사람이 그 부자와 함께 슬퍼할 수 있을까? 젊은 여성이 우울증 때문에 마음이 서글프고 눈물이 많아졌을 때, 나이 많은 여성이 그와 함께 슬퍼할 수 있을까? 자기의 야망과 헛된 자만에 "예"라고 말하는 것이 아니라, 이러한 질문들에 "예"라고 말하기 위해서는 단순한 감성 이상의 무엇이 필요하다. 여기에는 복음이 바꾸어놓은 마음과 성령의 능력이 필요하다. 오직 그리스도 안에서 자기 정체성과 기쁨을 발견할 때 비로소 미혼 여성이 결혼하는 여성 때문에 기뻐하고, 가난한 사람이 부자 때문에 기뻐할 수 있다. 그들은 그리스도의 희생에서 발견한 그리스도의 사랑 안에서 자신이 인정받았다고 느낀다. 그들은 결혼과 부유함이 그리스도보다 더 자기를 만족시킬 수 없다는 것을 잘 안다. 그들은 오직 그리스도를 향한 찬송을 사모하기 때문에, 그리스도의 몸에 속한 사람들을 향하여 그들이 예상할 수 없을 만큼 따뜻한 마음을 갖게 되며, 그들도 자기와 동일한 지식 및 기쁨을 갖게 되길 갈망한다.

우리가 교회를 우리 자신이 영적으로 진보하는 장소로 생각한다면, 이렇게 사랑할 수 있을까? 우리가 우리의 재능이 올바로 사용되고 있는지, 음악이 우리의 기준에 맞는지, 또는 설교가 충분히 매력적인지 등에 관심을 두느라 더 많은 시간을 보낸다면, 다른 사람의 기쁨과 슬픔에 우리 자신을 내어주었다고 할 수 있을까? 아니다. 참된 기쁨과 슬픔은 우리가 우리 자신을 다른 사람들과 동일시할 때 일어난다. 그런데, 이것이 바로 소비자들과 방관자들이 항상 문자 그대로 자기 **자신을** 내어주지 못하는 일이다.

'같은 사랑'으로 '다른 사람을 나보다 낫게 여기라'는 바울의 명령을 성취한다는 것은, 자기가 받을 것과 하나님을 동등하게 여기지 않으신 그리스도의 사랑을 아는 것과, 그리스도가 사랑하신 대로 나도 사랑해야 한다는 것을 의미한다.

경제적인 복종

그리스도인들은 지역교회에 경제적으로 복종해야 한다. 이것은 상황에 따라 다른 모습을 띤다. 어떤 상황에서는, 정기적으로 헌금함에 돈을 넣는다는 뜻이다. 경제적인 형편 때문에 그처럼 헌금할 수 없는 상황에서는, 정기적으로 생활필수품을 제공하여 교인들을 돕는 것을 의미한다. 어떻게 행하는지에 관계없이, 그리스도인들은 다음과 같은 성경의 명령을 성취할 방법을 찾아야 한다.

- 성도들의 쓸 것을 공급하며 손 대접하기를 힘쓰라(롬 12:13; 또한 갈 2:10; 요일 3:17).

- 성도를 위하는 연보에 관하여는 내가 갈라디아 교회들에게 명한 것 같이 너희도 그렇게 하라. 매주 첫날에 너희 각 사람이 수입에 따라 모아두어서 내가 갈 때에 연보를 하지 않게 하라(고전 16:1-2; 또한 롬 15:26).

- 내가 증언하노니 그들이 힘대로 할 뿐 아니라 힘에 지나도록 자원하

여 이 은혜와 성도 섬기는 일에 참여함에 대하여 우리에게 간절히 구하니 … …이 모든 일에 풍성한 것같이 이 은혜에도 풍성하게 할지니라(고후 8:3-4, 7).

- 이와 같이 주께서도 복음 전하는 자들이 복음으로 말미암아 살리라 명하셨느니라(고전 9:14; 또한 9:11-13; 마 10:10; 눅 10:7; 갈 6:6; 딤전 5:17-18).

대부분의 그리스도인들은 우리가 경제적으로 내어주어야 한다는 사실을 알고 있다. 하지만, 나는 더 나아가서 그리스도인이 정기적으로 내어주는 것의 첫 열매가 지역교회로 가야 한다고 제안한다. 여기에는 몇 가지 이유가 있다. 첫째, 바울은 "가르침을 받는 자는 말씀을 가르치는 자와 모든 좋은 것을 함께 하라"라고 했다(갈 6:6). 우리가 자녀들을 부양할 의무가 있는 것과 마찬가지로, 지역교회에서 하나님의 말씀을 전하는 설교자들을 부양할 의무가 있다.

둘째, 이것은 교회의 권위에 복종하는 방법 중 하나이다. 우리의 첫 열매를 드리는 것은 우리가 교회 지도자들을 신뢰할 뿐 아니라, 그들이 이 돈을 교회의 성장과 사역을 위해 잘 사용할 것으로 믿는다는 뜻이며 이 믿음을 겉으로 드러내는 것이다. 교회와 교회 지도자들에게 복종한다고 말하면서 경제적으로 자기 것을 내어주지 않는다면 그 사람은 자기의 주장이 빈말이라고 이야기하는 것과 같다. 사람들이 (시간을 제외하고) 다른 무엇보다 돈을 쓰는 모습을 보면, 그가 무엇에 가치를 두고 사랑하는지 알 수 있다. 자기 교회에 거의 또는 아무것도 내어주지 않는 사람은 자기 통치와 자기 주권에 엄청난 가치를 두는 사람이다.

그러나 나는 교회 지도자들이 그동안 경제적으로 운영을 잘못했기 때문에, 헌금을 하기 싫어하게 된 교인들의 마음도 십분 공감한다. 만일 교회가 선교나 개척과 같은 하나님 나라 사역에 거의 관심이 없고 교회 건물을 치장하거나 다른 비본질적인 문제들에 돈을 쓰는 것을 보면, 교회를 후원해야겠다는 마음이 사라질 것이다. 그럼에도 예수님은 교회에게 우리의 제자도를 감독할 수 있는 권위를 주셨다. 이 감독에는 우리가 돈을 어떻게 쓰고, 하나님의 사역에 어떻게 공헌하는지에 대한 감독도 포함된다. 어쨌든 우리는 그 권위에 복종해야 한다는 부르심과 하나님이 우리에게 주신 재정을 선하게 관리해야 한다는 부르심 사이에서, 또한 가끔 두 가지가 서로 조화를 이루지 않는 것 같은 상황에서도 균형을 이루어야 한다.

직업적인 복종

어떤 사람에게는, 하나님과 지역교회에 복종한다는 것이 세상의 직업을 버리고 전임 사역자가 된다는 뜻이다. 하지만 하나님과 지역교회에 복종한다는 것이 모든 그리스도인에게 의미하는 바는, 우리의 직장은 영원하지 않으나 우리의 동료 교인들은 영원히 함께한다는 사실을 깨닫는 것이다.

그리스도인이 교회와 가까운 곳에 집을 구하려고 한다면, 직장의 경우도 그와 같이 생각해야 한다. 그리스도인이 직장을 정하는 것은 성경적인 윤리의 문제를 제외하고는 순전히 자유와 사려 깊음의 영역에 속한다. 하지만 그리스도인들은 직장을 결정하는 문제를 통해서 어떻게 "다른 사람을 나보다 낫게 여길" 수 있는지 고려해야 한다. 내가 아는 사람들 중에는 지역교회를 섬기기 위해 자기의 지위와 많은 임금을 포기한 사람들, 더 크고 유명한 법률회사에서 작은 법률회사로 옮긴 사람들, 번듯한 직장을 포기한 사람들 그리고 다른 도시로 이사하지 않기로 결정한 사람들이 있다. 각각의 경우, 그들의 원칙은 대체로 교회를 섬기는 일에 방해가 되지 않는 직장을 선택한다는 것이다. 또한 어떤 사람들은 처음부터 주일에 일하는 것을 거절하거나, 그 이유 때문에 직장을 그만두기도 했다. 그들이 직장을 그만둔 이유는 안식일을 엄수해서가 아니라, 그날에 교회가 함께 모이기 때문이다.

안타까운 일은, 오늘날 많은 교회들이 장로를 세울 때 영적으로나 성경적으로 자격을 갖춘 사람보다는 세상에서 성공한 사람을 선출한다는 것이다. 내가 가장 존경하는 장로들 중에는 교회를 섬기기 위해 자기의 이력을 희생한 분들도 있다.

나는 그리스도인이 성숙해지려면 반드시 자기의 이력을 희생해야 한다고 말하는 것이 아니다. 하지만 우리는 자신이 비그리스도인들의 방식대로 성공을 소중히 여기고 위로 올라가려고만 하는 것은 아닌지 반드시 생각해보아야 한다. 야망은 선한 것이다. 그것은 하나님을 본받는 모습 중의 하나이다. 우리 그리스도인들은 비그리스도인들보다 훨씬 더 야망이 있어야 한다. 왜냐하면 우리에게는 야망을 품어야 할 대상이 더 많기 때문이다! 하지만 세상 직업과 지역교회와 관련해서 하나님의 나라와 그분의 의에 대해 야망을 품는다는 것은 무슨 뜻일까? 정말로 사랑하고 섬기는 것이 우리의 경력에 가시적인 효과를 보일 수 있다는 뜻일까? 이런 질문을 할 마음조차 없다면, 결코 그 답을 알 수가 없다.

그리스도인들이 전임 사역자가 되었을 때, 그들은 지역교회의 감독과 확증에 훨씬 더 분명하게 자기를 복종시켜야 한다. 마찬가지로 교회들도 그러한 사역을 지원하는 그리스도인들에 대한 주인 의식과 책임감을 가져야만 한다. 나는 전임 사역에 대해 생각할 무렵 언론사에서 일하고 있었다. 어느 날 나는 우리 교회 목사님과 점심 식사를 하면서 그런 생각에 대해 이야기했다. 그러자 목사님은 사람이 사역자가 되려면 우선 그의 내적인 갈망이 있어야 할 뿐 아니라 교회가 그의 성품과 은사를 인정해야 한다고 대답했다. 전임 사역을 생각하는 사람들은 반드시 자기의 욕구를 지역교회의 지혜와 지도에 복종시켜야 한다. 우리는 다른 사람이 우리의 성품과 은사를 볼 수 있는 만큼 분명하게 우리 자신을 보지 못한다. 물론, 내 말의 뜻은 사역자로 부름받은 사람들에 대해 그 가부를 결정할 권한을 반드시 교회에게 주어야 한다는 것이 아니다. 하지만 우리는 일반적으로 교회의 조언에 귀를 기울여야 한다.

윤리적인 복종

그리스도인들은 지역교회의 권위에 윤리적으로 복종해야 한다. 물론 어린아이가 부모에게 절대적 권위를 부여해야 하는 것이 아니듯이, 그리스도인들도 교회에게 절대적인 권위를 부여해야 한다는 말은 아니다. 내 말의 의미는, 어린아이가 부모에게 하는 것처럼 그리스도인이 하나님의 말씀에 따라 반드시 교회의 교훈과 지도와 조언과 책임과 훈련을 구해야 한다는 것이다. 그러므로 목회자들은 "교훈과 책망과 바르게 함과 의로 교육하기에 유익한"(딤후 3:16) 성경을 가르쳐야 한다는 명령을 받았고, 교인들은 의로운 방식으로 서로를 지키는 일에 도움이 되어야 한다는 의무를 부여받았다. 바울은 이렇게 말한다.

"형제들아 사람이 만일 무슨 범죄한 일이 드러나거든 신령한 너희는 온유한 심령으로 그러한 자를 바로잡고 너 자신을 살펴보아 너도 시험을 받을까 두려워하라 너희가 짐을 서로 지라 그리하여 그리스도의 법을 성취하라"(갈 6:1-2). 유다도 이와 비슷하게 말한다. "어떤 의심하는 자들을 긍휼히 여기라 또 어떤 자를 불에서 끌어내어 구원하라 또 어떤 자를 그 육체로 더럽힌 옷까지도 미워하되 두려움으로 긍휼히 여기라"(유 1:22-23). 지역교회는 우리가 다른 사람들이 죄를 극복하도록 돕고, 우리도 다른 사람의 도움을 받기 위해 마음을 열어야 하는 첫 번째 장소이다. 지역교회에 복종한다는 것은 우리가 죄를 범하고 방황할 때 교회의 권징을 기꺼이 받겠다는 뜻이다. 잠언에서 지혜로운 아들과 어리석은 아들을 비교하는 수없이 많은 구절이 교인들에게 훌륭한 지침서가 된다.

- 마음이 지혜로운 자는 계명을 받거니와 입이 미련한 자는 멸망하리라(잠 10:8).

- 미련한 자는 자기 행위를 바른 줄로 여기나 지혜로운 자는 권고를 듣느니라(잠 12:15).

- 지혜로운 아들은 아비의 훈계를 들으나 거만한 자는 꾸지람을 즐겨 듣지 아니하느니라"(잠 13:1).

- 미련한 자는 명철을 기뻐하지 아니하고 자기의 의사를 드러내기만 기뻐하느니라"(잠 18:2).

지역교회는 우리도 지혜로운 아들이 되고 다른 사람들도 그렇게 되도록 돕는 연습을 하는 곳이다. 우리는 필요할 때마다 다른 사람을 가르치고, 조언하고, 바로잡아줌으로써 그들을 도울 수 있다. 만일 형제가 우리에게 원한이 있다면, 우리는 예배를 드리러 가기 전에 화해를 도모한다(마 5:23-24). 만일 형제가 우리에게 죄를 범하면, 그를 찾아가서 권고한다(마 18:15). 만일 그가 들으면, 우리는 형제를 얻는 것이다. 만일 그가 듣지 않으면, 두세 사람이 함께 다시 그를 찾아간다. 그가 그래도 듣지 않으면, 그에 대한 문제를 교회에 맡긴다(마 18:16-17). 이 모든 것이 지역교회에 복종한다는 의미의 일부이다.

내 말은 그리스도인들이 다른 교회 그리스도인들에게는 조언을 하지 않거나 그들의 조언을 받지 않는다는 의미가 아니다. 그리스도인들에게는 자기를 매고 푸는 궁극적 책임을 가진 회중에게 자기의 삶을 열어두어야 하는, 더 큰 의무가 있다는 의미이다. 만일 우리가 교회 밖에 있는 사람에게 우리의 죄를 적나라하게 고백한다면, 그것은 우리의 영혼을 감독하라고 예수님이 우리 교회에게 부여하신 책임을 빼앗는 것과 같다. 그렇게 되면 우리는 교회 권징이 미치는 범위를 벗어나게 되어, 우리의 영혼은 위험에 처할 것이다. 게다가, 이것은 우리 말씀 교사들이 회중에게 의미심장한 설교를 할 수 없도록 방해하는 행위이다. 만일 교인들이 어떻게 윤리적으로 방황하고 있는지 모른다면, 교사들은 그들을 양육하는 일이 훨씬 더 어렵게 느껴질 것이다. 또한 이것은 우리를 어리석게 만들어서, 스스로 자기의 제자도를 완전히 책임질 수 있다고 생각하게 한다. 그리고 자기 마음대로 선정한 교회 밖의 책임자는 쉽게 떠날지도 모른다.

영적인 복종

그리스도인들은 지역교회에 영적으로 복종해야 한다. 이 마지막 항목은 어떤 면에서 이미 언급된 모든 내용을 요약하기 때문에, 앞에서 다루지 않은 모든 것을 다 포함할 수도 있다. 하지만 그중에서도 구체적으로 세 가지가 포함된다. 첫째, 지역교회는 그리스도인들이 믿음 안에서 서로를 세우기 위하여 꼭 가야만 하는 곳이다. 둘째, 지역교회는 우리의 영적 은사를 사용해야 하는 곳이다. 셋째, 지역교회는 우리가 정기적으로 중재하고 기도해야 할 사람들이 모인 곳이다. 유다는 이렇게 말한다. "사랑하는 자들아 너희는 너희의 지극히 거룩한 믿음 위에 자신을 세우며 성령으로 기도하며 하나님의 사랑 안에서 자신을 지키며 영생에 이르도록 우리 주 예수 그리스도의 긍휼을 기다리라"(유 1:20-21). 바울은 "각 사람에게 성령을 나타내심은 유익하게 하려 하심이라"라고 말한다(고전 12:7; 또한 12:4-11; 또한 롬 12:4-8).

나는 영적 복종과 돌봄이 다른 교회 그리스도인들에게까지 확장되어서는 안 된다고 말하려는 것이 아니다. 단지 그리스도인들이 자기를 영적으로 감독할 책임을 우선적으로 자기가 등록한 교회의 회중에게 맡겨야 한다는 것이다. 이것이 성경적이고, 지혜롭고, 지각 있는 방법이다.

교회에 대한 우리의 영적 복종은 수동적이기보다는 능동적이다. 영적 복종은 다른 사람이 가르치는 것을 들을 때 수동적으로 시작한다(고전 2:13). 설교를 통하든지 아니면 개인적인 책망을 통하든지, 하나님의 말씀은 모든 영적 생활의 원천이다. 즉, 하나님의 말씀은 하나님의 영과 함께 그리스도인 안에서 역사한다. 그러나 일단 말씀을 들은 후에는, 지역교회 안에서 그 말씀을 즉각 행동으로 옮겨야 한다. 우리는 들은 것에 반응한다. 교회와, 교인들과, 교회 지도자들과, 교회의 증거와 예배를 위해 기도하기 시작한다. 위로의 말을 하고 이따금 바로잡아줌으로써 서로를 세운다(고후 1:3-7). 성령이 주신 은사를 활용한다. 이러한 행위가 없다면, 우리가 정말로 성령을 통해 말씀을 들었는지 의심할 수밖에 없다. 요약하면, 영적 복종은 비록 듣는 것에서 시작하지만 주는 것과 훨씬 더 관계가 깊다.

우리의 복종을 육체적, 사회적, 정서적, 경제적, 직업적, 윤리적, 영적으로 세분했으나 그렇다고 이것들이 우리 인격에서 서로 별개의 측면들이라는 의미는 아니다. 이 항목들은 교회 안에서의 거룩한 복종과 자유를 구성하는 서로 다른 주제들일 뿐이다. 사랑은 자기의 영광을 위해 자기가 가진 것을 주는 것이 아니라, 하나님의 영광을 위해 자기를 주는 것이다. 다른 사람을 사랑하는 것은 하나님을 위해 모든 면에서 우리의 존재 전부를 주는 것이다. 하나님을 위해 다른 사람과 하나가 되는 것이다. 하나님을 위해 다른 사람에게 복종하는 것이다. 하나님의 영광을 위해서라면 우리 자신과 우리 명예에 해가 된다 할지라도, 다른 사람의 비판을 쉽게 받아들일 수 있도록 일정한 방식으로 우리 자신을 열어두는 것이다. 사랑에는 반드시 위험과 희생이 따른다. 사랑은 모든 것을 영원히 얻기 위하여 현세에서 모든 위험을 감수하는 것이다(마 16:26을 보라).

대부분의 사람들이 사랑과 복종을 서로 분리하고 싶어 하지만, 사실 모든 사람이 사랑과 복종은 위험을 내포한다는 점을 알고 있다. 이것의 모형은 어린 시절에 들었던 이야기들 중 영웅이 아름다운 여인을 얻기 위해 모든 위험을 감수한다는 이야기에서 찾아볼 수 있다. 기독교에서 특이한 점은, 이 위대한 영웅이 아름다운 여인을 위해 모든 위험을 감수한 것이 아니라 음녀를 위해 감수한다는 것이다. 그 후에 영웅은 자기가 구원한 모든 사람을 불러 음녀, 즉 아직 준비되어가는 교회에게 복종시킨다. 당신이 그 일을 시작할 때, 사람들은 복종을 두려워하지 않는다. 사람들은 추한 것에 복종하기를 두려워한다. 우리는 아름다운 것에 복종하고 싶어 한다. 심지어 포르노그래피 시장과 같은 것들조차도 희미하기는 하지만 비극적인 방식으로 이 사실을 보여준다.

지역교회에 복종하는 것은 어떤 의미에서 추한 것에 대한 사랑에 복종하는 것이다. 우리의 원수들에게 복종하는 것이다. 우리의 비전과 일치하지 않고 자기 영광의 비전을 가진 죄인들에게 복종하는 것이다. 그러나 이것이 바로 그리스도가 우리를 사랑하신 방식이다. "내가 너희를 사랑한 것같이 너희도 서로 사랑하라"(요 13:34). 그리스도는 추함을 아름다움으로 바꾸시는 사랑으로 우리를 사랑하신다(엡 5:22-31을 보라). 그러므로 교회에 대한 우리의 사랑도 그래야 한다.

누가 이렇게 사랑할 수 있을까? 오직 눈이 열리고, 이 세상에 대한 사랑의 노예 상태로부터 마음이 자유로운 사람만 이렇게 사랑할 수 있다. "그러므로 아들이 너희를 자유롭게 하면 너희가 참으로 자유로우리라"(요 8:36).

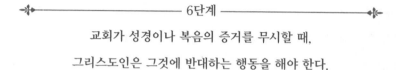

─── 6단계 ───

교회가 성경이나 복음의 증거를 무시할 때,

그리스도인은 그것에 반대하는 행동을 해야 한다.

그러나 경건하고 하나님을 두려워하는 마음으로 해야 한다.

언제 그리고 어떻게 반대할 것인가?

지금까지의 모든 논의는 교인들이 어떻게 건강하고 복음 중심적인 교회에 복종해야 하는가를 전제로 했다. 그러나 그리스도는 그리스도인들이 건강하지 않은 교회들에게도 복종할 것을 기대하실까? 또한 우리가 복종해야 한다는 말은 지도자들에게 결코 반대하지 못한다는 뜻일까? 만일 반대가 허락된다면, 우리는 언제 그리고 어떻게 반대해야 할까?

가장 먼저 기억해야 하는 것은, 세상의 모든 정부가 완벽하지 않듯이 세상의 그 어떤 교회도 완벽하지 않다는 사실이다. 그럼에도 그리스도는 그리스도인들을 향하여 교회에 복종하라고 하셨으며, 시민들에게는 정부에 복종하라고 하셨다(롬 13:1). 마치 하나님은 사람들이 다른 불완전한 사람에게 복종하게 하시려는 목적을 갖고 계신 것처럼 여겨진다.

그리스도인들이 지역교회에 복종해야 하는 이유는, 당연히 그들이 궁극적으로 성경에 복종하기 때문이다. 교회나 그 어떤 교회 대표자도 궁극적인 권위를 가질 수 없다. 그리스도와 그분의 말씀에만 궁극적 권위가 있다. 베드로와 요한이 유대 권위자들에게 자기들은 사람의 말을 듣지 않고 하나님의 말씀을 들어야만 한다고 했던 것처럼(행 4:19), 교회 생활에서 그리스도인의 양심은 궁극적으로 하나님께 매여 있다. 알렉산더 스트라우크(Alexander Strauch)는 이렇게 말했다. "참된 장로들은 형제들의 양심에 명령을 내리지 않고, 형제들에게 하나님의 말씀을 따르라고 호소한다."[12]

---

12 Alexander Strauch, *Biblical Eldership: An Urgent Call to Restore Biblical Church Leadership*, rev. ed.

교회의 불법과 권위 남용이 용납할 만한 수준일 때도 있고, 때로는 교회의 권위가 부인되어야만 할 때도 있다. 안타깝게도, 그리스도인이 언제 교회의 권위를 부인해야 하고 언제 하지 말아야 하는가에 대한 구체적인 공식이 없다. 다만 교회가 성경에 명백히 위반되는 것을 요구할 때나 은연중에 성경적인 지혜의 정신을 위반할 때, 그리고 복음을 형편없이 드러낼 때에는 그리스도인이 교회에 복종할 필요가 없다. 후자의 경우는 결국 개인의 양심에 따라 판단해야 한다.

　　지역교회에 복종한다는 것은 교회의 선함과 거룩함에 복종하는 것을 의미하며, 우리는 이 사실에 주목할 필요가 있다. 우리가 복종한다는 것은, 지도자들의 말과 행동과 리더십이 성경에 명백히 위배되거나 복음을 형편없이 드러낼 때마다 그들에게 반대하고, 심지어는 그들을 책망하기까지 해야 한다는 것을 의미한다. 이런 경우에, 우리는 우리의 반대와 염려를 신중하게, 사려 깊게, 예의 바르게, 확실하게 표현해야 한다. 이것을 온유함으로 하고 복종하고자 하는 마음으로 해야겠지만, 무엇보다 반드시 해야 한다는 것이 중요하다. 만일 교회의 권위 또는 장로들의 권위에 복종하는 것이 교회를 그리스도께 무가치한 존재나 순결하지 않은 신부로 만드는 결과를 낳는다면, 성경은 우리에게 말과 행동으로 그 권위에 저항하라고 가르친다.[13]

(Colorado Springs, CO: Lewis and Roth, 1995), p. 98. 조성훈 옮김, 《성경에서 말하는 교회의 인도자들》(전도출판사, 2011).

13 권위에 대한 고교회(high church)의 개념과 내가 여기에서 주장하려는 개념(자유교회들에게 적용되는 개념) 사이에 오해가 발생하는 부분은 바로 이 반대에 관해서이다. 19세기 장로교인 제임스 배너먼은 침례교회와 회중교회에 반대하면서 다음과 같이 썼다. "권위가 만일 권위의 행위를 받는 편의 동의가 필요하다는 점에서 조건이 붙고 억제된다면, 그 권위는 엄밀한 의미에서 권위라고 할 수 없다. 그것은 단지 한편이 다른 편에게 주는 조언 또는 권고이다. 실행되기 위해 양편의 합의가 필요하다거나 어느 한편이 기쁘게 합의하지 않는다면, 그것은 어느 한편이 다른 편에게 행하는 권위적인 힘이라고 할 수 없다." 나는 배너먼의 의견에 어느 정도 동의한

장로를 윤리적으로 고발하기 위해서는, 두세 사람의 증인이 필요하다(딤전 5:19). 바울이 이것을 요구한 이유는 아마도 지도자들이 자기들의 불만을 매우 중요하게 여기거나 정당하다고 생각하는 악한 인간의 습성을 가지고 있기 때문일 것이다.

교회 교인들이 반대 의사를 비췄거나 유감을 표시했지만 무시당했을 때에는 어떻게 해야 할까? 교인들은 뒤에서 수군거리거나 당을 지어서는 안 된다. 만일 지도자들의 위법이 용납할 만한 수준이라면, 용서가 필요한 일들을 용서하고, 더 이상 그 문제를 언급하지 않으며, 교회가 올바로 유지되도록 그들을 즐거이 지지해야 한다. 절대로 마음속에 원한을 쌓아서는 안 되고, 다른 사람에게(심지어 배우자에게도) 교회 지도자의 권위를 손상시키는 말을 해서도 안 된다.

나는 우리 교회의 다른 목회자들에게 동의하지 않을 때, 내 아내

다. 교회의 권위는 오직 그리스도의 권위에 근거를 두고 있기 때문에 다스림을 받는 사람들의 동의에 의존하지 않는다는 것이 사실이다. 하지만 교회의 권위에 대한 이해가 여기에서 머무른다면 권위주의를 낳게 되거나 적어도 시내 산에서 받은 율법과 거의 다를 바 없는 율법주의가 되고 만다. 그렇게 되었을 때 교회 지도자들은 이렇게 말할지도 모른다. "내 권위는 그리스도에게서 온 것이므로, 내가 말하는 것도 그리스도에게서 왔다. 더 이상 이의를 제기하지 마라." 우리는 성령의 권위가 그분의 백성들 가운데에서 역사하고 있다는 사실도 깨달아야 한다(마 18:15-17; 고전 2:6; 갈 1:6-9). 복음의 권위는 언제나 교회의 권위가 성령이 주의 백성에게 역사하시는 범위 안에서만 효과가 있다는 사실을 인식하고 있다. 다른 말로 하면, 교회의 권위는 결코 말씀을 벗어나지 않는다. 그리고 그 권위의 유용성도 성령을 벗어나지 않는다. 앞서 말했듯이, 복음의 권위는 강요받아서 하는 행동이 믿음의 행동이 아니라는 것을 안다. 그러므로 복음의 권위는 맹목적인 순종을 요구하지 않고, 각 사람의 마음속에 있는 복음의 실재에 호소하며, 자발적인 순종을 요구한다. 그리스도가 그분의 권위를 시행하시는 원리도 이와 같다. 그리스도의 권위는 우리의 동의에 의존하지 않지만, 그럼에도 우리의 동의를 요구하신다. 그 후에 그리스도는 그분이 원하실 때 성령을 통해서 우리에게 권위를 주신다. 그리스도는 자기에게 순종하는 마음으로 우리의 뜻을 행하라고 말씀하신다. 그러므로 그리스도에 대한 우리의 복종은 자발적인 복종이다. 그렇다고 우리가 그리스도의 권위에 반대할 수 있을까? 아니다. 왜냐하면 그리스도는 하나님이고 우리의 궁극적인 권위이기 때문이다. 반면에 교회는 그렇지 않다. 그리스도인들은 교회의 권위에 반대할 수 있다. 배너먼이 비국교도의 입장을 잘못 대변해서 한 말처럼, "기쁘게 합의하지" 않기 때문이 아니라, 교회가 그리스도의 말씀 또는 복음의 증거를 무시하기 때문이다. 물론, 배너먼도 그의 논의에서 이 마지막 논점이 교회가 가진 권위의 한계라는 사실을 인정한다(Bannerman, *Church of Christ*). 이처럼 복음의 권위는 양심에 반하게 역사하는 것이 아니라 양심과 일치하게 역사하므로 그리고 세상의 모든 권위에는 오류의 가능성이 있으므로, 권위에 반대할 여지가 있어야만 한다.

가 그들의 권위를 무시하지 않도록 주의를 기울인다. 아내가 남편의 불평에 마음이 상하지 않은 채, 매주 그들의 설교를 들으면서 하나님 말씀의 유익을 누리길 원하기 때문이다. 이것은 내가 항상 아무 말도 하지 않음을 의미하는 것이 아니다. 그 문제에 대해 아내에게 무엇인가를 이야기해야 한다면, 아내가 교회를 더 사랑하도록 도울 수 있는 말을 찾았을 때에만 비로소 이야기를 꺼낸다는 뜻이다. 또한 나는 아내가 내 잘못도 보게 하려고 노력한다. 예를 들어, 나에게 참을성이 없고 사랑이 부족한 것 등이다. 아내의 남편으로서 그리고 친구와 동료 교인으로서, 나는 항상 그리스도와 그의 신부에 대한 내 아내의 사랑을 보호하는 데에 목표를 두어야 한다. 그 사랑을 짓밟아서는 안 된다. 그러한 돌봄이 모든 교인들에게 확장되어야 한다. 바울은 교회 안에서 "누가 누구에게" 불만이 있거든 용서해야 한다고 말한다(골 3:13; 문자 그대로 번역).

불만을 참을 수 없다면 교회를 떠나기로 결심할 수도 있다. 단, 남아 있는 사람들 속에 분열과 불만의 씨앗을 뿌려놓지 않는 방법으로 떠나야 한다. 더욱이, 교인이라면 마음속의 거리낌이 최고조에 이르렀을 때, 또한 화해하고 이해하기 위한 모든 노력을 다한 후에야 비로소 그 불화를 떠나겠다고 결정해야 한다. 17세기 회중교회 목사였던 제러마이어 버로스(Jeremiah Burroughs)는 그러한 결정에 선행되어야 하는 깊은 기도와 마음의 거리낌을 적절하게 설명했다.

교회 안에 경건하고 양심적인 사람들이 있는데도 교회 안에서 도무지 그리스도의 정신으로 했다고는 볼 수 없는 일이 벌어졌다고 가정해보자. 철저하게 조사하고, 기도하고, 하나님께 구한 후에도 이 사람들은 그것을 그리스도의 정신으로 했다고 인정할 수 없다. 그런데 만일 그 일에 동조하면 그들은 죄를 짓고 말 것이다. 하나님을 예배하는 방식으로는 교회 일에 동참할 수 있지만, 이러한 방식으로 교회에 참여하는 것은 죄를 짓는 것이라고 자기 양심에 따라 하나님께 증언할 수 있다. 그들은 자기들의 생각을 알리려고 갖은 노력을 다한다. 장로들을 찾아간다. 다른 사람들을 찾아가서 이 일에 대한 의구심을 겸손하게 알린다. 다른 사람들이 하는 말을 경청한 후에 잠시 물러나, 자기들의 영혼과 하나님 사이에서 양심에 비추어 방금 전에 들은 말을 검토한다. 그리고 만일 이것이 하나님의 마음에 합한 것이라면 그들에게 분명히 계시해달라고 기도한다. 이제 이 모든 것을 다한 후에, 만일 여전히 동의할 수 없다면, 이 사람들은 어떻게 해야 할까? 이러한 사람들이 100명이나 된다고 해보자. 그들은 서로 의견을 나눌 수 없다. 아직 교회에서 분리되어 나오지도 않았다. 하나님이 그들에게 확신을 주시는지 잠시 기다리며 지켜보고 있다. 공통된 생각을 찾기 위해 모든 노력을 다한 후에도 확신이 서지 않는다면, 이 사람들은 평생 동안 성례에 참여하지 않고 살아야 할까? 그리스도가 한 교인을 한 회중에 묶어두셨기 때문에, 그대로 교회에 남아 있으면 그리스도에 대해 죄를 짓지 않을 수 없는 상황임에도 다른 교회에 등록해서는 안 되는 것일까? 만일 누군가 그렇다고 주장하려면 참으로 확실한 근거를 제시해야 할 것이다.[14]

목사들과 지도자들에 대한 버로스의 태도와 우리 문화의 일반

---

14 Jeremiah Burroughs, "The Difference between Independency and Presbytery," in *The Reformation of the Church: A Collection of Reformed and Puritan Documents on Church Issues*, ed. Iain H. Murray (Carlisle, PA: Banner of Truth, 1997 repr.), p. 287. 이 인용구에서 몇 군데는 말을 다소 평이하게 바꾸었다.

적인 태도를 비교해보라. 우리는 하나님이 우리에게 주신 사람들에게 얼마나 성급하고 변덕스럽게 반대하는가. 우리는 그것이 우리의 권위이자 특권이며, 선한 통치를 하는 방식이라고 가정한다. "국민이 하고 싶은 말을 하게 하라!" 이 구호가 우리를 훌륭한 민주주의자가 되게 할지는 모르지만, 훌륭한 교인이 되게 하지는 않는다. 그러므로 로크의 것은 로크에게, 제퍼슨의 것은 제퍼슨에게, 하나님의 것은 하나님께 돌려드리자. 반대 의사를 밝힐 때는 마지못해, 사려 깊게, 신중하게, 공손하게, 기도하는 마음과 무거운 마음으로 해야 한다. 결국 우리는 양심에 따라 행동해야 하지만, 그리스도가 교회에게 권위를 주심을 인정하고, 또한 그 권위에 반대해야겠다고 생각한 이유가 무엇인지 언젠가 그리스도 앞에서 설명해야 한다는 사실을 인정하며 두려운 마음으로 행동해야 한다.

─── 7단계 ───

지역교회에 대한 우리의 복종은
문서화된 교회 언약에 잘 표현될 수 있다.
교회 언약서는 교회가 서로에 대한 언약적 헌신을 되새기게 한다.

문서화된 교회 언약

지난 몇 세기 동안, 어떤 교회들은 문서화된 교회 언약 속에 복종의 서약을 담아두었다. 앞에서 말했듯이, 교회 언약을 적어놓는 것은 성경적인 자유의 문제이다. 구약성경에서도 수많은 사람들이 자발적으로 서로 간의 언약에 자신을 묶어두었다. 예를 들어 요나단과 다윗의 경우이다. 실제로 '요나단은 다윗을 자기 생명같이 사랑하여 더불어 언약을 맺었다'(삼상 18:3)고 한다. 바로 이것이 지역교회가 맺어야 하는 언약이다.

우리 교회는 새로 들어오는 모든 교인들에게 언약서에 서명하도록 요구한다. 그리고 우리는 매월 성찬을 할 때마다 일어서서 큰 소리로 이 언약서를 서로에게 읽어준다. 이처럼 우리는 한 달에 한 번씩 우리가 서로 돌보아야 한다는 사실을 되새기고 있다.

아래에 소개한 우리 교회의 언약서는 그리스도가 행하신 일에 대한 서술문으로 시작한다. 즉, 이 언약서는 복음으로 시작한다. 서로에 대한 우리의 사랑은 우리를 향한 그리스도의 사랑에서 나온다. 이 언약서는 서로에게 육체적으로, 사회적으로, 정서적으로, 경제적으로, 직업적으로, 윤리적으로 그리고 영적으로 복종하고자 하는 우리의 소망을 담고 있다.

우리는 하나님의 은혜로 말미암아 회개하고 주 예수 그리스도를 믿게 되었다는 것과, 우리를 그리스도께 내어드렸다는 것과, 우리의 신앙고백을 따라 성부와 성자와 성령의 이름으로 세례를 받았다는 것을 믿습니다. 이제 우리는 하나님의 은혜로운 도우심을 의지하여 엄숙하고 기쁘게 서로의 언약을 갱신합니다.

우리는 평안의 매는 줄로 성령의 하나 되게 하심을 지키기 위해 노력하고 기도할 것입니다.

우리는 형제의 사랑으로 함께 동행하고, 그리스도가 세우신 교회의 지체가 되며, 서로에 대한 사랑의 돌봄과 경계를 시행하고, 필요에 따라 서로에게 신실하게 권면하고 간청할 것입니다.

우리는 함께 모이는 우리의 모임을 저버리지 않을 것이며, 우리 자신과 다른 사람들을 위한 기도를 게을리하지 않을 것입니다.

우리는 언제나 우리의 돌봄 아래 있는 사람들을 주님의 양육과 훈계로 보살필 것이며, 우리 가족과 친구가 구원을 얻도록 순전하고 사랑스러운 본을 보일 것입니다.

우리는 서로의 행복을 즐거워하고, 친절과 긍휼로 서로의 짐과 슬픔을 나누어 질 것입니다.

우리는 하나님의 도우심을 입어 세상에서 주의 깊게 살고, 경건치 않은 것들과 세속적인 욕심을 부인하며, 우리가 자발적으로 세례와 함께 죽고 상징적인 무덤에서 다시 살아났다는 사실과, 이제 우리에게 새롭고 거룩한 삶을 살 의무가 있다는 사실을 기억할 것입니다.

우리는 이 교회의 신실한 복음 사역이 계속될 수 있도록 함께 노력하되, 예배와 성례와 권징과 교리를 지킬 것입니다.

우리는 교회의 지출과, 가난한 자들을 위한 구휼과, 열방에 복음을 전파하는 사역 등 교회의 사역을 후원하기 위해 즐거이 그리고 정기적으로 헌금할 것입니다.

우리가 이 교회를 떠나야 할 때가 된다면, 우리는 이 언약의 정신과 하나님 말씀의 원칙들을 이행할 수 있는 다른 교회를 가능한 한 빨리 찾아 연합할 것입니다.

주 예수 그리스도의 은혜와, 하나님의 사랑과, 성령의 교통하심이 우리 모두에게 있기를 간절히 원합니다. 아멘.

한 달에 한 번씩 이 언약서를 큰 소리로 읽는 것은 모든 교인들에게 우리의 제자도가 자율적인 문제가 아니라 교회 생활의 문제라는 사실을 기억하게 해준다. "눈이 손더러 내가 너를 쓸데가 없다 하거나 또한 머리가 발더러 내가 너를 쓸데가 없다 하지 못하리라"(고전 12:21). 그리스도인의 삶을 산다는 것은 우리 마음대로 무엇인가를 할 수 있다는 의미가 아니다. 왜냐하면 그리스도인의 삶의 본질이 소속 관계와 순종 그리고 희생적인 사랑을 필요로 하기 때문이다. 다른 사람이 성장하도록 도움으로써 우리도 성장한다. 다른 사람이 자유로워지도록 도움으로써 우리도 자유로워진다.

이 언약을 지킨다는 것은 간혹 누군가의 잔디를 깎아준다는 뜻이 될 수 있다. 소그룹을 인도하게 된다는 뜻일 수도 있다. 앙갚음을 하기보다는 내 혀를 깨물어야 한다는 뜻일 때도 있다. 나에게 주신 성령의 은사를 사용한다는 뜻일 때도 있지만, 아무도 할 사람이 없어서 우리가 서투른 일을 해야 한다는 뜻일 때도 있다. 때로는 목사가 간곡하게 부탁했기 때문에 자신의 뜻과 다르게 투표하는 것을 의미하기도 한다. 그리고 이것은 언제나 사랑을 의미한다.

결론

지역교회에 복종하는 것은 로마나 캔터베리와 같이 멀리 떨어진 곳에 있는 인물에게 복종하는 것이 아니다. 또한 역사적인 교리 발전사나 인식론적 확실성에 복종하는 것도 아니다. 그리스도가 그리스도인들을 교회에 복종하라고 부르실 때에는, 훨씬 더 많은 것들을 그 마음에 두고 계신다. 그리스도는 우리가 사랑하기를 원하신다. 그리스도는 우리가 교회에서 우리 옆에 앉아 있는 사람들을 사랑하길 원하신다. 우리는 쟈넷, 찰리, 마르코, 폴과 엘리스 그리고 베스 등의 이름을 가진 혈과 육에 속한 사람들을 사랑해야 한다.

쟈넷이 누구인지 아는가? 쟈넷은 매주 예배가 끝나면 모든 의자들을 다시 질서 정연하게 정리해야 한다고 말하는, 조금 까다로운 사람이다. 찰리를 아는가? 찰리와 이야기하려면 큰 소리로 말해야 한다. 잘 듣지는 못하지만 찬양을 무척 좋아하는 사람이다. 마르코는 중독 때문에 고생하는 사람이다. 폴과 엘리스는 참 멋진 부부이다. 결혼한 지 60년이나 되었는데도, 폴은 끊임없이 엘리스를 사랑한다고 말한다. 싱글맘인 베스는 지난 몇 달 동안 예수님을 더욱 사랑하는 법을 배웠다. 우리는 이 모든 사람들과 그 밖의 더 많은 사람들을 우리 자신보다 낫게 여겨야 한다. 우리는 그들과 같은 마음, 같은 사랑을 가져야 한다. 우리는 우리가 좋아하는 사람에게나 좋아하지 않는 사람에게 똑같이 복종해야 하고, 성숙한 사람에게나 덜 성숙한 사람에게도 똑같이 복종해야 한다.

쟈넷, 찰리, 마르코, 폴과 엘리스 그리고 베스와 사랑을 나눈다는 것은 우리 자신을 위해 우리가 **가진** 것을 주는 것이 아니라 그리스도를 위해 우리 자신을 그들에게 내어준다는 뜻이다. 우리가 그들을 우리보다 낫게 여기는 방법은 우리의 자아를 그들의 자아와 하나로 묶고, 우리 자신을 위해 갖길 원하는 모든 명예, 즉 그리스도의 명예를 그들에게 전부 주는 것이다. 우리는 우리의 기쁨과 슬픔을 모조리 그들의 믿음의 과정에 걸었다. 왜냐하면 사랑은 언제나 바라고, 언제나 믿고, 언제나 견디기 때문이다.

이렇게 사랑할 때, 비로소 우리는 그리스도의 사랑을 세상에 드러낼 수 있다.

1장 사랑이라는 우상

핵심 질문: 사랑에 관한 오늘날의 일반적인 개념이 등록 교인 제도와 권징을 받아들이지 못하도록 어떻게 방해하고 있을까?

논증의 단계

1) 교회론을 세우기 위해서는 우리의 문화적 관습을 살펴보아야 한다.

2) 개인주의는 우리를 소외시킴으로써 우리 스스로 완벽하다고 느끼게 해주는 사랑을 찾게 했다. 우리는 그와 똑같은 일을 해주는 교회를 원한다.

3) 소비주의는 우리가 사랑의 과정보다 사랑하는 대상의 매력에

초점을 맞추게 한다. 우리는 교회를 대할 때, 우리를 만족시키거나 그러지 못하는 상품처럼 대한다.

4) 헌신 공포증은 사랑에서 헌신을 빼내어버리고, 사랑이 어떻게 내게 유익한가를 따지도록 만들어버린다. 교회에 대한 우리의 시각에서 헌신의 개념은 제거된다.

5) 회의주의는 사랑에서 모든 판단을 제거함으로써 우리가 교회의 무조건적인 용납을 기대하게 한다. 여기에서 실용주의도 파생한다.

6) 개인주의란 정말 무엇일까? 개인주의는 권위에 대한 증오이다. 그리고 권위에 대한 증오 뒤에는 권위를 잃은 하나님이 있다.

7) 그러므로 교인의 권리를 얻는 것은 회개에서 시작한다.

핵심 답변: 우리는 사랑을 우상화하여 사랑이 단지 우리를 섬기기만 하는 것일 뿐, 심판이나 조건, 또는 무언가를 구속하는 것과는 전혀 상관없다고 재정의한다.

2장 사랑의 본질

핵심 질문: 하나님의 사랑은 어떤 모습이며, 왜 우리는 그것을 불쾌하게 여길까? 하나님의 사랑에 대한 우리의 이해와 등록 교인 제도는 어떤 관계일까?

논증의 단계

1) 하나님의 사랑은 우리가 예상치 못한 방식으로 우리의 마음을 끌기도 하고, 우리에게 불쾌감을 주기도 한다. 이것은 하나님의

복음과 하나님의 교회도 우리의 마음을 끌거나 불쾌감을 준다
는 뜻이다.

2) 하나님의 사랑에 관한 교리는 사람들이 생각하는 것보다 성경
적, 신학적으로 복잡하다. 루터 이전의 신학자들은 하나님의 사
랑을 하나님 중심으로 생각했다.

3) 루터 이후 많은 신학자들은 하나님의 사랑에 대해 축소주의적으
로 이해하는 경향을 보였다. 사랑은 단지 무조건적인 선물이라는
것이다. 현대 복음주의에 만연한 이와 같은 사랑 개념은 교회의
목적과 교인의 권리에 대한 양상을 근본적으로 바꾸어놓는다.

4) 성경은 하나님의 사랑이 거룩하고 하나님 중심적임을 보여준다.

5) 성경은 하나님이 우리를 구원하시는 목적도 거룩하고 하나님
중심적임을 보여준다.

6) 그러므로 우리는 사랑이란 '사랑받은 자를 향한 그리고 사랑받
은 자가 거룩하신 분 안에서 유익을 얻게 되기를 바라는 사랑하
는 자의 인정(affirmation)과 애정(affection)'이라고 정의할 수 있다.

7) 하나님의 사랑, 하나님의 복음 그리고 하나님의 교회는 모두 하
나님 중심이기 때문에 우리에게 불쾌감을 준다.

8) 하나님의 사랑과 하나님의 심판은 서로 대치되지 않고 조화된
다. 이것 역시 불쾌하다.

9) 사랑을 베푸는 교회란 교회를 인정하시고 거룩하지 않은 자들
과 교회를 구별하시는, 거룩하신 분을 찾는 교회이다.

핵심 답변: 하나님의 사랑은 우리를 창조하고 우리에게 확신을 주지만, 그 목적은 하
나님을 찬양하기 위함이다. 하나님 사랑의 거룩함 또는 하나님 중심주의

는 구원과 동시에 심판도 가져오기 때문에 우리에게 불쾌감을 준다. 그러므로 등록 교인 제도와 권징도 구원과 심판을 동시에 보여주고 둘 사이에 분명한 선을 긋기 때문에 우리가 그것을 불쾌하게 여기는 것이다.

3장 사랑의 통치

핵심 질문: 권위란 무엇일까? 권위는 사랑과 어떤 관계가 있을까? 교회에서 권위의 역할은 무엇일까?

논증의 단계

1) 권위라는 개념은 우리를 두렵게 한다. 그럴 만한 이유가 있다. 사랑과 권위, 이 둘은 정말로 서로에게 속하는 것일까?

2) 오늘날의 수많은 교회 지도자들과 목사들은 권위의 개념을 경시하는 관계 중심의 사랑 공동체에 대한 환상을 보여주고 있다.

3) 그러나 하나님이 단지 관계의 하나님만은 아니다. 하나님은 권위의 하나님이시고, 권위는 교회를 결속시키는 것이다.

4) 권위란 무엇이고, 사랑과 어떤 관계가 있을까? 권위는 생명을 창조하시고 질서를 주시는 하나님께로부터 우리가 부여받은 권한이다.

5) 복종이란 무엇이고, 사랑과는 어떤 관계일까? 복종은 하나님에 대한 사랑이며 하나님의 영광을 추구하는 일에 자신을 바치는 것이다.

6) 동시에 우리는 권위를 불신한다. 왜냐하면 죄의 본질이 하나님

이 피조물에게 주신 권위의 남용이기 때문이다.

7) 그리스도의 삶과 죽음 그리고 부활은 회복된 권위와 그리스도가 자기 백성들에게 건네주신 권위의 그림을 세상에 보여준다.

8) 지역교회는 그리스도인들이 그리스도께 복종하고 다른 사람들을 향한 사랑의 통치를 실천하는 곳이다.

9) 지역교회는 구별된 경계와 중심이 있는, 새로운 실재이다.

10) 그러나 우리는 이 타락한 세상에서 권위가 복합적이고 혼합적이라는 사실을 항상 기억해야 한다.

핵심 답변: 거룩한 사랑에 근거한 권위는 생명을 창조한다. 권위는 구별되기도 하고 형성되기도 하는 전혀 새로운 실재를 창조한다.

4장 사랑의 헌장

핵심 질문: 그리스도는 지역교회에 어떤 권위를, 왜 주실까?

논증의 단계

1) 이 타락한 세상에서, 위선자들과 이단들은 세상이 그리스도의 복음과 사랑의 본질을 혼동하게 한다. 그러므로 그리스도는 교회에게 하나님의 백성들을 구별하는 권위를 주신다.

2) 마태복음에서, 예수님은 누가 그리스도의 이름으로 인정을 받고 누가 인정을 받지 않는지에 대해 관심을 보이신다. 왜냐하면 그리스도에게 인정받는 것은 천국의 아버지로부터 인정받는 것이

기 때문이다.

3) 마태복음 16, 18, 28장에서 예수님은 사도들과 사도적 교회에게 천국 열쇠의 권세를 주셨다. 이 능력은 복음을 지키고, 신실한 신앙고백을 가려내고, 그러한 고백자들과 교회를 연합하고, 그들의 제자도를 감독하고, 위선자들을 쫓아내는 권위를 교회에 부여한다.

4) 교회는 비록 불완전하지만 세상에서 예수님을 대변한다. 교회는 다가올 그리스도의 구원과 심판에 대해 증언한다.

5) 그러므로 교회는 그리스도의 지상 대리인이다.

6) 교회가 그리스도의 지상 대리인이라는 사실은 그리스도인이 반드시 지상교회에 복종해야 한다는 의미이고, 이것은 다시 지역교회에 복종해야 한다는 의미이다.

7) 그러면 지역교회의 등록 교인 제도와 권징을 공식적으로 어떻게 정의해야 할까? 그리스도인과 지역교회 사이에 언약을 체결하고 깨뜨리는 것에 관하여 살펴보자.

8) 그리스도인과 지역교회 간의 언약은 다른 그리스도인들에 대한 그리스도인의 책임을 면제해주지 않는다. 오히려 그리스도인에게 자기 교회 교인들에 대한 더 많은 책임을 부여한다.

핵심 답변: 그리스도는 지역교회가 복음을 선포하고 보호하며, 그리스도에게 속한 자들을 인정하거나 확인하고, 그들을 교회와 연합하고, 그들의 제자도를 감독하고, 위선자들을 추방시킬 수 있는 권위를 주신다. 예수님이 교회에 이 권위를 주시는 것은 예수님의 사랑의 복음을 끊임없이 오해하고 왜곡하여 드러내는 이 타락한 세상에서 예수님의 복음을 보호하기 위함이다.

5장 사랑의 언약

핵심 질문: 지역교회 등록 교인의 서약 또는 '언약'은 정확히 무엇일까?

논증의 단계

1) '지역교회 언약'이 무엇인지에 대한 질문에 우리는 4장에서 다 룬 그리스도의 '헌장'과 그리스도의 새 언약과의 관계를 살펴봄 으로써 답할 수 있다.

2) 등록 교인의 권리에는 우리가 그리스도 및 그리스도의 백성들 과 하나가 되는 것이 포함된다. 서로 하나 되는 역사는 언약을 통해 일어난다.

3) 구약성경에서, 하나님은 한 백성을 자기와 동일시하시고 그분의 왕국을 세우기 위해 언약을 널리 사용하셨다.

4) 신약성경은 하나님이 더 효과적이면서도 더 나은 언약을 세우 시기 위해 아들을 보내셨다고 말한다. 성령과 믿음으로 말미암 아 우리를 대리인의 자격으로 그리스도와 연합시키는 이 새 언 약은 교회의 기초이다.

5) 지역교회 등록 교인의 '언약'은 그리스도의 헌장이 그리스도의 새 언약 백성들을 함께 모아 구별시킬 때 생기는 결과이다.

6) 구약의 언약들을 살펴볼 때, 지역교회 교인들이 공유한 언약적 헌신은 아홉 가지 구체적인 목적을 갖는다.

7) 지역교회 언약은 눈에 보이지 않는 새 언약을 눈에 보이게 해준 다. 지역교회 언약은 이 놀라운 천상의 실재에 대한 이 땅의 상 징, 전조 또는 유비이다.

핵심 답변: 신자들이 한 지역교회를 이루기 위해 서로에게 하는 서약은 언약과 같다. 그리스도가 새 언약을 통해 신자들을 자신과 하나가 되게 하셨고, 그분의 헌장을 통해 그들을 자신과 하나가 되게 할 수 있는 권위를 주셨으므로, 신자들은 그리스도의 이름이 보존되고 그들의 유익이 증진될 수 있는 방식으로 서로 간에 언약을 맺는다.

6장 사랑의 확증과 증거

핵심 질문: 교회가 책임 있게 교인들을 확증하고, 감독하고, 제명하려면 어떻게 해야 할까? 이러한 활동을 할 때 문화적 차이를 고려해야 할까?

논증의 단계

1) 많은 현대인들이 문화적 차이의 중요성을 지나치게 과장한다. 그렇지만 우리는 문화적 차이에 어느 정도 주의를 기울일 필요가 있다. 세 나라에 있는 각기 다른 세 교회들의 예를 통해 문화적 차이에 대하여 신중하게 접근해보자.

2) 달리 말하자면, 교회는 문화가 얼마나 복잡한지 그리고 사회가 기독교를 좋아하는지 또는 싫어하는지에 대하여 주의를 기울여야 한다. 또한 그러한 상황들 때문에 교회와 그리스도인에게는 자기들을 충분히 '설명할' 기회가 있어야 한다는 사실도 알아야 한다.

3) 모든 지역에 있는 교회들은 거룩한 백성들을 구별해야 할 직무가 있고, 이것은 언제나 세상과 육체와 마귀의 대적을 받을 것이

라는 사실을 의미한다.

4) 교회가 교인을 책임 있게 확증하기 위해서는 예비 교인들에게 필요한 교육과, 교리적 진술 그리고 성찬을 보호하기 위한 선서들을 통해 그들이 누구에게 헌신하는 것인지 이해시켜야 한다. 교회는 또한 예비 교인들이 복음을 올바로 붙잡게 해야 한다.

5) 교인을 감독하는 목적은 그리스도에 대해 믿을 만한 증거를 세상에 보여주는 것이다. 온 교회와 교회 지도자들과 그리고 교인들은 말씀 사역을 통하여 복음에 기초하고 제자도가 이끄는 돌봄에 참여한다.

6) 교회의 언약은 양방 간의 서약이므로, 교회와 교인은 반드시 그 관계의 목적에 동의해야 한다. 교회는 그리스도를 향한 제자도에 불성실하면서 회개하지 않는 교인들을 공식적으로 권징해야 한다.

핵심 답변: 교회들이 어느 정도는 문화적 차이를 고려해야 한다. 특히 사회의 복잡성과 기독교에 대한 태도 등을 고려해야 한다. 동시에 교회들은 그리스도의 거룩하신 이름에 대한 증거 사역을 하기 위해서 한결같은 마음으로 교인들을 일관되게 확증하고, 감독하고, 제명해야 한다.

7장 복종 그리고 사랑의 자유

핵심 질문: 지역교회에 복종한다는 의미는 무엇일까? 개개인에 대한 교회의 권위에 한계가 있을까?

논증의 단계

1) 그리스도인의 자유는 속박으로부터의 자유가 아니라, 하나님이 원하시는 것을 원하고 자신의 삶을 그분의 뜻에 복종시키는 것이며, 성령이 주신 것이다.

2) 그리스도인의 자유는 오직 성령이 주시는 것이고 육체가 주는 것이 아니므로, 교회 안에서 경건한 권위를 사용하는 것은 육체에 의해 개인을 강제하지 않고, 성령이 주신 복음의 실재에 호소할 것이다.

3) 사람들은 자기가 남용된 권위 아래 있다는 것을 알 때, 언제나 하나님의 공급하심과 목적을 신뢰해야 한다. 가능하다면, 그곳에서 떠나야 한다.

4) 빌립보서 2장은 지역교회 안에서의 복종에 대한 성경적 모델을 보여준다. 즉, 그리스도의 성육신과 십자가이다.

5) 그리스도인들은 서로에게 육체적으로, 사회적으로, 정서적으로, 경제적으로, 직업적으로, 윤리적으로 그리고 영적으로 복종함으로써 그리스도를 본받는다.

6) 교회가 성경이나 복음의 증거를 무시할 때, 그리스도인은 그것에 반대하는 행동을 해야 한다. 그러나 경건하고 하나님을 두려워하는 마음으로 해야 한다.

7) 지역교회에 대한 우리의 복종은 문서화된 교회 언약에 잘 표현될 수 있다. 교회 언약서는 교회가 서로에 대한 언약적 헌신을 되새기게 한다.

핵심 답변: 교회에 복종한다는 것은, 마치 그리스도가 우리의 유익과 하나님의 영광

을 위해 자신을 포기하신 것처럼, 교회의 유익과 그리스도의 영광을 위해 우리의 존재 전체를 교회에게 내맡기는 것이다.

《가톨릭교회 교리서》 363

감독

에 대한 도전들 533-534

온 교회의 573-574

의 능력 562-564

의 목표 561-562

지도자가 (~을) 주도 565-569

회중이 책임을 지고 (~을) 실행 564-565

감동주의 99

개인주의 64-69

권위에 대한 혐오(로서의) 118

와 사랑 70-72

거룩과 사랑 173-179, 220-224

건드리, 로버트 H.(Gundry, Robert H.) 329

건턴, 콜린(Gunton, Colin) 39, 95, 118

계몽주의 274-275

고이(góy) 436, 450

공동체주의 105-106

관계 234-237

나-너 ~의 변증법 236

등록 교인 제도에 미치는 영향 240-245

(를 위한) 실용주의적 제안 237-240

(에 대한 하나님의) 관심 248

와 포용 중심적 교회 242-245, 251, 299

적 전환 235-236

적 욕구에서 옳은 것은 무엇인가 245-248

관용령(1689년) 67

교회

그리스도의 지상 대리인인 366-369

다가올 그리스도의 구원과 심판에 대해 증언하

는 361-366

란 무엇인가 443-448

보편 369-370

복된 소식을 선포하는 자와 수호하는 자인 354

에 관한 (신약성경의) 비유 443-448

영광과 거룩함과 사랑을 추구하는 226-228

와 문화적 관습 59-64

의 경계 300-303

지상~은 어디에 있는가 371-399

천상의 실재에 대한 이 땅의 상징, 전조 또는 유

비인 494-499

하나님의 219

하나님의 백성들을 구별하는 권위를 가진

311-321

'등록 교인 제도와 권징', '언약', '종말론'을 보

라

교회론 21-23, 51-52, 59, 443, 446, 454

구더, 데럴 L.(Guder, Darrell L.) 39, 223, 238,

242, 479

구원 24, 81, 113, 120, 121, 152, 154, 156, 159-

160, 180-182

권위(인간의) 255-265
경건한 610-611
교회 안에 있는 ~주의 612
교회 안에서의 113-116
권고의 393
그리스도가 회복시킨 280-285
그리스도의 ~를 본받는 285-289, 320-321, 335-360
그리스도인의 자유와 ~의 한계 606-617
명령의 306, 393
복음적인 615-616
세상적인 615-616
와 제도주의 42-44
의 복합적인 속성 304-307
주의에 대응하기 617-620
권위(하나님의) 249-255
와 하나님의 사랑 232-233
그렌츠, 스탠리(Grenz, Stanley) 38, 118
그루뎀, 웨인(Grudem, Wayne) 175
그리스도의 헌장 '열쇠의 권세'를 보라
그리스도인
은 영광을 추구하는 사람들 224-228
의 (언약적) 책임 410-419
이 된다는 것의 의미 25
그리피스, 벤저민(Griffith, Benjamin) 345, 560, 582-583
그린스펀, 앨런(Greenspan, Alan) 111
급진정통주의 22
기니스, 오스(Guinness, Os) 235
기든스, 앤서니(Giddens, Anthony) 70-72, 74, 89, 600
길레스, 케빈(Giles, Kevin) 39, 44, 330, 383
《길리아드》 146, 157

나지안주스의 그레고리우스(Gregory of Nazianzus) 254
낭만주의 32, 35-38, 43, 71, 106, 109
《내 이름은 샬럿 시먼스》 307
《내가 죽어 누워 있을 때》 312-315
놀, 마크(Noll, Mark) 102
놀랜드, 존(Nolland, John) 325, 330, 342, 345, 348, 351, 353
뉘그렌, 안데르스(Nygren, Anders) 151, 155, 159-160
니체, 프리드리히(Nietzsche, Friedrich) 85, 107

다우니, R. S.(Downie, R. S.) 256, 258
단어를 연구할 때 발생하는 오류 345
대위임령 288, 335-336, 352-353
더글러스, 프레더릭(Douglass, Frederick) 65
딜레스, 에버리 카디널(Dulles, Avery Cardinal) 37, 42, 44
덤브렐, 윌리엄(Dumbrell, William) 438-439
데버, 마크(Dever, Mark) 85, 417, 466, 479
데이비스, W. D.(Davies, W. D.) 332, 341, 344
데카르트, 르네(Descartes, René) 95, 107-109
뎀프스터, 스티븐 G.(Dempster, Stephen G.) 438
도스토옙스키, 표도르(Dostoevsky, Fyodor) 130, 132-134
도일, 데니스(Doyle, Dennis) 37-38
독립선언서 68
독일 이상주의 22
듀이, 존(Dewey, John) 94
등록 교인 제도와 권징 20-21, 44-47
교인 명부 530, 532, 539-540, 581, 591
교회 권징 406-410, 585-589, 591-594
등록 교인 제도 401-406, 538-540
복음적인 사랑의 결과인 권징 409-410

와 정체성 427-432
지역교회에 등록해야 하는 (여섯 가지) 이유
  381-399(또한 '세례'와 '성찬'을 보라)
  '확증 혹은 인정', '제자도', '감독', '열쇠의 권세',
  '복종'을 보라.
딕슨, 데이비드(Dickson, David) 566

라니악, 티모시(Laniak, Timothy) 276, 565
라이커, 윌리엄 H.(Riker, William H.) 273
라이트, N. T.(Wright, N. T.) 196
라이트, 크리스토퍼 J. H.(Wright, Christopher J.
  H.) 256
라즈, 조셉(Raz, Joseph) 258
래드, G. E.(Ladd, G. E.) 282
랜드, 에인(Rand, Ayn) 109-111
레담, 로버트(Letham, Robert) 254, 449
레이놀즈, J. L.(Reynolds, J. L.) 318
로빈슨, 메릴린(Robinson, Marilynne) 146, 157
로이드 존스, D. 마틴(Lloyd-Jones, D. Martyn)
  97
로티, 리처드(Rorty, Richard) 94-95
론 레인저 67
롤스, 존(Rawls, John) 95, 274
루소, 장-자크(Rousseau, Jean-Jacues) 68, 599
루이스, R. W. B.(Lewis, R. W. B) 66
루츠, 울리히(Luz, Ulrich) 330-331, 347
루크만, 토마스(Luckmann, Thomas) 42,
  257-258
루터, 마르틴(Luther, Martin) 73-74, 151-153,
  156
뤼박, 앙리 드(Lubac, Henri de) 38
릴랜드, J. R.(Ryland, J. R.) 424

마그나카르타 68

마더 테레사 224
마이어스, 코틀랜드(Myers, Cortland) 79
매킨타이어, 알래스데어(MacIntyre, Alasdiar) 99
맥가브란, 도널드(McGavran, Donald) 47
맥닐, 레기(McNeal, Reggie) 39, 62
맥루한, 마샬(McLuhan, Marshall) 17
맥클라렌, 브라이언(McLaren, Brian) 39, 64
머레이, 스튜어트(Murray, Stuart) 39, 238-242
메디슨, 제임스(Madison, James) 274, 276
모리스, 레온(Morris, Leon) 213-214, 329-330,
  352
몰러, R. 앨버트(Mohler, R. Albert) 89
몰트만, 위르겐(Moltmann, Jürgen) 61-62, 118,
  156, 240
묄러, 요한 아담(Möhler, Johann Adam) 22, 37
무조건적 수용 96-100
문화적 차이 507-511
  남아메리카의 교회 523-526
  인도 델리의 교회 536-538
  중앙아시아의 교회 511-517
  페르시아 만의 교회 517-523
미국식 아담(의 신화) 66-67, 111
미니어, 폴 S.(Minear, Paul S.) 443
미합중국 권리장전에 규정된 국교 금지 조항 68
밀, 존 스튜어트(Mill, John Stuart) 94
밀러, 개리(Millar, Gary) 433

바나, 조지(Barna, George) 50, 92-93, 369
바르트, 칼(Barth, Karl) 151, 155-156, 198
바이올라, 프랭크(Viola, Frank) 237, 247
바전, 자크(Barzun, Jacques) 36
반-권위-주의 106
배너먼, 제임스(Bannerman, James) 364-365,
  608, 644-645

백스터, 리처드 (Baxter, Richard) 534

밴후저, 케빈(Vanhoozer, Kevin) 22-23, 133, 317-319, 399, 419

버거, 피터 L.(Berger, Peter L.) 42

버로스, 제러마이어(Burroughs, Jeremiah) 646-647

버니언, 존(Bunyan, John) 220

벌린, 이사야(Berlin, Isaiah) 95, 597-601, 606

벌코프, 루이스(Berkhof, Louis) 442

베네딕토 16세(교황) 22, 38

베르까우어, G. C.(Berkouwer, G. C.) 168

베리, 브라이언(Barry, Brian) 274

베버, 막스(Weber, Max) 258, 296

베스트팔렌조약 67

벤담, 제레미(Bentham, Jeremy) 94

벨, 랍(Bell, Rob) 102

벨라, 로버트 (Bellah, Robert) 68-69

벨룸, 스티븐 J.(Wellum, Stephen J.) 174, 440, 443

보쉬, 데이비드(Bosch, David) 239

보컴, 리처드(Bauckham, Richard) 186, 221

복음 219

  이 주는 불쾌감 205-206, 219

복음 전도 265

복종 혹은 순종 114, 369-400, 402, 404-405, 414, 422, 455

  경건한 복종 267-269

  경제적인 633-635

  공적인 623-624

  권위와 271, 383

  사랑과 642

  사회적인 627-630

  (에 대한) 반대 643-648

  에 대한 성경적 모델 620-622

  영적인 640-642

  육체적인 ~과 지리적인 624-627

  윤리적인 637-640

  의 다양한 측면 623-642

  정서적인 630-633

  직업적인 635-637

본회퍼, 디트리히(Bonhoeffer, Dietrich) 38

볼프, 미로슬라브(Volf, Miroslav) 39, 54, 155, 373

불순종이라는 개념의 세속화 116-119

뷰크너, 프레드릭(Buechner, Frederick) 157

브라켈, 빌헬무스 아(Brakel, Wilhelmus à) 592

브래디, 버나드 V.(Brady, Bernard V.) 140

브루스, F. F.(Bruce, F. F.) 372

블라우, 요하네스(Blauw, Johannes) 223

블랙커비, 헨리(Blackaby, Henry) 102

블러쉬, 도날드 G.(Bloesch, Donald G.) 211

블로허, 헨리(Blocher, Henri) 442

블룸, 앨런(Bloom, Allan) 95-96

사랑

  개인주의와 사랑 70-72

  교회 안에서의 헌신 없는 90-93

  교회 안에서의 자기표현식 77-80

  낭만적 ~ 대 성경적 73-77

  소비주의와 82-83

  에 대한 가정들 34-40

  헌신 공포증과 89

  회의주의와 96-97

  '하나님의 사랑'을 보라

사회

  기독교에 대한 ~적 태도 530-533

  의 복잡성 526-530

상황화 507
선교 단체 사역 571-572
설교 113-114, 265
성령
  과 그리스도인의 자유 606-607
  의 인도하심 102
  이 주시는 마음의 새로운 욕구 603-605
성령의 은사 386
성찬 356, 378, 495-496,
  에 울타리 치기 559-561
세계교회협의회 223
세례 300-303, 355, 367-368, 495-496
소비주의 81-85, 116
  교회 안에서의 ~적인 사랑 83-85
소비주의와 사랑 82-83
쉐퍼, 프랜시스(Schaeffer, Francis) 94
슈라이너, 토머스(Schreiner, Thomas) 282, 440
슐라이어마허, 프리드리히(Schleiermacher,
  Friedrich) 22, 37, 98-100
슐츠, F. 리론(Shults, F. LeRon) 235-236
스매일, 톰(Smail, Tom) 120
스탁, 로드니(Stark, Rodney) 88
스트라우스, 스티브(Strauss, Steve) 549
스트라우크, 알렉산더(Strauch, Alexander) 643
신앙 선언문 515, 545-551
실라주의 68
실용주의 100-103, 237
심판
  과 하나님의 사랑 210-218
  이 주는 불쾌감 210
  하나님의 210, 433
십계명 112, 202, 216

아담, 칼(Adam, Karl) 22

아담과 하와 36, 217, 255, 257, 259-261, 266,
  274-275, 408, 446
아담스, 제이 E.(Adams, Jay E.) 585
아우구스티누스(Augustinus) 74, 140-144, 147,
  149, 154-155, 198
아우크스부르크 신앙고백 354
아우크스부르크 평화조약 67
아이히만, 아돌프(Eichmann, Adolph) 115
아퀴나스, 토마스(Aquinas, Thomas) 145, 149,
  151, 628
알렉산더, T. D.(Alexander, T. D.) 211, 433
앤더슨, 빌헬름(Anderson, Wilhelm) 222
앨리슨, 데일 C.(Allison, Dale C.) 332, 341
언약 혹은 계약 196, 402, 406
  과 삼중 연합 448-455
  교회 ~(서) 551-552, 649
  다윗 439-440, 463
  모세 437-439
  아브라함 435-437, 473
  열한 가지 목적을 위해 ~을 사용하시는 하나님
    434
  지역교회 455-461
  지역교회 교인들이 공유한 ~적 헌신 461-494
  헌장과 425-426
  헌장과 ~이 충돌하는 곳 455-458
언약적 헌신 461-494
에드워즈, 조나단(Edwards, Jonathan) 142, 174
에릭슨, 밀라드(Erickson, Millard) 442
에어하르트, 아멜리아(Earhart, Amelia) 65
에이레스, 루이스(Ayres, Lewis) 140
에이비스, 폴(Avis, Paul) 41
에클레시아(*ekklesia*) 337, 383
엑스세대 88, 100
열쇠의 권세 46, 327-360, 379, 493

(를 묘사하는) 비유 342-345

새로운 열두 명에게 주신 권위(마태복음 16장)
327-332

세상 끝까지 시행할 권위(마태복음 28장)
335-337

온 교회로 확장된 권위(마태복음 18장)
332-335

헌장과 언약이 충돌하는 곳 455-461

영, 윌리엄(Young, William) 596

영광

하나님의 175-176, 214, 216, 253, 481-482

(하나님의) ~을 추구 224-228

영적 은사 78, 388-389, 640

예수님

과 인간의 권위 40

다윗의 자손, 새 이스라엘, 아브라함의 씨, 마지
막 아담인 441-443

대제사장처럼 기도하신 221

성부에 대한 ~의 완전한 순종 164-170

의 권위 277, 280-285

의 이름으로 322-327

오도노반, 올리버(O'Donovan, Oliver) 256-257,
289-292

《오두막》 596, 601

오웰, 조지(Orwell, George) 229-231, 275

우드나우, 로버트(Wuthnow, Robert) 86

울프, 톰(Wolfe, Tom) 307-308

워드, 그래함(Ward, Graham) 22

웨스트민스터 신앙고백서 341

웨슬리, 찰스(Wesley, Charles) 66

웨어, 브루스(Ware, Bruce) 260

웹스터, 존(Webster, John) 22-23

위드로우, 토마스(Witherow, Thomas) 27

의 473-476

의 법정 비유 196

자유

그리스도인의 ~와 권위의 한계 606-617

기독교, 적극적 ~ 체제 601-603

적극적 ~의 위험성 598-601

소극적 ~ 대 적극적 ~ 597-598

정체성

(그리스도인의) 427-432, 538

집단 69, 247, 428

제2차 바티칸공의회 37, 49, 223

제2차 스위스 신조 365

제임스, 제시(James, Jesse) 503-505

제임스, 존 에인절(James, John Angell) 380, 586

제자도 299, 459, 487, 498, 574-576

젠슨, 로버트(Jenson, Robert) 22

젠트리, 피터(Gentry, Peter) 175, 435-437, 439

존스, 짐(Jones, Jim) 115

존스, 토니(Jones, Tony) 63

종교재판소 130

죄 119-122, 148, 215-216

는 권위의 남용 275

《주홍 글씨》 33-34, 55, 130

지지올라스, 존(Zizioulas, John) 119

찬, 사이먼(Chan, Simon) 240

철학적 자유주의 273-275

체스터, 팀(Chester, Tim) 246, 373

《카라마조프가의 형제들》 130-132

카슨, D. A.(Carson, D. A.) 137, 172, 202, 329,
334, 337-338, 345, 442

칼뱅, 장(Calvin, John) 163, 365, 398, 403

캐리, 윌리엄(Carey, William) 423

코스테칼드, 클로드 베르나르(Costecalde,
   Claude-Bernard) 175
콩가르, 이브(Congar, Yves) 38
클라우니, 에드먼드(Clowney, Edmund) 330,
   333, 382
클레르보의 베르나르(Bernard of Clairvaux) 144
키르케고르, 쇠렌(Kierkegaard, Søren) 112, 151,
   153, 183
키너, 크레이그(Keener, Craig) 329-330, 344
키치, 벤저민(Keach, Benjamin) 345
키프리아누스(Cyprian) 363, 365
킴벌, 댄(Kimbal, Dan) 241
터너, 데이비드 L.(Turner, David L.) 330-331,
   345, 352
테일러, 찰스(Taylor, Charles) 95, 108, 236
토너, 쥘(Toner, Jules) 190
토크빌, 알렉시스 드(Tocqueville, Alexis de)
   86-87, 276, 599
트루먼, 칼(Trueman, Carl) 417-418
트립, 폴 데이비드(Tripp, Paul David) 208, 563
티미스, 스티브(Timmis, Steve) 246, 374
티슬턴, 앤서니(Thiselton, Anthony) 305
티클, 필리스 A.(Tickle, Phyllis A.) 111, 116

《파운틴헤드》 109-111
파울리슨, 데이빗(Powlison, David) 78-79, 185-
   186
파이퍼, 존(Piper, John) 73, 76, 170, 183,
   199-200, 202
판 오네, W. W. J.(Van Oene, W. W. J.) 428
판넨베르크, 볼프하르트(Pannenberg, Wolfhart)
   119
팔리, 마거릿(Farley, Margaret) 190
패짓, 더그(Pagitt, Doug) 39, 238, 245-246

퍼거슨, 싱클레어(Ferguson, Sinclair) 449
페닝턴, 조너선(Pennington, Jonathan) 322
포드, 게르하르트(Forde, Gerhard) 156
포스트모더니즘 71, 110, 115
포이어바흐, 루드비히(Feuerbach, Ludwig) 133
포크너, 윌리엄(Faulkner, William) 312, 314
포퍼, 칼(Popper, Karl) 95
푸코, 미셸(Foucault, Michel) 107
프랭클린, 벤저민(Franklin, Benjamin) 616
프롬, 에리히(Fromm, Erich) 82-83
플라톤(Plato) 140-141
핑키, 로저(Finke, Roger) 88

하나님
   의 거룩한 본성 253-254
   (의 본질에 대한) 관계적 존재론 251
하나님의 법 161, 211-218
하나님의 사랑 219
   과 하나님의 거룩하심 173-179
   과 하나님의 권위 36, 230-232
   과 하나님의 심판 210-218
   교리가 등록 교인 제도와 권징에 중요한 이유
      162-164
   교회는 어떻게 ~을 드러내는가 496-499
   매력적이기도 하고 불쾌하기도 한 132-136
   성경이 ~에 대해 말하는 방식 137-139
   에 관한 교리가 신학적으로 어려운 이유 139-
      145
   에 대한 축소주의적 정의 151-162
   에 대한 하나님의 사랑 164-179
   의 부메랑 205, 219-220
   의 정의 145-150
   죄인들을 향한 180-190
하나님의 선교(missio dei) 222

하나님의 위엄 259-262

하나님의 형상 143, 146, 149, 169, 186

하이델베르크 요리문답 341

하이벨스, 빌(Hybels, Bill) 93

하이트, 로저(Haight, Roger) 37-38

헌신 공포증 86-89

　과 사랑 89-90

　교회 안에서의 헌신 없는 사랑 90-93

호손, 너새니얼(Hawthorne, Nathaniel) 28,
　30-34, 41

호튼, 마이클(Horton, Michael) 22, 353, 376

홀름버그, 벵트(Holmberg, Bengt) 258

확증 혹은 인정 354-356, 401-404, 455,
　540-541

　교회 언약서 551

　듣기 위해 모이고, 선포하기 위해 흩어진다
　　541

　입교 문답 552

　입교 준비반 542-545

　'성찬'과 '신앙 선언문'을 보라

회개 122-124, 297-300

회심 366-369

횟필드, 조지(Whitefield, George) 38

히버트, 폴 G.(Hiebert, Paul G.) 39, 42,
　242-243, 301

힌드마쉬, 브루스(Hindmarsh, Bruce) 38

《1984년》 230-231

창세기

1   199, 255, 257, 266, 403,
    435
1:28 255, 259
1:31 147
2   255, 435
2:15-16 185
2:23-24 109
3   257, 275, 408
3:1-6 259
3:4-5 163
3:5   201, 217, 273, 274, 409
3:5-6 165
3:17 177
3:17-19 257
9:1 435
9:6 213, 215, 278
12 436
12:1-2 435
12:2-3 436, 476
15 432, 437, 476
15:6 473
17 432, 437, 476
21:22 476
21:27 552

출애굽기

1:8-22 276
2:24 481
3:6, 15-16 462
4:5 462
6:4-5 481
6:7 463
8:23 466
9:4 466
9:26 466
11:7 466
14:4, 17-18 481
15:11 176
16:7, 10 481
17:2-7 165
19:4-6a 467
19:5-6 438
20:5-6 195
22:21-24 490
23:9 490
24 432
24:8 442
24:16-17 481
33:15-16 468
33:18 이하 481

34:12-15 463
40:34-35 481

레위기

9:6, 23 481
11:45 469
16 483

민수기

35:15 490

신명기

1:16 490
1:17 210
4:6-8 477
5:1 462
5:7-8 202
6:4 462
6:5 169, 202, 485
6:6 169
6:13 165
6:21, 25 473
7:2 463
7:6 이하 467
7:7-8 138

7:8　156

8:3　165

8:16　165

10:16　488

10:18　277

10:19　490

13:3　485

13:6　627

13:6-9　485

17:18-20　439, 488

21:18-21　485

24:17　490

24:17-18　490

28　485

28:33　491

29:1　485

29:9　491

29:18-20　491

29:25-26　478

30:6　488, 603

30:15-20　491

31:26　484

여호수아

20:9　490

룻기

1:16　267

4:1　338

사무엘상

18:3　552, 649

23:18　552

사무엘하

5:3　552

7　432, 441

7:1-12　464

7:8　488

7:9　478

7:13-14　338

7:13, 16　478

7:14　166, 463, 485

23:3-4　262

열왕기상

8:11　481

8:13　464

18:36　477

열왕기하

16:10, 15-22, 24, 28-29　481

17:3 이하　441

17:12-13　338

17:13　166

역대하

19:7　277

에스라

10:3　551

느헤미야

9:38　552

욥기

38:31　346

시편

1　292

1:1-3　270

1:2　292

2　258

2:7　167, 438, 463

7:8　166

8:1-9　259

8:3-8　260

9:9　277

18:20　166

19:1-5　224

21:5　481

21:5-7　166

25:14　628

26:1　166

28:5　338

29:2　176

35:24　166

45:6　438, 463

45:7　166, 168

51:4　215

54:1　214

69:7, 9　170

73:24　482

89:3　467

89:26-28　438, 463

105:8 이하　481

106:20　481

110:1　441

118:22　338

124:1-2　258

139:13-16　147

139:16　147

잠언

10:8 638

12:15 638

13:1 638

17:12 133

18:2 638

전도서

2:4-5 256

아가

1:2 193

2:5 193

2:7 194

4:10 193

5:1 193

5:8 193

8:4 194

8:7 194

이사야

6:3 175, 221

9:1-2 282

9:6 281

10:5-19 276

11:2 281

11:3-4 281

11:6 281

22:15, 22 335, 343

28:5 482

30:18 210

40:1-5 282

40:14 210

42:1-3 284

48:8-11 175

49:3 282

50:1 468

50:4 282

51:1-2 342

53:3-6 284

55:3, 4 478

60:1-2, 19 481

61:1 이하 282

62:2-4 482

62:8 210

예레미야

1:10 338

2-3 464

2:11 481

3:8 468

13:11 481

22:8-9 478

23:1-2 488

24:6 338

31:3 156, 464

31:4 338

31:32 468

31:33 464, 488

31:33-34 444, 603

33:7 338

33:9 481

예레미야애가

3 483

에스겔

10:4, 18-19 481

16 464

22:27 276

22:29 276

22:31 277

28:22 176

34:1-10 488, 618

36:22-32 481

36:26 488

36:26-27 603

36:28 464

43:2-5 482

44:4 482

다니엘

1:7 432

2 599

호세아

2 464

아모스

9:11 338

하박국

2:14 221

학개

2:7, 9 482

말라기

2:17 210, 214

마태복음

1:1 441

2:15 441

3:2 322

3:7-9 323

3:7-10 323, 327

3:8 325

3:9 322

3:9-10 327

3:15 167

3:17 324

4:4 165

4:8-10 283

4:15-17 282

4:17 322

4:19 479

4:23-25 283

5:3 323

5:3, 5 322

5:3-6 557

5:3-12 325

5:6 475

5:7-10 558

5:9, 45 447

5:10, 16 135

5:13-16 227, 286, 472, 558

5:13-17 468

5:19 345, 346

5:20 475

5:21-42 287

5:23-24 639

5:43-48 286

5:45 147

6:10 323

6:19-20 323

6:24 208, 258

6:31-33 325

7:12 287

7:15-20 325

7:15-23 323, 327, 357

7:21 327, 344

7:21-23 326, 337

7:24 329, 338

7:24-27 325

7:28-29 283

8:5-9 283

8:9 266

8:11-12 323, 327

8:22 284, 287

8:27 283

8:29-32 283

9:6-8 283

9:17 284

9:32-33 283

9:34 327

9:35 283

9:37 287

10:1 284

10:1-4 324

10:1, 7-8 287

10:1-25 135

10:10 634

10:14, 40 357

10:22 452

10:34-39 284

10:39 287

10:40 362

10:42 287

11:4-6, 9-10 282

11:18 328

11:20-24 284

11:25 323

11:27 169, 324, 328

11:29 284, 611

11:29-30 611

12:15-21 284

12:18 284

12:24 322

12:28-29 283

12:29 345, 346

12:30 208

12:33-38 323, 327

12:50 284, 287, 323, 324, 453

13:11 323

14:3 345

16 56, 327, 332, 334, 335

16:1 322

16:5-12 332

16:14 328

16:15-17 546

16:15-20 287

16:16 328, 557

16:17 328

16:17-19 327, 330

16:18 329, 338, 372, 383

16:18-19 45, 450

16:19 162, 331, 339, 344,
      346, 361, 413, 606

16:20 330

16:24-26 287

16:26 641

17:5 324

18 327, 337, 352, 354, 359,
      360, 361, 377, 456, 489,

564, 580, 585
18:1 404
18:3 344
18:3-5 404, 553
18:4-5 557
18:4, 14 323
18:5 326, 429
18:7 586
18:14-20 327
18:15 333, 335, 390, 639
18:15-17 56, 335, 452, 510,
   585, 645
18:15-18 347
18:15-20 287
18:16 333
18:16-17 639
18:17 333, 372, 564
18:17-20 379
18:18 333, 334, 413
18:18-20 45
18:19 334, 361
18:20 326, 334
18:21-22 404
18:23-35 404, 553
19:14 323
19:23 344
19:25-26 323
19:28 324
20:14-17 323
20:25 491
20:25, 26a, 28 284
21:2 346
21:9 133
21:23 322

22:4 441
22:13 345
22:14 323
23:1-2 333
23:2-11 327
23:9 327
23:13 343
24:4 326
24:5 326, 337
25:31-46 288, 486
25:40, 45 429
26:28 557
27:2 345
27:20 이하 133
27:42 441
28 56, 327, 335, 337, 352,
   354, 359, 360, 361, 377,
   456, 564
28:16-20 352
28:18 284, 324
28:18-20 288, 335
28:19 326, 464
28:19-20 302, 379, 428, 435,
   478

마가복음
1:11 164
1:15 298, 367, 441
1:24 178
7:8 42
8:22-26 302
9:40 468
10:45 439
11:28 277

12:1-12 277
12:28 이하 202

누가복음
2:21 441
2:49, 51 40
3:22 164
3:23-38 165, 442
4:4 165
4:6 165
4:12 165
9:25 164
10:7 634
10:19 288
11:52 333, 335, 343
13:6-9 469
14:26 486
22:19-20 496
24:46-48 288

요한복음
1:1 478
1:14 482
2:11 450
2:17 170
2:23-25 40
3:1-8 365
3:5 604
3:5-8 606
3:6 613
3:6, 8 604
3:16 137, 138, 180, 450, 546
3:18 606
3:35 138, 169

3:36 606
4:23-24 604
4:34 165
5:19, 30 165
5:20 169
5:21 606
5:26 169
5:27, 43 165
6:37, 44, 65 606
6:38 165
6:63 604, 613
7:17 165
7:39 604
8:28 165
8:29 171
8:32 601
8:33 333
8:36 601, 642
8:43, 47 606
8:50 482
8:51 606
10:3, 16, 27 606
10:30 187
10:36 187
10:38 187
12:13 441
12:16 482
12:24 271
12:28-29 358
12:49 165
12:49-50 165
13:10 221
13:31-32 482
13:34 136, 642

13:34-35 52, 222, 382
13:35 479
14:6 606
14:9 169
14:10 165
14:17 604
14:21 189
14:23 189, 469
14:26 288
14:31 138, 171
15:1 이하, 14 331
15:3 221
15:10 138, 166, 167
15:13, 15 628
15:14 628
15:26 604
16:8-11 604
16:13 604
16:26-27 183, 189
17:1-2 181
17:2 165
17:4 170, 482
17:5 170
17:5, 24 164
17:11 221
17:11, 21-23 187
17:12 221, 358
17:14 221
17:15 221
17:17 187
17:17-18 221
17:18, 21, 23 187
17:21, 23, 26 187
17:22 482

17:22-23 222
17:26 136, 190
18:9 358
18:36 451
20:21 478
20:21-23 288
20:22 604
20:23 211
20:31 546

사도행전
1:8 288, 478
2:34 441
2:38 300, 355, 368, 495
2:41 355, 356
2:42-47 624
2:47 356
4:4 356, 568
4:19 643
4:31 379
5:1-9 357
5:1-10 568
5:12 568
6 566-567
6:2 379, 568
8:3 372, 429
8:13 355
8:16 355
8:21 357
8:26, 36 357
8:26-39 374
9:4 429, 464
9:31 372
10:47 355, 357

10:47-48 585
10:48 355, 357
11:16 356
14:27 379
15:30 379
18:8 355
19:3-4 356
19:5 355
20:7 379
20:28 85, 358, 391, 567
20:35 197
22:16 355

로마서
1:7 465
2:7 224, 482
3:21-22 181
3:21-27 206
3:23-24 180
3:25-26 442, 481
4:23-25 473-474
5:12-19 442
5:12-21 448
5:15-17 180
6-8 602
6:1 이하 449
6:1-14 469
6:3 355
6:6, 17, 20 602
6:7, 22 602
6:12, 14 602
6:13, 19 602
6:22 602
6:23 180

7-8 605
7:2 345, 346
8:1-11 469
8:2 602, 604
8:9-11 449
8:29 474
9:6-8 483
9:13 138
10:9 355
10:14 450
11:33, 36 206
11:36 205, 272
12:4-8 640
12:5 386
12:10 397, 630
12:13 486, 633
13:1 262, 633
13:8-10 286, 603
14:20-21 487
15:1 487
15:26 633

고린도전서
1:2 370, 383, 465
1:12-13 388
1:13-16 355
1:18 이하 113
1:20-25 510
1:30 474
2:6 645
2:13 640
2:14 134
3:5-9 611
3:16 466

3:16-17b 469
4:7 147
4:8 305, 388, 453
4:16 629
4:21 487
5 315, 320, 376, 416, 489, 585-586, 591
5:1 316, 388
5:2b-5 316
5:4-5 305, 379-380
5:5 358
5:11-13 586
5:12 486
6:1-8 388
6:15 429
6:17-19 449
7:21 618
7:21-23 618-619
7:27, 39 345
8:12 430
8:13 481
9:11-13 634
9:14 634
9:22 507
9:24-27 408
10:31 257, 482
11:1 629
11:3 449
11:18-19 380
11:21-22 388
11:27 559
11:29 486
12 387, 388, 397
12:4-7 384

12:4-11 640
12:7 387, 640
12:12-20 385
12:13 386, 449
12:21 651
12:22 386
12:22-23 388
12:25 389, 630
12:26 226, 385, 389, 430, 565
12:27 386
13 204, 388
13:4-7 204
13:9 387
13:10, 12 204
14 387, 388, 453
14:3-4, 12, 17, 19 387
14:26 387, 388
14:40 388
15:12 388
15:12 이하 546-547
15:22, 45 442
15:23 442
15:28 183
15:33 627
15:45 165
15:49 474
16:1-2 633
16:9 372

고린도후서
1:3-7 641
1:20 449
2:1 383
2:6-8 489

3 471
3:7-11 482
3:9 473
3:17 604
3:18 182, 404, 474, 482
4-5 471
4:2 510
4:4 442
4:6 482
5:14 158
5:19-20 471
5:20 334
5:21 474
6:1-10 471
6:14 392
6:14-7:1 470
6:16 466
8:1-5 411
8:2, 4 451
8:3-4, 7 633-634
11:2 227

갈라디아서
1 418, 489
1:6-9 355, 458, 546, 564,
    645
1:8 355, 586
2:2, 7-9 547
2:10 633
2:11 이하 355
2:16 450
2:20 449
3-5 602
3:19, 16 441

3:23 602
3:24 213
4:4-7 447
4:21-31 483, 603
5:1 603
5:13 603
6:1-2 487, 638
6:6 634
6:7 394
6:10 486

에베소서
1:22 449
2:1-3 279
2:1-10 398
2:4-6 381
2:8 180
2:15 398
2:19 398
2:20 330, 333, 392
2:21 466
3:10 52, 227, 480, 539
3:19 201
4 562
4:1 478
4:8-11 392
4:11 이하 348
4:11-12 397
4:12 386
4:15 449
5 562
5:5 116
5:21 396
5:22-23 201

5:22-31 642
5:22-32 446
5:23 449
5:25-27 182
5:27 227
5:28 195
6:20 334

빌립보서
1:1 621
1:8 158, 226
1:9-11 227
1:11 227
1:29 450
2:1-17 620

골로새서
1:10 478
1:13 442
1:15 169, 442, 478
1:18 341, 449
1:19 169
2:10, 19 449
2:15 619
2:19 386, 569-570
2:20-3:4 449
3:1-3 381
3:5 116
3:9-10 474
3:9-17 538
3:12 177
3:12-14 632
3:13 646
4:15-16 372

데살로니가전서
2:12 482
5:14 588

데살로니가후서
2:12 478
2:14 482
3:6, 10, 12 610
3:7, 9 629
3:14 358

디모데전서
3 566
3:2-3 390
3:4-5 390
3:6 390
5:8 586
5:17 566
5:17-18 634
5:19 645
6:3-5 586

디모데후서
1:13-14 333
2:12 288
2:17-21 586
3:16 637
4:2 606

디도서
1 566
3:10 358, 586

빌레몬서

2 413
8-9 393, 454
17 413

히브리서
1:3 169, 442
1:5, 8-9, 13 441
1:9 166, 168
1:13 441
2:10-11 182
3:3 482
5:8 167
5:8-10 182
6:4-6 450
7:22 442
8:6 442
8:6-13 444
8:10 464
9:15 442
10 580
10:10 442
10:24-27 581
10:25 381, 624
10:26-27 450
10:26-29 452
10:27 381
10:28-29 606
10:29 450
11:10 437
12:6 150
12:11 576, 608
12:22-23 381, 437
13:7 569, 629
13:9 546

13:17 358, 567
13:17a 391
13:17b 391

야고보서
1:17 147
4:4 627

베드로전서
1:1 372
1:2 604
1:7 482
1:16 469
2:2, 5 604
2:5 466
2:5, 9 375
2:9 445, 469
2:12 227
2:16 603
3:8 375
3:18 604
3:21 375
4:9 375, 486
4:10 375
4:14 604
4:17 375
5:2 358
5:3 491
5:4, 10 482
5:5 375, 391

베드로후서
1:3 482
2:1 450

2:19 603
3:9 212, 193

요한일서
1:8-9 546
2:15 208
2:19 375
3:10 25, 474
3:17 633
3:24 449
4:2, 15 546
4:8 137
4:10 18, 137
4:13 449
4:20 395
5:1, 5, 10, 13 546

요한이서
1:7, 10 546
1:10 375, 414
1:10 이하 586
1:10-11 358

요한삼서
1:3-8 413
1:5-10 375
1:10 413
1:11 629

유다서
1:1 465
1:20-21 640
1:21 138
1:21-23 358

1:22-23 487, 638

요한계시록
1:18 335
2:7, 17, 26 452
2:15, 20 546
2:26-27 288
3:7 335, 343
5:10 288
9:1 335
20:1 335
20:12-15 540
21:14 330, 333
22:5 288

국제제자훈련원은 건강한 교회를 꿈꾸는 목회의 동반자로서 제자 삼는 사역을 중심으로
성경적 목회 모델을 제시함으로 세계 교회를 섬기는 전문 사역 기관입니다.

당신이 **오해하는**
하나님의 **사랑**

초판 1쇄 인쇄 2015년 8월 7일
초판 1쇄 발행 2015년 8월 14일

지은이 조너선 리먼
옮긴이 한동수

펴낸이 박주성
펴낸곳 국제제자훈련원
등록번호 제2013-000170호(2013년 9월 25일)
주소 서울시 서초구 효령로68길 98(서초동)
전화 02)3489-4300 **팩스** 02)3489-4329
이메일 dmipress@sarang.org

ISBN 978-89-5731-696-2 03230

※ 책값은 뒤표지에 있습니다. 잘못된 책은 구입하신 곳에서 교환해드립니다.